Flexibilisierungen des Arbeitsverhältnisses im Arbeitnehmerinteresse

Schriften zum Recht der Arbeit

Herausgegeben von Olaf Deinert und Rüdiger Krause

Band 9

PL ACADEMIC RESEARCH

Nicola Jakobi

Flexibilisierungen des Arbeitsverhältnisses im Arbeitnehmerinteresse

Eine rechtsdogmatische und rechtspolitische Untersuchung des Rechts der Arbeitszeiten auf die Vereinbarkeit von Familie und Beruf

PL ACADEMIC RESEARCH

Bibliografische Information der Deutschen Nationalbibliothek
Die Deutsche Nationalbibliothek verzeichnet diese Publikation in der Deutschen Nationalbibliografie; detaillierte bibliografische Daten sind im Internet über http://dnb.d-nb.de abrufbar.

Zugl.: Göttingen, Univ., Diss., 2013

Gedruckt auf alterungsbeständigem,
säurefreiem Papier.

D 7
ISSN 2191-4079
ISBN 978-3-631-65284-8 (Print)
E-ISBN 978-3-653-04399-0 (E-Book)
DOI 10.3726/978-3-653-04399-0

PL Academic Research ist ein Imprint der Peter Lang GmbH.

Peter Lang – Frankfurt am Main · Bern · Bruxelles · New York ·
Oxford · Warszawa · Wien

Dieses Buch erscheint in einer Herausgeberreihe bei PL Academic Research und wurde vor Erscheinen peer reviewed.

www.peterlang.com

Vorwort

Diese Arbeit lag der Juristischen Fakultät der Georg-August-Universität Göttingen im Sommersemester 2012 als Dissertation vor. Literatur und Rechtsprechung wurden bis Januar 2013 umfassend berücksichtigt. Soweit möglich, sind neuere Entwicklungen im Zuge der Drucklegung im Dezember 2013 eingearbeitet worden. In diesen Zeitraum fiel auch die Verabschiedung des Koalitionsvertrages der 18. Legislaturperiode zwischen CDU, CSU und SPD. Die vorliegende Bearbeitung enthält einige Reformvorschläge, die Eingang in den neuen Koalitionsvertrag gefunden haben, oder bereits Bestandteil des vorherigen Koalitionsvertrages waren, bisher aber nicht umgesetzt wurden. An den entsprechenden Stellen der Bearbeitung wurden Hinweise auf die geplanten Neuregelungen aufgenommen.

Ein wesentlicher Streitpunkt der vorherigen Koalition war das Gesetz zur Einführung des Betreuungsgeldes, welches am 01.08.2013 in Kraft getreten ist. War diese Regelung auch während des Wahlkampfes im Jahr 2013 noch von entscheidender Relevanz, so enthält der neue Koalitionsvertrag keinerlei Ausführungen zur möglichen Abschaffung des Betreuungsgeldes. Dies ändert allerdings nichts an der Verfassungswidrigkeit des Gesetzes, sodass die zukünftige Entwicklung abzuwarten bleibt. Gleiches gilt auch für die übrigen Vorhaben der Großen Koalition.

Die Erstellung dieser Arbeit wäre ohne entsprechende Unterstützung nicht möglich gewesen. Daher gilt mein besonderer Dank meinem Doktorvater, Herrn Prof. Dr. Olaf Deinert, der das Thema angeregt und die Entstehung der Arbeit durch wertvolle Hinweise unterstützend begleitet hat. Darüber hinaus möchte ich mich bei ihm für die Erstellung des Erstgutachtens sowie die interessante und lehrreiche Zeit an seinem Lehrstuhl und am Institut für Arbeitsrecht bedanken.

Für die Erstellung des Zweitgutachtens danke ich Frau Prof. Dr. Barbara Veit.

Schließlich möchte ich mich ganz herzlich bei meiner Familie und denjenigen bedanken, die mich während der Promotionsphase stets unterstützt haben.

Hannover, Dezember 2013

Nicola Jakobi

Inhaltsverzeichnis

Abkürzungsverzeichnis

a.A.	andere Auffassung
AA	Arbeit und Arbeitsrecht (Zeitschrift)
AAG	Gesetz über den Ausgleich der Arbeitgeberaufwendungen für Entgeltfortzahlung
a.a.O.	am angegebenen Ort
ABl. EG	Amtsblatt der Europäischen Gemeinschaft
Abs.	Absatz
AE	Arbeitsrechtliche Entscheidungen (Zeitschrift)
AEUV	Vertrag über die Arbeitsweise der Europäischen Union
a.F.	alte Fassung
AG	Amtsgericht, Arbeitgeber
AiB	Arbeitsrecht im Betrieb (Zeitschrift)
Amtl. Begr.	Amtliche Begründung
Amtsbl.	Amtsblatt
AN	Arbeitnehmer
ÄndG	Änderungsgesetz
Anm.	Anmerkung
AnwBl	Anwaltsblatt (Zeitschrift)
AnwK-ArbR	*Hümmerich/Boecken/Düwell,* AnwaltKommentar, Arbeitsrecht
AP	Arbeitsrechtliche Praxis (Nachschlagewerk des Bundesarbeitsgerichts)
APuZ	Aus Politik und Zeitgeschichte (Zeitschrift)
ArbG	Arbeitsgericht
ArbN	Arbeitnehmer
ArbGG	Arbeitsgerichtsgesetz
ArbR	Arbeitsrecht
ArbRB	Der Arbeits-Rechts-Berater (Zeitschrift)

ArbR-Hdb.	*Schaub,* Arbeitsrechts-Handbuch
AR-Blattei	Arbeitsrecht-Blattei
ArbSchG	Arbeitsschutzgesetz
ArbStoffV	Verordnung über gefährliche Arbeitsstoffe (Arbeitsstoffverordnung)
ArbZG	Arbeitszeitgesetz
ArbZRG	Arbeitszeitrechtsgesetz
ARS	Arbeitsrechtssammlung (Zeitschrift)
Art.	Artikel
AuA	Arbeit und Arbeitsrecht (Zeitschrift)
AufenthG	Aufenthaltsgesetz
Aufl.	Auflage
AÜG	Gesetz zur Regelung der gewerbsmäßigen Arbeitnehmerüberlassung
AuR	Arbeit und Recht
Az.	Aktenzeichen
AZO	Arbeitszeitordnung
BAG	Bundesarbeitsgericht
BAGE	Amtliche Sammlung der Entscheidungen des Bundesarbeitsgerichts
BAT	Bundesangestelltentarif
BayObLG	Bayerisches Oberstes Landesgericht
BayVBl.	Bayerische Verwaltungsblätter
BB	Betriebs-Berater (Zeitschrift)
BBergG	Bundesberggesetz
BBiG	Berufsbildungsgesetz
Bd.	Band
Beck-OK	Beck'scher Online-Kommentar
BEEG	Bundeseltergeld- und Elternzeitgesetz
BerlLadÖffG	Berliner Ladenöffnungsgesetz
BErzGG	Gesetz über die Gewährung von Erziehungsgeld und Erziehungsurlaub
BeschFG	Beschäftigungsförderungsgesetz 1985

BetrAVG	Gesetz zur Verbesserung der betrieblichen Alterversorgung
BetrVG	Betriebsverfassungsgesetz
BetrVG 1972	Betriebsverfassungsgesetz 1972
BGB	Bürgerliches Gesetzbuch
BGBl.	Bundesgesetzblatt
BGH	Bundesgerichtshof
BGHZ	Amtliche Sammlung der Entscheidungen des Bundesgerichtshofs in Zivilsachen
BImSchG	Bundes-Immissionsschutzgesetz
BMT-G	Bundesmanteltarifvertrag für Arbeiter der Gemeinden
BR	Betriebsrat
BremLadSchlG	Bremisches Ladenschlussgesetz
BR-Drucks.	Bundesrats-Drucksache
BT-Drucks.	Bundestags-Drucksache
BUrlG	Bundesurlaubsgesetz
BVerfG	Bundesverfassungsgericht
BVerfGE	Amtliche Sammlung der Entscheidungen des Bundesverfassungsgerichts
BVerwG	Bundesverwaltungsgericht
BVerwGE	Amtliche Sammlung der Entscheidungen des Bundesverwaltungsgerichts
bvöd	Bundesverband Öffentliche Dienstleistungen
bzw.	beziehungsweise
ca.	circa
CEEP	European Centre of Employers and Enterprises providing Public services
DB	Der Betrieb (Zeitschrift)
ders.	derselbe
DFL	*Dornbusch/Fischermeier/Löwisch*, Fachanwaltskommentar, Arbeitsrecht
DGB	Deutscher Gewerkschaftsbund
d.h.	das heißt

DKKW	*Däubler/Kittner/Klebe/Wedde,* Betriebsverfassungsgesetz mit Wahlordnung und EBR-Gesetz
DJT	Deutscher Juristentag
djbZ	Zeitschrift des Deutschen Juristinnenbundes
DÖD	Die Öffentliche Verwaltung (Zeitschrift)
DStR	Deutsches Steuerrecht (Zeitschrift)
DVBl.	Deutsches Verwaltungsblatt (Zeitschrift)
EFGZ	Entgeltfortzahlungsgesetz
EG	Europäische Gemeinschaft
EGMR	Europäischer Gerichtshof für Menschenrechte
EGB	Europäischer Gewerkschaftsbund
EGV	Vertrag zur Gründung der europäischen Gemeinschaft
Einf.	Einführung
Einl.	Einleitung
EMRK	Europäische Menschenrechtskonvention
ErfK	Erfurter Kommentar zum Arbeitsrecht
et al.	et altera (lat.: und andere)
EU	Europäische Union
EuGH	Europäischer Gerichtshof
EUV	Vertrag über die Europäische Union
EuZW	Europäische Zeitschrift für Wirtschaftsrecht
evtl.	eventuell
EWG	Europäische Wirtschaftsgemeinschaft
EWiR	Entscheidungen zum Wirtschaftsrecht (Zeitschrift)
EzA	Entscheidungssammlung zum Arbeitsrecht
f./ff.	folgende
FA	Fachanwalt Arbeitsrecht (Zeitschrift)
FamRZ	Zeitschrift für das gesamte Familienrecht
FPfZG	Familienpflegezeitgesetz
Fn.	Fußnote
FPR	Familie, Partnerschaft, Recht (Zeitschrift)
FS	Festschrift

GS	Gedächtnisschrift
GewArch	Gewerbearchiv (Zeitschrift)
GewO	Gewerbeordnung
GG	Grundgesetz
ggf.	gegebenenfalls
GK	*Wiese/Kreutz/Oetker/Raab/Weber/Franzen,* Gemeinschaftskommentar zum Betriebsverfassungsgesetz
GmbH	Gesellschaft mit beschränkter Haftung
GRUR Int.	Zeitschrift Gewerblicher Rechtsschutz und Urheberrecht, Internationaler Teil
GVBl	Gesetz- und Verordnungsblatt
GVG	Gerichtsverfassungsgesetz
HbgLadÖffG	Ladenöffnungsgesetz Hamburg
Hess. LAG	Hessisches Landesarbeitsgericht
HGB	Handelsgesetzbuch
HK-ArbR	*Däubler/Hjort/Schubert/Wolmerath,* Handkommentar zum Arbeitsrecht
Hk-BGB	*Schulze,* Handkommentar
HLöG	Ladenöffnungsgesetz Hessen
h.M.	herrschende Meinung
Hrsg./hrsg.	Herausgeber, herausgegeben
HWK	*Henssler/Willemsen/Kalb,* Arbeitsrecht
IAB	Institut für Arbeitsmarkt- und Berufsforschung
idF.	in der Fassung
idR.	in der Regel
iHv.	in Höhe von
ILO	International Labour Organisation/Internationale Arbeitsorganisation
insbes.	insbesondere
iSd.	im Sinne des(r)
iSv.	im Sinne von
iVm.	in Verbindung mit
iwd	Institut der deutschen Wirtschaft (Zeitschrift)

JA	Juristische Arbeitsblätter (Zeitschrift)
JArbSchG	Jugendarbeitsschutzgesetz
JR	Juristische Rundschau (Zeitschrift)
Juris-PR	Juris-Praxiskommentar
JuS	Juristische Schulung (Zeitschrift)
JZ	Juristenzeitung (Zeitschrift)
KDZ	*Kittner/Däubler/Zwanziger,* Kündigungsschutzgesetz
KG	Kommanditgesellschaft
KH-ArbR	*Leinemann,* Kasseler Handbuch zum Arbeitsrecht
KJ	Kritische Justiz, Vierteljahresschrift für Recht und Politik (Zeitschrift)
Kompass/KBS	Kompass (Zeitschrift), Knappschaft-Bahn-See
KSchR	Kündigungsschutzrecht
KSzW	Kölner Schrift zum Wirtschaftsrecht (Zeitschrift)
LAG	Landesarbeitsgericht
LAGE	Entscheidungen der Landesarbeitsgerichte
LG	Landgericht
lit.	litera (lat.: Buchstabe)
LKV	Zeitschrift für Landes- und Kommunalverwaltung
LKRZ	Zeitschrift für Landes- und Kommunalrecht
LPK-SGB VIII	*Kunkel,* Sozialgesetzbuch VIII, Lehr- und Praxiskommentar
LÖG NRW	Ladenöffnungsgesetz Nordrhein-Westfalen
LöffG M-V	Ladenöffnungsgesetz Mecklenburg-Vorpommern
Ls.	Leitsatz
LSchlG	Ladenschlussgesetz
LuftSiG	Luftsicherheitsgesetz
MDR	Monatsschrift für Deutsches Recht (Zeitschrift)
MitbestG	Mitbestimmungsgesetz
MTV	Manteltarifvertrag
MüArb	*Richardi/Wlotzke/Wissmann/Oetker,* Münchener Handbuch zum Arbeitsrecht
MünchKomm	*Rixecker/Säcker,* Münchener Kommentar zum BGB

MuSchArbV	Verordnung zum Schutze der Mütter am Arbeitsplatz
MuSchG	Mutterschutzgesetz
mwN.	mit weiteren Nachweisen
Nds. VBl.	Niedersächsische Verwaltungsblätter (Zeitschrift)
n.F.	neue Fassung
NJW	Neue Juristische Wochenschrift (Zeitschrift)
NLöffVZG	Gesetz über Ladenöffnungs- und Verkaufszeiten Niedersachsen
Nr.	Nummer
NVwZ	Neue Zeitschrift für Verwaltungsrecht
NVwZ-RR	Neue Zeitschrift für Verwaltungsrecht – Rechtsprechungs – Report
NWVBl.	Nordrhein-Westfälische Verwaltungsblätter (Zeitschrift)
NZA	Neue Zeitschrift für Arbeits- und Sozialrecht
NZA-RR	Neue Zeitschrift für Arbeits- und Sozialrecht, Rechtsprechungsreport
NZG	Neue Zeitschrift für Gesellschaftsrecht
NZS	Neue Zeitschrift für Sozialrecht
öAT	Zeitschrift für das öffentliche Arbeits- und Tarifrecht
o.g.	oben genannt
OLG	Oberlandesgericht
OVG	Oberverwaltungsgericht
PersF	Personalführung (Zeitschrift)
PersR	Der Personalrat (Zeitschrift)
PersV	Die Personalvertretung (Zeitschrift)
PflR	PflegeRecht (Zeitschrift)
PflZG	Pflegezeitgesetz
PWW	*Prütting/Wegen/Weinreich,* BGB
RAG	Reichsarbeitsgericht
RdA	Recht der Arbeit (Zeitschrift)
RdJB	Recht der Jugend und des Bildungswesens (Zeitschrift)
RefE	Referentenentwurf

RG	Reichsgericht
RGBl.	Reichsgesetzblatt
RL	Richtlinie
RIW	Recht der internationalen Wirtschaft (Zeitschrift)
Rn.	Randnummer
RVaktuell	Deutsche Rentenversicherung (Zeitschrift)
S.	Seite
s.	siehe
SächsLadÖffG	Ladenöffnungsgesetz Sachsen
SAE	Sammlung arbeitsrechtlicher Entscheidungen (Zeitschrift)
SG	Sozialgericht
SGb	Die Sozialgerichtsbarkeit (Zeitschrift)
SGB	Sozialgesetzbuch
sog.	so genannt
SozR	Sozialrecht
SozSich	Soziale Sicherheit (Zeitschrift)
StudZR	Studentische Zeitschrift für Rechtswissenschaften Heidelberg
s.u.	siehe unten
SWK ArbR	*Grobys/Panzer*, StichwortKommentar, Arbeitsrecht
TV	Tarifvertrag
TV Urlaubsgeld Ang-O	Tarifvertrag über ein Urlaubsgeld für Angestellte
TVG	Tarifvertragsgesetz
TVöD	Tarifvertrag für den öffentlichen Dienst
TzBfG	Teilzeit- und Befristungsgesetz
u.a.	und andere; unter anderem
UA	Unterabsatz
UEAMPE	Union Européenne de l'Artisanat et des Petites et Moyennes Entreprises
UNICE	Union of Industrial and Employers' Confederations of Europe

usw.	und so weiter
v.	vom
ver.di	Vereinigte Dienstleistungsgewerkschaft
VG	Verwaltungsgericht
VGH	Verwaltungsgerichtshof
vgl.	vergleiche
VSSR	Vierteljahresschrift für Sozialrecht (Zeitschrift)
WSI	Wirtschafts- und Sozialwissenschaftliches Institut
WSI-Mitt.	WSI-Mitteilungen (Zeitschrift)
WRV	Weimarer Reichsverfassung
WzS	Wege zur Sozialversicherung (Zeitschrift)
ZArbwiss	Zeitschrift für Arbeitswissenschaft
z.B.	zum Beispiel
ZESAR	Zeitschrift für europäisches Sozial- und Arbeitsrecht
ZfA	Zeitschrift für Arbeitsrecht
ZIP	Zeitschrift für Wirtschaftsrecht
zit.	zitiert
ZMV	Die Mitarbeitervertretung (Zeitschrift)
ZPO	Zivilprozessordnung
ZRP	Zeitschrift für Rechtspolitik
ZSR	Zeitschrift für Sozialreform
ZTR	Zeitschrift für Tarifrecht

1. Kapitel: Entwicklungen am Arbeitsmarkt

A. Einleitung

Die Flexibilisierung von Arbeitsverhältnissen hat in den vergangenen Jahren immer stärker an Bedeutung gewonnen. Zunehmende europäische Einflüsse, eine sich wandelnde Arbeitswelt sowie gestiegene Ansprüche der Arbeitgeber, aber auch der Arbeitnehmer tragen dazu bei, dass von allen Beteiligten eine höhere Flexibilität hinsichtlich der Arbeitszeit, des Arbeitsortes sowie der anfallenden Aufgaben erwartet wird.

In diesem Zusammenhang stellt sich die Frage, was eigentlich unter dem permanent im Sprachgebrauch anzutreffenden Begriff der Flexibilisierung zu verstehen ist.[1] Legt man das Adjektiv flexibel zu Grunde, so ergibt sich im vorgenannten Kontext die Definition: „an veränderte Umstände anpassungsfähig, bei Entscheidungen wendig"[2]. Demnach misst sich die Flexibilität einer Person daran, ob sie in der Lage ist, sich auf situative Veränderungen einzustellen und entsprechend zu handeln. Übertragen lässt sich diese Definition auch auf die verschiedenen Parameter, die ein Arbeitsverhältnis determinieren. Wesentlich sind die angesprochenen Bereiche der Arbeitszeit, des Arbeitsortes, der anfallenden Aufgaben, aber auch die Frage der Vergütung. Im hier zu untersuchenden Rahmen sollen die sich verändernde Arbeitszeit bzw. Veränderungen unterliegende Beschäftigungsverhältnisse den wesentlichen Kernpunkt bilden und eruiert werden, welche Auswirkungen dies auf die Arbeitnehmer und schließlich auf die Vereinbarkeit von Familie und Beruf hat.

Denn das Beschäftigungsverhältnis dient nicht nur der Sicherung der finanziellen Grundlage, sondern es bildet auch eine „Demarkationslinie"[3] zwischen dem Berufs- und dem Privatleben. Dies zeigt sich besonders darin, dass die Berufstätigkeit einen wesentlichen Teil der zur Verfügung stehenden Zeit einnimmt und

---

1 Der Begriff des Normalarbeitsverhältnisses sowie die Abgrenzung zum atypischen Beschäftigungsverhältnis werden im dritten Kapitel ausführlich dargelegt.

2 *Duden*, Deutsches Universalwörterbuch, Begriff: flexibel. Zu einzelnen Flexibilisierungsinstrumenten in Arbeitsverträgen, *Leder*, RdA 2010, 93 (95).

3 *Jurczyk* in: Groß/Seifert, Zeitkonflikte, S. 239.

idR. einem festen Zeitmuster folgt. Parallel zu diesem Muster müssen die sonstigen Verpflichtungen organisiert werden. Problematisch wird die Situation, wenn die Arbeitszeit keinem regelmäßigen Rhythmus folgt, sondern in kurzen Abständen variiert, etwa monatlich, wöchentlich oder gar täglich. Dies verursacht nicht nur einen erheblichen zusätzlichen Organisationsaufwand für die Arbeitnehmer, sondern auch eine Zunahme von Unsicherheiten und Unwägbarkeiten, auf die im Zweifelsfall häufig nur unter wesentlichen Schwierigkeiten reagiert werden kann. Somit zwingen die sich verändernden Gegebenheiten in der Arbeitswelt die Arbeitnehmer dazu, sich immer wieder neu anzupassen und auch ihre familiären Verpflichtungen an den Veränderungen auszurichten. Die damit verbundenen Problemstellungen im Hinblick auf flexible Arbeitszeiten in den Betrieben, aber auch auf variable Arbeitszeitmodelle insgesamt, sollen im Folgenden aus dem Blickwinkel der Erosion bzw. des Wandels des klassischen Beschäftigungsverhältnisses näher beleuchtet werden.

Während in der Vergangenheit primär das sog. Normalarbeitsverhältnis[4] vorherrschend war, zeigen sich gegenwärtig vermehrt Tendenzen, die erkennen lassen, dass Formen atypischer Beschäftigung zunehmend an Bedeutung gewinnen.[5] Insbesondere im Bereich der geringfügigen Beschäftigung lässt sich ein deutlicher Anstieg um 71,5 % innerhalb von zehn Jahren (zwischen 1998 und 2008) beobachten.[6] Hintergrund ist, dass die klassische Erwerbsbiographie eines Arbeitnehmers zunehmend durch ein „Patchwork-Beschäftigungsverhältnis"[7] ersetzt wird. Es darf aber nicht der Eindruck entstehen, dass sich die Mehrzahl der Beschäftigten in den unterschiedlichen Berufsfeldern mit sehr flexiblen Arbeitszeiten arrangieren muss. Der Grad der Flexibilität hängt stark von den vorhandenen

---

4 Der Begriff des Normalarbeitsverhältnisses zeichnet sich dadurch aus, dass eine Vollzeittätigkeit bzw. eine Teilzeittätigkeit mit mindestens der Hälfte der üblichen Wochenarbeitszeit einer Vollzeittätigkeit ausgeübt wird, vgl. *Waltermann*, Verhandlungen des 68. Deutschen Juristentages (2010), Band I, Gutachten, B, S. 11. Näheres dazu findet sich im 3. Kap. A.

5 Vgl. *Kocher*, NZA 2010, 841 (842 mwN.); *Reinecke*, BB-Special 2008 zu Heft 14, 21. Belegen lässt sich dies auch anhand der aktuellen Zahlen des Statistischen Bundesamtes, Pressemitteilung Nr. 263 vom 30.07.2012, „2011: Zahl der unbefristet in Vollzeit Beschäftigten steigt deutlich", demnach erreichte die Zahl der atypischen Beschäftigten im Jahr 2011 mit 7, 92 Millionen einen neuen Höchststand, obwohl auch die Zahl der Beschäftigten in einem Normalarbeitsverhältnis im gleichen Zeitraum deutlich angestiegen ist.

6 Statistisches Bundesamt, Niedrigeinkommen und Erwerbstätigkeit, Begleitmaterialien zum Pressegespräch am 19.08.2009 in Frankfurt am Main, S. 26.

7 *Wank*, RdA 2010, 193 (207); *Seifert*, PersR 2008, 385.

Rahmenbedingungen wie „Produktionserfordernisse[n], Öffnungs- oder Unterrichtszeiten“[8] ab, sodass die Anforderungen je nach Berufszweig stark variieren können. Nichtsdestotrotz sind gerade Arbeitnehmer im Niedriglohnsektor von steigenden Flexibilitätsanforderungen betroffen[9], die dazu führen, dass diese einerseits einem größeren Organisationsaufwand ausgesetzt sind, aber im Gegenzug dazu häufig keine adäquate Vergütung erhalten.

Neben diesen negativen Aspekten bieten flexible Arbeitszeitmodelle den Arbeitnehmern aber auch die Chance, den Arbeitsalltag ihren Bedürfnissen besser anzupassen und damit ein ausgewogenes Verhältnis zwischen Beruf und Familie zu erzielen.[10] Abgesehen von der klassischen Teilzeitarbeit, die vorwiegend von Frauen mit betreuungsbedürftigen Kindern genutzt wird[11], versuchen Arbeitnehmer mittels verschiedener Formen der Beschäftigung nach Unterbrechungen der Erwerbstätigkeit wieder eine Anstellung und damit den Weg zurück in den Arbeitsmarkt zu finden. Diese Ausprägungen können jedoch nur dann als hilfreich angesehen werden, wenn die atypischen Beschäftigungsverhältnisse auch tatsächlich eine „Brückenfunktion“ zu einer sozialversicherungspflichtigen Tätigkeit darstellen.[12] Allerdings ist diese Einstiegshilfe umstritten, da Untersuchungen gezeigt haben, dass der erhoffte Effekt in der Mehrzahl der Fälle nicht eintritt,

---

8 Statistisches Bundesamt, Pressemitteilung Nr. 439 vom 29.11.2011, demnach haben fast 60 % der Beschäftigten starre Arbeitszeiten.

9 *Keller/Seifert*, Atypische Beschäftigung und soziale Risiken, S. 37 f.

10 *Munz,* AiB 2008, 338 (342) plädiert im Rahmen der flexiblen und selbstgesteuerten Arbeitszeiten für einen fairen Interessenausgleich zwischen den Anforderungen der Arbeitgeber an die Flexibilität der Arbeitnehmer sowie deren anderweitigen Verpflichtungen im privaten Bereich. Eine Übersicht über die „Flexibilisierung der Arbeitszeit im Arbeitgeber- und Arbeitnehmerinteresse“ liefert *Reinecke*, BB-Special 2008 zu Heft 14, 21. Vgl. auch *Reiserer*, NZA 2010, Beilage zu Heft 2, 39; *Bittmann/Mujan*, AuA 2010, 366. Neben einem größeren Gestaltungsspielraum im Hinblick auf die Familie streben Mitarbeiter aber auch nach Freiräumen, die zur Fortbildung oder für ein Sabbatical genutzt werden können, *Degenhardt/Kasprzyk*, AuA 2008, 4 (Sonderbeilage).

11 *Feldhoff* in: jurisPK-Vereinbarkeit von Familie und Beruf, Kapitel 7.1 Rn. 3 ff. Demnach stellt die Teilzeitbeschäftigung noch immer eine „weibliche Domäne“ dar, da ca. 75 % der Teilzeitbeschäftigten weiblich sind; iwd 2009, Nr. 24, S. 2; Laux/Schlachter-*Laux*, TzBfG, Einführung Rn. 8.

12 *Vennebusch/Hardebusch*, Kompass/KBS 2010, Nr. 3/4, S. 3, demnach mündeten im Jahr 2008 mehr als 30 % der Minijobs in eine sozialversicherungspflichtige Hauptbeschäftigung.

sondern sich die Arbeitnehmer sogar häufig in der Arbeitslosigkeit wiederfinden.[13] Hinzu kommt, dass diese Beschäftigungsverhältnisse nur dann an die Bedürfnisse der Arbeitnehmer angepasst sind, wenn sie diese Form der Tätigkeit auf eigenen Wunsch ausüben und nicht mangels bestehender Alternativen gezwungen sind, mittels atypischer Beschäftigung ihren Lebensunterhalt zu sichern.

Die vorliegende Untersuchung soll sich schwerpunktmäßig mit den rechtlichen Grundlagen und Auswirkungen der Arbeitszeitentwicklung befassen. Beabsichtigt wird die Klärung, was unter einem Normalarbeitsverhältnis zu verstehen ist und wie die gesetzlichen Grundlagen ausgestaltet sind. Darüber hinaus bleibt zu eruieren, inwieweit sich der Arbeitsmarkt bereits vom Normalarbeitsverhältnis verabschiedet hat und welchen Stellenwert die atypischen Beschäftigungsformen zwischenzeitlich eingenommen haben. Erforderlich hierbei ist die Betrachtung der Auswirkungen der Entwicklung auf die Beschäftigten, aber auch auf die Gesellschaft insgesamt.

Durch zunehmend flexibel ausgestaltete Arbeitsverträge wird der Handlungsspielraum für die Arbeitgeber deutlich vergrößert. Anhand von Befristungen, Leiharbeit oder auch vereinbarten Widerrufs- oder Freiwilligkeitsvorbehalten bzw. Zielvereinbarungen oder –vorgaben kann vor allem der Arbeitgeber zeitnah auf eintretende Veränderungen reagieren. Parallel dazu ist aber darzulegen, welche Optionen sich den Arbeitnehmern eröffnen, um die privaten Bedürfnisse den beruflichen Anforderungen anzupassen. Hier ist z.B. der Anspruch auf Teilzeitarbeit gem. § 8 Abs. 1 TzBfG zu nennen oder auch der Pflegezeitanspruch gem. § 3 Abs. 1 PflegeZG.[14]

Im Rahmen der von Arbeitgebern angestrebten größtmöglichen Flexibilisierung ist daher auch das Bedürfnis der Arbeitnehmer nach Erholung und Ruhe, aber ebenso nach finanzieller Sicherheit und Planbarkeit nicht zu vernachlässigen. Der Aspekt der Erholung und Ruhe ist im Kontext der Ladenöffnungszeiten von besonderer Bedeutung. In diesem Bereich haben in den vergangenen Jahren und Jahrzehnten erhebliche Liberalisierungen stattgefunden.[15] Während in früheren Jahren primär die Beschäftigungssicherung bzw. die Schaffung neuer Arbeitsplätze im Mittelpunkt stand[16], wird gegenwärtig vor allem versucht, den

---

13 *Gensicke/Herzog-Stein/Seifert/Tschersich*, WSI-Mitteilungen 2010, 179 (184); *Keller/Seifert*, WSI-Mitteilungen 2011, 138 (142).

14 Auf die den Arbeitnehmern zustehenden Rechte wird im 5. Kapitel ausführlich eingegangen.

15 *Buschmann/Ulber*, ArbZG, Anhang Ladenschlussgesetz, Rn. 1 ff.

16 *Glaubitz,* WSI-Mitteilung 1999, 799 unter Bezugnahme auf die Pressemitteilung des ifo-Instituts v. 11.08.1995, demnach war die Verlängerung der Öffnungszeiten im Jahr

Wünschen der Konsumenten nach immer längeren Öffnungszeiten, besonders an Samstagen, nachzukommen.[17] Als Konsequenz bedeutet dies für die Arbeitnehmer immer häufiger auch am Abend oder an den Wochenenden zu arbeiten. Vor allem die durch die Ladenöffnungsgesetze festgelegte Möglichkeit der Filialöffnung an bestimmten Sonntagen im Jahr[18] erfordert einen deutlich erhöhten Organisationsaufwand. Die Relevanz des Themas insgesamt lässt sich anhand der vielfältigen Literatur[19] zu den Urteilen des BVerfG[20] hinsichtlich der Ladenschlussregelungen erkennen. Aber auch auf Grund eines regelmäßig zu erledigenden Einkaufs stellen die Ladenöffnungszeiten für einen Großteil der Bevölkerung „einen Faktor der persönlichen Zeiteinteilung dar“[21]. Interessant erscheint, dass sich die Öffnungszeiten der Läden im Laufe der Jahre erheblich ausgeweitet haben, sodass man von einem erhöhten Personalbedarf ausgehen könnte, tatsächlich aber hat die Zahl der sog. klassischen Normalarbeitsverhältnisse im Einzelhandel in den letzten Jahren stetig abgenommen.[22] Auffällig

---

1996 mit der Hoffnung verbunden, ca. 50 000 neue Arbeitsplätze zu schaffen; erfüllt haben sich diese Erwartungen nicht.

17 Vgl. BT-Drucks. 15/396, Entwurf eines Gesetzes zur Verlängerung der Ladenöffnung an Samstagen v. 03.02.2003, S. 1, „Mit dem Gesetzentwurf sollen durch eine Erweiterung der Ladenöffnungszeiten am Samstag die Möglichkeiten des Einzelhandels für eine zeitgemäße und bedarfsorientierte Öffnung der Läden erweitert werden. Seit der Änderung des Ladenschlussgesetzes 1996 hat der Samstag im Käuferverhalten deutlich an Bedeutung gewonnen. Die Ausweitung der gesetzlichen Ladenöffnungszeiten am Samstag trägt diesem veränderten Käuferverhalten Rechnung, ohne den im Ladenschlussgesetz enthaltenen Ausgleich zwischen den Interessen der Geschäftsinhaber, der im Einzelhandel Beschäftigten und der Verbraucher in Frage zu stellen.“

18 Vgl. zu den Ladenöffnungsgesetzen der Länder, *Neumann*, Ladenschlussrecht, S. 49 ff.

19 *Buschmann*, AiB 2007, 197; *Fuchs*, NVwZ 2005, 1026; *Kämmerer/Thüsing*, GewArch 2006, 266; *Kingreen/Pieroth*, NVwZ 2006, 1221; *Kühling*, AuR 2006, 384; *Kühn*, NJW 2010, 2094; *Kühn*, AuR 2006, 418; *Kühn*, AuR 2010, 299; *Richardi*, AuR 2006, 379; *Rozek*, AuR 2010, 148; *Rozek*, AuR 2005, 169; *Tegebauer*, GewArch 2007, 49; *Webers*, GewArch 2005, 60.

20 BVerfG v. 01.12.2009 – 1 BvR 2857/07, 1 BvR 2858/07, BVerfGE 125, 39 = JZ 2010, 137; BVerfG v. 09.06.2004 – 1 BvR 636/02, BVerfGE 111, 10 = NJW 2004, 2363; BVerfG v. 16.01.2002 – 1 BvR 1236/99, BVerfGE 104, 357 = NJW 2002, 666.

21 *Mosbacher*, Sonntagsschutz und Ladenschluß, S. 24.

22 BT-Drucks. 17/13647, Antwort der Bundesregierung auf eine kleine Anfrage von Abgeordneten und der Fraktion DIE LINKE, Lohndumping im Einzelhandel und die Verantwortung der Politik vom 28.05.2013, S. 3, demnach ist der Anteil des Vollzeitbeschäftigungsverhältnis im Zeitraum zwischen 2000 und 2007 von ca. 1.500 000 auf ca. 1.300 000 Beschäftigte gesunken. Vgl. dazu die Ausführungen im 4. Kapitel.

ist insoweit, dass gerade die atypischen Beschäftigungsverhältnisse in diesem Bereich die vorherrschende Beschäftigungsform sind.[23] Zu untersuchen ist, ob sich dies allein durch die Flexibilitätsanforderungen im Einzelhandel begründen lässt, oder ob die Arbeitgeber die Option genutzt haben, das sozialversicherungspflichtige Normalarbeitsverhältnis durch variierende atypische Beschäftigungsverhältnisse zu ersetzen, um so keine oder geringere Sozialabgaben zu zahlen bzw. gleichzeitig durch die Beschäftigungsformen der Leiharbeit oder befristeten Tätigkeit Kündigungen und die damit verbundenen Regelungen des Kündigungsschutzes zu vermeiden[24].

Nachdem das Recht des Ladenschlusses im Zuge der Föderalismusreform[25] in den Kompetenzbereich der Bundesländer übergangen ist, haben alle Länder, außer der Freistaat Bayern, von dieser Möglichkeit Gebrauch gemacht und ein eigenes Ladenöffnungsgesetz erlassen.[26] Darin vorgesehen sind auch regelmäßige Ladenöffnungen an bestimmten Sonntagen im Jahr. Das Berliner Ladenöffnungsgesetz[27] enthielt die Festsetzung, dass die Geschäfte an allen vier Sonntagen im Advent geöffnet werden durften (§ 3 BerlLadÖffG a.F.). Diese Regelung wurde vom Bundesverfassungsgericht für verfassungswidrig erklärt.[28] In der Urteilsbegründung führt das Gericht aus, dass mit der „Gewährleistung rhythmisch wiederkehrender Tage der Arbeitsruhe“ durch Art. 139 WRV das Sozialstaatsprinzip konkretisiert werde.[29] Demnach sind der „physischen und der psychischen Regeneration aus arbeitswissenschaftlicher Sicht [besondere Bedeutung] für das individuelle

---

23 BT-Drucks. 17/13647, Antwort der Bundesregierung auf eine kleine Anfrage von Abgeordneten und der Fraktion DIE LINKE, Lohndumping im Einzelhandel und die Verantwortung der Politik vom 28.05.2013, S. 3, im Zeitraum zwischen 2000 und 2007 hat das Normalbeschäftigungsverhältnis im Einzelhandel an Bedeutung verloren, wohingegen die Zahl der Teilzeitbeschäftigten von ca. 1.300 000 auf ca. 1.600 000 Arbeitnehmer angewachsen ist. Vgl. dazu die weiteren Ausführungen im 4. Kapitel.

24 Kittner/Däubler/Zwanziger-*Deinert,* KSchR, Einleitung Rn. 4.

25 Sog. Föderalismusreform I, siehe BGBl. I 2006, S. 2034 – Gesetz zur Änderung des Grundgesetzes vom 28. August 2006.

26 Dazu *Neumann*, Ladenschlussrecht, S. 49 ff.; vgl. auch Kittner/Zwanziger/Deinert-*Schoof,* Arbeitsrecht, § 26 Rn. 351.

27 Gem. § 3 BerlLadÖffG a.F. durften Verkaufsstellen an Werktagen von 0.00 bis 24.00 Uhr und an Adventssonntagen von 13.00 bis 20.00 Uhr geöffnet werden.

28 BVerfG v. 01.12.2009 – 1 BvR 2857/07, 1 BvR 2858/07, BVerfGE 125, 39 (77) = JZ 2010, 137 (138).

29 BVerfG v. 01.12.2009 – 1 BvR 2857/07, 1 BvR 2858/07, BVerfGE 125, 39 (82) = JZ 2010, 137 (139).

Wohlbefinden und die gesundheitliche Stabilität"[30] beizumessen. Aus der Perspektive der Richter war diese Voraussetzung im Rahmen einer Ladenöffnung an allen vier Adventssonntagen nicht gewährleistet. Die besondere Betonung des Sozialstaatsprinzips macht deutlich, dass die von Arbeitgebern geforderte Flexibilität nicht nur im Bereich des Einzelhandels, sondern auch in den übrigen Berufsfeldern nicht schrankenlos erfolgen kann, sondern durch verfassungsrechtliche Vorgaben begrenzt wird.

Daher soll die Arbeit aufzeigen, inwieweit die Zielsetzungen des Bundesverfassungsgerichts und die tatsächlichen Gegebenheiten Übereinstimmungen aufweisen. Hierbei stellt sich die Frage, ob die Anforderungen in der Arbeitswelt auch ausreichend die Bedürfnisse der Arbeitnehmer berücksichtigen und damit den im Urteil zum Ladenschlussgesetz präzisierten verfassungsrechtlichen Vorgaben des Bundesverfassungsgerichts hinreichend Rechnung getragen wird.

Wesentlich in diesem Zusammenhang ist der Aspekt der Vereinbarkeit von Familie und Beruf im Hinblick auf die sich ergebenden Veränderungen in der Arbeitswelt.[31] Zu beleuchten ist die Effizienz und Praktikabilität der derzeitigen gesetzlichen Ausgestaltungen, um im Bedarfsfall etwaige Verbesserungsvorschläge zu unterbreiten. Das Augenmerk wird auf den vorhandenen gesetzlichen Regelungen liegen, die es den Arbeitnehmern ermöglichen sollen, ihre beruflichen Pflichten mit den privaten in einen angemessenen Ausgleich zu bringen. Zu denken ist hier an das BEEG, das sich mit dem Elterngeld und der Elternzeit befasst, aber auch das bereits angesprochene TzBfG soll in diesem Zusammenhang näher betrachtet werden. Darüber hinaus rückt immer mehr die Pflegeproblematik am Ende eines Lebens in den Vordergrund. So reicht es nicht aus, Regelungen zu schaffen, die werdenden Eltern einen passenden Rahmen bieten, um die Versorgung ihrer Kinder sicherzustellen, sondern es wird auf Grund der demographischen Entwicklung immer dringlicher, ebenso die bedarfsgerechte Pflege von älteren Menschen in den Fokus zu rücken und hier den Arbeitnehmern wesentliche Hilfestellungen, wie z.B. die Inanspruchnahme einer praktikablen und an der Realität orientierten Pflegezeit zu ermöglichen.

Festzuhalten bleibt, dass die einzelnen Bereiche des Arbeitszeitgesetzes in Verbindung mit dem Sonntagsschutz im Bereich des Ladenschlussgesetzes bereits häufiger Gegenstand der wissenschaftlichen Diskussion waren, aber im Zusammenspiel mit der Erosion bzw. dem Wandel des Normalarbeitsverhältnisses und

---

30 BVerfG v. 01.12.2009 – 1 BvR 2857/07, 1 BvR 2858/07, BVerfGE 125, 39 (82) = JZ 2010, 137 (139).

31 *Paschke*, AuR 2012, 11.

den sich daraus ergebenden Problemstellungen für die Beschäftigten noch nicht im Zusammenhang thematisiert wurden. Insbesondere die Ausgestaltung einer stärker auf die Bedürfnisse von Familien abgestimmten Arbeitswelt steckt noch in den „Kinderschuhen" und bedarf dringend einer Reihe von Veränderungen, zum einen durch neue oder angepasste Gesetze, aber auch durch ein sich wandelndes Verständnis innerhalb der Gesellschaft.

B. Gang der Untersuchung

Den Ausgangspunkt der Untersuchung bildet das Arbeitszeitgesetz (ArbZG), hierbei werden die Definition der Arbeitszeit sowie die Vorgaben für deren Dauer und Lage näher beleuchtet. Neben den nationalen Regelungen können auch die europäischen Einflüsse auf das Arbeitszeitgesetz nicht außer Acht bleiben. Ins Blickfeld sind die Arbeitszeitrichtlinien 93/104/EG[32] sowie 2003/88/EG[33] zu nehmen. Gleichzeitig sind die unterschiedlichen Ausprägungen der Arbeitszeit in Form von Arbeitsbereitschaft, Bereitschaftsdienst oder auch Rufbereitschaft näher zu erläutern. Besonders im Rahmen des Bereitschaftsdienstes haben sich auf Grund der europäischen Einflüsse wesentliche Veränderungen ergeben, die für die Arbeitnehmer von besonderer Bedeutung sind. Parallel dazu werden die beabsichtigten Änderungen der Arbeitszeitrichtlinie in Augenschein genommen.

Hervorzuheben sind in diesem Zusammenhang die besonders schutzbedürftigen Arbeitnehmer, z.B. Jugendliche oder Schwangere und welche Regelungen hinsichtlich der Arbeitszeit im Arbeits- bzw. Tarifvertrag oder einer Betriebsvereinbarung für sie, aber auch für die übrigen Arbeitnehmer eine besondere Schutzfunktion übernehmen. Anschließend ist zu eruieren, welche Charakteristika das sog. Normalarbeitsverhältnis aufweist und wie sich die bestimmenden Parameter im Laufe der Zeit verändert haben. Betrachtet werden mögliche Formen der Arbeitszeitflexibilisierung. Beispielhaft ist hier die klassische Teilzeitarbeit, aber auch die befristete oder geringfügige Beschäftigung zu nennen.

Exemplarisch lässt sich der Wandel des Normalarbeitsverhältnisses am Beispiel des Ladenschlussgesetzes veranschaulichen. Denn in diesem Bereich ist die Zahl der atypisch Beschäftigten besonders hoch und ein wesentlicher Teil der

---

32 Richtlinie 93/104/EG des Rates vom 23. November 1993 über bestimmte Aspekte der Arbeitszeitgestaltung, ABl. L 307 vom 13.12.1993, S. 18.

33 Richtlinie 2003/88/EG des Europäischen Parlaments und des Rates vom 4. November 2003 über bestimmte Aspekte der Arbeitszeitgestaltung, ABl. L 299 vom 18.11.2003, S. 9.

Arbeitnehmer ist weiblich.[34] In diesem Zusammenhang ist die Rechtsprechung des Bundesverfassungsgerichts zum Ladenschluss näher zu beleuchten. Vorrangig ist das Urteil des Bundesverfassungsgerichts zum Berliner Ladenschlussgesetz[35] darzustellen und die Frage zu untersuchen, ob dem in dem Urteil betonten Sozialstaatsprinzip auch in der Arbeitswelt, insbesondere bei der Sonntagsbeschäftigung im Einzelhandel, ausreichend Rechnung getragen wird. Im Rahmen der Sonntagsarbeit ist das Direktionsrecht des Arbeitgebers einer eingehenden Prüfung zu unterziehen.

Schließlich soll im letzten Abschnitt die Gesetzeslage hinsichtlich der Vereinbarkeit von Familie und Beruf detailliert untersucht, sowie ein möglicher Handlungsbedarf seitens des Gesetzgebers eruiert werden. Es ist beabsichtigt darzulegen, welche Vereinbarkeitsproblematiken „von der Wiege bis zur Bahre“ im Laufe eines Lebens entstehen können. Daher sind sowohl die Betreuungsschwierigkeiten zu Beginn eines Lebens näher zu untersuchen, aber auch, welche Optionen pflegebedürftigen Menschen und ihren Angehörigen zur Verfügung stehen. Aufzuzeigen ist somit, wie sich die Gegebenheiten in der Arbeitswelt bereits verändert haben bzw. verändern werden, welche Konsequenzen dies für die am Arbeitsleben Beteiligten mit sich bringt und welche Verbesserungs- oder Veränderungsvorschläge sich hier entwickeln lassen.

---

34 Klenner/*Pfahl,* Arbeitszeitgestaltung und Chancengleichheit für Frauen, S. 58, demnach ist der Einzelhandel eine „Frauenbranche“, da über 70 % der Beschäftigten weiblich sind und es weniger Vollzeitbeschäftigungsverhältnisse im Vergleich zur Teilzeitarbeit oder geringfügigen Beschäftigung gibt.

35 BVerfG v. 01.12.2009 – 1 BvR 2857/07, 1 BvR 2858/07, BVerfGE 125, 39 = JZ 2010, 137.

2. Kapitel: Die Ausgestaltung der Arbeitszeit

A. Europäische Einflüsse / Arbeitszeitrichtlinie

Der Bereich des Arbeitszeitrechts kann, wie viele andere Bereiche, die europäischen Einflüsse nicht außer Acht lassen. Im Folgenden soll die Arbeitszeitrichtlinie im Mittelpunkt der Ausführungen stehen, aber auch die Arbeitsnormen der ILO[1] sowie Art. 31 der Charta der Grundrechte der Europäischen Union[2] bilden wichtige rechtliche Grundlagen, wenn es um die Bestimmung der Arbeitsbedingungen bzw. der Arbeitszeit geht.

Waren bis 1994 die Regelungen der Arbeitszeitordnung anzuwenden, so fielen das Inkrafttreten der Arbeitszeitrichtlinie 94/104/EG[3] und das Gesetzgebungsverfahren zum Arbeitszeitgesetz in denselben Zeitraum.[4] In der Gesetzesbegründung wurde darauf hingewiesen, dass die Konzeption des Richtlinien- und des Gesetzesentwurfs einheitlich ausgestaltet sei und die Sicherheits- und Gesundheitsaspekte der Arbeitnehmer sowie der Flexibilisierungsgedanke besondere Beachtung gefunden hätten.[5] In der Folgezeit wurde die Richtlinie mehrfach angepasst;

1 Einen Überblick über die von der Bundesrepublik Deutschland ratifizierten ILO-Übereinkommen findet sich unter: http://www.ilo.org/berlin/arbeits-und-standards/ratifikationen-in-deutschland/lang--de/index.htm (21.12.2013). Weiterführend zur ILO, Kittner/Zwanziger/Deinert-*Meyer,* Arbeitsrecht, § 137 Rn. 38 ff. mwN.

2 Art. 31 Charta der Grundrechte der Europäischen Union – Gerechte und Angemessene Arbeitsbedingungen, „(1) Jede Arbeitnehmerin und jeder Arbeitnehmer hat das Recht auf gesunde, sichere und würdige Arbeitsbedingungen. (2) Jede Arbeitnehmerin und jeder Arbeitnehmer hat das Recht auf eine Begrenzung der Höchstarbeitszeit, auf tägliche und wöchentliche Ruhezeiten sowie auf bezahlten Jahresurlaub.“

3 Richtlinie 93/104/EG des Rates vom 23. November 1993 über bestimmte Aspekte der Arbeitszeitgestaltung, ABl. L 307 vom 13.12.1993, S. 18.

4 Das Arbeitszeitgesetz trat am 01.07.1994 in Kraft, die Arbeitszeitrichtlinie stammt vom 23. November 1993 (ABl. L 307 v. 13.12.1993, S. 18). Weiterführend *Diller*, NJW 1994, 2726. Siehe hierzu auch die historische Entwicklung des Arbeitszeitgesetzes, 2. Kap. B. I.

5 Vgl. BT-Drucks. 12/5888, Entwurf eines Gesetzes zur Vereinheitlichung und Flexibilisierung des Arbeitszeitrechts v. 13.10.1993, S. 20. Ob der Gleichklang tatsächlich erreicht wurde, wird im Folgenden noch zu eruieren sein, 2. Kap. C.

zunächst trat am 01.08.2000 die Richtlinie 2000/34/EG[6] in Kraft. Wesentliche Neuerung war die Aufnahme von bestimmten Berufsgruppen, die bisher vom Anwendungsbereich ausgeschlossen waren, z.B. Ärzte in der Ausbildung.[7] Die Richtlinie 2003/88/EG des Europäischen Parlaments und des Rates vom 04.11.2003 über bestimmte Aspekte der Arbeitszeitgestaltung[8] hat schließlich die beiden vorherigen Arbeitszeitrichtlinien zusammengefasst und überarbeitet, wesentliche inhaltliche Veränderungen wurden dabei aber nicht vorgenommen.

Als Reaktion auf die Urteile des EuGH in Bezug auf die Bereitschaftsdienste[9] unterbreitete die Kommission bereits am 22.09.2004 einen Vorschlag zur Anpassung der Richtlinie.[10] Hintergrund des Änderungsvorschlags waren die Regelungen in Art. 19 UA 3 und Art. 22 Abs. 1 UA 1 der RL 2003/88/EG, demnach hatte der Rat auf Vorschlag der Kommission die genannten Artikel zu überprüfen und über das weitere Vorgehen zu entscheiden. Wesentlicher Streitpunkt war die sog. opt-out-Regelung[11], die in Einzelfällen eine Abweichungsoption von der

---

6 Richtlinie 2000/34/EG des Europäischen Parlaments und des Rates vom 22. Juni 2000 zur Änderung der Richtlinie 93/104/EG des Rates über bestimmte Aspekte der Arbeitszeitgestaltung hinsichtlich der Sektoren und Tätigkeitsbereiche, die von jener Richtlinie ausgeschlossen sind, ABl. L 195 v. 01.08.2000, S. 41.

7 Neben den Ärzten in der Ausbildung waren bisher auch die Bereiche des Straßen-, Luft-, See-, Schienenverkehrs, der Binnenschifffahrt, der Seefischerei und anderer Tätigkeiten auf See vom Anwendungsbereich der Richtlinie ausgeschlossen, vgl. Art. 1 Abs. 3 RL 93/104/EG vom 23.11.1993. Dieser Passus wurde durch die RL 2000/34/EG gestrichen, abgesehen von bestimmten Ausnahmen hinsichtlich der Seeleute.

8 Richtlinie 2003/88/EG des Europäischen Parlaments und des Rates vom 4. November 2003 über bestimmte Aspekte der Arbeitszeitgestaltung, ABl. L 299 vom 18.11.2003, S. 9. Siehe hierzu Bergmann/*Kersting*, Handlexikon der Europäischen Union, Stichwort: Arbeitszeit-Richtlinie, S. 64.

9 EuGH v. 03.10.2000, C-303/98 [Simap], NZA 2000, 1227 = AP Nr. 2 zu EWG-RL Nr. 93/104; EuGH v. 09.09.2003, C-151/02 [Jaeger], AP Nr. 7 zu EWG-RL Nr. 93/104 = NZA 2003, 1019.

10 KOM (2004) 607 endgültig, Vorschlag für eine Richtlinie des Europäischen Parlaments und des Rates zur Änderung der Richtlinie 2003/88/EG über bestimmte Aspekte der Arbeitszeitgestaltung, S. 2 – ursprünglicher Vorschlag; KOM (2005) 246 endgültig, geänderter Vorschlag für eine Richtlinie des Europäischen Parlaments und des Rates zur Änderung der Richtlinie 2003/88/EG über bestimmte Aspekte der Arbeitszeitgestaltung – geänderter Vorschlag; der genaue Verfahrensablauf ist nachzulesen unter: http://ec.europa.eu/prelex/detail_dossier_real.cfm?CL=de&DosId=191740 (21.12.2013). Weitere Einzelheiten finden sich bei *Mayer*, AiB 2008, 307 (310); *Mayer*, AiB 2008, 443.

11 Bergmann/*Kersting*, Handlexikon der Europäischen Union, Stichwort: Arbeitszeit-Richtlinie, S. 64 (65).

Vorgabe der 48-Stunden-Woche vorsieht, vgl. Art. 22 Abs. 1 RL 2003/88/EG. Hier forderten Arbeitnehmerorganisationen die möglichst zügige Abschaffung der opt-out-Möglichkeit, wohingegen die Arbeitgebervertreter für die Beibehaltung der Regelung plädierten und zusätzlich die Ausweitung dieser Möglichkeit auf tarifliche Regelungen unterstützten.[12]

Weiteres Konfliktpotenzial bestand hinsichtlich der Definition des Begriffs der Arbeitszeit. Auf die unterschiedlichen Formen der Arbeit, insbesondere auf die Problematik im Zusammenhang mit dem Bereitschaftsdienst wird im Folgenden noch näher eingegangen.[13] Die Kommission beabsichtigte im Rahmen des Bereitschaftsdienstes die Begriffe „Arbeitszeit" und „Ruhezeit" beizubehalten, wollte allerdings zwei neue Definitionen in Form des „Bereitschaftsdienstes" und der „inaktiven Zeit während des Bereitschaftsdienstes" in die Richtlinie einführen, die bisher in dieser Form noch nicht vorhanden waren. Betont wurde, dass diese Begriffe keine dritte Kategorie zu den beiden erstgenannten darstellen sollte, sondern eine Ergänzung.[14] Zur Rechtfertigung der Überarbeitungsvorschläge führte die Kommission aus, dass diese einen „größeren Schutz von Gesundheit und Sicherheit der Arbeitnehmer [hinsichtlich der Arbeitszeit] gewährleisten, den Unternehmen und den Mitgliedstaaten mehr Flexibilität in der Arbeitszeitgestaltung einräumen, eine bessere Vereinbarkeit von Berufs- und Familienleben ermöglichen, [sowie] eine unverhältnismäßige Belastung der Unternehmen [...] vermeiden"[15]. Auf die von der Kommission dargelegten Reformbemühungen konnten sich die Beteiligten auf Grund unterschiedlicher Interessenschwerpunkte nicht einigen, sodass die Überarbeitung scheiterte.[16]

---

12 Einzelheiten dazu: KOM (2004) 607 endgültig, Vorschlag für eine Richtlinie des Europäischen Parlaments und des Rates zur Änderung der Richtlinie 2003/88/EG über bestimmte Aspekte der Arbeitszeitgestaltung, S. 3. Ausführlich *Buschmann/Ulber*, Anhang – RL 2003/88/EG, S. 347; näher dazu *Deinert/Kittner*, RdA 2009, 265 (277 f.).

13 2. Kap. C. III. 3.

14 KOM (2004) 607 endgültig, Vorschlag für eine Richtlinie des Europäischen Parlaments und des Rates zur Änderung der Richtlinie 2003/88/EG über bestimmte Aspekte der Arbeitszeitgestaltung, S. 5; vgl. hierzu unten 2. Kap. C. III. 3.

15 KOM (2004) 607 endgültig, Vorschlag für eine Richtlinie des Europäischen Parlaments und des Rates zur Änderung der Richtlinie 2003/88/EG über bestimmte Aspekte der Arbeitszeitgestaltung, S. 3 f.

16 Vgl. *Reusch*, AiB 2009, 78; Bergmann/*Kersting*, Handlexikon der Europäischen Union, Stichwort: Arbeitszeit-Richtlinie, S. 64 (65); Kittner/Zwanziger/Deinert-*Mayer*, Arbeitsrecht, § 138 Rn. 155.

Im Jahr 2010 wurde erneut versucht, die Arbeitszeitrichtlinie zu ändern und daher im März 2010 mit der Anhörung der Sozialpartner begonnen.[17] Die Planungen beinhalteten eine „umfassende Überarbeitung der Richtlinie, die mit einer gründlichen Beurteilung ihrer Bestimmungen und der Ermittlung gegenwärtiger und für die Zukunft denkbarer Anwendungsprobleme beginnt, woran sich eine Prüfung der Optionen zur Lösung dieser Probleme anschließt".[18] Neben der Beibehaltung der klassischen Ziele des Arbeitszeitrechts, z.B. Schutz der Sicherheit und Gesundheit der Arbeitnehmer, spielte auch die Vereinbarkeitsproblematik hinsichtlich Familie und Beruf eine wichtige Rolle, um den Arbeitnehmern den benötigten Zeitrahmen zu schaffen.[19] Ende des Jahres 2010 erfolgte die zweite Anhörung der Sozialpartner, gleichzeitig legte die Kommission einen ausführlichen Bericht über die rechtliche Anwendung der Richtlinie in den Mitgliedstaaten vor, sowie erste Untersuchungsergebnisse zu den wirtschaftlichen und gesellschaftlichen Auswirkungen der Arbeitszeitbestimmungen; in diesem Kontext wurde die geplante Überarbeitung als „potenzieller Katalysator für Effizienzsteigerungen und eine bessere Work-Life-Balance"[20] bezeichnet. Inwieweit das Problem der Vereinbarkeit von Familie und Beruf Eingang in die Richtlinie finden wird, bleibt abzuwarten.

Im Frühjahr 2011 hat sich schließlich der Europäische Gewerkschaftsbund zu den Vorschlägen geäußert und signalisiert, dass eine Zusammenarbeit unter bestimmten Umständen mit den Arbeitgebern zur Überarbeitung der Richtlinie vorstellbar sei.[21] Dies mündete Ende des Jahres in ein der Vorbereitung dienendes

---

17 KOM (2010) 106 endgültig, Überarbeitung der Arbeitszeitrichtlinie v. 24.03.2010, S. 2. Vgl. zu den aktuellen Entwicklungen auch *Mayer*, AiB 2011, 711; *Mayer*, AiB 2011, 498.

18 KOM (2010) 106 endgültig, Überarbeitung der Arbeitszeitrichtlinie v. 24.03.2010, S. 3. Demnach sind nach Ansicht der Kommission die wichtigsten europäischen Entwicklungen hinsichtlich der Arbeitszeit eine generelle Verringerung der Gesamtarbeitszeit, die sog. Polarisierung der Arbeitszeit zwischen den Arbeitnehmergruppen sowie die voranschreitende Destandardisierung der Arbeitszeit mit zunehmenden Schwankungen und die damit einhergehende größere Flexibilität in den Unternehmen (a.a.O. S. 3).

19 KOM (2010) 106 endgültig, Überarbeitung der Arbeitszeitrichtlinie v. 24.03.2010, S. 6.

20 Vgl. dazu die Pressemitteilung der Europäischen Kommission, IP/10/1760 vom 21.12.2010.

21 EGB-Entschließung Arbeitszeitrichtlinie: Begrenzung der Arbeitszeit und Stärkung des Einflusses der Arbeitnehmer für ein gesünderes Arbeitsleben, abzurufen unter: http://www.etuc.org/IMG/pdf/Resolution-on-The-WTD-Limitation-of-working-hours-and-greater-influence-of-workers-for-the-benefit-of-healthier-workinglivesDE.pdf (21.12.2013).

Treffen der Arbeitgeber und schließlich in einer ersten Verhandlungsrunde der Sozialpartner im März 2012, der sich im Laufe des Jahres weitere anschlossen.[22] Gem. Art. 154 Abs. 4 AEUV iVm. Art. 155 Abs. 1 AEUV mussten die Gespräche innerhalb von neun Monaten zu einer Einigung kommen, sofern nicht mit der Europäischen Kommission ein Übereinkommen über die Verlängerung der Frist erzielt wird. Eine entsprechende Fristverlängerung bis zum 31.12.2012 vereinbarten die Sozialpartner mit Zustimmung der Kommission.[23] Allerdings konnte keine Einigung erzielt werden.[24] Demzufolge ist entsprechend der Vorgaben in Art. 154 AEUV nunmehr ein Vorschlag der Kommission erforderlich.

B. Entwicklung des Arbeitszeitgesetzes (ArbZG)

I. Historische Entwicklung

Die Dauer und Verteilung der Arbeitszeit stellt seit jeher einen zentralen Aspekt des Arbeitslebens, sowohl für Arbeitnehmer als auch Arbeitgeber dar. Daraus entwickelt hat sich vor allem seit Beginn der Industrialisierung ausreichend Konfliktpotenzial zwischen der staatlichen Arbeitsschutzgesetzgebung und den gewerkschaftlichen Betätigungen.[25] Ein besonders wesentlicher Einschnitt im Bereich der Arbeitszeit war die Einführung des Achtstundentages für Angestellte. Dieser wurde in den Demobilisierungsverordnungen von 1918/1919 festgelegt.[26]

---

22 Pressemitteilung des bvöd Nr. 2/2012 vom 04.01.2012, Verhandlungen zur Arbeitszeitrichtlinie 2012 Thema im bvöd-Sozialpartnerausschuss, abzurufen unter http://www.bvoed.de/termin-sopa-ausschuss-2012.html (21.12.2013). Vgl. dazu auch die Pressemitteilung der Europäischen Kommission, IP/12/903 vom 16.08.2012.

23 Vgl. dazu die Pressemitteilung der Europäischen Kommission, IP/12/903 vom 16.08.2012.

24 Vgl. zu den wesentlichen Streitpunkten, die zum Scheitern der Verhandlungen geführt haben, die Pressemitteilungen des DGB Nr. 215 vom 14.12.2012, „Europäische Arbeitgeber kompromisslos, Arbeitszeitverhandlungen geplatzt", abzurufen unter: http://www.dgb.de/presse/++co++8fab0b78-45f9-11e2-8634-00188b4dc422 (21.12.2013) und des bvöd Nr. 133/2012 vom 17.12.2012, „Monatelange Verhandlungen der Sozialpartner zur Arbeitszeitrichtlinie bleiben ohne Ergebnis", abzurufen unter: http://www.bvoed.de/nr.-13312-ende-verhandlungen-arbeitszeitrl.html (21.12.2013).

25 *Kittner*, Arbeits- und Sozialordnung, Einleitung zum Arbeitszeitgesetz, S. 334.

26 Verordnung vom 18.03.1919 – RGBl. I, S. 315. Einen Überblick über die historische Entwicklung des Arbeitsschutzsystems bieten *Schlick/Bruder/Luczak*, Arbeitswissenschaft, S. 713 ff.; *Buschmann,* AiB 2006, 651 (652).

In der Weimarer Republik wurde der vorgeschriebene Achtstundentag durch vielfältige Ausnahmen wieder gelockert. Dies mündete schließlich in der „Verordnung über die Arbeitszeit“[27], in der eine Verlängerung der täglichen Arbeitszeit auf zehn Stunden festgelegt wurde, die Basis bildeten ein Tarifvertrag oder eine behördliche Genehmigung. Besonders während der Wirtschaftskrise und der damit verbundenen Inflation ließ sich das starre System des Achtstundentages nicht mehr aufrecht halten.[28]

Während des Nationalsozialismus wurden zahlreiche arbeitsrechtliche Regelungen getroffen.[29] Im vorliegenden Rahmen ist besonderes Augenmerk auf die Arbeitszeitordnung zu legen. Diese trat 1934 unter der Herrschaft der Nationalsozialisten in Kraft[30], wobei die Arbeitszeitordnung von 1938 nur unwesentliche Veränderungen enthielt[31]. Inhaltlich sind die „männlichen, weiblichen und jugendlichen Arbeiter“[32] zusammengefasst, sowie die „Mitwirkungsrechte der Betriebsvertretungen beseitigt“[33] worden. Zu Kriegsbeginn haben die Nationalsozialisten zunächst die Arbeitszeitordnung mit der „Verordnung zur Abänderung und Ergänzung von Vorschriften auf dem Gebiete des Arbeitsrechts“ vom 01.09.1939[34] vollständig außer Kraft gesetzt. Anschließend schufen sie mit der „Verordnung über den Arbeitsschutz“[35] ein „Kriegsarbeitszeitrecht“[36], welches im Wesentlichen zu deutlich verlängerten Arbeitszeiten führte. Durch die Kontrollratsdirektive Nr. 26[37] folgte auf Anordnung der Besatzungsmächte nach Kriegsende die Festsetzung der wöchentlichen Arbeitszeit auf 48 Stunden.[38]

---

27 Verordnung über die Arbeitszeit vom 21.12.1923 – RGBl. I, S. 1249.

28 *Denecke/Neumann,* AZO, Einleitung, Rn. 3.

29 Kittner/Zwanziger/Deinert-*Kittner*, Arbeitsrecht, Die Geschichte des Arbeitsrechts, Rn. 49.

30 Verordnung über die Arbeitszeit vom 26.07.1934 – RGBl. I., S. 803.

31 Arbeitszeitverordnung vom 30.04.1938 – RGBl. I, S. 447; *Kittner*, Arbeits- und Sozialordnung, Einleitung zum Arbeitszeitgesetz, S. 335.

32 *Kittner*, Arbeits- und Sozialordnung, Einleitung zum Arbeitszeitgesetz, S. 335.

33 *Kittner*, Arbeits- und Sozialordnung, Einleitung zum Arbeitszeitgesetz, S. 335.

34 RGBl. I., S. 1683.

35 Verordnung über den Arbeitsschutz vom 12.12.1939 – RGBl. I, S. 2403.

36 Kittner/Zwanziger/Deinert-*Kittner*, Arbeitsrecht, Die Geschichte des Arbeitsrechts, Rn. 45.

37 Kontrollratsdirektive Nr. 26 v. 26.01.1946, Regelung der Arbeitszeit, BB 1946, Heft 8, 39.

38 *Kittner*, Arbeits- und Sozialordnung, Einleitung zum Arbeitszeitgesetz, S. 335.

Die Arbeitszeitordnung blieb bis zum Erlass des Arbeitszeitgesetzes 1994 im Wesentlichen unverändert.[39] Gleichwohl gab es bereits in den 50er Jahren Bestrebungen der Gewerkschaften, die Arbeitszeit zu verkürzen, bis hin zu einer 40-Stunden-Woche.[40] Die Arbeitszeit sollte primär „als Hebel zur Sicherung der Beschäftigung“[41] dienen. In den 80er Jahren kam es zu tariflichen Arbeitszeitverkürzungen, vordergründig waren arbeitsmarktpolitische Ziele, aber auch der Aspekt der Vereinbarkeit von Familie und Beruf rückte stärker in den Fokus.[42]

Schließlich trat das Arbeitszeitgesetz (ArbZG)[43] am 01.07.1994 in Kraft. Es bildet Art. 1 des als Artikelgesetz ausgestalteten Arbeitszeitrechtsgesetzes[44] (ArbZRG). Das Arbeitszeitrechtsgesetz hat gleichzeitig eine Vielzahl von Einzelgesetzen und Rechtsverordnungen in einem einheitlichen Gesetz kodifiziert. Gem. Art. 21 S. 3 ArbZRG sind parallel dazu 22 arbeitszeitrechtliche Bestimmungen außer Kraft getreten. Mit dem Arbeitszeitgesetz wurde die europäische Arbeitszeitrichtlinie 93/104/EG über bestimmte Aspekte der Arbeitszeitgestaltung[45] umgesetzt. Die Reaktionen auf das Arbeitszeitgesetz fielen differenziert aus. Während den Arbeitgebern[46] insbesondere der Aspekt der Flexibilisierung nicht weitgehend genug erschien, kam vor allem von Seiten der Gewerkschaften[47] Kritik an den normierten Flexibilisierungsmöglichkeiten sowie der Nacht- und Schichtarbeit.[48] Im

39 *Kittner*, Arbeits- und Sozialordnung, Einleitung zum Arbeitszeitgesetz, S. 335; *Diller*, NJW 1994, 2726.

40 *Buschmann/Ulber*, ArbZG, Einleitung – Grundzüge des Arbeitszeitrechts, Rn. 3.

41 *Hamm,* AiB 2011, 745, möglich sei es, veränderte Arbeitszeiten zu nutzen, um etwaige Überkapazitäten entsprechend anzupassen, problematisch sei aber, dass regelmäßig im Fokus solcher Maßnahmen weniger die Beschäftigten als die damit einhergehende Kostenersparnis stehe (a.a.O. S. 750).

42 *Buschmann/Ulber*, ArbZG, Einleitung – Grundzüge des Arbeitszeitrechts, Rn. 5.

43 Arbeitszeitgesetz v. 06.06.1994, BGBl. I 1994, S. 1170; ausführlich zum Entwurf eines Arbeitszeitgesetzes: *Janicki*, Aktuelle arbeitszeitrechtliche Probleme und der Entwurf des Arbeitszeitgesetzes.

44 Gesetz zur Vereinheitlichung und Flexibilisierung des Arbeitszeitrechts v. 06.06.1994, BGBl. I 1994, S. 1170.

45 Richtlinie 93/104/EG des Rates vom 23. November 1993 über bestimmte Aspekte der Arbeitszeitgestaltung, ABl. L 307 vom 13.12.1993, S. 18. Einzelheiten zur Richtlinie, s. *Ende*, AuR 1997, 137; *Lörcher*, AuR 1994, 49.

46 *Kittner*, Arbeits- und Sozialordnung, Einleitung zum Arbeitszeitgesetz, S. 335 mit Verweis u.a. auf *Diller*, NJW 1994, 2726 (2628); *Berger-Delhey*, ZTR 1994, 105 (106 ff.).

47 *Kittner*, Arbeits- und Sozialordnung, Einleitung zum Arbeitszeitgesetz, S. 335 mit Verweis auf *Engelen-Kefer*, AuR 1992, 161 (163 f.); *Berg*, AiB 1994, 578.

48 Siehe *Kittner*, Arbeits- und Sozialordnung, Einleitung zum Arbeitszeitgesetz, S. 335.

Rahmen der Anwendung des Arbeitszeitgesetzes ist „im Wege der europarechtskonformen Auslegung als Inhaltskontrolle“[49] die Vereinbarkeit mit der Arbeitszeitrichtlinie zu prüfen. Die am 02.08.2004 in Kraft getretene Richtlinie 2003/88/EG[50] hat die beiden vorhergehenden Richtlinien 93/104/EG[51] sowie 2000/34/EG[52] zusammengefasst.

Auf Grund fortbestehender Kritikpunkte und einer zunehmenden Vereinheitlichung der Regelungen auf diesem Gebiet war beabsichtigt, die Arbeitszeitrichtlinie zu überarbeiten. Dieses Vorhaben ist jedoch zu Beginn des Jahres 2009 gescheitert. Im Jahr 2010 wurde ein neuer Anlauf genommen, die Richtlinie entsprechend zu ändern, ein Ergebnis konnte von den Sozialpartnern trotz Fristverlängerung bis Dezember 2012 nicht erzielt werden.[53]

II. Zielsetzung

Eine permanente Überschreitung der körperlichen und seelischen Leistungsgrenzen kann erhebliche Gesundheitsbeeinträchtigungen wie Krankheit oder Frühinvalidität hervorrufen[54], aber auch Gefahren für die Sicherheit der Arbeitnehmer bedeuten.[55] Um solche negativen Auswirkungen zu vermeiden, hat der

---

49 ErfK/*Wank*, § 1 ArbZG Rn. 2.

50 Richtlinie 2003/88/EG des Europäischen Parlaments und des Rates vom 4. November 2003 über bestimmte Aspekte der Arbeitszeitgestaltung, ABl. L 299 vom 18.11.2003, S. 9.

51 Richtlinie 93/104/EG des Rates vom 23. November 1993 über bestimmte Aspekte der Arbeitszeitgestaltung, ABl. L 307 vom 13.12.1993, S. 18.

52 Richtlinie 2000/34/EG des Europäischen Parlaments und des Rates vom 22. Juni 2000 zur Änderung der Richtlinie 93/104/EG des Rates über bestimmte Aspekte der Arbeitszeitgestaltung hinsichtlich der Sektoren und Tätigkeitsbereiche, die von jener Richtlinie ausgeschlossen sind, ABl. L 195 v. 01.08.2000, S. 41.

53 Siehe hierzu ausführlich im 2. Kap. A.

54 *Anzinger/Koberski*, ArbZG, Einführung, Rn. 1; *Jentgens*, AiB 2011, 719 (720); *Seebacher/Silberberger*, AiB 2011, 757 (758 f.). Zu den Gefahren einer dauerhaften Arbeitsüberlastung siehe auch *Oppolzer*, AiB 2006, 521. Den psychischen Belastungen in Betrieben mit leistungsorientierten Arbeitsbedingungen widmet sich *Ahlers*, WSI-Mitteilungen 2010, 350; *Stoppkotte/Stiel*, AiB 2011, 423 (424).

55 BT-Drucks. 12/6990, S. 38, Bericht und Beschlussempfehlung des Ausschusses für Arbeit und Sozialordnung v. 08.03.1994, Entwurf eines Gesetzes zur Vereinheitlichung und Flexibilisierung des Arbeitszeitrechts, Entwurf eines Arbeitszeitgesetzes; BVerwG v. 19.09.2000 – 1 C 17/99, BVerwGE 112, 51 (55 f.) = NZA 2000, 1232

Gesetzgeber die zulässige Arbeitszeit durch das Arbeitszeitgesetz definiert.[56] Hierbei wurden Regelungen zur Dauer der Arbeitszeit sowie bzgl. eines grundsätzlichen Arbeitsverbotes an Sonn- und Feiertagen getroffen. Primär geht es um die Schaffung eines ausgewogenen Verhältnisses zwischen Arbeits- und Ruhezeit.[57] Gleichzeitig soll Arbeitnehmern die Möglichkeit gegeben werden, der eigenen Freizeitgestaltung im Rahmen der Grundrechtsausübung nachzugehen.[58]

Hinsichtlich des Ziels wird in § 1 ArbZG zum Ausdruck gebracht, dass das Arbeitszeitgesetz bei der Arbeitszeitgestaltung die Sicherheit und den Gesundheitsschutz der Arbeitnehmer gewährleisten, sowie eine Verbesserung der Rahmenbedingungen für flexible Arbeitszeiten erzielen soll (§ 1 Nr. 1 ArbZG). Parallel dazu sind der „Sonntag und die staatlich anerkannten Feiertage als Tage der Arbeitsruhe und der seelischen Erhebung der Arbeitnehmer zu schützen", § 1 Nr. 2 ArbZG. Im Kontext der vorliegenden Untersuchung ist zu klären, ob die Aufzählung in § 1 ArbZG abschließend ist oder auch nicht ausdrücklich genannte Aspekte Berücksichtigung finden können. Der Gesichtspunkt der Vereinbarkeit von Familie und Beruf käme als weitere Zielsetzung im Rahmen der Arbeitszeitregelungen in Betracht. Ausschließlich dem Wortlaut von § 1 ArbZG folgend, muss von einer abschließenden Aufzählung ausgegangen werden. Demnach kann sich bei behördlichen oder gerichtlichen Entscheidungen nicht ausschließlich auf Zwecke gestützt werden, die nicht in § 1 ArbZG erwähnt sind.[59] Neben der wörtlichen Auslegung ist aber auch die Historie zu berücksichtigen und damit auf den Willen des Gesetzgebers abzustellen. Dieser hat sich in der Gesetzesbegründung[60] nur auf die ausdrücklich im Gesetzestext genannten Zwecke bezogen. Hingegen enthält der von der SPD-Fraktion und einzelnen Abgeordneten vorgelegte Gesetzesentwurf in § 1 den Verweis auf die bessere Vereinbarkeit von Familie und Beruf für Frauen und Männer sowie die Gewährleistung von ausreichend arbeitsfreien

---

(1233); vergleiche dazu auch MüArbR/*Anzinger*, § 297 Rn. 2 mwN. Weiterführend zum Arbeitszeitgesetz, *Preis/Ulber*, ZESAR 2011, 147.

56 Einen allgemeinen Überblick über die „Brennpunkte des Arbeitszeitgesetzes" verschafft *Junker*, ZfA 1998, 105.

57 BAG v. 11.07.2006 – 9 AZR 519/05, BAGE 119, 41 (49) = AP Nr. 10 zu § 611 BGB Dienstreise.

58 *Zmarzlik/Anzinger*, ArbZG, Einführung Rn. 1; BVerwG v. 19.09.2000 – 1 C 17/99, BVerwGE 112, 51 (55) = NZA 2000, 1232 (1233); dazu die kritische Anmerkung von *Schoch*, JZ 2001, 406; *Schlachter*, EWiR 2000, 1091 (1092).

59 *Schliemann*, ArbZG, § 1 Rn. 2.

60 BT-Drucks. 12/5888, S. 23, Entwurf eines Gesetzes zur Vereinheitlichung und Flexibilisierung des Arbeitszeitrechts v. 13.10.1993.

Zeiten für „Erholung, Freizeitgestaltung und Teilnahme der Beschäftigten am gesellschaftlichen Leben"[61]. Der Bericht des Ausschusses für Arbeit und Sozialordnung[62] hat sich ebenfalls überwiegend für den von der Bundesregierung vorgeschlagenen Wortlaut des § 1 ArbZG ausgesprochen, sodass die Vorschläge der Opposition keine Berücksichtigung gefunden haben. Folglich kann auch im Rahmen der historischen Auslegung kein gegenteiliges Ergebnis ausgemacht werden. Damit hat der Gesetzgeber ebenso etwaige „arbeitsmarktpolitische Erfordernisse"[63] nicht berücksichtigt. Dagegen vertritt *Junker*[64] die Auffassung, dass auch nicht genannte Zwecke zu berücksichtigen seien, begründet wird dies damit, dass die ausdrückliche Zweckbestimmung im Gesetz ungewöhnlich sei. Dem lässt sich entgegenhalten, dass es inzwischen durchaus üblich ist, zu Beginn des Gesetzes eine Zweckbestimmung zu treffen.[65] Auch *Schliemann*[66] ist der Ansicht, dass § 1 ArbZG keine abschließende Aufzählung aller Gesetzeszwecke enthalte, insbesondere wird moniert, dass die „Erledigung der verschiedenen nationalen Gesetzgebungsaufträge"[67] sowie der einheitliche Gesundheitsschutz für Männer und Frauen und das europäische Recht nicht erwähnt würden.

Zu berücksichtigen ist, dass es im Gestaltungsspielraum des Gesetzgebers liegt, welche Zwecke er ausdrücklich benennt. Hinsichtlich des europäischen Rechts ist darauf hinzuweisen, dass im Rahmen der europarechtskonformen Auslegung der deutschen Gesetze ohnehin auf eine entsprechende Kompatibilität geachtet werden muss.[68] Daher ergibt sich im Umkehrschluss aus der Aufzählung in § 1 ArbZG, dass das Gesetz keine anderen, als die genannten Zwecke, verfolgt.[69] Hierfür spricht auch, dass das Arbeitszeitgesetz im Kontext der Regelungsbereiche nur Grundnormen bestimmt, die einer individuellen Ausgestaltung durch

---

61 BT-Drucks. 12/5282, Entwurf eines Arbeitszeitgesetzes von Abgeordneten und der Fraktion der SPD v. 28.06.1993, S. 3. Siehe auch *Buschmann/Ulber*, ArbZG, § 1 Rn. 3.

62 BT-Drucks. 12/6990, Beschlussempfehlung und Bericht des Ausschusses für Arbeit und Sozialordnung v. 08.03.1994, S. 8 ff.

63 *Buschmann/Ulber,* ArbZG, § 1 Rn. 4; ErfK/*Wank*, § 1 ArbZG Rn. 4.

64 Siehe *Junker*, ZfA 1998, 105 (107).

65 AnwK-ArbR/*Wichert*, § 1 ArbZG Rn. 8, z. B. § 1 BBergG, § 1 BImSchG. Weitere Beispiele bei denen der Gesetzeszweck bzw. das -ziel ausdrücklich genannt wird, sind: § 1 AufenthG, § 1 LuftSiG, § 1 TzBfG.

66 *Schliemann*, ArbZG, § 1 Rn. 11.

67 *Schliemann*, ArbZG, § 1 Rn. 11.

68 Vgl. Art. 4 Abs. 3 EUV; EuGH v. 04.02.1988 – C-157/86 [Murphy u.a.], Slg. 1988, 673; Geiger/Khan/Kotzur-*Geiger*, EUV/AEUV, Art. 4 EUV Rn. 9.

69 ErfK/*Wank*, § 1 ArbZG Rn. 4.

Arbeitsverträge, Tarifverträge, Betriebsvereinbarungen oder Bewilligungen bzw. Ermächtigungen der Aufsichtsbehörde zugänglich sind.[70] Die inhaltliche Präzisierung der Arbeitszeit bleibt somit, innerhalb der gesetzlichen Vorgaben, den Regelungen der Arbeitsvertragsparteien bzw. der Sozialpartner vorbehalten.

Beachtet werden muss, dass die genannten Zwecke keine Rechte oder Pflichten des Arbeitnehmers bzw. Arbeitgebers begründen, jedoch dient die Aufnahme der Zweckbestimmung in das Gesetz u.a. der Beseitigung von Auslegungsschwierigkeiten im Bereich von Ermessensentscheidungen.[71] Damit soll vermieden werden, dass der Rechtsanwender das Gesetz im Rahmen der objektiven Gesetzesauslegung in eine vom Gesetzgeber nicht beabsichtigte Richtung weiterentwickelt.[72]

1. Sicherheit und Gesundheitsschutz der Arbeitnehmer

Die Sicherheit und der Gesundheitsschutz der Arbeitnehmer sind durch entsprechende Arbeitszeitregelungen zu gewährleisten. Die gesetzeswidrige Ausgestaltung der Arbeitszeit durch den Arbeitgeber kann ein entsprechendes Leistungsverweigerungsrecht des Arbeitnehmers nach sich ziehen, da die Verpflichtung gem. § 134 BGB unwirksam ist.[73] Zu bejahen ist dies, wenn eine gesetzliche Regelung die Arbeit für bestimmte Personen, z.B. an Sonn- und Feiertagen, nicht erlaubt; eine arbeitgeberseitige Kündigung ist aus diesem Grund nicht möglich.[74] Vor allem aber die „gestörte Vertragsparität"[75] zwischen Arbeitnehmer und Arbeitgeber erfordert eine gesetzliche Festlegung der Höchstarbeitszeit.[76] In seiner konkreten Ausgestaltung entspricht der Sicherheits- und Gesundheitsschutz der Arbeitnehmer der staatlichen Schutzpflicht des Art. 2 Abs. 2 S. 1 GG.[77] Das Merkmal Sicherheit ist dahingehend auszulegen, dass der Arbeitnehmer vor Überbeanspruchung

70 *Kittner*, Arbeits- und Sozialordnung, Einleitung zum Arbeitszeitgesetz, S. 335 f.

71 ErfK/*Wank*, § 1 ArbZG Rn. 4.

72 AnwK-ArbR/*Wichert*, § 1 ArbZG Rn. 8.

73 BAG v. 28.10.1971 – 2 AZR 15/71, AP Nr. 62 zu § 626 BGB = DB 1972, 489 (490); BAG v. 19.06.1959 – 1 AZR 565/57, BAGE 8, 47 *(50)* = NJW 1959, 2036 (2037); vgl. auch BAG v. 14.12.1967 – 5 AZR 74/67, AP Nr. 2 zu § 1 AZO = BB 1968, 206; Kittner/Zwanziger/Deinert-*Schoof*, Arbeitsrecht, § 27 Rn. 19 mwN.; Schaub/*Vogelsang*, ArbR-Hdb. § 159 Rn. 42.

74 Schaub/*Vogelsang*, ArbR-Hdb. § 159 Rn. 42.

75 Kittner/Zwanziger/Deinert-*Deinert*, Arbeitsrecht, § 7 Rn. 18.

76 Kittner/Zwanziger/Deinert-*Schoof*, Arbeitsrecht, § 25 Rn. 3.

77 BVerfG v. 28.01.1992 – 1 BvR 1025/82, 1 BvL 16/83, 1 BvL 10/91, BVerfGE 85, 191 (212) = AP Nr. 2 zu § 19 AZO. Demnach muss der Gesetzgeber Arbeitnehmer vor den negativen Auswirkungen von Nachtarbeit schützen. Vgl. zum Schutz vor Nachtarbeit

geschützt und damit Arbeitsunfälle vermieden werden sollen.[78] Dieser Aspekt ist sowohl für den Arbeitgeber bzgl. der Leistungserbringung durch den Arbeitnehmer als auch für diesen hinsichtlich der Erhaltung seiner Arbeitskraft von besonderer Bedeutung. Parallel dazu gewährleistet der Schutz vor Überbeanspruchung, dass den Arbeitnehmern ausreichend Zeit für die private Lebensgestaltung zur Verfügung steht.[79]

2. Flexible Arbeitszeiten

Die zunehmenden Anforderungen an Arbeitnehmer, aber auch an Arbeitgeber hinsichtlich flexibler Arbeitszeiten wurden bereits angesprochen.[80] Unter dem Begriff der Arbeitszeitflexibilisierung lässt sich die „mehr oder weniger ständige Veränderbarkeit der Arbeitszeitlage bzw. –dauer oder beider Faktoren verstehen“[81]. Allerdings wird vom Gesetzgeber nicht vorgegeben, aus wessen Perspektive die Flexibilisierung zu bestimmen ist. Hierunter können die Absichten der Arbeitgeber, durch einen variablen Einsatz der Mitarbeiter einem eventuellen Auftragsmangel möglichst effizient und kostengünstig zu begegnen, verstanden werden. Gleichzeitig darf das Streben der Arbeitnehmer nach finanzieller Sicherheit und einer möglichst optimalen Anpassung der Arbeitszeiten an die privaten Gegebenheiten nicht außer Acht gelassen werden.[82] Der unspezifische Gesetzeswortlaut spricht für eine weite Auslegung des Begriffs, sodass sowohl arbeitgeber- als auch arbeitnehmerseitige Flexibilisierungsinstrumente, wie z.B. Gleitzeit oder Vertrauensarbeitszeit davon erfasst werden.[83] Das Gesetz begründet allerdings keinen

---

auch: BVerfG v. 17.11.1992 – 1 BvR 168/89, 1 BvR 1509/89, 1 BvR 638/90, 1 BvR 639/90, BVerfGE 87, 363 = AP Nr. 13 zu § 5 BAZG.

78 *Schliemann*, ArbZG, § 1 Rn. 4; *Roggendorff*, ArbZG, C § 1 Rn. 3; HWK/*Gäntgen*, § 1 ArbZG Rn. 3.

79 BVerwG v. 19.09.2000 – 1 C 17/99, BVerwGE 112, 51 (55 f.) = NZA 2000, 1232 (1233); BayObLG v. 23.03.1992 – 3 ObOWi 18/92, NZA 1992, 811 = DB 1992, 997 (Leitsatz).

80 Vgl. 1. Kap. A.

81 *Buschmann/Ulber*, ArbZG, § 1 Rn. 8. Weiterführend zur Thematik *Buschmann*, AiB 2008, 305; *Groß/Seifert/Sieglen*, WSI-Mitteilungen 2007, 202; *Hohenstatt/Schramm*, NZA 2007, 238.

82 Vgl. *Kasprzyk/Degenhardt,* AuA 2008, 4 (Sonderbeilage).

83 *Buschmann/Ulber*, ArbZG, § 1 Rn. 9; ErfK/*Wank*, § 1 ArbZG Rn. 6; *Munz,* AiB 2008, 338 (342) plädiert im Rahmen der flexiblen und selbstgesteuerten Arbeitszeiten für einen fairen Interessenausgleich zwischen den Anforderungen der Arbeitgeber an die Flexibilität der Arbeitnehmer sowie deren anderweitigen Verpflichtungen im privaten

Anspruch seitens des Arbeitgebers hinsichtlich eines flexiblen Einsatzes der Arbeitnehmer, hierzu ist eine zusätzliche Rechtsgrundlage erforderlich.[84] Ebenfalls lassen sich die „Zeitsouveränität der Beschäftigten“[85] sowie die bessere „Vereinbarkeit von Familie und Beruf“[86] unter den Begriff der Flexibilität fassen, sodass im Rahmen der konkreten Ausgestaltung im Hinblick auf die Arbeitszeiten auch die familiären Verpflichtungen der Arbeitnehmer in den Blick zu nehmen sind.

Dem Ziel der flexiblen Arbeits- bzw. Ausgleichszeiten hat der Gesetzgeber dahingehend Rechnung getragen, dass der in § 4 Abs. 1 AZO vorgesehene Ausgleichszeitraum von zwei Wochen zur Einhaltung des 8-Stunden-Tages mit der Einführung des Arbeitszeitgesetzes auf sechs Kalendermonate bzw. 24 Wochen verlängert wurde, vgl. § 3 S. 2 ArbZG. Dementsprechend eröffnen sich hinsichtlich eines längerfristigen Arbeitseinsatzes oberhalb der grundsätzlichen Höchstbeschäftigungsdauer des § 3 Abs. 1 ArbZG weitere Spielräume, um diese Mehrarbeit wieder auszugleichen. Darüber hinaus wurden zahlreiche Ausnahmen vom Beschäftigungsverbot am Sonntag in § 10 ArbZG geregelt, sowie der Gestaltungsspielraum der Betriebs- bzw. Tarifvertragsparteien ausgeweitet (§§ 7, 12 ArbZG). Insgesamt sollte die Attraktivität des Wirtschaftsstandortes Deutschland durch die Gesetzesänderungen gesichert bzw. gesteigert werden.[87]

3. Schutz der Sonn- und Feiertagsruhe

§ 1 Nr. 2 ArbZG schützt „den Sonntag und die staatlich anerkannten Feiertage als Tage der Arbeitsruhe und der seelischen Erhebung der Arbeitnehmer“. Der Schutz ist in § 9 ArbZG durch ein grds. Beschäftigungsverbot an Sonn- und Feiertagen verankert. Statuiert wurde dieser besondere Schutz des Sonntags bereits in Art. 139 WRV. Demnach bleiben „der Sonntag und die staatlich anerkannten Feiertage [...] als Tage der Arbeitsruhe und der seelischen Erhebung gesetzlich geschützt“. Art. 139 WRV wurde durch Art. 140 GG in das Grundgesetz „inkorporiert“[88]. Art.

Bereich. Eine Übersicht über die „Flexibilisierung der Arbeitszeit im Arbeitgeber- und Arbeitnehmerinteresse“ liefert *Reinecke*, BB-Special 2008 zu Heft 14, 21. Vgl. auch *Reiserer*, NZA 2010, Beilage zu Heft 2, 39; *Bittmann/Mujan*, AuA 2010, 366.

84 ErfK/*Wank*, § 1 ArbZG Rn. 4.

85 HK-ArbR/*Growe*, § 1 ArbZG Rn. 7.

86 HK-ArbR/*Growe*, § 1 ArbZG Rn. 7.

87 BeckOK-*Kock*, ArbZG § 1 Rn. 5; *Anzinger*, BB 1994, 1492; Küttner/*Reinecke*, Personalbuch 2013, Arbeitszeit Rn. 2.

88 ErfK/*Wank*, § 1 ArbZG Rn. 7; nähere Informationen: *Däubler*, DB 1988, Beil. 7, 1 (4); *Mattner*, NJW 1988, 2207; *Hillgruber*, DVBl 1999, 1155 (1171 f.).

140 GG iVm. Art. 139 WRV stellt aber kein Grundrecht dar[89], sondern durch das Zusammenspiel der beiden Vorschriften wird eine institutionelle Garantie des Sonntags geschaffen.[90] Somit ist der Gesetzgeber nicht daran gehindert, auch die Sonntagsarbeit in bestimmten Fällen zu erlauben, er muss hierbei aber den gesetzlichen Regelungen Rechnung tragen und darf nicht den Kernbereich der Institutsgarantie tangieren. Die konkrete Ausgestaltung des gesetzlichen Sonntagsschutzes hinsichtlich Art, Umfang und Intensität liegt dabei im gesetzgeberischen Ermessen.[91] Im Rahmen der Ermessensausübung ist darauf zu achten, dass der Schutz der gesetzlich anerkannten Sonn- und Feiertage nicht unterlaufen wird.[92]

Wesentlich ist hier, aus welchem Grunde Sonn- und Feiertage geschützt werden, denn der Grundgedanke des religiösen Feiertags ist in § 1 ArbZG nicht genannt, sondern lediglich die Arbeitsruhe.[93] Hinsichtlich der Feiertage ist ein solch umfassender Schutz nicht vorgesehen. Der verfassungsrechtliche Schutz wird nur dem Sonntag zu teil. Die Feiertage werden, mit Ausnahme des 03. Oktober als Bundesfeiertag, durch die Landesgesetze bestimmt.[94]

4. Zweckkollision

Hinsichtlich des Zusammenspiels der einzelnen Gesetzeszwecke können sich diese sowohl ergänzen als auch im Widerspruch zueinander stehen. Insbesondere das Bedürfnis der Arbeitgeber nach flexiblen Rahmenbedingungen und die ebenfalls genannte Sonn- bzw. Feiertagsruhe können sich in bestimmten Konstellationen diametral gegenüberstehen. Dies wird am Beispiel der Ladenöffnungszeiten an Sonn- und Feiertagen deutlich. Hier stehen die Wünsche der Kunden nach flexiblen Öffnungszeiten, das Streben der Arbeitgeber nach Konkurrenzfähigkeit und

89 BVerfG v. 14.12.1965 – 1 BvR 413/60, 1 BvR 416/60, BVerfGE 19, 206 (218) = NJW 1966, 147; BVerwG v. 15.03.1988 – 1 C 25/84, NJW 1988, 2254 (2255) = AP Nr. 31 zu Art 140 GG.

90 BVerwG v. 15.03.1988 – 1 C 25/84, NJW 1988, 2254 (2255) = AP Nr. 31 zu Art. 140 GG; BVerfG v. 18.09.1995 – 1 BvR 1456/95, NJW 1995, 3378 (3379) = BayVBl 1996, 80. Dazu auch *Kuhr,* DB 1994, 2186 mwN.; *Loritz*, Möglichkeiten und Grenzen der Sonntagsarbeit, S. 19 ff; *Richardi*, AuR 2006, 379 (383).

91 BVerwG v. 15.03.1998 – 1 C 25/84, NJW 1988, 2254 (2255) = AP Nr. 31 zu Art. 140 GG.

92 *Schliemann*, ArbZG, § 1 Rn. 9.

93 ErfK/*Wank*, § 1 ArbZG Rn. 8.

94 ErfK/*Wank*, § 1 ArbZG Rn. 7; MüArbR/*Anzinger*, § 301 Rn. 5 ff.; AnwK-ArbR/*Wichert*, § 9 ArbZG Rn. 30. Die Gesetzgebungskompetenz der Länder ergibt sich aus Art. 30, 70 Abs. 1 GG.

das Bedürfnis der Arbeitnehmer nach Ruhe und Erholung im Spannungsfeld.[95] Die Lösung des Problems erscheint auf Grund der konfligierenden Interessen äußerst schwierig. Sie hängt auch davon ab, ob man bzgl. der genannten Schutzgüter ein Stufenverhältnis ausmachen kann, sodass auf bestimmte Aspekte besondere Rücksicht zu nehmen ist, oder ob die Sicherheit, der Gesundheitsschutz, der Sonntagsschutz sowie die flexiblen Arbeitszeiten gleichrangig zu behandeln sind.

Buschmann/Ulber[96] gehen davon aus, dass das Flexibilisierungsinteresse im Konfliktfall hinter der Sicherheit und dem Gesundheitsschutz sowie dem Schutz der Sonn- und Feiertage zurückbleiben müsse. Eine weitere Differenzierung nimmt *Schliemann*[97] vor, indem er dem Gesundheitsschutz den Vorrang gegenüber dem Sonn- und Feiertagsschutz einräumt. Dagegen wird von *Baeck/Deutsch*[98] vorgebracht, dass die Reihenfolge der Nennung der Gesetzeszwecke keine Aussage über ein etwaiges Vorrangverhältnis treffe. Diese sind der Auffassung, dass im Kollisionsfall individuell entschieden werden müsse, welcher Zweck primär zu berücksichtigen sei.[99]

Dem Wortlaut des Gesetzes lässt sich kein Vorrangverhältnis entnehmen. Da der Sicherheits- und Gesundheitsschutz der Arbeitnehmer mit der staatlichen Schutzpflicht des Art. 2 Abs. 1 GG korrespondiert[100], erscheint es gerechtfertigt, im Kollisionsfall zunächst der Sicherheit und dem Gesundheitsschutz den Vorrang sowohl vor dem Sonn- und Feiertagsschutz als auch dem Flexibilisierungsgedanken einzuräumen. Jedoch ist insbesondere im Konfliktfall mit dem Sonntagsschutz zu beachten, dass auch dieser im Grundgesetz in Art. 140 GG iVm. Art. 139 WRV verankert ist, obgleich nur als institutionelle Garantie und nicht als Grundrecht.[101] Daher ist eine jeweils individuell stattfindende Abwägung der widerstreitenden

---

95 Die Problematik der Wechselwirkungen zwischen den Ladenöffnungszeiten und dem Arbeitnehmerschutz wird im 4. Kapitel C. noch ausführlich betrachtet.

96 *Buschmann/Ulber*, ArbZG, § 1 Rn. 11 mwN. Der gleichen Ansicht sind auch *Anzinger/Koberski*, ArbZG, § 1 Rn. 9.

97 *Schliemann*, ArbZG, § 1 Rn. 10.

98 *Baeck/Deutsch,* ArbZG, § 1 Rn. 10.

99 *Baeck/Deutsch,* ArbZG, § 1 Rn. 10 mwN. Vgl. hierzu auch *Junker*, ZfA 1998, 105 (106).

100 BVerfG v. 28.01.1992 – 1 BvR 1025/82, 1 BvL 16/83, 1 BvL 10/91, BVerfGE 85, 191 (212) = AP Nr. 2 zu § 19 AZO. Demnach muss der Gesetzgeber Arbeitnehmer vor den negativen Auswirkungen der Nachtarbeit schützen. Vgl. zum Schutz vor Nachtarbeit auch: BVerfG v. 17.11.1992 – 1 BvR 168/89, 1 BvR 1509/89, 1 BvR 638/90, 1 BvR 639/90, BVerfGE 87, 363 = AP Nr. 13 zu § 5 BAZG.

101 Vgl. 2. Kap. B. II. 3.; BVerwG v. 15.03.1988 – 1 C 25/84, NJW 1988, 2254 (2255) = AP Nr. 31 zu Art. 140 GG; BVerfG v. 18.09.1995 – 1 BvR 1456/95, NJW 1995, 3378

Interessen angemessen, wobei das Flexibilisierungsinteresse im Konfliktfall zurücktreten muss.

5. Zwischenergebnis

Festzuhalten bleibt, dass der Gesetzgeber bei der Ausgestaltung des Arbeitszeitgesetzes die unterschiedlichen Interessen hinreichend zu berücksichtigen und in Einklang zu bringen hatte. In § 1 ArbZG wurden beide Interessenfelder, sowohl der Arbeitnehmerschutz als auch ein zunehmender Flexibilisierungsgrad aufgenommen. Es erscheint hinsichtlich des Sonntagsschutzes, welcher zugleich auch im Interesse der Arbeitnehmer liegt, angemessen, diesen als grundsätzliches Verbot auszugestalten. Grundlage hierfür ist die Regelung des Art. 140 GG iVm. Art. 139 WRV. Gleichzeitig hat der Gesetzgeber Ausnahmeregelungen bereits in § 10 ArbZG zugelassen und auch weitere Abweichungsmöglichkeiten in §§ 12 ff. ArbZG eröffnet. Die vollständige Festlegung des Sonntagsschutzes durch die Tarif- und Betriebspartner würde womöglich zu dessen Aufweichung führen und damit den verfassungsrechtlichen Vorgaben nicht mehr gerecht werden. Jedoch erscheint es im Hinblick auf eine flexible Ausgestaltung der Arbeitszeit und damit der größtmöglichen Anpassung an sich verändernde Umstände sinnvoll, dass sich der Gesetzgeber darauf beschränkt hat, nur einen Mindeststandard vorzugeben und somit den Tarif- und Betriebspartnern noch ein hinreichender Spielraum zur individuellen Ausgestaltung der Arbeitszeit verbleibt, sodass insgesamt ein gerechter Interessenausgleich erzielt wird.

III. Was ist Arbeitszeit?

1. Arbeitszeit

Die Definition der Arbeitszeit stellt für Arbeitgeber und Arbeitnehmer eine elementare Voraussetzung dar, da hierdurch das Zusammenspiel zwischen Berufs- und Privatleben determiniert wird und gleichzeitig die Parameter Anwesenheitspflicht der Arbeitnehmer in Relation zum Vergütungsanspruch festgelegt werden.[102]

(3379) = BayVBl 1996, 80. Dazu auch *Kuhr,* DB 1994, 2186 mwN.; *Loritz*, Möglichkeiten und Grenzen der Sonntagsarbeit, S. 19 ff; *Richardi*, AuR 2006, 379 (383).

102 *Stöckel/Wulff*, AiB 2011, 731, mit einer Übersicht über die wesentlichen Themenfelder der Arbeitszeit. Dazu ebenfalls *Bissels/Domke/Wisskirchen*, DB 2010, 2052, die sich schwerpunktmäßig mit der „Nutzung von Smart-Phones und sonstigen mobilen Arbeitsmitteln außerhalb der „regulären" Arbeitszeiten" (S. 2055) befassen und für

Der Begriff der Arbeitszeit wird dahingehend definiert, dass „die Zeit vom Beginn bis zum Ende der Arbeit ohne die Ruhepausen“ umfasst wird (§ 2 Abs. 1 S. 1 ArbZG). Allerdings bleibt durch diese Definition weiterhin unklar, wie der Begriff “Arbeit“ eigentlich auszulegen ist.[103] Durch die Bestimmung der Anfangs- und Endzeiten der Arbeit werden lediglich die äußeren Begrenzungen markiert, sodass eine Annäherung an den Begriff der Arbeitszeit ermöglicht wird. Die Gegenüberstellung von Ruhepausen und Arbeitszeiten kennzeichnet zumindest einen ersten Aspekt der Arbeitszeit.[104] Demnach sind die Ruhepausen und die Arbeitszeiten als gegensätzliche Zeiten zu betrachten. Allerdings bleibt zu berücksichtigten, dass die Definition der „Arbeit“ iSd. Arbeitszeitgesetzes im Hinblick auf den in § 1 ArbZG genannten Gesetzeszweck zu beziehen ist. Daher muss der Begriff im Lichte der Sicherheit und des Gesundheitsschutzes der Arbeitnehmer, flexibler Arbeitszeiten sowie des Sonn- und Feiertagsschutzes ausgelegt werden. Daraus folgt, dass der Begriff der Arbeitszeit in anderen Zusammenhängen auch unterschiedlichen Definitionen zugänglich ist.

Im Rahmen des Arbeitszeitgesetzes ist unter dem Begriff der Arbeit jede Tätigkeit zu verstehen, „die der Befriedigung eines fremden Bedürfnisses dient“[105]. Folglich ergibt sich als weiteres Abgrenzungskriterium das Merkmal der „Fremdheit“. Demnach ist von Arbeitszeit zu sprechen, wenn der Arbeitnehmer im Interesse seines Arbeitsgebers für die Erledigung entsprechender Tätigkeiten zur Verfügung steht. Es wird nicht verlangt, dass der Arbeitnehmer eine produktive Tätigkeit auch bereits aufgenommen hat.[106] Dies erscheint hinsichtlich der Ausgestaltung der Normen des Arbeitsrechts als Schutzrecht der Arbeitnehmer im existierenden Arbeitsverhältnis[107] angemessen, denn mögliche Arbeitsunterbrechungen oder produktionsbedingte Wartezeiten können sich nicht einseitig zu Lasten der Arbeitnehmer auswirken.[108] Somit kann dann von Arbeitszeit gesprochen werden, wenn der Arbeitnehmer die

---

„eine klare vertragliche Abrede“ (S. 2055) plädieren. Zum Themenkomplex auch *Rid/Ramstetter*, AuA 2012, 272.

103 Vgl. auch *Buschmann* in: FS Hanau, S. 197 (200). Zur Entwicklung der Arbeitszeit in den letzten Jahrzehnten siehe die Ausführungen von *Lehndorff*, AiB 2011, 705.

104 HWK/*Thüsing*, § 611 BGB, Rn. 303. Definitionsschwierigkeiten hinsichtlich der Arbeitszeit greift *Buschmann*, AuR 2003, 1 f. auf.

105 BAG v. 25.04.1962 – 4 AZR 213/61, DB 1962, 874 (875) = AP Nr. 6 zu § 611 BGB Mehrarbeitsvergütung; BAG v. 11.10.2000 – 5 AZR 122/99, BAGE 96, 45 (51) = AP Nr. 20 zu § 611 BGB Arbeitszeit.

106 DKKW-*Klebe*, § 87 BetrVG Rn. 81 mwN.; *Buschmann/Ulber*, ArbZG, § 2 Rn. 5.

107 *Preis*, Arbeitsrecht, § 1, S. 1.

108 Welche Zeiten als Arbeit zu werten sind, wird im 2. Kap. C., D. noch näher erläutert.

nach dem Arbeitsvertrag geschuldete Tätigkeit oder anderweitige im Zusammenhang mit dem Arbeitsvertrag stehende Arbeiten tatsächlich erbringt oder dem Arbeitgeber zur Verfügung steht.[109] Konsequenterweise ist es nicht von Relevanz, ob die Tätigkeit nach dem Arbeitsvertrag gar nicht geschuldet ist oder sie auch nicht verlangt werden darf; diese Zeit gilt als Arbeitszeit iSd. Arbeitszeitgesetzes.[110]

Der Gedanke des Zurverfügungstehens kommt auch im Rahmen der Definition der Arbeitszeit in der Richtlinie über bestimmte Aspekte der Arbeitszeitgestaltung vom 23.11.1993[111] und in der Richtlinie über bestimmte Aspekte der Arbeitszeitgestaltung vom 04.11.2003[112] zum Ausdruck. In Art. 2 Nr. 1 RL 2003/88/EG wird die Arbeitszeit als „jede Zeitspanne [bezeichnet], während der ein Arbeitnehmer gemäß den einzelstaatlichen Rechtsvorschriften und/oder Gepflogenheiten arbeitet, dem Arbeitgeber zur Verfügung steht und seine Tätigkeit ausübt oder Aufgaben wahrnimmt“. Demnach wird auch hier als wesentliches Kriterium zu Grunde gelegt, dass sich der Arbeitnehmer zur Verfügung hält und seine Arbeitskraft anbietet.

Es wurde bereits angesprochen, dass die Definition des Begriffs "Arbeit“ im Arbeitszeitgesetz unter dem Blickwinkel des § 1 ArbZG ausgelegt werden muss. Somit ergibt sich, dass der Begriff in anderen Bereichen, z. B. dem Arbeitsvertragsrecht oder auch im Betriebsverfassungsgesetz im Hinblick auf die dortigen Vorgaben unter Umständen unterschiedlich auszulegen ist.[113] Im Kontext des arbeitsschutzrechtlichen Begriffs der Arbeitszeit hat das BAG entschieden, dass dieser Begriff nicht vollständig mit dem arbeitsvertraglichen Arbeitszeitbegriff korrespondiert.[114] Unter der arbeitsvertraglichen bzw. tarifvertraglichen Arbeitszeit lässt sich die Thematik fassen, zu welcher Zeit der Arbeitnehmer durch den Arbeits- oder Tarifvertrag verpflichtet ist, seine Arbeitsleistung zu erbringen.[115] Demzufolge ist unter dem arbeitsvertraglichen Begriff die Zeit zu verstehen, die

---

109 *Zmarzlik*, DB 1967, 1264; BayObLG v. 23.03.1992 – 3 ObOwi 18/92, NZA 1992, 811 = BB 1992, 1215 (Leitsätze). Vgl. dazu auch Schliemann/Meyer-*Schliemann*, ArbZG, C. Rn. 48; *Neumann/Biebl*, ArbZG, § 2 Rn. 12; *Anzinger/Koberski*, ArbZG, § 2 Rn. 11. Vgl. zur Arbeitszeit bei sog. High Potentials, *Zimmermann,* AuR 2012, 7.

110 *Neumann/Biebl*, ArbZG, § 2 Rn. 13.

111 Richtlinie 93/104/EG des Rates vom 23. November 1993 über bestimmte Aspekte der Arbeitszeitgestaltung, ABl. L 307 vom 13.12.1993, S. 18.

112 Richtlinie 2003/88/EG des Europäischen Parlaments und des Rates vom 4. November 2003 über bestimmte Aspekte der Arbeitszeitgestaltung, ABl. L 299 vom 18.11.2003, S. 9.

113 BAG v. 14.11.2006 – 1 ABR 5/06, BAGE 120, 162 (168) = NZA 2007, 458 (460).

114 BAG v. 11.07.2007 – 9 AZR 519/05, BAGE 119, 41 (48 f.) = NZA 2007, 155 (158).

115 *Schliemann*, ArbZG, § 2 Rn. 1.

als Arbeitszeit im Arbeitsvertrag festgelegt wurde.[116] Da das Arbeitszeitgesetz nur die äußeren Rahmenbedingungen hinsichtlich der Arbeitszeit festlegt, bleibt die genaue Ausgestaltung u.a. den Parteien im Rahmen des Arbeitsvertrags überlassen.[117] Trifft der Arbeitsvertrag keine Regelung hierzu und greifen auch keine Regelungen in Betriebsvereinbarungen oder Tarifverträgen ein, so gilt für die Lage und die Dauer der Arbeitszeit das Betriebsübliche.[118]

In Bezug auf die Bestimmung der Arbeitszeit in § 87 Abs. 1 Nr. 2 und Nr. 3 BetrVG[119] stellt sich die Frage, anhand welcher Kriterien der Begriff der Arbeitszeit dort auszulegen ist.[120] Im mitbestimmungsrechtlichen Sinne ist unter Arbeitszeit die Zeitspanne zu verstehen, in der der Arbeitnehmer zur Erbringung seiner vertraglich festgelegten Leistung berechtigt oder verpflichtet ist.[121] Es ist zu beachten, dass der mitbestimmungsrechtliche Arbeitszeitbegriff weder kongruent mit dem Arbeitszeitbegriff iSd. ArbZG noch mit dem Begriff der vergütungspflichtigen Arbeitszeit ist.[122] Denn die Anerkennung von Arbeitszeit nach dem Arbeitszeitgesetz oder der Arbeitszeitrichtlinie ruft nicht automatisch die Konsequenz hervor, dass diese Zeit auch im Rahmen der Vergütung als volle Arbeitszeit zu werten ist.[123]

Unter dem Aspekt der besonderen Zielsetzungen der einzelnen Gesetze erscheint es sinnvoll, den Begriff der Arbeitszeit auch im jeweiligen Kontext zu betrachten. Im Arbeitszeitgesetz soll der Arbeitnehmer vorrangig vor einer Ausbeutung seiner körperlichen und geistigen Ressourcen bewahrt werden (vgl. § 1 Nr. 1 ArbZG). Die arbeitsvertragliche Komponente zielt hingegen auf ein angemessenes Verhältnis zwischen der geleisteten Arbeit und der entsprechenden

---

116 ErfK/*Wank*, § 2 ArbZG Rn. 11.

117 Weitere Einzelheiten s. 2. Kap. D. II. 1.

118 BAG v. 21.12.1954 – 2 AZR 5/53, BAGE 1, 241 (247) = AP Nr. 2 zu § 611 BGB Lohnanspruch.

119 § 87 Abs. 1 BetrVG: „Der Betriebsrat hat, soweit eine gesetzliche oder tarifliche Regelung nicht besteht, in folgenden Angelegenheiten mitzubestimmen: [...] 2. Beginn und Ende der täglichen Arbeitzeit einschließlich der Pausen sowie Verteilung der Arbeitszeit auf die einzelnen Wochentage; 3. vorübergehende Verkürzung oder Verlängerung der betriebsüblichen Arbeitszeit".

120 BAG v. 23.07.1996 – 1 ABR 13/96, AP Nr. 68 zu § 87 BetrVG 1972 Arbeitszeit = NZA 1997, 274 (275).

121 ErfK/*Kania*, § 87 BetrVG Rn. 25.

122 ErfK/*Kania*, § 87 BetrVG Rn. 25.

123 BAG v. 05.06.2003 – AZR 114/02, BAGE 106, 252 (267 f.) = AP Nr. 7 zu § 611 BGB Bereitschaftsdienst; BAG v. 28.01.2004 – 5 AZR 530/02, BAGE 109, 254 (260) = NZA 2004, 656 (659); weiterführend zur Betriebsratsarbeit *Braunschneider,* AiB 2011, 38; *Gerdom,* öAT 2011, 103.

Entlohnung ab. Die Mitbestimmungsregeln des Betriebsverfassungsgesetzes (§ 87 Abs. 1 Nr. 2 und Nr. 3 BetrVG) haben die Intention sicherzustellen, dass die Regelungen zur Ausgestaltung der Arbeitszeit nicht einseitig zu Lasten der Arbeitnehmer getroffen werden. Auf Grund der oben getroffenen Eingrenzung der Arbeitszeit iSd. Arbeitszeitgesetzes ist die Aufstellung einer allgemeingültigen Definition nicht möglich. Zu betrachten ist der jeweilige Einzelfall, der eine individuelle Entscheidung erfordert, ob die genannten Merkmale der Arbeitszeit einschlägig sind, wobei besonders zu beachten ist, dass die Intention des Arbeitszeitgesetzes darin besteht, „rechtliche Grenzen für Flexibilität und Handlungsoptionen"[124] zu setzen.

Eine Überschreitung der im Arbeitszeitgesetz festgelegten Höchstgrenzen führt zur Nichtigkeit der Vereinbarungen gem. § 134 BGB.[125] Als Rechtsfolge gem. § 139 BGB zieht die Teilnichtigkeit des Rechtsgeschäftes dessen Gesamtnichtigkeit nach sich, falls keine Anhaltspunkte dafür vorliegen, dass es auch ohne den nichtigen Teil vorgenommen worden wäre.[126] Im Rahmen einer Interessenabwägung ist aber zu bestimmen, ob dies auch dem Willen der Parteien entspricht. § 139 BGB ist nicht anzuwenden, wenn sich aus einer ausdrücklichen gesetzlichen Bestimmung oder dem Gesetzeszweck etwas Abweichendes ergibt.[127] Bei einem Verstoß gegen gesetzliche Schutzvorschriften bleibt trotz Wegfall der nichtigen Klausel das übrige Rechtsgeschäft wirksam.[128] Die Anwendung einer Schutznorm darf sich nicht durch das Eingreifen von § 139 BGB zum Nachteil des Arbeitnehmers auswirken.[129] Die Vorschriften des Arbeitszeitgesetzes sollen, wie in § 1 ArbZG deutlich zum Ausdruck kommt, dem Schutz der Arbeitnehmer dienen.

---

124 *Schubert/Jerchel*, WSI-Mitteilungen 2011, 76. Besonders relevant sei das Arbeitszeitgesetz, da durch die zunehmende Flexibilisierung „Dauer, Lage und Verteilung" der Arbeitszeit häufig keinen konstanten Rahmen mehr vorgeben, *Jürgens,* WSI-Mitteilungen 2007, 167. Problematische Einzelfälle wie die Abgrenzung zwischen Arbeitsbereitschaft, Rufbereitschaft sowie Bereitschaftsdienst werden im 2. Kap. C. III. diskutiert.

125 BAG v. 19.06.1959 – 1 AZR 565/57, BAGE 8, 47 *(50)* = NJW 1959, 2036 (2037)*;* vgl. auch BAG v. 14.12.1967 – 5 AZR 74/67*,* AP Nr. 2 zu § 1 AZO = BB 1968, 206*;* BAG v. 28.10.1971 – 2 AZR 15/71, AP Nr. 62 zu § 626 BGB = BB 1972, 1189 (1190 f.); Kittner/Zwanziger/Deinert-*Schoof*, Arbeitsrecht, § 27 Rn. 19 mwN.

126 Palandt/*Ellenberger*, § 139 BGB Rn. 1; BGH v. 16.12.1999 – IX ZR 117/99, NJW 2000, 1333 (1335) = DB 2000, 917 (918).

127 Palandt/*Ellenberger*, § 139 BGB Rn. 1 ff.; BGH v. 16.12.1999 – IX ZR 117/99, NJW 2000, 1333 (1335) = DB 2000, 917 (918 f.).

128 BAG v. 13.03.1975 – 5 AZR 199/74, AP Nr. 2 zu § 5 BBiG = DB 1975, 1417 (1418).

129 Siehe zur Anwendung des § 139 BGB im allgemeinen Zivilrecht: RG v. 11.12.1934 – III 111/34, RGZ 146, 116 (119); BGH v. 25.11.1963 – VII ZR 29/62, BGHZ 40, 235 (239 mwN.) = NJW 1964, 350.

Würde man aus einer nichtigen Arbeitszeitvereinbarung folgern, dass gleichzeitig auch der ganze Arbeitsvertrag nichtig wäre, so würde dies dem Schutzzweck des Arbeitszeitgesetzes zuwider laufen. Es ist daher davon auszugehen, dass der Arbeitsvertrag auch ohne die nichtigen Arbeitszeitvorschriften geschlossen worden wäre, sodass mangels arbeitsvertraglicher Vereinbarung die gesetzlichen Regelungen greifen.[130]

2. Arbeitszeitdauer

Hinsichtlich der Arbeitszeitdauer legt § 3 S. 1 ArbZG fest, dass „die werktägliche Arbeitszeit der Arbeitnehmer [...] acht Stunden nicht überschreiten" darf. Als Erweiterung ist in § 3 S. 2 ArbZG normiert, dass die Arbeitszeit „auf bis zu zehn Stunden verlängert werden kann, wenn innerhalb von sechs Kalendermonaten oder innerhalb von 24 Wochen im Durchschnitt acht Stunden werktäglich nicht überschritten werden". Wie bereits angesprochen, wurde die Arbeitszeitordnung (AZO) von 1938[131] durch das Arbeitszeitgesetz abgelöst und damit der auf zwei Wochen begrenzte Ausgleichszeitraum in § 4 AZO deutlich ausgeweitet.[132] Weitere Ausnahmen ergeben sich gem. §§ 7, 14 und 15 ArbZG. Somit bildet das Arbeitszeitgesetz auch im Hinblick auf die Arbeitszeitdauer nur den äußeren Gestaltungsrahmen, wobei die individuelle Vereinbarung in den Bereich der Arbeits- oder Tarifverträge bzw. Betriebsvereinbarungen fällt.[133] Regelmäßig ist davon auszugehen, dass Tarifverträge auch Regelungen hinsichtlich der Arbeitszeitdauer enthalten.[134] Ferner muss aber beachtet werden, dass die Vorschriften des Arbeitszeitgesetzes zwingend sind und sich die individuellen Vereinbarungen demzufolge im genannten Rahmen bewegen müssen. Daher stellen die öffentlich-rechtlichen

---

130 MüArbR/*Anzinger*, § 297 Rn. 16, demnach könne die Nichtigkeitsfolge in Ausnahmefällen greifen, wenn ein Arbeitnehmer größtenteils mit Sonntagsarbeit beschäftigt werde, obwohl dem § 9 Abs. 1 ArbZG entgegensteht.

131 Vgl. 2. Kap. B. I. Arbeitszeitverordnung vom 30.04.1938 – RGBl. I, S. 447; vgl. auch BVerfG v. 03.05.1967 – 2 BvR 134/63, AP Nr. 8 zu § 25 AZO = NJW 1967, 1555.

132 Parallel zur Ausweitung des Ausgleichszeitraums ist der in § 15 Abs. 2 AZO geregelte Mehrarbeitszuschlag iHv. 25 v. H. weggefallen. Vgl. auch die Darstellungen im 2. Kap. B. II. 2.

133 BT-Drucks. 12/5888, Entwurf eines Gesetzes zur Vereinheitlichung und Flexibilisierung des Arbeitszeitrechts v. 13.10.1993, S. 20.

134 ErfK/*Wank*, § 2 ArbZG Rn. 13; vgl. dazu § 6 TVöD.

Arbeitszeitschutzvorschriften Schranken hinsichtlich der Normsetzung in Tarifverträgen und Betriebsvereinbarungen dar.[135]

Schliemann[136] geht in Bezug auf die Festlegung des Ausgleichszeitraumes auf sechs Kalendermonate davon aus, dass es sich hierbei um einen sprachlichen Fehler handele und stattdessen sechs (Zeit-)Monate bzw. 24 Wochen gemeint seien. Kritiker dieser Sichtweise halten den Gesetzeswortlaut für unmissverständlich.[137] Zunächst ist zu klären, wo der Unterschied zwischen einem Kalendermonat und einem Zeitmonat liegt. Ein Kalendermonat ist einer der 12 Monate des betreffenden Kalenderjahres und beginnt mit dem ersten Tag des Monats und endet mit dem letzten.[138] Der sog. Zeitmonat hingegen beginnt nicht unbedingt am Anfang des Monats, sondern kann an jedem beliebigen Tag des Monats beginnen.[139] Der Gesetzestext enthält den Ausdruck Kalendermonat[140], wohingegen im Rahmen der Gesetzesbegründung[141] sowohl von sechs Monaten als auch von Kalendermonaten die Rede ist. Demnach könnte man annehmen, dass hier zwei unterschiedliche Zeitspannen gemeint sind.

Insgesamt kann auf Grund der synonymen Verwendung der beiden Begriffe und einer nicht deutlich werdenden Differenzierung davon ausgegangen werden, dass sich die Bezeichnung Monate auf die Kalendermonate bezieht, die schließlich Eingang in den Wortlaut des Arbeitszeitgesetzes gefunden hat. Die Gesetzesbegründung weist ebenfalls darauf hin, dass der Zeitraum von sechs Kalendermonaten bzw. 24 Wochen gewählt wurde, „um den Betrieben ausreichenden Spielraum für flexible Arbeitszeiten im Regelfall zu lassen“[142]. Durch die Festlegung des Gesetzgebers auf die Kalendermonate wird diese Flexibilität nicht eingeschränkt, denn der Arbeitgeber kann hinsichtlich des

---

135 MüArbR/*Anzinger*, § 297 Rn. 16.

136 *Schliemann,* ArbZG, § 3 Rn. 29.

137 *Anzinger/Koberski*, ArbZG, § 3 Rn. 27; *Baeck/Deutsch*, ArbZG, § 3 Rn. 28: der Gesetzeswortlaut sei eindeutig und damit nicht auslegungsfähig. So auch *Buschmann/Ulber*, ArbZG, § 3 Rn. 7; AnwK-ArbR/*Wichert*, § 3 ArbZG Rn. 15: „Kalendermonat ist eben Kalendermonat und nicht Zeitmonat“.

138 *Anzinger/Koberski*, ArbZG, § 3 Rn. 29.

139 *Anzinger/Koberski*, ArbZG, § 3 Rn. 29.

140 BT-Drucks. 12/5888, Entwurf eines Gesetzes zur Vereinheitlichung und Flexibilisierung des Arbeitszeitrechts v. 13.10.1993, S. 5.

141 BT-Drucks. 12/5888, Entwurf eines Gesetzes zur Vereinheitlichung und Flexibilisierung des Arbeitszeitrechts v. 13.10.1993, S. 20 (sechs Monate), S. 24 (sechs Kalendermonate).

142 BT-Drucks. 12/5888, Entwurf eines Gesetzes zur Vereinheitlichung und Flexibilisierung des Arbeitszeitrechts v. 13.10.1993, S. 24.

Ausgleichszeitraums auch auf die 24 Wochen zurückgreifen. Diese müssen zwar zusammenhängend sein, aber nicht mit der Kalenderwoche übereinstimmen und können daher auch jeden Zeitraum von sieben aufeinander folgenden Tagen umfassen.[143] Darüber hinaus haben die Tarifvertragsparteien und die Betriebspartner in § 7 ArbZG weitere Möglichkeiten zur individuellen Ausgestaltung der Arbeitszeit bzw. des Ausgleichszeitraums. Somit ergibt sich, dass sich der Gesetzgeber ausdrücklich auf die Wahlmöglichkeit zwischen 24 Wochen und sechs Kalendermonaten festgelegt hat.

3. Arbeitszeitlage

In Bezug auf die Lage der Arbeitszeit trifft das Arbeitszeitgesetz keine expliziten Regelungen, allerdings ergeben sich durch die Vorschriften zur Nacht- und Schichtarbeit bzw. zur Sonn- und Feiertagsarbeit zumindest mittelbare Auswirkungen auf die Lage, da an diesen Tagen eine Tätigkeit grundsätzlich nicht gestattet ist. Dies war vor Einführung des Arbeitszeitgesetzes anders, da sich Regelungen zur Lage der Arbeitszeit noch ausdrücklich im Wortlaut der Arbeitszeitordnung fanden. Gem. § 19 Abs. 1 AZO durften „Arbeiterinnen [...] nicht in der Nachtzeit von zwanzig bis sechs Uhr und an den Tagen vor Sonn- und Feiertagen nicht nach siebzehn Uhr beschäftigt werden“. Diese Regelung wurde vom Bundesverfassungsgericht für verfassungswidrig erklärt und dem Gesetzgeber der Auftrag erteilt, den Gesundheitsschutz bei Nachtarbeitern neu zu regeln.[144] In Anbetracht der Tatsache, dass Nachtarbeit nicht nur bei Frauen, sondern auch bei Männern negative gesundheitliche Folgen hervorrufen kann, erscheint diese Neuregelung sinnvoll.[145] Durch das Arbeitszeitgesetz von 1994 wurde das Nachtarbeitsverbot für Arbeiterinnen abgeschafft und ein einheitlicher Schutz in § 6 ArbZG normiert.

Die endgültige Ausgestaltung der Arbeitzeitlage soll den Arbeitsvertrags- bzw. Tarifvertragsparteien sowie den Betriebsräten vorbehalten bleiben. Hierdurch wird u.a. dem in § 1 Nr. 1 ArbZG genannten Ziel der Flexibilisierung von Arbeitsbedingungen Rechnung getragen, indem die einzelnen Parteien die

---

143 *Anzinger/Koberski*, ArbZG, § 3 Rn. 31.

144 BVerfG v. 28.01.1992 – 1 BvR 1025/82, 1 BvL 16/83, 1 BvL 10/91, BVerfGE 85, 191 (210) = AP Nr. 2 zu § 19 AZO, demnach benachteilige das Nachtarbeitsverbot des § 19 Abs. 1 AZO die Arbeiterinnen im Vergleich zu Arbeitern und weiblichen Angestellten, sodass ein Verstoß gegen Art. 3 Abs. 1 und 3 GG vorliege.

145 Siehe auch: BT-Drucks. 12/5888, Entwurf eines Gesetzes zur Vereinheitlichung und Flexibilisierung des Arbeitszeitrechts v. 13.10.1993, S. 21.

Arbeitszeitlage an den notwendigen Bedarf anpassen können. Dies ermöglicht eine individuelle Festlegung der Arbeitszeit, so dass den Bedürfnissen des jeweiligen Arbeitsplatzes weitestgehend entsprochen werden kann. Gleichzeitig hat gem. § 87 Abs. 1 Nr. 2, 3 BetrVG der Betriebsrat bei der Arbeitszeitlage mitzubestimmen. Fehlen entsprechende Regelungen, kann die Lage der Arbeitszeit durch das Weisungsrecht des Arbeitgebers näher konkretisiert werden, wobei die „Vertragsfreiheit der Parteien [...] durch das öffentlich-rechtliche Arbeitszeitrecht begrenzt“[146] wird.

4. Geltungsbereich

Für die Anwendbarkeit des Arbeitszeitgesetzes ist es erforderlich, dass der sachliche, persönliche und räumliche Geltungsbereich im Hinblick auf die zu Grunde liegende Fallkonstellation eröffnet ist.

a) Sachlicher Geltungsbereich

Im Rahmen des sachlichen Geltungsbereichs ist zu klären, für „welche Betriebe und [...] Fallgestaltungen“[147] das Arbeitszeitgesetz Anwendung findet. Eine Negativabgrenzung enthält § 18 ArbZG, der bestimmte Bereiche vom Anwendungsbereich des Gesetzes ausnimmt. Beispielhaft ist § 18 Abs. 1 Nr. 4 ArbZG zu erwähnen, der „den liturgischen Bereich der Kirchen und Religionsgemeinschaften“ ausschließt. Im öffentlichen Dienst (§ 19 ArbZG) und in der Binnenschifffahrt (§ 21 ArbZG) sind die Regelungen nur unter bestimmten Umständen anzuwenden.

b) Persönlicher Geltungsbereich

Gem. § 2 Abs. 2 ArbZG findet das Arbeitszeitgesetz Anwendung auf alle Arbeitnehmer, also auf „Arbeiter und Angestellte sowie die zu ihrer Berufsbildung Beschäftigten“. Zu beachten ist aber die Ausnahmeregelung in § 18 ArbZG, der bestimmte Berufsgruppen dem Anwendungsbereich des Arbeitszeitgesetzes entzieht.[148]

---

146 Küttner/*Reinecke*, Personalbuch 2013, Arbeitszeit Rn. 28. Ausführlich zum Weisungsrecht des Arbeitgebers, vgl. 4. Kap. E.

147 ErfK/*Wank*, § 2 ArbZG Rn. 1 (12. Auflage 2012).

148 Ausgeschlossen sind u.a. leitende Angestellte iSd. § 5 Abs. 3 BetrVG sowie Chefärzte (§ 18 Abs. 1 Nr. 1 ArbZG), „Leiter von öffentlichen Dienststellen und deren Vertreter sowie Arbeitnehmer im öffentlichen Dienst, die zu selbständigen

c) Räumlicher Geltungsbereich

Die öffentlich-rechtlichen Vorschriften des Arbeitszeitgesetzes gelten für alle Arbeitnehmer, die in der Bundesrepublik Deutschland beschäftigt sind, wobei weder die Staatsangehörigkeit noch der Wohnsitz des Arbeitgebers oder des Arbeitnehmers relevant sind (Territorialitätsprinzip).[149] Auf deutsche Arbeitnehmer, die im Ausland beschäftigt sind, findet das Arbeitszeitgesetz keine Anwendung.[150] Hier besteht aber die Möglichkeit, bei arbeitsvertraglichen Ansprüchen das deutsche Recht zur Anwendung zu bringen, falls dem nicht zwingende Bestimmungen des Beschäftigungsortes entgegenstehen.[151]

C. Ausgestaltung der Arbeitszeit im Hinblick auf die europäischen Vorgaben

Wesentlich ist für die Arbeitnehmer, welche gesetzlichen Grenzen hinsichtlich der Ausübung der Arbeit vorgegeben sind, um den eingangs erwähnten Zielen des Sicherheits- und Gesundheitsschutzes gerecht zu werden und sie vor übermäßigen Flexibilisierungsanforderungen der Arbeitgeber zu schützen. Denn eine ständige Einsatzbereitschaft der Arbeitnehmer wirkt sich nicht nur negativ auf das allgemeine Wohlbefinden aus, sondern lässt auch nur einen geringen Spielraum für die Wahrnehmung privater Verpflichtungen. Hier ist das Zusammenspiel zwischen dem deutschen Arbeitszeitgesetz und der europäischen Arbeitszeitrichtlinie in den Fokus zu rücken, da die Regelungen des Arbeitszeitgesetzes nicht immer mit den Vorgaben der Arbeitszeitrichtlinie korrespondieren.

Entscheidungen in Personalangelegenheiten befugt sind" (§ 18 Abs. 1 Nr. 2 ArbZG), sowie „Arbeitnehmer, die in häuslicher Gemeinschaft mit den ihnen anvertrauten Personen zusammenleben und sie eigenverantwortlich erziehen, pflegen oder betreuen" (§ 18 Abs. 1 Nr. 3 ArbZG). Für Personen unter 18 Jahren gilt gem. § 18 Abs. 2 ArbZG das Jugendarbeitsschutzgesetz.

149 ErfK/*Wank*, § 2 ArbZG Rn. 7; Küttner/*Reinecke*, Personalbuch 2013, Arbeitszeit Rn. 3.

150 BAG v. 12.12.1990 – 4 AZR 238/90, AP Nr. 2 zu § 4 TVG Arbeitszeit = NZA 1991, 386 (387), das angesprochene Urteil befasst sich noch mit der Geltung der AZO im Ausland und hat deren Anwendung mit dem Territorialitätsprinzip verneint. Nach Inkrafttreten des Arbeitszeitgesetzes sind keine Gründe dafür ersichtlich, dass sich an dieser Rechtslage etwas geändert hat.

151 *Denecke/Neumann*, AZO, § 1 Rn. 2.

I. Höchstarbeitszeit und Ausgleichszeitraum

Das Arbeitszeitgesetz geht von einer werktäglichen Arbeitszeit von acht Stunden aus (§ 3 S. 1 ArbZG). Dieser Zeitraum kann auf bis zu zehn Stunden ausgeweitet werden, „wenn innerhalb von sechs Kalendermonaten oder innerhalb von 24 Wochen im Durchschnitt acht Stunden werktäglich nicht überschritten werden", § 3 S. 2 ArbZG. Abweichende Regelungen sind gem. §§ 7, 14, 15 ArbZG möglich.

Die Arbeitszeitrichtlinie 2003/88/EG[152] legt gem. Art. 3 eine tägliche Ruhezeit innerhalb eines 24-Stunden-Zeitraumes von elf zusammenhängenden Stunden fest, sodass sich im Umkehrschluss daraus ergibt, dass die tägliche Höchstarbeitszeit bei dreizehn Stunden liegt. In diesem Kontext ist zu beachten, dass „die durchschnittliche Arbeitszeit pro Siebentageszeitraum 48 Stunden einschließlich der Überstunden nicht überschreitet" (Art. 6 Abs. 1 lit. b RL 2003/88/EG), wobei Abweichungen gem. Art. 17 RL 2003/88/EG zulässig sind. Hinsichtlich der Vorgaben zum Ausgleichszeitraum ergeben sich unterschiedliche Festsetzungen, da die Richtlinie einen Bezugszeitraum von bis zu vier Monaten festlegt (Art. 16 lit. b RL 2003/88/EG). Zu prüfen bleibt daher, in welchem Verhältnis die Regelungen des Arbeitszeitgesetzes zur Arbeitszeitrichtlinie stehen.

1. Vereinbarkeit: Arbeitszeitgesetz – Arbeitszeitrichtlinie

Problematisch erscheint, ob der vom deutschen Gesetzgeber festgelegte Ausgleichszeitraum mit der Arbeitszeitrichtlinie (RL 2003/88/EG) im Einklang steht. Beim Vergleich der beiden Regelungen fällt auf, dass die Richtlinie in Art. 6 lit. b RL 2003/88/EG ebenfalls von einer durchschnittlichen Arbeitszeit von 48 Stunden pro Siebentageszeitraum einschließlich der Überstunden ausgeht. Allerdings ergeben sich im Hinblick auf den Ausgleichszeitraum doch deutliche Unterschiede. Art. 16 lit. b RL 2003/88/EG sieht für die 48-Stunden-Woche einen Ausgleichszeitraum von bis zu vier Monaten vor, wohingegen das Arbeitszeitgesetz einen Zeitraum von sechs Kalendermonaten bzw. 24 Wochen zulässt (vgl. § 3 S. 2 ArbZG). Lediglich in Art. 17 RL 2003/88/EG sind Ausnahmefälle aufgezählt, die eine Ausweitung des Ausgleichszeitraums bis maximal sechs Monate ermöglichen (vgl. Art. 19 UA 1 RL 2003/88/EG).[153] Damit stellt sich die Frage, welche

152 Richtlinie 2003/88/EG des Europäischen Parlaments und des Rates vom 4. November 2003 über bestimmte Aspekte der Arbeitszeitgestaltung, ABl. L 299 vom 18.11.2003, S. 9.

153 Die Ausweitung des Ausgleichszeitraumes kann in bestimmten Fällen durch Tarifverträge auf längstens 12 Monate zugelassen werden, vgl. Art. 19 UA 2 RL 2003/88/EG.

Auswirkungen es hat, dass das deutsche Arbeitszeitgesetz den Ausgleichsrahmen deutlich weiter gezogen hat als die entsprechende Arbeitszeitrichtlinie.

Von der Bundesregierung wurde die Haltung vertreten, dass die Umsetzung der Richtlinie vollständig erfolgt sei.[154] *Baeck/Deutsch* gehen ebenfalls davon aus, dass die Länge des Ausgleichszeitraumes nicht von der Höhe der zulässigen werktäglichen Arbeitszeit getrennt werden kann, sog. „Notwendigkeit eines Sachgruppenvergleichs"[155]. Demnach statuiert Art. 3 RL 93/104/EG sowie die Nachfolgeregelung des Art. 3 RL 2003/88/EG, dass jedem Arbeitnehmer pro 24-Stunden-Zeitraum eine Mindestruhezeit von elf zusammenhängenden Stunden gewährt wird. Im Umkehrschluss gehen *Baeck/Deutsch*[156] davon aus, das eine wöchentliche Höchstarbeit von 78 Stunden, also jeweils maximal 13 Stunden pro Tag im Rahmen einer 6-Tage-Woche zulässig sei. Im Vergleich mit § 3 ArbZG ergäbe sich auf Grund der täglichen Höchstarbeitszeit von 10 Stunden nur eine 60-Stunden-Woche.[157] Hierdurch sei die Regelung des Arbeitszeitgesetzes deutlich günstiger, sodass eine richtlinienkonforme Ausgestaltung des Arbeitszeitgesetzes vorgenommen wurde.[158] Korrespondierend hierzu wird vertreten, dass sich der kürzere europäische Ausgleichszeitraum auf die deutlich längeren Wochenarbeitszeiten (maximal 78 Stunden) beziehe, sodass auf den Ausgleichszeitraum von sechs Monaten in Art. 19 RL 2003/88/EG zurückgegriffen werden müsse.[159]

2. Wirkung von Richtlinien

Eine Richtlinie ist gem. Art. 288 UA 3 AEUV „für jeden Mitgliedstaat, an den sie gerichtet wird, hinsichtlich des zu erreichenden Ziels verbindlich, überlässt jedoch den innerstaatlichen Stellen die Wahl der Form und Mittel". Im Regelfall entfalten Richtlinien keine unmittelbare Wirkung, sondern bedürfen im Gegensatz zur Verordnung (Art. 288 UA 2 AEUV) einer Umsetzung in nationales Recht. Eine unmittelbare Wirkung kann sich aber ergeben, wenn der Gesetzgeber es versäumt

---

154 Vgl. BT-Drucks. 13/2581, Entwicklung und Stand der Arbeitszeitflexibilisierung in Deutschland v. 11.10.1995, S. 6, die Bundesregierung nimmt Stellung zu der großen Anfrage von Abgeordneten und der Fraktion der SPD, demnach seien die Vorgaben der Richtlinie durch Inkrafttreten des Arbeitszeitgesetzes umgesetzt worden.

155 *Baeck/Deutsch*, ArbZG, § 3 Rn. 8.

156 *Baeck/Deutsch*, ArbZG, § 3 Rn. 8.

157 *Baeck/Deutsch*, ArbZG, § 3 Rn. 8.

158 *Neumann/Biebl*, ArbZG, § 3 Rn. 2 mwN. Von einer ordnungsgemäßen Umsetzung der Richtlinie geht auch *Anzinger* in: FS Wlotzke, S. 427 (434) aus.

159 AnwK-ArbR/*Wichert*, § 3 ArbZG Rn. 17.

hat, die Richtlinie innerhalb der vorgegebenen Frist ordnungsgemäß umzusetzen, auf ein entsprechendes Versäumnis kann sich der Staat gegenüber dem Bürger nicht berufen.[160] Um das Recht des Bürgers nicht zu vereiteln und im Interesse der praktischen Durchsetzung des EU-Rechts ("effect utile" Art. 197 AEUV), entfaltet eine Richtlinie bei entsprechender inhaltlicher Bestimmtheit und Unbedingtheit der Regelung unmittelbare Wirkung.[161] Die vom EuGH entwickelte Lehre von der direkten Wirkung der Richtlinie betrifft daher nur das Verhältnis zwischen dem Mitgliedstaat und dem Bürger.[162] Dagegen kommt eine Berufung auf die Richtlinie unter Privaten[163], sog. horizontale Wirkung, oder eines Mitgliedstaates zu Lasten eines Einzelnen[164] nicht in Betracht.

Jedoch ist auch hier eine richtlinienkonforme Anwendung und Auslegung erforderlich, relevant ist dies u.a. für die Einigungsstelle in § 87 Abs. 1 Nr. 2, 3 BetrVG, welche auf Grund weiterreichender Befugnisse im Vergleich zu Privatpersonen ebenfalls als "Staat" zu bezeichnen ist.[165] Konsequenterweise ist dann das Handeln der Einigungsstelle entgegen § 76 Abs. 5 S. 3 BetrVG ermessensfehlerhaft, wenn sie einen Ausgleichszeitraum festlegt, der vier Monate überschreitet und entsprechende Ausnahmeregelungen nicht greifen.[166] Eine Überschreitung der Grenzen des Ermessens führt zur Unwirksamkeit des Spruchs.[167] Fallen der Staat als Richtlinienadressat und der Arbeitgeber zusammen, so ist in unmittelbarer

---

160 EuGH v. 21.10.2010 – C-227/09 [Accardo], NZA 2011, 215 (218) = EuZW 2011, 69 (71); EuGH v. 24.01.2012 – C-282/10 [Dominguez], NZA 2012, 139 (141 f.) = NJW 2012, 509 (511); EuGH v. 01.07.2010 – C-194/08 [Gassmayr], NZA 2010, 1113 (1115 ff.) = AP Nr. 11 zu EWG-Richtlinie Nr. 92/85; BAG v. 05.06.2003 – 6 AZR 114/02, BAGE 106, 252 (263 mwN.) = NZA 2004, 164.

161 EuGH v. 05.04.1979 – 148/78, NJW 1979, 1764 (1765) = RIW 1979, 698; EuGH v. 12.07.1990 – Rs C-188/89, NJW 1991, 3086 (3087) = NVwZ 1992, 51.

162 Vgl. EuGH v. 12.07.1990 – C-188/89, NJW 1991, 3086 (3087) = NVwZ 1992, 51.

163 EuGH v. 14.07.1994 – C-91/92 [Dori/Recreb], NJW 1994, 2473 (2474) = GRUR Int. 1994, 954 (956).

164 EuGH v. 26.09.1996 – C-168/95, EuZW 1997, 318 (320) = RIW 1996, 973 (974).

165 HK-ArbR/*Growe*, § 3 ArbZG Rn. 17. Unter dem Begriff "Staat" sind nach der Rechtsprechung des Europäischen Gerichtshofs nicht nur Bund, Länder und Gemeinden als Gebietskörperschaften zu verstehen, ebenso fallen auch alle Organisationen und Einrichtungen darunter, „die dem Staat oder dessen Aufsicht unterstehen oder mit besonderen Rechten ausgestattet sind, die über diejenigen hinausgehen, die nach den Vorschriften für die Beziehungen zwischen Privatpersonen gelten", EuGH v. 12.07.1990 – C-188/89, NJW 1991, 3086 (3087) = NVwZ 1992, 51.

166 *Buschmann/Ulber*, ArbZG, § 3 Rn. 12.

167 HWK/*Kliemt*, § 76 BetrVG Rn. 112.

Anwendung der Richtlinie nur ein Ausgleichszeitraum von höchstens vier Monaten zulässig.[168] Hinsichtlich des einzelnen Arbeitsverhältnisses ist zu beachten, dass keine Beschränkung des Rechtsweges für die Rechtsansprüche des einzelnen Arbeitnehmers eintritt, auch dann nicht, wenn der Anwendungsbereich von § 76 Abs. 7 BetrVG eröffnet ist.[169] In Bezug auf die Klage des einzelnen Arbeitnehmers stellt der Spruch der Einigungsstelle keine Prozessvoraussetzung dar.[170]

3. Stellungnahme

Die dargelegte Argumentation widerspricht allerdings dem eindeutigen Wortlaut des Art. 288 UA 3 AEUV, demnach ist das Ziel der Richtlinie und damit auch der Ausgleichszeitraum von bis zu vier Monaten, von den genannten Ausnahmen abgesehen, verbindlich. Die Mitgliedstaaten dürfen somit von den Vorgaben der Richtlinie nicht zum Nachteil des Arbeitnehmers abweichen.[171] Enthält die Richtlinie günstigere Standards, so muss das nationale Recht richtlinienkonform ausgestaltet werden, um dem Zweck der Verbesserung der Arbeitsumwelt Rechnung zu tragen.[172]

Als Konsequenz ergibt sich, dass im Kollisionsfall zwischen nationalem und europäischem Recht, das nationale Recht nicht angewandt werden darf (sog. Anwendungsvorrang des Unionsrechts).[173] Eine unklare Norm muss anhand einer europarechtskonformen Auslegung entsprechend interpretiert werden, allerdings

---

168 *Buschmann/Ulber*, ArbZG, § 3 Rn. 12.

169 Richardi/*Richardi*, BetrVG, § 76 Rn. 31.

170 Richardi/*Richardi*, BetrVG, § 76 Rn. 31 mwN.

171 EuGH v. 09.09.2003, C-151/02 [Jaeger], AP Nr. 7 zu EWG-RL Nr. 93/104 = NZA 2003, 1019, Leitsatz 1 „Der Umstand, dass die Definition des Begriffes Arbeitszeit auf die einzelstaatlichen Rechtsvorschriften und/oder Gepflogenheiten verweist, bedeutet daher nicht, dass die Mitgliedstaaten den Inhalt dieses Begriffes einseitig festlegen können."

172 BAG v. 24.01.2006 – 1 ABR 6/05, BAGE 117, 27 (39 f.) = NZA 2006, 862 (867): Eine entsprechende Verpflichtung der Mitgliedstaaten ergebe sich „aus dem Grundsatz der Gemeinschaftstreue gem. Art. 10 EG iVm. dem Umsetzungsgebot nach Art. 249 Abs. 3 EG"; BAG v. 18.02.2003 – 1 ABR 2/02 – BAGE 105, 32 (48 f.) = NZA 2003, 742 (747). Nach Inkrafttreten des Lissabon-Vertrages ist Art. 10 EG-Vertrag im Wesentlichen durch Art. 4 Abs. 3 EUV ersetzt worden. Art. 288 AEUV enthält die Vorschriften über die Rechtsakte der Union.

173 EuGH v. 25.07.2008 – C-237/07, NVwZ 2008, 984 (985) = EuZW 2008, 573 (574). Sofern eine Auslegung in Übereinstimmung mit dem Unionsrecht nicht möglich ist, sind die mit einer Richtlinie unvereinbaren nationalen Regelungen nicht anzuwenden.

kommt dies nicht in Betracht, wenn die Auslegung eine nach Wortlaut, Systematik und Sinn eindeutige deutsche Rechtsnorm verfälschen würde.[174] § 3 S. 2 ArbZG kann aber nicht dahingehend ausgelegt werden, dass der Ausgleichsrahmen von bis zu sechs Monaten im Sinne einer europarechtskonformen Auslegung auf vier Monate reduziert wird. Die dargestellte Argumentation im Hinblick auf die günstigere Ausgestaltung des Arbeitszeitgesetzes im Vergleich zu den Vorgaben der Richtlinie vermag nicht zu überzeugen. Es würde den Sinn und Zweck einer Richtlinie unterlaufen, wenn die Mitgliedstaaten bei der Umsetzung in nationales Recht einige Vorschriften der Richtlinie für die Betroffenen ungünstiger ausgestalten und dies dadurch kompensieren, dass sie hinsichtlich anderer Regelungen hinter den Vorgaben der Richtlinie zurückbleiben und damit günstigere Vorschriften für die Arbeitnehmer erlassen. Hinzu kommt, dass in Art. 16 lit. b RL 2003/88/EG festgelegt ist, dass „die durchschnittliche Arbeitszeit pro Siebentageszeitraum 48 Stunden einschließlich der Überstunden nicht überschreitet", sodass die Annahme einer regelmäßigen wöchentlichen Höchstarbeitszeit von 78 Stunden, wie von *Baeck/Deutsch*[175] dargelegt, in dieser Pauschalität nicht greifen kann. Dem Einwand von *Baeck/Deutsch*[176], dass der Gesetzgeber bei der Ausgestaltung unterhalb der Anforderungen der Richtlinie geblieben sei, ist insoweit zuzustimmen, dass die Richtlinie vorübergehend eine Höchstarbeitszeit von dreizehn Stunden gestattet, jedoch eröffnet auch § 7 ArbZG für die Tarifvertragsparteien und Betriebspartner die Möglichkeit, die Arbeitszeit weiter zu erhöhen. Zwar kann eine solche Erhöhung nur wirksam werden, wenn entsprechende Tarifverträge bzw. Betriebsvereinbarungen zustande gekommen sind, trotzdem besteht zumindest die Option einer Ausweitung der Arbeitszeit, sodass das Argument der günstigeren Ausgestaltung des Arbeitszeitgesetzes wesentlich abgeschwächt wird. Die Anmerkung, dass sich der europäische Ausgleichszeitraum auf die längeren Höchstarbeitszeiten beziehe und daher Art. 19 RL 2003/88/EG Anwendung finden müsse, erscheint dahingehend problematisch, dass dieser ausdrücklich auf die in Art. 17 RL 2003/88/EG genannten Ausnahmen verweist, um den Ausgleichszeitraum auf sechs Monate zu verlängern. Würde man davon ausgehen, dass dieser Zeitraum in allen Fällen Anwendung finden solle, hätte dies eine Umkehrung des

174 EuGH v. 05.10.2004 – verbundene Rechtssachen C-397/01 bis C-403/01 [Pfeiffer] NZA 2004, 1145 (1150) = AP Nr. 12 zu EWG-Richtlinie Nr. 93/104; BAG v. 18.02.2003 – 1 ABR 2/02, BAGE 105, 32 (49) = NZA 2003, 742 (747).

175 *Baeck/Deutsch*, ArbZG, § 3 Rn. 8, vgl. 2. Kap. C. I. 1.

176 *Baeck/Deutsch*, ArbZG, § 3 Rn. 8.

explizit festgelegten Regel-Ausnahme-Verhältnisses zur Folge, sodass auch dieses Argument wenig überzeugend ist.

Das Ziel der Richtlinie ist für alle Mitgliedstaaten verbindlich. Intention ist die Verbesserung der Sicherheit, der Arbeitshygiene und des Gesundheitsschutzes der Arbeitnehmer, wobei ausdrücklich betont wird, dass die Unterordnung dieser Zielsetzungen unter rein wirtschaftliche Aspekte nicht gestattet ist.[177] Die großzügigere Ausgestaltung soll dazu dienen, den Arbeitgebern einen flexibleren Spielraum hinsichtlich des Ausgleichs von Mehrarbeit zu eröffnen und damit stärker auf deren Interessen einzugehen. Es entsteht der Eindruck, dass der längere Ausgleichzeitraum unzulässigerweise durch wirtschaftliche Interessen motiviert wurde und der Gesetzgeber das Ziel des Arbeitsschutzes diesen untergeordnet hat. Folglich kann der Verstoß gegen Art. 16 lit. b RL 2003/88/EG nicht kompensiert werden, sodass die Vorschrift unangewendet bleiben muss. Die Vorgabe eines Ausgleichszeitraums von bis zu vier Monaten ist daher als verbindlich anzusehen. Indem Deutschland diesen Vorgaben nicht nachgekommen ist, hat es seine Pflicht zur Umsetzung der Richtlinie missachtet, sodass die Regelung des § 3 S. 2 ArbZG gegen EU-Recht verstößt.[178]

4. Lage des Ausgleichszeitraums

Ebenso ist umstritten, ob der Ausgleichszeitraum bereits vor der Mehrarbeit genommen werden kann, oder ob lediglich ein zeitlich nachfolgender Zeitraum mit dem Gesetz im Einklang steht. In der Gesetzesbegründung[179] heißt es: „In § 3 Satz 2 wird die Verlängerung der werktäglichen Arbeitszeit aus Gründen des Gesundheitsschutzes und der Gleichbehandlung für weibliche und männliche

---

177 Richtlinie 2003/88/EG des Europäischen Parlaments und des Rates vom 4. November 2003 über bestimmte Aspekte der Arbeitszeitgestaltung, ABl. L 299 vom 18.11.2003, S. 9, Erwägungsgrund Nr. 4; Richtlinie 93/104/EG des Rates vom 23. November 1993 über bestimmte Aspekte der Arbeitszeitgestaltung, ABl. L 307 vom 13.12.1993, S. 18, Erwägungsgrund Nr. 5.

178 LAG Hamburg v. 13.02.2002 – 8 TaBV 10/01, NZA 2002, 507 (510) = AP Nr. 1 zu § 611 BGB Bereitschaftsdienst; Kittner/Zwanziger/Deinert-*Schoof*, Arbeitsrecht, § 26 Rn. 51; *Buschmann/Ulber*, ArbZG, § 3 Rn. 12; ErfK/*Wank*, § 3 ArbZG Rn. 7; *Ende*, AuR 1997, 137 (138); *Kothe* in: FS Wissmann, S. 331 (335 f.); *Schliemann*, NZA 2004, 513 (516); Küttner/*Reinecke*, Personalbuch 2013, Arbeitszeit Rn. 9; HK-ArbR/*Growe*, § 3 ArbZG Rn. 15 mwN. Vgl. zur Arbeitszeitrichtlinie auch *Lörcher*, AuR 1994, 49.

179 BT-Drucks. 12/5888, Entwurf eines Gesetzes zur Vereinheitlichung und Flexibilisierung des Arbeitszeitrechts v. 13.10.1993, S. 24.

Arbeitnehmer einheitlich auf höchstens zehn Stunden mit der Maßgabe zugelassen, daß innerhalb der folgenden sechs Kalendermonate bzw. 24 Wochen ein Ausgleich auf die Durchschnittsgrenze von acht Stunden werktäglich erfolgt." Daraus schließen einige, dass auf Grund des eindeutigen Wortlautes der Ausgleichszeitraum nur im Nachhinein genommen werden kann.[180] Die h.M. geht davon aus, dass es sich hier um ein „sprachliches Versehen"[181] in der Begründung handelt.

Hierfür spricht, dass sich das Wort „folgende" dem Gesetzeswortlaut nicht entnehmen lässt, sodass der Gesetzgeber dem keine besondere Wichtigkeit beigemessen hat. Anzunehmen ist daher, dass der Gesetzgeber ausdrücklich keine Vorgaben für die Wahl des Ausgleichszeitraumes machen wollte.[182] Darüber hinaus sind die Normen im Hinblick auf den in § 1 Nr. 1 ArbZG genannten Aspekt der Flexibilität auszulegen. Die konsequente Anwendung der Regierungsbegründung würde diesem Aspekt zuwiderlaufen und sowohl dem Arbeitgeber als auch dem Arbeitnehmer die Möglichkeit nehmen, die Ausgleichszeiträume den Bedürfnissen individuell anzupassen.

II. Nachtarbeit

1. Richtlinie 2003/88/EG

Die Arbeitszeitrichtlinie legt in Art. 8 lit. a RL 2003/88/EG acht Stunden als Durchschnittsarbeitszeit pro 24-Stunden-Zeitraum für Nachtarbeitnehmer fest. Hinsichtlich der Bezugszeiträume verweist Art. 16 lit. c RL 2003/88/EG auf Tarifverträge bzw. Betriebsvereinbarungen, einen entsprechenden Gestaltungsrahmen für Abweichungen eröffnet auch Art. 17 RL 2003/88/EG. Im Hinblick auf Kriterien zur Ausgestaltung der Arbeitszeit verweist Art. 10 RL 2003/88/EG auf die einzelstaatlichen Rechtsvorschriften und bezieht sich lediglich in Art. 13 RL 2003/88/EG darauf, „dass die Arbeitsgestaltung dem Menschen angepasst sein muss, insbesondere im Hinblick auf die Verringerung der eintönigen Arbeit und des maschinenbestimmten Arbeitsrhythmus, nach Maßgabe der Art der Tätigkeit und der Erfordernisse der Sicherheit und des Gesundheitsschutzes". Besonders gelte dies für die Pausengestaltung während der Arbeitszeit (Art. 13 RL 2003/88/EG).

---

180 *Roggendorff*, ArbZG, C § 3 Rn. 12; *Buschmann/Ulber*, ArbZG, § 3 Rn. 7.

181 Schaub/*Vogelsang*, ArbR-Hdb. § 156 Rn. 31; *Schliemann*, ArbZG, § 3 Rn. 54; ErfK/*Wank*, § 3 ArbZG Rn. 9; *Zmarzlik*, DB 1994, 1082 (1083); AnwK-ArbR/*Wichert*, § 3 ArbZG Rn. 20.

182 So ErfK/*Wank*, § 3 ArbZG Rn. 9.

Die Vorgabe, dass die Arbeitsgestaltung dem Menschen angepasst sein muss, ist relativ unbestimmt und liefert im Hinblick auf konkrete Kriterien für die Bestimmung der Nachtarbeit keine weiterführenden Aspekte.

2. Arbeitszeitgesetz

Im Arbeitszeitgesetz trifft § 6 die Regelungen zur Nachtarbeit, wobei sich die allgemeinen Bestimmungen aus § 2 Abs. 3 – 5 ArbZG ergeben. Gem. § 2 Abs. 4 ArbZG ist „Nachtarbeit im Sinne dieses Gesetzes [...] jede Arbeit, die mehr als zwei Stunden der Nachtzeit umfasst". Anhand von § 2 Abs. 3 ArbZG wird deutlich, dass unter Nachtzeit der Zeitraum von 23 bis 6 Uhr zu verstehen ist, abgesehen von Bäckereien und Konditoreien, hier gilt die Nachtzeit von 22 bis 5 Uhr. Um als Nachtarbeitnehmer eingestuft zu werden, legt § 2 Abs. 5 ArbZG fest, dass diese idR. ihre Tätigkeit auf Grund der Arbeitszeitgestaltung in Wechselschicht zu leisten haben (Nr. 1) oder „an mindestens 48 Tagen im Kalenderjahr" (Nr. 2). Die werktägliche Höchstarbeitszeit von acht Stunden darf ebenso wie bei der Tagarbeit unter bestimmten Voraussetzungen auf bis zu zehn Stunden verlängert werden (§ 6 Abs. 2 S. 2 ArbZG). Gleichzeitig sind gem. § 7 ArbZG gewisse Abweichungen möglich. Insgesamt wird durch § 6 Abs. 1 ArbZG determiniert, dass die Arbeitszeit anhand der „gesicherten arbeitswissenschaftlichen Erkenntnisse über die menschengerechte Gestaltung der Arbeit festzulegen" ist. Die Gesetzesbegründung führt dazu aus, dass in einer modernen Industriegesellschaft wie der Bundesrepublik Deutschland der vollständige Verzicht auf Nachtarbeit nicht möglich sei.[183] Daher solle die menschengerechte Gestaltung der Arbeitszeit den Bedenken hinsichtlich der negativen Auswirkungen von Nacht- bzw. Schichtarbeit auf den menschlichen Organismus Rechnung tragen, denn diese kann zu Schlaflosigkeit, Störungen des Magen-Darm-Traktes, Appetitlosigkeit, erhöhter Reizbarkeit sowie verringerter Leistungsfähigkeit führen.[184] Allerdings bleibt offen, was genau unter den arbeitswissenschaftlichen Erkenntnissen über eine menschengerechte Gestaltung der Arbeitszeit zu verstehen ist. Beide Kriterien treten in verschiedenen

---

183 BT-Drucks. 12/5888, Entwurf eines Gesetzes zur Vereinheitlichung und Flexibilisierung des Arbeitszeitrechts v. 13.10.1993, S. 19; weiterführend *Trägner*, Arbeitszeitschutzrechtliche Bewertung der Intensität von Arbeitsleistungen; *Engelhardt*, AiB 2003, 213; vgl. auch *Hellert*, PersF 2000, 72.

184 BVerfG v. 28.01.1992 – 1 BvR 1025/82, BVerfGE 85, 191 (208) = NJW 1992, 964 (965) mwN.; Zu den Auswirkungen der Nachtarbeit auf den menschlichen Organismus siehe: *Habich*, Sicherheits- und Gesundheitsschutz durch die Gestaltung von Nacht- und Schichtarbeit und die Rolle des Betriebsrates.

Gesetzen immer wieder in Erscheinung, ohne an irgendeiner Stelle eine inhaltliche Präzisierung zu erfahren, so z.B. in § 90 Abs. 2 S. 2 BetrVG, § 91 S. 1 BetrVG, § 2 Abs. 1 ArbSchG oder auch in § 28 Abs. 1 S. 2 JArbSchG.

Auf Grund der Unbestimmtheit der Vorgabe in § 6 Abs. 1 ArbZG erscheint eine nähere Betrachtung der gesicherten arbeitswissenschaftlichen Erkenntnisse sowie der menschengerechten Arbeitzeitgestaltung erforderlich.

a) gesicherte arbeitswissenschaftliche Erkenntnisse

Anzinger versteht unter der „Arbeitswissenschaft" eine Vielzahl von wissenschaftlichen Disziplinen und damit keine bestimmte, abgegrenzte Wissenschaft.[185] Demnach gibt es nicht die einzelne Kategorie der Arbeitswissenschaft, sondern diese setzt sich u.a. aus den Bereichen der Arbeitsmedizin, Arbeitspsychologie, Arbeitstechnologie und Ergonomie[186] zusammen. Das Ineinanderwirken dieser verschiedenen Disziplinen trage dazu bei, das Kriterium der gesicherten arbeitswissenschaftlichen Erkenntnisse darzustellen.[187] Allerdings erscheint es im Hinblick auf die konkrete Ausgestaltung der Kriterien schwierig, dass eine Vielzahl von Definitionsversuchen existiert, denen es jedoch an Verbindlichkeit mangelt. Somit muss aus einer Gesamtschau der unterschiedlichen Disziplinen ermittelt werden, was als gesicherte Kenntnis angesehen werden kann. Angeführt werden hier die Gestaltungsempfehlungen des Arbeitsministeriums Nordrhein-Westfalen[188], sowie die von der Bundesanstalt für Arbeitsschutz und Arbeitsmedizin herausgegebene „Bilanzierung arbeitswissenschaftlicher Erkenntnisse zur Nacht- und Schichtarbeit"[189]. Beiden ist gemein, dass empfohlen wird, den Zeitraum, in dem Nachtarbeit geleistet wird, möglichst kurz zu halten und zur Regenerierung des Organismus ausreichende Ruhezeiten sicherzustellen. Allerdings liefern die genannten Dokumente auch nur Hinweise, um den unbestimmten Begriff der arbeitswissenschaftlichen Erkenntnisse einer näheren inhaltlichen Ausgestaltung zuzuführen, sodass eine endgültige Festlegung kaum möglich erscheint.

---

185 MüArbR/*Anzinger,* § 300 Rn. 20.

186 *Zmarzlik/Anzinger*, JArbSchG, § 28 Rn. 10.

187 *Zmarzlik/Anzinger*, JArbSchG, § 28 Rn. 10.

188 Die Empfehlungen des Ministeriums für Arbeit, Integration und Soziales sind abzurufen unter: http://www.arbeitsschutz.nrw.de/themenfelder/arbeitszeit/nacht_und_schicharbeit/index.php (21.12.2013); HWK/*Gäntgen*, § 6 ArbZG Rn. 4.

189 http://www.baua.de/de/Publikationen/Broschueren/A23.pdf;jsessionid=22F32A7A50C214393C734AC2A922DA3E.1_cid246?__blob=publicationFile&v=6 (21.12.2013); *Buschmann/Ulber*, ArbZG, § 6 Rn. 7; Kittner/Zwanziger/Deinert-*Schoof,* Arbeitsrecht, § 26 Rn. 118.

b) menschengerechte Arbeitszeitgestaltung

Der Begriff der menschengerechten Arbeitszeitgestaltung ist nicht auf die in § 1 ArbZG genannten Zwecke des Sicherheits- und Gesundheitsschutzes der Arbeitnehmer beschränkt, sondern geht darüber weit hinaus und umfasst die Achtung der Menschenwürde der Arbeitnehmer, indem diese ihre Persönlichkeit entfalten und die beruflichen Kenntnisse beibehalten und verbessern können.[190] Eine menschengerechte Arbeitszeitgestaltung schützt sowohl das körperliche als auch das seelische Wohlbefinden der Arbeitnehmer.[191] Folglich muss bei der menschengerechten Ausgestaltung der Arbeitszeiten den persönlichen Bedürfnissen der Arbeitnehmer Vorrang vor anderen Erfordernissen in technischer oder wirtschaftlicher Hinsicht eingeräumt werden.[192] Bestimmte Vorgaben für die menschengerechte Ausgestaltung werden in § 6 ArbZG gemacht, demnach ist die werktägliche Arbeitszeit der Nachtarbeitnehmer grundsätzlich auf acht Stunden festgelegt (Abs. 2) und ihnen steht gleichzeitig ein Anspruch auf regelmäßige Gesundheitsuntersuchungen (Abs. 3) sowie im Bedarfsfall eine Versetzung auf einen Tagarbeitsplatz (Abs. 4) zu. Darüber hinaus hat der Nachtarbeitnehmer bei fehlenden tarifvertraglichen Ausgleichsregelungen einen Anspruch auf freie Tage oder einen angemessenen Zuschlag zur Vergütung (Abs. 5) und schließlich auch auf den gleichen Zugang zu betrieblicher Weiterbildung sowie aufstiegsfördernden Maßnahmen (Abs. 6). Unter Berücksichtigung dieser Aspekte trifft den Arbeitgeber die Verpflichtung dafür Sorge zu tragen, dass der Arbeitnehmer nicht nur körperlich keinen Schaden erleidet, sondern auch die seelische Gesundheit ins Blickfeld gerückt wird, dies korrespondiert mit den sich aus dem zu Grunde liegenden Arbeitsvertrag ergebenen Fürsorgepflichten.

Festzuhalten bleibt aber, dass besonders das Merkmal des seelischen Wohlbefindens erhebliche Definitionsschwierigkeiten bereitet. Vor allem auf Grund der differierenden Wahrnehmung eines solchen Zustandes erscheint es für Arbeitgeber äußerst schwierig, eine individuelle Lösung zu finden. Daher muss im Sinne der limitierten Möglichkeiten ein verallgemeinernder Maßstab entwickelt werden, der zumindest gewährleistet, dass sich ein Großteil der Mitarbeiter damit identifizieren kann, dies schließt aber ein Eingehen auf individuelle Bedürfnisse seitens des Arbeitgebers nicht aus. Zur Orientierung dienen die im Rahmen der arbeitswissenschaftlichen Erkenntnisse genannten Merkmale, wobei auf Grund der

190 MüArbR/*Anzinger*, § 300 Rn. 19.

191 MüArbR/*Anzinger*, § 300 Rn. 19.

192 *Anzinger/Koberski*, ArbZG, § 6 Rn. 25 ff.

Vielfalt zu konstatieren ist, dass der Arbeitgeber hier wiederum eine selektive Entscheidung für seinen Betrieb treffen muss. Kriterien für eine menschengerechte Arbeitszeitgestaltung können auch in Tarifverträgen oder Betriebsvereinbarungen verankert werden, sodass bestimmte Merkmale von besonderer Wichtigkeit eine stärkere Verbindlichkeit erhalten.[193]

c) Vergleich mit der Arbeitszeitordnung von 1938

Im Vergleich mit der Arbeitszeitordnung von 1938[194] ist festzustellen, dass die Einordnung der Nachtruhe in der AZO strenger gehandhabt wurde, indem an Werktagen gem. § 19 Abs. 1 AZO in der Nachtzeit von zwanzig bis sechs Uhr und an den Tagen vor Sonn- und Feiertagen nach siebzehn Uhr, abgesehen von bestimmten Ausnahmen (§ 19 Abs. 2, 3 AZO), nicht gearbeitet werden durfte. Dieses Verbot bezog sich aber nur auf Arbeiterinnen. Es wurde bereits erläutert, dass eine derartige Differenzierung gegen Art. 3 Abs. 1 und 3 GG verstößt, sodass die Vorschrift entsprechend geändert wurde.[195]

d) Verfassungswidrigkeit der Regelungen zur Nachtarbeit?

Im Hinblick auf die Umsetzung der Vorgaben des Bundesverfassungsgerichts zur geschlechtsneutralen Ausgestaltung unter gleichzeitiger Berücksichtigung der negativen Auswirkungen der Nachtarbeit wird vertreten, dass die in § 6 ff. ArbZG getroffenen Regelungen nicht mit der Verfassung, insbesondere mit Art. 2 Abs. 1 GG, im Einklang stünden.[196] Zu kritisieren sei, dass gem. §§ 7 Abs. 2a und Abs. 7 ArbZG die Nachtarbeitszeiten keiner zeitlichen Beschränkung unterliegen würden, sodass das Gesetz der vom Bundesverfassungsgericht[197] vorgegebenen Ausgestaltung der Nachtarbeit in keiner Hinsicht gerecht werde und die diesbezüglichen tarifvertraglichen Regelungen nicht ausreichend seien.[198]

---

193 Vgl. *Mertens*, Der Arbeitsschutz und seine Entwicklung, S. 96 ff.

194 Verordnung vom 30.04.1938 – RGBl. I, S. 447.

195 Vgl. 2. Kap. B. III. 3.; BVerfG v. 28.01.1992 – 1 BvR 1025/82, 1 BvL 16/83, 1 BvL 10/91, BVerfGE 85, 191 = AP Nr. 2 zu § 19 AZO, „Das Nachtarbeitsverbot des § 19 der Arbeitszeitordnung benachteiligt Arbeiterinnen im Vergleich zu Arbeitern und weiblichen Angestellten; es verstößt damit gegen Art. 3 Abs. 1 und 3 GG." (Leitsatz Nr. 4); vgl. auch *Neumann/Biebl*, ArbZG, § 6 Rn. 1.

196 *Buschmann/Ulber*, ArbZG, § 6 Rn. 3.

197 BVerfG v. 28.01.1992 – 1 BvR 1025/82, 1 BvL 16/83, 1 BvL 10/91, BVerfGE 85, 191 = AP Nr. 2 zu § 19 AZO.

198 *Buschmann/Ulber*, ArbZG, § 6 Rn. 3. Die gleiche Ansicht vertritt *Oppholzer*, AuR 1994, 41 (46). Vgl. auch Kittner/Zwanziger/Deinert-*Schoof*, Arbeitsrecht, § 26 Rn. 260a; ErfK/*Wank*, § 7 ArbZG Rn. 18.

Zutreffend ist, dass § 7 Abs. 2a ArbZG die Möglichkeit einräumt, von der in § 6 Abs. 2 ArbZG festgelegten Arbeitszeit abzuweichen, wobei hier keine Höchstbeschränkungen genannt sind. Vorgegeben ist lediglich, dass die Verlängerung der Arbeitszeit über acht Stunden ohne einen entsprechenden Ausgleichszeitraum nur dann möglich ist, „wenn in die Arbeitszeit regelmäßig und in erheblichem Umfang Arbeitsbereitschaft oder Bereitschaftsdienst fällt". Gleichzeitig muss die Gesundheitsgefährdung der Arbeitnehmer durch besondere Regelungen ausgeschlossen werden (§ 7 Abs. 2a ArbZG)[199] und der Arbeitnehmer hat bei einer Verlängerung der Arbeitszeit gem. § 7 Abs. 2a ArbZG schriftlich einzuwilligen (§ 7 Abs. 7 S. 1 ArbZG). Gem. Art. 22 Abs. 1 lit. a RL 2003/88/EG ist es den Mitgliedstaaten überlassen, die erforderlichen Maßnahmen zum Schutz der Nachtarbeiter hinsichtlich der Sicherheit und der Gesundheit zu ergreifen, wenn von der in Art. 6 RL 2003/88/EG vorgegebenen Höchstarbeitszeit abgewichen werden soll.

Solche Regelungen hat der Gesetzgeber hier nicht getroffen, sondern den Tarifvertragsparteien bzw. den beteiligten Akteuren einer Betriebsvereinbarung die Aufgabe übertragen, durch „besondere Regelungen" (§ 7 Abs. 2a ArbZG) sicherzustellen, dass eine Gesundheitsgefährdung der Arbeitnehmer ausgeschlossen ist. Präzise Vorgaben für die inhaltliche Ausgestaltung dieser Regelungen trifft der Gesetzgeber nicht. Die Richtlinie ist zwar nur in ihren Zielen verbindlich, die Umsetzung bleibt den Mitgliedstaaten überlassen (Art. 288 Abs. 3 AEUV), jedoch wurde hier das Ziel formuliert, dass die Mitgliedstaaten die erforderlichen Maßnahmen ergreifen, um eine Gesundheitsgefährdung der Nachtarbeitnehmer zu vermeiden. Das oben dargelegte Einwilligungserfordernis erfüllt zwar die Anforderungen von Art. 22 Abs. 1 lit. a RL 2003/88/EG, ist aber zum Schutz der Arbeitnehmer nicht ausreichend, da nicht ausgeschlossen werden kann, dass Druck ausgeübt wird, um die erforderliche Einwilligung zu erhalten. Verweigert der Arbeitnehmer seine Einwilligung, so dürfen ihm gem. Art. 22 lit. b RL 2003/88/EG daraus keine Nachteile entstehen, dies ist in § 7 Abs. 7 ArbZG nur insoweit berücksichtigt, dass der Arbeitnehmer nicht durch den Arbeitgeber benachteiligt werden darf, anderweitige Benachteiligungen werden nicht ausgeschlossen.[200] Moniert wird ebenfalls, dass das Gesetz kein Sanktionssystem vorhält, wenn keinerlei Regelungen zum Gesundheitsschutz der Arbeitnehmer getroffen werden.[201]

---

199 BAG v. 12.08.2008 – 9 AZR 1117/06, BAGE 127, 205 (208 ff.) = NZA 2009, 102 (103 ff.); vgl. auch *Kothe* in: FS Bepler, S. 287 (293 f.).

200 Kittner/Zwanziger/Deinert-*Schoof*, Arbeitsrecht, § 26 Rn. 260a.

201 Kittner/Zwanziger/Deinert-*Schoof*, Arbeitsrecht, § 26 Rn. 260a.

Festzuhalten bleibt, dass sich Nachtarbeit negativ auf den Organismus der Arbeitnehmer auswirken kann, da durch die unterschiedlichen Arbeits- und Schlafenszeiten der eigentliche menschliche Rhythmus gestört wird.[202] Demzufolge sind die Schutzmaßnahmen seitens des Gesetzgebers, um solche Folgen zu vermeiden, elementar. Die hier erfolgte pauschale Übertragung der Verantwortung, u.a. auf die Tarifvertragsparteien, wird diesem Gesichtspunkt nicht gerecht. Erforderlich wären hier konkrete Vorgaben durch den Gesetzgeber, um die Arbeitnehmer vor den Gefahren der Nachtarbeit weitestgehend zu schützen. Da sich ein vollständiges Verbot der Nachtarbeit dem Urteil des Bundesverfassungsgerichtes nicht entnehmen lässt, ist auf eine verfassungskonforme Ausgestaltung der Gesetze zu achten, die in diesem Zusammenhang nicht erfolgt ist.[203]

3. Schichtarbeit

Die Regelungen zur Schichtarbeit sind im Vergleich zur Nachtarbeit deutlich weniger ausführlich. Eine gesetzliche Definition der Schichtarbeit lässt sich dem Arbeitszeitgesetz nicht entnehmen. Art. 2 Abs. 5 RL 2003/88/EG legt fest, dass unter Schichtarbeit „jede Form der Arbeitsgestaltung kontinuierlicher oder nicht kontinuierlicher Art mit Belegschaften, bei der Arbeitnehmer nach einem bestimmten Zeitplan, auch im Rotationsturnus, sukzessive an den gleichen Arbeitsstellen eingesetzt werden, so dass sie ihre Arbeit innerhalb eines Tages oder Wochen umfassenden Zeitraums zu unterschiedlichen Zeiten verrichten müssen". Das BAG hat Schichtarbeit dahingehend definiert, dass über einen längeren Zeitraum mindestens zwei Arbeitnehmer eine übereinstimmende Arbeitsaufgabe in geregelter zeitlicher Reihenfolge erledigen.[204] Ähnlich qualifiziert auch *Reinecke* diese Beschäftigungsform als „eine bestimmte Arbeitsaufgabe [, die] nicht innerhalb der Arbeitszeit eines ArbN erledigt wird und [bei der] sich mehrere ArbN (mindestens zwei) oder ArbNGruppen nach einem feststehenden Plan ablösen"[205].

---

202 BVerfG v. 28.01.1992 – 1 BvR 1025/82, 1 BvL 16/83, 1 BvL 10/91, BVerfGE 85, 191 (208 mwN.) = AP Nr. 2 zu § 19 AZO; BVerfG v. 09.06.2004 – 1 BvR 636/02, DB 2004, 1504 (1505) = NJW 2004, 2363 (2365 mwN.); HWK/*Gäntgen,* § 6 ArbZG Rn. 1; *Anzinger/Koberski,* § 6 Rn. 1 mwN.

203 Vgl. hierzu auch *Buschmann/Ulber,* ArbZG, § 6 Rn. 3, demzufolge sei der Gesetzgeber weder seinen Verpflichtungen hinsichtlich der Umsetzung der Richtlinie 2003/88/EG noch den Vorgaben des Bundesverfassungsgerichts hinreichend gerecht geworden.

204 BAG v. 18.07.1990 – 4 AZR 295/89, AP Nr. 1 zu § 14 TV B II Berlin = NZA 1991, 23 mwN.

205 Küttner/*Reinecke*, Personalbuch 2013, Arbeitszeit Rn. 23.

Die nähere Ausgestaltung des Sicherheits- und Gesundheitsschutzes wird gem. Art. 12 RL 2003/88/EG den Mitgliedstaaten überlassen, wobei auch der in Art. 13 RL 2003/88/EG vorgegebene Arbeitsrhythmus hinsichtlich der Anpassung der Arbeitsgestaltung an den Menschen berücksichtigt werden muss.[206] Bei der näheren Präzisierung dieser und der in § 6 Abs. 1 ArbZG (Ausgestaltung der Arbeitszeit bei Schichtarbeit „nach den gesicherten arbeitswissenschaftlichen Erkenntnissen über eine menschengerechte Arbeitszeitgestaltung“) gemachten Vorgaben kann auf die Ausführungen zur Nachtarbeit verwiesen werden.[207]

4. Sonn- und Feiertagsarbeit

Explizite Regelungen zum Sonn- und Feiertagsschutz trifft die Arbeitszeitrichtlinie 2003/88/EG nicht. Zu beachten ist Art. 5 RL 2003/88/EG, demnach treffen die Mitgliedstaaten „die erforderlichen Maßnahmen, damit jedem Arbeitnehmer pro Siebentageszeitraum eine kontinuierliche Mindestruhezeit von 24 Stunden zuzüglich der täglichen Ruhezeit von elf Stunden gem. Art. 3 [RL 2003/88/EG] gewährt wird“. Dieser Vorgabe wird das Arbeitszeitgesetz gerecht, indem es im Bereich des Sonn- und Feiertagsschutzes (§§ 9 ff. ArbZG) regelt, dass Arbeitnehmer an Sonn- und Feiertagen von 0 bis 24 Uhr nicht beschäftigt werden dürfen (§ 9 Abs. 1 ArbZG). Ausnahmen hierzu sind u.a. gem. § 9 Abs. 2, 3, § 10 ArbZG möglich. Durch die Kombination der 24-stündigen Sonn- und Feiertagsruhe mit der in § 5 ArbZG vorgeschriebenen Ruhezeit von 11 Stunden, ergibt sich auch nach dem Arbeitszeitgesetz eine Gesamtruhezeit von 35 Stunden.[208]

Den Hintergrund dieser Regelung bildet § 1 Nr. 2 ArbZG, demnach sind der „Sonntag und die staatlich anerkannten Feiertage als Tage der Arbeitsruhe und der seelischen Erhebung der Arbeitnehmer zu schützen“. Im Hinblick auf den

---

206 Art. 13 RL 2003/88/EG: „Die Mitgliedstaaten treffen die erforderlichen Maßnahmen, damit ein Arbeitgeber, der beabsichtigt, die Arbeit nach einem bestimmten Rhythmus zu gestalten, dem allgemeinen Grundsatz Rechnung trägt, dass die Arbeitsgestaltung dem Menschen angepasst sein muss, insbesondere im Hinblick auf die Verringerung der eintönigen Arbeit und des maschinenbestimmten Arbeitsrhythmus, nach Maßgabe der Art der Tätigkeit und der Erfordernisse der Sicherheit und des Gesundheitsschutzes, insbesondere was die Pausen während der Arbeitszeit betrifft.“

207 Vgl. 2. Kap. C. II.; Empfehlungen für eine mögliche Gestaltung von Schichtplänen geben *Fergen/Schweflinghaus*, AiB 2006, 672; weiterführend auch *Böker*, AiB 2011, 739.

208 Kittner/Zwanziger/Deinert-*Schoof*, Arbeitsrecht, § 26 Rn. 160.

Feiertagsschutz sind nur die Tage relevant, bei denen es sich um einen gesetzlichen Feiertag handelt.[209] Bezüglich des Sonntagsschutzes gibt § 11 Abs. 1 ArbZG vor, dass mindestens 15 Sonntage im Jahr beschäftigungsfrei bleiben müssen. Diese Vorschrift ist besonders relevant im Zusammenspiel mit den Ladenöffnungszeiten an Sonn- und Feiertagen.[210]

III. Formen der Arbeit unter dem Blickwinkel der Arbeitszeitrichtlinie

Die Arbeitszeitrichtlinie war immer wieder Gegenstand von wichtigen Entscheidungen des EuGH. Zu nennen sind hier u.a. die Urteile *SIMAP*[211] und *Jaeger*[212], aber auch *Dellas*[213] oder jüngst *Accardo*[214]. Als besonders bedeutsam erweisen sich die Entscheidungen zur Einordnung von bestimmten Bereitschaftsformen als Arbeitszeit bzw. Ruhepausen, hierfür sind insbesondere die beiden erstgenannten Urteile des EuGH richtungweisend, sodass deren Konsequenzen für das deutsche Arbeitszeitrecht zu klären sind. Diese Einordnung hat erhebliche Auswirkungen auf Arbeitgeber und Arbeitnehmer. Während es für die Arbeitgeber vorteilhaft ist, wenn der Bereitschaftsdienst nicht als Arbeitszeit qualifiziert wird und sie somit in Bereichen, in denen ein dauerhafter Arbeitseinsatz sichergestellt werden muss, z.B. im Krankenhaus oder bei der Feuerwehr, ihre Arbeitnehmer deutlich länger arbeiten lassen können, ohne spürbare Mehrausgaben für zusätzliches Personal tätigen zu müssen; hat dies hingegen für die Arbeitnehmer zur Folge, dass sie nicht nur die in § 3 ArbZG vorgegebene regelmäßige Höchstarbeitszeit leisten müssen, sondern auch darüber hinaus vom Arbeitgeber in Anspruch genommen werden können, wobei die Art der Inanspruchnahme von der

---

209 Kittner/Zwanziger/Deinert-*Schoof*, Arbeitsrecht, § 26 Rn. 158. Hier findet sich auch ein Überblick über die bundeseinheitlichen Feiertage sowie die Tage, die nur in einigen Bundesländern als gesetzliche Feiertage geschützt sind.

210 Auf das komplexe Zusammenspiel zwischen dem Ladenschlussgesetz und dem Arbeitnehmerschutz wird ausführlich im 4. Kapitel eingegangen.

211 EuGH v. 03.10.2000, C-303/98 [Simap], NZA 2000, 1227 = AP Nr. 2 zu EWG-RL Nr. 93/104.

212 EuGH v. 09.09.2003, C-151/02 [Jaeger], AP Nr. 7 zu EWG-RL Nr. 93/104 = NZA 2003, 1019.

213 EuGH v. 01.12.2005, C-14/04 [Dellas], NZA 2006, 89 = EuZW 2006, 121.

214 EuGH v. 21.10.2010, C-227/09 [Accardo], NZA 2011, 215 = EuZW 2011, 69. Vgl. dazu *Kothe* in: FS Bepler, S. 287 (289 f.).

Bereitschaftsform abhängt. Zwar ist ein gewisser Gestaltungsspielraum bereits durch die Abweichungsmöglichkeiten in § 7 ArbZG eröffnet, allerdings erfordert dies einen Tarifvertrag oder eine Betriebs- bzw. Dienstvereinbarung und umfasst daher eine eingehende Interessenabwägung.

Sinnvoll erscheint es in diesem Zusammenhang, die unterschiedlichen Erscheinungsformen der Arbeit genauer zu betrachten und im Hinblick auf die Regelungen im Arbeitszeitgesetz und der Arbeitszeitrichtlinie zu untersuchen. Im Wesentlichen ist zwischen der Arbeitsbereitschaft, dem Bereitschaftsdienst und der Rufbereitschaft zu differenzieren, wobei diese Formen von der sog. Vollarbeit abzugrenzen sind.

1. Vollarbeit

Vollarbeit liegt vor, wenn der Arbeitnehmer die geschuldete Arbeitsleistung erbringt, wobei es nicht ausschlaggebend ist, ob der Arbeitnehmer mit gleich bleibender Intensität seiner Arbeit nachgeht.[215] Nicht relevant ist es, ob der Arbeitnehmer der Tätigkeit dauerhaft nachkommt, sodass nicht nennenswerte beschäftigungslose Zeiten kein besonderes Gewicht einnehmen.[216]

2. Arbeitsbereitschaft

a) Definition

Der Begriff der Arbeitsbereitschaft ist in den vergangenen Jahrzehnten nicht stets einheitlich beurteilt worden. Während das RAG im Jahr 1928 noch davon ausging, dass man unter dem Begriff der Arbeitsbereitschaft die Zeit „wache[r] Achtsamkeit im Zustand der Entspannung versteht“[217], hat sich dies im Laufe der Zeit dahingehend geändert, dass auf das Merkmal der "wachen Achtsamkeit“ teilweise verzichtet und nur noch auf die physische Präsenz des Arbeitnehmers abgestellt

---

215 *Schliemann*, ArbZG, § 2 Rn. 13. Dieser bejaht selbst dann noch die Vollarbeit, „wenn der Arbeitgeber von der Arbeitsleistung des zur Arbeit bereitstehenden Arbeitnehmers für relativ kurze Zeit keinen Gebrauch machen kann“, vgl. a.a.O., Rn. 14.

216 *Schliemann*, ArbZG, § 2 Rn. 13.

217 Die Definition geht zurück auf *Kaskel*, Das Schlichtungswesen 1926, 75; sie wurde u.a. aufgegriffen vom RAG v. 03.11.1928 – 137/28, ARS 4, 411; BAG v. 14.04.1966 – 2 AZR 503/63, BAGE 18, 223 (245 f.) = AP Nr. 2 zu § 13 AZO; BAG v. 12.02.1986 – 7 AZR 358/84, BAGE 51, 131 (138) = AP Nr. 7 zu § 15 BAT; BAG v. 09.03.2005 – 5 AZR 385/02, EzA Nr. 177 zu § 4 TVG Ausschlussfristen = ZTR 2005, 479 (480).

wurde.[218] Das BAG hat sich hinsichtlich der unterschiedlichen Auslegung nicht eindeutig festgelegt und teilweise auf das Merkmal verzichtet[219] bzw. es wieder als Bestandteil der genannten Definition angefügt[220].

Zu berücksichtigen ist allerdings, dass die dargelegte Definition vom BAG überwiegend in vergütungsrechtlichen Sachverhalten zu Grunde gelegt wurde, besonders im Rahmen der Auslegung von Tarifverträgen, sodass im arbeitsschutzrechtlichen Sinne bisher noch nicht eindeutig geklärt wurde, welche Merkmale den Zustand der Arbeitsbereitschaft kennzeichnen. Nichtsdestotrotz ist eine inhaltliche Präzisierung der Arbeitsbereitschaft erforderlich, sodass die angesprochene Definition einer genaueren Untersuchung im Hinblick auf die Konsequenzen für das Arbeitszeitrecht zu unterziehen ist.

aa) wache Achtsamkeit

Unter dem Begriff „achtsam“ versteht man ein aufmerksames, wachsames Verhalten; das Adjektiv „wach“ stellt einen geistig sehr regen Zustand von großer Aufmerksamkeit dar.[221] Anhand dieser Definition lässt sich die Arbeitsbereitschaft nur schwer erklären. Denn in Abgrenzung zur eigentlich geschuldeten Tätigkeit stellt die Arbeitsbereitschaft, wie bereits angesprochen, eine verminderte Leistung dar. Ausgehend von der genannten Definition jedoch zeigt sich, dass ein geistig sehr reger Zustand von großer Aufmerksamkeit derjenige sein muss, in dem der Arbeitnehmer seine eigentlich vertraglich geschuldete Tätigkeit erbringt.

bb) Zustand der Entspannung

Weiterer Bestandteil der vom RAG verwendeten Definition ist der Zustand der Entspannung. Charakterisierend hierfür ist, „sich körperlich und seelisch für kurze Zeit von der Belastung durch anstrengende und angespannte Tätigkeiten frei [zu] machen und neue Kraft [zu] schöpfen“[222]. Der Zusatz „im Zustand der Entspannung“ bedeutet daher, dass die Arbeitsbereitschaft im Gegensatz zur

---

218 RAG v. 20.12.1939 – 104/39, ARS 38, 23.

219 BAG v. 10.06.19.59 – 4 AZR 567/56, BAGE 8, 25 (27 f.) = AP Nr. 5 zu § 7 AZO; BAG v. 14.04.1966 – 2 AZR 503/63, BAGE 18, 223 (246) = AP Nr. 2 zu § 13 AZO.

220 BAG v. 28.01.1981 – 4 AZR 892/78, AP Nr. 1 zu § 18 MTL II = DB 1981, 1195 (1196); BAG v. 12.02.1986 – 7 AZR 358/84, BAGE 51, 131 (138) = AP Nr. 7 zu § 15 BAT; BAG v. 18.05.1988 – 4 AZR 762/87 (juris).

221 *Duden*, Deutsches Universalwörterbuch, Stichwort: „achtsam“, „wach“.

222 *Duden*, Deutsches Universalwörterbuch, Stichwort: „entspannen“.

geschuldeten Arbeitsleistung eine mindere Leistung darstellt, sodass der Arbeitnehmer deutlich geringer in Anspruch genommen und daher ein „Entspannungszustand“[223] ermöglicht wird. Dem Wort Bereitschaft ist zu entnehmen, dass dieses einen bestimmten Zustand der Untätigkeit umfasst, wohingegen der Begriff der Vollarbeit sowohl Ruhezeiten als auch die geschuldete Tätigkeit beinhalten kann.[224]

Dieser Passus der Definition scheint eher im Einklang mit den Merkmalen der Arbeitsbereitschaft zu stehen, insbesondere korrespondiert er damit, dass der Arbeitnehmer in diesem Zustand lediglich eine verminderte Leistung erbringt, indem er physisch anwesend ist, aber vorübergehend keine eigentlich geschuldete Tätigkeit zu verrichten hat.

cc) Bewertung

Besonders problematisch erscheint es, die beiden genannten Teile der Definition in Einklang zu bringen. Denn das Befinden in einem geistig sehr regen Zustand von großer Aufmerksamkeit steht im deutlichen Widerspruch zur körperlichen und seelischen Erholung. Hierdurch wird die von *Wank* als „Leerformel“[225] bezeichnete Kritik nochmals unterstrichen, da die Definition im Hinblick auf die nähere Ausgestaltung der Arbeitsbereitschaft wenig hilfreich, wenn nicht auf Grund des Widerspruchs gar hinderlich ist. Gleichzeitig wird hierdurch der Eindruck vermittelt, dass sich Arbeitsbereitschaft und Vollarbeit immer exakt trennen ließen, was aber auf Grund der vielfältigen Ausgestaltungsmöglichkeiten von Arbeit kaum möglich ist.[226] Insbesondere hinsichtlich der Abgrenzung zum Bereitschaftsdienst und der Rufbereitschaft erscheinen die Grenzen äußerst fließend, gerade mit Blick auf unterschiedliche Berufsgruppen.

Allerdings bleibt zu klären, in welcher Weise eine inhaltliche Präzisierung des Begriffs vorgenommen werden kann. Wie schwierig diese Aufgabe eigentlich ist, zeigt sich daran, dass in den letzten Jahrzehnten regelmäßig entsprechende Versuche unternommen wurden, ohne ein befriedigendes Ergebnis zu erzielen.[227] Einen

---

223 BAG v. 05.03.2005 – 5 AZR 385/02, EzA Nr. 177 zu § 4 TVG Ausschlußfristen = ZTR 2005, 479 (480).

224 *Tietje*, Grundfragen des Arbeitszeitrechts, S. 89.

225 ErfK/*Wank*, § 2 ArbZG, Rn. 21.

226 So auch *Fechner*, Probleme der Arbeitsbereitschaft, S. 102 ff.

227 *Fechner*, Probleme der Arbeitsbereitschaft, S. 9 ff.; *Gitter*, ZfA 1983, 375; einen ausführlichen Überblick dazu bei: *Tietje*, Grundfragen des Arbeitszeitrechts, S. 78 ff.; jüngst dazu auch *Kalmbach*, Personal 2011, 50.

recht gelungenen Versuch stellt der Vorschlag von *Gitter*[228] dar. Dieser versteht unter der Arbeitsbereitschaft das „Bereithalten zur Arbeitstätigkeit, um ggf. von sich aus tätig zu werden“[229]. Bei der Auslegung des Begriffs der Arbeitsbereitschaft setzt *Gitter* vom Wortsinn bereits voraus, dass der Arbeitnehmer zur Arbeit bereit ist und daher auch ein gewisses Maß an Aufmerksamkeit an den Tag legt.[230] Allerdings wird durch den Definitionsansatz von *Gitter* verdeutlicht, dass das Bereithalten zur Arbeit nicht voraussetzt, dass der Arbeitnehmer besonders aufmerksam ist. Es ist ausreichend, wenn er bei Wiederaufnahme der eigentlichen Tätigkeit eine gesteigerte Aufmerksamkeit an den Tag legt. Aber auch hier bleibt das Problem, ab wann die Grenze zur besonderen Aufmerksamkeit überschritten ist und der Arbeitnehmer sich nicht mehr im Zustand der Entspannung und damit der Arbeitsbereitschaft befindet. Daneben tritt die Schwierigkeit, dass auch beim Bereitschaftsdienst die Anwesenheit des Arbeitnehmers erforderlich ist, dieser aber nicht dauerhaft, sondern nur im Bedarfsfall seine Tätigkeit verrichtet.[231]

Schliemann[232] nennt als Abgrenzungskriterien den Grad der geforderten Aufmerksamkeit, die „Häufigkeit, Dauer und Lage der Inanspruchnahme des Arbeitnehmers durch Vollarbeit [...]“, sowie korrespondierend dazu die Häufigkeit und Dauer der Arbeitsunterbrechungen. Allerdings ruft insbesondere das Merkmal der Häufigkeit und Dauer der Inanspruchnahme wiederum das Problem hervor, an welcher Stelle die Grenze zu ziehen ist, ab welchem Zeitpunkt die Intensität ein solches Ausmaß erreicht hat, dass nicht mehr von Arbeitsbereitschaft gesprochen werden kann. Die Frage der Intensität ist auch im Zusammenhang mit § 7 Abs. 1 Nr. 1a ArbZG von besonderer Bedeutung, da eine Arbeitszeitverlängerung nur dann gestattet ist, „wenn in die Arbeitszeit regelmäßig und in erheblichem Umfang Arbeitsbereitschaft oder Bereitschaftsdienst [...] fällt“.

Die angesprochenen Kriterien für die Abgrenzung der Arbeitsbereitschaft, insbesondere von der Vollarbeit, können jeweils nur Indizien für eine Unterscheidung sein, sodass im Einzelfall unter Berücksichtigung aller Umstände stets eine Gesamtschau stattzufinden hat. Zutreffender erscheint hier die im Vergleich zum Vorschlag von *Gitter* noch etwas präzisere Definition von *Zwanziger,* „unter Arbeitsbereitschaft wird die gegenüber Vollarbeit verminderte Leistung, nämlich

---

228 *Gitter*, ZfA 1983, 375 (406).

229 *Gitter*, ZfA 1983, 375 (406).

230 So auch BAG v. 14.04.1966 – 2 AZR 503/63, BAGE 18, 223 (246) = AP Nr. 2 zu § 13 AZO.

231 Ausführliche Behandlung des Bereitschaftsdienstes s. 2. Kapitel, C. III. 3.

232 *Schliemann*, ArbZG, § 2 Rn. 18.

sofortige Bereitschaft zur Aufnahme der Arbeit ohne Fremdaufforderung bei Anwesenheit am Arbeitsplatz im Zustand der Entspannung verstanden“[233].

b) Arbeitszeitrechtliche Beurteilung

Zu klären bleibt, wie die wache Achtsamkeit im Zustand der Entspannung arbeitszeitrechtlich zu beurteilen ist. Wie bereits angesprochen[234], stellt die Arbeitsbereitschaft eine mindere Leistung im Vergleich zur geschuldeten Arbeit dar. Gem. § 2 Abs. 1 ArbZG ist die Arbeitszeit dahingehend definiert, dass es sich um die „Zeit vom Beginn bis zum Ende der Arbeit abzüglich der Ruhepausen“ handelt. Der Zustand der Entspannung kann aber nicht so verstanden werden, dass es sich hierbei um Ruhepausen handelt, denn der Arbeitnehmer muss jederzeit darauf vorbereitet sein, von diesem Zustand wieder zur vertraglich vereinbarten Tätigkeit überzugehen, sodass die Arbeitsbereitschaft als Arbeitszeit nach dem Arbeitszeitgesetz zu qualifizieren ist.[235] Hierfür spricht auch die Regelung des § 7 Abs. 1 Nr. 1a ArbZG, demnach kann in einem Tarifvertrag oder auf Grund eines Tarifvertrags in einer Betriebs- oder Dienstvereinbarung abweichend von § 3 ArbZG zugelassen werden, die „Arbeitszeit über zehn Stunden werktäglich zu verlängern, wenn in die Arbeitszeit regelmäßig und in erheblichem Umfang Arbeitsbereitschaft oder Bereitschaftsdienst fällt“. Es zeigt sich, dass die Arbeitsbereitschaft Teil der Arbeitszeit ist, aber eben nur eine mindere Leistung im Vergleich zur geschuldeten Arbeit erbracht wird. Hier lassen sich Verkäufer nennen, die auf Kundschaft warten oder auch Mitarbeiter in einem Call-Center, die für einen kurzen Zeitraum keine Anrufe entgegennehmen.[236] In Betracht kommt auch die Tätigkeit eines Pförtners oder Nachtwächters.[237]

Die Auslegung des Begriffs anhand der Arbeitszeitrichtlinie 2003/88/EG kommt zur selben Wertung. Demnach ist die Arbeitszeit die „Zeitspanne, während der ein Arbeitnehmer gemäß den einzelstaatlichen Rechtsvorschriften und/oder Gepflogenheiten arbeitet, dem Arbeitgeber zur Verfügung steht und

---

233 *Zwanziger*, DB 2007, 1356.

234 Vgl. 2. Kap. C. III. 2.

235 BAG v. 18.02.2003 – 1 ABR 2/02, BAGE 105, 32 (51) = AP Nr. 12 zu § 611 BGB Arbeitsbereitschaft; ErfK/*Wank*, § 2 ArbZG Rn. 21; Kittner/Zwanziger/Deinert-*Schoof*, Arbeitsrecht, § 26 Rn. 31, 41; *Zmarzlik/Anzinger*, ArbZG, § 2 Rn. 14; *Dobberahn*, Das neue Arbeitszeitgesetz in der Praxis, C. III. Rn. 46; *Junker*, ZfA 1998, 105 (108 mwN.).

236 *Roggendorff*, ArbZG, C § 2 Rn. 37.

237 Vgl. dazu auch BAG v. 09.03.2005 – 5 AZR 385/02, ZTR 2005, 479 (480) = NZA 2005, 1016; BAG v. 18.02.2003 – 1 ABR 2/02, BAGE 105, 32 (51 f.) = AP Nr. 12 zu § 611 BGB Arbeitsbereitschaft.

seine Tätigkeit ausübt oder Aufgaben wahrnimmt" (Art. 2 Nr. 1 RL 2003/88/EG). Damit zählt nach der Arbeitszeitrichtlinie die Zeit, in der der Arbeitnehmer dem Arbeitgeber zur Verfügung steht, zur Arbeitszeit. Der Zusatz, dass der Arbeitnehmer seine Tätigkeit ausüben oder Aufgaben wahrnehmen muss, darf nicht dahingehend verstanden werden, dass er dauerhaft aktiv sein muss, sondern es können auch bestimmte, z.B. kundenarme Zeiträume, überbrückt werden.[238]

Auf der betriebsverfassungsrechtlichen Ebene ergibt sich, dass die Arbeitsbereitschaft ebenfalls als Arbeitszeit iSd. § 87 Abs. 1 Nr. 2, 3 BetrVG einzustufen ist.[239] Ferner muss auch das Arbeitsentgelt, vorbehaltlich abweichender Regelungen in Arbeits- bzw. Tarifverträgen, in voller Höhe ausbezahlt werden.[240] Durch tarifvertragliche Bestimmungen kann der Lohn auf Grund der geringeren Beanspruchung während der Arbeitsbereitschaft allerdings niedriger ausfallen.[241]

3. Bereitschaftsdienst

a) Definition

Die Einordnung des Bereitschaftsdienstes in das System des Arbeitszeitrechts zeigt eine noch wechselvollere Entwicklung als die der Arbeitsbereitschaft. Als Bereitschaftsdienst bezeichnet das BAG die Zeitspanne, in der sich der Arbeitnehmer für Zwecke des Betriebes an einem vom Arbeitgeber bestimmten Ort aufhält, um seine vertraglich geschuldete Tätigkeit jederzeit aufnehmen zu können.[242] Dieser Ort muss nicht identisch mit dem Arbeitsplatz sein, der Arbeitgeber kann auch jede andere Örtlichkeit festlegen.[243] Typischerweise wird Bereitschaftsdienst von Ärzten geleistet.[244]

---

238 *Tietje,* Grundfragen des Arbeitszeitrechts, S. 78 ff.

239 *Buschmann/Ulber*, ArbZG, § 2 Rn. 16.

240 *Zmarzlik/Anzinger*, ArbZG, § 2 Rn. 20.

241 Vgl. BAG v. 28.11.1973 – 4 AZR 74/73, BAGE 25, 426 (427 f.) = AP Nr. 2 zu § 19 MTB II.

242 BAG v. 10.06.1959 – 4 AZR 567/56, BAGE 8, 25 = AP Nr. 5 zu § 7 AZO; BAG v. 18.02.2003 – 1 ABR 2/02, BAGE 105, 32 (41 f. mwN.) = DB 2003, 1387; BAG v. 16.03.2004 – 9 AZR 93/03, BAGE 110, 60 (63 f.) = AP Nr. 2 zu § 2 ArbZG. Vgl. dazu auch *Zetl,* ZMV 2011, 237.

243 Vgl. hierzu *Hamm*, AiB 2004, 133 (134).

244 ErfK/*Wank*, § 2 ArbZG Rn. 29.

b) Begriffsbestimmung durch die Arbeitszeitordnung

Im Rahmen der Arbeitszeitordnung von 1938[245] wurde der Bereitschaftsdienst im Gesetzestext nicht ausdrücklich erwähnt, sondern lediglich zwischen Arbeit und Arbeitsbereitschaft unterschieden (vgl. §§ 7 Abs. 2, 8 Abs. 2, 15 Abs. 1 AZO). Daher ergab sich im Hinblick auf die Differenzierung zwischen Arbeit, Arbeitsbereitschaft und Bereitschaft (entspricht dem Bereitschaftsdienst), dass entsprechend dem Gesetzeswortlaut nur die Arbeit und die Arbeitsbereitschaft als Arbeitszeit im Sinne der Arbeitszeitordnung anzusehen waren. Die übrigen Formen zählten im Kontext des Arbeitszeitrechts zur Nichtarbeit und waren daher als Ruhezeit oder Pause zu qualifizieren.[246] Diese Ansicht war allerdings nicht unumstritten, ebenso wurde vertreten, dass der Bereitschaftsdienst unter Geltung der Arbeitszeitordnung eine Sonderform der Arbeitsbereitschaft darstellte und damit zur Arbeitszeit hinzuzurechnen sei.[247] Für die Einordnung des Bereitschaftsdienstes als Ruhezeit sprach der Wortlaut der Arbeitszeitordnung, der lediglich zwischen der Arbeit und der Arbeitsbereitschaft unterschied. Zu berücksichtigen ist, dass der Gesetzgeber auch in der Ausführungsverordnung zur Arbeitszeitordnung[248] im Zusammenhang mit § 7 AZO ebenfalls nur von Arbeitsbereitschaft gesprochen hat, sodass davon auszugehen ist, dass der Bereitschaftsdienst nach der Konzeption der Arbeitszeitordnung nicht als Arbeitszeit eingestuft wurde.

c) Bereitschaftsdienst unter Geltung des Arbeitszeitgesetzes

Nach Inkrafttreten des Arbeitszeitgesetzes[249] im Jahr 1994 war die Problematik des Bereitschaftsdienstes weiterhin von wesentlicher Relevanz. Im Gegensatz zur Arbeitszeitordnung wurde der Bereitschaftsdienst im Wortlaut des Arbeitszeitgesetzes verankert, vgl. §§ 5 Abs. 3, 7 Abs. 2 Nr. 1, 15 Abs. 1 Nr. 3 ArbZG a.F. und damit zwischen Arbeit, Arbeitsbereitschaft, Bereitschaftsdienst und Rufbereitschaft differenziert. Demnach ist zu klären, ob die Aufnahme des Bereitschaftsdienstes in den Gesetzeswortlaut mit dessen Neubeurteilung im arbeitszeitrechtlichen Sinne einherging, was zur Folge hätte, dass der Bereitschaftsdienst als Arbeitszeit eingestuft und damit für die Höchstarbeitszeiten relevant werden

245 Verordnung vom 30.04.1938 – RGBl. I, S. 447.

246 *Denecke/Neumann*, AZO, § 7 Rn. 23.

247 *Rieger*, RdA 1964, 405 (406 f.).

248 Ausführungsverordnung zur Arbeitszeitordnung vom 12. Dezember 1938, RGBl. I, S. 1799.

249 BGBl. I 1994, S. 1170.

würde. Unter Heranziehung des Wortlautes von § 5 Abs. 3 ArbZG a.F., § 7 Abs. 2 Nr. 1 ArbZG a.F. lässt sich feststellen, dass der Bereitschaftsdienst auch unter Geltung des Arbeitszeitgesetzes von 1994 keine Arbeitszeit darstellte.[250] § 5 Abs. 3 ArbZG a.F. statuierte, dass „Kürzungen der Ruhezeit durch Inanspruchnahme während des Bereitschaftsdienstes oder der Rufbereitschaft in bestimmten Einrichtungen, die nicht mehr als die Hälfte der Ruhezeit betragen, auch zu anderen Zeiten ausgeglichen werden" konnten. Ähnlich deutlich war auch § 7 Abs. 2 Nr. 1 ArbZG a.F. zu entnehmen, dass der Bereitschaftsdienst als Ruhezeit zu werten ist. Demzufolge waren die Zeiten des Bereitschaftsdienstes an sich kein Bestandteil der Arbeitszeit, wobei eine Differenzierung hinsichtlich der Tätigkeit während des Bereitschaftsdienstes vorgenommen werden musste. Die Zeit, in der der Arbeitnehmer seine vertraglich geschuldete Leistung erbrachte, war nach dem Arbeitszeitgesetz als Arbeitszeit einzustufen, die übrige Zeit stellte Ruhezeit iSv. § 5 ArbZG a.F., jedenfalls keine Arbeitszeit dar.[251] Somit war eine über 48 Wochenstunden hinausgehende Anwesenheit im Betrieb kein Verstoß gegen die Regelung des § 3 S. 1 ArbZG a.F.[252]

d) Bereitschaftsdienst im Sinne der Arbeitszeitrichtlinie

Diese rein nationale Betrachtungsweise konnte angesichts der europäischen Einflüsse, insbesondere durch die Arbeitszeitrichtlinie 93/104/EG nicht mehr aufrechterhalten werden. Problematisch erschien, dass die Arbeitszeitrichtlinie ein anderes Verständnis des Bereitschaftsdienstes offenbarte als das Arbeitszeitgesetz. Die Richtlinie ging gem. Art. 6 Nr. 2 RL 93/104/EG davon aus, dass die wöchentliche durchschnittliche Höchstarbeitszeit von 48 Stunden einschließlich der Überstunden innerhalb eines Siebentageszeitraumes nicht überschritten werden durfte, wobei keine Unterscheidung zwischen Vollarbeit und sonstigen Formen, wie dem Bereitschaftsdienst, vorgenommen wurde. In Art. 2 Nr. 1 RL 93/104/EG wurde lediglich zwischen der Arbeitszeit als Zeitspanne, in der „ein Arbeitnehmer [...] arbeitet, dem Arbeitgeber zur Verfügung steht und seine Tätigkeit ausübt oder Aufgaben wahrnimmt" und der Ruhezeit als „Zeitspanne

250 BAG v. 18.02.2003 – 1 ABR 2/02, BAGE 105, 32 (42) = AP Nr. 12 zu § 611 BGB Arbeitsbereitschaft.

251 BAG v. 10.01.1991 – 6 AZR 352/89, BAGE 67, 8 (16) = AP Nr. 4 zu MTB II; *Baeck/Deutsch*, ArbZG, § 2 Rn. 42, § 7 Rn. 48 ff.; Schliemann/Meyer-*Schliemann*, ArbZG, C. Rn. 65; *Junker*, ZfA 1998, 105 (109).

252 BAG v. 18.02.2003 – 1 ABR 2/02, BAGE 105, 32 (42) = AP Nr. 12 zu § 611 BGB Arbeitsbereitschaft.

außerhalb der Arbeitszeit", differenziert. Erforderlich war daher die Klärung, ob der Bereitschaftsdienst nach europäischem Recht anders zu beurteilen ist als nach nationalem Recht. Entscheidend für die Auslegung des Begriffes sind die Urteile *SIMAP*[253] und *Jaeger*[254], wobei auch das Urteil *Pfeiffer*[255] erwähnenswert erscheint. Die erstgenannte Entscheidung *SIMAP* befasst sich mit der Einordnung der Arbeitszeit in Form des Bereitschaftsdienstes von spanischen Ärzten. Der EuGH hat im Rahmen eines Vorabentscheidungsverfahrens entschieden, dass die Zeit, die die Ärzte zur medizinischen Grundversorgung der Patienten durch persönliche Anwesenheit in der Gesundheitseinrichtung verbringen, als Arbeitszeit und ggf. als Überstunden im Sinne der RL 93/104/EG zu qualifizieren ist. Die ausdrückliche Einordnung des Bereitschaftsdienstes in Spanien als Arbeitszeit warf die Frage nach der Anwendbarkeit im Geltungsbereich des deutschen Rechts auf. Die Klarstellung im Hinblick auf die deutschen Ärzte folgte schließlich durch die Entscheidung in der Rechtssache *Jaeger*[256]. Deutlich wurde zum Ausdruck gebracht, „dass der Bereitschaftsdienst, den ein Arzt in Form persönlicher Anwesenheit im Krankenhaus leistet, in vollem Umfang Arbeitszeit im Sinne dieser Richtlinie darstellt, auch wenn es dem Betroffenen in Zeiten, in denen er nicht in Anspruch genommen wird, gestattet ist, sich an seiner Arbeitsstelle auszuruhen, so dass die Richtlinie der Regelung eines Mitgliedstaats entgegensteht, wonach Zeiten, in denen ein Arbeitnehmer während eines Bereitschaftsdienstes untätig ist, als Ruhezeit eingestuft werden"[257]. Somit hat der EuGH den Bereitschaftsdienst eindeutig als Arbeitszeit qualifiziert. Des Weiteren wurde hervorgehoben, dass die Begriffe der "Arbeitszeit" und der "Ruhezeit" nicht individuell nach nationalen Vorschriften ausgelegt werden können, sondern dass es sich hierbei um europarechtliche Begriffe handele, deren Auslegung nach objektiven Kriterien und unter Berücksichtigung des Regelungszusammenhangs der Richtlinie zu erfolgen habe,

253 EuGH v. 03.10.2000, C-303/98 [Simap], NZA 2000, 1227 = AP Nr. 2 zu EWG-RL Nr. 93/104. Weiterführend *Schlottfeldt*, ZESAR 2010, 411.

254 EuGH v. 09.09.2003, C-151/02 [Jaeger], AP Nr. 7 zu EWG-RL Nr. 93/104 = NZA 2003, 1019.

255 EuGH v. 05.10.2004 – verbundene Rechtssachen C-397/01 bis C-403/01 [Pfeiffer], NZA 2004, 1145 (1150) = AP Nr. 12 zu EWG-Richtlinie Nr. 93/104, der EuGH hat im Hinblick auf Rettungsassistenten festgestellt, dass auch bei ihnen der Bereitschaftsdienst als Arbeitszeit zu qualifizieren ist.

256 EuGH v. 09.09.2003, C-151/02 [Jaeger], AP Nr. 7 zu EWG-RL Nr. 93/104 = NZA 2003, 1019 (1022).

257 EuGH v. 09.09.2003, C-151/02 [Jaeger], AP Nr. 7 zu EWG-RL Nr. 93/104 – Leitsatz 2 = NZA 2003, 1019 (1022 f.).

um so die Wirksamkeit der Richtlinie und eine einheitliche Anwendung der Begriffe sicherzustellen.[258] Den Urteilen lassen sich keine Hinweise darauf entnehmen, dass die Einordnung des Bereitschaftsdienstes als Arbeitszeit nur im Bereich der Tätigkeiten im Krankenhaus bzw. der Pflegeberufe gelten soll, demnach ist diese Rechtsprechung auf alle anderen Berufsgruppen mit Bereitschaftsdiensten auszuweiten.[259]

Aus dem Vorgenannten ergibt sich, dass die Anforderungen der Arbeitszeitrichtlinie nicht mit denen des Arbeitszeitgesetzes korrespondieren. Die Arbeitszeitrichtlinie vom 23. November 1993 fiel mit dem Gesetzgebungsverfahren für das Arbeitszeitgesetz vom 06. Juni 1994 zusammen. Der Gesetzesbegründung vom 13. Oktober 1993 ist zu entnehmen, dass der Gesetzesentwurf seine Entsprechung auf europäischer Ebene in dem von der Kommission der Europäischen Gemeinschaft vorgelegten Entwurf einer Arbeitszeitrichtlinie finde und dass die Konzeption des Richtlinienentwurfs der Konzeption des Gesetzesentwurfs folge.[260] Trotz dieser besonderen Betonung des Gleichklangs zwischen dem Arbeitszeitgesetz und der Arbeitszeitrichtlinie bleibt zu konstatieren, dass die Richtlinie nicht ordnungsgemäß umgesetzt wurde. Folglich ist das Arbeitszeitgesetz, wenn möglich, richtlinienkonform auszulegen. Die Verpflichtung der Mitgliedstaaten zur europarechtskonformen Auslegung folgt aus dem Grundsatz der Unionstreue gem. Art. 4 Abs. 3 EUV (ex-Art. 10 EG) iVm. dem Umsetzungsgebot gem. Art. 288 Abs. 3 AEUV (ex-Art. 249 Abs. 3 EG).[261] Dieses Gebot ist umfassend anerkannt und mit deutschem Verfassungsrecht für vereinbar erklärt worden.[262] Eine solche Auslegung ist dann nicht möglich, wenn der ausdrückliche Wortlaut des

258 EuGH v. 09.09.2003, C-151/02 [Jaeger], AP Nr. 7 zu EWG-RL Nr. 93/104 – Leitsatz 1 = NZA 2003, 1019.

259 So auch BAG v. 18.02.2003 – 1 ABR 2/02, BAGE 105, 32 (44 f.) = AP Nr. 12 zu § 611 BGB Arbeitsbereitschaft; ebenso *Linnenkohl/Schütz*, AuA 2002, 316.

260 BT-Drucks. 12/5888, Entwurf eines Gesetzes zur Vereinheitlichung und Flexibilisierung des Arbeitszeitrechts v. 13.10.1993, S. 19 f.

261 Geiger/Khan/Kotzur-*Kotzur*, EUV/AEUV, Art. 288 AEUV Rn. 11, Art. 4 EUV Rn. 5 ff.; EuGH v. 10.04.1984 – 14/83 [von Colson], NJW 1984, 2021 (2022) = AP Nr. 1 zu § 611a BGB; EuGH v. 24.09.1998 – C-111/97 [Evolus Austria], RIW 1999, 54 (56) = NVwZ 1999, 172 (Leitsatz).

262 BVerfG v. 08.04.1987 – 2 BvR 687/85, BVerfGE 75, 223 (237) = NJW 1988, 1459 (1460); BAG v. 02.04.1996 – 1 ABR 47/95, BAGE 82, 349 (361) = AP Nr. 5 zu § 87 BetrVG 1972 Gesundheitsschutz; BGH v. 09.04.2002 – XI ZR 91/99, BGHZ 150, 248 (252) = NJW 2002, 1881 (1882).

nationalen Gesetzes dem entgegensteht.[263] Es wurde oben dargelegt[264], dass der Wortlaut von § 5 Abs. 3 ArbZG a.F., § 7 Abs. 2 Nr. 1 ArbZG a.F. dahingehend eindeutig war, dass Bereitschaftsdienst keine Arbeitszeit darstellte. Auch der Gesetzesbegründung ist zu entnehmen, dass Bereitschaftsdienst und Rufbereitschaft „arbeitszeitrechtlich grundsätzlich als Ruhezeit zu werten“[265] waren. Auf Grund dieser klaren Intention des Gesetzgebers war es im Sinne einer historischen und grammatikalischen Auslegung nicht möglich, die Vorgaben des deutschen Gesetzgebers dahingehend zu interpretieren, dass der Bereitschaftsdienst der Arbeitszeit unterfiel. Eine solche Annahme hätte die Grenzen der Auslegung überschritten, sowie eine teilweise Aufhebung des Arbeitszeitgesetzes dargestellt und damit zu einer Kompetenzüberschreitung der Arbeitsgerichte geführt.[266]

Auf Grund des Anwendungsvorrangs des Unionsrechts ist das nationale Recht dann nicht zu berücksichtigen, wenn die Umsetzungsfrist abgelaufen ist und die Richtlinie eine eindeutige Mindestvorgabe ohne weiteren Umsetzungsbedarf macht.[267] Folglich war das Arbeitszeitgesetz im Hinblick auf den Bereitschaftsdienst auf Grund der nicht richtlinienkonformen Umsetzung unionsrechtswidrig.

e) *Reform des Arbeitszeitgesetzes*

Die Auflösung dieser Diskrepanz wurde erst durch das Gesetz zu Reformen am Arbeitsmarkt vom 24. Dezember 2003[268] erreicht, welches den Wortlaut des

---

263 EuGH v. 24.01.2012 – C-282/10 [Dominguez], NZA 2012, 139 (141) = NJW 2012, 509 (510); EuGH v. 05.10.2004 – verbundene Rechtssachen C-397/01 bis C-403/01 [Pfeiffer], NZA 2004, 1145 (1150) = AP Nr. 12 zu EWG-Richtlinie Nr. 93/104; BAG v. 18.02.2003 – 1 ABR 2/02, BAGE 105, 32 (49 mwN.) = AP Nr. 12 zu § 611 BGB Arbeitsbereitschaft; BVerfG v. 26.09.2011 – 2 BvR 2216/06, 2 BvR 469/07, NJW 2012, 669 (671) = EuZW 2012, 196 (198 f.).

264 Siehe 2. Kap. C. III. 3. b).

265 BT-Drucks. 12/5888, Entwurf eines Gesetzes zur Vereinheitlichung und Flexibilisierung des Arbeitszeitrechts v. 13.10.1993, S. 27; vgl. die Ausführungen im 2. Kap. C. III. 3. c).

266 BAG v. 18.02.2003 – 1 ABR 2/02, BAGE 105, 32 (49 f.) = AP Nr. 12 zu § 611 BGB Arbeitsbereitschaft.

267 EuGH v. 05.04.1979 – 148/78, NJW 1979, 1764 (1765) = RIW 1979, 698; EuGH v. 12.07.1990 –C-188/89, NJW 1991, 3086 (3087) = NVwZ 1992, 51; EuGH v. 22.11.2005 – C-144/04 [Mangold], AP Nr. 1 zu RL 2000/78/EG = NZA 2005, 1345. Ebenso *Wank*, ZRP 2003, 414 (416 f.); *Matthiessen/Shea*, DB 2005, 106 (106 f.); kritisch zur Rechtssache Pfeiffer (EuGH v. 05.10.2004, verbundene Rs. C-397 bis C-403/01), *Thüsing*, ZIP 2004, 2301.

268 BGBl. I 2003, S. 3002, die Änderungen traten am 01.01.2004 in Kraft.

Arbeitszeitgesetzes dahingehend modifiziert hat, dass in § 5 Abs. 3 und in § 7 Abs. 2 Nr. 1 ArbZG das Wort Bereitschaftsdienst gestrichen und in § 7 Abs. 1 Nr. 1a ArbZG der Bereitschaftsdienst zur Arbeitsbereitschaft hinzugefügt wurde.[269] Diese Änderung hatte zur Folge, dass der Bereitschaftsdienst nun auch nach deutschem Recht als Arbeitszeit zu qualifizieren ist und damit im Einklang mit der europäischen Arbeitszeitrichtlinie RL 93/104/EG und mit dessen Nachfolger RL 2003/88/EG steht. Die Einordnung des Bereitschaftsdienstes als Arbeitszeit ist insbesondere bei den Arbeitgebern, wie z.B. Krankenhäusern oder auch Feuerwehren auf erhebliche Kritik gestoßen; überwiegend wurde moniert, dass durch die Entscheidung die Arbeitszeitflexibilität erheblich eingeschränkt und eine unzumutbare finanzielle Mehrbelastung hervorgerufen worden sei.[270]

Unter Einbeziehung dieser Kritik hat die Kommission die Überarbeitung der Arbeitszeitrichtlinie bereits im Jahr 2004 angestrebt, die aber im Vermittlungsverfahren zwischen Rat und Parlament gescheitert ist.[271] Ein neuer Versuch wurde Anfang 2010 mit der Sozialpartneranhörung eingeleitet, der allerdings Ende 2012 ebenfalls zu keinem Ergebnis geführt hat.

f) Stellungnahme

Die unterschiedliche Einordnung des Bereitschaftsdienstes zeigt, dass das Finden der „richtigen“ Lösung wohl kaum möglich ist. Je nach Sichtweise wird eine unterschiedliche Bewertung vorgenommen. Allerdings kann nicht die jeweilige Perspektive von einzelnen Sozialpartnern entscheidend sein. Um zumindest

---

269 Vorliegend hat der Gesetzgeber den Tarifparteien aber einen relativ weiten Spielraum hinsichtlich der Gestaltung der Arbeitszeit eingeräumt, vgl. § 7 Abs. 2a ArbZG, zur Verfassungskonformität der Vorschrift, vgl. 2. Kap. C. II. 2. d). Weiterführend *Buschmann*, AuR 2003, 1.

270 Vgl. BDA kompakt, EU-Arbeitszeitrichtlinie, Oktober 2010, S. 1; BGBl. 2003 I, S. 3002; der Gesetzesänderung ist hinsichtlich der Regelungen im Arbeitszeitgesetz eine angeregte Diskussion über die Kosten der Reform vorausgegangen. In der mündlichen Verhandlung zur Rechtssache *Jaeger* (EuGH v. 09.09.2003, C-151/02 [Jaeger], AP Nr. 7 zu EWG-RL Nr. 93/104 = NZA 2003, 1019) haben die deutschen Bevollmächtigten vorgetragen, dass die Einstufung des Bereitschaftsdienstes als Arbeitszeit mit erheblichen Kosten verbunden sei, der Regierungsvertreter Deutschlands gab an, dass sich der Personalbedarf um 15.000 bis 27.000 Ärzte erhöhen werde, wobei dieser nicht durch arbeitslose Mediziner gedeckt werden könne, KOM (2003) 843 endgültig, S. 23. Diese Prognosen haben sich aber in Deutschland nicht bewahrheitet, *Mayer*, AiB 2008, 307. Einen Überblick über die Änderungen im Bereich des Arbeitszeitgesetzes gibt *Buschmann*, AuR 2004, 1 (4).

271 Siehe 2. Kap. A.

nachvollziehbare Kriterien entwickeln zu können, muss primär der Zweck des Arbeitszeitgesetzes, aber auch der der Arbeitszeitrichtlinie in den Mittelpunkt gerückt werden. Das Arbeitszeitgesetz dient der Verbesserung der Sicherheit und des Gesundheitsschutzes der Arbeitnehmer bei der Arbeitszeitgestaltung, der flexiblen Ausgestaltung der Arbeitszeiten sowie dem Sonn- und Feiertagsschutz (vgl. § 1 ArbZG). Gem. Art. 1 RL 2003/88/EG enthält die Richtlinie Mindestvorschriften für die Sicherheit und den Gesundheitsschutz der Arbeitnehmer. In Erwägungsgrund Nr. 15 der RL 2003/88/EG ist „eine gewisse Flexibilität bei der Anwendung einzelner Bestimmungen dieser Richtlinie" vorgesehen, „wobei jedoch die Grundsätze des Schutzes der Sicherheit und der Gesundheit der Arbeitnehmer zu beachten sind". Daraus folgt, dass sich für den hier relevanten Bereich des Bereitschaftsdienstes im Arbeitszeitgesetz die Sicherheit und der Gesundheitsschutz der Arbeitnehmer sowie das Flexibilisierungsinteresse, überwiegend auf Seiten der Arbeitgeber, gegenüber stehen, wohingegen die Arbeitszeitrichtlinie primär auf die Sicherheit und den Gesundheitsschutz der Arbeitnehmer abstellt.

Somit bleibt zu konstatieren, dass bei der Auslegung des Bereitschaftsdienstes vordergründig die Sicherheit und der Gesundheitsschutz der Arbeitnehmer zu beachten sind. Demgegenüber muss der Flexibilisierungsaspekt im Kollisionsfall zumindest auf europäischer Ebene zurückstehen, wobei dies auch auf nationaler Ebene zutreffend erscheint.[272]

Vor diesem Hintergrund hat schließlich die Einordnung des Bereitschaftsdienstes zu erfolgen. Kennzeichnend hierfür ist die Anwesenheit des Arbeitnehmers am Arbeitsplatz, um eine sofortige oder zeitnahe Arbeitsaufnahme zu ermöglichen.[273] Die Ruhepause hingegen zeichnet sich dadurch aus, dass der Arbeitnehmer unabhängig von jeglicher Inanspruchnahme seines Arbeitgebers nach seinen Wünschen die freie Zeit gestalten kann. Es ist bereits angeklungen, dass der Arbeitnehmer im Rahmen des Bereitschaftsdienstes, je nach Arbeitsbranche, über ein gewisses Maß an beschäftigungsloser Zeit verfügt. Währenddessen kann er eigene Dinge erledigen, schlafen oder sonstigen Tätigkeiten nachgehen. Als besonders gravierende Einschränkung ergibt sich aber, dass der Arbeitnehmer nur solche Dinge erledigen kann, die mit dem entsprechenden Arbeitsumfeld korrespondieren. Denn während dieser Zeit ist es ihm idR. nicht gestattet, seinen Arbeitsplatz,

---

272 Vgl. 2. Kap. B. I. 4., demnach genießt der Sicherheits- und Gesundheitsschutz auf Grund der Verankerung in Art. 2 Abs. 1 GG Vorrang gegenüber dem Flexibilisierungsinteresse.

273 BAG v. 18.02.2003 – 1 ABR 2/02, NZA 2003, 742 (745 mwN.) = AiB 2003, 759 f.; *Reim*, AiB 2006, 664 (664 f.).

auch nur vorübergehend, zu verlassen. Dies stellt eine erhebliche Einschränkung dar und kann nicht mit der Definition der Ruhezeit in Einklang gebracht werden. Hinzu kommt, dass auf Grund der räumlichen Nähe zum Arbeitsplatz regelmäßige Störungen zu erwarten sind. Der Arbeitnehmer befindet sich auf Grund der räumlichen Nähe in ständiger „Alarmbereitschaft" und erhält daher nicht die Regeneration, die das Arbeitszeitgesetz bezweckt, um die Sicherheit und die Gesundheit der Arbeitnehmer zu gewährleisten. Auch die Einrichtung eines separaten Aufenthaltsraumes verschafft auf Grund der Anwesenheit von anderen Kollegen oder entsprechenden Geräuschimmissionen des nahen Arbeitsplatzes oftmals nicht die erforderliche Ruhe. In diesem Punkt unterscheidet sich der Bereitschaftsdienst elementar von der Rufbereitschaft[274], bei der der Arbeitnehmer zumindest in Bezug auf seinen Aufenthaltsort flexibel ist.

In der mündlichen Anhörung zur Rechtssache *Jaeger*[275] hat der deutsche Regierungsvertreter vorgetragen, dass die Beurteilung des Bereitschaftsdienstes als Arbeitszeit eine Kostenexplosion zur Folge haben würde. Ein solches Phänomen hat es zumindest in Deutschland nicht gegeben.[276] Dieser Argumentation muss auch entgegengehalten werden, dass die Auslegung eines Rechtsbegriffs nicht anhand von finanziellen oder wirtschaftlichen Überlegungen erfolgen kann. Demnach sind diese Probleme durch entsprechende gesetzgeberische Maßnahmen zu lösen. Ebenfalls kann eine Änderung nicht dadurch gerechtfertigt werden, dass es bereits gegenwärtig schwierig ist, geeignetes Personal zu finden, sodass die vorhandenen Mitarbeiter diese Lücke schließen sollen. Hier ist ebenfalls der Gesetzgeber aufgefordert, für entsprechende Anreize in den betreffenden Berufsfeldern zu sorgen, um junge Leute zur Aufnahme eines Studiums oder einer Ausbildung zu motivieren.

Die Auslegung des Europäischen Gerichtshofs in dieser Frage ist, wie bereits dargestellt, dahingehend eindeutig, dass diese Zeit als Arbeitszeit zu bewerten ist. Dieser Ansicht hat sich schließlich auch das Bundesarbeitsgericht angeschlossen. Nichtsdestotrotz sieht die Kommission in diesem Bereich einen entsprechenden Handlungsbedarf und will im Wesentlichen zwischen dem Bereitschaftsdienst mit

---

274 Die Rufbereitschaft wird im 2. Kapitel C. III. 4. noch näher erläutert.

275 EuGH v. 09.09.2003, C-151/02 [Jaeger], AP Nr. 7 zu EWG-RL Nr. 93/104 = NZA 2003, 1019.

276 KOM (2003) 843 endgültig, S. 23; *Mayer,* AiB 2008, 307, statt einer Kostenexplosion auf Grund von zusätzlich benötigtem Personal im Gesundheitswesen seien vermehrt Tendenzen wahrzunehmen, dass sich die Arbeitszeiten, vor allem der im Krankenhaus tätigen Ärzte wieder erheblich ausgeweitet hätten, einhergehend mit steigendem Unmut der Beschäftigten über diese Situation.

der Verrichtung der geschuldeten Tätigkeit und den sog. inaktiven Zeiten unterscheiden.[277] Dies hätte zur Folge, dass für die Berechnung der Arbeitszeit lediglich der Zeitraum berücksichtigt wird, in dem die vertraglich geschuldete Tätigkeit erbracht wird. Eine derartige Einstufung würde aber dem Gesundheitsschutz der Arbeitnehmer zuwider laufen.[278] Besonders in Krankenhäusern oder Feuerwachen ist es keine Seltenheit, dass sehr lange Arbeitszeiten vorgegeben sind, dies schadet zum einen der Gesundheit der Arbeitnehmer und kann zum anderen auch negative Auswirkungen auf die vertraglich geschuldeten Tätigkeiten haben. Zu denken ist hier an mögliche Behandlungsfehler eines übermüdeten Arztes.

Des Weiteren wurde kritisch angemerkt, dass das bisherige Arbeitszeitverständnis des Europäischen Gerichtshofes, dem sich schließlich auch das Bundesarbeitsgericht angeschlossen hat, die Flexibilität der Arbeitsvertragsparteien zu sehr einschränke. Zutreffend ist, dass durch die Einordnung des Bereitschaftsdienstes als Arbeitszeit die Arbeitgeber nicht mehr so variabel ihre Mitarbeiter einsetzen können, denn durch die Anrechnung des Bereitschaftsdienstes erreichen die Beschäftigten zügiger die Höchstarbeitszeitgrenze. Die RL 2003/88/EG ermöglicht den Mitgliedstaaten aber einen weiten Spielraum bei der Umsetzung in nationales Recht. Art. 17 RL 2003/88/EG gibt Fallgruppen vor, bei denen unter bestimmten Umständen Abweichungen vorgenommen werden können, ebenso ist gem. Art. 18 RL 2003/88/EG eine Abweichung im Rahmen von Tarifverträgen möglich. Korrespondierend hierzu räumt das Arbeitszeitgesetz den Beteiligten individuelle Gestaltungsmöglichkeiten gem. §§ 7, 14, 15 ArbZG ein. Die aufgeführten Flexibilisierungsvarianten gewährleisten den Arbeitgebern einen ausreichend bedarfsorientierten Einsatz der Mitarbeiter und schützen gleichzeitig die Sicherheit und Gesundheit der Arbeitnehmer.[279] Weitergehende Flexibilisierungsmöglichkeiten würden dem in § 1 ArbZG festgestellten Rangverhältnis zwischen der Sicherheit

277 Vgl. 2. Kap. C. III. 3. d).

278 Dazu hat sich jüngst das BAG dahingehend geäußert, dass die inaktiven Zeiten keine Pausen iSd. § 4 ArbZG darstellen, da der Arbeitgeber den Aufenthaltsort bestimmen und der Arbeitnehmer daher nicht frei entscheiden könne, wo und wie er seine Ruhepause verbringe, BAG v. 16.12.2009 – 5 AZR 157/09, AP Nr. 3 zu § 4 ArbZG = NZA 2010, 505.

279 So auch *Mayer*, AiB 2008, 307, bei der Umsetzung der Vorgabe des EuGH zu den Arbeitszeiten sei den Tarifparteien ein großzügiger Spielraum hinsichtlich der Ausgestaltung der Arbeitszeit eingeräumt worden. Die weitestgehende Regelung habe der Marburger Bund in Bezug auf die Arbeitszeiten der Ärzte getroffen und damit „den betroffenen Einrichtungen ein erhebliches Flexibilisierungspotenzial für die Gestaltung ihrer Dienstpläne verschafft“.

bzw. dem Gesundheitsschutz der Arbeitnehmer und dem Flexibilisierungsgedanken nicht mehr gerecht.[280]

Betrachtet man die Vorgaben des Grundgesetzes und die europäischen Grundlagen in Bezug auf die bessere Vereinbarkeit von Familie und Beruf, so scheint es widersprüchlich, die zulässigen Arbeitszeiten der Arbeitnehmer derart auszuweiten. Unter dem besonderen Schutze der staatlichen Ordnung stehen Ehe und Familie (Art. 6 Abs. 1 GG). Dieser Schutz umfasst auch die Vereinbarkeit von Familien- und Erwerbstätigkeit, die durch den Gesetzgeber zu fördern ist.[281] Art. 33 Abs. 1 der Charta der Grundrechte der EU legt fest, dass „der rechtliche, wirtschaftliche und soziale Schutz der Familie […] gewährleistet" werden muss. Die Grundrechte-Charta ist durch den Vertrag von Lissabon gem. Art. 6 Abs. 1 EUV gegenüber den Verträgen als rechtlich gleichrangig anerkannt. Bewirkt wird eine rechtliche Bindung der Union an die Charta und die Qualifizierung als primäres Unionsrecht.[282] Im Hinblick auf den Rang der Charta ergibt sich, dass sie über den Rechtsakten der Union steht und diese somit an ihr gemessen werden können.[283]

Der Schutz der Familie kommt auch in Art. 8 der Europäischen Menschenrechtskonvention (EMRK) zum Ausdruck, der ein Recht auf Achtung des Familien- und Privatlebens gewährleistet. Die EMRK steht im Rangverhältnis auf der Ebene eines einfachen Bundesgesetzes, sodass sie nach dem lex-posterior-Grundsatz durch neuere Bundesgesetze verdrängt werden könnte.[284] Um der Konvention jedoch eine entsprechende Wirksamkeit zu verleihen, hat das BVerfG entschieden, dass die deutschen Gesetze im Lichte der EMRK auszulegen sind, sodass zwar keine formelle, aber eine tatsächliche Überordnung gegenüber den anderen Gesetzen eintritt.[285] Für die Union ist die EMRK bis zu ihrem Beitritt (Art. 6 Abs. 2 EUV) als solche nicht bindend, aber sie hat „durch die vom EuGH entwickelte und in Art. 6 Abs. 3 EUV kodifizierte Nutzung der EMRK als Rechtserkenntnisquelle größte

---

280 Vgl. ausführlich 2. Kap. B. II. 4.; zur Kollision der unterschiedlichen, durch das Arbeitszeitgesetz verfolgten Zwecke und wie das Rangverhältnis zu definieren ist.

281 BVerfG v. 28.05.1993 – 2 BvF 2/90, 2 BvF 4/92, 2 BvF 5/92, BVerfGE 88, 203 (260) = NJW 1993, 1751 (1755).

282 Geiger/Khan/Kotzur-*Geiger*, EUV/AEUV, Art. 6 EUV Rn. 8.

283 Geiger/Khan/Kotzur-*Geiger*, EUV/AEUV, Art. 6 EUV Rn. 8.

284 BVerfG v. 26.03.1987 – 2 BvR 589/79, 2 BvR 740/81, 2 BvR 284/85, BVerfGE 74, 358 (370) = NJW 1987, 2427 mwN.; Jarass/Pieroth-*Jarass,* GG, Art. 1 Rn. 29; BVerwG v. 14.04.2011 – 3 C 20/10, NVwZ 2011, 1516 (1519) = GewArch 2011, 483; BGH v. 20.05.2008 – X ARZ 98/08, NJW-RR 2008, 1514 (1515) = NZG 2008, 553 (555).

285 BVerfG v. 26.03.1987 – 2 BvR 589/79, 2 BvR 740/81, 2 BvR 284/85, BVerfGE 74, 358 (370) = NJW 1987, 2427.

Bedeutung erlangt“[286]. Hieraus ergibt sich, dass sowohl die Organe der Europäischen Union als auch die Mitgliedstaaten bei der Rechtssetzung die genannten Aspekte hinsichtlich des Schutzes der Familie zu beachten haben. Aus dieser Perspektive ist die Einordnung bestimmter Zeiten als Arbeitszeit besonders elementar, da durch die Arbeitszeiten im Wesentlichen auch die für die privaten Verpflichtungen zur Verfügung stehenden Freiräume mitbestimmt werden und sich dies somit in erheblichem Umfang auf das Familienleben auswirken kann.

Festzuhalten bleibt, dass der grundsätzlichen Überarbeitung der Arbeitszeitrichtlinie nichts im Wege steht, aber das Vorhaben der Kommission, im Rahmen des Bereitschaftsdienstes zwischen aktiven und inaktiven Zeiten zu unterscheiden, im Widerspruch zu den Zielen der Arbeitszeitrichtlinie und auch des Arbeitszeitgesetzes steht. Der Gesundheitsschutz spielt hier eine entscheidende Rolle, denn übermäßig lange und im Rahmen von Bereitschaftsdiensten auch unregelmäßige und zwischen Tag- und Nachtschichten wechselnde Arbeitszeiten wirken sich negativ auf das körperliche und seelische Wohlbefinden der Arbeitnehmer aus.[287] Ebenso wird den Vorgaben des Grundgesetzes, der Grundrechte-Charta und der EMRK nicht hinreichend Rechnung getragen, die den besonderen Schutz der Familie betonen, der im Kontext von überlangen Arbeitszeiten, auch bei entsprechenden Ausgleichszeiträumen, nicht gewährleistet werden kann. Es entsteht der Eindruck, als spielen bei den Reformbemühungen zur Arbeitszeitrichtlinie eher arbeitsorganisatorische und wirtschaftliche Gesichtspunkte als Gesundheitsaspekte die entscheidende Rolle.

Da die Unterscheidung zwischen den aktiven und inaktiven Zeiten des Bereitschaftsdienstes ein wesentlicher Grund für das Scheitern des ersten Reformvorhabens war, erwägt die Kommission nun, den Handlungsspielraum der Tarifparteien im Hinblick auf mögliche Ausnahmeregelungen für bestimmte Branchen zu erweitern.[288] Aber auch bei diesen Reformbemühungen ist stets darauf zu achten, dass die eigentliche Zielsetzung des Arbeitszeitgesetzes und der Arbeitszeitrichtlinie nicht aus dem Blickfeld gerät.

4. Rufbereitschaft

Der Begriff der Rufbereitschaft ist, wie der der Arbeitsbereitschaft oder des Bereitschaftsdienstes nicht im Arbeitszeitgesetz definiert. Daher muss dieser zur Gewährleistung von Rechtsklarheit ebenfalls eine inhaltliche Präzisierung erfahren.

---

286 Geiger/Khan/Kotzur-*Geiger*, EUV/AEUV, Art. 6 EUV Rn. 21.

287 *Reim*, AiB 2006, 664 (666); *Kothe*, AiB 2011, 565.

288 *Mayer*, AiB 2011, 498 (500).

Rufbereitschaft verpflichtet den Arbeitnehmer, seine vertraglich vereinbarte Tätigkeit auf Abruf aufzunehmen, dennoch kann er sich an einem Ort seiner Wahl aufhalten, muss dem Arbeitgeber seinen Aufenthaltsort aber anzeigen.[289] Darüber hinaus hat der Arbeitnehmer seine jederzeitige Erreichbarkeit sicherzustellen.[290] Hierbei stellt sich die Frage, innerhalb welcher Zeitspanne es dem Arbeitnehmer möglich sein muss, seinen Arbeitsplatz zu erreichen. Erforderlich ist eine Betrachtung im jeweiligen Kontext des Arbeitsvertrages, nämlich anhand der individuellen vertraglichen Vereinbarung. Problematisch erscheint es, wenn dem Arbeitnehmer zum Aufsuchen seines Arbeitsplatzes nur eine solch geringe Zeitspanne eingeräumt wird, dass es damit nahezu unmöglich ist, seinen Aufenthaltsort frei zu wählen.

Für den Bereich des öffentlichen Dienstes hat das BAG entschieden, dass der Arbeitnehmer durch die Wahl seines Aufenthaltsortes den Zweck der Rufbereitschaft nicht konterkarieren darf, indem er sich in einer derart großen Entfernung zu seinem Arbeitsplatz befindet, dass das Aufsuchen desselbigen in einem angemessenen Zeitrahmen nicht zu leisten ist.[291] Somit kann der Arbeitgeber die Dauer der Erreichbarkeit des Arbeitsplatzes vorgeben, bei einer zu geringen Zeitspanne ist aber nicht mehr von Rufbereitschaft auszugehen, sondern dann liegt freilich Arbeitsbereitschaft oder Bereitschaftsdienst, je nach Art der individuellen zeitlichen Ausgestaltung, vor.[292] Hier muss der Arbeitgeber den sich aus dem Arbeitsvertrag ergebenden Rücksichtnahmepflichten Rechnung tragen und das Verhältnismäßigkeitsprinzip beachten, so dass er den Zeitrahmen nicht in unzumutbarer Weise derart verkürzen kann, dass sich der Arbeitnehmer praktisch in unmittelbarer Nähe seines Arbeitsplatzes aufhalten muss. Die genannten Grundsätze sind auch in der Privatwirtschaft anzuwenden, um einen angemessenen Ausgleich zwischen den Interessen des Arbeitgebers und denen der Arbeitnehmer zu erzielen.

Obwohl das Gesetz keine inhaltliche Ausgestaltung des Begriffs vorgibt, so sind doch die Festlegungen hinsichtlich der Einordnung als Arbeitszeit oder Ruhepause eindeutig. Dem Wortlaut von § 5 Abs. 3 und § 7 Abs. 2 Nr. 1 ArbZG ist klar

---

289 BAG v. 11.07.2006 – 9 AZR 519/05, BAGE 119, 41 (49 f.) = AP Nr. 10 zu § 611 BGB Dienstreise.

290 BAG v. 19.12.1991 – 6 AZR 592/89, NZA 1992, 560 = AP Nr. 1 zu § 67 BMT-G II; BAG v. 24.10.2000 – 9 AZR 634/99, NZA 2001, 449 = AP Nr. 50 zu § 11 BUrlG.

291 BAG v. 19.12.1991 – 6 AZR 592/89, NZA 1992, 560 = AP Nr. 1 zu § 67 BMT-G II, im genannten Beispiel war eine Zeitspanne von zehn Minuten festgelegt, innerhalb derer der Arbeitnehmer seine Tätigkeit als Arzt in einem Krankenhaus aufnehmen musste. Somit wurde diese Zeit als Arbeitsbereitschaft eingestuft.

292 BAG v. 19.12.1991 – 6 AZR 592/89, NZA 1992, 560 = AP Nr. 1 zu § 67 BMT-G II.

zu entnehmen, dass die Rufbereitschaft als Ruhezeit eingestuft wird und damit bei der Berechnung der Höchstarbeitszeiten außer Acht zu lassen ist.[293] Anders wäre es, wenn der Arbeitgeber, wie oben angedeutet, dem Arbeitnehmer derart kurze Zeiträume zum Erreichen des Arbeitsplatzes vorgibt, dass es sich de facto um Bereitschaftsdienst handelt.

Demzufolge ist die Rufbereitschaft auf Grund der Einordnung als Ruhezeit auch nicht zwangsläufig zu vergüten, wobei häufig eine pauschale Abgeltung in Betracht kommt.[294]

D. Weitere Regelungen zur Arbeitszeit

I. Spezialprobleme

Neben den angesprochenen Problemkreisen gilt es zu klären, welche speziellen Tätigkeiten als Arbeitszeit zu bewerten und welche lediglich vor- oder nachbereitender Natur und damit nicht relevant für die Bestimmung der Höchstarbeitszeit sind. Zu betrachten ist die vom Arbeitnehmer aufgewandte Zeit, um von seinem Wohnort zum Arbeitsplatz zu kommen, seine Dienstkleidung anzulegen oder anfallende Geschäftsreisen zu unternehmen. Aus dieser effektiv aufgewandten Zeit lässt sich erkennen, wie hoch der Anteil ist, der sich noch zusätzlich zur vertraglich vereinbarten Arbeitszeit ergibt.

1. Wegezeiten

a) Definition

Ebenso wie das Risiko des rechtzeitigen Erreichens des Arbeitsplatzes (sog. Wegerisiko) zur Sphäre des Arbeitnehmers gerechnet wird, so ist auch die dafür benötigte Zeit nicht als Arbeitszeit zu werten.

b) Bewertung

Aus § 2 Abs. 1 S. 1 ArbZG ergibt sich, dass Arbeitszeit „die Zeit vom Beginn bis zum Ende der Arbeit ohne die Ruhepausen" ist. Der Zeitraum der Arbeitszeit kann nicht dahingehend ausgelegt werden, dass bereits das Verlassen der Wohnung bzw.

---

293 BAG v. 18.02.2003 – 1 ABR 2/02, BAGE 105, 32 (50) = AP Nr. 12 zu § 611 BGB Arbeitsbereitschaft.

294 *Kalmbach,* Personal 2011, 50.

das Wiedereintreffen als Beginn bzw. Ende der Arbeit angesehen wird.[295] Bis der Arbeitnehmer seine Arbeitsstelle erreicht, erbringt er keine vertraglich geschuldete Leistung für den Arbeitgeber. Ausnahmen von diesem Grundsatz ergeben sich, wenn der Arbeitnehmer bereits während der Fahrt zur Arbeit seine Tätigkeit aufnimmt, indem er während der Bahnreise mit dem Laptop arbeitet oder dienstliche Telefonate führt. Dieser Grundsatz gilt nach Ansicht des BAG aber nur unter der Voraussetzung, dass der Arbeitnehmer vom Arbeitgeber hierzu aufgefordert wurde.[296] Liegt eine solche Anweisung seitens des Arbeitgebers nicht vor, so ist die Tätigkeit nicht als Arbeitszeit zu werten.

Wegezeiten, die innerhalb des Betriebes oder zu außerhalb gelegenen Betriebsorten anfallen, sind hingegen als Arbeitszeit einzuordnen.[297] Die Anzahl der unterschiedlichen Betriebsorte und damit anfallende Wege kann der Arbeitnehmer nicht beeinflussen, sondern sie sind Bestandteil der örtlichen Gegebenheiten und damit auch Teil der geschuldeten Tätigkeit.

2. Umkleide-/ Waschzeiten

a) Definition

Hinsichtlich der Umkleide- und Waschzeiten ist festzustellen, dass das Arbeitszeitgesetz und auch die Arbeitszeitrichtlinie RL 2003/88/EG keine Regelungen dazu treffen, ob diese Zeiten mit in die Berechnung der Höchstarbeitszeiten einzubeziehen sind. Das BAG ist der Auffassung, dass die Zeiten des Umkleidens und Waschens vor bzw. nach getaner Arbeit nicht als Arbeitszeit einzustufen seien.[298] Ausnahmen hiervon lässt die Rechtsprechung zu, wenn durch das Umkleiden ein fremdes Bedürfnis erfüllt wird und nicht parallel auch ein eigenes Bedürfnis darstellt, wobei die Umstände des Einzelfalls zu berücksichtigen sind.[299]

---

295 BAG v. 19.01.1977 – 4 AZR 595/75, AP Nr. 5 zu § 42 BAT (mwN.) = EzA Nr. 4 zu § 42 BAT; BAG v. 26.08.1960 – 1 AZR 421/58, AP Nr. 2 zu § 611 BGB Wegezeit = RdA 1961, 378.

296 BAG v. 11.07.2006 – 9 AZR 519/05, BAGE 119, 41 (50) = AP Nr. 10 zu § 611 BGB Dienstreise.

297 BAG v. 26.08.1960 – 1 AZR 421/58, AP Nr. 2 zu § 611 BGB Wegezeit = RdA 1961, 378; *Rid/Ramstetter*, AuA 2012, 272.

298 BAG v. 25.04.1962 – 4 AZR 213/61, AP Nr. 6 zu § 611 BGB Mehrarbeitsvergütung = DB 1962, 874 (875).

299 BAG v. 22.03.1995 – 5 AZR 934/93, BAGE 79, 312 (317 ff.) = AP Nr. 8 zu § 611 BGB Arbeitszeit; BAG v. 10.11.2009 – 1 ABR 54/08, AP Nr. 125 zu § 87 BetrVG 1972 Arbeitszeit = NZA-RR 2010, 301 (302).

Die Fremdnützigkeit wird abgelehnt, wenn die Dienstkleidung, ohne besonders auffällig zu sein, zu Hause angelegt und auch auf dem Weg zur Arbeit getragen werden kann.[300] Demzufolge erbringt der Arbeitnehmer durch das Anlegen der Arbeits- oder auch Sicherheitskleidung bzw. während des Waschens noch nicht die eigentlich vertraglich geschuldete Tätigkeit, da dies keinen Mehrwert für den Arbeitgeber beinhaltet. Allerdings hat das BAG hier wiederum eine Ausnahme gemacht, wenn es auf Grund der Beschaffenheit der Dienstkleidung nicht möglich ist, diese bereits zu Hause anzulegen und diese im Betrieb verbleiben muss bzw. erst dort angelegt werden kann.[301] Beispielhaft ist hier das Anlegen von Sicherheitskleidung zu nennen.[302] Gleiches gilt für das An- und Ablegen einer Schutzweste sowie einer Dienstwaffe[303] bzw. von OP-Kleidung[304].

b) Bewertung

Diese Differenzierung erscheint vor dem Hintergrund der unterschiedlichen Einflussmöglichkeiten von Arbeitgeber und Arbeitnehmer gerechtfertigt. Vorbehaltlich abweichender Regelungen in Arbeits-, Tarifverträgen oder Dienstvereinbarungen ist insbesondere in Bereichen, in denen auf Grund besonderer Gefahren eine Sicherheits- oder Schutzkleidung anzulegen ist, diese Zeit als Arbeitszeit zu qualifizieren. Denn der Arbeitnehmer kann erst nach dem Umkleiden seine vertraglich geschuldete Tätigkeit verrichten.[305] In der Regel ist es dem

---

300 BAG v. 11.10.2000 – 5 AZR 122/99, NZA 2001, 458 (460) = AP Nr. 20 zu § 611 BGB Arbeitszeit; BAG v. 10.11.2009 – 1 ABR 54/08, AP Nr. 125 zu § 87 BetrVG 1972 Arbeitszeit = NZA-RR 2010, 301 (302); Schaub/*Vogelsang*, ArbR-Hdb. § 156 Rn. 14; *Stöckel/Wulff*, AiB 2011, 731 (733).

301 BAG v. 11.10.2000 – 5 AZR 122/99, BAGE 96, 45 (51) = AP Nr. 20 zu § 611 BGB Arbeitszeit. Kritisch dazu: *Adam*, AuR 2001, 481, der die Differenzierung des BAG zwischen dem Umkleiden als fremdem bzw. eigenem Bedürfnis nicht nachvollziehen kann.

302 LAG Stuttgart v. 12.02.1987 – 13 (7) Sa 92/86, AiB 1987, 246; BAG v. 28.07.1994 – 6 AZR 220/94, NZA 1995, 437 (438) = DB 1995, 434 zur Dienstkleidung einer Krankenschwester.

303 OVG Münster v. 02.12.2010 – 6 A 1546/10, NWVBl 2011, 226 (227 f.) = DÖD 2011, 133 (135), wohingegen das Anlegen der Polizeiuniform an sich keine Arbeitszeit darstellt.

304 LAG München v. 01.03.2011 – 6 Sa 969/10, PflR 2012, 19 = ZMV 2012, 156.

305 LAG Baden-Württemberg v. 12.02.1987 – 13 (7) Sa 92/86, AiB 1987, 246 (247). *Heilmann*, AiB 1998, 478, demnach sei immer dann von Arbeitszeit auszugehen, wenn der Arbeitnehmer die vorgeschriebene Dienstkleidung nicht bereits in der eigenen Wohnung anlegen könne.

Arbeitnehmer nicht möglich, spezielle Schutzkleidung bereits zu Hause anzulegen, da diese im Betrieb gelagert wird oder für den Weg zur Arbeit ungeeignet ist. Indem der Arbeitgeber dem Beschäftigten aber eine bestimmte Dienstkleidung vorschreibt, ist auch die Zeit des Umkleidens als Arbeitszeit anzusehen. Gleiches muss gelten, wenn der Arbeitgeber aus Gründen der Einheitlichkeit bzw. der äußeren Erscheinung seine Mitarbeiter auffordert, Dienstkleidung anzulegen, z.B. in Hotels oder Restaurants. Diese Kleidung erfüllt zwar keine Sicherheitsanforderungen, aber unter Umständen Hygienevoraussetzungen, und wird auf Anweisung des Arbeitgebers getragen, sodass diese Zeit als Arbeitszeit einzuordnen ist. Kein zusätzlicher Aufwand entsteht jedoch, wenn der Arbeitnehmer die Arbeitskleidung bereits zu Hause anlegen und sich entsprechend gekleidet zur Arbeit begeben kann.

Im Rahmen des Waschens vor und nach der Arbeit erscheint eine weitere Differenzierung erforderlich. Regelmäßig ist es in diesem Kontext nicht möglich, die erforderlichen Hygienemaßnahmen bereits daheim zu ergreifen. In Berufszweigen, die einen besonderen Hygienestandard erfordern (z.B. Gastronomie, Krankenhaus), kann dieser nur gewährleistet werden, wenn sich das Personal unmittelbar vor Dienstantritt entsprechend wäscht und sich so erst in die Lage versetzt, der vertraglich geschuldeten Tätigkeit nachzukommen. Ebenso hängt das Waschen nach der Arbeit in einigen Bereichen untrennbar mit der zuvor erledigten Tätigkeit zusammen[306] (z.B. Bergbau) und kann daher nicht isoliert von der eigentlichen Beschäftigung gesehen werden, sodass auch diese Zeit als Arbeitszeit zu bewerten ist.

Entscheidend muss bei der Beurteilung berücksichtigt werden, ob die Zeit des Umkleidens und Waschens zur Erbringung der vertraglich geschuldeten Tätigkeit notwendige Voraussetzung und damit elementarer Bestandteil ist. In Bereichen, in denen diese Voraussetzung verneint werden kann, sind Umkleide- und Waschzeiten nicht als Arbeitszeit zu qualifizieren.

c) Vergütungsrechtliche Aspekte

Neben der Einordnung als Arbeitszeit bleibt zu eruieren, welche Auswirkungen dies auf die vergütungsrechtliche Komponente hat. Grundsätzlich ist die Einordnung dieser Zeiten als Arbeitszeit unabhängig von der Frage der Vergütung. Die Festlegungen hierfür finden sich im Arbeitsvertrag oder in Tarifverträgen bzw. Betriebsvereinbarungen. Fehlen entsprechende Regelungen, sind die jeweiligen

---

306 Kittner/Zwanziger/Deinert-*Schoof*, Arbeitsrecht, § 26 Rn. 34.

Umstände des Einzelfalles entscheidend, sodass eine individuelle Prüfung der Gegebenheiten zu erfolgen hat.[307]

3. Reisezeiten

a) Allgemeines

Im Rahmen eines Beschäftigungsverhältnisses kann es je nach Art der Arbeit erforderlich sein, auch außerhalb des eigentlichen Arbeitsplatzes Termine wahrzunehmen bzw. bestimmte Tätigkeiten zu verrichten. Vor diesem Hintergrund stellt sich die Frage, wie die Zeit einzuordnen ist, in der sich der Arbeitnehmer auf den Weg zu diesem außerhalb der eigentlichen Arbeitsstelle liegenden Dienstort macht. Zu differenzieren ist hierbei zwischen der möglichen Qualifizierung der Reisezeiten als Arbeitszeit sowie der vergütungsrechtlichen Problematik.

b) Definition

Von der eigentlichen Erledigung des Rechtsgeschäfts ist die Zeit abzugrenzen, die der Arbeitnehmer benötigt, um den Ort des Geschäftstermins zu erreichen. Der Begriff Reisezeit umfasst „die Zeit, die der AN benötigt, um aus dienstlichen Gründen zu einem vom AG bestimmten Arbeitsort außerhalb der Gemeindegrenzen des Betriebs- oder Wohnortes zu gelangen“[308]. Bei der Wahrnehmung des Dienstgeschäfts wird die vertraglich geschuldete Tätigkeit verrichtet, sodass es sich hierbei zweifellos um Arbeitszeit im Sinne des Arbeitszeitgesetzes handelt.[309]

Um die Dienstreisezeit aber als Arbeitszeit werten zu können, ist es erforderlich, dass auch sie als solche zur arbeitsvertraglichen Leistung gehört, beispielhaft kann hier die Tätigkeit als LKW- oder Busfahrer genannt werden. Korrespondierend zu den allgemeinen Wegezeiten muss in diesem Kontext berücksichtigt werden, dass der Zeitraum, in dem der Arbeitnehmer auf Anweisung des Arbeitgebers bestimmte dienstliche Tätigkeiten während der Hin- bzw. Rückfahrt erledigt, als Arbeitszeit anzuerkennen ist.[310] Im Umkehrschluss ergibt sich, dass die Reisezeiten

---

307 BAG v. 22.03.1995 – 5 AZR 934/93, BAGE 79, 312 (319) = AP Nr. 8 zu § 611 BGB Arbeitszeit; *Busch*, BB 1995, 1690; dazu *Walker*, SAE 2002, 16.

308 Kittner/Zwanziger/Deinert-*Schoof*, Arbeitsrecht, § 26 Rn. 37. Allgemein dazu *Barthel/ Müller*, AuA 2011, 152.

309 BAG v. 11.07.2006 – 9 AZR 519/05, BAGE 119, 41 (46) = AP Nr. 10 zu § 611 BGB Dienstreise. Vorliegend ging es um die Einordnung der Dienstreise nach § 17 BAT als mögliche Arbeitszeit.

310 ErfK/*Wank*, § 2 ArbZG Rn. 17; *Hunold*, NZA 2006, Beilage zu Heft 1, 38 (39).

dann nicht zur Arbeitszeit gehören, wenn sie kein Bestandteil der vertraglich geschuldeten Leistung sind. Bestätigt wird dies durch die Rechtsprechung des BAG, dass Wegezeiten einer Dienstreise dann keine Arbeitszeit darstellen, wenn der Arbeitgeber die Benutzung der öffentlichen Verkehrsmittel vorgibt, hinsichtlich der sich hierbei ergebenden Zeitspanne aber keine dienstlichen Anweisungen erteilt, sodass dem Arbeitnehmer lediglich ein „Freizeitopfer“[311] abverlangt wird.

c) Stellungnahme

Trotz dieser eindeutigen Zuordnung durch das BAG stellt sich die Frage, ob dem Arbeitnehmer tatsächlich nur ein „Freizeitopfer“[312] abverlangt wird oder die Reisezeit auf Grund der damit verbundenen Anstrengungen ebenfalls als Arbeitszeit zu bewerten ist, um den in § 1 Nr. 1 ArbZG genannten Schutzzweck nicht zu unterlaufen. Auch die An- und Abreise zu einem Dienstgeschäft ist für den Arbeitnehmer mit entsprechenden Belastungen verbunden und sie erfolgt regelmäßig auf Anweisung des Arbeitgebers. Hinzu kommt, dass sich der Arbeitsschutz nicht nur auf die Gesundheit der Arbeitnehmer beschränkt, sondern es werden ebenso Aspekte der Erholung und Erfüllung der persönlichen Bedürfnisse sowie die Teilhabe am Familienleben oder kulturellen Ereignissen umfasst. Unter Bezugnahme auf diese Einordnung geht das Bayerische Oberlandesgericht davon aus, das entsprechend des Zwecks des Arbeitszeitgesetzes Arbeitszeit anzunehmen ist, wenn der Arbeitnehmer seine Zeit „in betriebsbezogener organisatorischer Einbindung im Interesse des Arbeitgebers“[313] verbringt.

Unterschieden wird im Rahmen der Reisezeiten häufig zwischen der Art des Verkehrsmittels, also ob der Arbeitnehmer mit dem eigenen Auto oder mit öffentlichen Verkehrsmitteln reist. Das Argument, dass der Arbeitnehmer während der Fahrt mit öffentlichen Verkehrsmitteln eigenen Tätigkeiten im Vergleich zum Führen eines Autos nachgehen kann, stimmt nur bedingt, da auch hier die Möglichkeiten durch die vorgegebenen Örtlichkeiten limitiert sind. Dem Urteil des Bayerischen Oberlandesgerichts lässt sich entnehmen, dass zumindest die Zeit, die der Arbeitnehmer mit dem eigenen Auto oder dem Firmenwagen zurücklegt, Arbeitszeit darstellt, da es diesem während der Autofahrt nicht möglich ist, private Dinge zu erledigen und hierdurch die Erbringung der eigentlichen Arbeitsleistung

---

311 BAG v. 11.07.2006 – 9 AZR 519/05, BAGE 119, 41 (46) mwN. = AP Nr. 10 zu § 611 BGB Dienstreise.

312 BAG v. 11.07.2006 – 9 AZR 519/05, BAGE 119, 41 (46) = AP Nr. 10 zu § 611 BGB Dienstreise, a.A. *Adam*, AuR 2001, 481 (483).

313 BayObLG v. 23.03.1992 – 3 ObOWi 18/92, NZA 1992, 811 = DB 1992, 997 (Leitsatz).

erst ermöglicht wird.[314] Folglich ist zumindest bei der Benutzung eines PKW davon auszugehen, dass es sich bei der Zurücklegung der Wegstrecke um Arbeitszeit handelt.

Zutreffend ist, dass der Arbeitnehmer bei der Benutzung von öffentlichen Verkehrsmitteln zumindest nicht mit der Bewältigung von Verkehrsvorgängen beschäftigt ist und daher anderen Tätigkeiten, z.B. Schlafen oder Lesen, nachgehen kann. Allerdings ist die Auswahl auf wenige Optionen begrenzt, sodass der Arbeitnehmer gerade nicht frei in seiner Zeiteinteilung ist. Ruhepausen sind jedoch dadurch gekennzeichnet, dass sie im Voraus festliegende Unterbrechungen der Arbeitszeit darstellen, in denen der Arbeitnehmer nicht verpflichtet ist, arbeitsvertragliche Tätigkeiten zu erbringen oder sich für solche bereithalten muss und daher relativ unabhängig entscheiden kann, wo und wie er die Ruhepause verbringen möchte.[315]

Zu berücksichtigen ist aber, dass im Rahmen der Reisezeit der Arbeitnehmer den vertraglich geschuldeten Tätigkeiten in wesentlich geringerem Umfang nachkommt. Obwohl er zur Erreichung seines Termins die erforderlichen Vorkehrungen treffen und daher nicht unabhängig in der Gestaltung seiner Ruhepause ist, da zumindest die Parameter Zeit sowie Ort und damit auch der Handlungsspielraum bereits vorgegeben sind, so ist aber im Rahmen von Zugreisen zumindest auch ein erheblicher Erholungsfaktor vorhanden, da sich der Arbeitnehmer trotz gewisser Einschränkungen regenerieren kann.

Parallel zu den zum Bereitschaftsdienst getroffenen Aussagen ist hier anzumerken, dass der Arbeitnehmer während der Zugfahrt jederzeit aufgefordert werden kann, vertraglich geschuldete Tätigkeiten mittels Laptop oder Handy zu erbringen. Eine solche Aufforderung seitens des Arbeitgebers hat die notwendige Konsequenz, dass die dann aufgewandte Zeit für die anfallenden Tätigkeiten als Arbeitszeit zu bewerten ist und daher auch bei der Berechnung der Höchstarbeitszeiten nach dem Arbeitszeitgesetz bzw. entsprechenden Regelungen in Tarifverträgen bzw. Betriebsvereinbarungen zu berücksichtigen ist. Somit ist eine klare Differenzierung zwischen den zur freien Verfügung stehenden Reisezeiten und den Zeiten, in denen der Arbeitgeber den Arbeitnehmer zur Verrichtung entsprechender dienstlicher Tätigkeiten während der Reisezeit aufgefordert hat, erforderlich.

Korrespondierend mit den gesetzlichen Vorgaben darf die Reisezeit, die durch eine Arbeitsanordnung des Arbeitgebers beansprucht wird, sowie das

---

314 Von einer entsprechenden Belastung während der Autofahrt gehen auch *Fiedler/Schelter*, ArbZRG, IV. § 2 Nr. 1.7 aus.

315 BAG v. 09.03.2005 – 5 AZR 385/02, NZA 2005, 1016 = ZTR 2005, 479 (480); siehe auch HWK/*Gäntgen,* § 4 ArbZG Rn. 2.

vorzunehmende Dienstgeschäft die Höchstarbeitzeit von grds. 8 Stunden gem. § 3 S. 1 ArbZG täglich bzw. entsprechend den Regelungen in Tarifverträgen oder Betriebsvereinbarungen, nicht überschreiten. Verstöße hiergegen können für den Arbeitgeber gem. § 22 Abs. 1 Nr. 1 ArbZG Bußgelder nach sich ziehen bzw. bei vorsätzlicher Begehung auch eine Freiheits- oder Geldstrafe (§ 23 Abs. 1 ArbZG) bedeuten.

d) Vergütungsaspekte

Von wesentlicher Relevanz neben der Problematik der Einordnung der Reisezeit als Arbeitszeit ist auch die Frage der Vergütung. Korrespondierend zum Bereitschaftsdienst erscheint es nicht ausgeschlossen, dass die Reisezeiten abhängig von bestehenden Tarifverträgen oder Betriebsvereinbarungen entsprechend geringer vergütet werden. Rechtssätze für die Vergütung bestehen nicht, sodass dem Gericht bei der Prüfung der Umstände ein Beurteilungsspielraum zukommt.[316] Erforderlich ist die Vornahme einer Gesamtwürdigung der Umstände, bei der der Grad der Beanspruchung des Arbeitsnehmers besonders zu berücksichtigen ist.[317] Folglich müssen nur die Zeiten vergütet werden, in denen der Arbeitnehmer derart beansprucht wird, dass eine Vergleichbarkeit zur Vollarbeit oder zumindest zur Arbeitsbereitschaft zu bejahen ist.[318] Regelungen in einem Tarifvertrag, dass Reisezeiten nicht zu vergüten sind, stellen keinen Verstoß gegen höherrangiges Recht dar.[319]

Möglicher Hintergrund für diese restriktive Auslegung könnte die Befürchtung sein, dass eine Anerkennung als Arbeitszeit zusätzliche finanzielle Belastungen der Arbeitgeber verursacht.[320] Dem kann zumindest ansatzweise dadurch Rechnung getragen werden, dass die Reisezeiten, in Anlehnung an den Bereitschaftsdienst, nicht vollständig, sondern je nach Grad der Beanspruchung nur anteilig vergütet werden. Es zeigt sich, dass auch in diesem Zusammenhang bei Fehlen vergütungsrechtlicher Bestimmungen wiederum der Einzelfall in den Blick zu nehmen ist.[321]

---

316 Kittner/Zwanziger/Deinert-*Schoof*, Arbeitsrecht, § 26 Rn. 37.

317 ErfK/*Wank*, § 2 ArbZG Rn. 16; *Baeck/Lösler*, NZA 2005, 247 (249); *Loritz*, NZA 1997, 1188 (1192 ff.).

318 *Baeck/Deutsch,* ArbZG, § 2 Rn. 59.

319 BAG v. 11.07.2006 – 9 AZR 519/05, BAGE 119, 41 (42) = AP Nr. 10 zu § 611 BGB Dienstreise.

320 So *Buschmann/Ulber*, ArbZG, § 2 Rn. 9b.

321 BAG v. 03.09.1997 – 5 AZR 428/96, BAGE 86, 261 (266 f.) = AP Nr. 1 zu § 611 BGB Dienstreise, Leitsatz 1.

e) Fazit

Festzuhalten ist, dass als Arbeitszeit im Rahmen von Dienstreisen grds. nur der Zeitraum angerechnet wird, in den die Vornahme des Dienstgeschäfts fällt. Die Hin- und Rückfahrt ist daher nicht als Arbeitszeit zu bewerten. Fordert der Arbeitgeber den Arbeitnehmer aber während der Reisezeit zum dienstlichen Termin auf, seine vertraglich geschuldete Tätigkeit zu verrichten, so ist auch diese Zeit als Arbeitszeit zu qualifizieren. Die Vergütung hingegen kann individuell oder durch Tarifverträge bzw. Betriebsvereinbarungen ausgestaltet werden und sich dem Grad der Beanspruchung des Arbeitnehmers während der Reisezeit anpassen.

II. Spezielle Regelungen zur Arbeitszeit

Neben den gesetzlichen Regelungen spielen im Arbeitsrecht die Tarifvertragsparteien eine wesentliche Rolle bei der Festlegung der Einzelheiten der Arbeitsbedingungen. Da der Arbeitnehmer im Rahmen von Vertragsverhandlungen auf Grund der finanziellen Abhängigkeit von einer Beschäftigung strukturell unterlegen ist und dem Arbeitgeber idR. eine Bewerberauswahl zur Verfügung steht, kann sich der Arbeitnehmer hinsichtlich der eigenen Interessen oft nicht hinreichend durchsetzen. Um dieser „gestörten Vertragsparität“[322] entgegenzuwirken, können Tarifverträge und Betriebsvereinbarungen, die normativ auf das Arbeitsverhältnis einwirken (§§ 4 Abs. 1 TVG, 77 Abs. 4 BetrVG), gewährleisten, dass auch die Interessen der Arbeitnehmer adäquate Beachtung finden.[323]

1. Arbeitsvertrag

Es wurde bereits dargelegt, dass zwischen dem Arbeitszeitbegriff im Arbeitszeitgesetz und dem arbeitsvertraglichen Arbeitszeitbegriff zu differenzieren ist.[324] Das Arbeitszeitgesetz legt den Begriff ausschließlich unter arbeitsschutzrechtlichen Gesichtspunkten, also im Hinblick auf die in § 1 ArbZG genannten Gesetzeszwecke des Sicherheits-, Gesundheits-, Sonn- und Feiertagsschutzes sowie der flexiblen Ausgestaltung der Arbeitszeit, aus. Dabei wird lediglich der maximal noch

---

322 Kittner/Zwanziger/Deinert-*Deinert*, Arbeitsrecht, § 7 Rn. 18.

323 Zu möglichen Handlungsoptionen durch Betriebs- bzw. Tarifpolitik unter besonderer Berücksichtigung des demografischen Wandels, vgl. *Tullius* et al., WSI-Mitteilungen 2012, 113. Zur Mitbestimmung des Betriebsrats siehe *Schoof,* AiB 2012, 46.

324 Zur Unterscheidung der beiden Begriffe vgl. 2. Kap. B. III. 1.

zulässige Rahmen festgelegt. Innerhalb dieser Vorgabe können die Arbeitsvertrags- bzw. die Tarifvertragsparteien individuelle, an die jeweilige Branche oder Situation des einzelnen Arbeitnehmers angepasste Regelungen treffen.

Unter dem arbeitsvertraglichen Begriff ist die Zeit zu fassen, die als Arbeitszeit im Arbeitsvertrag festgelegt wurde.[325] Die Vertragsparteien können im Arbeitsvertrag individuell aushandeln, wie lange und zu welchen Zeiten der Arbeitnehmer seiner Tätigkeit nachkommen muss. Diese vertragliche Vereinbarung ist grundsätzlich bindend, sodass der Arbeitgeber einseitig die vereinbarten Zeiten nicht ändern kann. Hierzu wäre eine Änderungskündigung bzw. eine Änderungsvereinbarung mit dem Arbeitnehmer erforderlich.[326] Hinsichtlich der Arbeitszeitdauer gibt das Arbeitszeitgesetz das Höchstmaß vor, die sonstige Verteilung und Lage der Arbeitszeit kann unter Berücksichtigung der gesetzlichen Regelungen zur Schicht-, Nacht- und Sonntagsarbeit individuell vereinbart werden. Falls im Rahmen der Vertragsverhandlungen im Arbeitsvertrag keine Arbeitszeit festgelegt wurde, ist auf die betriebsüblichen Gegebenheiten zurückzugreifen.[327]

Zur konkreten Ausgestaltung der Arbeitszeit kann der Arbeitgeber auch auf das in § 106 GewO verankerte Direktionsrecht zurückgreifen. Dieses ermöglicht die im Arbeitsvertrag nur in groben Zügen skizzierte Leistungspflicht des Arbeitnehmers nach Zeit, Ort und Art näher zu bestimmen.[328] Allerdings kann der Arbeitgeber nicht einseitig mittels Direktionsrechts den Umfang der geschuldeten Arbeitszeit verändern.[329] Die Grenzen des Weisungsrechts ergeben sich aus § 106 S. 1 GewO; der Arbeitgeber kann demnach Inhalt, Ort und Zeit der Arbeitsleistung nach billigem Ermessen nur unter der Voraussetzung näher

---

325 ErfK/*Wank*, § 2 ArbZG Rn. 11.

326 Kittner/Zwanziger/Deinert-*Schoof*, Arbeitsrecht, § 27 Rn. 23. Zu weiteren Flexibilisierungsmöglichkeiten im Arbeitsvertrag, z.B. Freiwilligkeits- oder Widerrufsvorbehalte oder auch Klauseln in Bezug auf die Befristung des Arbeitsvertrags, vgl. *Leder*, RdA 2010, 93 (95); ebenso *Otto/Walk*, BB 2010, 373 zur „Entgeltflexibilisierung als Weg aus der Krise, Arbeitsrechtliche Gestaltungsmöglichkeiten im Familienunternehmen neben Personalabbau und Kurzarbeit".

327 BAG v. 21.12.1954 – 2 AZR 5/53, BAGE 1, 241 (247) = AP Nr. 2 zu § 611 BGB Lohnanspruch.

328 BAG v. 25.10.1989 – 2 AZR 633/88, AP Nr. 36 zu § 611 BGB Direktionsrecht = NZA 1990, 561. Die Problematik des Direktionsrechts des Arbeitgebers hinsichtlich des speziellen Bereichs der Sonntagsarbeit wird im 4. Kapitel unter E. im Zusammenhang mit den Auswirkungen der Rechtsprechung zum Ladenschlussrecht und den sich hieraus ergebenden Konsequenzen für die Arbeitszeiten der Arbeitnehmer erläutert.

329 *Hromadka*, DB 1995, 2601.

bestimmen, dass hierüber keine Regelungen im Arbeitsvertrag, einer Betriebsvereinbarung oder einem Tarifvertrag getroffen wurden. Gem. § 315 Abs. 3 BGB ist eine Bestimmung dann nach billigem Ermessen getroffen worden und damit für den Vertragspartner verbindlich, wenn die Entscheidung der Billigkeit entspricht. Problematisch an dieser Festlegung ist, dass der unbestimmte Rechtsbegriff des billigen Ermessens durch den ebenfalls unbestimmten Rechtsbegriff der Billigkeit ersetzt wird. Zur inhaltlichen Anreicherung dieser unbestimmten Rechtsbegriffe hat das BAG entschieden, dass die wesentlichen Umstände des Einzelfalles einer Abwägung bedürfen und die häufig gegenläufigen Interessen der Vertragsparteien hinreichende Beachtung finden müssen.[330] Entsprechend sind auch die schutzwürdigen familiären Interessen der Arbeitnehmer zu beachten, worunter zum einen die Betreuung von Kindern, aber auch die Pflege von älteren Familienangehörigen fallen kann.[331] Werden private Verpflichtungen von einem Arbeitnehmer geltend gemacht, so muss der Arbeitgeber auf diese Einwände Rücksicht nehmen, sofern weder betriebliche Belange noch berechtigte Interessen der anderen Arbeitnehmer diesem entgegenstehen.[332] § 315 Abs. 2 S. 2 BGB ist zu entnehmen, dass die Ausübung des Direktionsrechts und damit das Handeln nach billigem Ermessen der richterlichen Kontrolle unterliegt.

Bei der konkreten inhaltlichen Ausgestaltung des Direktionsrechts ist im Zusammenhang mit der Lage der Arbeitszeit anerkannt, dass der Arbeitgeber diese einseitig festlegen kann, so z.B. der Wechsel von der Nacht- zur Tagschicht.[333] Die Betrachtung der bisherigen Rechtsprechung zum Direktionsrecht ergibt, dass das BAG dem Arbeitgeber einen relativ großzügigen Gestaltungsbereich einräumt, solange sich die Anordnungen im Rahmen des billigen Ermessens bewegen.[334] Die jüngste bedeutende Entscheidung hinsichtlich des Direktionsrechts betrifft die Frage der Anordnung von Sonntagsarbeit, wenn der Vertragsschluss bereits

---

330 BAG v. 24.04.1996 – 5 AZR 1031/94, AP Nr. 48 zu § 611 BGB Direktionsrecht = NJW 1997, 78.

331 BAG v. 23.09.2004 – 6 AZR 567/03, BAGE 112, 80 = AP Nr. 64 zu § 611 BGB Direktionsrecht.

332 BAG v. 23.09.2004 – 6 AZR 567/03, BAGE 112, 80 (85) = AP Nr. 64 zu § 611 BGB Direktionsrecht.

333 ErfK/*Preis*, § 106 GewO Rn. 19.

334 Vgl. BAG v. 05.10.1995 – 2 AZR 269/95, BAGE 81, 86 (105) = AP Nr. 71 zu § 1 KSchG 1969 Betriebsbedingte Kündigung; BAG v. 23.09.2004 – 6 AZR 567/03, BAGE 112, 80 (83) = AP Nr. 64 zu § 611 BGB Direktionsrecht; BAG v. 28.11.1989 – 3 AZR 118/88, BAGE 63, 267 (271 f.) = AP Nr. 6 zu § 88 BetrVG 1972.

drei Jahrzehnte zurückliegt und Sonntagsarbeit bisher in dem betreffenden Betrieb nicht üblich war.[335]

2. Tarifvertrag

a) Überblick

Da die Regelungen des Arbeitszeitgesetzes nur den äußersten Rahmen hinsichtlich der Arbeitszeitregelungen bilden, sind Festlegungen in den Tarifverträgen von besonderer Bedeutung.[336] Neben der individualvertraglichen Vereinbarung zwischen Arbeitnehmer und Arbeitgeber haben die Tarifvertragsparteien wesentliche Einwirkungsmöglichkeiten hinsichtlich der Arbeitszeit. Wie bereits angesprochen, legt das Arbeitszeitgesetz die Höchstdauer der Arbeitszeit fest, gleichzeitig werden Abweichungsmöglichkeiten durch Tarifverträge oder Betriebsvereinbarungen eingeräumt (§ 7 ArbZG). Unter Beachtung dieser Grenzen können die Sozialpartner entsprechende Regelungen vereinbaren.

b) Gesetzliche Regelung

Die Anwendbarkeit des Tarifvertrags setzt gem. § 3 Abs. 1 TVG voraus, dass beide Parteien tarifgebunden sind. Im Rahmen der beiderseitigen Tarifbindung gelten die Regelungen des Tarifvertrags unmittelbar und zwingend (§ 4 Abs. 1 S. 1 TVG). Bei fehlender Tarifbindung ist für die Anwendbarkeit des Tarifvertrages nicht bereits die Tarifgebundenheit des Arbeitgebers entscheidend (§ 3 Abs. 2 TVG), da es sich bei der Lage der Arbeitszeit um den Inhalt des Arbeitsverhältnisses handelt, welche gem. § 4 Abs. 1 TVG eine beiderseitige Tarifgebundenheit voraussetzt. Allerdings haben die Arbeitsvertragsparteien die Möglichkeit auf einen bereits bestehenden Tarifvertrag Bezug zu nehmen und diesen somit für den einzelnen Arbeitsvertrag zur Anwendung zu bringen.[337] Unabhängig davon, ob die Parteien tarifgebunden sind oder einen bestimmten Tarifvertrag für anwendbar erklärt haben, so eröffnet § 4 Abs. 3 TVG die Möglichkeit vom Tarifvertrag abzuweichen, wenn dieser es gestattet (Öffnungsklausel)[338] oder die Vereinbarung für den Arbeitnehmer günstiger

---

335 BAG v. 15.09.2009 – 9 AZR 757/08, BAGE 132, 88 = NJW 2010, 394. Ausführlich zum Direktionsrecht des Arbeitgebers, vgl. 4. Kap. E.

336 *Buschmann/Ulber*, ArbZG, Einleitung – Grundzüge des Arbeitszeitrechts, Rn. 21. Zur Regelung der Arbeitszeit in Tarifverträgen siehe auch *Lehmann,* Personalführung 2009, 60 (64).

337 ErfK/*Wank*, § 2 ArbZG Rn. 13.

338 Vgl. Kempen/Zachert/*Wendeling-Schröder,* TVG, Grundlagen Rn. 339, § 4 Rn. 394.

ist (Günstigkeitsprinzip)[339]. Das Günstigkeitsprinzip gem. § 4 Abs. 3 Var. 2 TVG ermöglicht die Verbesserung tariflicher Arbeitsbedingungen durch anderweitige Abmachungen, insbesondere im Rahmen des Individualarbeitsvertrages.[340] Die zwingende Wirkung der tariflichen Rechtsnormen wird somit auf eine halbzwingende eingegrenzt, die Tarifautonomie schließt die Privatautonomie lediglich bei der Festsetzung der Mindestarbeitsbedingungen aus.[341] Jedoch muss eine dem Günstigkeitsvergleich zu unterziehende abweichende individualvertragliche Vereinbarung die Grenzen der Privatautonomie wahren, sodass es Voraussetzung ist, dass es sich um einen durch die Arbeitsvertragsparteien regelbaren Bereich handelt.[342] Im Hinblick auf die Dauer und die Lage der Arbeitszeit sind daher die einzelvertraglichen Vorgaben maßgeblich, wenn diese günstiger sind als die Regelungen im Tarifvertrag.[343]

Problematisch hierbei ist die Bestimmung der Günstigkeit. Während man davon ausgehen kann, dass eine Regelung im Arbeitsvertrag dann günstiger ist, wenn der Arbeitnehmer im Hinblick auf die Arbeitszeit weniger arbeiten muss als im Tarifvertrag vorgesehen[344], stellt sich die Frage, ob es auch günstiger ist, wenn der Arbeitnehmer ein höheres Arbeitspensum zu erledigen hat, hierfür aber auch einen höheren Lohn erhält. Zunächst ist zu klären, welche Parameter im Rahmen des Günstigkeitsvergleichs heranzuziehen sind und damit als Vergleichsmaßstab dienen können. Das BAG geht davon aus, dass nur die Parameter herangezogen werden dürfen, die in einem sachlichen Zusammenhang (Sachgruppenvergleich) stehen, sodass bei Nichtvorliegen von gegenteiligen Vereinbarungen im Arbeits- oder Tarifvertrag nur die Regelungen zu vergleichen sind, die einander sachlich entsprechen, wobei maßgebend sein soll, ob die Bestimmungen den selben Gegenstand betreffen.[345] Damit hat ein „individueller Günstigkeitsvergleich“[346]

---

339 Vgl. Kempen/Zachert/*Zachert*, TVG, § 4 Rn. 247 ff.; Kittner/Zwanziger/Deinert-*Deinert*, Arbeitsrecht, § 7 Rn. 64 ff.

340 Däubler/*Deinert*, TVG, § 4 Rn. 575 ff.; *Löwisch/Rieble,* TVG, § 4 Rn. 474.

341 Däubler/*Deinert*, TVG, § 4 Rn. 575, 583 mwN.; *Löwisch/Rieble,* TVG, § 4 Rn. 474.

342 Däubler/*Deinert*, TVG, § 4 Rn. 621.

343 Ausführlich zur einzelvertraglichen Verlängerung der Wochenarbeitszeit, Däubler/*Deinert*, TVG, § 4 Rn. 695 ff.

344 Kittner/Zwanziger/Deinert-*Deinert*, Arbeitsrecht, § 8 Rn. 73. Vgl. allgemein zum Günstigkeitsvergleich, Däubler/*Deinert*, TVG, § 4 Rn. 633.

345 BAG v. 23.05.1984 – 4 AZR 129/82, BAGE 46, 50 (58 f.) = AP Nr. 9 zu § 339 BGB, so auch Kempen/Zachert/*Zachert*, § 4 Rn. 310 ff.; den Sachgruppenvergleich ablehnend, Däubler/*Deinert,* TVG, § 4 Rn. 663; Kittner/Zwanziger/Deinert-*Deinert*, Arbeitsrecht, § 8 Rn. 63 mwN.

346 BAG v. 16.09.1986 – GS 1/82, BAGE 53, 42 (64 ff.) = AP Nr. 17 zu § 77 BetrVG 1972.

anhand eines „objektiven Beurteilungsmaßstabes“[347] stattzufinden. Ein beliebiger Vergleich von sachlich nicht zusammengehörigen Regelungen sei wie eine Gleichsetzung von „Äpfeln mit Birnen“[348].

In Bezug auf den Vergleich zwischen der Arbeitszeitdauer und einem höheren Entgelt könnte davon ausgegangen werden, dass sich dem Arbeitnehmer neben einer höheren Verdienst- auch weitere Entfaltungsmöglichkeiten eröffnen.[349] Diese Argumentation hat bisher keine Berücksichtigung in der Rechtsprechung gefunden, da parallel zur Arbeitszeitausweitung die Zeit zur freien Gestaltung reduziert wird; hinsichtlich der zusätzlichen Vergütung bleibt festzuhalten, dass „damit die Grenze des zulässigen Sachgruppenvergleichs verlassen“[350] wird. Demzufolge stellt eine höhere Arbeitszeitdauer einhergehend mit einer höheren Vergütung keine günstigere Regelung im Arbeitsvertrag dar, sodass von den Bestimmungen des anwendbaren Tarifvertrags nicht abgewichen werden darf.

Hinsichtlich der Grenzen der tariflichen Gestaltung ist zu berücksichtigen, dass die höchstzulässigen Vorgaben des Arbeitszeitgesetzes von den Tarifvertragsparteien bei der Ausgestaltung der Tarifverträge zu beachten sind, umfasst werden auch die Zeiten von Arbeitsbereitschaft und Bereitschaftsdienst.[351] Weniger strengen Vorgaben unterliegen die Tarifvertragsparteien im Rahmen der Vergütungsfragen, hier räumt ihnen die Rechtsprechung eine Einschätzungsprärogative ein.[352]

3. Betriebsvereinbarung

a) Überblick

Eine weitere Regelungsmöglichkeit hinsichtlich der Arbeitszeit bietet die Betriebsvereinbarung. Die Mitbestimmungsrechte des Betriebsrates im Zusammenhang mit der Arbeitszeit finden sich zum einen in § 87 Abs. 1 Nr. 2 BetrVG,

---

347 Schaub/*Treber*, ArbR-Hdb. § 207 Rn. 32 mwN.; Kittner/Zwanziger/Deinert-*Deinert*, Arbeitsrecht, § 8 Rn. 62 ff.

348 BAG v. 20.04.1999 – 1 ABR 72/98, BAGE 91, 210 (231) = AP Nr. 89 zu Art. 9 GG. Vgl. auch *Hanau*, RdA 1998, 65 (67 f.).

349 Ausführlich Däubler/*Deinert*, TVG, § 4 Rn. 695; Kittner/Zwanziger/Deinert-*Deinert*, Arbeitsrecht, § 8 Rn. 73 mwN.

350 Kittner/Zwanziger/Deinert-*Deinert*, Arbeitsrecht, § 8 Rn. 73 mwN.

351 BAG v. 24.01.2006 – 1 ABR 6/05, AuR 2006, 65 = AP Nr. 8 zu § 3 ArbZG; vgl. *Buschmann/Ulber,* ArbZG, Einl. Rn. 22.

352 BAG v. 21.12.2006 – 6 AZR 341/06, BAGE 120, 361 (371) = AP Nr. 10 zu § 611 BGB Wegezeit; BAG v. 27.11.2008 – 6 AZR 765/07, ZTR 2009, 198 = NZA 2009, 864; *Buschmann/Ulber*, ArbZG, Einl. Rn. 22a.

hier kann der Betriebsrat beim „Beginn und Ende der täglichen Arbeitszeit einschließlich der Pausen sowie [der] Verteilung der Arbeitszeit auf die einzelnen Wochentage“ vorbehaltlich etwaiger gesetzlicher oder tariflicher Regelungen mitbestimmen. Zum anderen legt § 87 Abs. 1 Nr. 3 BetrVG fest, dass der Betriebsrat bei der „vorübergehende[n] Verkürzung oder Verlängerung der betriebsüblichen Arbeitszeit“ mitzubestimmen hat, falls keine gesetzlichen oder tarifvertraglichen Bestimmungen einschlägig sind.[353]

b) Definition

Die zwischen dem Arbeitgeber und dem Betriebsrat geschlossene Betriebsvereinbarung trifft Regelungen in Bezug auf Abschluss, Inhalt oder Beendigung von Arbeitsverhältnissen bzw. im Hinblick auf die Klärung von betrieblichen oder betriebsverfassungsrechtlichen Fragen.[354] Dem Wortlaut von § 87 Abs. 1 BetrVG ist zu entnehmen, dass in den genannten Bereichen die Mitbestimmung des Betriebsrates zwingend ist. Dieses kann aber nur dann gelten, wenn der Gestaltungsspielraum nicht bereits durch den Gesetzgeber oder die Tarifvertragsparteien eliminiert wurde. Denn in einem solchen Fall ist das Teilhabeinteresse der Arbeitnehmer bereits hinreichend berücksichtigt worden.[355] Der Eingriff in die dem Arbeitgeber obliegende unternehmerische Mitbestimmung stellt für das Mitbestimmungsrecht kein Hindernis dar.[356]

c) § 87 Abs. 1 Nr. 2 BetrVG

Bei Nichtvorliegen einer gesetzlichen oder tariflichen Regelung hat der Betriebsrat gem. § 87 Abs. 1 Nr. 2 BetrVG über Anfang und Ende der täglichen Arbeitszeit, sowie bei der Ausgestaltung der Arbeitszeit an den einzelnen Wochentagen mitzubestimmen. Zu beachten ist, dass der Arbeitszeitbegriff des Arbeitszeitgesetzes nicht kongruent mit dem Begriff aus dem Arbeitsvertragsrecht oder vorliegend

---

353 Vgl. zur Einführung von Arbeitszeitmodellen, *Ohl*, AiB 2011, 750; zur Einführung von Arbeitszeitkonten, *Schulze/Waschbisch*, AiB 2011, 753. Weiterführend auch *Ohlendorf/Fabritius,* AuA 2009, 642. Zu den Mitbestimmungsrechten des Betriebsrates im Rahmen der Arbeitszeit, *Schoof,* AiB 2008, 322 (324 ff.). „Zum Gesetzesvorrang bei der betrieblichen Arbeitszeitgestaltung“, *Buschmann* in: FS Wissmann, S. 251.

354 GK-*Kreutz,* § 77 Rn. 35 ff. mwN.; Hess et al./*Worzalla*, BetrVG, § 77 Rn. 6; BAG v. 01.08.2001 – 4 AZR 82/00, BAGE 98, 314 (319) = AP Nr. 225 zu § 613a BGB.

355 BAG v. 03.12.1991 – GS 2/90, BAGE 69, 134 (146 f. mwN.) = AP Nr. 51 zu § 87 BetrVG 1972 Lohngestaltung; BAG v. 25.01.2000 – 1 ABR 3/99, BAGE 93, 276 (282) = AP Nr. 34 zu § 87 BetrVG 1972 Ordnung des Betriebes.

356 *Schoof,* AiB 2011, 721.

dem des Betriebsverfassungsrechts ist.[357] Arbeitszeit iSd. § 87 Abs. 1 Nr. 2 BetrVG ist dahingehend auszulegen, dass die Zeit umfasst wird, „während derer der Arbeitnehmer die von ihm in einem bestimmten zeitlichen Umfang vertraglich geschuldete Arbeitsleistung tatsächlich erbringen soll“[358]. Daraus ergibt sich, dass der Betriebsrat dann zustimmen muss, wenn von der vertraglich vereinbarten Arbeitszeit Abweichungen vorgenommen werden. Hintergrund dieser Regelung ist die enge Verknüpfung zwischen der Arbeitszeitlage und der privaten Freizeitgestaltung, sodass den Interessen des Arbeitnehmers an der planbaren Gestaltung des Privatlebens Rechnung getragen werden soll.[359] Gleichzeitig ist zu vermeiden, dass der Arbeitgeber das Betriebs- und Wirtschaftsrisiko in Arbeitszeitfragen auf den Arbeitnehmer überträgt.[360]

Beispiele[361], die die Mitbestimmungspflicht des Betriebsrats voraussetzen, sind die Einführung von Schichtarbeit[362] oder Gleitzeit[363], aber auch entsprechende Regelungen zu Bereitschaftsdiensten oder Rufbereitschaft[364]. Im Hinblick auf die Verteilung der Arbeitszeit auf die einzelnen Wochentage hat der Betriebsrat ein Mitbestimmungsrecht, u.a. bei der Sonntagsarbeit[365].

d) § 87 Abs. 1 Nr. 3 BetrVG

§ 87 Abs. 1 Nr. 3 BetrVG legt fest, dass dem Betriebsrat auch bei einer nur vorübergehenden Verkürzung oder Verlängerung der betriebsüblichen Arbeitszeit ein

---

357 BAG v. 14.11.2006 – 1 ABR 5/06, BAGE 120, 162 (168) = AP Nr. 121 zu § 87 BetrVG 1972 Arbeitszeit. Vgl. die Ausführungen im 2. Kap. B. III. 1. und 2. Kap. D. II. 1.

358 BAG v. 14.11.2006 – 1 ABR 5/06, BAGE 120, 162 (168) = AP Nr. 121 zu § 87 BetrVG 1972 Arbeitszeit.

359 BAG v. 21.12.1982 – 1 ABR 14/81, BAGE 41, 200 (208) = AP Nr. 9 zu § 87 BetrVG 1972 Arbeitszeit; ebenso BAG v. 15.12.1992 – 1 ABR 38/92, BAGE 72, 107 (114) = AP Nr. 7 zu § 14 AÜG; BAG v. 29.09.2004 – 5 AZR 559/03, AP Nr. 111 zu § 87 BetrVG 1972 Arbeitszeit = ZTR 2005, 274.

360 AnwK-ArbR/*Welslau*, § 87 BetrVG Rn. 51.

361 Weitere Nachweise finden sich in: HWK/*Clemenz,* § 87 BetrVG Rn. 73 ff.

362 BAG v. 01.07.2003 – 1 ABR 22/02, BAGE 107, 9 (13) = AP Nr. 103 zu § 87 BetrVG 1972 Arbeitszeit. Der Betriebsrat hat mitzubestimmen, wenn der Arbeitgeber einen Jahresschichtplan ändern will.

363 BAG v. 18.04.1989 – 1 ABR 3/88, AP Nr. 33 zu § 87 BetrVG 1972 Arbeitszeit = DB 1989, 1978.

364 *Schoof*, AiB 2011, 721 (722).

365 BAG v. 25.02.1997 – 1 ABR 69/96, BAGE 85, 185 (190) = AP Nr. 72 zu § 87 BetrVG 1972 Arbeitszeit.

Mitbestimmungsrecht zusteht. Somit besteht eine Ausnahme vom Grundsatz, dass die Dauer der Arbeitszeit keiner Mitbestimmung des Betriebsrats unterliegt.[366] Der Begriff der Arbeitszeit in § 87 Abs. 1 Nr. 3 BetrVG ist identisch mit dem in § 87 Abs. 1 Nr. 2 BetrVG.[367] Die Regelung soll sicherstellen, dass die durch Kurzarbeit oder Überstunden hervorgerufene Mehrbelastung gleichmäßig verteilt wird.[368] Denn die über der vertraglich vereinbarten Arbeitszeit liegenden Arbeitsstunden können bei Arbeitnehmern mit familiären Verpflichtungen Organisationsprobleme hervorrufen, wenn die Betreuung von Kindern oder älteren Angehörigen für diese Zeitspanne nicht gesichert ist. Im Hinblick auf die Kurzarbeit ergeben sich zwar keine Betreuungsprobleme, aber auf Grund von Unterhaltsverpflichtungen können Schwierigkeiten auftreten, den finanziellen Verpflichtungen nachzukommen. Um diese Folgen möglichst sozialverträglich und nicht einseitig zu Lasten der Arbeitnehmer zu gestalten, muss der Betriebsrat solchen Regelungen zustimmen. Voraussetzung ist allerdings, dass die geleisteten Überstunden genau erfasst werden, damit die Möglichkeit der flexiblen Arbeitszeitgestaltung nicht dazu führt, dass die Arbeitnehmer für zusätzlich geleistete Arbeit keinen Ausgleich erhalten, eine entsprechende Pflicht dazu ergibt sich aus § 16 Abs. 2 ArbZG.[369]

Im Rahmen von § 87 Abs. 1 Nr. 3 BetrVG sind u.a. sowohl die Arbeitsbereitschaft[370], der Bereitschaftsdienst[371] als auch die Rufbereitschaft[372] bei Anordnung außerhalb der regelmäßigen Arbeitszeit mitbestimmungspflichtig.

4. Zwischenergebnis

Festzustellen bleibt, dass Regelungen zur Dauer und Lage der Arbeitszeit sowohl individualvertraglich als auch im Rahmen von Tarifverträgen bzw.

---

366 HWK/*Clemenz*, § 87 BetrVG Rn. 81.

367 Vgl. zum Arbeitszeitbegriff iSd. Betriebsverfassungsrechts, 2. Kap. D. II. 3. c).

368 BAG v. 29.02.2000 – 1 ABR 15/99, AP Nr. 81 zu § 87 BetrVG 1972 Arbeitszeit = NZA 2000, 1243 (1245); BAG v. 13.03.2001 – 1 ABR 33/00, AP Nr. 87 zu § 87 BetrVG 1972 Arbeitszeit = NZA 2001, 976.

369 *Schoof*, AiB 2011, 721 (723).

370 BAG v. 29.02.2000 – 1 ABR 15/99, AP Nr. 81 zu § 87 BetrVG 1972 Arbeitszeit = NZA 2000, 1243 (1244 f.). Demzufolge bewirke der außerhalb der regelmäßigen Arbeitszeit eingeführte Bereitschaftsdienst eine mitbestimmungspflichtige Verlängerung der betriebsüblichen Arbeitszeit, vgl. § 87 Abs. 1 Nr. 3 BetrVG.

371 BAG v. 29.02.2000 – 1 ABR 15/99, AP Nr. 81 zu § 87 BetrVG 1972 Arbeitszeit = NZA 2000, 1243 (1244 f.).

372 BAG v. 21.12.1982 – 1 ABR 14/81, BAGE 41, 200 (203 ff.) = AP Nr. 9 zu § 87 BetrVG 1972 Arbeitszeit.

Betriebsvereinbarungen getroffen werden können. Das Arbeitszeitgesetz legt lediglich die absolute Höchstgrenze bei der Arbeitszeitdauer fest, sodass eine Gestaltung bis zu dieser Grenze individuell erfolgen kann. Beschränkungen zur Arbeitszeitlage existieren im Hinblick auf Nacht- bzw. Schichtarbeit und Sonn- bzw. Feiertagsbeschäftigungen.

Intention ist die Gewährleistung eines Ausgleichs zwischen den Interessen des Arbeitgebers, der idR. den größeren Einfluss im Bereich des Arbeitsvertrags hat und denen der Arbeitnehmer, die durch normativ wirkende Tarifverträge und Betriebsvereinbarungen entsprechend geschützt werden können. Auffällig ist, dass die Tarifvertragsparteien im Rahmen der Begrenzung von überlangen Arbeitszeiten nicht unbedingt von ihrer Regelungsmacht Gebrauch machen.[373] Kritisch hervorgehoben wird, dass durch die eindeutige Rechtsprechung des EuGH die Tarifvertragsparteien häufig keine Veranlassung dazu sähen, die Arbeitszeit, besonders im Bereich der Bereitschaftsdienste sowie der Rufbereitschaft, entsprechend zu limitieren, sondern das Augenmerk vorrangig auf der Vergütung für diese Zeiten liege.[374] Ein solches Vorgehen mag für viele Arbeitnehmer durchaus ansprechend sein, da die Aussicht auf einen Gehaltszuwachs regelmäßig vorteilhafter erscheint, als ein entsprechender Erholungszeitraum. Durch die Mehrarbeit kann aber nicht gewährleistet werden, dass sich der Arbeitnehmer entsprechend regeneriert und so seine Arbeitskraft korrespondierend mit der Intention des Arbeitszeitgesetzes dauerhaft erhält.

III. Besonders schutzbedürftige Arbeitnehmer

Das Arbeitszeitgesetz soll das zwischen dem Arbeitgeber und dem Arbeitnehmer bestehende strukturelle Ungleichgewicht nivellieren und dafür sorgen, dass die Bedürfnisse der Arbeitnehmer trotz ihrer Unterlegenheit auf Grund der idR. vorhandenen Abhängigkeit hinreichende Beachtung finden. Neben den Regelungen des Arbeitszeitgesetzes, die gem. § 2 Abs. 2 ArbZG auf Arbeiter, Angestellte und die zu ihrer Berufsbildung Beschäftigten anwendbar sind, erfordert das Schutzbedürfnis bestimmter Arbeitnehmergruppen weitergehende Regelungen. Basierend auf dieser Notwendigkeit, hat der Gesetzgeber außerhalb des Arbeitszeitgesetzes weitere Spezialregelungen getroffen.

373 *Mayer*, AiB 2011, 711 (715).
374 *Mayer*, AiB 2011, 711 (715).

1. JArbSchG

Das Jugendarbeitsschutzgesetz[375] beinhaltet den besonderen Schutz von minderjährigen Personen (§ 1 Abs. 1 JArbSchG), um Gefahren durch eine Berufstätigkeit für die „Gesundheit, Arbeitskraft und Entwicklung von Kindern und Jugendlichen“[376] abzuwenden. Es ist normiert, dass die Beschäftigung von Kindern grds. verboten ist (§ 5 Abs. 1 JArbSchG), wobei gem. § 5 Abs. 2 JArbSchG Ausnahmen zugelassen werden. Jugendlichen ist es idR. nicht gestattet, mehr als 8 Stunden täglich zu arbeiten (vgl. § 8 Abs. 1 JArbSchG).

Hintergrund dieser Regelung ist die Annahme, dass Kinder und Jugendliche mit dem Schulbesuch hinreichend ausgelastet sind und eine hinzukommende berufliche Tätigkeit nicht zur Belastung werden soll.[377] Parallel dazu kann es hilfreich sein, wenn sie bereits erste Berufserfahrung sammeln, um langsam an spätere Aufgaben herangeführt zu werden.[378]

Im Hinblick auf die Flexibilisierung von Arbeitsverhältnissen zeigt sich, dass der Spielraum für die Vertragsschließenden als auch die Tarifvertragsparteien deutlich enger ist. Die tägliche Beschäftigungsdauer von Jugendlichen liegt bei 8 Stunden (§ 8 Abs. 1 JArbSchG), wobei unter gewissen Voraussetzungen eine Erweiterung auf maximal 8,5 Stunden gestattet ist (§§ 8 Abs. 2, 3 JArbSchG). Die höchstzulässige Beschäftigungsdauer innerhalb einer Woche liegt bei 40 Stunden (§ 8 Abs. 1 JArbSchG). Der besondere Schutz kommt auch in § 15 JArbSchG zum Ausdruck, demnach dürfen Jugendliche nur an 5 Tagen in der Woche beschäftigt werden. Von den genannten Vorgaben kann in einem Tarifvertrag oder in einer Betriebsvereinbarung abgewichen werden, wobei auch hier die höchstzulässigen Vorgaben im Vergleich zum Arbeitszeitgesetz zum Schutz der Jugendlichen strenger ausfallen (§ 21a JArbSchG).

Problematisch erscheint, dass die Vorschriften zum Jugendarbeitsschutz vor allem in kleineren Betrieben häufig missachtet werden. Unter Bezugnahme auf den Ausbildungsreport des Deutschen Gewerkschaftsbundes geht die Kleine Anfrage von Abgeordneten und der Fraktion BÜNDNIS90/DIE GRÜNEN davon aus, dass die Situation im Hotel- und Gaststättengewerbe besonders prekär sei, demnach leisten dort zwei Drittel der Jugendlichen Überstunden.[379] Die Anfrage richtete sich an

375 Gesetz zum Schutze der arbeitenden Jugend vom 12.04.1976, BGBl. I, S. 965.

376 ErfK/*Schlachter*, § 1 JArbSchG Rn. 1.

377 AnwK-ArbR/*Engel*, § 1-3 JArbSchG Rn. 1.

378 AnwK-ArbR/*Engel*, § 1-3 JArbSchG Rn. 1.

379 BT-Drucks. 17/3267, S. 1. Die kleine Anfrage wurde am 07.10.2010 hinsichtlich der „Planungen zur Novellierung des Jugendarbeitsschutzgesetzes“ gestellt.

die Bundesregierung zur Klärung der Fragestellung, wie der im Koalitionsvertrag festgelegte Abbau der „Ausbildungshemmnisse im Gastgewerbe“[380] und damit der Aspekt der Flexibilisierung umgesetzt und gleichzeitig dem Jugendarbeitsschutzgesetz hinreichend Rechnung getragen werden solle. Denn auch die jugendlichen Arbeitnehmer spüren die zunehmenden Flexibilitätsanforderungen und den damit verbundenen Abbau der klassischen Arbeitszeiten. Besonders problematisch ist die Situation im Hotel- und Gaststättengewerbe, da hier die Hauptarbeitszeiten abends und an den Wochenenden liegen und damit erhebliche Belastungen der betroffenen Arbeitnehmer hervorrufen können. Kritisch geht die Kleine Anfrage dem Problem nach, ob die im Koalitionsvertrag angestrebte Flexibilisierung zu einem Abbau der Schutzrechte der jugendlichen Arbeitnehmer führen wird.[381] Die Bundesregierung vertritt die Ansicht, dass „eine Flexibilisierung von Regelungen des Jugendarbeitsschutzes [...] nicht zu einem Abbau des Schutzniveaus führen [müsse]“.[382]

2. MuSchG

Das Mutterschutzgesetz[383] gewährleistet, dass Frauen in den besonders schutzbedürftigen Phasen der Schwangerschaft, während der Geburt bzw. der Stillzeit keiner Beschäftigung nachgehen dürfen, die den eigenen oder den gesundheitlichen Bedürfnissen des Kindes zuwiderlaufen, vgl. §§ 3, 4 MuSchG. Neben möglichen gesundheitlichen Beeinträchtigungen für Mutter und Kind, soll die werdende Mutter auch vor etwaigen finanziellen Einbußen durch den Verlust des Arbeitsplatzes während der Schwangerschaft und in der Zeit nach der Entbindung geschützt werden.[384] Verfassungsrechtlich verankert ist dieser Schutz in Art. 6 Abs. 4 GG, der jeder Mutter einen Anspruch auf den Schutz und die Fürsorge der Gemeinschaft gewährt.

Im Bereich des Mutterschutzes spielen die Einflüsse des europäischen Rechts eine wesentliche Rolle. Die Mutterschutzrichtlinie 92/85/EWG[385] hat zu einer

380 Koalitionsvertrag von CDU, CSU und FDP, Wachstum, Bildung, Zusammenhalt, 17. Legislaturperiode, S. 51.

381 BT-Drucks. 17/3267, Planungen zur Novellierung des Jugendarbeitsschutzgesetzes v. 07.10.2010, S. 1.

382 BT-Drucks. 17/3392, Antwort der Bundesregierung auf die Kleine Anfrage von Abgeordneten und der Fraktion Bündnis 90/Die Grünen zu den Planungen zur Novellierung des Jugendarbeitsschutzgesetzes v. 26.10.2010, S. 3.

383 Gesetz zum Schutz der erwerbstätigen Mutter vom 20.06.2002, BGBl. I, S. 2318.

384 HWK/*C.W. Hergenröder*, § 1 MuSchG Rn. 1.

385 Richtlinie 92/85/EWG des Rates vom 19.10.1992 über die Durchführung von Maßnahmen zur Verbesserung der Sicherheit und des Gesundheitsschutzes von

Überarbeitung des Mutterschutzgesetzes, vor allem im Hinblick auf Art. 8 RL 92/85/EWG, geführt, sodass Mütter, die vor dem errechneten Geburtstermin entbinden mit Blick auf den Mutterschaftsurlaub im Vergleich zu Müttern, die am errechneten Geburtstermin ein Kind bekommen, gleichgestellt werden. Die entsprechende Regelung findet sich in § 6 Abs. 1 S. 2 MuSchG, der Müttern auch bei Frühgeburten und sonstigen vorzeitigen Entbindungen einen Mutterschaftsurlaub von insgesamt 14 Wochen zugesteht (§ 6 Abs. 1 S. 2 iVm. § 3 Abs. 2 MuSchG). Weitere Änderungen hat das Mutterschutzgesetz im Bereich des Erholungsurlaubs gem. § 17 MuSchG und des Mutterschaftsgeldes gem. §§ 13 f. MuSchG erfahren.

Insgesamt zeigt sich, dass auch das Mutterschutzgesetz als speziellere Vorschrift im Vergleich zum Arbeitszeitgesetz den Schutz einer bestimmten Personengruppe, hier der Schwangeren, Wöchnerinnen bzw. stillenden Mütter, in den Vordergrund stellt. Somit sind diese Vorschriften bei dem genannten Personenkreis vorrangig zu beachten.

3. BEEG

Das Bundeselterngeld- und Elternzeitgesetz[386] stammt aus dem Jahr 2006 und ist damit noch relativ jungen Datums. Während das Mutterschutzgesetz die Zeit der Schwangerschaft, Geburt und Stillzeit in den Mittelpunkt stellt, liegt das Hauptaugenmerk beim BEEG primär auf der Zeit der Kindererziehung während der ersten drei Jahre nach der Geburt und den daraus resultieren finanziellen Folgen.

Eltern haben nach der Geburt eines Kindes idR. einen Anspruch auf 67 % des vor der Geburt erzielten durchschnittlichen monatlichen Einkommens, wobei der Höchstbetrag bei 1800 € liegt, wenn sich ein Elternteil in dieser Zeit der Betreuung des Kindes widmet (§ 2 Abs. 1 S. 1 BEEG). Der Bezugszeitraum umfasst 14 Monate (§ 4 Abs. 1 S. 1 BEEG), dieser kann nur ausgeschöpft werden, wenn sich beide Elternteile je mindestens zwei Monate der Betreuung des Kindes widmen, denn grundsätzlich steht einem Elternteil nur 12 Monate Elterngeld zu (vgl. § 4 Abs. 2, 3 BEEG). Damit bezieht sich das Bundeselterngeld auf den Ausgleich von Einkommensverlusten, die zumindest ein Elternteil durch die Geburt eines Kindes und den damit einhergehenden Betreuungsaufwand erleidet.

---

schwangeren Arbeitnehmerinnen, Wöchnerinnen und stillenden Arbeitnehmerinnen am Arbeitsplatz, ABl. L 348 v. 28.11.1992, S. 1.

386 Gesetz zum Elterngeld und zur Elternzeit vom 05.12.2006, BGBl. I, S. 2748. Ausführlich zu den Regelungen des BEEG und den Auswirkungen auf die Vereinbarkeit von Familie und Beruf, vgl. 5. Kap. A. II. 6.; weiterführend zum Elterngeld *Glock/ Wollschläger*, AuA 2007, 296.

Neben den finanziellen Auswirkungen stellt sich im Hinblick auf den Zeitaspekt die Frage, wie die Betreuung des Kindes sichergestellt werden kann. Basierend auf § 15 BEEG haben Arbeitnehmerinnen und Arbeitnehmer einen Anspruch auf Elternzeit, wenn sie mit ihrem Kind in einem Haushalt leben, sowie dieses selbst betreuen und erziehen (§ 15 Abs. 1 BEEG). Der Anspruch auf Elternzeit besteht gem. § 15 Abs. 1 S. 1 BEEG bis zur Vollendung des dritten Lebensjahres des Kindes, wobei ein Zeitraum von bis zu 12 Monaten mit Zustimmung des Arbeitgebers auf die Zeit vor Vollendung des achten Lebensjahres des Kindes übertragen werden kann (§ 15 Abs. 2 S. 4 BEEG). Damit wird den Eltern die Möglichkeit eingeräumt, die Betreuung ihres Kindes grds. bis zum dritten Lebensjahr persönlich unter Inanspruchnahme der Elternzeit zu übernehmen.[387]

4. PflegeZG/FPfZG

Neben den Regelungen zum Schutz von Jugendlichen, Müttern und Eltern bilden auch die pflegenden Personen eine besonders schutzbedürftige Gruppe. Um die durch die Betreuung von pflegebedürftigen Angehörigen entstehenden Probleme zumindest ansatzweise zu lösen, wurde das Pflegezeitgesetz[388] geschaffen. Der Gesetzgeber verfolgt hiermit das Ziel, Beschäftigten die Möglichkeit zu eröffnen, pflegebedürftige nahe Angehörige in häuslicher Umgebung zu versorgen und damit die Vereinbarkeit von Beruf und familiärer Pflege zu verbessern (§ 1 PflegeZG).

Gegenwärtig teilen sich die Regelungen des Pflegezeitgesetzes in kurzzeitige Arbeitsverhinderungen von bis zu zehn Tagen (§ 2 PflegeZG) und einer längerfristigen Abwesenheit vom Arbeitsplatz von bis zu sechs Monaten (§§ 3, 4 PflegeZG) auf. Während dieser Zeit genießen die Arbeitnehmer Kündigungsschutz, so dass der Arbeitgeber das Beschäftigungsverhältnis von der Ankündigung bis zur Beendigung der kurzzeitigen Arbeitsverhinderung gem. § 2 bzw. der Pflegezeit gem. § 3 nicht kündigen darf (§ 5 PflegeZG).

---

387 Im Koalitionsvertrag zwischen CDU, CSU und SPD, Deutschlands Zukunft gestalten, 18. Legislaturperiode, S. 98 ist vorgesehen, die 36 Monate der Elternzeit flexibler auszugestalten. „Dazu sollen auch ohne die Zustimmung des Arbeitgebers nach angemessener vorheriger Anmeldung zukünftig 24 statt 12 Monate zwischen dem 3. bis 8. Lebensjahr des Kindes von Müttern und Vätern in Anspruch genommen werden können."

388 Gesetz über die Pflegezeit vom 28. Mai 2008, BGBl. I, S. 874 (896). Weitere Details zur Problematik finden sich im 5. Kap. A. II. 7.

Besonders die zeitlichen Rahmenbedingungen des Gesetzes lassen die Schlussfolgerung zu, dass es innerhalb von zehn Arbeitstagen im akuten Notfall kaum möglich ist, eine bedarfsgerechte und kompetente Pflege zu organisieren. Ebenso scheint die Festlegung der Höchstdauer der Pflegezeit von sechs Monaten nicht der Realität zu entsprechen, da pflegebedürftige Personen im Durchschnitt deutlich länger gepflegt werden müssen, wobei im Rahmen der Bestimmung der Pflegedauer erhebliche Meinungsunterschiede bestehen.[389] Hinzu kommt, dass der Anteil der pflegebedürftigen Personen auf Grund der längeren Lebenserwartung verbunden mit dem medizinischen Fortschritt stetig zunimmt.[390] Dies erzeugt bei den pflegenden Angehörigen den Konflikt zwischen den Anforderungen an eine bedarfsgerechte Pflege und der Erwirtschaftung des eigenen Lebensunterhaltes durch eine adäquate Erwerbstätigkeit. Beide Bereiche sind regelmäßig mit den gleichen Schwierigkeiten verbunden, wie die Vereinbarkeit der Betreuung von kleinen Kindern mit dem Beruf.

Zu klären bleibt, ob das Familienpflegezeitgesetz hier Abhilfe schaffen kann. Ermöglicht werden soll den Angehörigen eine größere Flexibilität hinsichtlich des zeitlichen Betreuungsrahmens sowie in Bezug auf das finanzielle Auskommen.[391]

5. Zwischenergebnis

Zu konstatieren ist, dass Arbeitnehmer in den unterschiedlichsten Situationen im Laufe des Arbeitslebens ihrer Erwerbstätigkeit nicht in vollem Umfang nachgehen können, da sie familiäre Verpflichtungen zu erledigen haben. Die beiden Hauptbereiche sind die Kindererziehung, die regelmäßig relativ zu Beginn des Erwerbslebens eine Rolle spielt und die Pflege der eigenen Angehörigen, die im Regelfall

389 *Müller/Unger/Rothgang,* SozSich 2010, 230 (231 ff.), erläutern methodische Ansätze zur Bestimmung der durchschnittlichen Pflegedauer; *Kerschbaumer,* PersR 2008, 281; dazu auch *Deter/Ragu,* Deutscher Bundestag, Wissenschaftliche Dienste, Nr. 26/10, S. 2; *Gerlinger et al.,* ZSR 2012, 3 (10) beziffern die durchschnittliche Pflegedauer auf 6 Jahre.

390 Seit dem Jahr 1999 ist der Anteil pflegebedürftiger Personen um 11,4 % auf 2,2 Millionen im Jahr 2007 angestiegen, *Kittner*, Arbeits- und Sozialordnung, Einleitung zur Sozialen Pflegeversicherung, S. 1500.

391 BT-Drucks. 17/7387, Beschlussempfehlung und Bericht des Ausschusses für Familie, Senioren, Frauen und Jugend, Entwurf eines Gesetzes zur Vereinbarkeit von Pflege und Beruf v. 19.10.2011, S. 1. Die weiteren Details hierzu werden im 5. Kapitel näher erläutert.

erst nach vielen Berufsjahren eine zentrale Position einnimmt. Zu beobachten ist allerdings, dass sich die zeitlichen Rahmenbedingungen auf Grund der alternden Bevölkerung zunehmend verschieben, sodass die Phase des Kinderkriegens und der damit verbundenen Erziehung erst zu einem späteren Zeitpunkt von Bedeutung ist und sich daher die Zeiten, in denen noch Kinder aufgezogen, aber bereits Angehörige, im Regelfall die Eltern oder Schwiegereltern, gepflegt werden müssen, überschneiden können.

Während das Arbeitszeitgesetz primär die eigenen Bedürfnisse der Arbeitnehmer ins Blickfeld nimmt, stellen besonders das BEEG und das PflegeZG auch die privaten Bedürfnisse und Verpflichtungen der Arbeitnehmer und die damit verbundene Vereinbarkeitsproblematik in den Vordergrund. Erkennen lässt sich, dass die vorhandenen Flexibilisierungsmöglichkeiten eine Hilfestellung für die Arbeitnehmer sind, es aber noch einer deutlich differenzierteren und vor allem flexibleren Ausgestaltung der Arbeitszeit, besonders im Hinblick auf die Pflegezeit bedarf.[392] Denn flexible Arbeitszeiten sind nur dann eine Unterstützung für die betroffenen Arbeitnehmer, wenn sich diese auch an deren Bedürfnissen orientieren. Müssen hingegen die Arbeitnehmer ständig verfügbar und einsatzbereit sein bzw. regelmäßig wechselnde Arbeitszeiten in Kauf nehmen, so sind die beruflichen Pflichten nur unter großen Anstrengungen mit den familiären zu vereinbaren, da die durch klar strukturierte Arbeitszeiten vorhandene Verlässlichkeit zunehmend verloren geht.

E. Ergebnis

Die Betrachtung des Arbeitszeitgesetzes hat gezeigt, dass sich trotz der Kürze des Gesetzes erhebliche Auslegungsprobleme in Bezug auf die unbestimmten Rechtsbegriffe ergeben. Der Gesetzgeber hat lediglich in § 1 ArbZG den Zweck des Gesetzes definiert, die einzelnen Begriffe wie Arbeitsbereitschaft, Bereitschaftsdienst oder Rufbereitschaft aber nicht näher inhaltlich ausgestaltet. Obwohl diese Begriffe im Lichte des § 1 ArbZG auszulegen sind, ergeben sich trotzdem

392 Zum Streit um die Dauer der Pflegezeit, vgl. Fn. 392; hierzu auch *Schwerdle,* ZTR 2007, 655 (659), die von einer durchschnittlichen Pflegedauer von etwa drei Jahren ausgeht. Des Weiteren ist es für die Arbeitnehmer nachteilig, dass die Inanspruchnahme einer kürzeren Pflegezeit als 6 Monate dazu führt, dass der Arbeitnehmer auf die Zustimmung des Arbeitgebers angewiesen ist, um die Pflegezeit bis zur Höchstdauer nachträglich zu verlängern. Weitere Einzelheiten dazu siehe im 5. Kapitel.

unterschiedliche Sichtweisen dahingehend, ob die Zeiten als Arbeitszeit zu qualifizieren sind. Hilfe und Unsicherheitsfaktor zugleich stellen die auf das Arbeitszeitgesetz einwirkenden europäischen Einflüsse dar. Besonders zu erwähnen sind die Arbeitszeitrichtlinien 93/104/EG und 2003/88/EG. Die Richtlinie 93/104/EG wurde nahezu zeitgleich mit dem Arbeitszeitgesetz verabschiedet und schließlich durch die Richtlinie 2003/88/EG ersetzt. Bei der Untersuchung der konkreten Ausgestaltung des Arbeitszeitgesetzes hat sich gezeigt, dass dieses nicht in allen Bereichen richtlinienkonform umgesetzt wurde. Insbesondere in Bezug auf den Ausgleichszeitraum, der im Arbeitszeitgesetz sechs Monate (§ 3 S. 2 ArbZG) und in der Richtlinie lediglich vier Monate (Art. 16 lit. b RL 2003/88/EG) beträgt, ist festzustellen, dass der europäische Zeitraum maßgebend ist, da die Richtlinie zwar nicht bei der Wahl der Umsetzungsmittel, aber hinsichtlich des vorgegebenen Ziels verbindlich ist.

Ebenso ist festzustellen, dass die genannten unbestimmten Rechtsbegriffe durch den EuGH und das BAG unterschiedlich ausgelegt wurden. Während das BAG[393] und überwiegend das dazu publizierte Schrifttum[394] lange davon ausgingen, dass der Bereitschaftsdienst keine Arbeitszeit sei, hat der EuGH dies in den Entscheidungen SIMAP[395] und Pfeiffer[396] ausdrücklich bestimmt. Allerdings ist trotz dieser eindeutigen Festlegung in der Mitteilung der Kommission zur Überarbeitung der Arbeitszeitrichtlinie[397] zumindest eine Aufweichung dieser klaren Einordnung dahingehend zu erkennen, dass im Rahmen des Bereitschaftsdienstes zwischen aktiven und inaktiven Zeiten unterschieden und nur die aktiven Zeiten während des Bereitschaftsdienstes auch als Arbeitszeit zu qualifizieren sein sollen. Eine Einigung konnte jedoch nicht erzielt werden.[398] Gleichwohl führt die Kommission

---

393 BAG v. 13.11.1986 – 6 AZR 567/83, AP Nr. 27 zu § 242 BGB Betriebliche Übung = EzA Nr. 20 zu § 242 BGB Betriebliche Übung; BAG v. 09.08.1978 – 4 AZR 77/77, AP Nr. 5 zu § 17 BAT = DB 1978, 2420.

394 ErfK/*Wank*, § 2 ArbZG Rn. 23; *Roggendorff*, ArbZG, C § 2 Rn. 42; *Zmarzlik/Anzinger*, ArbZG, § 2 Rn. 14; Schaub/*Linck*, ArbR-Hdb. § 45 Rn. 50.

395 EuGH v. 03.10.2000 – C-303/98 [Simap], NZA 2000, 1227 = AP Nr. 2 zu EWG-RL Nr. 93/104.

396 EuGH v. 05.10.2004 – verbundene Rechtssachen C-397/01 bis C-403/01 [Pfeiffer], NZA 2004, 1145 (1150) = AP Nr. 12 zu EWG-Richtlinie Nr. 93/104.

397 KOM (2010) 106 endgültig, Überarbeitung der Arbeitszeitrichtlinie v. 24.03.2010, S. 9. Das Kommissionsdokument enthält die Option, im Rahmen des Bereitschaftsdienstes die Anrechnung als Arbeitszeit anteilig nach dem Aufmerksamkeitsniveau zu staffeln (sog. Äquivalenzsystem).

398 Zum Stand der Überarbeitung der Richtlinie vgl. die Ausführungen im 2. Kap. A.

an, dass die Überarbeitung der Arbeitszeitrichtlinie erforderlich sei, um die Unsicherheit in den Mitgliedstaaten hinsichtlich der Vereinbarkeit von nationalen Vorgehensweisen mit dem EU-Recht zu beseitigen, da weder der Sicherheits- und Gesundheitsschutz der Arbeitnehmer noch die Flexibilität bei der Arbeitszeitgestaltung für Arbeitnehmer und Arbeitgeber hinreichend gewährleistet sei.[399]

Zuzugeben ist, dass durch die Auslegungsschwierigkeiten der Begriffe der Arbeitsbereitschaft, des Bereitschaftsdienstes oder der Rufbereitschaft einige Unsicherheiten in Bezug auf die anzurechnende Arbeitszeit und den damit verbundenen Gesundheitsschutz der Arbeitnehmer bestehen. Allerdings herrscht Einigkeit darüber, dass die Arbeitsbereitschaft als Arbeitszeit im Gegensatz zur Rufbereitschaft zu qualifizieren ist und auch der Bereitschaftsdienst nach den Entscheidungen des EuGH als Arbeitszeit eingeordnet werden muss. Im Rahmen des Ausgleichszeitraumes für die Überschreitung der werktäglichen Arbeitszeit von acht Stunden ist der deutsche Gesetzgeber aufgefordert, den Zeitraum an die europarechtlichen Vorgaben anzugleichen.

Unter Berücksichtigung des Flexibilisierungsaspekts zeigt sich, dass dieses Merkmal bereits in § 1 ArbZG aufgenommen wurde. Darüber hinaus hat die Richtlinie den Mitgliedstaaten einen weiten Spielraum hinsichtlich der Ausgestaltung der einzelnen Regelungen eingeräumt, welchen Deutschland dahingehend genutzt hat, dass gem. §§ 7, 12 ArbZG die gesetzlichen Vorgaben durch Tarifverträge oder Betriebsvereinbarungen modifiziert werden können. Somit haben die Tarifvertragsparteien bereits nach der aktuellen Gesetzeslage einen erheblichen Spielraum zur Abweichung von den Vorgaben des Arbeitszeitgesetzes. Dies erfordert von den Arbeitnehmern eine flexible Ausrichtung ihrer privaten Verpflichtungen. Eine zusätzliche Erweiterung dieser Gestaltungsoptionen erscheint vor dem Hintergrund der sich wandelnden Gesellschaftsstrukturen nicht förderlich. Demnach arbeiten die Menschen ohnehin immer länger bzw. sind auf Grund modernder Kommunikationsmittel ständiger Erreichbarkeit ausgesetzt[400], sodass eine klare Trennlinie zwischen Berufs- und Privatleben zunehmend verschwindet. Werden hier weitere Flexibilisierungsoptionen eröffnet, so wird eine Abgrenzung immer schwieriger.

---

399 KOM (2010) 106 endgültig, Überarbeitung der Arbeitszeitrichtlinie v. 24.03.2010, S. 2.

400 Vgl. zum Umgang mit den inzwischen relativ fließenden Grenzen zwischen Arbeitszeit und Freizeit besonders durch die Nutzung von Handys und Blackberrys, die eine ständige Erreichbarkeit, auch während der Freizeit ermöglichen, *Bissels/Domke/Wisskirchen,* DB 2010, 2052; *Buschmann,* PersR 2011, 247; *Falder,* NZA 2010, 1150; *Fischer* in: FS Bartenbach, S. 543; *Seebacher/Silberberger,* AiB 2011, 757; *Stoppkotte/Stiel*, AiB 2011, 423.

Diese Entwicklung spiegelt sich auch in der Forderung nach längeren Ladenöffnungszeiten wider.[401] Inzwischen sind in vielen Bundesländern die Ladenöffnungszeiten zumindest unter der Woche vollständig freigegeben, sodass eine Öffnung rund um die Uhr möglich wird. Obwohl nur die wenigsten Läden davon Gebrauch machen, stellt auch diese Entwicklung die betroffenen Arbeitnehmer vor weitere Organisationsprobleme. Dem sollen das Ladenschlussgesetz des Bundes bzw. die Ladenöffnungsgesetze der Länder Einhalt gebieten. Das Ladenschlussrecht wird von der Rechtsprechung und der Literatur als zusätzliches arbeitsschutzrechtliches Gesetz in Bezug auf die Arbeitszeit verstanden[402], welches aber genau wie das Arbeitszeitgesetz konsequenter Umsetzung bedarf.

Abschließend bleibt festzuhalten, dass das Arbeitszeitgesetz in einigen Punkten an die Vorgaben der europäischen Arbeitszeitrichtlinie anzupassen ist. Die Bestrebungen der Kommission hinsichtlich der Überarbeitung der Arbeitszeitrichtlinie sind im Hinblick auf die Ausgestaltung des Bereitschaftsdienstes und einer zunehmenden Flexibilisierung im Bereich der Berechnung der wöchentlichen Arbeitszeit und einer damit verbundenen Verlängerung des Bezugszeitraums abzulehnen. Auf Grund der geltenden Gesetzeslage wird den Beteiligten bereits ein hinreichender Spielraum gewährleistet. Besonders unter dem Aspekt der besseren Vereinbarkeit von Familie und Beruf, dem auch die Europäische Kommission zunehmend mehr Aufmerksamkeit widmet, erscheint es fragwürdig, die Flexibilisierungsmöglichkeiten in Bezug auf das Arbeitszeitgesetz weiter auszubauen.[403] Um tatsächlich eine Verbesserung in diesem Kontext zu schaffen, müssen andere Regelungen wie das BEEG oder auch das PflegeZG ins Blickfeld genommen werden.[404] In diesen Bereich erscheint es sinnvoll und notwendig, die vorhandenen Regelungen auf ihre Tauglichkeit zu überprüfen und die praktischen Bedürfnisse von Familien mit Kindern oder pflegebedürftigen Angehörigen stärker zu berücksichtigen.

---

401 Ausführlich zur Problematik der Ladenöffnungszeiten, siehe die Ausführungen im 4. Kap.

402 ErfK/*Wank*, § 1 ArbZG Rn. 3. Die Auswirkungen des Ladenschlussgesetzes, vor allem im Hinblick auf die Arbeitnehmer besonders belastende Sonntagsarbeit, werden im 4. Kapitel ausführlich diskutiert.

403 KOM (2010) 106 endgültig, Überarbeitung der Arbeitszeitrichtlinie v. 24.03.2010, S. 6. Näheres zum Überarbeitungsstand der Richtlinie findet sich im 2. Kap. A.

404 Das 5. Kapitel befasst sich ausführlich mit den gesetzlichen Regelungen zur Vereinbarkeit von Familie und Beruf.

3. Kapitel: Wandel des sog. Normalarbeitsverhältnisses

A. Der Abschied vom Normalarbeitsverhältnis?

I. Definition: Normalarbeitsverhältnis

Der Begriff des Normalarbeitsverhältnisses zeichnet sich nach Ansicht von *Waltermann* dadurch aus, dass eine Vollzeittätigkeit bzw. eine Teilzeittätigkeit mit mindestens der Hälfte der üblichen Wochenarbeitszeit einer Vollzeittätigkeit, ausgeübt wird.[1] Des Weiteren muss das Beschäftigungsverhältnis vollständig sozialversicherungspflichtig und unbefristet sein.[2] Demnach gilt nur noch für jeden 8. Beschäftigten die sog. Normalarbeitszeit zwischen 35 und 42 Stunden; hierbei wird die Arbeit von Montag bis Freitag geleistet, ohne Schichtarbeit, Überstunden oder Gleitzeit.[3] Die übrigen Arbeitnehmer arbeiten in sog. atypischen bzw. prekären Beschäftigungsverhältnissen. In den letzten Jahren ist insbesondere die Zahl der geringfügig Beschäftigten, aber auch der befristeten Beschäftigungsverhältnisse deutlich angestiegen.[4]

---

1 *Waltermann*, Verhandlungen des 68. Deutschen Juristentages (2010), Band I, Gutachten, B, S. 11; siehe auch *Zachert,* AuR 1988, 129; ebenfalls *Joussen*, JZ 2010, 812 (813). Eine kritische Analyse des Begriffs Normalarbeitsverhältnis liefert *Pfarr,* WSI-Mitteilungen 2000, 279, „Der Anspruch, Realität zu beschreiben, war immer nur *ein* Aspekt des Topos Normalarbeitsverhältnis. Seine wesentliche und viel weitergehende Bedeutung lag darin, dass das Normalarbeitsverhältnis gleichzeitig immer Leitbild und Maßstab war und sein sollte. Die Definition des Normalarbeitsverhältnisses sollte den wirklichen Arbeitsverhältnissen als Norm gegenübertreten, obwohl, ja gerade, weil es nicht völlig deckungsgleich war mit dem, was praktisch als Regel vorzufinden war. Es sollte den Anspruch an die Akteure formulieren, Bedingungen zu erhalten und je wieder so zu schaffen, damit die Arbeitsbeziehungen durch die so definierte „Normalität" geprägt sein würden. Arbeitsverhältnisse *sollten* existenzsichernd, dauerhaft und kollektiv geschützt sein." (a.a.O. S. 279 f.).

2 Statistisches Bundesamt, Pressemitteilung Nr. 304 vom 19.08.2009, „Umfang atypischer Beschäftigung hat zugenommen"; *Reinhard*, AnwBl 2010, 571.

3 Böcklerimpuls 8/2007, S. 6; *Groß/Seifert/Sieglen*, WSI-Mitteilungen 2007, 202 (203).

4 Statistisches Bundesamt, Niedrigeinkommen und Erwerbstätigkeit, Begleitmaterialien zum Pressegespräch am 19.08.2009 im Frankfurt am Main, S. 26; im Rahmen der

Parallel zu den Ausführungen *Waltermanns* definiert *Bosch* das Normalarbeitsverhältnis als „stabile, sozial abgesicherte, abhängige Vollzeitbeschäftigung [...,] deren Rahmenbedingungen [...] kollektivvertraglich oder arbeits- bzw. sozialrechtlich auf einem Mindestniveau geregelt sind“[5]. Eine ähnliche Definition bringt auch *Joussen* an, konstatiert aber im Hinblick auf das Gutachten von *Waltermann,* dass sich dieser auf Grund der für den Juristentag maßgeblichen Fragestellung kaum mit den terminologischen Wurzeln des Normalarbeitsverhältnisses beschäftigt habe, gleichzeitig geht er davon aus, dass „sich im Laufe der letzten zwei Jahrzehnte des vergangenen Jahrhunderts eine Ausfüllung des Begriffsinhalts herauskristallisiert [hat], wobei die Einzelheiten je nach Autor stark differieren“[6].

In dem Aufsatz: „Die Krise des Normalarbeitsverhältnisses – Hat das Arbeitsrecht noch Zukunft?“ wurden von *Mückenberger*[7] bereits im Jahr 1985 die Veränderungen am Arbeitsmarkt wahrgenommen und thematisiert. Er betrachtete diese nicht nur aus arbeitsmarktrechtlicher Sicht, sondern bezog auch sozialpolitische Erwägungen mit ein und bezeichnete den Begriff der „Flexibilisierung“ als das verbindende Element zwischen den arbeitspolitischen Bemühungen seitens der Unternehmer und des Staates.[8] Dieser Problematik hat sich *Mückenberger* in einem Aufsatz im Jahr 2010 erneut gewidmet und Bilanz im Hinblick auf seine eigenen Prognosen gezogen.[9] Insgesamt stellt er fest, dass die im Jahr 1985 geäußerten Erwartungen in weiten Teilen Realität geworden seien und der Prozess der

befristeten Arbeitsverträge wird mittlerweile fast jedes zweites neue Arbeitsverhältnis nur für einen bestimmten Zeitraum abgeschlossen, vgl. *Kittner,* Arbeits- und Sozialordnung, Einleitung zum Teilzeit- und Befristungsgesetz, S. 1606.

5 *Bosch*, WSI-Mitteilungen 1986, 163 (165).

6 *Joussen*, JZ 2010, 812 (813).

7 *Mückenberger*, ZSR 1985, 415.

8 *Mückenberger*, ZSR 1985, 415 (418 f.). Der Autor hat sich dem Normalarbeitsverhältnis durch eine Abgrenzung zum Begriff der „Flexibilisierung“ genähert. Seines Erachtens nach richtet sich die Flexibilitätsanforderung im Kern gegen die Charakteristika, die als Normalarbeitsverhältnis tituliert werden. Als Definition fügt er an, dass das Normalarbeitsverhältnis „ein sich in der individuellen Lebensgestaltung konkretisierendes gesamtgesellschaftliches Arrangement [ist], das vorsieht, daß die Existenzsicherung der Individuen, ihre private und gesellschaftliche Lebenssituation aus der Rolle im Erwerbsarbeitsleben herleitet und speist“ (a.a.O. S. 420).

9 *Mückenberger*, ZSR 2010, 403. Zur Kritik an *Mückenbergers* Ausführungen siehe *Dörre*, ZSR 2010, 439 (440 f.), der den Schwerpunkt seiner Kritik auf nicht berücksichtigte sozialpolitische Aspekte legt.

„Erosion des Normalarbeitsverhältnisses“ unumkehrbar erscheine.[10] Hinsichtlich des hier besonders interessierenden Aspekts der Vereinbarkeit von Familie und Beruf legt *Mückenberger* dar, dass man hiervon seit vier Jahrzehnten rede, grundlegende Erfolge könnten aber bisher kaum vorgewiesen werden.[11] Wesentliche Grundvoraussetzung sei die freie Entscheidung von Erwerbstätigen für eine Familie ohne berufliche Nachteile zu erleiden, insbesondere die Reduzierung des Stundenumfangs bzw. der Wiedereinstieg in den Beruf nach der Geburt oder der Elternzeit und schließlich die Sicherstellung, dass eine „Geschlechterdiskriminierung“[12] in Bezug auf die Elternschaft oder die Erwerbstätigkeit nicht erfolgen dürfe. Besondere Kritik übt er an dem überkommenen „Vereinbarkeits-Modell“, bei dem die Frauen in Teilzeit arbeiten und dieses Modell durch relativ hohe Steuervorteile zwischen den Ehegatten unterstützt wird (Ehegattensplitting).[13]

Derselben Problematik hat sich auch *Zachert*[14] Anfang der neunziger Jahre angenommen und festgestellt, dass seit einigen Jahren eine Debatte um die Schlagwörter Normalarbeitsverhältnis und Flexibilität eingesetzt habe. In den letzten Jahrzehnten lasse sich beobachten, dass diese Schlagwörter aus der Arbeitswelt nicht mehr wegzudenken seien.[15]

Bezeichnend ist, dass sich die beiden Begriffe auf den ersten Blick scheinbar ausschließen, denn das Normalarbeitsverhältnis, gekennzeichnet durch Stabilität und Beständigkeit und der Begriff der Flexibilität, also regelmäßige Veränderungen bzw. das Anpassen an etwas Neues[16], haben unterschiedliche Zielrichtungen. Nichtsdestotrotz erscheint es möglich, beide Begriffe dahingehend zu harmonisieren, dass es auf die konkrete Ausgestaltung des Arbeitsverhältnisses ankommt und ein Normalarbeitsverhältnis durchaus flexible Merkmale enthalten kann, die nicht nur dem Arbeitgeber, sondern auch den Arbeitnehmern zu Gute kommen können.

---

10 *Mückenberger*, ZSR 2010, 403 (405). Im Wesentlichen bezieht sich *Mückenberger* auf seinen Aufsatz in der ZSR 1985, 415 und auf *Matthies et al.*, Arbeit 2000.

11 *Mückenberger*, ZSR 2010, 403 (416).

12 *Mückenberger*, ZSR 2010, 403 (416).

13 *Mückenberger*, ZSR 2010, 403 (416). Hierdurch werde das Ziel verfehlt, eine möglichst „hohe Erwerbs- und Elternschaftsquote beider Geschlechter“ zu erreichen.

14 *Zachert,* BB 1990, 565. Er differenziert im Rahmen seiner Untersuchungen zwischen den verschiedenen Formen von atypischen Beschäftigungsverhältnissen und legt einen Schwerpunkt auf die befristeten Arbeitsverhältnisse, Leiharbeit, Teilzeitarbeit, sowie „Formen sogenannter neuer Selbstständigkeit“, hierbei werden rechtsvergleichende Betrachtungen vorgenommen.

15 *Zachert,* BB 1990, 565.

16 Vgl. 1. Kap. A.

Problematisch ist aber, dass häufig nicht klar definiert ist, welche Anforderungen an die Arbeitnehmer gestellt werden, sodass regelmäßig eine Konkretisierung dieser Pflichten im Rahmen des Weisungsrechts stattfindet.

II. Definition: Atypische Beschäftigung

In Abgrenzung zu den dargelegten Definitionsansätzen hinsichtlich des Normalarbeitsverhältnisses wird die atypische Beschäftigung regelmäßig dadurch charakterisiert, dass mindestens eines der genannten Merkmale fehlt.[17] Demzufolge bildet das Normalarbeitsverhältnis den Ausgangspunkt und eine atypische Beschäftigung wird danach bestimmt, welche der Charakteristika, wie z.B. Vollzeittätigkeit oder Eingliederung in die sozialen Sicherungssysteme, nicht vorliegen. Die Erwerbsbiografien dieser Beschäftigten sind häufig durch erhebliche Diskontinuitäten gekennzeichnet.[18] Beispielhaft für eine atypische Beschäftigung ist die Teilzeitarbeit, die als atypisch angesehen wird, wenn sie einen Umfang von 20 oder weniger Stunden hat, in diesen Kontext ist auch die geringfügige Beschäftigung einzuordnen.[19] Die Leiharbeit wird nach Ansicht von *Waltermann* ebenfalls von diesem Begriff umfasst, obwohl die Beschäftigungsverhältnisse idR. keiner Befristung unterliegen und auch sozialversicherungspflichtig sind, allerdings erbringt der Arbeitnehmer seine Tätigkeit nicht für seinen Arbeitgeber, sondern für den Entleiher.[20] Zu nennen ist auch die befristete Beschäftigung, die auf einem zeitlich limitierten Arbeitsvertrag basiert.[21] Die dargelegten atypischen Beschäftigungsverhältnisse werden im Folgenden noch detailliert untersucht[22], zunächst

17 *Keller/Seifert*, APuZ 2009, 40 f.

18 *Kothe,* Verhandlungen des 68. Deutschen Juristentages (2010), Band II/1, Thesen zum Referat, M, S. 25 (26 ff.).

19 Die Grenze wurde vom Statistischen Bundesamt festgelegt, Niedrigeinkommen und Erwerbstätigkeit, Begleitmaterialien zum Pressegespräch am 19.08.2009 in Frankfurt am Main, S. 5. *Waltermann* ergänzt, dass diese Grenze nicht als Dogma zu verstehen sei, sondern auch eine andere Einteilung erfolgen könne, vgl. *Waltermann*, Verhandlungen des 68. Deutschen Juristentages (2010), Band I, Gutachten, B, S. 12, Fn. 5.

20 *Waltermann*, Verhandlungen des 68. Deutschen Juristentages (2010), Band I, Gutachten, B, S. 12; *Keller/Seifert*, APuZ 2009, 40 (41).

21 Eine genaue Darstellung der atypischen Beschäftigungsformen siehe unten, 3. Kap. B.

22 Vgl. 3. Kap. B. Siehe auch *Alt*, Verhandlungen des 68. Deutschen Juristentages (2010), Band II/1, Referat, M, S. 13 ff. *Kothe,* Verhandlungen des 68. Deutschen Juristentages (2010), Band II/1, Thesen zum Referat, M, S. 25 ff. *Rolfs,* Verhandlungen des 68. Deutschen Juristentages (2010), Band II/1, Referat, M, S. 43 ff.

sind allerdings zum besseren Verständnis die Veränderungen am Arbeitsmarkt näher zu betrachten.

III. Veränderungen in der Arbeitswelt

In den vergangenen Jahren und Jahrzehnten lässt sich der Trend beobachten, dass die Beschäftigungszahlen im Bereich der klassischen Vollzeitbeschäftigung sowie der atypischen Beschäftigungsformen einigen Schwankungen ausgesetzt sind. Besonders die atypische Beschäftigung findet eine immer breitere Ausfächerung. Nach Angaben des Statistischen Bundesamtes ist die Zahl der Erwerbstätigen zwischen 1998 und 2008 um 6,5 % auf 34,7 Millionen gestiegen, parallel dazu ist das sog. klassische Normalarbeitsverhältnis im gleichen Zeitraum um 3 % zurückgegangen.[23] Gleichzeitig hat sich die Anzahl der atypischen Beschäftigungsverhältnisse um 46,2 % erhöht, der deutlichste Anstieg um 71,5 % lässt sich bei der Zahl der geringfügig Beschäftigten beobachten.[24] Im Zuge der Finanzmarktkrise im Jahr 2009 verringerte sich die Zahl der atypisch Beschäftigten, hingegen verzeichnete das Normalarbeitsverhältnis einen leichten Anstieg.[25] Die aktuellen Zahlen des Statistischen Bundesamtes belegen diesen Trend hinsichtlich der Normalbeschäftigten, deren Anzahl sich im Jahr 2011 weiter erhöht hat, nichtsdestotrotz liegt die Zahl der Arbeitnehmer in dieser Beschäftigungsform unter den Werten der letzten zehn bzw. zwanzig Jahre.[26] Parallel dazu verzeichnet der Bereich der atypischen Beschäftigung mit 7,92 Millionen Arbeitnehmern einen neuen Höchststand.[27]

Die Aktualität und Relevanz des angesprochenen Themas lässt sich anhand der vielfältigen Publikationen[28] und der Erörterung auf dem 68. Deutschen Juristentag

---

23 Statistisches Bundesamt, Niedrigeinkommen und Erwerbstätigkeit, Begleitmaterialien zum Pressegespräch am 19.08.2009 in Frankfurt am Main, S. 26.

24 Statistisches Bundesamt, Niedrigeinkommen und Erwerbstätigkeit, Begleitmaterialien zum Pressegespräch am 19.08.2009 in Frankfurt am Main, S. 26. Dazu *Seifert,* Der Personalrat 2008, 385, der sich für „kürzere Vollzeitarbeit“ ausspricht. Zu den atypischen Arbeitszeiten auch Böcklerimpuls 14/2011, S. 7.

25 Statistisches Bundesamt, Pressemitteilung Nr. 257 vom 22.07.2010, „Atypische Beschäftigung im Krisenjahr 2009 rückläufig“.

26 Statistisches Bundesamt, Pressemitteilung Nr. 263 vom 30.07.2012, „2011: Zahl der unbefristet in Vollzeit Beschäftigten steigt deutlich“.

27 Statistisches Bundesamt, Pressemitteilung Nr. 263 vom 30.07.2012, „2011: Zahl der unbefristet in Vollzeit Beschäftigten steigt deutlich“.

28 *Hohenstatt/Schramm*, NZA 2007, 238; *Jepsen,* ZSR 2010, 433; *Joussen,* JZ 2010, 812; *Kratzer/Sauer*, WSI-Mitteilungen 2007, 174; *Kocher/Welti*, WSI-Mitteilungen

im September 2010 in Berlin erkennen. Dort hat *Prof. Raimund Waltermann* sein Gutachten mit dem Titel „Abschied vom Normalarbeitsverhältnis?“[29] vorgelegt, worin er eine wachsende „Diskontinuität von Erwerbsbiographien“[30] thematisiert.

Folglich ist zu untersuchen, inwieweit sich der deutsche Arbeitsmarkt inzwischen vom Normalarbeitsverhältnis verabschiedet hat oder ob sich nicht vielmehr ein Wandel[31] vollzieht und welchen Stellenwert die sog. atypischen bzw. prekären Beschäftigungsverhältnisse einnehmen.

Hintergrund der Veränderungen des Normalarbeitsverhältnisses sind die sich wandelnden Umstände am Arbeitsmarkt. Sowohl Arbeitnehmer als auch Arbeitgeber sind zu gesteigerter Flexibilität gezwungen und müssen sich an den wirtschaftlichen Gegebenheiten orientieren. In Betracht kommen u.a. steigende Anforderungen in einer globalisierten Arbeitswelt, die eine Anpassung an die stetigen Veränderungen erforderlich machen.[32] Hingegen bleibt zu fragen, ob der

---

2010, 299; *Kocher*, NZA 2010, 841; *Nebe*, AnwBl 2010, 612; *Reinecke*, BB-Special 2008 zu Heft 14, 21; *Reinhard*, AnwBl 2010, 571; *Schubert*, NJW 2010, 2613; *Seifert*, PersR 2008, 385; *Wank*, RdA 2010, 193; *Welti*, SGb 2010, 441; *Zachert*, BB 1990, 565; *Zachert*, WSI-Mitteilungen 2000, 283; BT-Drucks. 17/8531, Flexibilisierung der Arbeitszeit, atypische Arbeitszeiten und Anforderungen an die Politik v. 02.02.2012.

29 *Waltermann*, Verhandlungen des 68. Deutschen Juristentages (2010), Band I, Gutachten, B, S. 10.

30 Demnach erreichen die Arbeitnehmer längst nicht mehr in dem Betrieb, in dem sie ihre Lehre begonnen haben, auch die Altersgrenze für den Eintritt in den Ruhestand. Dies sei insbesondere hinsichtlich der mangelnden Altersvorsorge und der damit verbundenen Altersarmut problematisch. Als Gründe hierfür nennt er u.a. die Verschlechterung der Wettbewerbsposition vor dem Hintergrund der Globalisierung von gering qualifizierten Arbeitnehmern, die mangelnde Konkurrenzfähigkeit der Industriestaaten hinsichtlich der Lohnkosten, die abnehmende Tarifbindung sowie den Strukturwandel hin zu einer Dienstleistungsgesellschaft, *Waltermann*, Verhandlungen des 68. Deutschen Juristentages (2010), Band I, Gutachten, B, S. 10 (15). Siehe auch *Löffler*, SGb 2010, 675. Die Auswirkungen des Wandels des Normalarbeitsverhältnisses aus anwaltlicher Sicht schildert *Nebe* in „Familienpflichten als Sonder- oder als Normalfall? AnwBl 2010, 612.

31 So *Joussen*, JZ 2010, 812 (813), ein Abschied würde bedeuten, „das Normale auf eine bestimmte Zeit festzulegen und ihm keine Entwicklungsmöglichkeit einzuräumen“.

32 Bundesministerium für Bildung und Forschung, Rahmenkonzept „Wie sieht Arbeit in Zukunft aus? Innovative Arbeitszeitgestaltung – Zukunft der Arbeit“, S. 20. Demzufolge seien „der verschärfte internationale Wettbewerb, verändertes Kundenverhalten, hohe Investitionskosten und Möglichkeiten zur informationstechnischen Vernetzung“ die wesentlichen Ursachen für die zunehmenden Flexibilisierungsanforderungen, denen sich die Unternehmen und damit auch die Arbeitnehmer anpassen müssen, sodass insbesondere eine Kollision mit privaten Verpflichtungen kaum zu vermeiden sei.

Aspekt der Kostenreduktion durch die Arbeitgeber nicht den Kernpunkt der Problematik bildet, denkbar erscheint auch eine Kombination aus beiden Komponenten. Wie stark die Veränderungen in diesem Bereich sind, zeigt sich auch anhand der o.g. Berechnungen des Statistischen Bundesamtes.[33]

Das Grünbuch der Europäischen Kommission sieht als Gründe für die Zunahme von Beschäftigungsverhältnissen, die von den Charakteristika eines Normalarbeitsverhältnisses abweichen, u.a. den durch die Globalisierung zunehmenden Wettbewerb, wandelnde Bedürfnisse der Verbraucher sowie die deutliche Ausweitung des Dienstleistungssektors.[34] Die genannten Faktoren setzen sowohl die Arbeitgeber als auch die Arbeitnehmer im Rahmen der Arbeitszeitgestaltung erheblich unter Druck. Konkurrenzfähig kann ein Unternehmen nur dann sein, wenn es sich den Marktgegebenheiten anpasst, hierzu gehört auch ein flexibler Einsatz der Mitarbeiter. Diese wiederum sind gezwungen, sich zumindest teilweise auf die Veränderungen am Arbeitsmarkt einzulassen, wobei sich hierdurch auch Chancen auf eine den familiären Bedürfnissen angepasste Arbeitswelt ergeben können.

Für die Beschäftigten erscheint der Abschied vom Normalarbeitsverhältnis bzw. dessen Wandel, jedenfalls wenn er nicht gewollt bzw. bewusst herbeigeführt wurde, als risikoreich, denn kein anderes Beschäftigungsverhältnis weist einen so weitgehenden Arbeitnehmerschutz auf, sodass das Normalarbeitsverhältnis in normativer Sichtweise die Regel und z.B. eine befristete Beschäftigung die Ausnahme bilden sollte.[35] Besonders deutlich wird dies auf Grund der Tatsache, dass das Normalarbeitsverhältnis die Existenzgrundlage für die Arbeitnehmer darstellt.[36] Demnach kann der Beschäftigte in der Regel von dem verdienten Lohn seinen Lebensunterhalt bestreiten und seinen Zahlungsverpflichtungen nachkommen. Dies wird umso schwerer, je weiter sich das Beschäftigungsverhältnis vom Normalarbeitsverhältnis entfernt. Während im Rahmen einer Teilzeitbeschäftigung noch die Eingliederung in die sozialen Sicherungssysteme gewährleistet ist,

---

33 Vgl. Fn. 1 ff. Statistisches Bundesamt, Niedrigeinkommen und Erwerbstätigkeit, Begleitmaterialien zum Pressegespräch am 19.08.2009 in Frankfurt am Main, S. 26.

34 Grünbuch, KOM (2006) 708 endgültig, S. 5. Ziel des Grünbuchs ist die Anregung einer Diskussion über die Realisierung „der Gemeinschaftsziele Vollbeschäftigung, Arbeitsproduktivität und sozialer Zusammenhalt" (a.a.O. S. 3).

35 BT-Drucks. 14/4374, Entwurf eines Gesetzes über Teilzeitarbeit und befristete Arbeitsverträge und zur Änderung und Aufhebung arbeitsrechtlicher Bestimmungen v. 24.10.2000, S. 12.

36 *Wank*, RdA 2010, 193 (207). Demnach müsse ein „möglichst weitgehender Sozialschutz für Arbeitnehmer bei möglichst weitgehender Flexibilität für Unternehmen" erreicht werden (a.a.O. S. 207).

sind geringfügig Beschäftigte in der Regel im Rahmen der Kranken-, Renten-, Pflege- und Arbeitslosenversicherung versicherungsfrei, lediglich im Bereich der Unfallversicherung besteht keine Versicherungsfreiheit.[37] Zwar konnte der Arbeitnehmer hinsichtlich der Rentenversicherung nach bisheriger Rechtslage gem. § 5 Abs. 2 Satz 2 SGB VI a.F. mit schriftlicher Erklärung gegenüber dem Arbeitgeber auf die Versicherungsfreiheit verzichten, allerdings erschien es angesichts einer Bezahlung von bisher max. 400 € wenig realistisch, dass ein Großteil der geringfügig entlohnten Beschäftigten auf die Versicherungsfreiheit verzichtet. Ob die Anhebung der Geringfügigkeitsgrenze auf 450 € und die Einführung einer Rentenversicherungspflicht mit Widerspruchsmöglichkeit hier wesentliche Fortschritte erzielen können, wird im Folgenden noch zu erörtern sein.[38]

B. Formen atypischer Beschäftigung & die Auswirkungen auf die Arbeitnehmer

Im Rahmen der Veränderungen auf dem Arbeitsmarkt haben sich unterschiedliche Beschäftigungsformen herausgebildet, die eine flexible und individuelle Anpassung an die Interessen der Arbeitgeber und der Arbeitnehmer ermöglichen. Allerdings ist zu berücksichtigen, dass diese unterschiedlichen Beschäftigungsformen nur dann vorteilhaft im Hinblick auf das finanzielle Auskommen und die Vereinbarkeitsproblematik sind, wenn diese Situation auf einer autonomen Entscheidung der Arbeitnehmer basiert. Häufig werden aber gerade Frauen in Teilzeitbeschäftigungen gedrängt, weil entweder keine entsprechenden Vollzeitbeschäftigungsverhältnisse zur Verfügung stehen oder die Familienpflichten bei der Verwirklichung dieses Vorhabens eine unüberwindbare Hürde darstellen.[39]

---

37 Ausführlich hierzu *Deinert*, AiB 2012, 643.

38 Zu den in diesem Bereich am 01.01.2013 in Kraft getretenen Veränderungen, insbesondere zur pauschalen Eingliederung der Arbeitnehmer in die Rentenversicherung, verbunden mit einer Widerspruchsmöglichkeit, vgl. 3. Kap. B. I. 2. Siehe dazu auch *Deinert*, AiB 2012, 643 (647 f.).

39 Statistisches Bundesamt, Pressemitteilung Nr. 226 vom 29.06.2010, demnach haben 8,6 Millionen Menschen den unerfüllten Wunsch nach (mehr) Arbeit, hierbei wurde festgestellt, das Teilzeitbeschäftigte wesentlich häufiger das Bedürfnis nach einer Erhöhung der Arbeitsstunden im Vergleich zu Vollzeitbeschäftigten haben; Statistisches Bundesamt, Pressemitteilung Nr. 160 vom 28.04.2009, es zeigt sich, dass Familienpflichten der häufigste Grund dafür sind, die Arbeitszeit zu reduzieren und somit Freiräume für anderweitige Verpflichtungen zu schaffen. Vgl. BT-Drucks. 17/8531,

Gleichzeitig ist bei den verschiedenen Formen der sog. Arbeitszeitflexibilisierung[40] zu vermuten, dass hier regelmäßig primär die Interessen der Arbeitgeber nach einem variablen Einsatz der Mitarbeiter oder einem möglichst schnellen Abbau von Überkapazitäten in wirtschaftlichen Krisenzeiten im Vordergrund stehen.

Mögliche Flexibilisierungsoptionen für Arbeitnehmer stellen z.B. Arbeitszeitkonten in den unterschiedlichsten Ausgestaltungen, aber auch Lebensarbeitszeit- oder Altersteilzeitmodelle dar, um die Arbeitszeit variabel an die vorhandenen privaten Gegebenheiten anzupassen. Die verschiedenen Formen der Arbeitszeitflexibilisierung können sich in gewissen Situationen für die Arbeitnehmer als hilfreich erweisen, allerdings ergeben sich häufig, vor allem hinsichtlich der sozialen Absicherung, wesentliche Nachteile.[41]

I. Teilzeitbeschäftigung

1. Teilzeitarbeit

a) Allgemeines

Die häufigste Form der atypischen Beschäftigung ist die Teilzeitarbeit.[42] Gesetzliche Grundlage hierfür bildet das Teilzeit- und Befristungsgesetz.[43] Die grundsätzliche Ausgestaltung der Teilzeit ist in § 2 TzBfG geregelt. Hiernach ist ein Arbeitnehmer teilzeitbeschäftigt, wenn „dessen regelmäßige Wochenarbeitszeit kürzer ist als die eines vergleichbaren vollzeitbeschäftigten Arbeitnehmers".

Flexibilisierung der Arbeitszeit, atypische Arbeitszeiten und Anforderungen an die Politik v. 02.02.2012, S. 41, demzufolge wünschen sich berufstätige Mütter, die Kinder unter 18 Jahren zu versorgen haben, überwiegend eine vollzeitnahe Teilzeitbeschäftigung. Siehe auch *Keller/Seifert*, APuZ 2009, 40 (43).

40 Siehe *Schubert,* NJW 2010, 2613 (2617). Zu den auftretenden Interessenkonflikten im Rahmen der Arbeit auf Abruf, *Kramer/Kiene*, ArbR 2010, 233.

41 Zu den Mini- und Midijobs vgl. *Deinert,* AiB 2012, 643.

42 *Waltermann*, Verhandlungen des 68. Deutschen Juristentages (2010), Band I, Gutachten, B, S. 23: einschließlich der abgabenprivilegierten geringfügigen Beschäftigung geht ein mehr als ein Drittel der Arbeitnehmer einer Teilzeitbeschäftigung nach.

43 Gesetz über Teilzeitarbeit und befristete Arbeitsverträge vom 21.12.2000, BGBl. I, S. 1966. Das Gesetz hat gleichzeitig die Vorgaben der RL 1997/81/EG vom 15.12.1997 zu der von UNICE, CEEP und EGB geschlossenen Rahmenvereinigung über Teilzeitarbeit und der RL 1999/70/EG vom 28.06.1999 zu der EGB-UNICE-CEEP-Rahmenvereinbarung über befristete Arbeitsverträge umgesetzt.

b) Historische Entwicklung

Vorgänger des Teilzeit- und Befristungsgesetzes war das Beschäftigungsförderungsgesetz.[44] Die Zielsetzung ergibt sich aus § 1 TzBfG, demnach soll die Teilzeitarbeit gefördert und die Diskriminierung dieser Beschäftigungsform verhindert werden. Der Anspruch des Arbeitnehmers auf Teilzeitarbeit ist in § 8 TzBfG geregelt, dementsprechend entsteht nach sechsmonatiger Beschäftigungsdauer ein Anspruch auf eine Verringerung der vertraglich vereinbarten Arbeitszeit. Dieser Anspruch war im Beschäftigungsförderungsgesetz noch nicht vorgesehen, sondern dieses enthielt lediglich die Festsetzung, dass der Arbeitgeber den Arbeitnehmer über freie Arbeitsplätze im Betrieb informieren muss, die dem gegenüber dem Arbeitgeber geäußerten Wunsch zur Verringerung der Arbeitszeit entsprechen, vgl. § 3 S. 1 BSchFG 1985. Somit trafen den Arbeitgeber nach dem Beschäftigungsförderungsgesetz lediglich Informationspflichten hinsichtlich der Besetzung von vakanten Stellen, dieser Pflicht wurde durch einen Aushang im Betrieb Genüge getan (§ 3 S. 2 BSchFG 1985). Durch das TzBfG wurde die Informationspflicht des Arbeitgebers durch einen Anspruch des Arbeitnehmers unter bestimmten Umständen die Verringerung seiner Arbeitszeit zu verlangen, ersetzt.

Zum Zeitpunkt der Schaffung des Teilzeit- und Befristungsgesetzes (21.12. 2000) gingen mehr als sechs Millionen Menschen einer Teilzeittätigkeit nach.[45] Bis zum Jahr 2007 hat sich diese Zahl verdoppelt, demnach waren bereits zwölf Millionen Arbeitnehmer in Teilzeit beschäftigt.[46] Zwei Jahre später lässt sich feststellen, dass insgesamt 12 385 000 Beschäftigte eine Teilzeittätigkeit ausüben, dies stellt eine Quote von 34,5 % dar; eine Differenzierung nach dem Geschlecht ergibt, dass 9 289 000 (52,2 %) Frauen eine verminderte Arbeitszeit haben, während das nur auf 3 096 000 (17,1 %) Männer zutrifft.[47] Anzumerken ist, dass etwa 50 % der Teilzeitbeschäftigten einer geringfügigen Tätigkeit nachgehen.[48] Den Zahlen

---

44 Gesetz über arbeitsrechtliche Vorschriften zur Beschäftigungsförderung (BeschFG) vom 26.04.1985, BGBl. I, S. 710.

45 BT-Drucks. 14/4374, Entwurf eines Gesetzes über Teilzeit und befristete Arbeitsverträge und zur Änderung und Aufhebung arbeitsrechtlicher Bestimmungen v. 20.10.2000, S. 1.

46 *Kittner,* Arbeits- und Sozialordnung, Einleitung zum Teilzeit- und Befristungsgesetz, S. 1606 mwN.

47 Bundesministerium für Arbeit und Soziales, Statistisches Taschenbuch 2010, Arbeits- und Sozialstatistik, 2.5 A; die genannten Zahlen sind auf dem Stand Mai 2010; ebenso Laux/ Schlachter-*Laux*, TzBfG, Einführung, Rn. 8; *Zachert*, WSI-Mitteilungen 2000, 283 (286).

48 Bundesagentur für Arbeit, Amtliche Nachrichten, 56. Jahrgang, Sondernummer 2, Arbeitmarkt 2007, S. 29.

lässt sich entnehmen, dass mehr als jede zweite berufstätige Frau eine Beschäftigung ausübt, die lediglich eine verminderte Stundenanzahl zum Vertragsinhalt hat. Besonders bezeichnend ist, dass sich die Unterschiede zwischen den Geschlechtern noch wesentlich verstärken, sobald die Arbeitnehmer Kinder zu versorgen haben. In diesem Fall üben sieben von zehn aktiv erwerbstätigen Müttern eine Teilzeitbeschäftigung aus, bei den erwerbstätigen Vätern sind dies nur etwa fünf Prozent.[49] Gleiches gilt für die Versorgung von pflegebedürftigen Angehörigen, die neben der Kinderbetreuung immer noch primär den Frauen angelastet wird.[50] Es wird deutlich, dass im Hinblick auf die Vereinbarkeit von Familie und Beruf wesentliche Änderungen erforderlich sind, damit sich die Väter stärker in die Erziehungspflichten einbringen, u.a. die Schaffung einer entsprechenden Betreuungsinfrastruktur, die es Eltern ermöglicht, wieder eine Vollzeittätigkeit auszuüben.

Neben den familiären Verpflichtungen, die ein Hindernis für eine Vollzeitbeschäftigung darstellen können, ist gleichzeitig davon auszugehen, dass viele der betroffenen Arbeitnehmer eine Teilzeittätigkeit mangels Alternativen in Bezug auf eine ganztätige Beschäftigung ausüben.[51]

c) Aktuelle Situation

Der Gesetzesbegründung ist zu entnehmen, dass der Gesetzgeber mit der nichtdiskriminierenden Teilzeitarbeit die Intention verfolgte, für die tatsächliche Gleichstellung von Männern und Frauen zu sorgen, parallel dazu sollten Arbeitsplätze gesichert und für einen möglichst problemlosen Wechsel zwischen den

---

49 Vgl. hierzu: Bundesministerium für Familie, Senioren, Frauen und Jugend, Mitteilung vom 16.08.2010, „Teilzeitarbeit".

50 Vgl. Laux/Schlachter-*Laux*, TzBfG, Einführung, Rn. 8 ff., die Zunahme der Teilzeitbeschäftigung zu Lasten einer Vollzeittätigkeit lasse sich sowohl in West- als auch in Ostdeutschland feststellen, trotzdem sei die Beschäftigtenstruktur von berufstätigen Müttern in beiden Teilen, abhängig von der Zahl der Kinder, immer noch sehr unterschiedlich. Dazu ebenfalls *Sperl,* AiB 2011, 460.

51 Vgl. hierzu: Bundesministerium für Familie, Senioren, Frauen und Jugend, Mitteilung vom 16.08.2010, „Teilzeitarbeit". Es wird deutlich, dass die Quote der Teilzeitarbeit seit der Einführung des Gesetzes über Teilzeitarbeit und befristete Arbeitsverträge im Jahr 2001 zugenommen und somit den in § 1 TzBfG niedergelegten Zweck zumindest teilweise erfüllt hat. Gleichzeitig ist zu konstatieren, dass die Zielsetzung ebenfalls den Abbau von Diskriminierungen gegenüber Teilzeitbeschäftigungen enthält. Im Hinblick auf die sehr hohe Beschäftigungsquote von berufstätigen Müttern in diesem Bereich lässt sich an der Umsetzung dieses Ziels zweifeln, siehe auch BT-Drucks. 14/4374, Entwurf eines Gesetzes über Teilzeitarbeit und befristete Arbeitsverträge und zur Änderung und Aufhebung arbeitsrechtlicher Bestimmungen v. 24.10.2000, S. 11.

beiden Beschäftigungsformen gesorgt werden.[52] Betrachtet man die geschilderte Entwicklung, dass die Anzahl der Teilzeitbeschäftigten stark gestiegen ist und überwiegend Frauen in dieser Beschäftigungsform, häufig mangels Alternativen arbeiten, so muss doch konstatiert werden, dass insbesondere ein einfacher Wechsel zwischen beiden Beschäftigungsformen oft nicht möglich ist. Die Gründe hierfür sind vielfältig, besonders erscheinen aber die nicht ausreichend zur Verfügung stehenden Betreuungsmöglichkeiten die Aufnahme einer Vollzeitbeschäftigung wesentlich zu erschweren. Das Bundesministerium für Familie, Senioren, Frauen und Jugend räumt ein, dass mit einer Teilzeitbeschäftigung nicht nur ein niedrigeres Einkommen und damit auch eine geringere soziale Absicherung einhergehen, sondern dies häufig auch zu geringeren Karrierechancen führt.[53]

Hinsichtlich der Interessen der Arbeitgeber führt die Gesetzesbegründung aus, dass unterschiedliche Aspekte zum Tragen kämen. Durch die Berücksichtigung der Wünsche des Arbeitnehmers ergebe sich für den Arbeitgeber eine erhöhte Flexibilität, Produktivität und Arbeitsqualität, wobei die entstehenden administrativen Mehrkosten durch Produktivitätsgewinne kompensiert würden.[54] Die angesprochenen Prognosen im Hinblick auf die Vorteile für die Arbeitgeber greifen in der dargelegten Pauschalität nicht. Das Institut für Arbeitsmarkt- und Berufsforschung (IAB) hat festgestellt, dass die Möglichkeit zur Teilzeitbeschäftigung zwar die Produktivität bzw. Flexibilität der Unternehmen und auch die Motivation der Mitarbeiter fördere, jedoch ergäben sich erhöhte Kosten durch einen vermehrten Organisations- und Verwaltungsaufwand, sowie einen schwierigeren Kommunikationsfluss innerhalb eines Unternehmens.[55] Für die genannten Nachteile spiele die Größe des betreffenden Unternehmens eine wichtige Rolle, während kleine Betriebe mangels Auslastung einer Vollzeitarbeitskraft die Einstellung eines Teilzeitbeschäftigten begrüßen, seien der vermehrte Organisationsaufwand in größeren Unternehmen, insbesondere für die Personalverwaltung eher hinderlich, wobei

---

52 BT-Drucks. 14/4374, Entwurf eines Gesetzes über Teilzeitarbeit und befristete Arbeitsverträge und zur Änderung und Aufhebung arbeitsrechtlicher Bestimmungen v. 24.10.2000, S. 1.

53 Vgl. hierzu: Bundesministerium für Familie, Senioren, Frauen und Jugend, Mitteilung vom 16.08.2010, „Teilzeitarbeit".

54 BT-Drucks. 14/4374, Entwurf eines Gesetzes über Teilzeitarbeit und befristete Arbeitsverträge und zur Änderung und Aufhebung arbeitsrechtlicher Bestimmungen v. 24.10.2000, S. 11.

55 Institut für Arbeitsmarkt- und Berufsforschung der Bundesagentur für Arbeit, IAB Kurzbericht, „Arbeitszeitpolitik, Teilzeitarbeit fördert Flexibilität und Produktivität", Nr. 7 vom 02.05.2006, S. 4.

insgesamt die Vorteile der Teilzeitarbeit überwiegen würden, vor allem da den individuellen Interessen von Arbeitgebern und Arbeitnehmern Rechnung getragen werden könne.[56] Hinsichtlich der Erleichterung des Wechsels von einer Teilzeitbeschäftigung in ein Normalarbeitsverhältnis erscheint es problematisch, dass die Teilzeitbeschäftigung mangels alternativer Vollzeitbeschäftigungsverhältnisse häufig eine Sackgasse bildet.[57]

Vor allem unter dem Gesichtspunkt der besseren Vereinbarkeit von Familie und Beruf ist es erforderlich, berufstätigen Eltern eine echte Wahlmöglichkeit einzuräumen, sodass sie sich für eine Teilzeitbeschäftigung eines oder beider Elternteile entscheiden können, hierzu aber nicht auf Grund fehlender Kinderbetreuungsmöglichkeiten oder Vollzeitbeschäftigungsverhältnisse gezwungen sind.[58] Falls eine Teilzeitbeschäftigung angestrebt wird, hilft die Ausgestaltung des § 8 Abs. 1 TzBfG, der den Beschäftigten unter bestimmten Voraussetzungen einen Anspruch auf die Verringerung der Arbeitszeit einräumt. Abgelehnt werden kann dieser Anspruch nur, wenn betriebliche Gründe vorliegen, wobei „die Rechtsprechung die Möglichkeiten der Unternehmen aber sehr stark eingeengt“[59] hat und eher restriktiv handhabt.

Neben der stärkeren Berücksichtigung der Interessen der Arbeitnehmerinnen und Arbeitnehmer hat auch die Wirtschaft erkannt, dass durch die Verdrängung von qualifizierten Mitarbeitern in die Teilzeitarbeit großes Potenzial verloren geht. Vor allem die Ressourcen von gut ausgebildeten, aber nur in Teilzeit beschäftigten Frauen – insbesondere Müttern – müssen erschlossen werden.[60] Erreichbar ist dieses Ziel aber

---

56 Institut für Arbeitsmarkt- und Berufsforschung der Bundesagentur für Arbeit, IAB Kurzbericht, „Arbeitszeitpolitik, Teilzeitarbeit fördert Flexibilität und Produktivität“, Nr. 7 vom 02.05.2006, S. 3. Eine ausführliche Darstellung der Vor- und Nachteile der Teilzeitarbeit findet sich in: Laux/Schlachter-*Laux*, TzBfG, Einführung, Rn. 17 ff.

57 Laux/Schlachter-*Laux*, TzBfG, Einführung, Rn. 15. Siehe hierzu allgemein *Schiek*, KJ 2002, 18. Das Problem der Teilzeitbeschäftigung ist nicht nur im Bereich des noch zu erläuternden Ladenschlusses relevant, sondern spielt auch eine erhebliche Rolle im Bereich des Gastgewerbes. Dort lässt sich nach Angaben des Statistischen Bundesamtes ein Anstieg der Zahl der Beschäftigten seit dem Jahr 2000 von 272 000 Personen und damit um 22 % verzeichnen, wohingegen sich die Erwerbstätigenzahl insgesamt nur um 6 % erhöht hat, Statistisches Bundesamt, Pressemitteilung Nr. 049 vom 10.02.2012, „Über 40 % der Erwerbstätigen im Gastgewerbe arbeiten in Teilzeit“.

58 Auf die erforderlichen Veränderungen im Hinblick auf die Vereinbarkeit von Familie und Beruf wird im 5. Kapitel ausführlich eingegangen.

59 *Thannheiser*, AiB 2011, 735 (739) mit einer Übersicht über die betrieblichen Ablehnungsgründe.

60 Bundesagentur für Arbeit, Perspektive 2025, Fachkräfte für Deutschland, Januar 2011, S. 14.

nur, wenn sich die grundlegenden Voraussetzungen am Arbeitsmarkt stärker den Bedürfnissen der Arbeitnehmer anpassen und ihnen gleichzeitig ermöglicht wird, ihren Lebensunterhalt durch die ausgeübte Beschäftigung zu erwirtschaften.

d) Fazit

Problematisch erscheint, dass in den letzten Jahren und Jahrzehnten die Zahl der Teilzeitbeschäftigten, aber auch der geringfügig Beschäftigten stetig zugenommen hat.[61] Dadurch wird der Eindruck erweckt, dass vermehrt Arbeitsplätze in diesem Bereich geschaffen werden bzw. ehemalige Vollerwerbsarbeitsverhältnisse in entsprechende Teilzeitbeschäftigungen bzw. geringfügige Arbeitsplätze umgewandelt werden, wobei Frauen, vor allem im früheren Bundesgebiet wesentlich häufiger einer Teilzeitbeschäftigung nachgehen als in Ostdeutschland.[62] Oftmals ist ein existenzsicherndes Einkommen mit einer solchen Beschäftigung kaum zu erzielen.[63] Besonders im Rahmen einer geringfügigen Beschäftigung ist dies nicht mal annähernd möglich. Obwohl auf der Grundlage einer Teilzeitbeschäftigung zumindest ein deutlich höheres Gehalt erzielt werden kann, bleibt idR. trotzdem die Abhängigkeit von Familienangehörigen oder dem Staat bestehen.[64] Neben den finanziellen Einbußen ist für Teilzeitbeschäftigte die Teilhabe an betrieblichen Schulungen oder Fortbildungen oftmals auf Grund ihrer geringeren täglichen Anwesenheit im Büro deutlich schwieriger umzusetzen.[65] Dies wird sich regelmäßig negativ auf den beruflichen Aufstieg auswirken, sodass die Teilzeitbeschäftigung für viele Erwerbstätige zum Karrierehemmnis wird.[66]

2. Geringfügige Beschäftigung

a) Allgemeines

Die geringfügige Beschäftigung als weiteres atypisches Beschäftigungsverhältnis zeichnet sich dadurch aus, dass entweder das Entgelt für die ausgeübte Tätigkeit

---

61 *Waltermann,* Verhandlungen des 68. Deutschen Juristentages (2010), Band I, Gutachten, B, S. 23 f.

62 Laux/Schlachter-*Laux*, TzBfG, Einführung Rn. 3.

63 *Feldhoff* in: jurisPK-Vereinbarkeit von Familie und Beruf, Kapitel 7.1 Rn. 7.

64 *Feldhoff* in: jurisPK-Vereinbarkeit von Familie und Beruf, Kapitel 7.1 Rn. 7.

65 Vgl. zu weiteren Problemfeldern im Rahmen der Teilzeitbeschäftigung, *Sperl,* AiB 2011, 460.

66 *Waltermann,* Verhandlungen des 68. Deutschen Juristentages (2010), Band I, Gutachten, B, S. 26.

unterhalb einer bestimmten Grenze liegt oder die Arbeitszeit ein gewisses Höchstmaß nicht überschreiten darf (§ 8 SGB Abs. 1 IV).

b) Entwicklung der geringfügigen Beschäftigung

Ursprünglich war das Konzept der geringfügigen Beschäftigung dahingehend angelegt, dass diese Beschäftigungsform primär für Personen in Frage kam, die ihren Lebensunterhalt idR. durch andere Einkünfte gesichert hatten und damit zeitgleich auch in die sozialen Sicherungssysteme integriert waren.[67] Hierbei standen Personen im Vordergrund, die über einen sozialversicherungspflichtigen Ehepartner eine Absicherung erfuhren und als Nebenerwerbstätigkeit einer geringfügigen Beschäftigung nachgingen.[68] Im Hinblick auf die Verbreitung dieser Beschäftigungsform hat das Institut für Sozialforschung und Gesellschaftspolitik im Auftrag des Bundesministeriums für Arbeit und Soziales aufgezeigt, dass die Zahl der geringfügig Beschäftigten zwischen 1992 und 1997 um 26,5 % auf 5,63 Millionen Personen gestiegen ist.[69] Bis zum Jahr 2009 waren nach Angaben der Minijobzentrale ca. 7,3 Million Arbeitnehmer im gewerblichen Bereich geringfügig beschäftigt, hingegen gingen ca. 30 Millionen Arbeitnehmer einer vollständig sozialversicherungspflichtigen Beschäftigung nach.[70] Neuere Zahlen der Bundesagentur für Arbeit belegen einen weiteren Anstieg der geringfügigen, aber auch der sozialversicherungsrechtlichen Beschäftigung.[71]

Wird im Rahmen dieser Daten eine Differenzierung nach dem Geschlecht vorgenommen,so zeigt sich, dass im Jahr 2010 von den ca. 7,3 Millionen geringfügig

---

67 *Waltermann*, Verhandlungen des 68. Deutschen Juristentages (2010), Band I, Gutachten, B, S. 33; *Deinert,* AiB 2012, 643.

68 *Waltermann*, Verhandlungen des 68. Deutschen Juristentages (2010), Band I, Gutachten, B, S. 33. Die ursprüngliche Ausgangslage der geringfügigen Beschäftigung bezog sich primär auf hinzuverdienende Frauen, die bereits über den Ehemann sozial abgesichert waren, dass die Annahme in dieser Pauschalität nicht zutreffend ist, zeigen *Bäcker/Neuffer,* WSI-Mitteilungen 2012, 13 (20).

69 BT-Drucks. 14/280, Entwurf eines Gesetzes zur Neuregelung der geringfügigen Beschäftigungsverhältnisse v. 19.01.1999, S. 10.

70 *Burger*, AuA 2010, 429, der die zu beachtenden Aspekte im Steuer- und Sozialversicherungsrecht im Rahmen einer geringfügigen Beschäftigung näher betrachtet. Hierbei kommt der Autor zu dem Schluss, dass die Arbeitgeber die größten Vorteile aus dieser Beschäftigungsform erlangen, wohingegen häufig Arbeitnehmer, aber vor allem die Sozial- bzw. Staatskassen, das Nachsehen hätten (a.a.O. S. 431).

71 Statistik der Bundesagentur für Arbeit, „Die Entwicklungen der Beschäftigungsstatistik im Dezember 2012 in Kürze" vom 02.01.2013.

Beschäftigten etwa 4,6 Millionen Arbeitnehmer weiblich waren.[72] Die Unterscheidung zwischen einer ausschließlich ausgeübten geringfügigen Tätigkeit und einer geringfügigen Beschäftigung als Nebentätigkeit lässt erkennen, dass etwa 5 Millionen Arbeitnehmer ausschließlich geringfügig beschäftigt sind und ca. 2,3 Millionen Arbeitnehmer eine solche Beschäftigung als Nebentätigkeit ausüben.[73] Anhand der genannten Zahlen lässt sich ein erheblicher Bedeutungszuwachs der geringfügigen Beschäftigung verdeutlichen. Der im folgenden Kapitel noch näher zu betrachtende Bereich des Einzelhandels ist ebenfalls stark von geringfügigen Beschäftigungen geprägt. Dort machen Minijobs ca. 35 % der Gesamtbeschäftigung aus.[74]

Bereits im Jahr 1999 wurde erkannt, dass durch die vollständige Abgabenprivilegierung der geringfügigen Beschäftigung ein Missbrauch stattfindet und es somit zu einer „Erosion der Bemessungsgrundlagen in der Sozialversicherung“[75] kommt. Um dem entgegenzuwirken, verfolgte der Gesetzgeber das Ziel, mittelfristig die Zunahme dieser Beschäftigungsform einzudämmen.[76] Änderungen traten u.a. durch das Gesetz zur Neuregelung der geringfügigen Beschäftigungsverhältnisse[77] in Kraft, welches die pauschale Entrichtung von Arbeitgeberbeiträgen an die Renten- und Krankenversicherung vorsah. Weitere Neuerungen in diesem Bereich gab es durch die Gesetze für moderne Dienstleistungen am Arbeitsmarkt. Während sich das Erste Gesetz aus diesem Bereich u.a. mit der Leiharbeit befasst[78], regelt das Zweite Gesetz für moderne Dienstleistungen am Arbeitsmarkt[79] die Erschließung neuer Beschäftigungsmöglichkeiten

---

72 Die genannten Zahlen ergeben sich aus BT-Drucks. 17/5862, Entwicklung von geringfügigen Beschäftigungsverhältnissen v. 18.05.2011, S. 3. Vgl. zu den Beschäftigungszahlen auch *Vennebusch*, RVaktuell 2012, 22 (23).

73 Die genannten Zahlen ergeben sich aus BT-Drucks. 17/5862, Entwicklung von geringfügigen Beschäftigungsverhältnissen v. 18.05.2011, S. 3.

74 Amtliche Nachrichten der Bundesagentur für Arbeit, 58. Jahrgang, Sondernummer 2, Arbeitsmarkt 2010, S. 164.

75 BT-Drucks. 14/280, Entwurf eines Gesetzes zur Neuregelung der geringfügigen Beschäftigungsverhältnisse v. 19.01.1999, S. 1.

76 BT-Drucks. 14/280, Entwurf eines Gesetzes zur Neuregelung der geringfügigen Beschäftigungsverhältnisse v. 19.01.1999, S. 1.

77 Gesetz zur Neuregelung der geringfügigen Beschäftigung v. 24.03.1999, BGBl. I 1999, S. 388.

78 BGBl. I 2002, S. 4607; Entwurf eines Ersten Gesetzes für moderne Dienstleistungen am Arbeitsmarkt v. 05.11.2002, BT-Drucks. 15/25.

79 BGBl. 2002 I, S. 4621.

bzw. die Schaffung neuer Arbeitsplätze vor dem Hintergrund der andauernden Arbeitslosigkeit.[80]

Seit dem 01.01.2013 hat der Gesetzgeber die sozialversicherungsfreie Verdienstgrenze auf 450 € angehoben[81], parallel findet eine Ausweitung der Gleitzone bei den sog. Midijobs auf 850 € statt.[82] Damit wird die bereits im Koalitionsvertrag angekündigte „Erhöhung und [...] Dynamisierung sozialversicherungsfreier Mini-Jobs"[83] umgesetzt. Gleichzeitig soll die soziale Absicherung der Beschäftigten durch eine automatische Rentenversicherung bei Neuabschluss des Arbeitsvertrags verbessert werden, den Arbeitnehmern wird aber ein Widerspruchsrecht eingeräumt.[84] Kritik an dieser Neuregelung regt sich besonders bei den Gewerkschaften, da Studien gezeigt hätten, dass Unternehmen diese Form der Beschäftigung zur Senkung der Personalkosten verwenden, indem die Beschäftigten ein deutlich geringeres Entgelt erhielten.[85]

c) Gesetzliche Grundlagen

Die Grenzen der geringfügigen Beschäftigung sind in § 8 Abs. 1 SGB IV festgelegt, demnach liegt eine geringfügige Beschäftigung vor, „wenn das Arbeitsentgelt aus dieser Beschäftigung regelmäßig im Monat 450 € nicht übersteigt [Nr. 1], die Beschäftigung innerhalb eines Kalenderjahres auf längstens zwei Monate oder 50 Arbeitstage nach ihrer Eigenart begrenzt zu sein pflegt oder im Voraus vertraglich

---

80 BT-Drucks. 15/26, Entwurf eines Zweiten Gesetzes für moderne Dienstleistungen am Arbeitsmarkt v. 05.11.2002, S. 1. Wesentlicher Grund für die Neuregelung sei die andauernde weltweite Konjunkturkrise, die Deutschland als exportorientierte Nation besonders treffe, sowie die Stagnation beim Abbau der Arbeitslosigkeit, daher erfordere „die gegenwärtige Problemlage [...] mehr als eine Neuausrichtung bzw. Erweiterung der Handlungsmöglichkeiten der aktiven Arbeitsmarktpolitik...".

81 BT-Drucks. 17/10773, Entwurf eines Gesetzes zu Änderungen im Bereich der geringfügigen Beschäftigung v. 25.09.2012; BT-Drucks. 17/11174, Beschlussempfehlung und Bericht des Ausschusses für Arbeit und Soziales v. 24.10.2012.

82 Mitteilung der Minijob-Zentrale, abzurufen unter: http://www.minijob-zentrale.de/DE/0_Home/00_startseite/03_container_news/13_01_10.html?nn=356766 (21.12.2013).

83 Koalitionsvertrag zwischen CDU, CSU und FDP, Wachstum, Bildung, Zusammenhalt, 17. Legislaturperiode, S. 22.

84 Mitteilung der Minijob-Zentrale, abzurufen unter: http://www.minijob-zentrale.de/DE/0_Home/00_startseite/03_container_news/13_01_10.html?nn=356766 (21.12.2013).

85 *Voss/Weinkopf,* WSI-Mitteilungen 2012, 5 (10); *Bäcker/Neuffer*, WSI-Mitteilungen 2012, 13 (20 f.); Böcklerimpuls 1/2012, S. 4.

begrenzt ist, es sei denn, dass die Beschäftigung berufsmäßig ausgeübt wird und ihr Entgelt 450 Euro im Monat übersteigt [Nr. 2]". Im Folgenden soll die Entgeltgeringfügigkeit gem. § 8 Abs. 1 Nr. 1 SGB IV im Vordergrund stehen.

Neben der geringfügigen Beschäftigung, bei der das monatliche Arbeitsentgelt eine Grenze von jetzt 450,00 € nicht überschreitet, ist in § 20 Abs. 2 SGB IV der sog. Midijob geregelt, bei dem sich das monatliche Arbeitsentgelt innerhalb einer Gleitzone von 450,01 € bis 850,00 € bewegt. Bei Überschreiten der Grenze von 450,00 € fallen die Sozialversicherungsbeiträge der Arbeitnehmer nicht unmittelbar in voller Höhe an, sondern diese steigen korrespondierend zum erzielten Arbeitsentgelt langsam an, bis ab einem Arbeitsentgelt von mehr als 850 € die Sozialversicherungsbeiträge in voller Höhe zu zahlen sind.[86] Übt der Arbeitnehmer mehrere geringfügige Beschäftigungen aus, so sind diese zur Ermittlung der Gleitzone zusammenzurechnen (§ 20 Abs. 2 SGB IV).

Gem. § 2 Abs. 2 TzBfG ist festgelegt, dass ein Arbeitnehmer, der eine geringfügige Beschäftigung ausübt, als Teilzeitbeschäftigter anzusehen ist. In arbeitsrechtlicher Hinsicht bestehen zwischen Arbeitnehmern in geringfügigen Beschäftigungsverhältnissen und Arbeitnehmern in Normalarbeitsverhältnissen keine Unterschiede, insbesondere steht auch ihnen ein Anspruch auf den gesetzlichen Mindesturlaub oder die Entgeltfortzahlung im Krankheitsfall zu.[87] Auf die geringfügig Beschäftigten findet das Kündigungsschutzgesetz ebenfalls Anwendung.[88] Durch die Regelung des § 2 Abs. 2 TzBfG ist ebenfalls das in § 4 TzBfG niedergelegte Diskriminierungsverbot zu beachten. Folglich darf „ein teilzeitbeschäftigter Arbeitnehmer [...] wegen der Teilzeitarbeit nicht schlechter behandelt werden als ein vergleichbarer vollzeitbeschäftigter Arbeitnehmer, es sei denn, dass sachliche Gründe eine unterschiedliche Behandlung rechtfertigen" (§ 4 Abs. 1 S. 1 TzBfG). Ebenso ist einem geringfügig beschäftigten Arbeitnehmer das „Arbeitsentgelt oder eine andere teilbare geldwerte Leistung mindestens in dem Umfang zu gewähren, der dem Anteil seiner Arbeitszeit an der Arbeitszeit eines vergleichbaren vollzeitbeschäftigten Arbeitsnehmers entspricht" (§ 4 Abs. 1 S. 2 TzBfG).

---

86 Vgl. zum sog. Midijob, *Waltermann,* Verhandlungen des 68. Deutschen Juristentages (2010), Band I, Gutachten, B, S. 29; *Deinert,* AiB 2012, 643 (647) mit näheren Einzelheiten zur Berechnungsmethode; zur Zahlung der Sozialversicherungsbeiträge durch den Arbeitgeber insgesamt, vgl. *Deinert,* AiB 2012, 255.

87 Schaub/*Linck*, ArbR-Hdb. § 44 Rn. 1. Vgl. zur Ausweitung der geringfügigen Beschäftigung und den damit verbundenen sozialversicherungsrechtlichen Problemstellungen, *Bäcker/Neuffer,* WSI-Mitteilungen 2012, 13. Kritisch zum Minijob auch *Voss/Weinkopf*, WSI-Mitteilungen 2012, 5, die den Minijob als „Niedriglohnfalle" bezeichnen.

88 Kittner/Zwanziger/Deinert-*Mayer*, Arbeitsrecht, § 121 Rn. 146.

Besonders geregelt ist in § 8a S. 1 SGB IV die geringfügige Beschäftigung in Privathaushalten, wobei allerdings bei einer ausschließlichen Beschäftigung in Privathaushalten auf § 8 SGB IV verwiesen wird.[89] Hintergrund dieser Regelung ist die besondere Begünstigung der geringfügigen Beschäftigung in Privathaushalten im Vergleich zu geringfügigen Beschäftigungen im gewerblichen Bereich.[90] So ist der Arbeitgeberbeitrag, z.B. im Rahmen der gesetzlichen Krankenversicherung gem. § 249b S. 2 SGB V bei einer Beschäftigung in einem Privathaushalt mit 5 % wesentlich geringer als die sonst abzuführenden 13 % des Arbeitsentgelts der Beschäftigung.

d) Abgabenprivilegierung und die Auswirkungen

Der wesentliche Ansatzpunkt der Kritiker der geringfügigen Beschäftigung ist die vom Gesetzgeber gewählte Ausgestaltung, dass die betroffenen Arbeitnehmer eine Privilegierung hinsichtlich der zu leistenden Sozialabgaben erfahren. Zu nennen sind hier u.a. die gesetzliche Krankenversicherung und die gesetzliche Rentenversicherung. Gem. § 7 S. 1 SGB V ist ein geringfügig Beschäftigter, von Ausnahmen abgesehen, von der Versicherungspflicht in der gesetzlichen Krankenversicherung gem. § 5 SGB V befreit. Selbiges trifft gem. § 5 Abs. 2 SGB VI auch für die Pflicht zur Beitragszahlung an die gesetzliche Rentenversicherung zu. Hingegen muss der Arbeitgeber für die geringfügig Beschäftigten gem. § 249b S. 1 SGB V einen Beitrag von 13 % des Arbeitsentgelts der Beschäftigung an die gesetzliche Krankenversicherung entrichten. Wie oben bereits erläutert, ist bei Tätigkeiten in Privathaushalten ein Beitrag iHv. 5 % abzuführen. Ebenso wie für die Krankenversicherung muss der Arbeitgeber auch an die gesetzliche Rentenversicherung gem. § 172 Abs. 3 SGB VI einen Anteil von 15 % des Arbeitsentgelts zahlen. Zu beachten ist aber, dass der Arbeitnehmer durch die Zahlung der Beiträge des Arbeitgebers an die Rentenversicherung keine entsprechenden Ansprüche, aber zusätzliche Entgeltpunkte erwirbt.[91] Ebenfalls ergeben sich durch die Beitragsleistung an die gesetzliche Krankenversicherung keine zusätzlichen Ansprüche, da der geringfügig Beschäftigte idR. schon Mitglied in der gesetzlichen Krankenversicherung ist.[92]

---

89 Gem. § 8a S. 2 SGB IV liegt eine geringfügige Beschäftigung im Privathaushalt vor, „wenn diese durch einen privaten Haushalt begründet ist und die Tätigkeit sonst gewöhnlich durch Mitglieder des privaten Haushaltes erledigt wird".

90 HWK/*Ricken*, § 8 SGB IV Rn. 16; *Vennebusch*, RVaktuell 2012, 22.

91 Schaub/*Linck*, ArbR-Hdb. [14. Auflage 2011] § 44 Rn. 50, „Die Beitragszahlung ist zugunsten des Beschäftigten lediglich bei der Berechnung der Wartezeit nach § 52 II SGB VI und den Zuschlägen bei Entgeltpunkten nach § 76b SGB VI zu berücksichtigen". Vgl. auch *Deinert,* AiB 2012, 643.

92 Schaub/*Linck*, ArbR-Hdb. § 44 Rn. 43.

Im Hinblick auf die gesetzliche Unfallversicherung besteht der Versicherungsschutz der geringfügig Beschäftigten gem. § 2 Abs. 1 Nr. 1 SGB VII, der die Versicherung kraft Gesetzes auf alle Beschäftigten erstreckt und keine Differenzierung zwischen den verschiedenen Beschäftigungsformen vornimmt. Beiträge zur Arbeitslosenversicherung sind gem. § 27 Abs. 2 SGB III nicht zu entrichten, die Pflicht zur Zahlung von Beiträgen an die Soziale Pflegeversicherung ist an die Versicherungspflicht in der gesetzlichen Krankenkasse geknüpft (§ 20 Abs. 1 S. 1 SGB XI) und damit im Rahmen der geringfügigen Beschäftigung versicherungsfrei.

Die Abgabenprivilegierung war zunächst abweichend ausgestaltet, da die geringfügig Beschäftigten außerhalb der Sozialversicherungspflicht standen.[93] Im Jahr 1999 fand eine partielle Integration dieser Beschäftigungsform in das soziale System statt, indem zumindest der Arbeitgeber einen pauschalen Beitrag zur Kranken- und Rentenversicherung entrichten musste.[94] Weitere Neuregelungen wurden im Jahr 2003, u.a. im Hinblick auf die Anhebung der Entgeltgrenze auf 400 €, getroffen.[95]

Für die Arbeitnehmer hat die Abgabenprivilegierung zur Folge, dass diese in größerem Maße über den ohnehin geringen Lohn verfügen und diesen zur Bestreitung des Lebensunterhalts einsetzen können, ohne weitere Abgaben an die Sozialversicherungssysteme leisten zu müssen. Es wurde bereits dargelegt, dass ca. 2,3 Millionen der geringfügig Beschäftigten diese Arbeit als Nebenerwerbstätigkeit ausüben.[96] Vorteilhaft und daher als Anreiz dienend ist hierbei, dass eine Zusammenrechnung der beiden Beschäftigungsverhältnisse unterbleibt, vgl. § 8 Abs. 2 SGB IV. Die Zunahme der Arbeitsverhältnisse als Nebentätigkeit im Bereich der geringfügigen Beschäftigung lässt sich oftmals darauf zurückführen, dass viele Arbeitnehmer mit dem Lohn, den sie im Rahmen ihres sozialversicherungspflichtigen Beschäftigungsverhältnisses verdienen, ihren Lebensunterhalt kaum mehr bestreiten können. Die Betroffenen sind daher gezwungen einer zusätzlichen Nebenerwerbstätigkeit nachzugehen, oder sie sind auf die Aufstockungsleistungen des Staates nach dem zweiten Sozialgesetzbuch angewiesen.

---

93 Siehe Kittner/Zwanziger/Deinert-*Mayer*, Arbeitsrecht, § 121 Rn. 107 mwN. zur ursprünglichen Rechtslage.

94 BT-Drucks. 14/280, Entwurf eines Gesetzes zur Neuregelung der geringfügigen Beschäftigungsverhältnisse v. 19.01.1999; BGBl. I. 1999, S. 388.

95 BGBl. I, S. 4621, Zweites Gesetz für moderne Dienstleistungen am Arbeitsmarkt v. 23.12.2002. Zu den Änderungen siehe auch *Wiegelmann*, BB 2003, 734 mit praktischen Beispielen. „Geringfügige Beschäftigung – eine Bestandsaufnahme" präsentieren *v. Stein/Beyer-Petz,* DStR 2011, 977.

96 BT-Drucks. 17/5862, Entwicklung von geringfügigen Beschäftigungsverhältnissen v. 18.05.2011, S. 3; vgl. 3. Kap. B. I. 2. d).

Hinzu kommt, dass es vielen Arbeitnehmern auf Grund mangelnder Ausbildung, des Alters oder auch vorhandener familiärer Pflichten kaum möglich ist, den zeitlichen und/oder persönlichen Anforderungen einer Vollzeitbeschäftigung gerecht zu werden, sodass lediglich eine Tätigkeit im geringfügigen Bereich als Alternative in Frage kommt. Profitieren kann hingegen der Arbeitgeber, der durch diese Beschäftigungsform bei erheblich „geringeren Kosten einem Arbeitnehmer das gleiche Nettogehalt zahlen“[97] kann. Ermöglicht wird dies durch wesentlich geringere Stundenlöhne in diesem Bereich, die die höhere Abgabenlast von ca. 30 % gegenüber 21 % für sozialversicherungspflichtige Beschäftigungsverhältnisse wieder ausgleichen; damit wird der „Minijob zu einer Exit-Option für Unternehmen, die ihnen faktisch eine Reduktion der Personalkosten ermöglicht“[98].

e) Schlussfolgerungen

aa) Folgen für die Beschäftigten

Festzuhalten bleibt, dass das Ziel des Gesetzgebers, eine größere Anzahl von beschäftigungslosen Arbeitnehmern wieder in den Arbeitsmarkt einzugliedern, möglichst mit der Option einer Vollzeitbeschäftigung, nur partiell erreicht wurde. Die Mängel des ursprünglichen Konzeptes sollten durch verschiedene Gesetzesreformen ausgeglichen werden. Insbesondere durch die Aufhebung der vollständigen Abgabenprivilegierung und die damit verbundene, zumindest teilweise Integration der geringfügigen Beschäftigung in die sozialen Sicherungssysteme, um den sich ausbreitenden Missbrauch dieser Beschäftigungsform zu bekämpfen. Die Anhebung der sozialversicherungsfreien Grenze auf 450 € bzw. 850 €[99] erscheint in diesem Kontext kontraproduktiv, da weitere Anreize zur Aufnahme einer solchen Beschäftigung geschaffen werden. Die gleichzeitig eingeführte Rentenversicherungspflicht ist auf Grund der Befreiungsmöglichkeit kein wirksames Instrument, um die dargelegten negativen Auswirkungen der geringfügigen Beschäftigung zu verringern.[100]

Die wesentlichen Kritikpunkte kommen auch in der Kleinen Anfrage von Abgeordneten und der Fraktion BÜNDNIS90/DIE GRÜNEN zur Entwicklung

---

97 *Burger,* AuA 2010, 429 (431).

98 *Voss/Weinkopf,* WSI-Mitteilungen 2012, 5 (9).

99 Vgl. hierzu die Ausführungen im 3. Kap. B. I. 2. c), BT-Drucks. 17/10773, Entwurf eines Gesetzes zu Änderungen im Bereich der geringfügigen Beschäftigung v. 25.09.2012; BT-Drucks. 17/11174, Beschlussempfehlung und Bericht des Ausschusses für Arbeit und Soziales v. 24.10.2012.

100 Siehe dazu auch *Deinert,* AiB 2012, 643 (648).

von geringfügigen Beschäftigungsverhältnissen zum Ausdruck; hierbei wird auf eine Analyse der Bertelsmann Stiftung Bezug genommen, die zu dem Ergebnis kommt, dass eine geringfügige Beschäftigung eine „Geringfügigkeitsfalle“ für die entsprechenden Arbeitnehmer darstelle und die Gefahr von geringen Löhnen, häufigen Arbeitsplatzwechseln oder auch der Verlust der Beschäftigung in diesem Bereich besonders hoch sei.[101] Unter Bezugnahme auf ein vom Bundesministerium für Familie, Senioren, Frauen und Jugend in Auftrag gegebenes Gutachten im Rahmen des ersten Gleichstellungsberichts wird die geringfügige Beschäftigung als „erwerbsbiographische Falle“[102], besonders für Frauen, bezeichnet. Im Hinblick auf eine steigende Frauenerwerbsquote in den letzten Jahrzehnten könnten die verschiedenen Formen der atypischen Beschäftigung „als eine Art eingebauter Deregulator des traditionellen gut bezahlten Arbeitsverhältnisses“[103] fungieren. Auf Grund der skizzierten Darstellungen zeigt sich, dass die geringfügige Beschäftigung sich so wie sie gedacht war, nicht durchgesetzt hat.[104] Der Gesetzgeber ist davon ausgegangen, dass primär solche Arbeitnehmer eine entsprechende Beschäftigung aufnehmen, die bereits sozial abgesichert sind und im Rahmen einer Nebentätigkeit den eigenen finanziellen Spielraum erweitern wollen. Die Entwicklung hat aber gezeigt, dass sich diese Erwartung nicht bestätigt hat und vor allem Frauen, die häufig nicht anderweitig abgesichert sind, in den genannten Bereichen mangels anderweitiger Optionen beschäftigt werden. Des Weiteren bringt auch die Studie der Bertelsmann Stiftung zum Ausdruck, dass die Arbeitnehmer in geringfügigen Beschäftigungsverhältnissen in besonders hohem Maß von schwierigen Arbeitsbedingungen hinsichtlich der Vergütung

---

101 BT-Drucks. 17/5697, Kleine Anfrage von Abgeordneten und der Fraktion BÜNDNIS90/DIE GRÜNEN v. 02.05.2011, S. 1 unter Auswertung der Untersuchung von *Eichhorst/Thode* „Vereinbarkeit von Familie und Beruf 2010, Benchmarking Deutschland: Steigende Erwerbsbeteiligung, aber schwierige Übergänge“ im Auftrag der Bertelsmann Stiftung, IZA Research Report No. 30.

102 BT-Drucks. 17/5697, Kleine Anfrage von Abgeordneten und der Fraktion BÜNDNIS90/DIE GRÜNEN v. 02.05.2011 S. 1, unter Berücksichtigung des Ersten Gleichstellungsberichtes „Neue Wege – Gleiche Chancen. Gleichstellung von Männern und Frauen im Lebenslauf“ (2011), der neben einem Gutachten einer unabhängigen Sachverständigenkommission auch eine Stellungnahme der Bundesregierung enthält, siehe BT-Drucks. 17/6240, Erster Gleichstellungsbericht v. 16.06.2011.

103 *Bosch/Weinkopf,* WSI-Mitteilungen 2011, 439 (442).

104 BT-Drucks. 17/6986, S. 1 f., Antwort der Bundesregierung auf die Kleine Anfrage von Abgeordneten und der Fraktion der SPD v. 14.09.2011 zur „Entwicklung der geringfügigen Beschäftigung in Deutschland“.

oder der Arbeitsplatzsicherheit betroffen sind.[105] Die immer noch bestehende, wenn auch eingeschränkte Abgabenprivilegierung führt dazu, dass diese Form der Beschäftigung bei den Arbeitgebern auf Grund der Kostenersparnis und der Flexibilität beliebt ist, für die Arbeitnehmer idR. aber überwiegend negative Auswirkungen hat. Denn es kann unter Umständen für Arbeitgeber lohnend sein, wenn sie die Tätigkeit eines Vollzeitbeschäftigten auf mehrere geringfügige Beschäftigungsverhältnisse aufteilen, besonders im Hinblick auf die geringeren Steuern bzw. Abgaben, wenn die Qualifizierung des Arbeitnehmers keine wesentliche Bedeutung einnimmt und eine hohe Fluktuation die Betriebsabläufe nicht stört.[106]

Bezeichnend ist, dass die geringfügige Beschäftigung im Laufe der Zeit „zu einem *Hinzuverdienstmodell* während des Bezugs von Arbeitslosengeld II geworden“[107] ist. Demzufolge findet keine Erhöhung des Arbeitsentgelts durch steuerfinanzierte Mittel statt, wenn das Einkommen nicht zur Sicherung des Lebensunterhalts ausreicht, sondern die staatlichen steuerbasierten Transferleistungen werden durch eine parallel ausgeübte geringfügige Beschäftigung erhöht.[108] Hieraus ergibt sich, dass der Anteil an Personen, die primär staatliche Transferleistungen in Anspruch nehmen und lediglich im Nebenerwerb eine geringfügige Beschäftigung ausüben, stetig steigt. Anreize für diese Praxis ruft die derzeitige Ausgestaltung des Gesetzes hervor, welche es ermöglicht, dass der Hinzuverdienst, gestaffelt nach der Höhe des Einkommens, nur anteilig auf den Bezug der staatlichen Transferleistungen angerechnet wird.[109] Dieser Trend wird auch durch die aktuellen Zahlen der Bundesagentur für Arbeit belegt, welche die Entwicklung der geringfügigen Beschäftigung zwischen 2003 und 2010 untersucht hat.[110] Wie

---

105 BT-Drucks. 17/5697, Kleine Anfrage von Abgeordneten und der Fraktion BÜNDNIS90/DIE GRÜNEN v. 02.05.2011, S. 1. Die Antwort der Bundesregierung v. 18.05.2011 ist zu finden unter BT-Drucks. 17/5862.

106 *Waltermann*, Verhandlungen des 68. Deutschen Juristentages (2010), Band I, Gutachten, B, S. 36.

107 *Waltermann*, Verhandlungen des 68. Deutschen Juristentages (2010), Band I, Gutachten, B, S. 31 f.

108 *Waltermann*, Verhandlungen des 68. Deutschen Juristentages (2010), Band I, Gutachten, B, S. 31 f.

109 Nähere Einzelheiten zu den Freibeträgen im Rahmen der Hinzuverdienstmöglichkeiten beim Bezug von staatlichen Transferleistungen finden sich bei *Waltermann*, Verhandlungen des 68. Deutschen Juristentages (2010), Band I, Gutachten, B, S. 32.

110 Die genannten Zahlen ergeben sich aus BT-Drucks. 17/5862, Entwicklung der geringfügigen Beschäftigungsverhältnisse v. 18.05.2011, S. 3.

oben bereits angedeutet[111], lag deren Zahl im Jahr 2010 (Stichtag: 30.6.2010) bei ca. 7,3 Millionen, von denen fast 5 Millionen ausschließlich einer geringfügigen Beschäftigung nachgingen und lediglich ca. 2,3 Millionen diese nur als Nebenerwerbstätigkeit ausübten.[112] Bemerkenswert hierbei ist, dass der Anteil der Frauen in beiden Bereichen deutlich über dem Anteil der Männer liegt, wobei besonders im Bereich der ausschließlichen Ausübung einer geringfügigen Beschäftigung ca. 3,3 Millionen der knapp 5 Millionen Arbeitnehmer weiblich sind.

Die Daten belegen insgesamt, dass der Anteil derer, die ausschließlich in einem geringfügigen Beschäftigungsverhältnis stehen, deutlich größer ist, als der Anteil an Arbeitnehmern, die diese Form der Beschäftigung neben einem sozialversicherungspflichtigen Arbeitsverhältnis ausüben. Gleichzeitig lässt sich exemplarisch auch das Problem der oben angesprochenen „Geringfügigkeitsfalle“[113], vor allem für Frauen, belegen.

bb) Lösungsvorschlag: Abschaffung der Abgabenprivilegierung?

Eine Abschaffung der geringfügigen Beschäftigung erscheint nicht geboten, da hiermit insbesondere gering Qualifizierten der Einstieg in eine Erwerbstätigkeit erleichtert werden kann und bestimmte Arbeitnehmergruppen, z.B. Studenten oder auch Rentner von der zeitlich begrenzten Ausübung einer solchen Beschäftigung profitieren können.[114] Nichtsdestotrotz hat auch der Gesetzgeber erkannt, dass der Missbrauch im Rahmen der geringfügigen Beschäftigung einzudämmen ist, u.a. durch die Abschaffung der vollständigen Abgabenprivilegierung. Die geringfügige Beschäftigung war für Arbeitnehmer konzipiert, die bereits in die sozialen Sicherungssysteme integriert sind, es hat sich aber gezeigt, dass diese Annahme für einen Großteil der Arbeitnehmer nicht zutreffend ist. Somit zahlen sie idR. keine Beiträge an die Sozialkassen mit der Konsequenz, dass ihnen im Bedarfsfall kein oder nur ein sehr geringer Anspruch zusteht.

---

111 Vgl. 3. Kap. B. I. 2. b); *Burger*, AuA 2010, 429.

112 Vgl. BT-Drucks. 17/5862, Entwicklung der geringfügigen Beschäftigungsverhältnisse v. 18.05.2011, S. 3.

113 BT-Drucks. 17/5697, S. 1. Kleine Anfrage von Abgeordneten und der Fraktion BÜNDNIS90/DIEGRÜNEN v. 02.05.2011, „Entwicklung von geringfügigen Beschäftigungsverhältnissen“.

114 Für die Abschaffung der Sonderregelungen im Bereich der Minijobs *Bosch/Weinkopf*, WSI-Mitteilungen 2011, 439 (445), unter gleichstellungsrechtlichen Aspekten ist die Abschaffung der Minijobs erforderlich, um den geschlechtsspezifischen Nachteilen für Frauen wirksam zu begegnen, BT-Drucks. 17/6240, Erster Gleichstellungsbericht vom 16.06.2011, S. 133.

Um dem entgegenzuwirken könnten die Beiträge der Arbeitgeber an die Sozialkassen erhöht und den Arbeitnehmern nicht nur z.B. die Ansammlung von Entgeltpunkten im Rahmen der Rentenberechnung ermöglicht werden, sondern auch von ihnen entsprechende Beiträge eingefordert werden. Von dieser Prämisse geht die angesprochene gesetzliche Neuregelung im Bereich der geringfügigen Beschäftigung aus.[115] Demnach sind im Rahmen eines neu abgeschlossenen Arbeitsvertrages die Arbeitnehmer automatisch in die Rentenversicherung integriert, falls sie nicht eine entsprechende Befreiung in Anspruch nehmen.[116] Möglich wäre auch die Abschaffung der Abgabenprivilegierung und die vollständige Integration der Arbeitnehmer in die Sozialversicherungen. Beide Varianten würden, je nach konkreter Ausgestaltung, voraussichtlich dazu führen, dass die geringfügige Beschäftigung sowohl für Arbeitgeber als auch für Arbeitnehmer an Attraktivität verliert. Eine mögliche Folge wäre der Rückgang der geringfügigen Beschäftigung. Dies ist vor dem Hintergrund der sich zeigenden Fehlanreize der Beschäftigungsform bei bestimmten Arbeitnehmergruppen zu begrüßen. Der dauerhafte Verbleib eines Arbeitnehmers in dieser Beschäftigungsform und damit häufig verbunden eine permanente Transferabhängigkeit kann nicht noch durch monetäre Vorteile seitens des Gesetzgebers gefördert werden. Diese Personen haben regelmäßig große Schwierigkeiten wieder eine anderweitige, sozialversicherungspflichtige Beschäftigung zu finden.[117] Demnach werden in diesem Bereich die falschen Anreize gesetzt, da die ursprünglichen Prämissen, von denen der Gesetzgeber ausgegangen ist, so nicht zutreffen. Sinkt die Attraktivität dieser Art der Beschäftigung, ist ein Ausweichen auf andere Formen atypischer Arbeitsverhältnisse nicht auszuschließen, dies kann aber den Gesetzgeber nicht davon abhalten, notwendige Reformen durchzuführen, um Fehlentwicklungen zu korrigieren.[118]

---

115 Vgl. hierzu die Ausführungen im 3. Kap. B. I. 2; BT-Drucks. 17/10773, Entwurf eines Gesetzes zu Änderungen im Bereich der geringfügigen Beschäftigung v. 25.09.2012; BT-Drucks. 17/11174, Beschlussempfehlung und Bericht des Ausschusses für Arbeit und Soziales v. 24.10.2012.

116 Vgl. hierzu die Ausführungen im 3. Kap. B. I. 2; BT-Drucks. 17/10773, Entwurf eines Gesetzes zu Änderungen im Bereich der geringfügigen Beschäftigung v. 25.09.2012; BT-Drucks. 17/11174, Beschlussempfehlung und Bericht des Ausschusses für Arbeit und Soziales v. 24.10.2012.

117 *Voss/Weinkopf*, WSI-Mitteilungen 2012, 5 (11).

118 So auch *Waltermann*, Verhandlungen des 68. Deutschen Juristentages (2010), Band I, Gutachten, B, S. 35 ff. mwN.; *Rolfs*, Verhandlungen des 68. Deutschen Juristentages (2010), Band II/1, Referat, M, S. 46 ff.; *Voss/Weinkopf*, WSI-Mitteilungen 2012, 5

In diesem Zusammenhang vereint der Vorschlag des DGB[119], die Versicherungsfreiheit der geringfügigen Beschäftigung abzuschaffen und den Beginn der Gleitzone auf 1 € festzusetzen, die angesprochenen Aspekte der grundsätzlichen Beibehaltung der geringfügigen Beschäftigung mit der besseren sozialen Absicherung der Arbeitnehmer.

cc) Zwischenergebnis

Abschließend ist festzustellen, dass die Erwartungen an die Entwicklung der geringfügigen Beschäftigung nur unzureichend erfüllt wurden. Vor allem die Ausgestaltung als Zuverdienstmöglichkeit für bereits sozial abgesicherte Beschäftigte hat sich überwiegend als falsche Annahme herausgestellt, da hauptsächlich Personen ohne sonstige Absicherung, vor allem gering Qualifizierte, dieser Beschäftigung nachgehen. Um die daraus resultierenden, vielfältigen Probleme zu lösen, erscheint zumindest eine Reform der geringfügigen Beschäftigung zur Eliminierung der dargelegten Fehlanreize notwendig. Eine weitere Erhöhung der sozialversicherungsfreien Verdienstgrenze auf 450 € wird der Problematik nicht gerecht, sondern verschärft sie, trotz der angedachten Reformen im Bereich der Rentenversicherung, zusätzlich.

II. Befristete Beschäftigung

1. Allgemeines

Im Rahmen flexibler Arbeitszeitarrangements spielt auch die befristete Beschäftigung eine wesentliche Rolle. Eine befristete Beschäftigung liegt vor, wenn der Arbeitsvertrag nicht auf unbestimmte Zeit abgeschlossen wurde, sondern ein beliebiger Zeitpunkt bestimmt ist, an dem das Beschäftigungsverhältnis automatisch endet (§§ 14 ff. TzBfG). Während das sog. Normalarbeitsverhältnis auf unbestimmte Zeit geschlossen wird und dem Arbeitnehmer daher die Gewissheit bietet, dass sein Arbeitsverhältnis im Bereich der Anwendbarkeit des Kündigungsschutzgesetzes gem. §§ 1, 23 KSchG nur unter außergewöhnlichen Umständen, z.B. bei einer betriebs-, personen- oder verhaltensbedingten Kündigung endet, wird der befristet beschäftigte Arbeitnehmer von Beginn an nur für einen im Arbeitsvertrag festgelegten Zeitraum eingestellt.[120]

---

(11); weiterführend *Bäcker/Neuffer*, WSI-Mitteilungen 2012, 13 (20 f.); weitergehende Aspekte im Rahmen der Diskussion bringt *Spellbrink*, NZS 2010, 353 an.

119 Bericht aus Berlin, AuR 2012, 205; vgl. auch *Deinert*, AiB 2012, 643 (648).

120 Vgl. *Waltermann*, Verhandlungen des 68. Deutschen Juristentages (2010), Band I, Gutachten, B, S. 65, der auf den „Wechselbezug“ zwischen dem Kündigungsschutz und dem Befristungsrecht hinweist.

Um für die betroffenen Arbeitnehmer trotzdem ein gewisses Schutzniveau zu gewährleisten, ist gem. § 14 Abs. 1 TzBfG der Abschluss eines befristeten Arbeitsvertrages grds. nur bei Vorliegen eines sachlichen Grundes möglich. Ausnahmen können gem. § 14 Abs. 2 TzBfG gemacht werden, der eine sachgrundlose Befristung unter bestimmten Umständen von bis zu zwei Jahren ermöglicht; in den ersten vier Jahren nach der Gründung eines Unternehmens ist der Abschluss von befristeten Arbeitsverträgen ohne sachlichen Grund sogar für die Dauer von bis zu vier Jahren zulässig (§ 14 Abs. 2a TzBfG).[121] Falls die Befristung nicht rechtswirksam ist, so gilt der befristete Arbeitsvertrag als auf unbestimmte Zeit geschlossen (§ 16 S. 1 TzBfG iVm. § 14 Abs. 4 TzBfG). Somit hat der Arbeitgeber die Möglichkeit einen Arbeitnehmer bis zu einer Gesamtdauer von zwei Jahren, bei höchstens dreimaliger Verlängerung des Arbeitsvertrags befristet zu beschäftigen, wobei die Regelung bei der Neugründung eines Unternehmens, wie eben beschrieben, noch deutlich großzügiger ausgestaltet ist.

Hintergrund der Befristungsvorschriften ist die Annahme, dass Arbeitgeber durch die Befristungsmöglichkeiten auf Schwankungen bei der Auftragslage flexibler reagieren können und diese Form der Beschäftigung „als Brücke in die Dauerbeschäftigung“[122] fungieren soll. Gleiches hat der Gesetzgeber in der Gesetzesbegründung zum Ausdruck gebracht, demnach sei nicht die Befristung, sondern das Normalarbeitsverhältnis der sozialpolitische Normalfall der Beschäftigung.[123] Parallel dazu wird betont, dass diese Form der Tätigkeit aber weiterhin im Interesse einer flexiblen Beschäftigung und als „Brücke zu unbefristeten Arbeitsverhältnissen“[124] erforderlich sein werde. Nicht auszuschließen ist, dass dieser Effekt lediglich eine Wunschvorstellung darstellt, da

121 Noch weitergehende Regelungen enthält § 14 Abs. 3 TzBfG.

122 Laux/Schlachter-*Schlachter*, TzBfG, § 14 Rn. 3; vgl. auch *Nebe* in: FS Bepler, S. 439 (446).

123 BT-Drucks. 14/4374, Entwurf eines Gesetzes über Teilzeitarbeit und befristete Arbeitsverträge und zur Änderung und Aufhebung arbeitsrechtlicher Bestimmungen v. 24.10.2000, S. 12.

124 BT-Drucks. 14/4374, Entwurf eines Gesetzes über Teilzeitarbeit und befristete Arbeitsverträge und zur Änderung und Aufhebung arbeitsrechtlicher Bestimmungen v. 24.10.2000, S. 1, darüber hinaus diene der Ausbau der Teilzeitbeschäftigung der Sicherung und Schaffung von Arbeitsplätzen und habe auch im Rahmen der Gleichstellung von Männern und Frauen im Erwerbsleben eine besondere Bedeutung, wenn bestehende Diskriminierungen abgebaut und der Wechsel zwischen einer Teil- bzw. Vollzeitbeschäftigung erleichtert werde.

sich Stimmen mehren, die eher von einem „Drehtüreffekt"[125] ausgehen, sodass die befristet Beschäftigten nach Ablauf der Befristung durch neue Arbeitnehmer, die ebenfalls nur über einen zeitlich limitierten Arbeitsvertrag verfügen, ersetzt werden.[126] Dies hätte eine weitere Segregation am Arbeitsmarkt zur Folge.[127]

2. Entwicklung des Befristungsrechts

Das Recht zur Befristung von Arbeitsverträgen wurde durch das Gesetz über Teilzeitarbeit und befristete Arbeitsverträge[128] im Jahr 2001 gesetzlich reformiert. Vorgänger war das Beschäftigungsförderungsgesetz 1985[129], welches am 31.12.2000 auslief. Mangels vorheriger Regelungen war der Bereich der Befristung reines Richterrecht.[130]

Auf Grund von konfligierenden Interessen steht das Recht der Befristung im Spannungsverhältnis zum Kündigungsschutz. Die Befristung gibt vor allem dem Arbeitgeber die Möglichkeit einen Arbeitnehmer für einen bestimmten Zeitraum in seinem Unternehmen zu beschäftigen und seine fachliche Leistung zu evaluieren. Nach Ablauf der vereinbarten Befristung endet das Arbeitsverhältnis, wohingegen das Kündigungsschutzrecht dafür sorgt, dass ein Arbeitsverhältnis nur bei Vorliegen von bestimmten Umständen beendet werden darf, dem Arbeitnehmer daher ein wesentlich größeres Maß an Sicherheit zuteil wird. Das Bundesarbeitsgericht hat bereits in den 50er Jahren entschieden, dass die Befristung von Arbeitsverträgen nicht zur Umgehung von Kündigungsschutzvorschriften führen darf, wobei der Abschluss eines Arbeitsvertrages trotz Nichtvorliegens eines sachlichen Grundes für die Befristung nicht unwirksam sei, sondern an die Stelle des befristeten ein unbefristetes Arbeitsverhältnis trete.[131]

---

125 Kittner/Zwanziger/Deinert-*Lakies*, Arbeitsrecht, § 114 Rn. 212 mwN. Die Regelung des § 3 Abs. 1 Nr. 3 S. 4 AÜG gilt allerdings nur für Konzerne.

126 Vgl. auch *Giesecke/Groß*, WSI-Mitteilungen 2006, 247 (248).

127 *Giesecke/Groß*, WSI-Mitteilungen 2006, 247 (254); Kittner/Zwanziger/Deinert-*Lakies*, Arbeitsrecht, § 114 Rn. 212 mwN.

128 Gesetz über Teilzeitarbeit und befristete Arbeitsverträge v. 21.12.2000, BGBl. I, S. 1966.

129 BGBl. I 1985, S. 710.

130 BAG v. 21.10.1954 – 2 AZR 25/53, BAG 1, 128 = AP Nr. 7 zu § 1 KSchG; BAG v. 12.10.1960 – GS 1/59, BAGE 10, 65 (67 ff.) = AP Nr. 16 zu § 620 BGB befristeter Arbeitsvertrag; *Bauer*, NZA 2011, 241; *Sievers*, RdA 2004, 291. Einen Überblick über die Entwicklung des Befristungsrechts geben *Preis/Greiner,* RdA 2010, 148.

131 BAG v. 21.10.1954 – 2 AZR 25/53, BAGE 1, 128 = AP Nr. 7 zu § 1 KSchG, das BAG hat die mehrfache Befristung von Arbeitsverträgen für zulässig erklärt,

Der Anteil der befristeten Arbeitsverhältnisse an den Beschäftigungsverhältnissen insgesamt, ist im Vergleich zu den Teilzeitbeschäftigten deutlich geringer. Hier lässt sich ein Anstieg von 5,7 % (1991) auf 8,9 % (2008)[132] feststellen. Bezeichnend ist allerdings, dass mittlerweile nahezu 50 % der Neueinstellungen durch einen befristeten Arbeitsvertrag erfolgen[133] und die Unternehmen damit in immer stärkerem Maße die Befristung als Instrument der Personalpolitik nutzen[134]. Im Rahmen der Teilzeitarbeit[135] hat sich gezeigt, dass Frauen den deutlich größeren Anteil ausmachen und sich dies negativ auf ihre soziale Absicherung und ihre beruflichen Karrierechancen auswirkt. Obwohl die Zahl der befristeten Arbeitsverhältnisse gemessen an allen Beschäftigungsverhältnissen eher gering ist[136], so lässt sich feststellen, dass die Befristung zwar weniger stark mit dem Geschlecht als mit dem Alter der Arbeitnehmer zusammenhängt und daher überwiegend junge Arbeitnehmer zu Beginn ihrer beruflichen Tätigkeit befristete Arbeitsverträge erhalten[137].

---

allerdings nur dann, wenn dem Arbeitnehmer der Kündigungsschutz nicht vorenthalten wird und ein verständiger Arbeitgeber den Arbeitsvertrag nicht auf unbestimmte Zeit geschlossen hätte; s. auch BAG v. 12.10.1960 – GS 1/59, BAGE 10, 65 = AP Nr. 16 zu § 620 BGB befristeter Arbeitsvertrag. Ebenso kürzlich auch der EuGH v. 26.01.2012 – C-586/10 [Kücük], DB 2012, 290, demnach lasse sich auch bei Vorliegen einer mehrfachen Befristung eines Arbeitsvertrages nicht automatisch ein Missbrauch annehmen, zu überprüfen seien aber jeweils die Umstände des Einzelfalls.

132 Statistisches Bundesamt, Pressemitteilung Nr. 103 vom 16.03.2010, „Knapp 9 % aller Arbeitsverträge waren im Jahr 2008 befristet", die Daten zur befristeten Beschäftigung wurden vom Statistischen Bundesamt 1991 zum ersten Mal erfasst, die Quote hat im Jahr 2008 den bisherigen Höchststand erreicht. Diese Angaben basieren auf dem Mikrozensus und umfassen Beschäftigte im Alter zwischen 15 und 65 Jahren mit Ausnahme von Schülern und Studierenden mit Nebenjob bzw. Auszubildenden; dazu auch *Joussen*, JZ 2010, 812 (817 f.).

133 IAB-Forum 1/2012, S. 62 unter Bezugnahme auf das IAB-Betriebspanel 2001–2011.

134 *Kittner*, Arbeits- und Sozialordnung, Einleitung zum Teilzeit- und Befristungsgesetz, S. 1586.

135 Bundesministerium für Arbeit und Soziales, Statistisches Taschenbuch 2010, Arbeits- und Sozialstatistik, 2.5 A; die genannten Zahlen sind auf dem Stand von Mai 2010; ebenso Laux/Schlachter-*Laux*, TzBfG, Einführung, Rn. 8 ff.

136 Statistisches Bundesamt, Niedrigeinkommen und Erwerbstätigkeit, Begleitmaterialien zum Pressegespräch am 19.08.2009 in Frankfurt am Main, S. 8 ff.

137 Statistisches Bundesamt, Niedrigeinkommen und Erwerbstätigkeit, Begleitmaterialien zum Pressegespräch am 19.08.2009 in Frankfurt am Main, S. 12. Vgl. BAG v. 24.08.2011 – 7 AZR 368/10, AP Nr. 85 zu § 14 TzBfG = DB 2012, 292; Vgl. auch *Kossens,* jurisPR-ArbR 8/2012 Anm. 5.

Nach Angaben des Statistischen Bundesamtes zeigt die Aufspaltung der befristeten Beschäftigung im Hinblick auf das Geschlecht, dass 9,5 % der Frauen eine befristete Tätigkeit ausüben, dies trifft ebenfalls auf 8,4 % der männlichen Arbeitnehmer zu.[138] Die geringen Unterschiede machen deutlich, dass der Grund für eine befristete Beschäftigung weniger im Zusammenhang mit dem Geschlecht steht, sondern vor allem darin begründet ist, dass die Arbeitnehmer kein unbefristetes Arbeitsverhältnis gefunden haben, besonders wenn als Berufseinsteiger die Erfahrung fehlt oder sie bereits eine gewisse Altergrenze überschritten haben; lediglich 2,5 % der Arbeitnehmer mit einem befristeten Arbeitsvertrag gaben an, dass diese Situation gewollt sei.[139]

3. Reformbedarf

a) Ausgangslage

Insgesamt ist davon auszugehen, dass eine befristete Beschäftigung dazu beitragen kann, die eigenen Fähigkeiten in einem Unternehmen unter Beweis zu stellen, um schließlich die Möglichkeit einer Vollzeitbeschäftigung zu erhalten. Da aber lediglich 2,5 % der befristet Beschäftigten diese Situation selbst herbeigeführt haben, liegt die Annahme nahe, dass Unternehmen häufig Arbeitnehmer nur für einen gewissen Zeitraum einstellen, um dann in wirtschaftlich schwierigen Zeiten die Arbeitsverhältnisse der Arbeitnehmer ohne Beachtung des Kündigungsschutzes auslaufen zu lassen. Hierdurch wird unzulässigerweise das wirtschaftliche Unternehmerrisiko zumindest partiell auf die Arbeitnehmer übertragen.[140]

b) Verkürzung der sachgrundlosen Befristungsdauer

Indem den Arbeitgebern gem. § 14 Abs. 2 TzBfG die Möglichkeit einer sachgrundlosen Befristung bis zu einer Dauer von zwei Jahren eröffnet wird, können diese einzelne Arbeitnehmer zunächst „Probe arbeiten" lassen. Beiden Vertragsparteien wird die Option eingeräumt, den Vertragspartner und den Arbeitsort hinsichtlich einer

---

138 Statistisches Bundesamt, Pressemitteilung Nr. 103 vom 16.03.2010, „Knapp 9 % aller Arbeitsverträge waren im Jahr 2008 befristet".

139 Statistisches Bundesamt, Pressemitteilung Nr. 103 vom 16.03.2010, „Knapp 9 % aller Arbeitsverträge waren im Jahr 2008 befristet", 28,3 % der Befragten brachten zum Ausdruck, dass sie keine Daueranstellung gefunden hätten und bei 20,9 % handelte es sich um ein Probearbeitsverhältnis.

140 Kittner/Zwanziger/Deinert-*Lakies*, Arbeitsrecht, § 114 Rn. 116.

dauerhaften Zusammenarbeit zu überprüfen.[141] Gleichzeitig ist in § 14 Abs. 1 Nr. 5 TzBfG „die Befristung zur Erprobung" eines Arbeitnehmers ausdrücklich normiert.

Eine Definition des Probearbeitsverhältnisses lässt sich dem Gesetz nicht entnehmen[142], allerdings setzen die Regelungen der §§ 20, 22 Abs. 1 BBiG den Begriff voraus. Diese Bestimmungen gelten aber ausschließlich für Berufsausbildungsverhältnisse. Die Vereinbarung eines Probearbeitsverhältnisses außerhalb von § 22 Abs. 1 BBiG beruht daher auf einem Tarifvertrag, einer freiwilligen Betriebsvereinbarung bzw. einer Regelung im Arbeitsvertrag.[143] Die Regelung des § 622 BGB beschränkt die Dauer der vereinbarten Probezeit auf höchstens sechs Monate. Im Rahmen einer individualvertraglichen Vereinbarung kann diese hinsichtlich der Dauer unbegrenzt festgelegt werden, allerdings ist darauf zu achten, dass bei einer Probezeit, die über einen Zeitraum von sechs Monaten hinausgeht, es unter Umständen für den Arbeitgeber ratsam sein kann den Arbeitnehmer darauf hinzuweisen, dass der Abschluss eines Vollbeschäftigungsverhältnisses nicht angestrebt wird, um eventuellen Schadensersatzansprüchen vorzubeugen.[144]

Für den Arbeitnehmer ist es günstiger, wenn ein unbefristetes Arbeitsverhältnis mit vorangestellter Probezeit abgeschlossen wird, da hier zwar auch bei Nichterbringen der geforderten Leistung die Kündigung erfolgen kann (§ 622 Abs. 3 BGB), allerdings ist das Beschäftigungsverhältnis nach Ablauf der Probezeit unbefristet. Hingegen läuft der befristete Vertrag eines Arbeitnehmers, auch wenn er sich bewährt hat, mit Erreichen des Befristungsdatums aus.[145] Somit wäre die Gefahr geringer, dass der Arbeitnehmer, unter Umständen auch bei verschiedenen Arbeitgebern, lediglich befristete Arbeitsverhältnisse erhält. Eine solche instabile Situation hätte zur Konsequenz, dass der Arbeitnehmer kaum in der Lage wäre, die Rahmenbedingungen zu schaffen, die für weitere Entscheidungen hinsichtlich der Zukunftsplanung erforderlich sind.

Arbeitgebern hingegen kommt die Befristungsmöglichkeit zu Gute, da die mit der Einstellung eines Arbeitnehmers verbundenen finanziellen Risiken minimiert werden, sodass eine größere Bereitschaft seitens der Arbeitgeber existiert, freie Arbeitsplätze

---

141 Schaub/*Koch,* ArbR-Hdb. § 41 Rn. 1; allgemein dazu Kittner/Zwanziger/Deinert-*Lakies*, Arbeitsrecht, § 114 Rn. 212. Zur Differenzierung zwischen der Probezeit und dem Probearbeitsverhältnis siehe *Zange*, AuA 2009, 580.

142 Kittner/Zwanziger/Deinert-*Zwanziger*, Arbeitsrecht, § 113 Rn. 1.

143 Schaub/*Koch,* ArbR-Hdb. § 41 Rn. 3.

144 LAG Bremen v. 18.04.1963 – 2 Sa 136/62, BB 1963, 1136; Schaub/*Koch,* ArbR-Hdb. § 41 Rn. 8.

145 Vgl. dazu BAG v. 03.05.1962 – 2 AZR 451/61, BAGE 13, 96 = AP Nr. 23 zu § 620 BGB befristeter Arbeitsvertrag.

zu besetzen.[146] Allerdings wurde bereits angedeutet, dass Arbeitgeber das von ihnen zu tragende wirtschaftliche Risiko nicht auf die Arbeitnehmer übertragen dürfen. Eine übermäßig lange Befristungsdauer hat aber eine solche Verlagerung zur Folge. Es ist daher nicht einleuchtend, warum ein Arbeitgeber zwei Jahre einen Arbeitnehmer befristet beschäftigten kann, ohne dass hierfür ein sachlicher Grund vorliegt. Zuzugeben ist, dass in bestimmten Situation auch eine längere sachgrundlose Befristung in Betracht kommt, z.B. um Unternehmensgründungen nicht unnötig zu erschweren (§ 14 Abs. 2a TzBfG). Der Regelfall sollte jedoch eine kürzere Befristungsdauer umfassen. Angemessen erscheint die Beschränkung der sachgrundlosen Befristung auf ein Jahr, da bereits zahlreiche Gründe für eine befristete Beschäftigung gem. § 14 Abs. 1 TzBfG vorliegen und diese Aufzählung nicht abschließend ist (§ 23 TzBfG).[147]

4. Ergebnis

Festzuhalten bleibt, dass die Einräumung einer Befristungsmöglichkeit von Arbeitsverträgen entsprechend der Intention des Gesetzgebers dazu beitragen kann, dass über diese Ausgestaltung der Einstieg in ein Vollzeitarbeitsverhältnis gelingt, jedoch ebenfalls das Phänomen hervorruft, dass insbesondere junge Arbeitnehmer recht unsichere Zukunftsaussichten haben, da vor allem den Interessen der Arbeitgeber nach flexiblen Reaktionsmöglichkeiten auf variierende Marktlagen Rechnung getragen wird.[148] Um auch das Bedürfnis der Arbeitnehmer hinsichtlich einer gewissen Verlässlichkeit stärker zu berücksichtigen, erscheint es notwendig, die zulässige Höchstdauer der Befristung insgesamt von bisher zwei Jahren auf maximal ein Jahr zu senken, um die Interessen der Vertragsparteien in einen gerechten Ausgleich zu bringen und somit die Flexibilität der Arbeitgeber weitestgehend zu erhalten, gleichzeitig aber den Arbeitnehmern zeitnah eine relativ sichere Beschäftigungsperspektive zu bieten.

III. Arbeitnehmerüberlassung

1. Definition

Die Arbeitnehmerüberlassung ist nicht durch eine zweiseitige Vertragsbeziehung zwischen dem Arbeitgeber und dem Arbeitnehmer gekennzeichnet, sondern zwischen Verleiher, Entleiher und dem Arbeitnehmer entsteht ein Dreiecksverhältnis,

146 Vgl. dazu auch *Krause*, JA 2012, 468 (470).
147 Kittner/Zwanziger/Deinert-*Lakies*, Arbeitsrecht, § 114 Rn. 50.
148 Schaub/*Koch*, ArbR-Hdb. § 39 Rn. 8.

bei dem der Arbeitnehmer mit dem Verleiher einen Arbeitsvertrag abgeschlossen hat, seine vertraglich geschuldete Tätigkeit aber beim Entleiher erbringt.[149] Abzugrenzen ist die Leiharbeit vorrangig von der Arbeitsvermittlung, für die charakteristisch ist, dass der Arbeitsvermittler zu den von ihm vermittelten Arbeitnehmern in keiner rechtlichen Beziehung steht.[150] Abgesehen von Ausnahmen in §§ 1a AÜG bedürfen Arbeitgeber, die als Verleiher Dritten Arbeitnehmer zur Arbeitsleistung überlassen, grds. der Erlaubnis, vgl. § 1 AÜG.

2. Gesetzliche Grundlagen

a) Arbeitnehmerüberlassungsgesetz

Das Recht der Arbeitnehmerüberlassung hat eine wechselvolle Entwicklung genommen. War sie bis 1967 vollständig verboten und erst durch eine Entscheidung des Bundesverfassungsgerichtes[151] mit Beschränkungen für zulässig erklärt worden, trat schließlich im Jahr 1972 das Arbeitnehmerüberlassungsgesetz in Kraft.[152] In der Folgezeit fand die umfassendste Änderung durch das Erste Gesetz für moderne Dienstleistungen am Arbeitsmarkt[153] statt. Das Gesetz basiert im Wesentlichen auf den Vorschlägen der Kommission „Moderne Dienstleistungen am Arbeitsmarkt" (sog. Hartz-Komission).[154] Ziel war die Gleichstellung der Leiharbeitnehmer mit vergleichbaren Arbeitnehmern des entleihenden Unternehmens, vor allem hinsichtlich des Arbeitsentgelts und der Arbeitszeit; Abweichungen waren lediglich durch Tarifverträge möglich, wobei Ausnahmeregelungen für die

---

149 ErfK/*Wank*, Einl. AÜG Rn. 12a. Vgl. zu den Neuregelungen der Arbeitnehmerüberlassung, *Bertram*, FA 2003, 200; *Kokemoor*, NZA 2003, 238; *Reim*, AiB 2003, 73. Zu den Auswirkungen der Leiharbeitsrichtlinie, vgl. *Boemke*, RIW 2009, 177; *Waas*, ZESAR 2009, 207.

150 ErfK/*Wank*, Einl. AÜG Rn. 12b.

151 BVerfG v. 04.04.1967 – 1 BvR 84/65, BVerfGE 21, 261 = NJW 1967, 974. Bis zu diesem Zeitpunkt galt die Leiharbeit als Arbeitsvermittlung, hier besaß die Bundesanstalt für Arbeit das Monopol. Das BVerfG differenzierte zwischen der gewerblichen Arbeitnehmerüberlassung und der durch staatliches Monopol betriebenen Arbeitsvermittlung, vgl. hierzu ausführlich Schüren/Hamann/*Schüren,* AÜG, Einl. Rn. 47 ff.; Thüsing/*Thüsing*, AÜG, Einf. Rn. 28.

152 BGBl. I 1972, S. 1393, Gesetz zur Regelung der gewerbsmäßigen Arbeitnehmerüberlassung v. 07.08.1972.

153 BGBl. I 2002, S. 4607; BT-Drucks. 15/25, Entwurf eines Ersten Gesetzes für moderne Dienstleistungen am Arbeitsmarkt v. 05.11.2002.

154 Vgl. BT-Drucks. 15/25, Entwurf eines Ersten Gesetzes für moderne Dienstleistungen am Arbeitsmarkt v. 05.11.2002, S. 42.

ersten sechs Wochen der Überlassung existierten.[155] Kennzeichnend für die Gesetzesänderung war die Aufhebung des Befristungsverbotes, des Synchronisationsverbotes und der Überlassungsbegrenzung.[156]

b) Umsetzung der RL 2008/104/EG

Von Bedeutung im Rahmen des Arbeitnehmerüberlassungsgesetzes sind ebenfalls die europäischen Einflüsse; die Richtlinie über Leiharbeit 2008/104/EG[157] war bis zum 05.12.2011 umzusetzen (Art. 11 Abs. 1 RL 2008/104/EG).[158] Erfolgt ist dies zum 01.12.2011 durch das Inkrafttreten der Änderungen im Arbeitnehmerüberlassungsgesetz.[159] In diesem Kontext ist das Merkmal der Gewerbsmäßigkeit der Arbeitnehmerüberlassung entfallen, es wird nur noch auf die wirtschaftliche Tätigkeit abgestellt.[160] Ebenso wurde das im Zuge des Ersten Gesetzes für moderne Dienstleistungen am Arbeitsmarkt abgeschaffte Synchronisationsverbot durch eine Beschränkung der Arbeitnehmerüberlassung auf einen vorübergehenden

---

155 Siehe dazu die Gesetzesbegründung: BT-Drucks. 15/25, Entwurf eines Ersten Gesetzes für moderne Dienstleistungen am Arbeitsmarkt v. 05.11.2002, S. 24. Weiterführende Literatur zur Reform des Arbeitnehmerüberlassungsgesetzes, *Lembke*, BB 2003, 98; *Reim*, AiB 2003, 73; *Bertram*, FA 2003, 200.

156 Erläuternd ErfK/*Wank*, Einl. AÜG Rn. 4 [11. Auflage 2011]. Vertiefend: *Hanau*, ZIP 2003, 1573 (1575 ff.); *Baumbach*, AiB 2003, 453; *Kokemoor*, NZA 2003, 238 (241), durch die Abschaffung der spezielleren Vorschriften im Arbeitnehmerüberlassungsgesetz findet nun das allgemeine Befristungsrecht in Form des Gesetzes über Teilzeitarbeit und befristete Arbeitsverträge (TzBfG) Anwendung. Im Koalitionsvertrag zwischen CDU, CSU und SPD, Deutschlands Zukunft gestalten, 18. Legislaturperiode, S. 69 ist eine Überlassungshöchstdauer von 18 Monaten sowie eine Gleichstellung von Leiharbeitnehmern und Stammarbeitnehmern hinsichtlich des Arbeitsentgelts nach spätestens 9 Monaten vorgesehen.

157 Richtlinie 2008/104/EG des Europäischen Parlaments und des Rates vom 19. November 2008 über Leiharbeit, ABl. L 307 vom 05.12.2008, S. 9.

158 Weiterführend zu den Änderungen im Bereich der Arbeitnehmerüberlassung, *Lembke*, DB 2011, 414; *Langer*, Personal 2011, 52; *Rieble/Vielmeier*, EuZA 2011, 474; *Schuster/Grüneberg*, AiB 2012, 81; *Huke/Neufeld/Luickhardt*, BB 2012, 961.

159 BGBl. I 2011, S. 642, Erstes Gesetz zur Änderung des Arbeitnehmerüberlassungsgesetzes – Verhinderung von Missbrauch der Arbeitnehmerüberlassung v. 28.04.2011. Artikel 1 Nr. 5 bis 8, 13 sind bereits zum 30.04.2011 in Kraft getreten. Siehe zu den Neuregelungen, *Neufeld/Luickhardt*, AuA 2012, 72; *Giesen/Müller*, KSzW 2012, 20.

160 ErfK/*Wank*, Einl. AÜG Rn. 13.

Zeitraum wieder aufgegriffen.[161] Somit darf der Leiharbeitsvertrag nicht nur den Zeitraum der konkreten Überlassung umfassen.[162]

Im Rahmen der vorgenommenen Änderungen am Arbeitnehmerüberlassungsgesetz wird in der Begründung explizit betont, dass die Änderungen den Schutz der Arbeitnehmer nicht verringern, sondern das Gegenteil bewirken sollen.[163] Vorrangig sei die Missbrauchsverhinderung und nach Möglichkeit die Schaffung sozialversicherungspflichtiger Beschäftigungsverhältnisse für arbeitslose Frauen und Männer.[164] Bisher lassen sich noch keine stichhaltigen Aussagen über die Entwicklung der Arbeitnehmerüberlassung treffen, allerdings zeichnet sich bereits jetzt ab, dass durch die Erhöhung der Standards zu Gunsten der Leiharbeitnehmer häufig auf andere Gestaltungsinstrumente, z.B. den Werkvertrag gem. § 611 BGB zurückgegriffen wird, wobei hier das erhebliche Problem der Abgrenzung zur Leiharbeit besteht.[165]

---

161 § 1 Abs. 1 S. 2 AÜG „Die Überlassung von Arbeitnehmern an Entleiher erfolgt vorübergehend."

162 ErfK/*Wank*, § 1 AÜG Rn. 37.

163 BT-Drucks. 17/4804, Entwurf eines Ersten Gesetzes zur Änderung des Arbeitnehmerüberlassungsgesetzes – Verhinderung von Missbrauch der Arbeitnehmerüberlassung v. 17.02.2011, S. 1. Erreicht werden soll der Schutz der Leiharbeitnehmer durch die sog. Drehtürklausel. „Durch die Einführung einer gesetzlichen Regelung (sogenannte Drehtürklausel) soll verhindert werden, dass Arbeitnehmerinnen und Arbeitnehmer entlassen oder nicht weiter beschäftigt werden und anschließend unmittelbar oder nach kurzer Zeit als Leiharbeitnehmerinnen oder Leiharbeitnehmer zu schlechteren Arbeitbedingungen als die Arbeitnehmer des Entleihers wieder in ihrem ehemaligen Unternehmen oder einem anderen Unternehmen desselben Konzerns eingesetzt werden."

164 BT-Drucks. 17/4804, Entwurf eines Ersten Gesetzes zur Änderung des Arbeitnehmerüberlassungsgesetzes – Verhinderung von Missbrauch der Arbeitnehmerüberlassung v. 17.02.2011, S. 7.

165 Die Problematik lässt sich anhand der aktuellen Diskussion über den Missbrauch von Werkverträgen erkennen, vgl. hierzu die öffentliche Anhörung des Ausschusses für Arbeit und Soziales vom 23.04.2012, „Abgrenzung zwischen Leiharbeit und Werkvertrag"; BT-Drucks. 17/7482, Antrag von Abgeordneten und der Fraktion BÜNDNIS90/ DIE GRÜNEN v. 26.10.2011, „Leiharbeit und Werkverträge abgrenzen – Kontrollen verstärken"; BT-Drucks. 17/7220, Antrag von Abgeordneten und der Fraktion DIE LINKE v. 29.09.2011, „Missbrauch von Werkverträgen verhindern – Lohndumping eindämmen". Vgl. auch *Wolf* in: FS Bepler, S. 661 (665), der hierin eine neue „Großbaustelle" sieht. Im Koalitionsvertrag zwischen CDU, CSU und SPD, Deutschlands Zukunft gestalten, 18. Legislaturperiode, S. 69 ist hierzu vorgesehen, den „Missbrauch von Werkvertragsgestaltungen zu verhindern".

3. Entwicklung der Arbeitnehmerüberlassung

a) *Allgemeines*

Einen Einblick über die Verbreitung der Leiharbeit lässt sich dem Monatsbericht April 2011 der Bundesagentur für Arbeit entnehmen. Zu konstatieren ist, dass der Bereich der Arbeitnehmerüberlassung einen deutlichen Zuwachs erfahren hat.[166] Neben einem allgemeinen konjunkturellen Aufschwung und einer damit verbundenen Zunahme der Erwerbstätigkeit bzw. der sozialversicherungspflichtigen Beschäftigungsverhältnisse zeigt sich, dass im Zeitraum zwischen Februar 2010 und Februar 2011 die Beschäftigtenzahl im Bereich der Arbeitnehmerüberlassung um 178.000 bzw. 31,9 % gestiegen ist.[167]

Betrachtet man eine größere Zeitspanne, so ist festzustellen, dass im Jahr 1997 insgesamt 200.000 Beschäftigte als Leiharbeitnehmer angestellt waren, abgesehen von einer kurzzeitigen Verringerung lässt sich bis zum Jahr 2007 ein stetiger Anstieg auf 721.000 Leiharbeitnehmer verzeichnen.[168] Nach einem Einbruch im Zuge der Finanzmarktkrise (2008) ist die Zahl der Beschäftigten in der Leiharbeitsbranche wieder deutlich angestiegen, sodass die Arbeitnehmerüberlassung, vor allem in wirtschaftlichen Aufschwungzeiten eine beliebte Beschäftigungsform darstellt. Die neuesten Zahlen zeigen wiederum eine Abnahme der Beschäftigten im Bereich der Arbeitnehmerüberlassung.[169]

Es lässt sich erkennen, dass die grundlegenden Veränderungen der Arbeitnehmerüberlassung durch das Erste Gesetz für moderne Dienstleistungen am Arbeitsmarkt[170] erheblich dazu beigetragen haben, dass die Zahl der Beschäftigungsverhältnisse von Leiharbeitnehmern deutlich zugenommen hat. Jedoch kann anhand dieser Zahlen noch nicht bestimmt werden, ob es sich hierbei um vollständig sozialversicherungspflichtige Beschäftigungsverhältnisse handelt. Hinsichtlich dieser Problematik liefern die Daten der Bundesagentur für Arbeit für den Zeitraum zwischen Juni 2007 und Juni 2009 weitere Hinweise.[171]

---

166 Bundesagentur für Arbeit, Der Arbeits- und Ausbildungsmarkt in Deutschland, April 2011, S. 8.

167 Bundesagentur für Arbeit, Der Arbeits- und Ausbildungsmarkt in Deutschland, April 2011, S. 8.

168 Bundesagentur für Arbeit, Arbeitsmarkt in Zahlen, Arbeitnehmerüberlassung, Leiharbeitnehmer und Verleihbetriebe im Halbjahr 2009, S. 1.

169 Bundesagentur für Arbeit, Der Arbeits- und Ausbildungsmarkt in Deutschland, Juli 2012, S. 9.

170 BT-Drucks. 15/26, S. 2, Entwurf eines Gesetzes für moderne Dienstleistungen am Arbeitsmarkt vom 05.11.2002.

171 Bundesagentur für Arbeit, Arbeitsmarkt in Zahlen, Arbeitnehmerüberlassung, Leiharbeitnehmer und Verleihbetriebe im Halbjahr 2009, S. 1.

Obwohl dieser Darstellungszeitraum relativ kurz ist, zeigt sich, dass im Juni 2007 ca. 655.000 von ca. 711.000 Leiharbeitnehmern eine sozialversicherungspflichtige Beschäftigung ausgeübt haben. Bis Mitte 2008 ist die Zahl der Leiharbeitnehmer auf ca. 771.000 Arbeitnehmer angestiegen, von denen ca. 710.000 Arbeitnehmer eine vollständig in die Sozialsysteme integrierte Beschäftigung ausübten. Im Verhältnis zum Gesamtanstieg der Arbeitnehmerüberlassung hat sich der Anteil der geringfügig entlohnten Beschäftigungsverhältnisse nur moderat erhöht. Der folgende Zeitraum bis Juni 2009 ist gekennzeichnet durch einen starken Rückgang der Arbeitnehmerüberlassung auf ca. 599.000, gleichzeitig ist die Zahl der geringfügig entlohnten Arbeitnehmer auf ca. 68.000 angestiegen. Zurückzuführen ist diese Entwicklung auf die Finanzmarktkrise, verursacht durch eine allgemein schwierige wirtschaftliche Lage, haben die Arbeitgeber viele Leiharbeitnehmer entlassen und mögliche Neueinstellungen nicht in Form von sozialversicherungspflichtigen Beschäftigungsverhältnissen vorgenommen.

Bezeichnend ist, dass es nur etwa zehn Prozent schaffen, außerhalb der Zeitarbeitsbranche in eine Festanstellung zu wechseln, wobei es sich als besonderes Problem der Arbeitnehmerüberlassung herausgestellt hat, dass Betriebe teilweise systematisch versuchen, Teile der ursprünglichen Belegschaft als Leiharbeitnehmer einzusetzen.[172] Dem wird durch die in § 3 Abs. 1 Nr. 3 S. 4 AÜG verankerte sog. Drehtürklausel[173] Einhalt geboten werden, allerdings gilt diese Regelung nur für Konzerne.

b) Auswirkungen des Gesetzes

Die Auswirkungen des Arbeitnehmerüberlassungsgesetzes sind vielfältig und bestimmen sich aus der jeweiligen Perspektive. Unternehmen eröffnet sich die Möglichkeit der Substitution eigener Arbeitnehmer durch Leiharbeitnehmer und damit verbunden der Anfall geringerer Personalkosten, sowie ein flexiblerer Einsatz der

---

172 Süddeutsche Zeitung vom 04.03.2011, S. 19, „Immer weniger Vollzeitjobs [,] Arbeitsmarktexperten fordern Regierung zum Handeln auf".

173 BT-Drucks. 17/4804, Entwurf eines Ersten Gesetzes zur Änderung des Arbeitnehmerüberlassungsgesetzes – Verhinderung von Missbrauch der Arbeitnehmerüberlassung v. 17.02.2011, S. 1. Erreicht werden soll der Schutz der Leiharbeitnehmer durch die sog. Drehtürklausel. „Durch die Einführung einer gesetzlichen Regelung (sogenannte Drehtürklausel) soll verhindert werden, dass Arbeitnehmerinnen und Arbeitnehmer entlassen oder nicht weiter beschäftigt werden und anschließend unmittelbar oder nach kurzer Zeit als Leiharbeitnehmerinnen oder Leiharbeitnehmer zu schlechteren Arbeitbedingungen als die Arbeitnehmer des Entleihers wieder in ihrem ehemaligen Unternehmen oder einem anderen Unternehmen desselben Konzerns eingesetzt werden."

Mitarbeiter ohne eine eigene arbeitsvertragliche Bindung.[174] Damit wird den Arbeitgebern durch die Arbeitnehmerüberlassung eine deutlich größere Flexibilität eingeräumt, um sich zeitnah auf verändernde wirtschaftliche Rahmenbedingungen einzustellen. Denn der Unternehmer steht durch die Entleihung in keinem arbeitsvertraglichen Verhältnis zu den Arbeitnehmern, diese sind ausschließlich beim Verleiher angestellt.

Allerdings ist zu klären, ob diese Form der Beschäftigung auch für die Arbeitnehmer entsprechende Vorteile bietet. In diesem Kontext geht die Gesetzesbegründung davon aus, dass das Arbeitnehmerüberlassungsgesetz dazu beitragen werde, dass ein höherer Anteil von Arbeitnehmern den Weg in ein vollständig sozialversicherungspflichtiges Beschäftigungsverhältnis finden wird.[175] In Frage steht diese Annahme auf Grund der Tatsache, dass durch das Erste Gesetz für moderne Dienstleistungen am Arbeitsmarkt neben dem Synchronisationsverbot und der Überlassungsbegrenzung, auch das Befristungsverbot abgeschafft wurde. Nach vorheriger Rechtslage konnte der Arbeitgeber mit einem Arbeitnehmer, von einigen Ausnahmen abgesehen, nicht wiederholt einen befristeten Arbeitsvertrag abschließen, vgl. § 3 Abs. 1 Nr. 3 AÜG a.F., ansonsten wurde die erforderliche Erlaubnis nicht erteilt. Das Risiko einer vorübergehenden Beschäftigungslosigkeit des Arbeitnehmers trug daher der Verleiher, denn der Arbeitnehmer hatte trotz Nichtbeschäftigung weiterhin einen Anspruch auf seine Vergütung.[176] Durch die Aufhebung des Befristungsverbotes greifen die Regelungen zum allgemeinen Befristungsrecht, wobei etwaige Befristungsgründe nur die Beziehung zwischen dem Arbeitnehmer und dem Verleiher betreffen, da nur in dieser Konstellation auch eine Vertragsbeziehung besteht.[177] Allerdings sind auf Grund der Leiharbeit für den Verleiher keine allgemeinen Befristungsgründe einschlägig, sodass hier entgegen der gesetzgeberischen Intention eine Verschärfung im Vergleich zur vorherigen Rechtslage herbeigeführt wurde.[178] Angesprochen wurde ebenfalls, dass durch die Umsetzung der RL 2008/104/EG der Leiharbeitsvertrag nicht nur den konkreten Zeitraum der Überlassung

---

174 Ausführlich dazu *Böhm*, NZA 2005, 554. Zu den Vorteilen der Arbeitnehmerüberlassung siehe *Friemel/Hautumm*, AuA 2010, 208.

175 BT-Drucks. 17/4804, Entwurf eines Ersten Gesetzes zur Änderung des Arbeitnehmerüberlassungsgesetzes – Verhinderung von Missbrauch der Arbeitnehmerüberlassung v. 17.02.2011, S. 7.

176 ErfK/*Wank*, Einl. AÜG Rn. 6 [11. Auflage 2011].

177 *Ulber,* AÜG, § 9 Rn. 325 mwN.

178 ErfK/Wank, Einl. AÜG Rn. 6 ff. mit einer ausführlichen Darstellung der einzelnen in Frage kommenden Befristungsgründe.

umfassen darf (§ 1 Abs. 1 S. 2 AÜG).[179] Insgesamt hat sich die Situation der Leiharbeitnehmer auf Grund der gesetzlichen Rahmenbedingungen nicht verschlechtert, jedoch ist damit noch keine Aussage darüber getroffen, ob die angesprochenen Erwartungen der Realität entsprechen. Der sog. Klebeeffekt[180], bei dem der Leiharbeitnehmer von einem Leiharbeitsverhältnis in ein Beschäftigungsverhältnis außerhalb der Leiharbeitsbranche übernommen wird, ist angesichts der genannten Zahl von zehn Prozent[181] äußerst gering. Damit erscheint der Wechsel von einer Beschäftigung in der Leiharbeitsbranche, z.B. zum entleihenden Arbeitgeber mit erheblichen Schwierigkeiten verbunden zu sein.

Die gegenteilige Ansicht vertrat die ehemalige Bundesministerin für Arbeit und Soziales, *Ursula von der Leyen*, die den elften Bericht zur Arbeitnehmerüberlassung[182] dahingehend kommentierte, dass Zeitarbeit Brücken in den Arbeitsmarkt baue und Flexibilität für Unternehmen bringe.[183] Die Grundlage dieser Sichtweise lässt sich dem Bericht kaum entnehmen. Denn durch das Erste Gesetz für moderne Dienstleistungen am Arbeitsmarkt[184] wurden die sog. Personal-Service-Agenturen als besondere Form der gewerbsmäßigen Arbeitnehmerüberlassung geschaffen und mit ihnen die Erwartung verbunden, dass ca. ein Drittel der Leiharbeitnehmer durch den sog. Klebeeffekt nach einem gewissen Zeitraum vom Entleihbetrieb in ein reguläres Beschäftigungsverhältnis übernommen und damit die Leiharbeitnehmer in den Entleihbetrieb integriert werden.[185] Im Rahmen der Evaluation der Personal-Service-Agenturen kam die Bundesregierung allerdings zu dem Schluss, dass dieses Ziel nicht erreicht wurde, sich hingegen sogar die Eingliederungschancen von Personen, die in einer Personal-Service-Agentur organisiert waren, verschlechterten.[186]

---

179 Vgl. 3. Kap. B. III. 2. b).

180 BT-Drucks. 15/25, Entwurf eines Ersten Gesetzes für moderne Dienstleistungen am Arbeitsmarkt, S. 23, „Zeitarbeit ist ein erfolgversprechender Weg, vorhandene Beschäftigungspotenziale, die z.B. durch Überstunden abgedeckt werden, für die zusätzliche Beschäftigung von arbeitslosen Frauen und Männern zu erschließen."

181 Vgl. 3. Kap. B. III. 3. a).

182 Elfter Bericht der Bundesregierung über Erfahrungen bei der Anwendung des Arbeitnehmerüberlassungsgesetzes (AÜG) v. 18.01.2010, BT-Drucks. 17/464.

183 Vgl. Pressemitteilung des Bundesministeriums für Arbeit und Soziales vom 13.01.2010.

184 BGBl. I 2002, S. 4607.

185 Elfter Bericht der Bundesregierung über Erfahrungen bei der Anwendung des Arbeitnehmerüberlassungsgesetzes (AÜG) v. 18.01.2010, BT-Drucks. 17/464, S. 10.

186 Elfter Bericht der Bundesregierung über Erfahrungen bei der Anwendung des Arbeitnehmerüberlassungsgesetzes (AÜG) v. 18.01.2010, BT-Drucks. 17/464, S.

Insgesamt lässt sich konstatieren, dass das vom Gesetzgeber angestrebte Ziel im Rahmen der Leiharbeit die Chancen von Arbeitnehmerinnen und Arbeitnehmern auf eine sozialversicherungspflichtige Beschäftigung außerhalb der Leiharbeitsbranche wesentlich zu erhöhen, nicht erreicht wurde. Lediglich die Flexibilität für die Unternehmen wurde gesteigert, da sie durch den Einsatz von Leiharbeitnehmern sehr zeitnah und passend auf Veränderungen der wirtschaftlichen Situation reagieren können. Somit ist der genannten Auffassung von *Ursula von der Leyen* nur im Hinblick auf die Eröffnung von flexiblen Gestaltungsmöglichkeiten für die Unternehmen beizupflichten, nicht hingegen, dass die Leiharbeit Brücken in den Arbeitsmarkt baue, denn dem widersprechen die genannten Zahlen deutlich. Die Arbeitnehmer erhalten durch die Möglichkeit der Leiharbeit idR. einfacher eine Beschäftigung, die jedoch überwiegend nur geringfügig entlohnt wird und daher häufig eine geringe soziale Absicherung bietet.

Besonders problematisch erscheint nach einer Studie des Deutschen Gewerkschaftsbundes, dass Leiharbeitnehmer, die einer Vollzeitbeschäftigung nachgehen, nur etwas mehr als die Hälfte des Gehalts bekommen, das ein Arbeitnehmer im Entleiherbetrieb erhält.[187]

Hinsichtlich der geschlechtsspezifischen Aufteilung wird deutlich, dass Frauen mit einem Beschäftigungsanteil von 28,4 % (Dezember 2008) deutlich in der Minderheit sind und somit die Leiharbeit für Frauen zunächst nur vergleichsweise selten ein Problem hinsichtlich der Vereinbarkeit von Familie und Beruf darstellt.[188] Dies darf aber nicht zu einer zu einseitigen Sichtweise führen. Immerhin sind

---

11. Hintergrund dieser Nachteile sei die nachlassende eigene Suchaktivität der Leiharbeitnehmer in Bezug auf eine reguläre Beschäftigung. Es könne davon ausgegangen werden, dass sich die Beschäftigten auf die Vermittlungstätigkeit der Personal-Service-Agenturen verlassen. Zwischenzeitlich wurde die Regelung hinsichtlich der Personal-Service-Agenturen in § 37c SGB III durch die allgemein gefasste Vorschrift des § 45 SGB III ersetzt. Vgl. hierzu *Voelzke*, jurisPR-SozR 5/2009 Anm. 4; *Solka,* jurisPR-SozR 8/2012 Anm. 1.

187 Vgl. dazu http://www.sueddeutsche.de/wirtschaft/studie-zu-leiharbeit-armut-trotz-arbeit-ist-an-der-tagesordnung-1.1055995 (21.12.2013). Ebenfalls Böcklerimpuls 19/2011, S. 2 unter Bezugnahme auf die Untersuchungen von *Jahn*, IAB-Forum 2011, 40.

188 Elfter Bericht der Bundesregierung über Erfahrungen bei der Anwendung des Arbeitnehmerüberlassungsgesetzes (AÜG) v. 18.01.2010, BT-Drucks. 17/464, S. 22. Als Erklärung für diese Entwicklung wird angegeben, dass in den Branchen, in denen vermehrt auf die Arbeitnehmerüberlassung zurückgegriffen werde, Frauen ohnehin unterrepräsentiert seien und gleichzeitig Frauen häufiger als Teilzeitbeschäftigte arbeiten, wobei diese Form der Beschäftigung in der Zeitarbeit nur eine untergeordnete Rolle spiele. Besonders verbreitet sei die Leiharbeit im verarbeitenden Gewerbe, die

trotzdem fast ein Drittel der Beschäftigten in dieser Branche weiblich, gleichzeitig wurde bereits festgestellt, dass Leiharbeitnehmer idR. nur ca. die Hälfte im Vergleich zu in Vollzeit beim Verleiher tätigen sonstigen Arbeitnehmer verdienen. Besonders der erwirtschaftete geringe Lohn und die sich daraus ergebende prekäre finanzielle Situation können dazu führen, dass Arbeitnehmer trotz Erwerbstätigkeit auf die Unterstützung des Staates angewiesen sind.

Neben dem geringen monatlichen Einkommen ist vor allem das Problem der sozialen Sicherung hervorzuheben. Arbeiten Leiharbeitnehmer in einer geringfügig entlohnten Beschäftigung, so werden kaum Einzahlungen in die sozialen Sicherungssysteme getätigt. Eine entsprechende Absicherung ist aber zwingend erforderlich, um das Problem der Altersarmut wirksam bekämpfen und den aktuellen Lebensstandard zumindest ansatzweise beibehalten zu können. Ist die Erwerbsbiographie eines Arbeitnehmers überwiegend von atypischen Beschäftigungsverhältnissen gekennzeichnet, so kann keine hinreichende Vorsorge für den Lebensunterhalt nach Beendigung des aktiven Erwerbslebens getroffen werden, sodass bei Unterschreiten einer gewissen Grenze staatliche Transferleistungen erforderlich sind.

4. Schlussfolgerungen

Es bleibt festzuhalten, dass die Arbeitnehmerüberlassung dazu beitragen kann, vor allem (Langzeit-) Arbeitslosen wieder eine Chance auf eine Beschäftigung zu eröffnen. Allerdings sind die mit der Arbeitnehmerüberlassung erhofften positiven Effekte weitgehend ausgeblieben, insbesondere werden längst nicht so viele Beschäftigte in ein Vollzeitarbeitsverhältnis außerhalb der Leiharbeitsbranche übernommen, wie erhofft. Obwohl ein Großteil der Leiharbeitnehmer ein sozialversicherungspflichtiges Beschäftigungsverhältnis innehat, so ist diese Beschäftigungsform häufig durch eine kurze Dauer und einen geringen Ertrag gekennzeichnet.[189] Vor allem für gering Qualifizierte stellt sich die Situation auf Grund fehlender Perspektiven noch gravierender dar. Erfüllt wurden daher primär die Interessen der Unternehmen im Hinblick auf einen flexiblen Arbeitnehmereinsatz, wohingegen die erhofften positiven Effekte für die Arbeitnehmer weitgehend ausgeblieben sind.

---

dort anfallenden Tätigkeiten seien häufig mit erheblichen körperlichen Anstrengungen verbunden (vgl. a.a.O. S. 28).

189 Bundesagentur für Arbeit, Der Arbeitsmarkt in Deutschland – aktuelle Entwicklungen in der Zeitarbeit, Juli 2012, S. 4.

C. Auswirkungen atypischer Beschäftigungsverhältnisse auf die Arbeitnehmer

Die vorangegangenen Ausführungen zeigen, dass sich eine Segmentierung am Arbeitsmarkt beobachten lässt. Während die Entwicklung des Normalarbeitsverhältnisses Schwankungen sowohl nach oben als auch nach unten aufweist, hat die prekäre Beschäftigung erheblich zugenommen, sodass die Erwerbsbiographien der Beschäftigten, vor allen der Geringqualifizierten, nur eine geringe Kontinuität aufweisen.[190] Die Unternehmen setzen auf flexible Formen der Beschäftigung, die es ermöglichen, die Arbeitnehmer entsprechend dem aktuellen Auftrags- und damit verbundenen Beschäftigungsbedarf einzusetzen. Während dies den Arbeitgebern eine größtmögliche Flexibilität und damit verbundene Produktivitätssteigerung bei gleichzeitiger Kostensenkung ermöglicht, folgt daraus für die Arbeitnehmer eine zunehmende Unsicherheit hinsichtlich der Ausgestaltung des zeitlichen und finanziellen Spielraums.

Im Rahmen dieser Betrachtung sind die Arbeitsverhältnisse außer Acht zu lassen, bei denen der Abschluss einer solchen atypischen Beschäftigung auf ausdrücklichen Wunsch der beteiligten Arbeitnehmer erfolgt ist. Den größten Anteil daran wird die Teilzeitarbeit einnehmen, die vorwiegend Frauen nutzen, um die Vereinbarkeit von Erwerbstätigkeit und Kindererziehung zu bewerkstelligen. Aber auch hier lässt sich in Frage stellen, ob die Aufnahme einer Teilzeitbeschäftigung tatsächlich freiwillig erfolgt oder dies nicht eher den fehlenden Alternativen geschuldet ist. Insbesondere könnte der Grund darin liegen, dass es in vielen Gegenden der Bundesrepublik den Frauen mangels vorhandener Kinderbetreuungsmöglichkeiten kaum möglich ist, einer Vollzeitbeschäftigung nachzugehen.[191] Regelmäßig hat dies zur Folge, dass die betroffenen Arbeitnehmer ihren Lebensunterhalt auf Grund der atypischen Beschäftigung nicht sichern können, dies ist z.B. im Konzept der geringfügigen Beschäftigungen gar so angelegt, da im Rahmen dieser Beschäftigungsform davon ausgegangen wird, dass sie nur einen Zusatzverdienst neben einer eigenen Vollerwerbstätigkeit oder der des Partners

---

190 Ausführlich zum Wandel des Normalarbeitsverhältnisses vgl. die Ausführungen im 3. Kap. A.; dazu *Waltermann*, Verhandlungen des 68. Deutschen Juristentages (2010), Band I, Gutachten, B, S. 10.

191 Laux/Schlachter-*Laux*, TzBfG, Einführung Rn. 11, demnach seien die Hauptgründe für eine Teilzeitbeschäftigung die vorhandenen familiären Verpflichtungen, sowie nicht ausreichend vorhandene Vollzeitarbeitsplätze, wobei hier regionale Unterschiede zwischen West- und Ostdeutschland ausgemacht werden können.

darstellt.[192] Hinzu kommen nicht nur finanzielle Einbußen, sondern durch ein geringeres Einkommen werden entweder gar keine oder nur geringfügige Abgaben an die Sozialkassen entrichtet und gleichzeitig besteht kein erwähnenswerter finanzieller Spielraum für die eigene Altersvorsorge. Ein Einkommen, das aber das Existenzminimum des Arbeitnehmers nicht decken kann, muss durch Aufstockungsleistungen nach dem SGB II erhöht werden.[193] Je länger die (teilweise) Abwesenheit des Arbeitnehmers vom Arbeitsmarkt andauert, desto schwieriger ist es auf Grund der betrieblichen Weiterentwicklung und den damit verbundenen Anforderungen an die Arbeitnehmer wieder eine Beschäftigung auszuüben, die nicht im prekären Bereich angesiedelt ist und somit auch ein finanzielles Auskommen bieten kann. Darüber hinaus wird der Staat nicht nur durch die geringeren Sozialausgaben entlastet, sondern es werden auch höhere Steuereinnahmen generiert.

Bei den sonstigen genannten Formen der atypischen Beschäftigung wie der befristeten Tätigkeit, der Leiharbeit oder der geringfügigen Beschäftigung ist ebenfalls überwiegend davon auszugehen, dass die Ausübung einer solchen Erwerbstätigkeit nicht auf einer autonomen Entscheidung der Arbeitnehmer basiert. Vielmehr sind sie oftmals auf Grund mangelnder Alternativen und wirtschaftlicher Notlagen auf die Aufnahme einer solchen Beschäftigung angewiesen. Eine atypische Tätigkeit kann zu einem Einstieg in ein Vollzeitarbeitsverhältnis führen, schaut man sich hingegen die dargelegten Entwicklungen in der Leiharbeit an, so ergeben sich erhebliche Zweifel.[194] Besonders der Gesetzgeber hat im Rahmen dieser Beschäftigungsform auf die Brückenfunktion abgestellt.[195] Studien haben jedoch gezeigt, dass dieser Effekt längst nicht so gravierend ist wie erwartet, viele Arbeitnehmer finden sich nach einer atypischen Beschäftigung sogar in der Arbeitslosigkeit wieder.[196]

Allerdings bleibt zu berücksichtigen, dass es häufig nicht möglich ist, besonders den gering qualifizierten Arbeitnehmern eine entsprechende Beschäftigung zu vermitteln. Hier muss kontinuierlich auf eine verbesserte Ausbildung der betroffenen Arbeitnehmer hingewirkt werden.

---

192 *Waltermann*, Verhandlungen des 68. Deutschen Juristentages (2010), Band I, Gutachten, B, S. 33.

193 Zeit online, „Milliarden an Steuergeldern fließen in Niedriglöhne" abzurufen unter: http://www.zeit.de/politik/deutschland/2010-08/niedriglohn-mindestlohn-steuergeld (21.12.2013).

194 Vgl. dazu die Ausführungen im 3. Kap. B. III.

195 BT-Drucks. 17/6986, Entwicklung der geringfügigen Beschäftigung in Deutschland v. 14.09.2011, S. 39 f.

196 *Keller/Seifert*, WSI-Mitteilungen 2011, 138 (142).

D. Ergebnis

Obwohl das Normalarbeitsverhältnis nach wie vor den Kern der Beschäftigungsverhältnisse bildet, haben sich im Laufe der Zeit erhebliche Flexibilisierungsbestrebungen gezeigt, die eine Reihe von atypischen Arbeitsverhältnissen hervorgerufen haben. Oftmals ist davon auszugehen, dass der Abschluss entsprechender Arbeitsverhältnisse idR. nicht den Wünschen der Arbeitnehmer entspricht. Nicht zutreffend erscheint diese Annahme z.B. für einen relativ geringen Anteil im Rahmen der Teilzeitbeschäftigung, wenn sich ein Elternteil bewusst für diese Form der Beschäftigung entscheidet, um Freiräume für familiäre Aufgaben zu schaffen. Die Teilzeitbeschäftigung bietet Eltern die Möglichkeit, die Berufstätigkeit mit den Betreuungspflichten zu vereinbaren, wobei auch hier festzustellen ist, dass ein Großteil unfreiwillig in dieser Beschäftigungsform verbleibt, da eine Vollzeitbeschäftigung nicht vorhanden ist oder die Beaufsichtigung des Kindes nicht anderweitig sichergestellt werden kann.

Die weiteren dargelegten Beschäftigungsformen führen idR. dazu, dass die betroffenen Arbeitnehmer ein geringeres Entgelt für ihre Tätigkeit erhalten und häufig erheblich unter dem vorhandenen zeitlichen Spielraum beschäftigt werden. Während in der Gegenwart primär das Problem der finanziellen Engpässe diese Beschäftigungsform kennzeichnet, so zeigen sich die Auswirkungen zukünftig überwiegend auf Grund geringerer Ansprüche, z.B. im Rahmen der Renten- oder Pflegeversicherung. Oftmals können diese Beschäftigungsverhältnisse den Lebensunterhalt nicht sichern, sodass die betroffenen Arbeitnehmer zusätzlich auf steuerfinanzierte, staatliche Transferleistungen angewiesen sind. Vorteile ergeben sich vorwiegend für die Arbeitgeber, die die Mitarbeiter flexibel einsetzen bzw. bei entsprechenden Auftragsengpässen wieder entlassen können. Dieses Phänomen hat sich exemplarisch im Zuge der Finanzmarktkrise gezeigt, bei der besonders Leiharbeitnehmer entlassen wurden.[197]

Insgesamt lässt sich eine stetige Veränderung der Arbeitswelt von der kontinuierlichen, über Jahrzehnte dauernden Beschäftigung, hin zu flexiblen und

---

197 Vgl. Süddeutsche Zeitung vom 12./13. Februar 2011, S. V2/15, „Es boomt, es brummt[,] Die Industrie hungert nach berufserfahrenen Leiharbeitnehmern – und ist bereit, mehr dafür zu bezahlen". Demnach hat die Zeitarbeitsbranche im April 2009 mit 580 000 Zeitarbeitern ihren Tiefststand erreicht. Derzeit nähert sich die Zahl der Beschäftigten im Bereich der Zeitarbeit der Millionengrenze. Vgl. hierzu *Wolf* in: FS Bepler, S. 661 (665), der die Zeitarbeit nicht als prekär beurteilt und hierin ein „großes Potenzial für [die] Beschäftigungsförderung" sieht (a.a.O., S. 674).

deutlich weniger stabilen Beschäftigungsverhältnissen konstatieren. Erforderlich erscheint, dass dieser Trend gestoppt wird und zunehmend die Bedürfnisse der Arbeitnehmer in den Vordergrund gestellt werden. Positiv ist dies nicht nur für die betroffenen Arbeitnehmer, sondern durch geringere steuerfinanzierte Transferleistungen auch für die Gesellschaft insgesamt. Die Flexibilitätseinbußen der Arbeitgeber erscheinen dagegen vertretbar, da auch weiterhin die verschiedenen Beschäftigungsformen zur Verfügung stehen, lediglich mit stärkeren Restriktionen, wie z.B. im Rahmen der befristeten oder der geringfügigen Beschäftigung. Notwendig sind die genannten gesetzlichen Korrekturen, da ein flexibler Arbeitsmarkt zwar die Grundlage für die Konkurrenzfähigkeit auf den globalen Märkten bietet, aber die Belange der Arbeitnehmer hinreichende Beachtung finden müssen.

4. Kapitel: Entwicklung der Arbeitszeiten im Einzelhandel unter Berücksichtigung der Rechtsprechung des Bundesverfassungsgerichts zum Ladenschluss

Nachdem verschiedene Formen der atypischen Beschäftigung und die damit häufig verbundenen Nachteile für Arbeitnehmer dargestellt wurden, sollen nun beispielhaft anhand des Einzelhandels die Beschäftigungszeiten der Arbeitnehmer in den Fokus gerückt werden. Denn Schwierigkeiten können sich für die Arbeitnehmer nicht nur aus der Art des abgeschlossenen Beschäftigungsverhältnisses und der damit individuell verbundenen finanziellen Absicherung ergeben, sondern auch aus der Lage der Arbeitszeiten. Häufig entsteht die Problematik, dass ein vollzeitbeschäftigter Arbeitnehmer unter Umständen Arbeitszeiten hat, die dem Familienleben oder der körperlichen bzw. seelischen Regeneration zuwider laufen. Denkbar ist die Konstellation, dass ein Arbeitnehmer in einer der dargestellten atypischen Beschäftigungsformen abends, nachts oder an den Wochenenden seine vertraglich geschuldete Tätigkeit verrichten muss, woraus oftmals erhebliche Schwierigkeiten, besonders hinsichtlich eines erhöhten Betreuungsaufwands von Familienmitgliedern, resultieren.

Exemplarisch lässt sich diese Problematik anhand des Ladenschlussgesetzes des Bundes bzw. der Ladenöffnungsgesetze der Länder erläutern, wobei der Schwerpunkt auf die Sonntagsarbeit gelegt werden soll, die bereits häufiger Gegenstand von Entscheidungen des Bundesverfassungsgerichts war.[1] Anhand der wesentlichen Urteile ist zu verdeutlichen, welche Vorgaben das Bundesverfassungsgericht hinsichtlich der Sonn- und Feiertagsarbeit aufstellt und wie deren Umsetzung in der Praxis, hier vornehmlich im Einzelhandel, erfolgt. Gleichzeitig sind die sich verändernden Arbeitsformen unter dem Blickwinkel der Sonntagsarbeit näher zu beleuchten. Die Ladenöffnungszeiten im Einzelhandel erscheinen zur Verdeutlichung der Auswirkungen der flexiblen Beschäftigungszeiten auf die Arbeitnehmer besonders geeignet, da die Entwicklungen im vergangenen Jahrzehnt zeigen, dass im Jahr 2000 der Anteil von Vollzeitarbeitsverhältnissen bei ca. 1.500 000 lag, in Teilzeit waren ca. 1.300 000

1 BVerfG v. 01.12.2009 – 1 BvR 2857/07, 1 BvR 2858/07, BVerfGE 125, 39 = JZ 2010, 137; BVerfG v. 09.06.2004 – 1 BvR 636/02, BVerfGE 111, 10 = NJW 2004, 2363; BVerfG v. 16.01.2002 – 1 BvR 1236/99, BVerfGE 104, 357 = NJW 2002, 666.

Arbeitnehmer beschäftigt.[2] Bis zum Jahr 2007 ist die Zahl der Vollzeitarbeitsverhältnisse auf ca. 1.300 000 gesunken ist, während die Teilzeitbeschäftigung (einschließlich der geringfügigen Beschäftigung) einen Anstieg auf über 1.600 000 Arbeitnehmer verzeichnete.[3] Bis zum Jahr 2011 hat sich die Zahl der Teilzeitbeschäftigungsverhältnisse weiter ausgedehnt, sodass ca. 1.800 000 Arbeitnehmer einer derartigen Tätigkeit nachgehen, wohingegen ca. 1 300 000 Beschäftigte in Vollzeit tätig sind.[4] Besonders interessant erscheint die Aufschlüsselung der Teilzeitbeschäftigung; hierbei lässt sich erkennen, dass über 1 Million Arbeitnehmer geringfügig beschäftigt waren, wobei die Zahlen aus dem Jahr 2012 belegen, dass die Anzahl der geringfügig entlohnten Beschäftigten auf ca. 980.000 gesunken ist.[5] Die stetige Zunahme dieser Beschäftigungsformen bis zum Jahr 2011 lässt darauf schließen, dass Arbeitgeber versuchen, dem gestiegenen Konkurrenzdruck und den wachsenden Flexibilitätsanforderungen gerecht zu werden. Einer solchen Entwicklung kann nur dann Einhalt geboten werden, wenn entsprechende Gesetze zum Schutz der Arbeitnehmer greifen, die ein unkontrolliertes Ausufern der Arbeitszeiten verhindern.

Zu konstatieren ist, dass Regelungen wie das Arbeitszeitgesetz bereits einen wesentlichen Beitrag zum Schutz der Arbeitnehmer leisten, indem diese nicht über ein gesundheitlich verträgliches Maß hinaus beschäftigt werden dürfen. Problematisch erscheint aber, dass das Arbeitszeitgesetz im Kern vom Normalarbeitsverhältnis ausgeht. Obwohl die Regelungen auch auf atypische Beschäftigungsverhältnisse Anwendung finden, sind die Höchstgrenzen in einem solchen Arbeitsverhältnis schwerer zu erreichen. Hinzu kommt, dass häufig mehrere atypische Beschäftigungsverhältnisse ein Normalarbeitsverhältnis ersetzen, sodass sich auch hieraus eine erweiterte Flexibilität für die Arbeitgeber ergibt, von der häufig im Bereich des Einzelhandels Gebrauch gemacht wird.[6]

---

2 BT-Drucks. 17/13647, Antwort der Bundesregierung auf eine kleine Anfrage von Abgeordneten und der Fraktion DIE LINKE, Lohndumping im Einzelhandel und die Verantwortung der Politik v. 28.05.2013, S. 3.

3 BT-Drucks. 17/13647, Antwort der Bundesregierung auf eine kleine Anfrage von Abgeordneten und der Fraktion DIE LINKE, Lohndumping im Einzelhandel und die Verantwortung der Politik v. 28.05.2013, S. 3.

4 BT-Drucks. 17/13647, Antwort der Bundesregierung auf eine kleine Anfrage von Abgeordneten und der Fraktion DIE LINKE, Lohndumping im Einzelhandel und die Verantwortung der Politik v. 28.05.2013, S. 3.

5 BT-Drucks. 17/13647, Antwort der Bundesregierung auf eine kleine Anfrage von Abgeordneten und der Fraktion DIE LINKE, Lohndumping im Einzelhandel und die Verantwortung der Politik v. 28.05.2013, S. 3.

6 BT-Drucks. 17/6240, Erster Gleichstellungsbericht v. 16.06.2011, S. 131.

A. Entwicklung des Ladenschlussgesetzes

Das Ladenschlussgesetz trat am 28. November 1956[7] in Kraft und regelte bis ins Jahr 2006 die Gesetzeslage einheitlich für den Bund. Anlass für die Neuordnung der Gesetzgebungskompetenzen bot ein Urteil des Bundesverfassungsgerichts, welches die Voraussetzungen des Art. 72 Abs. 2 GG im Bereich des Ladenschlussrechts für nicht gegeben hielt.[8] Gem. Art. 72 Abs. 2 GG setzt das Recht zur Gesetzgebung durch den Bund im Rahmen der konkurrierenden Gesetzgebung in bestimmten Fällen voraus, dass für die „Herstellung gleichwertiger Lebensverhältnisse im Bundesgebiet oder [zur] [...] Wahrung der Rechts- oder Wirtschaftseinheit im gesamtstaatlichen Interesse eine bundesgesetzliche Regelung erforderlich" ist. Die vorherige Bedürfnisklausel wurde 1994 durch die sog. Erforderlichkeitsklausel ersetzt, um den Beurteilungsspielraum des Gesetzgebers einzuschränken.[9] Zeitgleich sollte eine Stärkung der Länderpositionen erreicht und die verfassungsgerichtliche Überprüfung der Notwendigkeit einer einheitlichen Gesetzgebung durch den Bund effektiver ausgestaltet werden.[10] Hinsichtlich der Erforderlichkeitsklausel hat das Bundesverfassungsgericht entschieden, dass das grundsätzliche Verbot der Ladenöffnung an Sonn- und Feiertagen mit dem Grundgesetz vereinbar sei, aber die Voraussetzungen des Art. 72 Abs. 2 GG nicht vorlägen.[11] Somit ist die Erforderlichkeitsklausel hinsichtlich des

---

7 BGBl. I 1956, S. 875, Gesetz über den Ladenschluss. Vgl. zur Ladenöffnung an Samstag, *Schunder,* NJW 2003, 2131.

8 BVerfG v. 09.06.2004 – 1 BvR 636/02, BVerfGE 111, 10 (28) = NJW 2004, 2363 (2364). Weiterführend *Mosbacher*, NVwZ 2011, 537; Müller, Nds. VBl. 2009, 273.

9 BVerfG v. 24.10.2002 – 2 BvF 1/01, BVerfGE 106, 62 (140) = NJW 2003, 41 (51); BT-Drucks. 12/6633, S. 8, Entwurf eines Gesetzes zur Änderung des Grundgesetzes v. 20.01.1994, „Die Bedürfnisklausel des bisherigen Artikels 72 Abs. 2 des Grundgesetzes ist durch die Rechtsprechung des Bundesverfassungsgerichts zu einem rein politischen Ermessenstatbestand reduziert worden. Der Schutzzweck der Bedürfnisklausel ist dadurch geschwächt. Die Voraussetzungen für die Inanspruchnahme der konkurrierenden Gesetzgebungskompetenz sollen konzentriert, verschärft und präzisiert werden mit dem Ziel, die als unzureichend empfundene Justitiabilität der Bedürfnisklausel durch das Bundesverfassungsgericht zu verbessern." Vgl. auch BVerfG v. 16.03.2004 – 1 BvR 1778/01, BVerfGE 110, 141 (175) = NVwZ 2004, 597 (604 f.).

10 *Sannwald,* NJW 1994, 3313 (3316 ff.); *Rybak/Hofmann*, NVwZ 1995, 230 (231).

11 BVerfG v. 09.06.2004 – 1 BvR 636/02, BVerfGE 111, 10 (28) = NJW 2004, 2363 (2364) „Die Regelung der Ladenschlusszeiten ist Gegenstand der konkurrierenden Gesetzgebung gemäß Art. 74 Abs. 1 Nr. 11 (Handel) und Art. 74 Abs. 1 Nr. 12 GG (Arbeitsschutz) [...]. Die in Art. 72 Abs. 2 GG für die konkurrierende Gesetzgebung normierten und durch das Bundesverfassungsgericht konkretisierten Anforderungen

Ladenschlussgesetzes verneint worden, jedoch gilt das Ladenschlussgesetz gem. Art. 125a Abs. 2 S. 1 GG als Bundesrecht fort. Auf Grund der verneinten Erforderlichkeitsklausel ist der Bundesgesetzgeber aber nur noch zur Änderung einzelner Vorschriften berechtigt, hingegen würde eine „grundlegende Neukonzeption"[12] den Kompetenzbereich überschreiten. Gem. Art. 125a Abs. 2 S. 2 GG kann durch Bundesgesetz bestimmt werden, dass Recht, für das dem Bund auf Grund der fehlenden Erforderlichkeitsklausel keine Kompetenz mehr zusteht, durch Landesrecht ersetzt werden kann. Der Gesetzestext enthält das Wort „kann" (Art. 125a Abs. 2 S. 2 GG), sodass die Freigabe als Ermessensnorm ausgestaltet ist. Auf Grund der im Ermessen liegenden Entscheidung über die Ersetzung eines Bundes- durch ein Landesgesetz existierte die Gefahr einer „Versteinerung der Rechtslage beim Ladenschlussrecht"[13]. Den Ländern stand lediglich das Kompetenzkontrollverfahren gem. Art. 93 Abs. 1 Nr. 2a GG zur Verfügung; hierbei entscheidet das Bundesverfassungsgericht auf Antrag des Bundesrats, einer Landesregierung oder der Volksvertretung eines Landes bei Meinungsverschiedenheiten, ob ein Gesetz den Voraussetzungen des Artikels 72 Abs. 2 GG entspricht. Das Kompetenzfreigabeverfahren gem. Art. 93 Abs. 2 GG wurde erst im Zuge der Föderalismusreform I[14] in das Grundgesetz

---

an das Gesetzgebungsrecht des Bundes [...] sind für die Änderung des Ladenschlussgesetzes allerdings nicht erfüllt."

12 BVerfG v. 09.06.2004 – 1 BvR 636/02, BVerfGE 111, 10 (29) = NJW 2004, 2363 (2364), „Das Ladenschlussgesetz ist vor In-Kraft-Treten des Art. 72 Abs. 2 GG in der Fassung des Gesetzes zur Änderung des Grundgesetzes vom 27. Oktober 1994 (BGBl I, S. 3146) erlassen worden. Die zu diesem Zeitpunkt bereits geltenden Bundesgesetze bleiben nach Art. 125a Abs. 2 Satz 1 GG als Bundesrecht in Kraft. Dem Bundesgesetzgeber wird durch Art. 125a Abs. 2 Satz 2 GG die Änderung des fortbestehenden Bundesrechts nicht verwehrt."

13 Schmidt-Bleibtreu/Hofmann/Hopfauf-*Sannwald*, GG, Art. 74 Rn. 125. Einen Überblick über die Entwicklungen im Ladenschlussrecht seit dem Jahr 2004 gibt *Tegebauer*, GewArch 2007, 49. Ebenso *Thiel*, NWVBl. 2009, 134 (140), der sich ausdrücklich für den Schutz des Sonntags ausspricht, da dieser „essenzieller Bestandteil unserer Kultur [ist] und [...] nicht um wirtschaftlicher Interessen willen der Beliebigkeit preisgegeben werden" darf.

14 BGBl. I 2006, S. 2034; BT-Drucks. 16/813, Entwurf eines Gesetzes zur Änderung des Grundgesetzes v. 07.03.2006, S. 7, die wesentlichen Ziele der Föderalismusreform I waren die deutlichere Trennung und bessere Zuordnung der Zuständigkeiten von Bund und Ländern, sowie die Verringerung der zustimmungspflichtigen Gesetze, um Verzögerungen zu vermeiden. Vgl. dazu auch *Kämmerer/Thüsing*, GewArch 2006, 266; *Kühling,* AuR 2006, 384; *Kühn,* AuR 2006, 418. Zur Föderalismusreform allgemein siehe: *Häde*, LKV 2011, 97.

aufgenommen. Der Gefahr einer „Versteinerung“ begegnete der Gesetzgeber, indem er schließlich das Recht des Ladenschlusses ausdrücklich aus dem Kompetenztitel des Art. 74 Abs. 1 Nr. 11 GG ausschloss. Somit liegt das Recht zur Gesetzgebung auf diesem Gebiet gem. Art. 30, 70 GG im Kompetenzbereich der Länder.

Im Zuge dieser Neukonzeption haben bis auf den Freistaat Bayern alle Länder ein eigenes Ladenöffnungsgesetz erlassen.[15] Demnach können die Bundesländer nun eigenständig die Öffnungszeiten an Sonn- und Feiertagen bzw. sonstige Ausnahmeregelungen festlegen. Allerdings müssen hierbei die Vorgaben des Grundgesetzes, insbesondere des Art. 140 GG iVm. Art. 139 WRV, sowie das Sozialstaatsprinzip berücksichtigt werden. Falls von dieser Kompetenz kein Gebrauch gemacht wird, gilt das bisherige Ladenschlussgesetz des Bundes gem. Art 125a Abs. 2 S. 1 GG fort.[16]

B. Gesetzgebungskompetenz für den Arbeitnehmerschutz

Problematisch erscheint, dass das Ladenschlussgesetz des Bundes nicht ausschließlich die Ladenöffnungszeiten regelt, sondern auch den Schutz der Arbeitnehmer bezweckt. Mithin ist zu klären, wie sich dies auf die neue Kompetenzverteilung auswirkt. Hintergrund dieser Problematik ist die Besonderheit, dass sich das Recht des Ladenschlusses nicht ausschließlich auf einen Kompetenztitel stützt, sondern auf einer Kombination[17] aus dem Recht der Wirtschaft (Art. 74 Abs. 1 Nr. 11 GG) und dem Arbeitsschutz (Art. 74 Abs. 1 Nr. 12 GG) beruht.[18] Dies wirft die Frage auf, ob der Gesetzgeber beabsichtigt hat, die Zuständigkeit für das gesamte Ladenschlussrecht in den

15 Siehe *Neumann*, Ladenschlussrecht, S. 49 ff., Übersicht zu den Ladenöffnungsgesetzen sowie den Durchführungsbestimmungen der Länder hinsichtlich des Ladenschlusses. Vgl. auch *Horstmann,* NZA 2006, 1246. Zu den verlängerten Ladenöffnungszeiten insgesamt, siehe *Kühn*, AuR 2010, 257.

16 BVerfG v. 09.06.2004 – 1 BvR 636/02, BVerfGE 111, 10 (29) = NJW 2004, 2363 (2364); *Horstmann*, NZA 2006, 1246.

17 BVerfG v. 29.11.1961 – 1 BvR 758/57, BVerfGE 13, 230 (233) = AP Nr. 3 zu § 3 LSchlG; Schmidt-Bleibtreu/Hofmann/Hopfauf-*Sannwald*, GG, Art. 74 Rn. 126.

18 BVerfG v. 29.11.1961 – 1 BvR 758/57, BVerfGE 13, 230 (233) = AP Nr. 3 zu § 3 LSchlG; BVerfG v. 09.06.2004 – 1 BvR 636/02, BVerfGE 111, 10 (28) = NJW 2004, 2363 (2364).

Kompetenzbereich der Länder zu übertragen oder lediglich den Bereich des Ladenschlusses, der folglich den Arbeitsschutz gem. § 17 LSchlG nicht umfasst. Hintergrund der Problematik ist die Frage, ob es den Ländern nach der Förderalismusreform gestattet ist, von § 17 LSchlG, der Regelungen zum Arbeitsschutz enthält, abzuweichen. Denn der Arbeitsschutz ist gem. Art. 74 Nr. 12 GG im Rahmen der konkurrierenden Gesetzgebung dem Bund zugewiesen.[19]

Vertreten wird, dass die arbeitszeitrechtliche Vorschrift des § 17 LSchlG als vorrangiges Bundesrecht weiterhin Geltung entfalte.[20] Die Begründung basiert auf der Argumentation, dass im Rahmen der Föderalismusreform das Recht des Ladenschlusses auf die Länder übergegangen sei, aber nicht der Arbeitszeitschutz, welcher sich auf Art. 74 Abs. 1 Nr. 12 GG stütze.[21] Demnach führen eine Vereinfachung der Regelung des § 17 LSchlG oder der Verweis auf die Vorschriften des Arbeitszeitgesetzes in den Ladenöffnungsgesetzen der Länder nicht zu einer Beseitigung der Sonderregel des § 17 LSchlG.[22] *Kingreen/Pieroth*[23] gehen hingegen davon aus, dass die Kompetenz hinsichtlich der Arbeitszeiten in Ladengeschäften durch die Föderalismusreform mit auf die Länder übergegangen sei.

Der Gesetzgeber hat zum Ausdruck gebracht, dass das Recht des Ladenschlusses in die Gesetzgebungskompetenz der Länder übergehen soll. Da das Ladenschlussgesetz aber, wie oben bereits angedeutet, auf zwei Kompetenztiteln basiert, ist davon auszugehen, dass nur der Kompetenzbereich auf die Länder übertragen werden soll, der auch das Recht des Ladenschlusses umfasst. Auf Grund der deutlichen Trennung zwischen dem Recht der Wirtschaft (Art. 74 Abs. 1 Nr. 11 GG) und dem Arbeitsschutz (Art. 74 Abs. 1 Nr. 12 GG), kann nicht angenommen werden, dass auch die arbeitszeitrechtliche Bestimmung des § 17 LSchlG aus dem Kompetenzbereich des Bundes fällt.

---

19 Ausführlich zur Problematik: *Kämmerer/Thüsing*, GewArch 2006, 266 (270); *Kühn*, AuR 2006, 418 (419); *Kühling*, AuR 2006, 384 (385); *Kingreen/Pieroth*, NVwZ 2006, 1221 (1224); Schmidt-Bleibtreu/Hofmann/Hopfauf-*Sannwald*, GG, Art. 74 Rn. 126; *Mosbacher*, Sonntagsschutz und Ladenschluß, S. 244; *Neumann*, Ladenschlussrecht, § 17, S. 31.

20 *Kämmerer/Thüsing*, GewArch 2006, 266 (270); *Kühn*, AuR 2006, 418 (419); *Kühling*, AuR 2006, 384 (385); Schmidt-Bleibtreu/Hofmann/Hopfauf-*Sannwald*, GG, Art. 74 Rn. 126; *Mosbacher*, Sonntagsschutz und Ladenschluß, S. 244.

21 *Neumann*, Ladenschlussrecht, § 17, S. 31.

22 *Neumann*, Ladenschlussrecht, § 17, S. 31.

23 *Kingreen/Pieroth*, NVwZ 2006, 1221 (1224).

C. Ladenschlussgesetz und Arbeitnehmerschutz

Im Rahmen des Arbeitnehmerschutzes spielt der angesprochene § 17 LSchlG, der den Schutz der Arbeitnehmer an Sonn- und Feiertagen regelt, eine besondere Rolle. Wie bereits dargelegt, verbleibt § 17 LSchlG im Kompetenzbereich des Bundes und daher auch neben den von den Ländern geschaffenen Ladenöffnungsgesetzen bestehen. Hinzu kommen die Schutzvorschriften des Arbeitszeitgesetzes bzw. die besonderen Regelungen des Mutterschutz- bzw. Jugendschutzesgesetzes.[24]

Durch die Übertragung der Gesetzgebungskompetenz für das Recht des Ladenschlusses auf die Länder haben diese in den einzelnen Ladenöffnungsgesetzen die werktäglichen Öffnungszeiten fast vollständig freigegeben, sodass zumindest an Werktagen ein „Shop-around-the-clock"[25] möglich ist.[26] Obwohl von den Ladenöffnungszeiten rund um die Uhr, abhängig von der Kundennachfrage und der damit verbundenen Wirtschaftlichkeit, nur selten Gebrauch gemacht wird, lässt sich feststellen, dass zumindest die Öffnung von Geschäften nach 20 Uhr keine Seltenheit ist. Besonders Lebensmittelläden reagieren auf das veränderte Nachfrageverhalten ihrer Kunden und verlängern die Öffnungszeiten am späten Abend und am frühen Morgen. Regelmäßig werden zwar nicht die gesamten Spielräume der einzelnen Ladenöffnungsgesetze der Länder ausgenutzt, aber die Ausweitung der Öffnungszeiten hat erhebliche Auswirkungen auf die Mitarbeiter. Diese müssen sich den veränderten Geschäftszeiten ihrer Arbeitsstellen anpassen und damit häufig zu Zeiten arbeiten, die eigentlich für die Regeneration bzw. Erledigung familiärer Pflichten vorgesehen sind. Einen hinreichenden Schutz der Arbeitnehmer soll hier § 17 LSchlG hinsichtlich der Sonn- und Feiertagsarbeit und daneben auch das Arbeitszeitgesetz bieten. Es erfolgt so mittelbar eine Festlegung der Grenzen für die Beschäftigten.[27] Denn das LSchlG verfolgt u.a. den Zweck, die Arbeitnehmer im Einzelhandel vor überlangen Arbeitszeiten, besonders an den Wochenenden,

24 *Neumann*, Ladenschlussrecht, § 17, S. 31.

25 *Kingreen/Pieroth,* NVwZ 2006, 1221, der dieses Phänomen als „Traum des Konsumbürgers" bezeichnet.

26 Gem. § 3 Abs. 1 NLöffVZG dürfen Waren an Werktagen ohne zeitliche Beschränkung verkauft werden. Die Öffnung der Verkaufsstellen sieht § 4 Abs. 1 LÖG NRW mit Ausnahme der Sonn- und Feiertage von 0.00 bis 24.00 Uhr vor. Ähnliche Regelungen enthalten § 3 LöffG M-V, § 3 HLöG, § 3 HbgLadÖffG. Einen Überblick über die einzelnen Ladenöffnungsgesetze der Länder bietet *Neumann,* Ladenschlussrecht, S. 49 ff. Zu beachten ist aber, dass die Erweiterung der Ladenöffnungszeiten nicht mit den höchstzulässigen Arbeitszeiten gleichzusetzen ist.

27 *Kittner*, Arbeits- und Sozialordnung, Einleitung zum Ladenschlussgesetz, S. 360.

abends oder nachts zu schützen.[28] Hieraus ergibt sich, dass die in den Ladenöffnungsgesetzen der Länder vorgesehenen Öffnungszeiten nicht mit den Arbeitszeiten der Arbeitnehmer gleichzusetzen sind, denn gem. § 3 S. 1 ArbZG darf die regelmäßige werktägliche Arbeitszeit, von Ausnahmen u.a. in §§ 3 S. 2, 7 ArbZG abgesehen, acht Stunden nicht überschreiten.[29] Das Arbeitszeitgesetz trifft aber nur Regelungen hinsichtlich der Höchstdauer der Arbeitszeit. Bestimmungen zur Lage der Arbeitszeit sind, abgesehen von Regelungen zur Sonn-/Feiertagsarbeit bzw. Nacht-/Schichtarbeit, nicht Bestandteil des Arbeitszeitgesetzes.

Wie oben bereits angesprochen, sollen vorliegend überwiegend die Auswirkungen der Sonn- und Feiertagsarbeit auf die Arbeitnehmer untersucht werden, sodass hinsichtlich der Arbeitszeiten der Arbeitnehmer an Sonn- und Feiertagen zu beachten ist, dass § 17 LSchlG als speziellere Regelung dem Arbeitszeitgesetz vorgeht.[30] § 17 Abs. 1 LSchlG legt fest, dass Arbeitnehmer in Verkaufsstellen „an Sonn- und Feiertagen nur während der ausnahmsweise zugelassenen Öffnungszeiten (§§ 4 bis 15 und die hierauf gestützten Vorschriften) und, falls dies zur Erledigung von Vorbereitungs- und Abschlussarbeiten unerlässlich ist, während insgesamt weiterer dreißig Minuten beschäftigt werden" dürfen. Diese bundesgesetzliche Vorschrift ist im Lichte der einzelnen Regelungen der Ladenöffnungsgesetze der Länder zu sehen. Während § 3 LSchlG des Bundes vorsieht, dass Verkaufsstellen, die geschäftlichen Verkehr mit Kunden ausüben, „an Sonn- und Feiertagen" (Nr. 1), „montags bis samstags bis 6 Uhr und ab 20 Uhr" (Nr. 2) sowie „am 24. Dezember, wenn dieser Tag auf einen Werktag fällt, bis 6 Uhr und ab 14 Uhr" geschlossen sein müssen[31], so sind im Rahmen der Ersetzung des LSchlG durch die Ladenöffnungsgesetze der Länder diese Beschränkungen, vor allem im Bereich der werktäglichen Öffnung, weitgehend entfallen, sodass dem Schutz der Arbeitnehmer vor überlangen Arbeitszeiten besondere Bedeutung zukommt. Als Höchstgrenze der Beschäftigungsdauer an Sonn- und Feiertagen sind acht Stunden festgelegt (§ 17 Abs. 2 LSchlG), wobei § 17 LSchlG weitere

---

28 *Kerwer*, NZA 1999, 1313. Zur „Ökonomisierung der Arbeitszeit", *Seifert*, WSI-Mitteilungen 2007, 166, der die Frage nach den Auswirkungen von überlangen Arbeitszeiten auf die Vereinbarkeit von Familie und Beruf aufwirft.

29 Vgl. dazu auch *Kerwer*, NZA 1999, 1313. Zum Schutz der Arbeitnehmer im Bereich des Ladenschlussrechts *Buschmann*, AiB 2007, 197 (202 ff.).

30 Vgl. 4. Kap. B.; OVG Rheinland-Pfalz v. 14.10.1994 – 11 B 12552/94, NJW 1995, 741 (742) = GewArch 1995, 36 (37); so auch *Zmarzlik/Roggendorff*, LSchlG, § 17 Rn. 1.

31 Ausnahmeregelungen existieren für Verkaufsstellen für Bäckerwaren, § 3 S. 2 LSchlG: „Verkaufsstellen für Bäckerwaren dürfen abweichend von Satz 1 den Beginn der Ladenöffnungszeiten an Werktagen auf 5.30 Uhr vorverlegen."

Regelungen enthält, die für ein verträgliches Maß der Sonntagsbeschäftigung sorgen sollen.

Neben der fast vollständigen Freigabe der Ladenöffnungszeiten durch die Länder an Werktagen, wurden auch großzügige Regelungen hinsichtlich der Öffnungszeiten an Sonn- bzw. Feiertagen getroffen, die durch das Bundesverfassungsgericht partiell für unvereinbar mit dem Grundgesetz erklärt wurden.[32]

D. Verfassungsrechtlicher Rahmen

Die Übertragung der Gesetzgebungskompetenz für das Recht des Ladenschlusses auf die Länder hat nicht nur zu einer fast vollständigen Freigabe der Ladenöffnungszeiten an Werktagen geführt, sondern auch die zum Teil großzügigeren Regelungen der Länder zum Sonn- bzw. Feiertagsschutz zur Folge.[33] Im Schnitt gestatten die Bundesländer 4 verkaufsoffene Sonntage im Jahr.[34] Dies korrespondiert im Wesentlichen mit § 14 LSchlG. Erheblich großzügiger sah die Reglung in Berlin aus, dort war eine Öffnung der Läden an bis zu 10 Sonntagen jährlich, darunter auch an den vier Adventssonntagen, möglich.[35]

Bereits vor der Föderalismusreform[36] und der damit verbundenen Übertragung der Gesetzgebungskompetenz für das Recht des Ladenschlusses auf die Länder, wurde das grundsätzliche Verbot der Ladenöffnung an Sonn- und Feiertagen verfassungsrechtlich überprüft.[37] Die Ladenöffnungsregelungen waren immer wieder Gegenstand von Gerichtsentscheidungen.[38]

---

32 Auf diese Problematik wird im Folgenden näher eingegangen, vgl. 4. Kap. D. I.

33 Eine Übersicht über die verkaufsoffenen Sonn- und Feiertage findet sich bei *Kittner*, Arbeits- und Sozialordnung, Einleitung zum Ladenschlussgesetz, S. 363.

34 Eine Ladenöffnung an vier Sonntagen im Jahr sehen u.a. § 8 HbgLadÖffG, § 6 LöffG M-V, § 5 NLöffVZG, § 6 LÖG NRW, § 8 SächsLadÖffG vor.

35 § 3 Abs. 1 Berliner Ladenöffnungsgesetz (BerlLadÖffG) vom 14. November 2006, Gesetz- und Verordnungsblatt für Berlin, S. 1045, „Verkaufsstellen dürfen an Werktagen von 0.00 bis 24.00 Uhr und an Adventssonntagen von 13.00 bis 20.00 Uhr geöffnet sein." Aktuell zum Berliner Ladenöffnungsgesetz, *Seifert*, LKV 2011, 67.

36 Föderalismusreform I, siehe BGBl. I 2006, S. 2034 – Gesetz zur Änderung des Grundgesetzes vom 28.08.2006.

37 BVerfG v. 16.01.2002 – 1 BvR 1236/99, BVerfGE 104, 357 = AP Nr. 1 zu § 14 LSchlG; BVerfG v. 09.06.2004 – 1 BvR 636/02, BVerfGE 111, 10 = NJW 2004, 2363.

38 Vgl. OVG Berlin-Brandenburg v. 30.04.2012 – OVG 1 S 67.12, NVwZ-RR 2012, 550; Vorinstanz: VG Berlin v. 24.04.2012 – 4 L 154.12 (juris); OVG Rheinland-Pfalz

I. Entscheidung des Bundesverfassungsgerichts zum Berliner Ladenöffnungsgesetz

Während die vorherigen Entscheidungen des Bundesverfassungsgerichts sich noch mit dem Ladenschlussgesetz des Bundes beschäftigten[39], behandelt die aktuellste Entscheidung des Bundesverfassungsgerichts zu diesem Themenkomplex das Berliner Ladenöffnungsgesetz.[40]

1. Sachverhalt

Im Rahmen einer Verfassungsbeschwerde wandten sich mehrere öffentlich-rechtlich verfasste Religionsgemeinschaften iSv. Art. 140 GG iVm. Art. 137 Abs. 5 WRV gegen Regelungen des Landes Berlin zur Ladenöffnung an Sonn- und Feiertagen.[41] Der hier besonders interessierende Aspekt war in § 3 Abs. 1 2. Alt. BerlLadÖffG a.F. geregelt, der den Ladenbetreibern gestattete, Verkaufsstellen an den Adventssonntagen von 13.00 bis 20.00 Uhr zu öffnen. Im Zusammenhang mit der Regelung des § 6 BerlLadÖffG a.F., der eine Öffnung von Verkaufsstellen im öffentlichen Interesse an höchstens vier Sonn- oder Feiertagen durch Allgemeinverfügung zuließ (§ 6 Abs. 1 BerlLadÖffG a.F.), sowie die Freigabe an zwei weiteren Sonn- oder Feiertagen anlässlich besonderer Ereignisse, wie z.B. Firmenjubiläen oder Straßenfeste (§ 6 Abs. 2 BerlLadÖffG a.F.) gestattete, bestand somit für Inhaber von Verkaufsstellen die Option, ihre Geschäfte an bis zu zehn Sonn- oder Feiertagen im Jahr zu öffnen.[42] Den Mittelpunkt der Kritik der Beschwerdeführer bildete die durch den

---

v. 16.11.2011 – 6 A 10584/11, NVwZ-RR 2012, 228 = GewArch 2012, 213; Sächsisches OVG v. 01.11.2010 – 3 B 291/10, NVwZ-RR 2011, 105 = LKV 2011, 85.

39 BVerfG v. 16.01.2002 – 1 BvR 1236/99, BVerfGE 104, 357 = AP Nr. 1 zu § 14 LSchlG; BVerfG v. 09.06.2004 – 1 BvR 636/02, BVerfGE 111, 10 = NJW 2004, 2363.

40 BVerfG v. 01.12.2009 – 1 BvR 2857/07, 2858/07, BVerfGE 125, 39 = JZ 2010, 137. Dazu auch *Goos,* StudZR 2010, 479; *Kühn,* NJW 2010, 2094; *Kühn,* AuR 2010, 299; *Buschmann,* AuR 2011, 430 (432); *Klotz,* NVwZ 2011, 1363.

41 Schriftlich zu den Verfassungsbeschwerden Stellung genommen haben u.a. der Deutsche Gewerkschaftsbund (DGB) zusammen mit der Vereinten Dienstleistungsgewerkschaft ver.di sowie die Bundesvereinigung der Deutschen Arbeitgeberverbände (BDA). Die Vereinigte Dienstleistungsgewerkschaft ver.di hat sich auch in der mündlichen Verhandlung geäußert (vgl. BVerfG v. 01.12.2009 – 1 BvR 2857/07, 2858/07, BVerfGE 125, 39 = JZ 2010, 137).

42 Hiervon ausgeschlossen waren allerdings u.a. Feiertage wie der 1. Januar, 1. Mai, Karfreitag, Ostersonntag, Totensonntag, vgl. hierzu § 6 Abs. 1 S. 2 BerlLadÖffG a.F. vom 14. November 2006, Gesetz- und Verordnungsblatt für Berlin, S. 1045.

Berliner Gesetzgeber eröffnete Möglichkeit, Verkaufsstellen an allen vier Adventssonntagen in der Zeit von 13.00 bis 20.00 Uhr ohne sonstige Beschränkungen zu öffnen (§ 3 Abs. 1 2. Alt. BerlLadÖffG a.F.). Auf der Grundlage dieser Regelungen sahen sie den in Art. 139 WRV iVm. Art. 140 GG verankerten Schutz des Sonntags und der staatlich anerkannten Feiertage gefährdet.

2. Tenor und Entscheidungsgründe

In seiner Entscheidung führte das Bundesverfassungsgericht aus, dass die Adventssonntagsregelung in § 3 Abs. 1 des Berliner Ladenöffnungsgesetzes a.F. mit der Gewährleistung der Arbeitsruhe an Sonn- und Feiertagen unvereinbar sei.[43]

Der Aspekt hinsichtlich der Sonntagsregelung stütze sich im Wesentlichen auf das Staatskirchenrecht und das Sozialstaatsprinzip; zur Begründung verweist das Bundesverfassungsgericht darauf, dass das Grundrecht aus Art. 4 Abs. 1 und 2 GG durch den objektivrechtlichen Schutzauftrag für den Sonn- und Feiertagsschutz gem. Art. 139 WRV iVm. Art. 140 GG in seiner Bedeutung als Schutzverpflichtung des Gesetzgebers präzisiert werde, sodass ein Mindestniveau des Sonn- und Feiertagsschutzes durch den Gesetzgeber gesichert werden müsse.[44] Gleichzeitig werde durch die „Gewährleistung rhythmisch wiederkehrender Tage der Arbeitsruhe“[45] in Art. 139 WRV das Sozialstaatsprinzip konkretisiert, wobei die Richter auch einen besonderen Bezug zu Art. 6 Abs. 1 GG herstellten. Demnach diene die „Statuierung gemeinsamer Ruhetage [...] dem Schutz von Ehe und Familie“[46], zu diesen Gewährleistungen stehe die Öffnung von Verkaufsstellen an allen vier Adventssonntagen im Widerspruch. Auffällig erscheint, dass das Bundesverfassungsgericht im Rahmen der Gesetzesbegründung besonders auf die soziale Bedeutung des Sonn- und Feiertagsschutzes, hier vor allem auf den zeitlichen Gleichklang einer für alle Bereiche gleichmäßigen Arbeitsruhe abgestellt hat.[47]

---

43 BVerfG v. 01.12.2009 – 1 BvR 2857/07, 1 BvR 2858/07, BVerfGE 125, 39 = JZ 2010, 137. Aktuell zur Ladenöffnung in Berlin, *Seifert,* LKV 2011, 67.

44 BVerfG v. 01.12.2009 – 1 BvR 2857/07, 1 BvR 2858/07, BVerfGE 125, 39 (77) = JZ 2010, 137 (138).

45 BVerfG v. 01.12.2009 – 1 BvR 2857/07, 1 BvR 2858/07, BVerfGE 125, 39 (82) = JZ 2010, 137 (139).

46 BVerfG v. 01.12.2009 – 1 BvR 2857/07, 1 BvR 2858/07, BVerfGE 125, 39 (82) = JZ 2010, 137 (139).

47 BVerfG v. 01.12.2009 – 1 BvR 2857/07, 1 BvR 2858/07, BVerfGE 125, 39 (86) = JZ 2010, 137 (140).

3. Analyse des Urteils

Im Rahmen der Analyse des Urteils soll der Schutz der Beschäftigten im Kontext des Sozialstaatsprinzips und weniger das Staatskirchenrecht den Mittelpunkt bilden. Besonders zu berücksichtigen ist die vom Bundesverfassungsgericht betonte Komponente des Art. 6 Abs. 1 GG hinsichtlich des Schutzes von Familie und Beruf. Erforderlich erscheint eine intensivere Auseinandersetzung mit den genannten Einschränkungen des Berliner Ladenöffnungsgesetzes. Hierbei ist zu eruieren, inwieweit sich ein Recht der Arbeitnehmer auf Erholung und seelische Erhebung, aber auch ein Recht auf familienfreundliche Arbeitszeiten aus dem Sozialstaatsprinzip ableiten lassen. Dies scheint besonders im Hinblick auf die Beschäftigtenstrukturen im Einzelhandel elementar, bei der, wie in der Urteilsbegründung ausgeführt wird, Frauen überdurchschnittlich häufig vertreten sind.[48]

a) Sozialstaatsprinzip

Erforderlich ist zunächst die Festlegung von Inhalt und Grenzen des Sozialstaatsprinzips, um die aufgeworfenen Fragestellungen hinreichend untersuchen zu können. Das in Art. 20 Abs. 1 GG und Art. 28 Abs. 1 GG verankerte Sozialstaatsprinzip beinhaltet, dass der Gesetzgeber für einen Ausgleich der sozialen Gegensätze sowie eine gerechte Sozialordnung zu sorgen hat.[49] Gleichzeitig muss der Staat gewährleisten, dass Einzelnen oder Gruppen, die bedingt durch persönliche Lebensumstände oder gesellschaftliche Benachteiligungen an einer Entfaltung im sozialen und persönlichen Bereich gehindert sind, die erforderliche staatliche Fürsorge erhalten.[50] Insgesamt wird eine verfassungsorientierte Auslegung unter Berücksichtigung des Wertesystems der Grundrechte

48 BVerfG v. 01.12.2009 – 1 BvR 2857/07, 1 BvR 2858/07, BVerfGE 125, 39 (71) = JZ 2010, 137, „Zur Beschäftigungsstruktur im Einzelhandel führen die Gewerkschaften aus, dass zum 31. März 2007 im Einzelhandel insgesamt – allerdings deutschlandweit – von etwa 2 Millionen Beschäftigten mehr als zwei Drittel, nämlich 1,4 Millionen, weiblich gewesen seien." So auch schon BVerfG v. 09.06.2004 – 1 BvR 636/02, BVerfGE 111, 10 (40) = NJW 2010, 2363 (2367).

49 BVerfG v. 17.08.1956 – 1 BvB 2/51, BVerfGE 5, 85 (198) = NJW 1956, 1393 (1399); BVerfG v. 12.03.1996 – 1 BvR 609/90, 1 BvR 692/90, BVerfGE 94, 241 (263) = NJW 1996, 2293 (2295); BVerfG v. 27.04.1999 – 1 BvR 2203/93, 1 BvR 897/95, BVerfGE 100, 271 (284) = NJW 1999, 3033 (3034).

50 BVerfG v. 05.06.1973 – 1 BvR 536/72, BVerfGE 35, 202 (236) = NJW 1973, 1227 (1231); BVerfG v. 27.04.1999 – 1 BvR 2203/93, 1 BvR 897/95, BVerfGE 100, 271 (284) = NJW 1999, 3033 (3034).

ermöglicht.[51] Hinsichtlich des vorliegenden arbeitsrechtlichen Kontextes ist zu beachten, dass „elementare Schutzstandards im Sinne substantieller Garantien“[52] durch das genannte Prinzip zur Geltung gebracht werden müssen. Diese jedoch sehr unbestimmte Umschreibung des Sozialstaatsprinzips erfordert, dass der Gesetzgeber eine entsprechende inhaltliche Konkretisierung vornimmt. Selbigem kommt eine „weite gesellschaftspolitische und wirtschaftspolitische Gestaltungsfreiheit“[53] zu. Allerdings hängt die detaillierte Ausgestaltung auch elementar von den gesellschaftlichen Anschauungen, besonders in Bezug auf die Festlegung eines Existenzminimums ab, sodass die inhaltliche Präzisierung im Rahmen einer demokratischen Willensbildung stattzufinden hat.[54] Ansprüche des Einzelnen gegenüber dem Staat lassen sich hieraus aber nicht ableiten.[55]

b) Sonn- und Feiertagsschutz

Auf Grund der Weite der dargelegten Definition wird zumindest nicht deutlich, ob der Schutz der körperlichen und seelischen Regeneration, sowie möglichst familienfreundliche Arbeitszeiten integraler Bestandteil des Sozialstaatsprinzips sind. Erschwerend kommt hinzu, dass es regelmäßig von der individuellen Perspektive des Einzelnen abhängig ist, was dieser als Erholung oder familienfreundlich empfindet. Obwohl nicht alle individuellen Interessen Bestandteil des Sozialstaatsprinzips sein können, erscheint es doch zumindest im Hinblick auf die Gewährleistung gewisser Mindeststandards erforderlich, dass die Bereiche umfasst werden, die nach allgemeiner Sichtweise als erholsam oder familienfreundlich anzusehen sind. Aufzugreifen ist hier der genannte Aspekt der „elementaren Schutzstandards im Sinne substantieller Garantien“[56]. Dem Gesetzgeber steht daher kein Recht zur konkreten Festlegung von bestimmten Faktoren zu, die für

---

51 *Dieterich*, AuR 2007, 65 (67); Kittner/Zwanziger/Deinert-*Deinert*, Arbeitsrecht, § 1 Rn. 12 mwN.

52 *Zachert* in: FS Dieterich, S. 699 (724).

53 Schmidt-Bleibtreu/Hofmann/Hopfauf-*Hopfauf*, GG, Einl. Rn. 136.

54 BVerfG v. 19.10.1983 – 2 BvR 485/80, 2 BvR 486/80, BVerfGE 65, 182 (193) = NJW 1984, 475 (476), „Das Sozialstaatsprinzip des Grundgesetzes enthält infolge seiner Weite und Unbestimmtheit regelmäßig keine unmittelbaren Handlungsanweisungen, die durch die Gerichte ohne gesetzliche Grundlage in einfaches Recht umgesetzt werden könnten.“

55 *Deinert*, AiB 2010, 391 (392), obwohl die Grundrechte keine individuellen Leistungsansprüche eröffnen, so ist aber zu beachten, dass „sofern der Staat allerdings Ansprüche gewährt, muss er den Bürgern gleichen Zugang ermöglichen“ (a.a.O. S. 392).

56 *Zachert* in: FS Dieterich, S. 699 (724).

alle Arbeitnehmer verbindlich sind, jedoch müssen mittels demokratischer Willensbildung allgemeine Rahmenbedingungen vorgeben werden.

Das Bundesverfassungsgericht hat in der genannten Entscheidung die Regelungen des Berliner Ladenöffnungsgesetzes an den Vorgaben der Verfassung gemessen.[57] Ein besonderer Schwerpunkt wurde auf die Ladenöffnung an Sonn- und Feiertagen gelegt und ausgeführt, dass durch die „Gewährleistung rhythmisch wiederkehrender Tage der Arbeitsruhe“[58] das Sozialstaatsprinzip konkretisiert werde. Daraus lässt sich erkennen, dass wesentlicher Gegenstand der Entscheidung der Schutz der Sonn- bzw. Feiertage ist, dies wiederum hat zumindest mittelbare Auswirkungen auf ein System familienfreundlicher Arbeitszeiten. Denn arbeitsfreie Sonn- und Feiertage eröffnen Arbeitnehmern die Möglichkeit, sich zu regenerieren und für den Erhalt der körperlichen und geistigen Leistungsfähigkeit zu sorgen. Gleichzeitig entstehen hierdurch auch Freiräume, die für ein Familienleben mit Kindern oder die Pflege älterer Angehöriger unerlässlich sind.

Wie wichtig der Schutz des Sonntags ist, zeigen auch die sich verändernden Gegebenheiten in der Arbeitswelt. Der Anteil an Arbeitnehmern, die samstags und/oder sonntags arbeiten, nimmt stetig zu. Waren 1992 noch ca. 21 % samstags beschäftigt, traf dies 2009 schon auf ca. 25 % der Arbeitnehmer zu, das gleiche Bild lässt sich auch im Bereich der Sonntagsarbeit erkennen, hier stieg der Anteil im genannten Zeitraum von ca. 10 % auf knapp 13 % an, wobei die Zahl der Selbständigen, die am Wochenende ihrer beruflichen Tätigkeit nachgehen, noch wesentlich höher liegt.[59] Die aktuellen Zahlen des Statistischen Bundesamtes belegen einen weiteren Anstieg der an Sonntagen tätigen Arbeitnehmer auf 14,5 %, als Grund für diese Entwicklung wird u.a. auch die weitgehende Freigabe der Ladenöffnungszeiten angegeben.[60]

aa) Art. 139 WRV iVm. Art. 140 GG

Aus der Regelung des Art. 139 WRV iVm. Art. 140 GG entstehen keine subjektiven Berechtigungen, sondern diese stellt lediglich eine objektivrechtliche

---

57 BVerfG v. 01.12.2009 – 1 BvR 2857/07, 1 BvR 2858/07, BVerfGE 125, 39 = JZ 2010, 137. Weiterführend zum „neue[n] Sonntagsgrundrecht“, *Mosbacher,* NVwZ 2010, 537; zum Sonntagsschutz, *Richardi,* AuR 2006, 379 (380 ff).

58 BVerfG v. 01.12.2009 – 1 BvR 2857/07, 1 BvR 2858/07, BVerfGE 125, 39 (82) = JZ 2010, 137 (139). Siehe zum „neuen[n] Sonntagsgrundrecht“, *Mosbacher,* NVwZ 2010, 537.

59 Statistisches Bundesamt, Qualität der Arbeit, 2010, S. 28 f.

60 Statistisches Bundesamt, Qualität der Arbeit, 2012, S. 29.

Institutsgarantie dar.[61] Hieraus lässt sich nicht die Absicherung bestimmter staatlicher Feiertage herleiten, sondern es wird gewährleistet, dass die als Feiertage festgesetzten Tage einen entsprechenden staatlichen Schutz genießen.[62] Neben dem Schutz der staatlich anerkannten Feiertage ist in Art. 139 WRV auch der Schutz des Sonntags als Tag der Arbeitsruhe und seelischen Erhebung verankert. Der Sonntagsschutz stellt daher ebenfalls eine Institutsgarantie dar. Parallel dazu ist der Sonn- und Feiertagsschutz ein verfassungsrechtlich gewährleistetes Element der gesellschaftlichen Ordnung.[63] Hieran knüpft auch der oben genannte Aspekt der mittelbaren Auswirkung auf familienfreundliche Arbeitszeiten. Denn nur durch die Gewährleistung gewisser Tage der Arbeitsruhe wird dem Einzelnen die Gelegenheit gegeben, sich unabhängig von beruflichen Verpflichtungen den Tätigkeiten zu widmen, denen im Rahmen der sonstigen Berufstätigkeit an den Werktagen gar nicht oder nicht hinreichend nachgegangen werden kann. Diesem Ausgangspunkt trägt *Richardi* Rechnung, indem er den Sonntag und die staatlich anerkannten Feiertage als „Grundelement sozialen Zusammenlebens und staatlicher Ordnung“[64] bezeichnet. Obwohl der Sonn- und Feiertagsschutz nur als Institutsgarantie und nicht als Grundrecht ausgestaltet ist, wird jedoch die sich aus den Grundrechten ergebende Schutzpflicht des Gesetzgebers durch den in Art. 139 WRV iVm. Art. 140 GG verankerten Sonn- und Feiertagsschutz konkretisiert.[65]

bb) Sonntagsschutz und Arbeitnehmerschutz

Der angesprochene Sonntagsschutz als ein wesentlicher Baustein des sozialen Miteinanders erfordert eine genauere Untersuchung. Festzuhalten ist, dass zunächst der in Art. 139 WRV iVm. Art. 140 GG genannte Schutz des Sonntags als Tag der Arbeitsruhe und der seelischen Erhebung gesetzlich geschützt ist. Im Mittelpunkt stehen die physische und psychische Regeneration, sodass dieser Tag

---

61 BVerwG v. 15.03.1988 – 1 C 25/84, NJW 1988, 2254 (2255) = AP Nr. 31 zu Art. 140 GG; BVerfG v. 18.09.1995 – 1 BvR 1456/95, NJW 1995, 3378 (3379) = BayVBl 1996, 80. Dazu auch *Kuhr,* DB 1994, 2186 mwN.

62 BerlVerfGHG v. 16.08.1995 – 1/95, NJW 1995, 3379 (3380) = VR 1996, 176.

63 Schmidt-Bleibtreu/Hofmann/Hopfauf-*Hofmann*, GG, Art. 140 Rn. 38; *Rozek*, AuR 2010, 148 (149), demnach wird „für die Arbeit an Sonn- und Feiertagen ein Regel-Ausnahme-Verhältnis“ durch Art. 139 WRV statuiert.

64 *Richardi*, AuR 2006, 379 (384). Vgl. auch *Schmitz*, NVwZ 2008, 18 (23), demnach „bildet der Sonntagsschutz des Grundgesetzes einen nicht zu unterschreitenden Mindeststandard.“ Zur Bedeutung des Sonntags für die Erholung der Arbeitnehmer siehe *Wirtz/Nachreiner/Rolfes*, ZArbwiss 2011, 136 (138 mwN.).

65 BVerfG v. 01.12.2009 – 1 BvR 2857/07, 1 BvR 2858/07, BVerfGE 125, 39 (79) = JZ 2010, 137 (138).

aus verfassungsrechtlicher Perspektive nicht ausschließlich der Religionsausübung gewidmet ist. Es steht im Ermessen jedes Einzelnen zu entscheiden, wie er diesen Tag verbringt. Ein Schutz ist daher auch dann gegeben, wenn keinerlei religiöse Absichten verfolgt werden. Die Gewährleistung eines entsprechenden Ruhetages soll dazu beitragen, dass zum einen die Religionsausübung, aber auch die Wahrnehmung verschiedener weiterer Grundrechte ermöglicht wird. Im Kontext der vorliegenden Untersuchung besonders relevant sind die Grundrechte aus Art. 2 Abs. 2 GG und Art. 6 Abs. 1 GG.[66]

(1) Art. 2 Abs. 2 GG

Das Bundesverfassungsgericht hat im Rahmen des genannten Urteils zu bedenken gegeben, dass die Arbeitsruhe der physischen und psychischen Regeneration, also der körperlichen Unversehrtheit, diene.[67] Zur fundierten wissenschaftlichen Untermalung haben die Professoren *Dr. Peter Knauth* und *Dr. Friedhelm Nachreiner* in der mündlichen Verhandlung vor dem Bundesverfassungsgericht ausgeführt, dass dem Tag der Arbeitsruhe aus wissenschaftlicher Sicht eine wichtige Bedeutung zukomme, da hierdurch „das individuelle Wohlbefinden und die gesundheitliche Stabilität“[68] gesteigert werde. Dem Schutz der körperlichen Integrität wird in § 9 ArbZG durch ein grundsätzliches Verbot der Sonn- und Feiertagsarbeit hinreichend Rechnung getragen. Ausnahmeregelungen sind nur insoweit zugelassen, falls die Arbeiten nicht an den Werktagen erledigt werden können (§ 10 ArbZG). Dieser Gesichtspunkt wird auch in § 1 ArbZG aufgegriffen, der die Sicherheit

66 Neben den genannten Grundrechten hat das Bundesverfassungsgericht auch die Vereinigungsfreiheit aus Art. 9 Abs. 1 GG angesprochen, die durch die Sonn- und Feiertagsgarantie effektiver wahrgenommen werden könne, BVerfG v. 01.12.2009 – 1 BvR 2857/07, 1 BvR 2858/07, BVerfGE 125, 39 (82) = JZ 2010, 137 (139). Eine jüngere Entscheidung hierzu stammt vom VG Osnabrück, welches die Koalitionsfreiheit der Antragstellerin gem. Art. 9 Abs. 3 GG durch einen verkaufsoffenen Sonntag am 01. Mai berührt sieht, siehe: VG Osnabrück v. 28.04.2011 – 1 B 10/11, NVwZ-RR 2011, 725 (Leitsatz). Zum selben Themenkomplex vgl. auch VG Koblenz v. 04.04.2011 – 3 K 1586/10.KO, LKRZ 2011, 278.

67 BVerfG v. 01.12.2009 – 1 BvR 2857/07, 1 BvR 2858/07, BVerfGE 125, 39 (82) = JZ 2010, 137 (139).

68 BVerfG v. 01.12.2009 – 1 BvR 2857/07, 1 BvR 2858/07, BVerfGE 125, 39 (93) = JZ 2010, 137 (141), im Rahmen ihrer Ausführungen haben die Professoren zum Ausdruck gebracht, dass „die Desynchronisationseffekte […] zwangsläufig zu einer Verringerung der sozialen Interaktionsdichte und –qualität [führen], die sich auch auf den Familienverband und zu betreuende Kinder auswirkt.“

und den Gesundheitsschutz der Arbeitnehmer als einen wesentlichen Zweck des Gesetzes ausweist.

Darüber hinaus wird nicht nur die Gewährleistung und Sicherstellung der körperlichen Unversehrtheit iSd. Art. 2 Abs. 2 GG umfasst, sondern auch die seelische Erhebung berücksichtigt, sodass der Schutz über das rein körperliche Wohlbefinden hinausgeht.[69] Es ist aber davon auszugehen, dass die körperliche und geistige Gesundheit sich wechselseitig beeinflussen und die seelische Gesundheit durch eine gute körperliche Verfassung zumindest positiv beeinflusst wird.

(2) Art. 6 Abs. 1 GG

Im Zusammenhang mit der seelischen Erhebung der Arbeitnehmer an Sonn- und Feiertagen steht Art. 6 Abs. 1 GG, der Ehe und Familie einen besonderen Schutz durch die staatliche Ordnung verleiht. Diesen Aspekt hat auch das Bundesverfassungsgericht in seiner Entscheidung aufgegriffen, demnach sichern gemeinsame Ruhetage den Schutz von Ehe und Familie.[70] In der Urteilsbegründung führen die Richter aus, dass der Sonn- und Feiertagsschutz einen besonderen Stellenwert hinsichtlich der „synchronen Taktung des sozialen Lebens“[71] einnehme. Daraus lässt sich schließen, dass hier weniger der Schutzaspekt des Einzelnen in den Vordergrund tritt, sondern die individuelle Verflechtung in kleinen sozialen Einheiten wie der Familie, oder auch in immer größer werdenden Netzwerken wie dem Freundeskreis oder der Gesellschaft insgesamt. Geht man von der kleinsten genannten Einheit aus, so hat der Schutz der Sonn- und Feiertage vor allem hinsichtlich des Vorhandenseins von ausreichend arbeitsfreier Zeit zur beliebigen Gestaltung besondere Bedeutung. Es muss die Möglichkeit eröffnet werden, Aktivitäten zu unternehmen, die auf Grund des Zeitmangels an Werktagen nicht durchführbar sind.

Im Hinblick auf die Verortung des Individuums in der Gesellschaft erwähnt das Bundesverfassungsgericht das Engagement in gesellschaftlichen Verbänden jeglicher Art oder im Bereich der politischen Parteien.[72] Sowohl die Vereine als auch

---

69 Vgl. dazu auch *Richardi*, AuR 2006, 379 (381).

70 BVerfG v. 01.12.2009 – 1 BvR 2857/07, 1 BvR 2858/07, BVerfGE 125, 39 (82) = JZ 2010, 137 (139). So auch BVerfG v. 09.06.2004 – 1 BvR 636/02, BVerfGE 111, 10 (51) = NJW 2004, 2363 (2370).

71 BVerfG v. 01.12.2009 – 1 BvR 2857/07, 1 BvR 2858/07, BVerfGE 125, 39 (82) = JZ 2010, 137 (139).

72 BVerfG v. 01.12.2009 – 1 BvR 2857/07, 1 BvR 2858/07, BVerfGE 125, 39 (83) = JZ 2010, 137 (139), demnach habe der arbeitsfreie Sonntag eine „erhebliche Bedeutung für die Gestaltung der Teilhabe im Alltag einer gelebten Demokratie“.

die politischen Parteien können nur entsprechend in Erscheinung treten, wenn eine hinreichende Zahl an Mitgliedern bereit ist, bestimmte Aufgaben zu übernehmen und hierfür auch einen Teil der ihnen zur freien Verfügung stehenden Zeit bereitzustellen. Solche Aktivitäten werden aber wesentlich erschwert, wenn es nicht mehr die Möglichkeit gibt, Veranstaltungen an einem Tag der Woche stattfinden zu lassen, an dem zumindest die überwiegende Mehrheit der Mitglieder keiner beruflichen Tätigkeit nachgehen muss.

cc) Auswirkungen auf die Beschäftigten

Wie bereits angesprochen, ist das in § 9 ArbZG verankerte Verbot der Sonn- und Feiertagsarbeit bereits durch zahlreiche Ausnahmen in § 10 ArbZG durchbrochen. Für Tätigkeiten, die nicht an den sonstigen Werktagen erledigt werden können, existieren Ausnahmeregelungen, z.B. im Bereich der Not- und Rettungsdienste (Nr. 1), der öffentlichen Ordnung (Nr. 2), der Krankenhäuser (Nr. 3) oder auch der Gaststätten (Nr. 4). Dem Gesetzgeber verbleibt in Bezug auf die Ausgestaltung des Sonntags ein gewisser Spielraum, wobei hier zwischen Arbeiten trotz des Sonntags und solchen für den Sonntag unterschieden wird.[73]

(1) Arbeit trotz des Sonntags

Diese Tätigkeiten dienen der Schaffung und Erhaltung des öffentlichen Zusammenlebens der Bürger und der individuellen Versorgung des Einzelnen. Hierunter sind z.B. die in § 10 Abs. 1 Nr. 1–3 ArbZG genannten Ausnahmen zu fassen.

(2) Arbeit für den Sonntag

Einbezogen werden Arbeiten, die zur Aufrechterhaltung des gesellschaftlichen Zusammenlebens nicht zwingend erforderlich sind. Beschäftigungen, die an diesen Tagen aufgenommen werden, dienen primär dem Freizeitverhalten der Bürger, welches durch einen steigenden Bedarf an gewerblichen Dienstleistungen gekennzeichnet ist.[74] Arbeiten für den Sonntag sind u.a. in § 10 Abs. 1 Nr. 4–9 ArbZG aufgezählt, wobei kennzeichnend ist, dass diese Arbeiten die Bedürfnisse der Bürger nach kulturellen, sportlichen oder sonstigen Veranstaltungen befriedigen sollen

73 BVerfG v. 09.06.2004 – 1 BvR 636/02, BVerfGE 111, 10 (51 f.) = NJW 2004, 2363 (2370); BVerfG v. 01.12.2009 – 1 BvR 2857/07, 1 BvR 2858/07, BVerfGE 125, 39 (86) = JZ 2010, 137 (140). Ausführlich zum Urteil des Bundesverfassungsgerichtes vom 09.06.2004 – 1 BvR 636/02, siehe auch *Fuchs*, NVwZ 2005, 1026.

74 *Mosbacher,* Sonntagsschutz und Ladenschluss, S. 139, hierbei werden „die Freizeitwünsche der Nicht-Arbeitenden bedient".

und daher dem Gesetzgeber ein gewisser Gestaltungsspielraum hinsichtlich der Festlegung von bestimmten Ausnahmen zukommt.[75]

(3) Gestaltungsspielraum des Gesetzgebers

Die dargestellte Differenzierung verdeutlicht, dass es nicht möglich wäre, ein vollständiges Verbot der Sonntagsarbeit umzusetzen, denn zumindest die Aufrechterhaltung der öffentlichen Ordnung durch die Polizei oder eine angemessene Versorgung in Krankenhäusern muss stets gewährleistet sein. Aber auch die Tätigkeiten für den Sonntag ermöglichen es den Arbeitnehmern an arbeitsfreien Tagen eine Gaststätte bzw. ein Hotel oder eine sonstige Einrichtung zur Freizeitgestaltung (§ 10 Abs. 1 Nr. 5 ArbZG) aufzusuchen. Obwohl die Arbeiten, die für den Sonntag erbracht werden, ebenfalls zulässig sind, so ist doch darauf zu achten, dass der Sonn- und Feiertagsschutz nicht zunehmend unterlaufen wird.[76] Demnach ist bei der Ausübung des Gestaltungsspielraumes des Gesetzgebers zu berücksichtigen, dass dieser Schutz nicht durch entsprechend großzügige Regelungen einer nahezu vollständigen Aushöhlung preisgegeben wird. Dies hat auch das Bundesverfassungsgericht bemängelt und die Regelungen des Berliner Ladenöffnungsgesetzes hinsichtlich der Geschäftsöffnung an den Adventssonntagen für verfassungswidrig erklärt, da dem in Art. 139 WRV iVm. Art. 140 GG festgelegten Schutz der Sonn- und Feiertagsruhe nicht hinreichend Rechnung getragen wurde.[77]

Die Regelungen des Berliner Ladenöffnungsgesetzes sahen in § 3 Abs. 1 2. Alt. BerlLadÖffG a.F. vor, dass die Verkaufsstellen an allen Adventssonntagen von 13.00 bis 20.00 Uhr geöffnet werden durften. Gravierende Auswirkungen hatte diese Festsetzung für die Arbeitnehmer im Einzelhandel. Waren schon die Regelungen hinsichtlich möglicher Sonntagsöffnungen im Verlauf des Jahres in Berlin besonders großzügig, so bedeutete dies, dass auch an allen vier Adventssonntagen ein großer Teil der Arbeitnehmer der Beschäftigung nachgehen musste. Unabhängig davon, ob dies, wie die Beschwerdeführer vorgetragen haben, deren Grundrechte aus Art. 4 Abs. 1 und 2 GG iVm. Art. 140 GG und Art. 139 WRV tangiert[78],

75 BVerfG v. 01.12.2009 – 1 BvR 2857/07, 1 BvR 2858/07, BVerfGE 125, 39 (78) = JZ 2010, 137 (138).

76 BVerfG v. 09.06.2004 – 1 BvR 636/02, BVerfGE 111, 10 (52) = NJW 2004, 2363 (2370).

77 BVerfG v. 01.12.2009 – 1 BvR 2857/07, 1 BvR 2858/07, BVerfGE 125, 39 (77) = JZ 2010, 137 (138).

78 BVerfG v. 01.12.2009 – 1 BvR 2857/07, 1 BvR 2858/07, BVerfGE 125, 39 (50) = JZ 2010, 137.

bleibt festzuhalten, dass dies eine besondere Belastung für die Arbeitnehmer im Einzelhandel darstellt, die primär dann arbeiten müssen, wenn ein Großteil der Arbeitnehmer Erholungsphasen in Anspruch nehmen kann.

Es zeigt sich, dass die Beschäftigten durch die fast vollständige Freigabe der Ladenöffnungszeiten durch die Bundesländer nicht nur vermehrt an den Sonn- und Feiertagen arbeiten müssen, sondern sich auch Beschäftigungszeiten an den Werktagen häufen, die sich mit familiären Verpflichtungen nur schwer in Einklang bringen lassen. Dieses Problem wurde durch die Regelung des § 3 Abs. 1 2. Alt. BerlLadÖffG a.F. noch zusätzlich verschärft. Denn zum einen gewinnt die Arbeitsruhe an Sonn- und Feiertagen durch die Neuregelungen in den Ladenöffnungsgesetzen der Länder zunehmend an Bedeutung und zum anderen, bedingt durch die Beschäftigtenstruktur im Einzelhandel, sind von der Ausweitung der Arbeitszeiten überdurchschnittlich häufig Frauen mit familiären Verpflichtungen betroffen.[79]

Besonders hervorzuheben ist in diesem Zusammenhang, dass im Einzelhandel von ca. 2 Millionen Beschäftigen etwa 1,4 Millionen weiblich sind.[80] Damit stellen Frauen im Handel ca. 72 % der Belegschaft, sodass für sie sozialverträgliche Arbeitszeiten auf Grund familiärer Verpflichtungen von elementarer Bedeutung sind; der Sonntagsschutz dient daher auch dem Schutz der weiblichen Arbeitnehmer vor Arbeitszeiten, die diametral zum Familienleben verlaufen.[81] Hinzu kommt, dass der Einzelhandel im Vergleich zu anderen Branchen einen besonders hohen Anteil an Teilzeitbeschäftigten aufweist.[82] Dies hat zur Folge, dass die Veränderungen im

---

79 BVerfG v. 01.12.2009 – 1 BvR 2857/07, 1 BvR 2858/07, BVerfGE 125, 39 (92) = JZ 2010, 137 (141). *Schier/Jurczyk/Szymenderski*, WSI-Mitteilungen 2011, 402 (404 mwN.) demnach gehe „der Trend zu flexiblen Arbeitszeiten und hochflexiblen Schichtsystemen", die auf Grund der Beschäftigtenstruktur im Einzelhandel überwiegend von weiblichen Teilzeitkräften geleistet werden müssten. Zur Verteilung der Sonn- und Feiertagsarbeit zwischen Vätern und Müttern, vgl. Statistisches Bundesamt, Pressemitteilung Nr. 176 vom 06.05.2011, „Zum Muttertag: Viele Mütter müssen auch sonntags arbeiten".

80 BVerfG v. 01.12.2009 – 1 BvR 2857/07, 1 BvR 2858/07, BVerfGE 125, 39 (71) = JZ 2010, 137.

81 BVerfG v. 09.06.2004 – 1 BvR 636/02, BVerfGE 111, 10 (40) = NJW 2004, 2363 (2367); *Feldhoff*, Streit 2009, 99 zur Frauenarbeit im Einzelhandel.

82 BT-Drucks. 17/1502, Fehlentwicklungen auf dem Arbeitsmarkt und die Notwendigkeit eines gesetzlichen Mindestlohns v. 26.04.2010, S. 7, es zeigt sich, dass der Anteil an sozialversicherungspflichtigen Beschäftigungsverhältnissen in Vollzeit im Einzelhandel von 1 503 728 (1999) auf 1 327 546 (2009) gesunken ist, gleichzeitig hat sich der Anteil sozialversicherungspflichtiger Beschäftigungsverhältnisse in Teilzeit von 629.051 (1999) auf 765.987 (2009) erhöht. Ebenso verzeichnet der Anteil der

Rahmen des Ladenschlussgesetzes und hier besonders die Freigabe der Ladenöffnungszeiten primär von den weiblichen Teilzeitbeschäftigten zu tragen sind.[83] Die unterschiedliche Differenzierung zwischen bestimmten Verkaufsstellen und die Berücksichtigung, besonders der im Einzelhandel überproportional vertretenen weiblichen Beschäftigten wird vom Gestaltungsspielraum des Gesetzgebers umfasst.[84]

Anzumerken ist, dass durch die veränderten Öffnungszeiten von Verkaufsstellen im Einzelhandel die in § 3 S. 1 ArbZG vorgeschriebene Höchstarbeitszeit von acht Stunden täglich grundsätzlich nicht überschritten werden darf. Abweichungen sind gem. § 3 S. 2 ArbZG bei entsprechenden Ausgleichszeiträumen bis zu zehn Stunden gestattet. Neben diesen gesetzlichen Vorgaben können die Parteien aber auch variierende Vereinbarungen im Arbeitsvertrag treffen oder Regelungen in einem Tarifvertrag oder einer Betriebsvereinbarung zum Tragen kommen. Die genannten Vorgaben stellen mithin sicher, dass der Gesundheitsschutz der Arbeitnehmer beachtet wird. Arbeitszeiten in den Abendstunden oder an Wochenenden können für die Arbeitnehmer zur Folge haben, dass die Arbeitsbelastung zwar nicht quantitativ, aber möglicherweise qualitativ ansteigt. Davon ist auszugehen, wenn die Belastungen der Arbeit an Sonn- bzw. Feiertagen eine andere Qualität haben als an den übrigen Werktagen. Zuzugeben ist, dass auch hier ein gewisser subjektiver Einschlag nicht zu leugnen ist, da jeder die Arbeitsbelastung, abhängig von der individuellen Lebensform, unterschiedlich bewertet. Nichtsdestotrotz ist der gesellschaftliche

---

geringfügig Beschäftigten im Einzelhandel einen deutlichen Anstieg, sowohl im Bereich der Erwerbstätigen, die ausschließlich geringfügig beschäftigt sind, als auch bei Arbeitnehmern, die eine geringfügige Beschäftigung im Rahmen einer Nebentätigkeit ausüben; vgl. auch den Exkurs im Ersten Gleichstellungsbericht der Bundesregierung zu „Erwerbsverläufe[n] von Frauen und die Entstehung geschlechtsspezifischer Ungleichheit im Betrieb illustriert am Beispiel des Einzelhandels", BT-Drucks. 17/6240, Erster Gleichstellungsbericht v. 16.06.2011, S. 130 ff.

83 Siehe Statistisches Bundesamt, Frauendomäne Teilzeitarbeit – Wunsch oder Notlösung? STATmagazin, Arbeitsmarkt, 28. April 2009, demnach liegt der Anteil von Männern im Rahmen der Teilzeitbeschäftigung bei lediglich 13 % (2008). Betrachtet man die Altersstruktur der Teilzeitbeschäftigten liegt der Großteil der Beschäftigten in der Altergruppe zwischen 35 und 54 Jahren, wobei mehr als die Hälfte angeben, eine Teilzeitbeschäftigung auf Grund familiärer Verpflichtungen auszuüben. Der Pressemitteilung Nr. 156/2011 des Statistischen Landesamtes Baden-Württemberg vom 06.05.2011 ist gar zu entnehmen, dass drei von vier erwerbstätigen Müttern teilzeitbeschäftigt sind.

84 BVerfG v. 09.06.2004 – 1 BvR 636/02, BVerfGE 111, 10 (40) = NJW 2004, 2363 (2367).

Rhythmus darauf ausgerichtet, dass Sonn- und Feiertage arbeitsfrei sind und dem Einzelnen zur individuellen Gestaltung zur Verfügung stehen. Besonders für Arbeitnehmer mit Familienpflichten entsteht eine gesteigerte Belastung, denn an diesen Tagen ist es für sie deutlich schwieriger eine Kinderbetreuung oder externe Pflege zu organisieren. Hinzu kommt, dass bereits angedeutet wurde, dass die Anzahl der Arbeitnehmer stetig steigt, die auch am Samstag ihrer Berufstätigkeit nachgehen müssen[85], sodass der Sonntag der letzte verbliebene Tag zur Arbeitsruhe und seelischen Erhebung ist, wobei aber auch an diesem Tag die Erbringung der Arbeitsleistung für immer mehr Beschäftigte zur Realität wird.[86]

Hinsichtlich der Beschäftigungsintensität ist zu berücksichtigen, dass die in § 4 ff. LSchlG gemachten Ausnahmen für Apotheken (§ 4), Kioske (§ 5), Tankstellen (§ 6) und Bahnhöfe (§ 7) vergleichsweise wenig personalintensiv sind, sodass der durch das Ladenschlussgesetz verfolgte Schutz der Arbeitnehmer noch auf über 95 % der Ladenangestellten zutrifft.[87] Eine Entsprechung dieser Regelungen findet sich in nahezu allen Ladenöffnungsgesetzen der Länder.[88] Anders hingegen ist die Situation im Einzelhandel zu bewerten, da hier ein wesentlich höherer Verkaufs- und Beratungsbedarf besteht, der nur durch zusätzliches Personal gedeckt werden kann.

c) Zwischenergebnis

Die Öffnung der Verkaufsläden an Sonn- und Feiertagen stellt eine Tätigkeit für den Sonntag dar, die besonderen Voraussetzungen unterliegt. Sie kann nur dann gestattet werden, wenn im Rahmen einer Abwägung den entgegenstehenden Grundrechten nicht der Vorrang einzuräumen ist. Hier sind die Grundrechte der Arbeitnehmer aus Art. 2 Abs. 2 S. 1 GG und Art. 6 Abs. 1 GG betroffen, sodass zumindest die Ladenöffnung an allen vier Adventssonntagen nicht mit den genannten Grundrechten in Einklang zu bringen ist.

Insgesamt zeigt sich, dass u.a. dem in Art. 6 Abs. 1 GG verankerten Schutz von Familie und Beruf durch das Verbot der Ladenöffnung an allen vier Adventssonntagen Rechnung getragen wird. Die gleichzeitige Betonung des Sonntagsschutzes ist

---

85 Vgl. 4. Kap. C.; Statistisches Bundesamt, Qualität der Arbeit, 2010, S. 29. Verglichen wird der Zeitraum zwischen 1992 und 2009. Waren im Jahr 1992 20,9 % der Beschäftigten auch am Samstag tätig, so stieg der Anteil bis 2009 auf 24,7 % an.

86 Vgl. 4. Kap. C.

87 BVerfG v. 09.06.2004 – 1 BvR 636/02, BVerfGE 111, 10 (39) = NJW 2004, 2363 (2367).

88 Vgl. dazu *Neumann*, Ladenschlussrecht, S. 49 ff. mit einem Überblick über die Ladenöffnungsgesetze der Länder sowie den dazugehörigen Verordnungen.

vor allem für die weiblichen Beschäftigten von hoher Bedeutung. Zwar enthalten die Ladenöffnungsgesetze der Länder ebenfalls eine gewisse Zahl an verkaufsoffenen Sonntagen, allerdings sind diese idR. auf vier Ausnahmen im Jahr beschränkt. Demnach ist die überwiegende Zahl der Sonntage für die Arbeitnehmer beschäftigungsfrei. Hierdurch wird zum einen die körperliche und seelische Erholung der Beschäftigten gewährleistet, aber auch die Wahrnehmung von familiären Pflichten in den unterschiedlichsten Ausprägungen, zumindest für einen Großteil der im Einzelhandel tätigen Arbeitnehmer, ermöglicht. Die rein wirtschaftlichen Interessen der Ladeninhaber vermögen den Eingriff in das Grundrecht nicht zu rechtfertigen.[89]

II. Kritische Stimmen zum Urteil

Die vom Bundesverfassungsgericht getätigten Ausführungen sind keineswegs nur zustimmend aufgenommen worden. Angemerkt wurde von *Classen*, dass die Richter zur Begründung des Sonntagsschutzes Bibelzitate genannt und interpretiert hätten, hierin liege ein Verstoß gegen die Neutralität des Staates in religiösen Fragen.[90] Gleichzeitig enthalte Art. 139 WRV inhaltlich nur die Arbeitsruhe und die seelische Erhebung, dies sei nicht zwangsläufig gleichbedeutend mit einem allgemeinen Ruhetag, sodass die Auslegung des Art. 139 WRV insgesamt zu großzügig ausgefallen sei.[91] Darüber hinaus sei verkannt worden, dass im Rahmen der seelischen Erhebung nicht generell ausgeschlossen werden könne, dass Menschen diese bei einem Einkaufsbummel fänden.[92] Die gleiche Argumentationslinie verfolgt auch *Schmitz*, der sich für eine weitgehende Liberalisierung der Ladenöffnungszeiten, einschließlich des Sonn- und Feiertagsschutzes ausspricht; hierbei stützt er sich im Wesentlichen auf das geänderte Konsumverhalten der Bürger, welches inzwischen ebenfalls die Einkaufsmöglichkeiten an Sonn- und Feiertagen

---

89 BVerfG v. 01.12.2009 – 1 BvR 2857/07, 1 BvR 2858/07, BVerfGE 125, 39 (87) = JZ 2010, 137 (141).

90 *Classen*, JZ 2010, 144, Anmerkung zu BVerfG v. 01.12.2009 – 1 BvR 2857/07, 1 BvR 2858/07, BVerfGE 125, 39 = JZ 2010, 137. Ebenso BVerfG v. 14.12.1965 – 1 BvR 413/60, 1 BvR 416/60, BVerfGE 19, 206 (216) = NJW 1966, 147, „Das Grundgesetz legt durch Art. 4 Abs. 1, Art. 3 Abs. 3, Art. 33 Abs. 3 GG sowie durch Art. 136 Abs. 1 und 4 und Art. 137 Abs. 1 WRV in Verbindung mit Art. 140 GG dem Staat als Heimstatt aller Staatsbürger ohne Ansehen der Person weltanschaulich-religiöse Neutralität auf".

91 *Classen*, JZ 2010, 144 (145), Anmerkung zu BVerfG v. 01.12.2009 – 1 BvR 2857/07, 1 BvR 2858/07, BVerfGE 125, 39 = JZ 2010, 137.

92 *Classen*, JZ 2010, 144 (145), Anmerkung zu BVerfG v. 01.12.2009 – 1 BvR 2857/07, 1 BvR 2858/07, BVerfGE 125, 39 = JZ 2010, 137.

umfasse; elementar sei der zunehmende Konkurrenzdruck zwischen Einzelhändlern und sonstigen Freizeitbeschäftigungen, die nicht den strengen Restriktionen des Ladenschlussgesetzes unterlägen.[93] Aber nicht nur die Konkurrenz zu Freizeitbeschäftigungen aller Art habe Auswirkungen auf das Konsumverhalten der Bürger, sondern auch die sich verändernde Handelskonzentration an Bahnhöfen und Flughäfen erschwere den klassischen Einzelhändlern die Konkurrenzfähigkeit.[94]

III. Stellungnahme

Im Hinblick auf die angesprochene Kritik am Umgang des Bundesverfassungsgerichts mit etwaigen Bibelzitaten ist zu berücksichtigen, dass es möglich sein muss, die unbestimmten Rechtsbegriffe der seelischen Erhebung und der Arbeitsruhe inhaltlich näher zu präzisieren, vor allem vor dem Hintergrund, dass Art. 139 WRV christlichen Ursprungs ist.[95] In diesem Zusammenhang ist daher ein Verzicht auf eine inhaltliche Ausgestaltung des Sonntagsschutzes unter Berücksichtigung der christlichen Tradition, aber auch der intendierten sozialen sowie weltlich-neutralen Zielsetzung[96] nicht denkbar. Angeklungen ist in der Begründung des Bundesverfassungsgerichtes, dass durch das grundsätzliche Verbot der Sonntagsarbeit die Synchronität des sozialen Lebens gewährleistet werden solle[97], insbesondere da sich die Aktivitäten von Familien mit schulpflichtigen Kindern auf das Wochenende beschränken und kaum unter der Woche nachgeholt werden können. Aber nicht

---

93 *Schmitz*, NVwZ 2008, 18 (18 f.), dieser verweist im Rahmen des geänderten Konsumverhaltens auf eine Studie des GfK Prisma Instituts für Handels-, Stadt- und Regionalforschung GmbH & Co. KG (2003). Bereits im Anschluss an das Urteil des Bundesverfassungsgerichtes aus dem Jahr 2004 (BVerfG v. 09.06.2004 – 1 BvR 636/02, BVerfGE 111, 10 = NJW 2004, 2363) hat der Entwurf eines Gesetzes zur Änderung des Gesetzes über den Ladenschluss v. 20.04.2005, BT-Drucks. 15/5370 auf das veränderte Konsumverhalten der Bürger hingewiesen. Demnach hätten flexiblere Arbeitszeiten, eine zunehmende Mobilität und differierende Beschäftigungsstrukturen, u.a. das Konsumverhalten der Bürger wesentlich beeinflusst.

94 BT-Drucks. 15/396, Entwurf eines Gesetzes zur Verlängerung der Ladenöffnung an Samstagen v. 03.02.2003, S. 7.

95 BVerfG v. 01.12.2009 – 1 BvR 2857/07, 1 BvR 2858/07, BVerfGE 125, 39 (82) = JZ 2010, 137 (139).

96 BVerfG v. 01.12.2009 – 1 BvR 2857/07, 1 BvR 2858/07, BVerfGE 125, 39 (81) = JZ 2010, 137 (139); Jarass/Pieroth-*Jarass*, GG, Art. 140, Art. 139 WRV Rn. 1.

97 BVerfG v. 01.12.2009 – 1 BvR 2857/07, 1 BvR 2858/07, BVerfGE 125, 39 (82) = JZ 2010, 137 (139).

nur die Teilnahme am Familienleben wäre übermäßig erschwert, auch die Eingliederung in die Gesellschaft insgesamt stellt sich als problematisch dar, wenn ein Großteil der Beschäftigten des Einzelhandels sich an Tagen regeneriert, an denen die übrigen Arbeitnehmer zur Arbeitsleistung verpflichtet sind.

In diesem Zusammenhang wurde, wie unter II. dargelegt, von den Kritikern der Entscheidung des Bundesverfassungsgerichts vorgetragen, dass auf Grund des geänderten Konsumverhaltens viele Bürger ihre seelische Erhebung im Rahmen des sonntäglichen Einkaufsbummels fänden. Diese Sichtweise hat das Bundesverfassungsgericht ausdrücklich für zulässig erklärt und anerkannt, dass in dieser Hinsicht ein Wandel stattgefunden habe.[98] Betrachtet man die potenzielle Kundschaft der Ladeninhaber, so kann sicherlich davon ausgegangen werden, dass durch ein geändertes Konsum- und Freizeitverhalten der Bürger eine immer größer werdende Zahl die Einkaufsmöglichkeiten an diesem Tag als Freizeitbeschäftigung bzw. –vergnügen ansieht und somit nicht darauf verzichten möchte, zumal der Sonntag häufig der einzige Tag ist, der vollständig losgelöst von beruflichen Verpflichtungen ist. Darüber hinaus haben auch die Ladeninhaber ein Interesse daran, ihre Geschäfte möglichst an den Tagen zu öffnen, an denen die überwiegende Zahl der Bevölkerung nicht arbeiten muss und sich daher Freiräume für andere Aktivitäten, wie z.B. einen Einkaufsbummel ergeben.

Bei einer Kollision mit anderen Grundrechten ist im Rahmen der praktischen Konkordanz[99] eine Abwägung zwischen den konfligierenden Grundrechten vorzunehmen. Wie bereits angesprochen, sind hier vor allem Art. 2 Abs. 2 GG und Art. 6 Abs. 1 GG der Arbeitnehmer zu berücksichtigen. Im Rahmen einer Abwägung der widerstreitenden Interessen kann weder das rein wirtschaftliche Interesse der Verkaufsstelleninhaber noch das Interesse der Kunden an einer ungestörten Freizeitausübung überwiegen. Jeder kann seine Rechte nur insoweit durchsetzen, als sie nicht im Widerspruch zu den Rechten anderer stehen. Den Interessen der Kunden und Ladeninhaber wurde bereits dahingehend Rechnung getragen, dass durch die Freigabe der Ladenöffnungszeiten, zumindest theoretisch, eine Ladenöffnung fast rund um die Uhr möglich ist. Parallel dazu sind die Einkaufsmöglichkeiten – besonders in den Abendstunden – für die Kunden

---

98 BVerfG v. 01.12.2009 – 1 BvR 2857/07, 1 BvR 2858/07, BVerfGE 125, 39 (86) = JZ 2010, 137 (140). Zum Wandel der Freizeitausübung am Wochenende auch *Webers,* GewArch 2005, 60.

99 BVerfG v. 24.02.1971 – 1 BvR 435/68, BVerfGE 30, 173 (195) = NJW 1971, 1645 (1647); BVerfG v. 05.06.1973 – 1 BvR 536/72, BVerfGE 35, 202 (225) = NJW 1973, 1227 (1229); BVerfG v. 16.05.1995 – 1 BvR 1087/91, BVerfGE 93, 1 (21) = NJW 1995, 2477 (2479); BVerfG v. 19.07.2011 – 1 BvR 1916/09, NJW 2011, 3428 (3432) = JZ 2011, 1112; Schmidt-Bleibtreu/Hofmann/Hopfauf-*Hopfauf*, GG, Einl. Rn. 99.

ausgeweitet worden. Es ist also hinreichend gewährleistet, dass die Bürger auf Grund ausgedehnter Ladenöffnungszeiten ihrem Freizeitvergnügen nachgehen können. Die grds. Beschränkung der Konsummöglichkeiten auf die Werktage erscheint hinnehmbar, vor allem vor dem Hintergrund, dass die meisten Bundesländer an mehreren Sonntagen im Jahr entsprechende Aktivitäten gestatten.[100] Besonders großzügig ist noch immer das Berliner Ladenöffnungsgesetz, das die Ladenöffnung an bis zu zehn Sonntagen im Jahr gestattet, allerdings mit der Einschränkung, dass nur zwei Adventssonntage in Betracht kommen und keine zwei verkaufsoffenen Sonntage aufeinander folgen dürfen.[101]

Durch eine vollständige Aufgabe des Sonn- und Feiertagsschutzes kann der wöchentliche Rhythmus zwischen Arbeit und Erholung empfindlich gestört werden. Besonders aber die ursprüngliche Gestattung der Ladenöffnung an allen vier Adventssonntagen führte dazu, dass auf Grund der besonderen Hektik und dem deutlich erhöhten Stressfaktor in der Vorweihnachtszeit die Arbeitnehmer im Einzelhandel übermäßig belastet werden. Neben die beruflichen Belastungen treten die Organisationsprobleme hinsichtlich der privaten Verpflichtungen. Erschwerend kommt hinzu, dass durch die fast vollständige Freigabe der Ladenöffnungszeiten im gesamten Bundesgebiet durch die Übertragung der Gesetzgebungskompetenz für das Recht des Ladenschlusses auf die Länder, die Anforderungen an die Arbeitnehmer bereits deutlich gestiegen sind. Obwohl die Höchstarbeitszeiten des Arbeitszeitgesetzes auch weiterhin den gesetzlichen Rahmen vorgeben, können hiervon durch Betriebsvereinbarungen oder Tarifverträge Ausnahmen gemacht werden. Die verlängerten Öffnungszeiten führen dazu, dass die Beschäftigten ohnehin bereits abends länger arbeiten bzw. den gesamten Samstag arbeiten müssen. Die stellt besonders Eltern mit betreuungsbedürftigen Kindern oder pflegebedürftigen Angehörigen vor schwer zu lösende Probleme. Das von der Landesarbeitsgemeinschaft der Industrie- und Handelskammern des Landes Brandenburgs im Rahmen des angesprochenen Urteils des Bundesverfassungsgerichts zum Berliner Ladenöffnungsgesetz vorgetragene Argument, dass das Arbeitszeitgesetz für einen hinreichenden Arbeitnehmerschutz sorge, kann in dieser Pauschalität daher nicht

100 Es kann nicht bestritten werden, dass der Ladenschluss auch dafür sorgt, dass das Gleichgewicht der Kräfte am Markt gewährleistet wird. Auch wenn sich aus Art. 12 GG grds. kein Schutz vor Konkurrenz ergibt, so ist der Ladenschluss doch gerade für kleinere Geschäfte besonders wichtig, da diese auf Grund geringerer Personalkapazitäten im Rahmen der Ladenöffnungszeiten kaum mit den großen Unternehmen konkurrieren können, vgl. *Mosbacher,* Sonntagsschutz und Ladenschluss, S. 346 f.

101 GVBl Berlin 2010, S. 467, § 6 Abs. 3 BerlLadÖffG.

durchgreifen.[102] Die Argumentation, dass die Arbeitnehmer die am Sonntag arbeiten, einen entsprechenden Ausgleichstag bekommen würden, berücksichtigt nicht, dass dieser Tag zwangsläufig ein Wochentag wäre, an dem aber entsprechende Erholungsmöglichkeiten im Vergleich zu den Wochenenden, auf Grund der Schulpflicht von Kindern bzw. der Berufstätigkeit des Partners nicht in vergleichbarem Umfang vorhanden sind.[103] Der Gesetzgeber ist nicht verpflichtet den geänderten Interessen der Bürger dahingehend nachzukommen, dass er das Verbot der Sonn- und Feiertagsruhe vollständig aufhebt, was mit Art. 139 WRV iVm. Art. 140 GG auch nicht zu vereinbaren wäre. Aus den Ausnahmevorschriften für bestimmte Läden an privilegierten Standorten, wie z.B. an Flughäfen, können die Inhaber der Verkaufsstellen kein verfassungsrechtliches Gebot auf Gewährung dieser Vorteile herleiten, falls keine vergleichbare Situation besteht.[104] Die Ausnahmen zur Öffnung der Verkaufsstellen an Bahnhöfen und Flughäfen basieren darauf, ähnlich wie im Bereich der Gastronomie, den Reisenden auch an diesen Tagen die erforderlichen Dinge des täglichen Bedarfs zur Verfügung zu stellen.[105] In diesem Kontext ist zu berücksichtigen, dass die überwiegende Zahl der Ladenöffnungsgesetze der Länder, ähnlich wie das Ladenschlussgesetz des Bundes nur den Verkauf von Reisebedarf an Reisende während der allgemeinen Ladenschlusszeiten gestattet (§§ 8, 9 Abs. 1 LSchlG). Diese Regelung findet ihre Entsprechung in den einzelnen Ladenöffnungsgesetzen der Länder, die überwiegend ebenfalls nur den Verkauf von Reisebedarf an Reisende gestatten[106], Ausnahmen werden hiervon im Bereich von (internationalen) Flughäfen gemacht[107].

---

102 BVerfG v. 01.12.2009 – 1 BvR 2857/07, 1 BvR 2858/07, BVerfGE 125, 39 (68) = JZ 2010, 137 „[...] ein weitgehendes Verbot der Arbeit an Sonn- und Feiertagen schade dem Standort Deutschland, seiner Wirtschaft und seinen Bürgern. Das Arbeitszeitgesetz biete hinreichende Schutzmöglichkeiten."

103 *Wirtz/Nachreiner/Rolfes*, ZArbwiss 2011, 136 (145). Dazu auch *Groß/Seifert* in: Groß/Seifert, Zeitkonflikte, S. 9 (10).

104 BVerfGE v. 27.09. 1978 – 1 BvL 31/76, 1 BvL 4/77, BVerfGE 49, 192 (208) = DB 1978, 2416.

105 BVerfG v. 01.12.2009 – 1 BvR 2857/07, 1 BvR 2858/07, BVerfGE 125, 39 (94) = JZ 2010, 137 (142).

106 Vgl. § 5 Nr. 3 BerlLadÖffG; § 8 Abs. 1 BbgLöG; § 6 Abs. 2 BremLadSchlG; § 4 Abs. 1 HgbLadÖffG; § 4 Abs. 1 Nr. 2 HlöG; § 6 Abs. 1 SächsLadÖffG; § 4 Nr. 3 LÖffzeitG LSA; großzügiger sind die Regelungen in Niedersachsen, dort ist gem. § 4 Abs. 1 Nr. 1c NLöffVZG der Verkauf von Waren des täglichen Kleinbedarfs sowie von Bekleidungsartikeln und Schmuck gestattet.

107 Vgl. § 5 Nr. 3 S. 2 BerlLadÖffG, der auf dem Flughafen Berlin-Tegel das Anbieten von „Waren des täglichen Ge- und Verbrauchs, insbesondere Erzeugnisse für den

Obwohl sich die Regelungen in beiden Bereichen ähneln, bleibt festzuhalten, dass der Begriff des Reisebedarfs unbestimmt ist und daher eine inhaltliche Präzisierung erfordert. Eine solche Konkretisierung trifft § 2 Abs. 2 LSchlG, der näher ausführt, was unter dem Begriff des Reisebedarfs zu verstehen ist. Wurden früher Unterschiede zwischen Bahnhöfen und Flughäfen auf Grund der regelmäßig längeren Reisedauer der Fluggäste gemacht[108], so ist dies auf Grund der Möglichkeiten, die § 9 Abs. 3 LSchlG im Bereich der Flughäfen eröffnet, nicht mehr von Relevanz[109]. Parallele Regelungen sind auch Bestandteil der Ladenöffnungsgesetze der Länder, z.B. § 2 Abs. 3 BerlLadÖffG, § 2 Abs. 3 BremLadSchlG, § 2 Abs. 1 Nr. 3 HLöG. Gewährleistet wird somit, dass der Wettbewerbsvorteil im Hinblick auf die Einzelhändler, die strengeren Restriktionen unterliegen, nicht zu gravierend ist. Hinsichtlich der angesprochenen Konkurrenzsituation zu sonstigen Freizeitveranstaltungen ist zu konstatieren, dass es nicht Aufgabe des Gesetzgebers ist, den Einzelnen vor Konkurrenz zu schützen.[110]

Besonders ist in der Abwägung zu berücksichtigen, dass sich die Tätigkeit an Sonn- und/oder Feiertagen aus arbeitswissenschaftlicher Sicht negativ auf „das individuelle Wohlbefinden und die gesundheitliche Stabilität“[111] auswirkt. Daher kann ein lediglich wirtschaftliches Umsatzinteresse nicht vorrangig zu berücksichtigen sein.[112] Darüber hinaus sind durch die Öffnung der Verkaufsstellen an Sonn- und

---

allgemeinen Lebens- und Haushaltsbedarf, Textilien, Sportartikel, sowie Geschenkartikel“ gestattet; § 8 Abs. 2 BbgLöG; § 4 Abs. 2 HbgLadÖffG; § 6 Abs. 2 SächsLadÖffG.

108 BGH v. 19.05.1982 – I ZR 122/80, BGHZ 84, 130 (133) = NJW 1982, 2502 (2503).

109 *Neumann*, LSchlG, § 9, S. 23. § 9 Abs. 3 LSchlG: „Die Landesregierungen werden ermächtigt, durch Rechtsverordnung abweichend von Absatz 1 Satz 2 zu bestimmen, dass auf internationalen Verkehrsflughäfen und in internationalen Fährhäfen Waren des täglichen Ge- und Verbrauchs sowie Geschenkartikel an Werktagen während der allgemeinen Ladenschlusszeiten (§ 3) und an Sonn- und Feiertagen auch an andere Personen als an Reisende abgegeben werden dürfen; sie haben dabei die Größe der Verkaufsflächen auf das für diesen Zweck erforderliche Maß zu begrenzen.“

110 BVerfG v. 01.12.2009 – 1 BvR 2857/07, 1 BvR 2858/07, BVerfGE 125, 39 (94) = JZ 2010, 137 (142). So auch BVerfG v. 11.06.1958 – 1 BvR 596/56, BVerfGE 7, 377 (408) = NJW 1958, 1035 (1038).

111 BVerfG v. 01.12.2009 – 1 BvR 2857/07, 1 BvR 2858/07, BVerfGE 125, 39 (83) = JZ 2010, 137 (139).

112 BVerfG v. 01.12.2009 – 1 BvR 2857/07, 1 BvR 2858/07, BVerfGE 125, 39 (87) = JZ 2010, 137 (141). Bereits in einer früheren Entscheidung hat das Bundesverfassungsgericht festgestellt, dass zur Sicherung des Arbeitszeitschutzes das Erwerbsinteresse der Einzelhandelsbetriebe hintangestellt werden dürfe, vgl. BVerfG v. 29.11.1961 – 1

Feiertagen nicht nur die in den Läden tätigen Personen betroffen, sondern auch die in sog. Folgesparten beschäftigten Arbeitnehmer, wie z.B. der öffentliche Personennahverkehr.[113] Festzuhalten bleibt, dass der Schutz der körperlichen Integrität der Arbeitnehmer (Art. 2 Abs. 2 S. 1 GG) sowie von Ehe und Familie (Art. 6 Abs. 1 GG) im Rahmen der Abwägung überwiegen und damit vorrangig zu berücksichtigen sind. Diese existentiellen Rechte der Beschäftigten verdrängen das Umsatzinteresse der Ladeninhaber und das Konsuminteresse der Kunden, sodass ein hinreichender Schutz der Arbeitnehmer nur gewährleistet werden kann, wenn die Arbeit an Sonn- und Feiertagen grundsätzlich nicht gestattet ist. Hinzu kommt, dass kein vollständiges Verbot existiert und bestimmte Bereiche, z.B. die Gastronomie, die für das Freizeitverhalten der Bürger besonders wichtig ist, ebenso gestattet werden, wie unerlässliche Arbeiten der Polizei, Feuerwehren oder Krankenhäuser.

Daher bewegt es sich unter dem Blickwinkel der bereits erörterten Grundrechte der Arbeitnehmer im Gestaltungsspielraum des Gesetzgebers, wenn dieser zu Gunsten des Arbeitnehmerschutzes ein grundsätzliches Verbot der Ladenöffnung an Sonn- und Feiertagen festlegt. Zutreffend erscheint daher die Bewertung von *Rozek* im Hinblick auf die Entscheidung des Bundesverfassungsgerichts zum Recht des Ladenschlusses im Jahr 2004[114], „das Erwerbsinteresse des Einzelhandels ist kein Belang, dem verfassungsrechtlich ein Vorrang vor dem des Arbeitnehmerschutzes einzuräumen wäre“[115]. Diese Sichtweise ist durch das Urteil vom 01.12.2009 zum Berliner Ladenöffnungsgesetz[116] bestätigt worden.

BvR 760/57, BVerfGE 13, 237 (242) = NJW 1962, 99 (100). Zusätzlich erscheint es zweifelhaft, ob die längeren Öffnungszeiten überhaupt eine Umsatzsteigerung hervorrufen, vgl. kritisch dazu *Mosbacher*, Sonntagsschutz und Ladenschluss, S. 171.

113 BVerfG v. 01.12.2009 – 1 BvR 2857/07, 1 BvR 2858/07, BVerfGE 125, 39 (91) = JZ 2010, 137 (141), besonders gravierend sei darüber hinaus, dass im Einzelhandel bundesweit durchschnittlich doppelt so viele Beschäftigte im Vergleich zur Gastronomiebranche arbeiten. Durch die Schaffung von entsprechenden Ausnahmeregelungen für die Gastronomie werde deutlich, dass der Gesetzgeber nicht beabsichtige, ein allgemeines Arbeitsverbot an Sonn- und Feiertagen durchzusetzen, sondern die für die Wahrnehmung der Freizeitaktivitäten unverzichtbaren Tätigkeiten zu gestatten, in Abgrenzung zu den Tätigkeiten, die auch an den übrigen Werktagen erledigt werden können.

114 BVerfG v. 09.06.2004 – 1 BvR 636/02, BVerfGE 111, 10 = NJW 2004, 2363.

115 *Rozek*, AuR 2005, 169.

116 BVerfG v. 01.12.2009 – 1 BvR 2857/07, 1 BvR 2858/07, BVerfGE 125, 39 = JZ 2010, 137. Siehe dazu auch *Rozek,* AuR 2010, 148.

E. Direktionsrecht des Arbeitgebers hinsichtlich der Sonntagsarbeit?

Anhand der Darstellungen zum Ladenschlussgesetz lässt sich erkennen, dass die Sonn- und Feiertagsarbeit am Maßstab des Art. 139 WRV iVm. Art. 140 GG zu messen ist und somit verfassungsrechtlichen Beschränkungen unterliegt. Im Grundsatz ist die Beschäftigung an Sonn- und Feiertagen damit unzulässig. Ausnahmen hierzu sind in den Ladenöffnungsgesetzen der Länder bzw. im Ladenschlussgesetz des Bundes und im Arbeitszeitgesetz geregelt. Während der Öffnungszeiten der Verkaufsstellen müssen die Inhaber gewährleisten, dass ausreichend Personal anwesend ist, um eine adäquate Bedienung der Kunden zu ermöglichen. Da die Sonntagsarbeit aber nur unter ganz bestimmten Voraussetzungen gestattet ist, bleibt zu klären, ob Arbeitnehmer verpflichtet sind, ihre Beschäftigung auch an diesen Tagen aufzunehmen. Bejaht werden kann diese Frage, wenn der Arbeitsvertrag auf einen Tarifvertrag oder eine Betriebsvereinbarung Bezug nimmt, die die genannte Problematik regeln oder der Arbeitsvertrag eine mit den gesetzlichen Vorgaben korrespondierende Regelung zur Sonntagsarbeit enthält. Schwieriger gestaltet sich die Lage, wenn hierzu keine Aussage im Arbeitsvertrag getroffen wurde und auch kein Tarifvertrag oder keine Betriebsvereinbarung einschlägig ist. Daher bleibt zu überlegen, ob die Anordnung von Sonntagsarbeit Bestandteil des Direktionsrechts des Arbeitgebers ist.

I. Direktionsrecht

1. Ausgestaltung

Das Direktionsrecht des Arbeitgebers ist in § 106 S. 1 GewO verankert. Es ist auch ohne ausdrückliche Vereinbarung Bestandteil des Arbeitsvertrags.[117] Dieser bildet die Rechtsgrundlage für das Direktionsrecht, da sich der

117 BAG v. 23.01.1992 – 6 AZR 87/90, AP Nr. 39 zu § 611 BGB Direktionsrecht = NZA 1992, 795 (796 f.). § 106 GewO „Der Arbeitgeber kann Inhalt, Ort und Zeit der Arbeitsleistung nach billigem Ermessen näher bestimmen, soweit diese Arbeitsbedingungen nicht durch den Arbeitsvertrag, Bestimmungen einer Betriebsvereinbarung, eines anwendbaren Tarifvertrages oder gesetzliche Vorschriften festgelegt sind. Dies gilt auch hinsichtlich der Ordnung und des Verhaltens der Arbeitnehmer im Betrieb. Bei der Ausübung des Ermessens hat der Arbeitgeber auch auf Behinderungen des Arbeitnehmers Rücksicht zu nehmen."

Arbeitnehmer durch den Abschluss des Arbeitsvertrags dem Weisungsrecht des Arbeitgebers unterordnet.[118] Ausprägungen des Direktionsrechts können sich hinsichtlich Inhalt, Ort oder Zeit der Arbeitsleistung ergeben. Die genannten Parameter sind idR. im Rahmen eines Arbeitsvertrags, Tarifvertrags oder einer Betriebsvereinbarung festgelegt. Fehlen entsprechende Regelungen kann diese Lücke mittels des Direktionsrechts des Arbeitgebers geschlossen werden. Um aber den Arbeitnehmerschutz nicht zu unterlaufen, kann der Arbeitgeber nicht die regelungsbedürftigen Bereiche, die z.B. keinen Eingang in den Arbeitsvertrag gefunden haben, beliebig nach eigenen Vorstellungen festsetzen. Andernfalls würde ein Anreiz für den Arbeitgeber geschaffen, möglichst wenige Regelungen im Arbeitsvertrag zu treffen, um Bestimmungen für die ungeklärten Bereiche schließlich einseitig festsetzen zu können. Nichtsdestotrotz soll das Direktionsrecht dem Arbeitgeber eine gewisse Flexibilität gewährleisten, indem nicht alle Details im Arbeitsvertrag festgelegt sein müssen, sondern im Rahmen einer Interessenabwägung ein gewisser Gestaltungsspielraum eröffnet wird. Der Interessenausgleich wird in § 106 S. 1 GewO näher ausgeführt, demnach kann der Arbeitgeber die Festlegung der einzelnen Parameter des Arbeitsverhältnisses nach billigem Ermessen näher bestimmen, soweit diese Arbeitsbedingungen nicht bereits anderweitig determiniert sind. Schließlich muss der Arbeitgeber eine angemessene Interessenabwägung vornehmen, den Arbeitnehmer trifft parallel dazu eine Gehorsamspflicht, deren Missachtung eine Abmahnung oder eine verhaltensbedingte Kündigung hervorrufen kann.[119] Dies erlangt aber nur insoweit Geltung, als dem Arbeitnehmer kein Verweigerungsrecht auf Grund einer rechtswidrigen Weisung zusteht.[120]

a) Inhalt der Arbeitsleistung

Es ist nahezu ausgeschlossen, alle auftretenden Eventualitäten im Rahmen eines Arbeitsverhältnisses bereits im Vorfeld zu klären, sodass der Arbeitgeber

---

118 Wedde/*Schuld*, Arbeitsrecht, § 106 GewO Rn. 2; *Reuter*, AuA 2010, 244.

119 BAG v. 12.05.2010 – 2 AZR 845/08, NZA 2010, 1348 = AP Nr. 230 zu § 626 BGB; HWK/*Lembke*, § 106 GewO Rn. 8; ErfK/*Preis*, § 106 GewO Rn. 1.

120 LAG München v. 18.09.2002 – 5 Sa 619/02, LAGE Nr. 45 zu § 611 BGB Beschäftigungspflicht = NZA-RR 2003, 269. So auch BAG v. 17.02.1998 – 9 AZR 130/97, AP Nr. 27 zu § 618 BGB = BB 1998, 2477, „Der Arbeitgeber ist nicht berechtigt, die Arbeitsleistung des arbeitswilligen und arbeitsfähigen Arbeitnehmers abzulehnen und die Zahlung des Arbeitsentgelts einzustellen, wenn der Arbeitnehmer eine ärztliche Empfehlung zum Wechsel des Arbeitsplatzes vorlegt." (Leitsatz 2).

die im Arbeitsvertrag in groben Zügen umschriebene Tätigkeitsverpflichtung des Arbeitnehmers näher präzisieren kann.[121] Der Gestaltungsspielraum des Arbeitgebers hängt im Wesentlichen davon ab, wie detailliert die Festlegungen hinsichtlich der Tätigkeitsbeschreibungen im Arbeitsvertrag sind. Wurden hier bereits genaue Angaben im Hinblick auf die auszuführenden Tätigkeiten gemacht, so kann der Arbeitgeber eine Inhaltsänderung nur im Einvernehmen mit dem Arbeitnehmer durchsetzen. Falls keine Einigung zustande kommt, ist ein Änderungsvertrag oder eine Änderungskündigung erforderlich, aber keine einseitige Weisung des Arbeitgebers.[122] Will der Arbeitgeber trotz nicht vorhandener Einigung den Inhalt des Arbeitsverhältnisses neu ausgestalten und dem Arbeitnehmer bisher nicht geregelte Arbeiten zuweisen, so steht diesem ein Verweigerungsrecht zu.[123]

In Bezug auf besonders geschützte Arbeitnehmergruppen existieren grundsätzlich keine Sonderregelungen, Ausnahmen bilden hier u.a. die eingeschränkte körperliche Belastbarkeit bei Schwangeren oder Schwerbehinderten.[124]

b) Arbeitsort

Hinsichtlich des Arbeitsortes gelten im Wesentlichen die zum Inhalt der Arbeitsleistung getätigten Ausführungen. Es kommt ebenfalls darauf an, welche Regelung im Arbeitsvertrag getroffen wurde. Ist ein Arbeitsort vereinbart worden, so ist eine einseitige Umsetzung seitens des Arbeitgebers nicht möglich, es sei denn der Arbeitsvertrag enthält eine Versetzungsklausel.[125] Fehlt eine entsprechende Vereinbarung, so kann der Arbeitgeber den Arbeitnehmer nach billigem Ermessen auch an einem Standort einsetzen, der sich nicht in unmittelbarer Nähe zum Wohnort des Arbeitnehmers befindet.[126]

---

121 Kittner/Zwanziger/Deinert-*Lakies*, Arbeitsrecht, § 23 Rn. 22; *Stuntz,* jurisPR-ArbR 1/2010 Anm. 1.

122 LAG Berlin v. 26.09.1996 – 10 Sa 55/96, NZA-RR 1997, 96 = LAGE Nr. 26 zu § 611 BGB Direktionsrecht; ebenso LAG Köln v. 26.10.1984 – 6 Sa 740/84, NZA 1985, 258; *Junker*, Grundkurs Arbeitsrecht, § 4 Rn. 207, weiterführend zum Direktionsrecht *Enriquez*, ZfA 2011, 121.

123 BAG v. 08.10.1962 – 2 AZR 550/61, AP Nr. 18 zu § 611 BGB Direktionsrecht = DB 1962, 1704.

124 Schaub/*Linck*, ArbR-Hdb. § 45 Rn. 63.

125 Kittner/Zwanziger/Deinert-*Lakies*, Arbeitsrecht, § 23 Rn. 30.

126 LAG Niedersachsen v. 21.08.2009 – 10 TaBV 121/08, AA 2009, 216; Kittner/Zwanziger/Deinert-*Lakies*, Arbeitsrecht, § 23 Rn. 30.

Zu beachten ist aber, dass die Interessenabwägung auch eine Rücksichtnahme auf familiäre Belange erfordert. Somit entspricht eine Entscheidung nur dann billigem Ermessen, wenn der Arbeitgeber den Arbeitnehmer, der familiäre Verpflichtungen wahrzunehmen hat, möglichst nah an seinem Wohnort beschäftigt und nicht in einem Betrieb, der einen unzumutbaren Reiseaufwand erfordert. Dieser Aspekt kommt auch zum Tragen, wenn der Arbeitgeber bei einer Versetzung eine Auswahl zwischen mehreren Arbeitnehmern treffen muss. Die besondere Berücksichtigung der familiären Belange erfordert, dass Arbeitnehmer mit entsprechenden Verpflichtungen auf eigenen Wunsch vorrangig in wohnortnahen Standorten des Unternehmens eingesetzt werden müssen, falls weder der Betriebsablauf noch berechtigte Interessen anderer Arbeitnehmer mit vergleichbaren Verpflichtungen dem entgegenstehen.

c) Arbeitszeit

Zu unterscheiden ist hier zwischen der Arbeitszeitdauer und der Arbeitszeitlage. Der Begriff der Arbeitszeitdauer ist in § 2 Abs. 1 S. 1 ArbZG näher ausgestaltet und umfasst die „Zeit vom Beginn bis zum Ende der Arbeit ohne die Ruhepausen“. Mit der Arbeitszeitdauer ist das vereinbarte Arbeitsentgelt eng verknüpft, sodass der Arbeitgeber nicht einseitig diese Zeit verlängern oder verkürzen kann.[127] Auf das Weisungsrecht kann nicht zurückgegriffen werden, wenn der „Wert von Leistung und Gegenleistung nachhaltig“[128] beeinträchtigt wird. Im Übrigen trifft das Arbeitszeitgesetz zur Arbeitszeitlage, abgesehen vom grds. Verbot der Sonn- und Feiertagsarbeit bzw. den Bestimmungen zur Nacht- bzw. Schichtarbeit, keine Regelungen. Hinsichtlich der Arbeitszeitdauer ist gem. § 3 S. 1 ArbZG eine regelmäßige werktägliche Höchstarbeitszeit von acht Stunden vorgesehen, die unter Umständen auf bis zu zehn Stunden bei entsprechenden Ausgleichszeiträumen ausgeweitet werden kann (§ 3 S. 2 ArbZG). Weitere Ausnahmen sind u.a. gem. § 7 ArbZG durch einen Tarifvertrag oder eine Betriebs- bzw. Dienstvereinbarung zulässig. Die Arbeitszeitdauer wird regelmäßig im Arbeitsvertrag festgelegt, damit der Arbeitnehmer erkennen kann, wie viele Stunden er wöchentlich bzw. monatlich zu arbeiten hat.[129] Sind hier keine Regelungen getroffen, so wird die im

---

127 BAG v. 12.12.1984 – 7 AZR 509/83, BAGE 47, 314 (319) = NZA 1985, 321 (323) „Eine Abänderung der wöchentlichen Stundenzahlen hätte nur durch einen Änderungsvertrag oder durch den Ausspruch einer Änderungskündigung erfolgen können.“

128 HWK/*Lembke*, § 106 GewO Rn. 13.

129 Schaub/*Linck*, ArbR-Hdb. § 45 Rn. 42; Kittner/Zwanziger/Deinert-*Schoof*, Arbeitsrecht, § 27 Rn. 5, häufig enthalten aber auch entsprechende Tarifverträge Regelungen zur Arbeitszeitdauer (a.a.O. Rn. 5a).

Betrieb übliche Arbeitszeit zu Grunde gelegt, die je nach Branche und individueller Tätigkeit variieren kann.[130]

Bestimmungen hinsichtlich der Arbeitszeitlage werden häufig nicht getroffen, hierdurch behält sich vor allem der Arbeitgeber bei der Verteilung der Arbeitszeit auf die einzelnen Werktage bzw. im Hinblick auf Beginn und Ende der Arbeitszeit eine gewisse Flexibilität vor. Dieser kann bei fehlender Bestimmung und mangels einschlägiger kollektivrechtlicher Regelungen die Arbeitszeitlage einseitig mittels Direktionsrechts festlegen.[131] Aber auch hier ist entsprechend der Vorgaben des § 106 S. 1 GewO eine Interessenabwägung vorzunehmen und die Bestimmung der Arbeitszeitlage nach billigem Ermessen zu treffen. Konsequenterweise muss daher auch im Rahmen der Festlegung der Arbeitszeitlage auf die familiären Verpflichtungen der Arbeitnehmer durch den Arbeitgeber Rücksicht genommen werden, falls diese schutzwürdig sind und der Berücksichtigung der Interessen des Arbeitnehmers keine betrieblichen Belange oder ebenfalls schutzwürdige Interessen anderer Arbeitnehmer entgegenstehen.[132] Der Arbeitgeber muss daher beachten, ob ein Arbeitnehmer betreuungspflichtige Kinder oder pflegebedürftige Angehörige hat und z.B. in einem Schichtbetrieb bei der Verteilung der Nachtschichten auf eine angemessene und vor allem interessengerechte Verteilung achten.[133]

Für Arbeitnehmer in einer Teilzeitbeschäftigung ergibt sich der Vorteil, dass diese gem. § 8 TzBfG nicht nur die Dauer ihrer Arbeitszeit verringern, sondern auch Wünsche bei der Verteilung der Arbeitszeit äußern können. Gem. § 8 Abs. 3, 4 TzBfG hat der Arbeitgeber Einvernehmen über die von ihm festzulegende Arbeitszeit mit dem Arbeitnehmer zu erzielen und schließlich den Wünschen des Arbeitnehmers hinsichtlich der Verteilung der Arbeitszeit zu entsprechen, soweit betriebliche Gründe dem nicht entgegenstehen (§ 8 Abs. 4 S. 1 TzBfG).[134]

---

130 BAG v. 23.06.1992 – 1 AZR 57/92, NZA 1993, 89 = AP Nr. 1 zu § 611 BGB Arbeitszeit; Wedde/*Schuld*, Arbeitsrecht, § 106 GewO Rn. 15.

131 BAG v. 11.02.1998 – 5 AZR 472/97, NZA 1998, 647 = AP Nr. 54 zu § 611 BGB Direktionsrecht.

132 BAG v. 23.09.2004 – 6 AZR 567/03, BAGE 112, 80 = AP Nr. 64 zu § 611 BGB Direktionsrecht; ArbG Bochum v. 22.12.2010 – 5 Ca 2700/10, Streit 2011, 72; *Kalina*, Streit 2011, 75 (77); *Feldhoff*, jurisPR-ArbR 37/2011 Anm. 6; LAG Mecklenburg-Vorpommern v. 26.11.2008 – 2 Sa 217/08, Streit 2009, 21; *Nebe*, jurisPR-ArbR 36/2009 Anm. 1.

133 Vgl. BAG v. 23.09.2004 – 6 AZR 567/03, BAGE 112, 80 (84) = AP Nr. 64 zu § 611 BGB Direktionsrecht; LAG Köln v. 27.03.2012 – 12 Sa 987/11, PersV 2013, 236.

134 Als betriebliche Gründe, die den geäußerten Wünschen des Arbeitnehmers entgegenstehen können, kommen die Beeinträchtigung des Arbeitsablaufs und der Sicherheit

2. Grenzen

Zur Bestimmung der Grenzen des Direktionsrechts ist zu klären, welche Auswirkungen der Arbeitsvertrag, eine Betriebsvereinbarung, ein Tarifvertrag bzw. gesetzliche Bestimmungen auf das Weisungsrecht des Arbeitgebers haben, sodann ist auf den unbestimmten Rechtsbegriff des billigen Ermessens näher einzugehen.

a) Arbeitsvertrag

Im Grundsatz ist davon auszugehen, dass der zwischen Arbeitnehmer und Arbeitgeber geschlossene Vertrag die wesentlichen Aspekte hinsichtlich des Inhaltes, des Ortes und der Zeit der Arbeitsleistung festlegt. Da es aber nahezu unmöglich ist, jede etwaige Problematik bereits im Vorfeld zu regeln, wird das Arbeitsverhältnis durch das Direktionsrecht des Arbeitgebers näher präzisiert.[135] Somit bildet der Arbeitsvertrag den konkreten Orientierungsrahmen bei der Zuweisung von bestimmten Tätigkeiten an den Arbeitnehmer. Je detaillierter eine Regelung im Arbeitsvertrag in Bezug auf die Arbeitszeit ist, desto weniger Spielraum verbleibt hinsichtlich des Weisungsrechts.[136]

Im Zusammenspiel mit § 2 Abs. 1 S. 2 NachwG hat der Arbeitgeber bis „spätestens einen Monat nach dem vereinbarten Beginn des Arbeitsverhältnisses die wesentlichen Vertragsbedingungen schriftlich niederzulegen" und das unterzeichnete Exemplar dem Arbeitnehmer auszuhändigen. Wesentliche Vertragsbedingungen sind u.a. der Arbeitsort (§ 2 Abs. 1 S. 2 Nr. 4 NachwG), „eine kurze Charakterisierung oder Beschreibung der vom Arbeitnehmer zu leistenden Tätigkeit" (§ 2 Abs. 1 S. 2 Nr. 5 NachwG) sowie die festgelegte Arbeitszeit (§ 2 Abs. 1 S. 2 Nr. 7 NachwG). Falls ein schriftlicher Arbeitsvertrag mit den in § 2 Abs. 1-3 NachwG genannten Angaben ausgehändigt wird, entfällt die Nachweispflicht (§ 2 Abs. 4 NachwG). Diese Vorgaben im Gesetz über den Nachweis der für ein Arbeitsverhältnis geltenden wesentlichen Bedingungen[137] haben zur Folge, dass der Arbeitgeber entweder

---

im Betrieb oder die Verursachung unverhältnismäßiger Kosten in Frage (§ 8 Abs. 4 S. 2 TzBfG).

135 BAG v. 19.05.2010 – 5 AZR 162/09, BAGE 134, 296 (300) = AP Nr. 10 zu § 106 GewO, Kittner/Zwanziger/Deinert-*Lakies*, Arbeitsrecht, § 23 Rn. 3.

136 *Schoof*, AiB 2011, 761 (768), die Mitbestimmungsrechte des Betriebsrats gem. § 87 Abs. 1 BetrVG seien bei der Ausübung des Weisungsrechts zu beachten, missachtet der Arbeitgeber das Mitbestimmungsrecht, so könne der Betriebsrat mittels einstweiliger Verfügung dagegen vorgehen. *Rid/Ramstetter*, AuA 2012, 272 (274).

137 BGBl. I 1995, S. 946, Gesetz über den Nachweis der für ein Arbeitsverhältnis geltenden wesentlichen Bedingungen v. 20.07.1995.

einen Arbeitsvertrag mit den geforderten Inhalten dem Arbeitnehmer aushändigt oder die Angaben entsprechend des Nachweisgesetzes niederlegt. Aus dieser Verpflichtung der Arbeitgeber folgt praktisch, dass zumindest die wesentlichen Arbeitsbedingungen in der Regel festzuhalten sind.[138] Zu beachten ist allerdings, dass das Nachweisgesetz keine Auswirkungen auf die Entstehung von arbeitsvertraglichen Ansprüchen hat, maßgebend ist insoweit der Inhalt des (mündlich oder konkludent) geschlossenen Arbeitsvertrags.[139] Konsequenzen können sich insoweit für die Frage der Beweislast im Prozess ergeben, regelmäßig in Form von Beweiserleichterungen.[140] Hinsichtlich der Grenzen des Weisungsrechts bleibt zu prüfen, ob sich die Parteien möglicherweise im Rahmen einer Konkretisierung konkludent über eine bestimmte Problematik geeinigt haben.[141]

b) Tarifvertrag

Häufig stellt es vor allem in kleineren und mittleren Unternehmen eine Überforderung dar, die wesentlichen Bestimmungen individuell mit den Arbeitnehmern auszuhandeln und in den Arbeitsvertrag aufzunehmen. Gleichzeitig kommt hier oftmals das Ungleichgewicht im Rahmen der Vertragsverhandlungen zwischen Arbeitgeber und Arbeitnehmer zum Tragen. Um dieses Problem zu vermeiden, können Tarifverträge Bestimmungen für eine Vielzahl von Arbeitsverhältnissen treffen.

Ist ein Tarifvertrag auf das entsprechende Arbeitsverhältnis anwendbar, so sind häufig Festsetzungen zur Lage der Arbeitszeit und auch hinsichtlich des Umfangs von Überstunden enthalten.[142] Somit können sowohl die Voraussetzungen der Arbeitsbereitschaft, des Bereitschaftsdienstes, der Rufbereitschaft oder auch der Wegezeiten Gegenstand von tariflichen Regelungen sein, die diese Formen der Beschäftigung inhaltlich näher präzisieren, sowie das Verhältnis zur Regelarbeitszeit determinieren.[143] Ebenso finden die verschiedenen Erscheinungsformen der

---

138 Däubler/*Deinert,* TVG, § 4 Rn. 503.

139 HWK/*Kliemt,* Vorb. NachwG Rn. 13 mwN.

140 HWK/*Kliemt,* Vorb. NachwG Rn. 13, 39 ff.

141 HWK/*Lembke*, § 106 GewO Rn. 55 mwN., eine eingetretene Konkretisierung hat zur Folge, dass der Arbeitgeber die Vertragsbedingungen nicht mehr einseitig ändern darf, sondern hierfür eine „einvernehmliche Vertragsänderung oder […] Änderungskündigung“ erforderlich ist (a.a.O. Rn. 66).

142 Wedde/*Schuld*, Arbeitsrecht, § 106 GewO Rn. 29. Ein entsprechender Hinweis auf einen einschlägigen Tarifvertrag befreit den Arbeitgeber von den Verpflichtungen des § 2 Abs. 1 S. 1 Nr. 7 NachwG iVm. § 2 Abs. 3 S. 1 NachwG.

143 Kempen/Zachert/*Zachert*, TVG, § 1 Rn. 246 mwN.

Arbeitszeitflexibilisierung Eingang in Tarifverträge. Während Schicht-, Wochenend- oder auch Kurzarbeit bereits seit geraumer Zeit Gegenstand von Tarifverträgen sind, kommen neue Formen wie unterschiedlich ausgeprägte Arbeitszeitkonten, Jahres- oder Vertrauensarbeitszeit vermehrt hinzu.[144]

Das Arbeitszeitgesetz enthält einige Bestimmungen, die Abweichungen durch Tarifverträge ermöglichen. So kann die in § 3 ArbZG maximal vorgesehene Höchstarbeitszeit von zehn Stunden gem. § 7 Abs. 1 Nr. 1 ArbZG dahingehend modifiziert werden, dass sie über zehn Stunden werktäglich verlängert werden kann, „wenn in die Arbeitszeit regelmäßig und in erheblichem Umfang Arbeitsbereitschaft oder Bereitschaftsdienst fällt" oder auch ein von § 3 S. 2 ArbZG abweichender Ausgleichszeitraum festgelegt werden. Darüber hinaus eröffnet § 7 ArbZG den Tarifvertragsparteien weitere Möglichkeiten zur abweichenden Gestaltung der Ruhezeit (§ 5 ArbZG) oder auch der Nacht- und Schichtarbeit (§ 6 ArbZG). Grundvoraussetzung für die genannten Abweichungsoptionen ist aber, dass die Gesundheit der Arbeitnehmer nicht gefährdet wird (vgl. § 7 Abs. 2, 2a, 5 ArbZG).[145] Gleiches gilt auch für Ausnahmeregelungen zur Beschäftigung von Arbeitnehmern an Sonn- und Feiertagen, § 12 ArbZG iVm. § 11 ArbZG.

Zu beachten ist, dass trotz der Anwendbarkeit eines Tarifvertrags, dieser eine Abweichung durch den Arbeitsvertrag gestatten (Öffnungsklausel), oder eine Regelung zu Gunsten des Arbeitnehmers getroffen werden kann (§ 4 Abs. 3 TVG). Als problematisch erweist sich aber die Vergleichbarkeit der einzelnen Bestimmungen, insbesondere im Hinblick auf die Festlegung der Günstigkeit verschiedener Regelungen im Arbeits- und Tarifvertrag. Im vorliegenden Kontext der Arbeitszeitflexibilisierung ist die Frage von Bedeutung, ob die Verlängerung der Arbeitszeit und damit einhergehend ein höheres Gehalt günstiger ist, als eine geringere Arbeitszeit verbunden mit einem geringeren Gehalt und mehr Freizeit zur individuellen Gestaltung.[146] Lediglich bei günstigerer Gestaltung des Arbeitsvertrags kann von der zwingenden Wirkung des Tarifvertrags (§ 4 Abs. 1 S. 1 TVG) abgewichen werden.

---

144 Kempen/Zachert/*Zachert*, TVG, § 1 Rn. 369 ff.

145 BAG v. 23.06.2010 – 10 AZR 543/09, NZA 2010, 1081 (1083 ff.) = AuR 2011, 174 (174 f.); BAG v. 24.01.2006 – 1 ABR 6/05, BAGE 117, 27 (35) = NZA 2006, 862 (865 ff.).

146 Siehe zu dieser Problematik bereits 2. Kap. D. II. 2. b). Weiterführend zum Günstigkeitsprinzip vgl. HWK/*Henssler*, § 4 TVG Rn. 34 ff.; ErfK/*Franzen*, § 4 TVG Rn. 35 ff. Zu einzelnen Fallgruppen im Rahmen des Günstigkeitsvergleichs, Kittner/Zwanziger/Deinert-*Deinert*, § 8 Rn. 70 ff., hier besonders zur Diskussion im Bereich der Arbeitszeitdauer und -lage, vgl. a.a.O. Rn. 73 f.

Verlangt der Arbeitgeber mittels Direktionsrechts Tätigkeiten zu tarifvertragswidrigen Arbeitszeiten vom Arbeitnehmer, so kann dieser seinen Arbeitsplatz auch dann nicht verlieren, wenn er sich der Anordnung widersetzt, unabhängig von der Tatsache, dass der Arbeitgeber mit fast allen anderen Beschäftigten eine tarifvertragswidrige Abrede getroffen hat.[147]

c) Betriebsvereinbarung

Neben den Bestimmungen anwendbarer Tarifverträge sind auch die Festsetzungen in Betriebsvereinbarungen bzw. die Mitbestimmungsrechte des Betriebsrats bei der Ausübung des Direktionsrechts zu beachten. Inhaltlich können Betriebsvereinbarungen keine Regelungen treffen, die bereits Gegenstand von Tarifverträgen sind, z.B. das Arbeitsentgelt oder sonstige Arbeitsbedingungen (§ 77 Abs. 3 S. 1 BetrVG). Ausnahmen ergeben sich, wenn der Tarifvertrag den Abschluss von ergänzenden Betriebsvereinbarungen ausdrücklich gestattet (§ 77 Abs. 3 S. 2 BetrVG).

Haben Arbeitgeber und Betriebsrat für einen der genannten Bereiche eine Betriebsvereinbarung geschlossen, so ist diese für den Arbeitnehmer verbindlich, § 77 Abs. 4 S. 1 BetrVG. Die Wirkung tritt nicht ein, wenn auf Wunsch des Arbeitnehmers eine individuelle Regelung getroffen wird, die nicht mit der in der Betriebsvereinbarung korrespondiert; dies stellt keine Umgehung der Beteiligungsrechte des Betriebsrats dar.[148]

d) Gesetzliche Regelungen

Bei der Ausübung des Weisungsrechts muss der Arbeitgeber neben den kollektivvertraglichen Regelungen ebenso darauf achten, dass er nicht gegen gesetzliche Bestimmungen verstößt, da diese eine „mittelbare[…] Begrenzung des Weisungsrechts“[149] darstellen. Hier sind zunächst die strafrechtlichen und öffentlich-rechtlichen Vorschriften zu nennen, die eine Schranke für den Arbeitgeber bilden, aber auch zwingende Bestimmungen des Arbeitsschutzrechtes dürfen

---

147 LAG Berlin v. 26.09.1996 – 10 Sa 55/96, NZA-RR 1997, 96 = LAGE Nr. 26 zu § 611 BGB Direktionsrecht, auch wenn der Arbeitnehmer sich weigert, tarifvertragswidrige Tätigkeiten zu erbringen, so ist „eine entsprechende Änderungskündigung […] nicht sozial gerechtfertigt; denn ein tarifgebundener Arbeitnehmer darf seinen – auch konkreten – Arbeitsplatz nicht deswegen verlieren, weil er eine in seiner Person tarifwidrige Abrede mit dem Arbeitgeber verweigert.“ (Leitsatz 2)

148 Kittner/Zwanziger/Deinert-*Schoof,* Arbeitsrecht, § 27 Rn. 29; hierzu auch BAG v. 23.06.1992 – 1 AZR 57/92, AP Nr. 1 zu § 611 BGB Arbeitszeit = NZA 1993, 89; dazu die Anmerkung von *Danne*, SAE 1993, 196 (198 f.).

149 Kittner/Zwanziger/Deinert-*Lakies*, Arbeitsrecht, § 23 Rn. 34 ff.

nicht unterlaufen werden.[150] Das Arbeitsschutzgesetz dient der Sicherung und Verbesserung der Sicherheit und des Gesundheitsschutzes der Arbeitnehmer (vgl. § 1 ArbSchG), sodass der Arbeitgeber bestimmte Vorsorgemaßnahmen treffen muss, damit die Arbeitnehmer bei gefährlichen Tätigkeiten oder im Umgang mit gesundheitsbeeinträchtigenden Stoffen entsprechend eingewiesen werden, um mögliche Schäden zu vermeiden. Daneben sind aber auch die Vorgaben zur Höchstarbeitszeit im Arbeitszeitgesetz, sowie die Gesetze für besonders schutzbedürftige Arbeitnehmergruppen, u.a. das JArbSchG, MuSchG zu beachten.

Eine weitere wichtige gesetzliche Einschränkung des Direktionsrechts bilden die erzwingbaren Mitbestimmungsrechte des Betriebsrats gem. § 87 Abs. 1 Nr. 2 BetrVG, die die „oberste Stufe der Beteiligungsrechte"[151] bilden.[152] Hier sind der Betriebsrat und der Arbeitgeber gleichberechtigt beteiligt, denn das dem Betriebsrat eingeräumte Ermessen ist nur durch einen Beschluss der Einigungsstelle zu ersetzen.[153] Da sich das Direktionsrecht auf Inhalt, Ort und Zeit der Arbeitsleistung beziehen kann, ergeben sich vielfältige Mitbestimmungserfordernisse. Bei den in § 87 Abs. 1 BetrVG genannten Angelegenheiten fehlt regelmäßig eine Vereinbarung im Tarifvertrag, weil die regionalen Besonderheiten der einzelnen Betriebe zu berücksichtigen sind, und eine Regelung im Arbeitsvertrag kommt nicht in Betracht, da eine einheitliche Festlegung für alle Betriebsangehörigen erforderlich ist.[154] Gem. § 87 Abs. 1 BetrVG hat der Betriebsrat, soweit eine gesetzliche oder tarifliche Regelung nicht besteht, u.a. hinsichtlich „Beginn und Ende der täglichen Arbeitszeit einschließlich der Pausen sowie der Verteilung der Arbeitszeit auf die einzelnen Wochentage" (Nr. 2) mitzubestimmen, ebenso bei der „vorübergehende[n] Verkürzung oder Verlängerung der betriebsüblichen Arbeitszeit" (Nr. 3). Somit sind die elementaren Fragen der Arbeitszeitlage und der Arbeitszeitdauer mitbestimmungspflichtig.

Wesentlich ist die Frage, welche Konsequenzen die Nichtbeachtung der Mitbestimmungsrechte des Betriebsrats durch den Arbeitgeber hat. Das BAG und ein Großteil der Literatur gehen davon aus, dass der Arbeitgeber den Betriebsrat beteiligen müsse, damit die Maßnahme ihre Wirkung entfalten könne, eine einseitig belastende Maßnahme sei dem Arbeitnehmer gegenüber daher nicht wirksam

---

150 Wedde/*Schuld*, Arbeitsrecht, § 106 GewO Rn. 30; Kittner/Zwanziger/Deinert-*Schoof*, Arbeitsrecht, § 27 Rn. 27. Weiterführend hierzu *Brunhöber*, Das Weisungsrecht im Arbeitsverhältnis; zum Inhalt und den Grenzen des Weisungsrechts vgl. *Lakies*, BB 2003, 364; *Schulte*, ArbRB 2003, 245.

151 *Junker*, Grundkurs Arbeitsrecht, § 10 Rn. 702.

152 Kittner/Zwanziger/Deinert-*Lakies*, Arbeitsrecht, § 23 Rn. 35.

153 *Junker*, Grundkurs Arbeitsrecht, § 10 Rn. 702.

154 Richardi/*Richardi*, BetrVG, § 87 Rn. 1.

(Theorie der Wirksamkeitsvoraussetzung).[155] Die Gegenansicht betont, dass es entscheidend darauf ankomme, dass der Betriebsrat eine Beteiligung bei mitbestimmungspflichtigen Angelegenheiten erzwingen könne, wenn der Arbeitgeber eine einseitige Entscheidung getroffen habe.[156] Unabhängig davon, welchem der genannten Ansätze man folgen möchte, so besteht zu Gunsten des Betriebsrats zumindest die Möglichkeit die Beteiligung an den in § 87 BetrVG aufgezählten Angelegenheiten zu erzwingen. Der Arbeitgeber ist daher bei der Ausübung seines Direktionsrechts gehalten, die Mitbestimmungsrechte des Betriebsrats zu beachten.

e) Billiges Ermessen

Falls hinsichtlich einer bestimmten Angelegenheit keine der vorgehend genannten Regelungen einschlägig ist, so kann der Arbeitgeber das Direktionsrecht nicht ohne Einschränkungen bzw. die Einhaltung gewisser Grundvoraussetzungen ausüben. Hier ist der bereits häufiger angesprochene, unbestimmte Rechtsbegriff des billigen Ermessens (§ 106 S. 1 GewO) von besonderer Relevanz, der einer näheren inhaltlichen Ausgestaltung bedarf. Eine Weisung des Arbeitgebers entspricht billigem Ermessen, wenn eine Abwägung der wesentlichen Umstände des Einzelfalles sowie eine angemessene Berücksichtigung der beiderseitigen Interessen stattgefunden hat.[157] Die im Rahmen des Direktionsrechts vom Arbeitgeber getätigten Weisungen müssen zur Einschränkung der Weite des Direktionsrechts im berechtigten Interesse des Arbeitgebers stehen, bei Verneinung dieser Voraussetzung überwiegen die Freiheitsrechte

155 BAG v. 28.09.1994 – 1 AZR 870/93, BAGE 78, 74 = AP Nr. 68 zu § 87 BetrVG 1972 Lohngestaltung; BAG v. 23.07.1996 – 1 ABR 13/96, AP Nr. 68 zu § 87 BetrVG 1972 Arbeitszeit = NZA 1997, 274; BAG v. 11.06.2002 – 1 AZR 390/01, BAGE 101, 288 = AP Nr. 113 zu § 87 BetrVG 1972 Lohngestaltung; BAG v. 10.03.2009 – 1 AZR 55/08, BAGE 129, 371 (375) = AP Nr. 134 zu § 87 BetrVG 1972 Lohngestaltung; zustimmend: Düwell/*Kothe*, BetrVG, § 87 Rn. 26; DKKW-*Klebe*, BetrVG, § 87 Rn. 5 ff.; Schaub/*Koch,* ArbR-Hdb. § 235 Rn. 22; ausführlich hierzu *Wolter*, RdA 2006, 137; kritisch: Richardi/*Richardi*, BetrVG, § 87 Rn. 104.

156 *Dietz* in: FS Nipperdey, S. 147 (158 ff.); *Schlüter*, DB 1972, 92 (94 mwN.); *Hromadka,* DB 1991, 2133 (2134 ff.); vergleiche zur Kritik an der Theorie der Wirksamkeitsvoraussetzung: Richardi/*Richardi,* BetrVG, § 87 Rn. 104.

157 BAG v. 13.04.2010 – 9 AZR 36/09, AP Nr. 45 zu § 307 BGB = DB 2010, 2805; BAG v. 28.11.1989 – 3 AZR 118/88, BAGE 63, 267 (271 f.) = AP Nr. 6 zu § 88 BetrVG 1972, „Die Leistungsbestimmung nach billigem Ermessen verlangt eine Abwägung der wechselseitigen Interessen nach den verfassungsrechtlichen und gesetzlichen Wertentscheidungen, den allgemeinen Wertungsgrundsätzen wie der Verhältnismäßigkeit und Angemessenheit sowie der Verkehrssitte und Zumutbarkeit."

des Beschäftigten.[158] Gleichzeitig kann der Arbeitgeber aber in Notfällen Arbeitnehmer zur Verrichtung von Tätigkeiten anweisen, die nicht im Arbeitsvertrag vorgesehen sind; ein Notfall liegt aber nur dann vor, wenn er unabhängig vom Arbeitgeberwillen eintritt und nicht anderweitig beseitigt werden kann (§ 14 ArbZG).[159]

Darüber hinaus ist zu beachten, dass auf Grund der Generalklausel des § 315 BGB die Grundrechte der Arbeitnehmer besonders zu berücksichtigen sind und daher keine Verpflichtung besteht, Tätigkeiten zu verrichten, die mit ihrem Gewissen nicht in Einklang zu bringen sind, falls die Zuweisung einer anderweitigen Beschäftigungsmöglichkeit nicht ausgeschlossen ist.[160] Im Bereich des Arbeitsrechts gehören zur Abwägung der beiderseitigen Interessen die Risikoverteilung zwischen den Vertragsparteien, die jeweiligen Bedürfnisse, außervertragliche Vor- und Nachteile, Vermögens- und Einkommensverhältnisse und die Beachtung von familiären Verpflichtungen und Unterhaltszahlungen.[161] Somit muss der Arbeitgeber bei der Ausübung des billigen Ermessens ebenfalls darauf achten, ob die Arbeitnehmer Betreuungs- und Fürsorgepflichten für Kinder wahrnehmen müssen.[162] Entsprechendes gilt auch für die Versorgung von nahen älteren Angehörigen, deren Pflege ebenfalls sicherzustellen ist. Begrenzt wird dies nur durch „betriebliche Gründe oder berechtigte Belange anderer Beschäftigter“[163].

---

158 Wedde/*Schuld*, Arbeitsrecht, § 106 GewO Rn. 20.

159 BAG v. 08.10.1962 – 2 AZR 550/61, DB 1962, 1704 = AP Nr. 18 zu § 611 Direktionsrecht; BAG v. 03.12.1980 – 5 AZR 477/78, AP Nr. 4 zu § 615 BGB Böswilligkeit = DB 1981, 799; zustimmend *Otto*, SAE 1982, 164; ArbG Marburg v. 27.02.1998 – 2 Ca 488/97, BB 1999, 1068, in bestimmten Notfällen kann eine Reinigungskraft dazu verpflichtet sein, „auch andere, im weiteren Sinne vergleichbare Tätigkeiten“ zu übernehmen. Falls sie sich weigert, die ihr in der Notfallsituation übertragenen Aufgaben auch zu erledigen, so kann dies eine außerordentliche Kündigung zur Folge haben.

160 BAG v. 20.12.1984 – 2 AZR 436/83, BAGE 47, 363 = AP Nr. 27 zu § 611 BGB Direktionsrecht.

161 BAG v. 28.11.1989 – 3 AZR 118/88, BAGE 63, 267 (271 f.) = AP Nr. 6 zu § 88 BetrVG 1972; BAG v. 23.09.2004 – 6 AZR 567/03, BAGE 112, 80 (83) = AP Nr. 64 zu § 611 BGB Direktionsrecht; ArbG Bochum v. 22.12.2010 – 5 Ca 2700/10, Streit 2011, 72; *Feldhoff*, jurisPR-ArbR 37/2011 Anm. 6; LAG Mecklenburg-Vorpommern v. 26.11.2008 – 2 Sa 217/08, Streit 2009, 21; *Nebe*, jurisPR-ArbR 36/2009 Anm. 1.

162 BAG v. 23.09.2004 – 6 AZR 567/03, BAGE 112, 80 (84) = AP Nr. 64 zu § 611 BGB Direktionsrecht; ArbG Bochum v. 22.12.2010 – 5 Ca 2700/10, Streit 2011, 72; Küttner/*Reinecke*, Personalbuch 2013, Arbeitszeit Rn. 35.

163 BAG v. 23.09.2004 – 6 AZR 567/03, BAGE 112, 80 (Leitsatz Nr. 1) = NZA 2005, 359.

3. Zwischenergebnis

Es zeigt sich, dass der Aspekt der familiären Verpflichtungen auch im Bereich des Direktionsrechts eine wesentliche Rolle spielt. Im Rahmen der Interessenabwägung hat das Interesse des Arbeitgebers zurückzustehen, wenn der Arbeitnehmer nicht verschiebbaren oder unübertragbaren familiären Verpflichtungen nachkommen muss. Zu beachten ist, dass die Interessenabwägung der vollständigen gerichtlichen Kontrolle unterliegt.[164] § 315 Abs. 3 S. 2 BGB normiert, dass die Bestimmung der Leistung durch Urteil getroffen wird, falls der Arbeitgeber die Interessenabwägung nicht nach billigem Ermessen vorgenommen hat. Stellt sich also im Rahmen der Interessenabwägung heraus, dass der Arbeitgeber bestimmte Belange gar nicht oder nicht hinreichend berücksichtigt hat, so ersetzt das Gericht die vom Arbeitgeber vorgenommene fehlerhafte Interessenabwägung.

II. Sonntagsarbeit und Direktionsrecht

Die vorangegangenen Darstellungen haben gezeigt, dass der Arbeitgeber bei fehlenden Regelungen im Arbeitsvertrag und nicht vorhandenen kollektivrechtlichen Bestimmungen das Arbeitsverhältnis hinsichtlich Inhalt, Ort und Zeit näher konkretisieren kann. Die Ausübung des Direktionsrechts kommt dann nicht in Betracht, wenn der Arbeitsvertrag bereits genaue Regelungen zur Lage der Arbeitszeit enthält.[165]

Im Kontext der Sonntagsarbeit spielt der Aspekt der Arbeitszeitlage eine besondere Rolle. In § 9 ArbZG ist ein grundsätzliches Verbot der Sonn- und Feiertagsarbeit normiert. Ausnahmeregelungen für bestimmte Tätigkeiten ergeben sich aus § 10 ArbZG. Fällt die beabsichtigte Tätigkeit unter eine der enumerativ[166] aufgezählten Ausnahmen, so bleibt zu klären, ob mittels des Direktionsrechts die Sonntagsarbeit trotzdem angeordnet werden darf. Denn eine Verpflichtung des Arbeitnehmers zur Sonntagsarbeit lässt sich § 10 ArbZG nicht entnehmen.[167] Aus dem Vorgenannten ergibt sich, dass sich die Einschränkung des Weisungsrechts

---

164 BAG v. 13.04.2010 – 9 AZR 36/09, AP Nr. 45 zu § 307 BGB = DB 2010, 2805.

165 BAG v. 17.07.2007 – 9 AZR 819/06, AP Nr. 17 zu § 50 ZPO = NZA 2008, 118; *Sievers*, jurisPR-ArbR 42/2007 Anm. 4; Grobys/Panzer/*Ehrich*, SWK ArbR 2012 Direktionsrecht, Rn. 12; Schaub/*Linck*, ArbR-Hdb. § 45 Rn. 15.

166 *Anzinger/Koberski*, ArbZG, § 10 Rn. 9.

167 Neumann/*Biebl*, ArbZG, § 10 Rn. 61.

aus entsprechenden Regelungen ergeben muss[168], ansonsten kann der Arbeitgeber bei Fehlen von anderweitigen Bestimmungen die Arbeitszeitlage der Arbeitnehmer unter Berücksichtigung der einzelnen Interessen einseitig bestimmen. Dies gilt zumindest hinsichtlich der Werktage, an denen eine Beschäftigung nicht durch das Arbeitszeitgesetz grds. untersagt ist.

Im Kontext der angesprochenen Ausnahmen in § 10 ArbZG ist davon auszugehen, dass der Arbeitnehmer damit rechnen muss, auch sonntags zu arbeiten, wenn dies auf Grund des Tätigkeitsprofils erforderlich ist, z.B. im Bereich der Polizei oder der Feuerwehr. Anders hingegen könnte die Lage zu beurteilen sein, wenn im einschlägigen Betrieb bisher keinerlei Sonntagsarbeit wahrgenommen wurde, der Arbeitgeber hier aber eine Änderung herbeiführen möchte. Die Problematik dieser Fragestellung wird anhand der unterschiedlichen Rechtsprechung des Bundesarbeitsgerichts und des Bundesverfassungsgerichts deutlich.

1. Rechtsprechung des BAG

Das Bundesarbeitsgericht geht davon aus, dass „für den Ausschluss gesetzlich und kollektivrechtlich erlaubter Sonn- und Feiertagsarbeit“[169] bestimmte Anhaltspunkte bestehen müssen. Auch drei Beschäftigungsjahrzehnte ohne die Anordnung von Sonntagsarbeit seien nicht ausreichend für die Annahme, dass der Arbeitnehmer seine Arbeit auch zukünftig unverändert erbringen solle; hierfür müssten weitere Umstände hinzutreten.[170] Betont wird, dass der Kernbestand an Sonn- und Feiertagsruhe unantastbar sei, im Übrigen bestehe aber die Gestaltungsfreiheit des Gesetzgebers.[171] Daraus ergibt sich, dass im Arbeitsvertrag oder in sonstigen kollektivvertraglichen Regelungen nicht nur die Verteilung der Arbeitszeit explizit festgelegt sein muss, sondern auch eine ausdrückliche Vereinbarung, die die Sonn- und Feiertagsarbeit

168 Kittner/Zwanziger/Deinert-*Lakies*, Arbeitsrecht, § 23 Rn. 27; ausführlich zum Verhältnis „Direktionsrecht und Sonntagsarbeit“, *Preis/Ulber*, NZA 2010, 729. Zu den Voraussetzungen einer Konkretisierung, HWK/*Lembke*, § 106 GewO Rn. 55 ff.

169 BAG v. 15.09.2009 – 9 AZR 757/08, BAGE 132, 88 = AP Nr. 7 zu § 106 GewO.

170 BAG v. 15.09.2009 – 9 AZR 757/08, BAGE 132, 88 (97) = AP Nr. 7 zu § 106 GewO; ähnlich BAG v. 07.12. 2000 – 6 AZR 444/99, AP Nr. 61 zu § 611 BGB Direktionsrecht = DB 2001, 2051; BAG v. 11.02.1998 – 5 AZR 472/97, AP Nr. 54 zu § 611 BGB Direktionsrecht = NZA 1998, 647; BAG v. 19.06.1985 – 5 AZR 57/84, AP Nr. 11 zu § 4 BAT = DB 1986, 132; BAG v. 19.06.1985 – 5 AZR 57/84, NZA 1985, 811 = AP Nr. 11 zu § 4 BAT; Schaub/*Linck*, ArbR-Hdb. § 45 Rn. 16.

171 BVerfG v. 09.06.2004 – 1 BvR 636/02, BVerfGE 111, 10 (50) = NJW 2004, 2363 (2370).

ausschließt. Liegen keine entsprechenden Regelungen vor, so kann der Arbeitgeber auch Sonn- und Feiertagsarbeit anordnen, solange die Vorgaben des Arbeitszeitgesetzes hinreichend berücksichtigt werden und er im Rahmen des § 106 S. 1 GewO eine angemessene Interessenabwägung vorgenommen hat. Wenn der Arbeitnehmer dies verhindern will, muss er mit dem Arbeitgeber eine Vereinbarung mit dem Inhalt treffen, dass die persönliche Arbeitszeit nicht mit der üblichen Arbeitszeit des Betriebes korrespondieren soll und eine Änderung nur im Einvernehmen möglich ist.[172]

Befürworter merken an, dass das angesprochene Urteil die notwendige Flexibilität der Arbeitgeber erhalte und sich an der Arbeitswirklichkeit orientiere, in der Sonntagsarbeit bereits in vielen Bereichen des Dienstleitungssektors Realität sei.[173] Darüber hinaus sei es nicht möglich, auf Grund des geänderten Freizeit- und Konsumverhaltens der Bürger davon auszugehen, dass diese den Tag der Arbeitsruhe nur dann zur seelischen Erhebung nutzen könnten, wenn die Verkaufsstellen geschlossen und damit ein Einkaufsbummel an Sonn- und Feiertagen überwiegend nicht möglich sei.[174]

Hingegen wird kritisiert, dass die Rechtsprechung des Bundesarbeitsgerichts die Ausgestaltung des Sonntags als Tag der Arbeitsruhe und der seelischen Erhebung nicht hinreichend berücksichtige. Den Regelfall bilde der durch die Verfassung geschützte beschäftigungsfreie Sonntag, sodass dieser Vorgabe des Gesetzgebers auch entsprechend Rechnung getragen werden müsse.[175] Indem der Arbeitgeber bei fehlender Regelung die Sonntagsarbeit mittels Direktionsrechts anordnen könne, werde das Regel-Ausnahme-Prinzip hinsichtlich des grundsätzlichen Beschäftigungsverbotes am Sonntag ins Gegenteil verkehrt.[176]

---

172 BAG v. 23.06.1992 – 1 AZR 57/92, AP Nr. 1 zu § 611 BGB Arbeitszeit = NZA 1993, 89; Schaub/*Linck*, ArbR-Hdb. § 45 Rn. 15.

173 *Fuhlrott,* BB 2010, 707 (708).

174 *Classen,* JZ 2010, 144 (145), Anmerkung zu BVerfG v. 01.12.2009 – 1 BvR 2857/07, 1 BvR 2858/07, BVerfGE 125, 39 = JZ 2010, 137, demnach seien die Grenzen durch das BVerfG zu eng gezogen worden, da „der offene Charakter der seelischen Erhebung Beachtung“ hätte finden müssen (a.a.O. S. 145). Als Alternative hierzu schlägt *Classen* „ein mit Nachteilsverbot bewehrtes Arbeitsverweigerungsrecht für Arbeitnehmer an Sonntagen“ vor, um den Schutz der Arbeitnehmer zu gewährleisten (a.a.O. S. 145).

175 Kittner/Zwanziger/Deinert-*Lakies*, Arbeitsrecht, § 23 Rn. 27 mwN.

176 Kittner/Zwanziger/Deinert-*Lakies*, Arbeitsrecht, § 23 Rn. 27; so auch *Preis/Ulber,* NZA 2010, 729, demnach gehört „der (möglichst) arbeitsfreie Sonntag […] zu den großen sozialen und kulturellen Errungenschaften, die Europa dem Judentum und dem Christentum verdankt.“

2. Rechtssprechung des BVerfG

Das Bundesverfassungsgericht hat in seinem Urteil vom 01.12.2009 hinreichend zum Ausdruck gebracht, dass der Sonntag als Tag der Arbeitsruhe und der seelischen Erhebung zu schützen sei.[177] Ausdrücklich betont wird, dass Sonn- und Feiertage auch als Tage der Arbeitsruhe erkennbar sein müssten und Ausnahmen eines dem Sonntagsschutz gerecht werdenden Grundes bedürfen; hierbei seien ausschließlich wirtschaftliche Interessen der Ladeninhaber oder ein bloßes „alltägliches Erwerbsinteresse“[178] der Kunden nicht ausreichend. Vor allem durch die Freigabe der Ladenschlusszeiten an den Werktagen in fast allen Bundesländern können die Kunden bereits an diesen Tagen ein deutlich ausgeweitetes Öffnungsangebot der Verkaufsstellen in Anspruch nehmen. Für die mehrere Stunden dauernde Öffnung der Verkaufsstellen an Sonn- und Feiertagen bedarf es daher eines besonderen Grundes, damit das Regel-Ausnahme-Prinzip zwischen den Werktagen mit weitgehend freigegebenen Öffnungszeiten durch die Ladenöffnungsgesetze und den Sonn- und Feiertagen, an denen nur im Ausnahmefall eine Ladenöffnung gestattet wird, hinreichende Beachtung findet.[179]

3. Stellungnahme

Die unterschiedlichen Ansichten verdeutlichen, wie groß das Konfliktpotenzial zwischen dem Sonntagsschutz zur Arbeitsruhe bzw. seelischen Erhebung und den Interessen der Gesellschaft sowie der Wirtschaft, auch an diesem Tag die Verkaufslokale zu öffnen[180], um den Kunden Einkaufsmöglichkeiten zu bieten und den Umsatz der Ladeninhaber zu steigern, ist. Zwischen den konfligierenden Interessen stehen die Arbeitnehmer, die bei zunehmender Öffnung der Läden an Sonn- und Feiertagen auch vermehrt an diesen Tagen ihrer Beschäftigung nachgehen müssen. Um den unterschiedlichen Bedürfnissen der einzelnen Beteiligten gerecht zu werden, erscheint es notwendig, deren Interessen näher zu beleuchten.

---

177 BVerfG v. 01.12.2009 – 1 BvR 2857/07, 2858/07, BVerfGE 125, 39 = JZ 2010, 137. Siehe zur Analyse des Urteils, 4. Kap. D. I.

178 BVerfG v. 01.12.2009 – 1 BvR 2857/07, 2858/07, BVerfGE 125, 39 (87) = JZ 2010, 137 (141).

179 BVerfG v. 01.12.2009 – 1 BvR 2857/07, 2858/07, BVerfGE 125, 39 (85) = JZ 2010, 137 (140).

180 *Preis/Ulber*, NZA 2010, 729 (730); *Classen*, JZ 2010, 144 (145), Anmerkung zu BVerfG v. 01.12.2009 – 1 BvR 2857/07, 1 BvR 2858/07, BVerfGE 125, 39 (87) = JZ 2010, 137 (141).

Die Verkaufsstelleninhaber können sich auf ihre Rechte aus Art. 12 Abs. 1 GG (Berufsausübungsfreiheit) berufen. Demnach wird ihnen die Freiheit der Berufswahl und der Berufsausübung gewährleistet. Zu beachten ist, dass das Grundrecht der Berufsfreiheit aber nicht schrankenlos gewährleistet wird, sondern durch oder auf Grund eines Gesetzes eingeschränkt werden kann. Eine solche Einschränkung stellt das Verbot der Sonn- und Feiertagsarbeit, welches verfassungsrechtlich in. Art. 139 WRV iVm. Art. 140 GG abgesichert ist, dar. Durch das verfassungsrechtlich verankerte Verbot der Sonn- und Feiertagsarbeit sind die Ladeninhaber gezwungen, ihre Geschäfte an diesen Tagen geschlossen zu halten. Die im Rahmen der hier diskutierten Entscheidung zum Berliner Ladenöffnungsgesetz relevanten wirtschaftlichen Interessen haben gem. Art. 12 GG Verfasssungsrang und können daher das Sonn- und Feiertagsverbot einschränken.[181] Anders ist dies hinsichtlich der Einwände der Ladeninhaber zu beurteilen, dass auch an diesen Tagen die Versorgung der Bevölkerung sicherzustellen sei. Zwar komme der Versorgung der Bevölkerung auf Grund des Sozialstaatsprinzips und der staatlichen Schutzpflicht Verfassungsrang zu, allerdings stellen die Regelungen zur Öffnung der Verkaufsstellen an Sonn- und Feiertagen nicht die Grundversorgung der Bevölkerung sicher.[182] Dies wird deutlich, wenn man die Regelungen der Ladenöffnungsgesetze der Länder näher betrachtet. Grundsätzlich dürfen an Sonn- und Feiertagen Verkaufsstellen, u.a. Apotheken, Tankstellen oder Bäckereien öffnen.[183] Diese Geschäftszweige versorgen die Bevölkerung mit dem notwendigen Grundbedarf, vor allem hinsichtlich benötigter Medikamente oder auch Treibstoff. Daneben enthalten nahezu alle Ladenöffnungsgesetze der Länder Regelungen zur Öffnung von Verkaufsstellen im Einzelhandel an gesondert festgelegten Sonn- bzw. Feiertagen im Jahr, an denen auch Waren verkauft werden dürfen, die nicht der Grundversorgung der Bevölkerung dienen.[184] Bereits bisher war die überwiegende Anzahl der Sonn- und Feiertage nicht für die Öffnung der Verkaufsstellen an diesen Tagen vorgesehen. Die Ausweitung der Öffnungsmöglichkeiten auf alle Sonn- und Feiertage des Jahres wurde hingegen von den Verkaufsstelleninhabern nicht gefordert. Hieraus lässt sich schließen, dass die Grundversorgung der

181 BVerfG v. 01.12.2009 – 1 BvR 2857/07, 2858/07, BVerfGE 125, 39 (57) = JZ 2010, 137.

182 BVerfG v. 01.12.2009 – 1 BvR 2857/07, 2858/07, BVerfGE 125, 39 (57) = JZ 2010, 137.

183 Vgl. §§ 4, 5 BerlLadÖffG; §§ 4, 7, 8 BbgLöG; §§ 4 NLöffVZG; §§ 4, 5, 7 SächsLadÖffG.

184 Die Anzahl der Sonntage, an denen eine Ladenöffnung gestattet ist, ist regelmäßig auf vier Sonntage beschränkt (§ 10 BremLadSchlG, § 6 HLöG, § 5 NLöffVZG), über die großzügigste Regelung, mit insgesamt zehn Sonntagen, verfügt das Berliner Ladenöffnungsgesetz (vgl. § 6 BerlLadÖffG).

Bevölkerung bereits bisher an den übrigen Tagen sichergestellt wurde und das primäre Interesse der Ladenbetreiber an der Gewinnmaximierung den Sonn- und Feiertagsschutz nicht verdrängen kann. Korrespondierend dazu ist im Hinblick auf das alltägliche Erwerbsinteresse der Kunden festzustellen, dass sich durch die nahezu vollständige Freigabe der werktäglichen Ladenöffnungszeiten durch die Länder die Möglichkeiten zur Deckung des Grundbedarfs für die Bevölkerung deutlich ausgeweitet haben. Es ist daher nicht erforderlich, die Verkaufsstellen zu diesem Zweck an Sonn- und Feiertagen zu öffnen.

Zu prüfen bleibt aber, wie sich das geänderte Konsum- und Einkaufsverhalten der Kunden auswirkt und ob es möglicherweise eine Überschreitung des Beurteilungsspielraums darstellt, wenn ein Einkaufsbummel als seelische Erhebung nicht hinreichend anerkannt wird. Wie bereits angesprochen, steht dem Gesetzgeber bei der Ausgestaltung der Gesetze ein gewisser Ermessensspielraum zu, dies schließt nicht aus, dass hierbei auch ein geändertes Konsum- und Einkaufsverhalten der Bürger Berücksichtigung finden kann.[185] Die beispielhaft dargelegten Ladenöffnungsgesetze der Länder ermöglichen bereits den Verkauf von der Grundversorgung dienenden Waren an allen Sonn- und Feiertagen des Jahres, sowie die Freigabe von einigen Sonntagen im Jahr, an denen auch die übrigen Produkte, verkauft werden dürfen. Es lässt sich darüber streiten, ob die Freigabe zwischen vier und zehn Sonntagen im Jahr zur Ladenöffnung dem geänderten Konsum- und Einkaufsverhalten der Bürger ausreichend Rechnung trägt, aber auch diese Entscheidung fällt in den Gestaltungsspielraum des Gesetzgebers. Durch die Möglichkeit der Ladenöffnung an einigen Sonntagen im Jahr kann daher nicht vorgebracht werden, dass diese Belange keinen Eingang in die Entscheidung des Gesetzgebers gefunden hätten. Somit hat dieser seinen Beurteilungsspielraum nicht überschritten, indem er ein grundsätzliches Verbot der Ladenöffnung an Sonn- und Feiertagen zur körperlichen Erholung sowie zur seelischen Erhebung erlässt.

Schließlich sind in diesem Rahmen auch die Interessen der Beschäftigten im Einzelhandel hinreichend zu würdigen. Die vermehrte Öffnung der Ladengeschäfte an Sonn- und Feiertagen würde für diese Arbeitnehmergruppe auch einen häufigeren Arbeitseinsatz an diesen Tagen nach sich ziehen. Die Beschäftigtenstruktur im Einzelhandel wird überwiegend von weiblichen Arbeitnehmern in Teilzeitbeschäftigung dominiert.[186] Die betroffenen Frauen haben überdurchschnittlich

185 Vgl. 4. Kap. D. III.; BVerfG v. 01.12.2009 – 1 BvR 2857/07, 2858/07, BVerfGE 125, 39 (85) = JZ 2010, 137 (140).

186 BT-Drucks. 17/6240, Erster Gleichstellungsbericht v. 16.06.2011, S. 130 ff.; *Feldhoff*, Streit 2009, 99; *Hinz*, WSI-Mitteilungen 2012, 58 (59); *Voss-Dahm*, WSI-Mitteilungen 2002, 498.

häufig minderjährige Kinder zu versorgen, dies erzeugt an Sonn- und Feiertagen einen erheblichen zusätzlichen Betreuungsaufwand, da weder Kindergärten noch Schulen an diesen Tagen geöffnet sind.[187] Gleichzeitig wird das oftmals nur am Wochenende stattfindende Familienleben durch den vermehrten Arbeitseinsatz empfindlich gestört.[188] Aber nicht nur die Verpflichtungen innerhalb einer Familie konfligieren mit der Ausweitung der Ladenöffnungszeiten an Sonn- oder Feiertagen. Ebenso ist die Partizipation am sonstigen sozialen Leben, etwa die Teilnahme an kulturellen oder sportlichen Veranstaltungen überwiegend auf das Wochenende begrenzt.[189]

Insgesamt kann nicht verlangt werden, dass sich der Gesetzgeber bestimmten Wünschen einzelner Personengruppen anschließt, sondern es muss eine Regelung getroffen werden, die die unterschiedlichen Interessen möglichst weitgehend und schonend in Einklang bringt. Hierbei ist es nicht zu vermeiden, dass einzelne Anliegen nicht zur vollen Entfaltung gelangen und zu Gunsten einer allgemeinen Regelung zurückstehen müssen.

Auf Grund der wesentlichen Bedeutung des Sonn- und Feiertagsschutzes muss dieser hinreichend bei der Ausübung des Direktionsrechts berücksichtigt werden. Auch wenn der Arbeitsvertrag keine Aussage über eine Tätigkeit an Sonn- und

---

187 Vgl. dazu die Ausführungen im 4. Kap.

188 *Schier/Jurczyk/Szymenderski,* WSI-Mitteilungen 2011, 402 (406); Bundesministerium für Wirtschaft und Arbeit, Stellenbesetzungsprozesse im Bereich „einfacher" Dienstleistungen, Abschlussbericht einer Studie im Auftrag des Bundesministeriums für Wirtschaft und Arbeit, Dokumentation Nr. 550, Berlin 2005, S. 198, abzurufen unter: http://www.iatge.de/aktuell/veroeff/2005/hieming01.pdf (21.12.2013); ArbG Bochum v. 22.12.2010 – 5 Ca 2700/10, Streit 2011, 72, zum Zusammenspiel zwischen dem Direktionsrecht des Arbeitgebers und den familiären Verpflichtungen der Arbeitnehmer, im Einzelhandel besonders der weiblichen Beschäftigten, hat das ArbG Bochum festgestellt, dass der Arbeitgeber bei der Ausübung des Direktionsrechts auf die familiären Verpflichtungen Rücksicht zu nehmen habe, sodass die Anordnung von Arbeitszeiten für eine allein erziehende Mutter, die außerhalb der Öffnungszeiten der Kindertagesstätte liegen, im Einzelfall den Anforderungen an das billige Ermessen im Rahmen des § 106 S. 1 GewO nicht gerecht werde, wenn der Arbeitgeber keine gewichtigen Gründe für die Anordnung vorbringen könne; zur Rücksichtnahme auf familiäre Interessen des Arbeitnehmers bereits BAG v. 23.09.2004 – 6 AZR 567/03, BAGE 112, 80 = AP Nr. 64 zu § 611 BGB Direktionsrecht.

189 BVerfG v. 01.12.2009 – 1 BvR 2857/07, 2858/07, BVerfGE 125, 39 (85) = JZ 2010, 137 (140); zur Handhabung des Sonntagsschutzes im Freistaat Bayern und der gesellschaftlichen Bedeutung von gemeinsamen freien Tagen, vgl. *Unterreitmeier,* BayVBl 2012, 260.

Feiertagen enthält und keine kollektivvertragliche Regelung einschlägig ist, so muss doch das Prinzip des Regel-Ausnahme-Verhältnisses gewahrt bleiben. Daher wird der Sonn- und Feiertagsschutz nicht hinreichend berücksichtigt, wenn die Sonntagsarbeit die Regel und der arbeitsfreie Sonntag die Ausnahme darstellt. Anders ist die Situation in den in § 10 ArbZG genannten Bereichen zu beurteilen.[190] Hier gestattet der Gesetzgeber die Ausübung bestimmter Tätigkeiten, um z.B. die öffentliche Sicherheit und die Gesundheitsversorgung sicherzustellen, aber auch der Aspekt der Freizeitgestaltung der Bürger hat hier Eingang gefunden. Die enumerative Aufzählung[191] verdeutlicht, dass die Sonntagsarbeit in den übrigen Bereichen vom Gesetzgeber nicht gewünscht ist. Abgesehen von Notfällen (§ 14 ArbZG), die in bestimmten Situationen auch eine Tätigkeit der Arbeitnehmer an Sonntagen erfordern kann, ist aber die dauerhafte Anweisung der Sonntagsarbeit vom Direktionsrecht des Arbeitgebers nicht gedeckt.

Allerdings kann in diesem Kontext die oben bereits angesprochene Unternehmerfreiheit des Arbeitgebers, die in Art. 12 Abs. 1 GG verankert ist, nicht außer Acht gelassen werden.[192] Hierzu gehört das Recht, unternehmerische Planungsentscheidungen[193], auch im Hinblick auf die Lage der Arbeitszeit, zu treffen. Somit kann der Arbeitgeber bei der Anordnung von gesetzlich zulässiger Sonntagsarbeit die Weigerung des Arbeitnehmers zum Anlass für den Ausspruch einer Änderungskündigung nehmen. Demnach wäre es für den Arbeitgeber schließlich doch möglich, Sonntagsarbeit im gesetzlich zulässigen Maße anzuordnen, sodass sich der Arbeitnehmer nicht dauerhaft weigern kann, auch an Sonntagen seine Tätigkeit zu erbringen, wobei hierfür der Arbeitsvertrag, unter Umständen durch eine Änderungskündigung entsprechend anzupassen wäre.

III. Ergebnis

Abschließend lässt sich feststellen, dass das Direktionsrecht zunächst durch den Arbeitsvertrag oder durch kollektivvertragliche bzw. gesetzliche Regelungen eingeschränkt werden kann. Es zeigt sich, dass die Einschränkung umso stärker

---

190 Kittner/Zwanziger/Deinert-*Lakies*, Arbeitsrecht, § 23 Rn. 27, in den in § 10 ArbZG genannten Branchen sei „die Sonntagsarbeit durchaus als üblich anzusehen".

191 *Anzinger/Koberski*, ArbZG, § 10 Rn. 9. Gleichzeitig müssen gem. § 11 Abs. 1 ArbZG im Jahr mindestens 15 Sonntage beschäftigungsfrei bleiben.

192 Vgl. BVerfG v. 01.03.1979 – 1 BvR 532/77, 1 BvR 533/77, 1 BvR 419/78, 1 BvL 21/78, BVerfGE 50, 290 (363) = AP Nr. 1 zu § 1 MitbestG.

193 *Manssen* in: v. Mangoldt/Klein/Starck, GG I, Art. 12, Rn. 69 mwN.

ist, je konkreter die Vorgaben im Arbeitsvertrag oder den kollektivvertraglichen Bestimmungen sind.

In Bezug auf das Direktionsrecht ist die Sichtweise des Bundesarbeitsgerichts[194] abzulehnen, die davon ausgeht, dass auch nach drei Jahrzehnten der Beschäftigung ohne Sonntagsarbeit diese regelmäßig durch das Weisungsrecht angeordnet werden kann. Andernfalls ergäbe sich die Folge, dass das in Art. 139 WRV iVm. Art. 140 GG festgelegte Prinzip des Sonn- und Feiertagsschutzes keine hinreichende Beachtung finden würde. Daher kann durch das Direktionsrecht die Sonntagsarbeit nur in Ausnahmefällen angeordnet werden, wenn hierfür entsprechende betriebliche Gründe existieren, die vorrangig gegenüber den Interessen der Beschäftigten sind. Darüber hinausgehende Tätigkeiten der Arbeitnehmer an Sonn- und Feiertagen bedürfen unter Beachtung der verfassungsrechtlichen Vorgaben einer Anpassung der vertraglichen Grundlage, in der Regel in Form einer Änderungskündigung.

---

194 BAG v. 15.09.2009 – 9 AZR 757/08, BAGE 132, 88 = AP Nr. 7 zu § 106 GewO.

5. Kapitel: Familie und Arbeitszeit – Wunsch und Wirklichkeit

A. Vereinbarkeit von Familie und Beruf

Die Ausführungen zum grundsätzlichen Beschäftigungsverbot an Sonn- und Feiertagen, sowie die unterschiedlichen Ansichten hinsichtlich der Frage, ob die Sonn- und Feiertagsarbeit auch mittels des Direktionsrechts angeordnet werden kann, zeigt, dass die Interessen der Verkaufsstelleninhaber bzw. der Kunden mit denen der Arbeitnehmer in erheblicher Weise kollidieren. Deutlich wird, dass besonders Frauen mit familiären Verpflichtungen – überwiegend im Rahmen von Teilzeitarbeitsverhältnissen – im Einzelhandel beschäftigt sind.[1] Die dort üblichen, häufig sehr langen Ladenöffnungszeiten lassen sich nur schwer mit den Familienpflichten von berufstätigen Müttern und Vätern in Einklang bringen, aber auch die Sicherstellung der Pflege von Angehörigen stellt zunehmend ein Problem dar. Neben der speziellen Situation im Einzelhandel müssen Arbeitnehmer mit familiären Verpflichtungen aber auch in sonstigen Beschäftigungsverhältnissen die Vereinbarkeitsproblematik bewältigen.

Wesentlich ist hierbei, wie z.B. Schicht- und/oder Nachtarbeit bzw. Sonntagsarbeit mit den familiären Pflichten korrespondieren kann. Neben den Vereinbarkeitsschwierigkeiten erhöht die zunehmende Schicht- bzw. Sonntagsarbeit[2] das Risiko von Arbeitsunfällen erheblich und stellt eine besondere Belastung für die seelische und körperliche Erholung dar; empirische Studien haben gezeigt, dass

---

1 Vgl. dazu die Darstellungen im 4. Kap.; Statistisches Bundesamt, Wirtschaft und Statistik 10/2007, S. 939, demnach waren im Jahr 2005 rund 68 % der Beschäftigten im Einzelhandel weiblich und die Teilzeitbeschäftigungsquote insgesamt betrug 50 %. Der vorherrschende Frauenanteil im Einzelhandel lasse sich u.a. damit begründen, dass weibliche Arbeitnehmer immer noch die klassischen „Frauenberufe" wählen und weniger in neue, männerdominierte Bereiche vordringen würden, so konzentrieren sich Frauen bei der Wahl einer Ausbildung überwiegend auf die Berufe der Bürokauffrau, Arzthelferin, Kauffrau im Einzelhandel, Zahnmedizinische Fachangestellte sowie Friseurin, siehe Statistisches Bundesamt, Im Blickpunkt: Frauen in Deutschland 2006, S. 18. Vgl. auch *Langenfeld,* DVBl 2010, 1019.

2 Zu den aktuellen Zahlen hinsichtlich der Entwicklung von Schicht-/Nacht- bzw. Sonntagsarbeit, vgl. Statistisches Bundesamt, Qualität der Arbeit 2012, S. 24.

das Bereitstellen eines anderen freien Tages innerhalb der Woche keinen vergleichbaren Stellenwert wie ein beschäftigungsfreier Sonntag hat und damit die Erholung an einem Werktag nicht identisch mit der Freizeit am Sonntag ist.[3] Bereits das Bundesverfassungsgericht hat in seiner Urteilsbegründung zum Berliner Ladenöffnungsgesetz von einer „synchronen Taktung des sozialen Lebens"[4] gesprochen, die nur dann gewährleistet sei, wenn zumindest für einen Großteil der Arbeitnehmer die Sonn- und Feiertage beschäftigungsfrei bleiben. Abgesehen von Tätigkeiten, auf die auch an diesen Tagen nicht verzichtet werden kann, wie z.B. die Aufrechterhaltung der medizinischen Versorgung oder der Einsatz von Polizei und Feuerwehr, ist die Möglichkeit zur Teilhabe des Einzelnen am Familien- und Sozialleben nur dann garantiert, wenn an den allgemeinen Tagen der Arbeitsruhe keine beruflichen, sondern lediglich private Tätigkeiten ausgeübt werden.

Die Schwierigkeiten, die die Sonn- und Feiertagsarbeit für die Vereinbarkeit von Familie und Beruf, sowie die Teilnahme am sozialen und gesellschaftlichen Leben verursacht, ergeben sich, wie bereits angesprochen, besonders im Einzelhandel, da die Werktage, durch verschiedene Liberalisierungen inzwischen durch sehr lange Öffnungszeiten gekennzeichnet sind.[5] Auf Grund der fast vollständigen Freigabe der Ladenöffnungszeiten müssen – vor allem die überwiegend weiblichen – Arbeitnehmer auch abends bzw. samstags ihre vertraglich geschuldete Tätigkeit erbringen. Solche Arbeitszeiten sind schwerlich mit den allgemeinen Öffnungszeiten von Kindergärten und Schulen zu koordinieren. Selbst Ganztagskindergärten oder -schulen leisten zu diesen Zeiten regelmäßig keine Betreuung der Kinder, sodass eine private Beaufsichtigung organisiert werden muss, die häufig, vor allem von Alleinverziehenden, kaum zu finanzieren ist. Obwohl das Thema bereits seit Jahren mal mehr, mal weniger intensiv diskutiert worden ist[6],

3 *Wirtz/Nachreiner/Rolfes*, ZArbwiss 2011, 136 (145 mwN.). Dazu auch *Groß/Seifert* in: Groß/Seifert, Zeitkonflikte, S. 9 (10); allgemein zu den Handlungsoptionen der Betriebsräte im Rahmen der Vereinbarkeit von Familie und Beruf, *Lück,* AiB 2008, 268.

4 BVerfG v. 01.12.2009 – 1 BvR 2857/07, 1 BvR 2858/07, BVerfGE 125, 39 (82) = JZ 2010, 137 (139).

5 Gem. § 3 Abs. 1 NLöffVZG dürfen Waren an Werktagen ohne zeitliche Beschränkung verkauft werden. Die Öffnung der Verkaufsstellen sieht § 4 Abs. 1 LÖG NRW mit Ausnahme der Sonn- und Feiertage von 0.00 bis 24.00 Uhr vor. Ähnliche Regelungen enthalten § 3 LöffG M-V, § 3 HLöG, § 3 HgbLadÖffG. Neben dem Ladenschlussrecht des Bundes bietet *Neumann,* Ladenschlussrecht, S. 49 ff. einen Überblick über die einzelnen Ladenöffnungsgesetze der Länder.

6 *Brosius-Gersdorf,* VSSR 2008, 299; *Eberhardt,* AiB 2009, 625; *Hanau* in: FS Buchner, S. 281; *Hohmann-Dennhardt*, AuR 2010, 52; *Klenner,* WSI-Mitteilungen 2005,

lässt sich ein „Durchbruch" bisher nicht erkennen. Viele Appelle der Politik an die Wirtschaft, den Arbeitnehmern bei der Vereinbarkeitsproblematik entsprechende Hilfestellungen zu geben, verhallen ungehört oder werden anscheinend kaum wahrgenommen.[7] Dabei ist dieser Aspekt besonders für Frauen, die immer noch einen Großteil der Familienarbeit leisten[8], von besonderer Bedeutung. Sie sind darauf angewiesen, dass flexible Arbeitszeitmodelle ihnen den nötigen Freiraum für die Erledigung ihrer privaten Verpflichtungen einräumen. Dies erfordert neben dem stets angemahnten stärkeren Beitrag der Familienväter, aber auch ein Umdenken der Arbeitgeber und der Gesellschaft insgesamt. Denn „solange [...] der ökonomische Nutzen der Familienarbeit mitsamt den Investitionen der Eltern in ihre Kinder gesellschaftlich abgeschöpft, dagegen die finanziellen Folgen einer Familiengründung und die mit ihr verbundenen Belastungen zur individuellen Privatsache erklärt werden"[9], kann einer Stagnation oder gar Abnahme der Geburtenzahlen nicht entgegengewirkt werden.

Allgemein erscheint der Abschied von veralteten Rollenbildern äußerst schwierig, vor allem dann, wenn diese Modelle durch entsprechende Steuererleichterungen vom Staat unterstützt werden, wie z.B. beim Ehegatten-Splitting.[10] Solche Regelungen stehen im Widerspruch zu den Vorgaben, die sich der Gesetzgeber hinsichtlich der Vereinbarkeit von Familie und Beruf selber gesetzt hat. Durch das Ehegatten-Splitting wird die „Alleinverdiener-Ehe" steuerlich gefördert, denn der Steuervorteil ist dann am größten, wenn die Diskrepanz zwischen den Einkommen der Ehepartner besonders gravierend ist.[11]

207; *Lück,* AiB 2008, 268; *Schier/Jurczyk/Szymenderski,* WSI-Mitteilungen 2011, 402; *Perz*, Familienfreundliches Arbeitsrecht? S. 65 ff.

7 Bundesministerium für Familie, Senioren, Frauen und Jugend, Pressemitteilung vom 08.02.2011: am 08.02.2011 unterzeichneten die Bundesfamilienministerin a.D. *Dr. Kristina Schröder*, sowie Vertreter aus Wirtschaft und Politik die „Charta für familienbewusste Arbeitszeiten". Hierdurch seien die Vertreter in Politik, Gesellschaft und Wirtschaft dazu aufgerufen, die Chancen familienbewusster Arbeitszeiten bewusster zu nutzen. Vgl. dazu auch das Unternehmensprogramm: Erfolgsfaktor Familie, abzurufen unter: www.erfolgsfaktor-familie.de.

8 *Krone/Stöbe-Blossey,* FPR 2010, 137; *Hohmann-Dennhardt,* AuR 2010, 52 (53).

9 *Hohmann-Dennhardt,* AuR 2010, 52 (54).

10 Hintergrund der Einführung des Ehegatten-Splittings im Jahr 1958 war „eine besondere Anerkennung der Aufgabe der Ehefrau als Hausfrau und Mutter" durch den Gesetzgeber, BT-Drucks. 3/250, S. 34. Zum „Einfluss des Steuerrechts auf die Berufstätigkeit von Müttern", *Sacksofsky* in: FS Pfarr, S. 363 (373).

11 *Sacksofsky* in: FS Pfarr, S. 363 (373 mwN.): Demnach sei das Ehegattensplitting verfassungswidrig, da es eine mittelbare Benachteiligung von Frauen darstelle und damit

Die Regierungskoalition der 17. Legislaturperiode aus CDU, CSU und FDP versuchte den Vereinbarkeitsschwierigkeiten entgegen zu wirken, indem im Koalitionsvertrag hinsichtlich dieses Punktes die Einführung familienbewusster Arbeitszeiten vereinbart wurde, um den Arbeitnehmern eine „Entscheidung für Kinder durch echte Wahlfreiheit"[12] zu ermöglichen. Zur Umsetzung dieses Ziels nennt der Koalitionsvertrag familienfreundliche und flexible Arbeitszeitmodelle sowie Sabbaticals.[13] Daneben wurde betont, dass die Ausgestaltung der Pflegeaufgaben in Bezug auf die Vereinbarkeit von Familie und Beruf stärker ins Blickfeld genommen werden müsse.[14] Ähnliche Festlegungen enthält auch der Koalitionsvertrag der 18. Legislaturperiode.[15]

Bei der Schaffung von verschiedenen Arbeitszeitmodellen gibt der Gesetzgeber regelmäßig lediglich den rechtlichen Rahmen vor, die individuelle Ausgestaltung bleibt den Sozialpartnern vorbehalten. Diese können entsprechende Regelungen in Tarifverträgen festlegen bzw. individuelle Vereinbarungen durch den Abschluss von Betriebsvereinbarungen für den einzelnen Betrieb treffen, sodass die Berücksichtigung der jeweiligen Interessen der Arbeitnehmer ermöglicht wird. Gleiches muss für die Einräumung von Sabbaticals gelten, die sich möglicherweise nicht für jeden Beruf oder nur innerhalb eines bestimmten Zeitraumes eignen.

Erforderlich ist es aber, neben der betrieblichen Ebene, auch die angesprochenen gesetzlichen Rahmenbedingungen näher zu beleuchten, die entweder unmittelbar oder lediglich mittelbar mit der Vereinbarkeit von Familie und Beruf im

gegen Art. 3 Abs. 2 S. 1 und Abs. 3 GG verstoße. Der Rechtfertigungsgrund, dass die Förderung der Ehe zeitgleich auch eine Förderung der Familie darstelle, könne so nicht mehr durchgreifen, da inzwischen auch viele Ehen kinderlos seien.

12 Koalitionsvertrag zwischen CDU, CSU und FDP, Wachstum, Bildung, Zusammenhalt, 17. Legislaturperiode, S. 68: „Wir wollen familien- und kinderfreundliche Rahmenbedingungen durch eine familienfreundliche Kultur und Infrastruktur sowie eine familiengerechte Arbeitswelt schaffen, die eine Entscheidung für Kinder durch echte Wahlfreiheit ermöglicht."

13 Koalitionsvertrag zwischen CDU, CSU und FDP, Wachstum, Bildung, Zusammenhalt, 17. Legislaturperiode, S. 68.

14 Koalitionsvertrag zwischen CDU, CSU und FDP, Wachstum, Bildung, Zusammenhalt, 17. Legislaturperiode, S. 85; „Um den Familien die Chance zu geben, Erwerbstätigkeit und die Unterstützung der pflegebedürftigen Angehörigen besser in Einklang zu bringen, wollen wir mit der Wirtschaft und im öffentlichen Dienst bei Pflege- und Arbeitszeit verbesserte Maßnahmen zur Förderung der Vereinbarkeit von Pflege und Beruf entwickeln." (a.a.O. S. 92).

15 Koalitionsvertrag zwischen CDU, CSU und SPD, Deutschlands Zukunft gestalten, 18. Legislaturperiode, S. 97 ff.

Zusammenhang stehen. Ziel ist es herauszuarbeiten, ob die vorhandenen gesetzlichen Bestimmungen, auch im Zusammenspiel untereinander, ausreichend und vor allem in sich stimmig sind, oder ob an einigen Stellen Nachbesserungsbedarf seitens des Gesetzgebers besteht. Hierfür ist ebenso das Zusammenwirken zwischen den gesetzlichen Vorgaben und den tariflichen bzw. betrieblichen Regelungen näher zu betrachten und zu eruieren, an welchen Stellen weiterer Handlungsbedarf besteht. Besondere Beachtung muss hier das bereits ausführlich dargestellte Arbeitszeitgesetz[16] mit seinen jeweiligen Regelungen finden. Denn die Arbeitszeiten bilden die „Demarkationslinie"[17] zwischen dem privaten und beruflichen Bereich. Gerade diese Abgrenzung zwischen den beiden Bereichen ist in den vergangenen Jahren und Jahrzehnten immer weiter verschwommen. Durch den voranschreitenden Wandel des Normalarbeitsverhältnisses und den verschiedenen atypischen Ausprägungen findet häufig keine klare Trennung zwischen dem beruflichen und dem privaten Umfeld statt. Verstärkt wird dies durch die Nutzung von modernen Kommunikationsmethoden, da hierdurch eine Kontaktaufnahme mit den Mitarbeitern völlig unabhängig von bestimmten örtlichen Begrenzungen möglich ist. So kann der Beschäftigte mittels entsprechenden technischen Geräten seine elektronische Post überall empfangen und versenden, dies führt zu einer permanenten Verfügbarkeit der Arbeitnehmer und damit zu einer weiteren Aufweichung der Abgrenzung zwischen Arbeit und Freizeit.[18]

Neben der Dauer der Arbeitszeit ist im Hinblick auf familienfreundliche Arbeitszeitarrangements die Lage der Arbeitszeit von wesentlicher Bedeutung. Deutlich wird dieses Problem im Rahmen des hier ausgewählten Bereichs des Einzelhandels, der die Thematik der Abend- und Wochenendarbeit im Zusammenhang mit familiären Pflichten eindrucksvoll widerspiegelt. Diesem Komplex haben sich in jüngerer Vergangenheit Gerichtsentscheidungen gewidmet, die genauer zu analysieren sind.[19]

Näher zu beleuchten ist ebenfalls, dass die weitere Ausdifferenzierung von gesetzlichen Regelungen zur Vereinbarkeit von Familie und Beruf zwar für die Arbeitnehmer wesentliche Vorteile aufweist, dies jedoch einhergeht mit

---

16 Vgl. dazu die detaillierten Darstellungen im 2. Kap.

17 *Jurczyk* in: Groß/Seifert, Zeitkonflikte, S. 239.

18 *Bissels/Domke/Wisskirchen,* DB 2010, 2052; *Falder,* NZA 2010, 1150, der die Veränderungen in der Arbeitswelt auf Grund des technologischen Wandels darstellt; siehe auch *Munz*, AiB 2008, 338.

19 ArbG Bochum v. 22.12.2005 – 5 Ca 2700/10, Streit 2011, 72; LAG Mecklenburg-Vorpommern v. 26.11.2008 – 2 Sa 217/08, Streit 2009, 21.

zunehmenden Restriktionen der Arbeitgeber. Einschränkungen der Dispositionsfreiheit und Eingriffe in die durch Art. 12 Abs. 1 GG verfassungsrechtlich geschützte Berufsausübungsfreiheit sind die Konsequenz.[20] Daneben ist aber zu beachten, dass nicht nur die Berufsausübungsfreiheit der Arbeitgeber im Grundgesetz verankert ist, sondern auch der Schutz der Familie, vgl. Art. 6 GG, sowie die Vereinbarkeit der Familienpflichten mit der Beschäftigungsausübung.[21] Folglich muss der Staat gewährleisten, dass eine Benachteiligung der Familie im Vergleich zu anderen Lebensformen unterbleibt und gleichzeitig die Familienförderung in den Fokus rückt.[22] Der in Art. 6 Abs. 1 GG verankerte Schutz muss auf Grund seines Charakters als wertentscheidende Grundsatznorm[23] auch im Arbeitsrecht zur Anwendung kommen[24]. Neben der Familienförderung hat der Staat gem. Art. 3 Abs. 2 S. 2 GG die Aufgabe, die Gleichberechtigung von Frauen und Männern durchzusetzen und auf die Beseitigung bestehender Nachteile hinzuwirken.[25] Daraus ableiten lässt sich ein Handlungsauftrag hinsichtlich der Verpflichtung zur Förderung der Gleichberechtigung der Geschlechter.[26] Wie realitätsfern diese Annahme zumindest in der Arbeitswelt häufig noch ist, zeigt sich darin, dass in vielen Bereichen immer noch die klassische Arbeitsteilung vorherrscht, bei der die Frau die familiäre und der Mann die finanzielle Verantwortung übernimmt.[27]

Der durch die unterschiedlichen Grundrechtspositionen der beteiligten Arbeitsvertragsparteien verursachte Konflikt ist im Rahmen der praktischen Konkordanz zu einem möglichst schonenden Ausgleich für beide Parteien zu bringen, sodass

---

20 *Hanau* in: FS Buchner, S. 281.

21 BVerfG v. 02.04.1996 – 2 BvR 169/93, NVwZ 1997, 54 (55) = EzA Nr. 4 zu Art 6 GG.

22 BVerfG v. 17.01.1957 – 1 BvL 4/54, BVerfGE 6, 55 (76) = NJW 1957, 417 (418).

23 BVerfG v. 17.01.1957 – 1 BvL 4/54, BVerfGE 6, 55 (71) = NJW 1957, 417 (418); BVerfG v. 18.03.1970 – 1 BvR 498/66, BVerfGE 28, 104 (112) = AP Nr. 1 zu § 96 AVG; BVerfG v. 07.10.2003 – 1 BvR 246/93, 1 BvR 2298/94, BVerfGE 108, 351 (363) = NJW 2003, 3466.

24 *Hohmann-Dennhardt,* AuR 2010, 52 (54), unter Bezugnahme auf die Verpflichtung des Staates entsprechende Maßnahmen zu ergreifen, um den genannten Zielen auch gerecht werden zu können.

25 BVerfG v. 05.04.2005 – 1 BvR 774/02; BVerfGE 113, 1 (7) = NJW 2005, 2443 (2447).

26 BVerfG v. 18.11.2003 – 1 BvR 302/96, BVerfGE 109, 64 (90) = AP Nr. 23 zu § 14 MuSchG 1968; Vgl. auch BVerfG v. 05.04.2005 – 1 BvR 774/02, BVerfGE 113, 1 (15) = NJW 2005, 2443 (2446).

27 Süddeutsche Zeitung v. 30.08.2011, S. 26, „Die Unbequemen[,] Auf dem Papier haben Frauen schon lange die gleichen Chancen auf eine berufliche Karriere wie Männer, doch die Realität sieht anders aus“. Zur Entwicklung der familiären Arbeitsteilung *Hohmann-Dennhardt*, AuR 2010, 52 (53).

die genannten Grundrechte weitestgehend, aber nicht einseitig zu Lasten der anderen Grundrechtsposition zur Geltung gelangen.[28] Ableiten lässt sich daraus, dass im Rahmen der Förderung der Familien dem Gesetzgeber ein gewisser Spielraum eröffnet wird, der unterschiedliche Durchsetzungswege der Familienförderung unter gleichzeitiger Berücksichtigung der Arbeitgeberinteressen ermöglicht.

I. Ausgestaltung des Familienbegriffs

Ausgangspunkt ist der Begriff der Familie. In diesem Kontext muss dieser Begriff eine inhaltliche Ausgestaltung erfahren und festgelegt werden, welche Personen dem Schutzbereich unterfallen.

1. Definition des Grundgesetzes

Die wohl engste Definition des Begriffs „Familie" sieht das Grundgesetz vor. Das Bundesverfassungsgericht geht bei der Auslegung von Art. 6 Abs. 1 GG, der Ehe und Familie unter den besonderen Schutz der staatlichen Ordnung stellt, davon aus, dass ein umfassendes Miteinander von Eltern und Kindern eine Familie charakterisiere.[29] Vom grundgesetzlichen Schutz eingeschlossen ist auch die Beziehung zwischen Eltern und ihren volljährigen Kindern.[30] Als Konsequenz aus dieser engen Definition ergibt sich, dass die Großeltern nicht als Bestandteil der Familie angesehen werden. Im Rahmen der Interpretation einer umfassenden Lebensgemeinschaft ist davon auszugehen, dass nicht nur Eltern mit ihren leiblichen Kindern, sondern auch mit den Adoptiv- und Pflegekindern eine Familie bilden.[31]

---

28 BVerfG v. 24.02.1971 – 1 BvR 435/68, BVerfGE 30, 173 (195) = NJW 1971, 1645 (1647); BVerfG v. 05.06.1973 – 1 BvR 536/72, BVerfGE 35, 202 (225) = NJW 1973, 1227 (1229); BVerfG v. 16.05.1995 – 1 BvR 1087/91, BVerfGE 93, 1 (21) = NJW 1995, 2477 (2479); BVerfG v. 19.07.2011 – 1 BvR 1916/09, NJW 2011, 3428 (3432) = JZ 2011, 1112; Schmidt-Bleibtreu/Hofmann/Hopfauf-*Hopfauf*, GG, Einl. Rn. 99.

29 BVerfG v. 31.05.1978 – 1 BvR 683/77, BVerfGE 48, 327 (339) = NJW 1978, 2289 (2289 f.).

30 BVerfG v. 05.02.1981 – 2 BvR 646/80, BVerfGE 57, 170 (178) = NJW 1981, 1943.

31 BVerfG v. 17.10.1984 – 1 BvR 284/84, BVerfGE 68, 176 (187) = NJW 1985, 423 (424); BVerfG v. 18.04.1989 – 2 BvR 1169/84, BVerfGE 80, 81 (90) = NJW 1989, 2195 (21975 f.); BVerfGE v. 30.06.1964 – 1 BvL 16/62, 1 BvL 17/62, 1 BvL 18/62, 1 BvL 19/62, 1 BvL 20/62, 1 BvL 21/62, 1 BvL 22/62, 1 BvL 23/62, 1 BvL 24/62, 1 BvL 25/62, BVerfGE 18, 97 (105 f.) = AP Nr. 11 zu Art. 6 Abs. 1 GG Ehe und

Gleiches muss unter Anerkennung des gesellschaftlichen Wandels ebenfalls für ein Zusammenleben von Eltern und Stiefkindern gelten.[32]

2. Definition der EMRK

Die europäische Menschenrechtskonvention schützt in Art. 8 Abs. 1 EMRK das Recht jeder Person auf Achtung des Privat- und Familienlebens. Bereits aus dem Gesetzeswortlaut geht im Vergleich zu Art. 6 Abs. 1 GG hervor, dass nicht nur die Familie an sich geschützt wird, sondern auch ein Recht auf Achtung des familiären Zusammenlebens besteht. Eine Familie können nach Ansicht des EGMR sowohl die nach dem Grundgesetz vorgegebene Eltern-Kind-Familie bilden, als auch Mutter, Vater oder Großmutter bzw. -vater gemeinsam mit einem Kind bzw. Enkelkind.[33] Es zeigt sich, dass das Verständnis der EMRK wesentlich weiter gefasst ist als die Festlegungen des Grundgesetzes und ebenfalls die Großeltern mit einbezieht. Das Privat- und Familienleben erfährt durch den EGMR eine umfassende Auslegung, da dieser davon ausgeht, dass die sozialen, moralischen und kulturellen Beziehungen zwischen den Familienmitgliedern geschützt werden.[34]

3. Zwischenergebnis

Die Ausführungen zeigen, dass der Begriff der Familie nach dem Grundgesetz enger auszulegen ist, als nach der Europäischen Menschenrechtskonvention (EMRK). Durch den vom Grundgesetz eingeräumten Schutz für die Eltern-Kind-Familie ist aber nicht ausgeschlossen, dass der Gesetzgeber den Familienbegriff in anderen Zusammenhängen auf weitere Personen ausdehnt, die nicht vom grundgesetzlichen Familienbegriff erfasst werden.[35]

Familie; BGH v. 11.05.2005 – XII ZR 211/02, BGHZ 163, 84 (91 f.) = NJW 2005, 3277 (3279).

32 BVerfGE v. 30.06.1964 – 1 BvL 16/62, 1 BvL 17/62, 1 BvL 18/62, 1 BvL 19/62, 1 BvL 20/62, 1 BvL 21/62, 1 BvL 22/62, 1 BvL 23/62, 1 BvL 24/62, 1 BvL 25/62, BVerfGE 18, 97 (105 f.) = AP Nr. 11 zu Art. 6 Abs. 1 GG Ehe und Familie.

33 EGMR v. 18.03.2008 – 33375/03, NJW-RR 2009, 1585; EGMR v. 13.06.1979 – 6833/74, NJW 1979, 2449 = FamRZ 1979, 903; *Meyer-Ladewig*, EMRK, Art. 8 Rn. 18.

34 EGMR, GrK v. 12.07.2001 – 25702/94, NJW 2003, 809 = FamRZ 2002, 305; Ebenso EGMR v. 06.02.2001 – 44599/98, NVwZ 2002, 453 (454); *Meyer-Ladewig*, EMRK, Art. 8 Rn. 18.

35 Schmidt-Bleibtreu/Hofmann/Hopfauf-*Hofmann*, GG, Art. 6 Rn. 29.

II. Regelungen zur Vereinbarkeit von Familie und Beruf

Neben den Tarifvertragsparteien bzw. den Betriebsräten ist vor allem der Gesetzgeber gefordert, ein in sich stimmiges System von Regelungen zu schaffen, die es den betroffenen Arbeitnehmerinnen und Arbeitnehmern ermöglichen, die beruflichen und familiären Verpflichtungen in Einklang zu bringen.

Besonders der in den letzten Jahren und Jahrzehnten stetig voranschreitende Wandel des Normalarbeitsverhältnisses[36] und die damit verbundene Prekarisierung von Arbeitsverhältnissen sorgt neben finanziellen Unsicherheiten auch für zeitliche Notlagen hinsichtlich der Kinderbetreuung oder der Pflege von Angehörigen. Hier hat der Gesetzgeber versucht, u.a. durch die Einführung des Elterngeldes Abhilfe zu schaffen; parallel dazu existiert gem. § 45 Abs. 3 Satz 1 SGB V für Versicherte mit erkrankten Kindern ein Anspruch auf unbezahlte Freistellung während der Dauer des Krankengeldanspruchs (§ 45 Abs. 1 SGB V), solange keine bezahlte Freistellung, z.B. gem. § 616 BGB beansprucht werden kann.[37] Um die Schwierigkeiten im Rahmen der Betreuung von Kindern bzw. älteren Angehörigen zu reduzieren, wurden Regelungen zur Teilzeitarbeit bzw. zur Pflegezeit geschaffen. Trotz aller Regelungsversuche des Gesetzgebers, die Vereinbarkeitsproblematik zumindest zu verbessern, bleibt doch zu konstatieren, dass die Geburtenrate in Deutschland, auch nach Einführung des Elterngeldes nicht signifikant gestiegen ist und damit weiterhin auf einem im europäischen Vergleich sehr niedrigen Niveau stagniert.[38] Um diesem Trend entgegenzuwirken, bedarf es wesentlicher Änderungen, die allerdings häufig mit der Einschränkung der Privatautonomie der

36 Vgl. 3. Kap. A. *Waltermann*, Verhandlungen des 68. Deutschen Juristentages (2010), Band I, Gutachten, B; *Hohenstatt/Schramm*, NZA 2007, 238; *Joussen,* JZ 2010, 812; *Kratzer/Sauer*, WSI-Mitteilungen 2007, 174; *Kocher/Welti*, WSI-Mitteilungen 2010, 299; *Kocher*, NZA 2010, 841; *Nebe*, AnwBl 2010, 612; *Reinecke*, BB-Special 2008 zu Heft 14, 21; *Reinhard*, AnwBl 2010, 571; *Schubert*, NJW 2010, 2613; *Seifert*, PersR 2008, 385; *Wank*, RdA 2010, 193; *Welti*, SGb 2010, 441; *Zachert,* BB 1990, 565.

37 Kittner/Zwanziger/Deinert-*Lakies,* Arbeitsrecht, § 24 Rn. 3 mwN.

38 Statistisches Bundesamt, Geburten in Deutschland, 2012, S. 15. Die durchschnittlich ermittelte Geburtenziffer lag im Jahr 2010 bei 1,39 Kinder je Frau im früheren Bundesgebiet, damit ist die Geburtenziffer in Deutschland seit Jahren von kleinen Schwankungen abgesehen, relativ gleich bleibend. Größere Schwankungen als im früheren Bundesgebiet lassen sich im Bereich der neuen Bundesländer erkennen, wobei der Wert im Jahr 2010 bei 1,46 Kinder je Frau lag, sodass sich die Geburtenzahlen im Laufe der Zeit in beiden Teilen der Republik weitestgehend angeglichen haben. Vgl. dazu auch http://www.spiegel.de/politik/debatte/0,1518,640293,00.html (21.12.2013).

beteiligten Parteien korrespondieren.[39] Zur Schaffung von möglichst individuellen Lösungsmöglichkeiten müssen die Tarifvertragsparteien die vorhandenen gesetzlichen Rahmenbedingungen dahingehend modifizieren, dass Arbeitnehmern flexible Arbeitszeitarrangements zur Verfügung stehen. Fortschritte in diesem Bereich sind immerhin erkennbar, da sich offensichtlich bei den Arbeitgebern die Erkenntnis durchgesetzt hat, dass ein familienfreundlicher Betrieb im Konkurrenzkampf um fehlende Fachkräfte ein wesentliches Kriterium darstellen kann.[40]

1. GG/EMRK/Grundrechte-Charta

Die unterschiedlichen Definitionen des Familienbegriffs im Grundgesetz und in der EMRK wurden bereits dargestellt.[41] Demnach legt das Grundgesetz fest, dass Ehe und Familie unter dem besonderen Schutz des Staates stehen (Art. 6 Abs. 1 GG). Die EMRK eröffnet jeder Person einen Anspruch auf Achtung ihres Privat- und Familienlebens (Art. 8 Abs. 1 EMRK). Eine parallele Vorschrift zur Vereinbarkeit von Familie und Beruf ist dem Grundgesetz hingegen nicht zu entnehmen. Allerdings lässt sich aus Art. 6 Abs. 1 GG ableiten, dass Familien weder unmittelbar noch mittelbar durch den Staat diskriminiert werden dürfen und dieser dafür Sorge tragen muss, dass Familien keinen Diskriminierungen durch Dritte ausgesetzt sind und eine echte Teilhabechance sowohl am Arbeitsmarkt als auch am gesellschaftlichen Leben haben.[42] Gleichzeitig hat das Bundesverfassungsgericht hinsichtlich des Mutterschutzes und der Elternzeit entschieden, dass das Grundgesetz, obwohl eine ausdrückliche Normierung unterblieben ist, auch die Vereinbarkeit von Familie und Erwerbsarbeit schütze.[43] In Art. 9 der Grundrechte-Charta ist gleichfalls das Recht auf

---

39 *Perz*, Familienfreundliches Arbeitsrecht? S. 65; siehe dazu auch *Eberhardt*, AiB 2009, 625.

40 Vgl. zum Job-Familien-Konzept bei Continental *Nennstiel-Koch*, AuA 2009, 96; *Rieble/Junker*, Familienschutz und Familienverträglichkeit des Arbeitsrechts, § 1 Rn. 1. Weiterführend zur Problematik vgl. 5. Kap. A. II. 8.

41 Siehe die Ausführungen im 5. Kap. A. I. zum Begriff der Familie.

42 *Hohmann-Dennhardt,* AuR 2010, 52 (55), obwohl das Elterngeld bereits ein wichtiger Schritt in die richtige Richtung sei, um vor allem Väter stärker zur Familienarbeit zu motivieren, stellen die bisherigen Anstrengungen des Staates nur den Beginn der notwendigen Bemühungen in diesem Bereich dar.

43 BVerfG v. 02.04.1996 – 2 BvR 169/93, NVwZ 1997, 54 = EzA Nr. 4 zu Art. 6 GG; *Buchner/Becker,* MuSchG/BEEG, Vor §§ 15–21 BEEG Rn. 13 ff. *Hanau* geht davon aus, dass diese Grundsätze ebenfalls im Rahmen der Pflegezeit zur Geltung kommen müssten, vgl. *Hanau* in: FS Buchner, S. 281.

Ehe und Familie verankert, die Ausübung dieser Rechte wird durch die einzelstaatlichen Gesetze gewährleistet.

Den unterschiedlichen Formulierungen ist gemein, dass sie nur das Recht auf Ehe und Familie bzw. das Familienleben allgemein schützen, die nähere Ausgestaltung aber einfachgesetzlichen Regelungen überlassen bleibt. Lediglich das Grundgesetz präzisiert die Rechte der Eltern dahingehend, dass die „Pflege und Erziehung der Kinder [...] das natürliche Recht der Eltern und die zuvörderst ihnen obliegende Pflicht" sind (Art. 6 Abs. 2 S. 1 GG).

2. Regelungen des BGB

Im Rahmen der einfachgesetzlichen Regelungen ist zu berücksichtigen, dass es nicht möglich ist, alle Gestaltungsoptionen zu normieren. Auf Grund der Vielfältigkeit der Beschäftigungsverhältnisse und den damit verbundenen variierenden Anforderungen an Arbeitnehmer und Arbeitgeber kann der Gesetzgeber nur einen Rahmen vorgeben, dem dann die einzelnen Akteure durch Arbeits-, Tarifverträge oder Betriebsvereinbarungen eine nähere inhaltliche Präzisierung zukommen lassen. Wesentlich für die Vereinbarung von Familie und Beruf sind hier die Vorschriften der § 275 BGB und § 616 BGB, die u.a. für die besondere Situation von berufstätigen Eltern Lösungsmöglichkeiten bieten und eine gewisse Flexibilität bei der Reaktion auf unvorhergesehene Situationen einräumen (§ 275 BGB), bzw. für ein bestimmtes Maß an finanzieller Verlässlichkeit sorgen, wenn der Beschäftigung auf Grund von familiären Verpflichtungen nicht nachgegangen werden kann (§ 616 BGB).

a) § 275 BGB

aa) Abs. 1

Zunächst lässt die Gesetzeslektüre des § 275 BGB nicht darauf schließen, dass hier eine wesentliche Regelung zur Vereinbarkeit von Familie und Beruf normiert ist.[44] Denn in § 275 Abs. 1 BGB ist festgelegt, dass „der Anspruch auf die Leistung ausgeschlossen ist, soweit diese für den Schuldner oder für jedermann unmöglich ist". Voraussetzung ist, dass eine dauernde Unmöglichkeit vorliegt.[45] Im Rahmen

44 *Nebe* in: jurisPK-Vereinbarkeit von Familie und Beruf, Kapitel 3.1 Rn. 2.
45 BGH v. 19.10.2007 – V ZR 211/06, BGHZ 174, 61 (65) = NJW 2007, 3777 (3778); Palandt/*Grüneberg*, § 275 BGB Rn. 10. Weitere Hinweise zu den Erscheinungsformen der Unmöglichkeit, siehe *Musielak*, JA 2011, 801.

einer vorübergehenden Unmöglichkeit wird der Anspruch auf die Leistung lediglich für diesen Zeitraum ausgeschlossen.[46]

Hinsichtlich der Kollision von Arbeits- und Familienpflichten ist zu beachten, dass der Arbeitnehmer gem. § 613 S. 1 BGB die Dienste im Zweifel persönlich zu erbringen hat. Abweichendes ergibt sich nur, wenn der Verpflichtete berechtigt ist, zur Erfüllung seiner Dienste einen Dritten einzusetzen, sodass Unmöglichkeit erst anzunehmen ist, wenn auch diese Person zur Leistungserbringung nicht in der Lage ist.[47] Die eigene Arbeitsunfähigkeit des Beschäftigten stellt einen wesentlichen Anwendungsbereich des § 275 Abs. 1 dar.[48] Häufigste Ursache hierfür ist die krankheitsbedingte Abwesenheit vom Arbeitsplatz.[49] Daneben existieren u.a. Berührungspunkte im Zusammenhang mit einer Schwangerschaft bzw. Entbindung.[50] Sowohl die krankheitsbedingte Nichterbringung der Arbeitsleistung als auch der Arbeitsausfall im Kontext einer Schwangerschaft lassen sich dem Bereich der tatsächlichen Unmöglichkeit zuordnen, wohingegen die in §§ 3 Abs. 2, 4, 6 Abs. 1, 8 Abs. 1 MuSchG normierten Beschäftigungsverbote der rechtlichen Unmöglichkeit unterfallen.[51] Diese liegt vor, wenn der Erbringung der Leistung ein „dauerndes Rechtshindernis“[52] entgegensteht.

---

46 BGH v. 25.10.1962 – VII ZR 57/61, BGHZ 38, 146 (148) = NJW 1963, 49 (51); vgl. auch OLG München v. 26.05.2004 – 7 U 3802/02, NJW-RR 2005, 616; *Medicus* in: FS Heldrich, S. 347.

47 Erman/*Westermann*, BGB, § 275 Rn. 15; *Nebe* in: jurisPK-Vereinbarkeit von Familie und Beruf, Kapitel 3.1 Rn. 9; Palandt/*Weidenkaff*, § 613 BGB Rn. 3; Schaub/*Linck*, ArbR-Hdb. § 45 Rn. 3.

48 *Nebe* in: jurisPK-Vereinbarkeit von Familie und Beruf, Kapitel 3.1 Rn. 11 mwN. Die Nichterbringung der Arbeitsleistung auf Grund des Todes des Dienstverpflichteten stellt einen Fall der Unmöglichkeit und keine Störung der Geschäftsgrundlage gem. § 313 BGB dar, OLG Stuttgart v. 19.10.1984 – 2 U 35/84, FamRZ 1985, 285 = Justiz 1985, 315. Auf die Regelung des § 616 BGB wird im Folgenden, 5. Kap. A. II. 2. b) näher eingegangen.

49 Zu den einzelnen Fallgruppen der Unmöglichkeit siehe ausführlich Palandt/*Grüneberg*, § 275 BGB.

50 Detailliert dazu *Nebe* in: jurisPK-Vereinbarkeit von Familie und Beruf, Kapitel 3.1 Rn. 11 ff. mwN.

51 PWW/*Schmidt-Kessel*, § 275 BGB Rn. 9; a.A. BAG v. 09.08.1994 – 9 AZR 384/92, BAGE 77, 296 = AP Nr. 19 zu § 7 BUrlG. Zur Unterscheidung zwischen tatsächlicher und rechtlicher Unmöglichkeit im genannten Kontext, vgl. *Nebe* in: jurisPK-Vereinbarkeit von Familie und Beruf, Kapitel 3.1 Rn. 11 ff.

52 Palandt/*Grüneberg*, § 275 BGB Rn. 16, beispielhaft wird hier auf die Veräußerung einer abhanden gekommenen Sache gem. § 935 BGB verwiesen.

Somit schließt § 275 Abs. 1 BGB bei Vorliegen bestimmter Voraussetzungen den Anspruch des Gläubigers auf die Leistung aus, hierbei handelt es sich um eine Einwendung, die von Gesetzes wegen zu beachten ist.[53]

bb) Abs. 3

Im Gegensatz zu § 275 Abs. 1 BGB stellt Abs. 3 nicht darauf ab, dass die Leistungserbringung unmöglich geworden ist, sondern gewährt dem Schuldner die Möglichkeit der Leistungsverweigerung, wenn er sie persönlich zu erbringen hat und sie ihm im Rahmen einer Abwägung nicht zugemutet werden kann. Wie bereits angedeutet, ist der Arbeitnehmer gem. § 613 S. 1 BGB verpflichtet, die Dienste im Zweifel in eigener Person zu erbringen, sodass er die persönliche Leistungserbringung schuldet.

Im Kontext der Interessenabwägung sind die Gründe zu beachten, die nicht bereits durch § 275 Abs. 1 BGB erfasst werden, wie z.B. das Versterben eines nahen Angehörigen oder die schwere Krankheit einer Person, die zum Dienstverpflichteten in einer engen persönlichen Beziehung steht.[54] Folglich fällt die durch Krankheit verursachte Arbeitsunfähigkeit des Dienstverpflichteten nicht unter den Anwendungsbereich dieser Vorschrift, da diese bereits spezieller in § 275 Abs. 1 BGB geregelt ist.[55] Gleichzeitig wird das in § 275 Abs. 3 BGB verankerte Leistungsverweigerungsrecht nicht durch die in § 2 PflegeZG normierte besondere Regelung verdrängt.[56]

Bei der Abwägung zwischen den Interessen des Dienstverpflichteten und denen des Arbeitgebers hat eine umfassende Berücksichtigung aller vertraglichen und auch tarifvertraglichen Regelungen zu erfolgen.[57] Insbesondere in Tarifverträgen lassen sich Regelungen zum Anspruch auf (bezahlte) Freistellung bei schwerer Erkrankung von Angehörigen finden.[58] Von wesentlicher Relevanz im Bereich der Regelungen

53 Vgl. Palandt/*Grüneberg*, § 275 BGB Rn. 1, 31 f.

54 Palandt/*Grüneberg*, § 275 BGB Rn. 30; der Arbeitnehmer kann die Erbringung der Arbeitsleistung verweigern, wenn die vorgesehene Sonntagsarbeit für ihn unzumutbar ist, *Preis/Ulber*, NZA 2010, 729 (733). Zu weiteren Fallgruppen des § 275 Abs. 3 BGB, vgl. PWW/*Schmidt-Kessel*, § 275 BGB Rn. 28 f.

55 *Däubler*, NZA 2001, 1329 (1332), auch zur Ausnahmestellung von arbeitnehmerähnlichen Personen; Palandt/*Grüneberg*, § 275 BGB Rn. 30.

56 ErfK/*Gallner*, § 2 PflegeZG Rn. 1 mwN.; *Linck*, BB 2008, 2738 (2739); *Kossens*, PflegeZG, § 2 Rn. 2; a.A. *Joussen*, NZA 2009, 69 (70); *Müller*, BB 2008, 1058 (1063).

57 Palandt/*Grüneberg*, § 275 BGB Rn. 30; Hk-BGB/*Schulze*, § 275 Rn. 23.

58 Vgl. § 29 TVöD. Anschaulich zur entsprechenden Regelung im Manteltarifvertrag der Chemischen Industrie, LAG Düsseldorf v. 20.03.2007 – 3 Sa 30/07, ZTR 2007,

zur Vereinbarkeit von Familie und Beruf sind die Pflichtenkollisionen zwischen Personensorgepflichten (§§ 1626 f., 1631 BGB), die den Schuldner treffen, sowie den eingegangenen arbeitsvertraglichen Verpflichtungen.[59] Elementar ist hier, dass das Rangverhältnis gewahrt und berücksichtigt wird, dass es sich bei der in Art. 6 Abs. 2 S. 1 GG normierten Festlegung, dass „Pflege und Erziehung der Kinder […] das natürliche Recht der Eltern und die zuvörderst ihnen obliegende Pflicht" sind, um eine mit Verfassungsrang ausgestattete Rechtspflicht handelt.[60]

Wohingegen man bei der eingegangenen arbeitsvertraglichen Verpflichtung von einem lediglich einfachrechtlich ausgestalteten Grundsatz ausgehen könnte.[61] Zu beachten ist aber, dass es sich bei dem Grundsatz der Vertragstreue und der damit verbundenen verbindlichen Einhaltung der Verträge um eine grundlegende Säule der Rechtsordnung handelt, der in Art. 12 Abs. 1 GG ein verfassungsrechtlicher Rang eingeräumt worden ist.[62] Nichtsdestotrotz bedürfen die Interessen des Arbeitgebers zwar einer hinreichenden Würdigung, allerdings setzten sich die Elternpflichten bei Vorliegen der entsprechenden Voraussetzungen durch.[63] Besteht die Möglichkeit, die Versorgung der Kinder auf dritte Personen zu übertragen, so ist das angesprochene Abwägungsergebnis mangels Vorliegens eines Kollisionsfalles nicht interessengerecht.[64] Gleiches muss für die Versorgung von

---

496. Die Voraussetzungen von § 8 Abs. 1 Nr. 5 MTV Chem. Industrie wurden abgelehnt, da der Arbeitnehmer anstelle seiner Ehefrau zur Versorgung der minderjährigen Kinder den Haushalt geführt hat, diese Aufgabe ist aber nicht als „Anwesenheit des Arbeitnehmers zur vorläufigen Sicherung der Pflege" im Hinblick auf die Tarifbestimmungen gewertet worden, kritisch zu dieser Entscheidung, vgl. *Kothe/Nebe*, jurisPR-ArbR 36/2007 Anm. 1.

59 *Nebe* in: jurisPK-Vereinbarkeit von Familie und Beruf, Kapitel 3.1 Rn. 24.

60 BVerfG v. 29.07.1968 – 1 BvL 20/63, 1 BvL 31/66; BVerfGE 24, 119 (143) = NJW 1968, 2233 (2235); *Salgo*, KritV 2000, 344 (348 f.); *Stober*, NVwZ 1982, 473 zur näheren Ausgestaltung des Elternrechts.

61 *Greiner*, NZA 2007, 490.

62 BVerfG v. 06.07.2010 – 2 BvR 2661/06, BVerfGE 126, 286 (300) = NZA 2010, 995 (996); LAG Frankfurt a.M. v. 21.06.2001 – 3 Sa 1448/00, AP Nr. 2 zu § 611 BGB Gewissensfreiheit = NJW 2001, 3650 (3652): es besteht „ein grundrechtlich geschützte[r] Anspruch auf volle Vertragserfüllung". Zur Vertragsfreiheit als Bestandteil des Schutzbereiches von Art. 2 Abs. 1 GG vgl. Maunz/Dürig-*Di Fabio*, GG, Art. 2 Rn. 109; Schmidt-Bleibtreu/Hofmann/Hopfauf-*Hofmann*, GG, Art. 2 Rn. 33, Art. 12 Rn. 97. Vgl. dazu auch Däubler/*Deinert*, TVG, § 4 Rn. 583 mwN.

63 Für die Lösung des Konfliktes zu Gunsten der Elternpflicht auch *Greiner*, NZA 2007, 490 (491).

64 MüKo/*Huber*, § 1626 BGB Rn. 14.

pflegebedürftigen Angehörigen gelten. Zu untersuchen sind in diesem Kontext jedoch wiederum die Einzelfallumstände, vor allem, welche Möglichkeiten zur Fremdbetreuung sich durch in der Nähe wohnende Familienangehörige oder externe Unterstützung eröffnen.[65]

cc) Zwischenergebnis

Die Regelung des § 275 BGB gewährleistet Arbeitnehmern bei Vorliegen von bestimmten familiären Situationen die Möglichkeit der Verweigerung der Leistungserbringung, um sich den privaten Verpflichtungen zu widmen. Dies kann zur Lösung von kurzfristig auftretenden Betreuungsproblemen hilfreich sein, wobei insbesondere im Rahmen von Abs. 3 eine Interessenabwägung vorgenommen werden muss, bei der ebenfalls die Belange des Arbeitgebers hinreichend zu würdigen sind. Das Leistungsverweigerungsrecht des Arbeitnehmers entsteht erst unter der Voraussetzung, dass ihm die Erbringung der vertraglich geschuldeten Tätigkeit unzumutbar ist. Wie bereits angesprochen, sind hier die familiäre Situation des Arbeitnehmers und die Möglichkeit der anderweitigen Betreuung der Kinder bzw. Versorgung der pflegebedürftigen Angehörigen in die Abwägung mit einzubeziehen.

Fällt das Abwägungsresultat zu Gunsten des Arbeitnehmers aus, kann er zwar die Erfüllung seiner vertraglich zugesagten Tätigkeit verweigern, allerdings stellt sich die Frage, zu wessen Lasten die Nichterbringung der Leistung, insbesondere hinsichtlich der Vergütung, geht. Grundsätzlich erlischt gem. § 326 Abs. 1 BGB der Anspruch auf die Gegenleistung, wenn der Schuldner gem. § 275 Abs. 1 bis 3 BGB nicht zu leisten braucht. Hat hingegen der Arbeitgeber den zur Unmöglichkeit führenden Umstand zu vertreten, so ist die Lage anders zu beurteilen (vgl. § 326 Abs. 2 BGB). Aber auch bei Nichtvorliegen der Voraussetzungen des § 326 Abs. 2 BGB, kann als rechtserhaltende Einwendung § 616 S. 1 BGB eingreifen und somit für das Fortbestehen des Vergütungsanspruchs des Arbeitnehmers sorgen.[66]

Demzufolge findet § 275 BGB nur dann Anwendung, wenn die Erbringung der Arbeitsleistung durch den Arbeitnehmer unmöglich oder ihm bei möglicher Leistungserbringung unzumutbar geworden ist. Durch die Ausgestaltung des § 275 Abs. 3 BGB als Einrede wird gewährleistet, dass der Arbeitnehmer in der jeweiligen Situation entscheiden kann, ob er sich darauf beruft. Unterlässt er dies, ist die Leistungserbringung nicht von Gesetzes wegen ausgeschlossen. Somit wird die

65 *Greiner*, NZA 2007, 490 (491).

66 Palandt/*Weidenkaff*, § 616 BGB Rn. 11. Ausführlich dazu vgl. Ausführungen unter b) § 616 BGB.

Vereinbarkeitsproblematik „nicht durch starren Beschäftigungsausschluss, sondern durch kommunizierte Anpassungsdiskussionen“[67] gefördert, in denen dem Arbeitnehmer die grundsätzliche Entscheidung zur Arbeitserbringung unter Berücksichtigung der individuellen familiären Situation überlassen wird.

b) § 616 BGB

Wesentlich im Kontext der Vereinbarkeit von Familie und Beruf ist § 616 BGB, der im Gegensatz zu § 275 BGB nicht die Unmöglichkeit der Leistung bzw. das Leistungsverweigerungsrecht des Arbeitnehmers in den Mittelpunkt stellt, sondern den Aspekt der daraus resultierenden Vergütungsproblematik aufgreift.[68] Diese nimmt einen besonderen Stellenwert ein, da der Arbeitnehmer regelmäßig nicht nur für seinen eigenen Lebensunterhalt aufkommen muss, sondern auch für die finanzielle Absicherung seiner Familie (§ 1360 BGB) zu sorgen hat. Zu denken ist zunächst an die Unterhaltspflichten für die (minderjährigen) Kinder (§ 1601 BGB), aber auch der Betreuungs- (§ 1570 BGB) bzw. Verwandtenunterhalt (§ 1601 BGB) kann hier von Bedeutung sein.

§ 616 BGB normiert, dass „der zur Dienstleistung Verpflichtete des Anspruchs auf die Vergütung nicht dadurch verlustig wird, dass er für eine verhältnismäßig nicht erhebliche Zeit durch einen in seiner Person liegenden Grund ohne sein Verschulden an der Dienstleistung verhindert wird“. Zur Dienstleistung verpflichtet ist der Arbeitnehmer, der gem. § 611 BGB einen Arbeitsvertrag abgeschlossen hat.[69] Allerdings ist zu beachten, dass § 616 BGB keine eigenständige Anspruchsgrundlage darstellt, sondern für den Erhalt des Anspruchs auf Vergütung bei einem persönlichen Leistungshindernis sorgt.[70] Jedoch müssen die Hinderungsgründe ihren Ursprung in der Person des Betroffenen haben und nicht zeitgleich auf mehrere Arbeitnehmer zutreffen.[71]

---

67 *Nebe* in: jurisPK-Vereinbarkeit von Familie und Beruf, Kapitel 3.1 Rn. 7.

68 Eine ähnliche Regelung enthält § 45 Abs. 1 SGB V, dieser gewährt Versicherten einen Anspruch auf Krankengeld, wenn es nach ärztlichem Zeugnis erforderlich ist, dass sie zur Betreuung eines erkrankten Kindes der Arbeit für max. 10 Tage im Jahr fernbleiben, sofern keine anderweitige Betreuungsmöglichkeit durch im Haushalt lebende Personen besteht.

69 HWK/*Krause*, § 616 BGB Rn. 8.

70 Staudinger/*Oetker*, § 616 BGB Rn. 9 ff.; Hk-BGB/*Schreiber,* § 616 Rn. 1, „Anspruchserhaltungsnorm“.

71 ErfK/*Preis*, § 616 BGB Rn. 3 mwN. Ein allgemeiner Hinderungsgrund liegt z.B. bei einer Störung des Straßenverkehrs durch starke Schneefälle vor, von der eine Vielzahl

Im Rahmen der Arbeitsverhinderung durch krankheitsbedingte Gründe enthält das Entgeltfortzahlungsgesetz (besonders § 3 EFZG) die vorrangigen Regelungen für Arbeitnehmer.[72] Unter Berücksichtigung der hier interessierenden Fragestellung ergibt sich seltener das Problem der Verhinderung der Arbeitnehmer auf Grund von eigenen Krankheiten, sondern die Kollision mit Familienpflichten. Dies können Krankheiten oder wichtige Arzttermine der Kinder[73] oder die Versorgung von akut pflegebedürftigen Angehörigen[74] sein. Aber auch der Tod eines nahen Angehörigen hindert den Verpflichteten an der Erbringung der Dienstleistung, sodass unter diesen Umständen der Anspruch auf die Vergütung ebenfalls nicht untergeht.

Voraussetzung für eine Fortzahlung des Entgelts gem. § 616 BGB ist, dass der Dienstverpflichtete für eine „verhältnismäßig nicht erhebliche Zeit" an der Erledigung seiner Tätigkeit gehindert ist. Hier stellt sich die Frage, ab wann der Zeitraum als unverhältnismäßig in Abhängigkeit von der bisherigen Beschäftigungsdauer bzw. bereits vorangegangener Fehlzeiten im laufenden Kalenderjahr betrachtet werden kann. Wesentlicher Faktor ist die Relation der „Verhinderungszeit zur gesamten, auch voraussichtlichen Dauer"[75] des Arbeitsverhältnisses. Die Bestimmung eines Zeitraumes, der noch als verhältnismäßig erscheint, hängt u.a. davon ab, ob ein befristeter oder unbefristeter Vertrag geschlossen wurde, sowie von der Frage, ob im laufenden Kalenderjahr der Arbeitnehmer bereits aus demselben Grund der Arbeit ferngeblieben ist. Allerdings geht die Rechtsprechung auch bei einem unbefristeten Arbeitsvertrag davon aus, dass lediglich wenige Tage im Zusammenhang mit § 616 BGB einen verhältnismäßig nicht erheblichen Zeitraum darstellen.[76] Zu beachten ist,

---

von Straßenverkehrsteilnehmern betroffen sind, LAG Hamm v. 06.11.1979 – 3 Sa 926/79, DB 1980, 311 (312) = EzA Nr. 19 zu § 616 BGB.

72 Palandt/*Weidenkaff*, § 616 BGB Rn. 17. Gem. § 3 Abs. 3 EFZG entsteht der Anspruch auf Entgeltfortzahlung im Krankheitsfall nach vierwöchiger ununterbrochener Dauer des Arbeitsverhältnisses.

73 BAG v. 20.06.1979 – 5 AZR 479/77, BAGE 32, 32 (34) = AP Nr. 49 zu § 616 BGB; ausführlich zu „Arztbesuche[n] während der Arbeitszeit", *Brill*, NZA 1984, 281; ErfK/*Preis*, § 616 BGB Rn. 8.

74 Vgl. auch *Link*, BB 2008, 2738.

75 Palandt/*Weidenkaff*, § 616 BGB Rn. 9.

76 BAG v. 20.07.1977 – 5 AZR 325/76, AP Nr. 47 zu § 616 BGB = DB 1977, 2332. Im Umkehrschluss legt das BAG fest, dass ein Zeitraum von sechs Wochen zur Betreuung und Pflege eines nahen Angehörigen nicht mehr als verhältnismäßig unerheblicher Zeitraum angesehen werden kann. Für solch eine Zeitspanne muss die Betreuung auf andere Weise sichergestellt werden. Der DGB geht davon aus, dass ein Zeitraum von fünf Tagen pro pflegebedürftiger Person und Kalenderjahr eine verhältnismäßig

dass sich der Arbeitnehmer bei längerem Arbeitsausfall nicht für einen Teil der Zeit auf die Regelung des § 616 BGB berufen kann, es sei denn, es liegt eine anderweitige Vereinbarung mit dem Arbeitgeber vor.[77]

Die Regelung des § 616 BGB entfaltet keine zwingende Wirkung und kann daher durch den Arbeitsvertrag[78] oder eine tarifvertragliche Regelung[79] abbedungen werden. Allerdings ist bei einem Ausschluss des § 616 BGB durch den Arbeitsvertrag nicht außer Acht zu lassen, dass dies an strenge Anforderungen geknüpft ist, insbesondere muss eine „umfassende Würdigung der Interessenlage"[80] vorgenommen werden. In diesem Zusammenhang ist eine Inhaltskontrolle gem. §§ 307 I, 310 IV BGB erforderlich.[81]

Neben der Fortzahlung des Gehalts bei der Pflege eines erkrankten Kindes gem. § 616 BGB existiert der arbeitsrechtliche[82] Freistellungsanspruch gem. § 45 Abs. 3 SGB V. Den Versicherten mit Anspruch auf Krankengeld gem. § 45 Abs. 1 SGB V[83] steht während der Bezugsdauer zusätzlich ein Anspruch auf unbezahlte Freistellung von der Arbeitsleistung zu. Arbeitnehmer, die keinen Anspruch auf Krankengeld gem. § 45 Abs. 1 SGB V haben, können gem. § 45 Abs. 5 SGB V trotzdem eine unbezahlte Freistellung geltend machen.

---

nicht erhebliche Zeit darstellt, vgl. § 59 Abs. 3 DGB-Entwurf zum Arbeitsverhältnisrecht, RdA 1977, 166 (172). Weiterführend dazu auch Staudinger/*Oetker*, § 616 BGB Rn. 97 ff.

77 BAG (GS) v. 18.12.1959 – GS 8/58, BAGE 8, 314 (318) = AP Nr. 22 zu § 616 BGB; Palandt/*Weidenkaff*, § 616 BGB Rn. 9.

78 BAG v. 06.12.1956 – 2 AZR 192/56, BAGE 3, 190 (192) = AP Nr. 8 zu § 616 BGB; BAG v. 17.12.1959 – GS 2/59, BAGE 8, 285 (292) = AP Nr. 21 zu § 616 BGB.

79 BAG v. 06.12.1956 – 2 AZR 192/56, BAGE 3, 190 (192) = AP Nr. 8 zu § 616 BGB; BAG v. 08.09.1972 – 5 AZR 283/80, BAGE 40, 139 (143) = AP Nr. 59 zu § 616 BGB; Vgl. dazu auch BAG v. 25.08.1982 – 4 AZR 1064/79, BAGE 39, 321 (323) = AP Nr. 55 zu § 616 BGB. Zur tariflichen Abbedingung LAG Düsseldorf v. 20.03.2007 – 3 Sa 30/07, ZTR 2007, 496, mit einer Anmerkung von *Kothe/Nebe*, jurisPR-ArbR 36/2007 Anm. 1; Hk-BGB/*Schreiber*, § 616 Rn. 1.

80 BGH v. 06.04.1995 – VII ZR 36/94, NJW 1995, 2629 = BB 1995, 1611.

81 ErfK/*Preis*, § 616 BGB Rn. 13; HWK/*Krause*, § 616 BGB Rn. 49.

82 BSG v. 22.10.1980 – 3 RK 56/79, BSGE 50, 259 (260) = AP Nr. 1 zu § 185c RVO.

83 § 45 Abs. 1 SGB V räumt den Versicherten einen Anspruch auf Krankengeld ein, wenn sie zur Beaufsichtigung, Pflege oder Betreuung ihres erkrankten Kindes der Arbeit fern bleiben und keine im Haushalt lebende Person diese Aufgabe übernehmen kann. Der Anspruch besteht bis zur Beendigung des zwölften Lebensjahres des Kindes und für höchstens 10 Tage im Jahr, bei Alleinerziehenden verdoppelt sich die Anzahl (§ 45 Abs. 2 SGB V).

c) *Ergebnis*

Die Regelungen des Bürgerlichen Gesetzbuches zur Vereinbarkeit von Familie und Beruf sind eher spärlich ausgeprägt und müssen im Zusammenspiel mit den Normen der Spezialgesetze teilweise noch harmonisiert werden. Besonders deutlich wird die Problematik beim Verhältnis zwischen § 275 Abs. 3 BGB und dem Freistellungsanspruch gem. § 45 Abs. 3 SGB V. In diesem Zusammenhang merkt *Greiner*[84] kritisch an, dass § 275 Abs. 3 BGB eine Abwägung der unterschiedlichen Interessenlagen enthalte, zur Folge habe dies einen relativ großzügigen Interpretationsspielraum. Hingegen seien die Voraussetzungen des § 45 Abs. 3 SGB V vergleichsweise eng gefasst, sodass die speziellen Regelungen durch einen weiten Auffangtatbestand unterlaufen werden könnten.[85]

3. ArbZG

Das Arbeitszeitgesetz regelt nicht explizit die Vereinbarkeit von Familie und Beruf, hat aber auf Grund der Festlegung der Höchstarbeitszeiten bzw. von grds. Arbeitsverboten hinsichtlich der Sonn- und Feiertagsarbeit wesentliche Bedeutung für die Beschäftigungszeiten der Arbeitnehmer und damit für die Vereinbarkeitsproblematik. Neben der Sicherheit und dem Gesundheitsschutz der Arbeitnehmer soll das Arbeitszeitgesetz auch die Rahmenbedingungen für flexible Arbeitszeiten verbessern (§ 1 Nr. 1 ArbZG), die die Grundvoraussetzung darstellen, um familiären Verpflichtungen auch neben einer (Vollzeit-) Beschäftigung nachkommen zu können. Wie bereits angesprochen, bildet das Arbeitszeitgesetz eine wesentliche Abgrenzung zwischen Beruf und Freizeit.[86] Gleichzeitig determinieren die Arbeitszeiten den Rahmen, der die Strukturierung des Tagesablaufs beinhaltet. Je nach Ausgestaltung können die Arbeitszeiten zur Erleichterung oder Erschwerung des privaten Lebens und damit der Vereinbarkeit von Familie und Beruf führen.[87]

---

84 *Greiner*, NZA 2007, 490 (493). Er macht den Vorschlag, § 275 Abs. 3 BGB um einen Satz 2 zu ergänzen und so die „typischen Fallgruppen des Leistungsverweigerungsrechtes" zu konkretisieren (a.a.O. S. 495).

85 *Greiner*, NZA 2007, 490 (493 f.).

86 *Jurczyk* in: Groß/Seifert, Zeitkonflikte, S. 239. Vgl. Fn. 16 „Demarkationslinie"; *Buschmann/Ulber*, ArbZG, Einleitung – Grundzüge des Arbeitszeitrechts, Rn. 17; Kittner/Zwanziger/Deinert-*Schoof*, Arbeitsrecht, § 25 Rn. 1 ff.

87 *Jurczyk* in: Groß/Seifert, Zeitkonflikte, S. 239.

a) Höchstarbeitszeit

Hinsichtlich der Höchstarbeitszeit wird im Arbeitszeitgesetz bestimmt, dass die regelmäßige werktägliche Arbeitszeit acht Stunden nicht überschreiten darf, wobei eine Erhöhung auf zehn Stunden möglich ist, „wenn innerhalb von sechs Kalendermonaten oder innerhalb von 24 Wochen im Durchschnitt acht Stunden werktäglich nicht überschritten werden" (§ 3 ArbZG). Allerdings kann hiervon durch Tarifverträge, Betriebs- oder Dienstvereinbarungen abgewichen werden. Die werktägliche Arbeitszeit kann über zehn Stunden verlängert werden, „wenn in die Arbeitszeit regelmäßig und in erheblichem Umfang Arbeitsbereitschaft oder Bereitschaftsdienst fällt", § 7 Abs. 1 ArbZG.

Gefordert sind hier die Sozialpartner, eine interessengerechte Lösung für die Arbeitsvertragsparteien zu finden. Dies setzt voraus, dass innerhalb des gesetzlich vorgegebenen Rahmens eine Erhöhung der wöchentlichen Arbeitszeit auch die sich daraus ergebenden familiären Schwierigkeiten berücksichtigt und möglichst sozialverträglich ausgestaltet wird.

b) Nacht-/ Schichtarbeit

Neben den Festlegungen zur Höchstarbeit dienen auch die Regelungen zur Nacht- und Schichtarbeit primär der Sicherheit und dem Gesundheitsschutz der Arbeitnehmer. Gleichzeitig hat der Umfang von Nacht- bzw. Schichtarbeit ebenfalls erheblichen Einfluss auf die Vereinbarkeit von Familie und Beruf. Denn die Betreuung von minderjährigen Kindern oder pflegebedürftigen Angehörigen sind zu diesen Zeiten besonders schwer durch externe Personen oder Einrichtungen zu gewährleisten. Hierauf nimmt der Gesetzgeber in § 6 Abs. 4 lit. b, c ArbZG Rücksicht, indem ein Nachtarbeitnehmer unter bestimmten Umständen die Versetzung auf einen für ihn geeigneten Tagarbeitsplatz verlangen kann.

Hinsichtlich des Begriffs der Familie ist in diesem Kontext zu beachten, dass es nicht das eigene Kind des Nachtarbeitnehmers sein muss, sondern ausreichend ist, dass das Kind im Haushalt des Beschäftigten lebt und nicht von einer anderen im Haushalt lebenden Person – zu der ein Verwandtschaftsverhältnis nicht erforderlich ist – betreut werden kann.[88] Im Rahmen der Versorgung einer schwerpflegebedürftigen Person muss es sich um einen Angehörigen handeln, der aber

88 Schliemann/Meyer-*Schliemann*, ArbZG, G. Rn. 457; Schaub/*Vogelsang*, ArbR-Hdb. § 157 Rn. 11; *Neumann/Biebl*, ArbZG, § 6 Rn. 20. Eine mögliche anderweitige Betreuung durch eine im Haushalt lebende Person ist objektiv zu bestimmen, der Arbeitgeber kann keine eigene Beurteilung abgeben und auf dieser Grundlage die Versetzung verweigern, *Buschmann/Ulber*, ArbZG, § 6 Rn. 23.

– korrespondierend mit dem Wortlaut – nicht zwingend im Haushalt des Pflegebedürftigen wohnen muss.[89] Der Begriff des Angehörigen ist enger zu fassen als der einer Person, die im Haushalt lebt, im Vergleich zum Begriff der Familie aber umfassender zu interpretieren (vgl. § 7 Abs. 3 PflegeZG).[90]

Der Versetzung auf einen Tagarbeitsplatz können auch bei Vorliegen der Voraussetzungen dringende betriebliche Erfordernisse entgegenstehen (§ 6 Abs. 4 S. 1 ArbZG). Hier kommen technische, wirtschaftliche sowie organisatorische Gründe in Betracht.[91] Das Fehlen eines geeigneten Ersatzes für einen Nachtarbeitnehmer mit besonderen Qualifikationen kann als betriebliches Erfordernis angesehen werden.[92] Allerdings hat der Gesetzgeber festgelegt, dass es sich um dringende betriebliche Erfordernisse handeln muss, sodass lösbare Organisationsschwierigkeiten hinsichtlich der Umsetzung auf einen Tagarbeitsplatz oder kompensierbare Produktionsausfälle nicht ausreichend sein können.[93] Unter Umständen muss der Arbeitgeber von seinem Direktionsrecht Gebrauch machen und durch eine Umsetzung einen freien Arbeitsplatz für den anspruchsberechtigten Arbeitnehmer schaffen.[94] Jedoch ist er nicht verpflichtet gegenüber einem anderen Arbeitnehmer eine Änderungskündigung auszusprechen.[95] Gleichzeitig ist der Arbeitgeber gehalten, bei der Ausübung des Direktionsrechts keine nicht zwingend notwendigen Anordnungen zu treffen, die das Ziel der Vereinbarkeit von Familie und Beruf konterkarieren.[96] Dementsprechend sind die Grenzen des billigen Ermessens zu wahren; dies ist zu bejahen, wenn der Arbeitgeber die familiären Belange

---

89 *Anzinger/Koberski,* ArbZG, § 6 Rn. 76; Kittner/Zwanziger/Deinert-*Schoof,* Arbeitsrecht, § 26 Rn. 135; a. A. Schliemann/Meyer-*Schliemann*, ArbZG, G. Rn. 460.

90 *Anzinger/Koberski,* ArbZG, § 6 Rn. 75, auf Grund des weiteren Verständnisses fallen auch Verwandte und Verschwägerte gerader Linie, Ehegatten, Geschwister oder auch Verlobte unter diesen Begriff; Schaub/*Vogelsang,* ArbR-Hdb. § 157 Rn. 11; *Neumann/Biebl*, ArbZG, § 6 Rn. 20.

91 KH-ArbR/*Schliemann*, 2.5 Rn. 392; Wedde/*Wedde*, Arbeitsrecht, § 6 ArbZG Rn. 26.

92 *Baeck/Deutsch,* ArbZG, § 6 Rn. 61.

93 BAG v. 10.10.2002 – 2 AZR 598/01, AP Nr. 123 zu § 1 KSchG 1969 Betriebsbedingte Kündigung = DB 2003, 506; *Neumann/Biebl,* ArbZG, § 6 Rn. 22; ArbG Freiburg (Breisgau) v. 24.11.2009 – 7 Ca 218/09, AE 2010, 196; ErfK/*Wank*, § 6 ArbZG Rn. 12.

94 ArbG Freiburg (Breisgau) v. 24.11.2009 – 7 Ca 218/09, AE 2010, 196; *Baeck/Deutsch*, ArbZG, § 6 Rn. 58; a. A. ErfK/*Wank*, § 6 ArbZG Rn. 10.

95 Schaub/*Vogelsang*, ArbR-Hdb. § 157 Rn. 11.

96 ArbG Hamburg v. 04.12.1995 – 21 Ca 290/95, AuR 1998, 297 = NZA-RR 1996, 365 (366 f.). Zustimmende Anmerkung zur Entscheidung von *Degen*, AiB 1996, 737; vgl. auch ArbG Berlin v. 05.05.2006 – 28 Ca 6409/06, AuR 2007, 58.

des Arbeitnehmers hinreichend berücksichtigt hat.[97] Nimmt der Arbeitgeber trotz vorhandener Möglichkeiten nicht auf die familiären Belange bzw. Verpflichtungen des Arbeitnehmers Rücksicht, so hat seine Entscheidung die Grenzen des billigen Ermessens verfehlt.

Als Maßstab für ein dringendes betriebliches Erfordernis dient der Verhältnismäßigkeitsgrundsatz.[98] Erforderlich sind eine umfassende Abwägung der beiderseitigen Interessen sowie die Berücksichtigung der individuellen Umstände.[99] Beispielhaft für lösbare Organisationsschwierigkeiten ist die Möglichkeit der Erledigung der Arbeit in Abweichung von einem bisher bestehenden 3-Schichten-Modell, sodass ein dringendes betriebliches Erfordernis in diesem Fall abzulehnen ist.[100] In Betracht käme aber die Kollision mit den Wünschen eines anderen Arbeitnehmers, der ebenfalls eine Umsetzung auf einen Tagarbeitsplatz geltend macht, falls das Verlangen nicht rechtsmissbräuchlich ist.[101] Tritt eine solche Interessenkollision ein, hat der Arbeitgeber nach billigem Ermessen zu entscheiden, indem er die konfligierenden Interessen hinreichend würdigt und zu einem – in Anbetracht der Umstände – angemessenen Ausgleich findet. Dieser ist auch dann noch adäquat, wenn der Arbeitgeber zu Gunsten eines Arbeitnehmers entscheidet, der geringfügig schutzwürdiger ist, um eine „absehbare Beeinträchtigung des Betriebsfriedens“[102] zu vermeiden; dies stellt ein anzuerkennendes

---

97 BAG v. 23.09.2004 – 6 AZR 567/03, BAGE 112, 80 (85) = AP Nr. 64 zu § 611 BGB Direktionsrecht; ArbG Hamburg v. 04.12.1995 – 21 Ca 290/95, AuR 1998, 297 = NZA-RR 1996, 365 (367).

98 *Diller*, NJW 1994, 2726 (2727); ErfK/*Wank*, § 6 ArbZG Rn. 12.

99 BAG v. 25.06.1964 – 2 AZR 382/63, BAGE 16, 134 (137 f.) = AP Nr. 14 zu § 1 KSchG Betriebsbedingte Kündigung; *Erasmy,* NZA 1994, 1105 (1110); Schaub/*Vogelsang,* ArbR-Hdb. § 157 Rn. 11.

100 ArbG Freiburg (Breisgau) v. 24.11.2009 – 7 Ca 218/09, AE 2010, 196, Einzelheiten zur Unterscheidung zwischen dringenden betrieblichen Erfordernissen und dringenden betrieblichen Belangen.

101 Rechtsmissbräuchlich kann ein Umsetzungsverlangen sein, wenn sich der Arbeitnehmer für einen Arbeitsplatz bewirbt, der auch Nachtarbeit beinhaltet und anschließend sein Umsetzungsverlangen geltend macht, vgl. LAG Hamm v. 14.09.2000 – 8 Sa 307/00 (juris). Vgl. auch BAG v. 23.06.1994 – 2 AZR 617/93, BAGE 77, 128 (133) = AP Nr. 9 zu § 242 BGB Kündigung, zum Maßstab des § 242 BGB, Leitsatz des Urteils: „Der Grundsatz von Treu und Glauben (§ 242 BGB) bildet eine allen Rechten, Rechtslagen und Rechtsnormen immanente Inhaltsbegrenzung“.

102 BAG v. 23.09.2004 – 6 AZR 567/03, BAGE 112, 80 (86) = AP Nr. 64 zu § 611 BGB Direktionsrecht; BAG v. 17.07.2007 – 9 AZR 819/06, AP Nr. 17 zu § 50 ZPO = NJW 2007, 3739 (3741).

Interesse dar. Die vorübergehende Ablehnung des Versetzungsverlangens führt aber nicht zum Erlöschen des Anspruchs, sondern dieser besteht weiterhin und „verdichtet sich mit zunehmendem Zeitablauf sukzessive zu einem unbedingten Anspruch“[103].

c) Lage der Arbeitszeit

Wie im 2. Kapitel bereits dargestellt, enthält das Arbeitszeitgesetz keine expliziten Regelungen zur Arbeitszeitlage, sondern diese wird mittelbar, z.B. durch existierende Beschäftigungsverbote an Sonn- und Feiertagen begrenzt. Ebenso wirken sich bestimmte Regelungen zur Nacht- bzw. Schichtarbeit auf die Lage der Arbeitszeit aus. Darüber hinaus ist angeklungen, dass Arbeitszeitarrangements, die primär auf die Vereinbarkeit von Familie und Beruf abzielen, die Beschäftigungszeiten in den Mittelpunkt rücken. An dieser Stelle ist auf das angesprochene Normalarbeitsverhältnis zurückzugreifen, welches den Arbeitnehmern idR. eine verlässliche Perspektive bietet, an der die Kinderbetreuung oder auch die Versorgung von pflegebedürftigen Angehörigen ausgerichtet werden kann. Im Rahmen der Ausführungen zur Arbeitssituation im Einzelhandel wurde deutlich, dass Arbeitnehmer häufig nur dann in der Lage sind, die Kinderbetreuung angemessen zu organisieren, wenn die Arbeitszeiten durch relativ feste Strukturen und regelmäßig wiederkehrende Zeitmuster gekennzeichnet sind. Hingegen ist der Einzelhandel im besonderen Maße von flexiblen Arbeitsverhältnissen geprägt, die auch eine Leistungserbringung in den frühen Morgen- bzw. späten Abendstunden oder an den Wochenenden erforderlich machen. Oftmals sind zu diesen Zeiten anderweitige familiäre Verpflichtungen zu erledigen bzw. das Delegieren auf externe Einrichtungen oder Betreuungskräfte ist wesentlich problembehafteter. Das Arbeitszeitgesetz hält für diese Probleme keine Lösung vor, sodass die Tarifvertragsparteien bzw. Betriebsräte in der Pflicht stehen. Existieren auch hier keine Regelungen, so kann der Arbeitgeber im Rahmen des ihm zustehenden Direktionsrechts gem. § 106 S. 1 GewO die Lage der Arbeit nach billigem Ermessen bestimmen. Im Zuge der Anordnung von Sonntagsarbeit mittels Direktionsrechts wurde bereits erläutert, dass dieses gewissen Grenzen unterliegt. So können der Arbeitsvertrag, Bestimmungen einer Betriebsvereinbarungen bzw. eines Tarifvertrags, gesetzliche Vorschriften und schließlich der unbestimmte Rechtsbegriff des billigen Ermessens Restriktionen enthalten.

Besonders elementar ist der Konflikt mit dem Weisungsrecht des Arbeitgebers im Hinblick auf die Festlegung der Arbeitszeit und kollidierenden familiären Verpflichtungen. Klärungsbedürftig bleibt das Zusammenspiel zwischen der

103 *Buschmann/Ulber*, ArbZG, § 6 Rn. 25.

Reichweite des Direktionsrechts und der erforderlichen Rücksichtnahme auf die privaten Termine der Arbeitnehmer. Jüngst ist hierzu eine Entscheidung des LAG Köln[104] ergangen, die sich mit der Kollision von Arbeits- und Kinderbetreuungspflichten befasst und an ein Urteil des LAG Mecklenburg-Vorpommern[105] anschließt. Das LAG Köln hat entschieden, dass der Arbeitgeber bei der Festlegung der Lage der Arbeitszeit mittels Direktionsrechts zeitlich kollidierende Betreuungspflichten berücksichtigen müsse. Der Entscheidung des LAG Mecklenburg-Vorpommern ist korrespondierend zu entnehmen, dass im Zuge des billigen Ermessens eine Abwägung zwischen den unterschiedlichen Belangen der Beteiligten stattzufinden habe, wobei die verfassungsrechtlich verankerte Rechtsposition der Eltern aus Art. 6 GG zu berücksichtigen sei.[106] Darüber hinaus sei der Arbeitgeber aufgefordert, innerbetriebliche Maßnahmen zu ergreifen, um die entstehenden Vereinbarkeitsschwierigkeiten zu reduzieren. Zu denken wäre hier an besondere Arbeitszeiten für Arbeitnehmer mit Erziehungspflichten, eine sich daraus ergebende günstigere Behandlung der Eltern sei sachlich gerechtfertigt, mitunter gar geboten.[107] Gleichzeitig hat das LAG Köln unter Berücksichtigung der Entscheidung des LAG Mecklenburg-Vorpommern klargestellt, dass auf die individuellen Personensorgeverpflichtungen einzelner Arbeitnehmer Rücksicht genommen werden müsse, allerdings führe dieses nicht zwangsläufig zu einer vollständigen Ermessensreduzierung.[108] Im vorliegenden Fall verlangte die Klägerin auf Grund von Betreuungspflichten nur in der von ihr beantragten Zeit zwischen 9.00 und 20.00 Uhr beschäftigt zu werden, da andernfalls die Beaufsichtigung der Kinder im Zusammenspiel mit ihren Mann, der ebenfalls bei der Beklagten angestellt war, nicht zu organisieren sei. Das Gericht hat anerkannt, dass die in Art. 6 GG verankerte Rechtsposition besonderer Beachtung bedürfe, dies könne aber nur im Einzelfall geschehen, sodass sich das Direktionsrecht – ohne entsprechende Abwägung – nicht pauschal auf den von der Klägerin beantragten Zeitraum reduzieren lasse.[109]

---

104 LAG Köln v. 27.03.2012 – 12 Sa 987/11, PersV 2013, 236.

105 LAG Mecklenburg-Vorpommern v. 26.11.2008 – 2 Sa 217/08, Streit 2009, 21; vgl. zu diesem Themenkomplex auch die Entscheidung des ArbG Bochum v. 22.12.2010 – 5 Ca 2700/10, Streit 2011, 72, mit Anmerkung von *Feldhoff,* jurisPR-ArbR 37/2011 Anm. 6.

106 LAG Mecklenburg-Vorpommern v. 26.11.2008 – 2 Sa 217/08, Streit 2009, 21 (22).

107 LAG Mecklenburg-Vorpommern v. 26.11.2008 – 2 Sa 217/08, Streit 2009, 21 (22); die hier genannte Entscheidung aus antidiskriminierungsrechtlicher Perspektive siehe *Wenckebach*, Antidiskriminierungsrechtliche Aspekte des Kündigungsschutzes in Deutschland und England, S. 217 ff.

108 LAG Köln v. 27.03.2012 – 12 Sa 987/11, PersV 2013, 236.

109 LAG Köln v. 27.03.2012 – 12 Sa 987/11, PersV 2013, 236.

Das Direktionsrecht wurde bereits im Rahmen der Sonntagsarbeit näher beleuchtet, wobei dort der Aspekt des Arbeitnehmerschutzes im Zusammenhang mit der Sonntagsarbeit den Mittelpunkt bildete. Hier zeigt sich, dass die Problematik der Kollision von Personensorgeverpflichtungen mit den Arbeitszeiten ebenso elementar ist. So hat der Arbeitgeber besondere Rücksicht auf die Verpflichtungen der Beschäftigten zu nehmen, allerdings ist hierfür eine Abwägung im Einzelfall erforderlich. Eine pauschale Betrachtungsweise ist nicht möglich. Die Gerichte haben in ihren Entscheidungen verdeutlicht, dass den Bedürfnissen der Arbeitnehmer möglichst weitgehend Rechnung zu tragen ist, falls weder betriebliche noch berechtige Belange anderer Arbeitnehmer dem entgegenstehen, wobei die Situation Alleinerziehender einer besonderen Würdigung bedürfe.[110] Im Zusammenhang mit den angesprochenen Erwägungen ist auch die Entscheidung des BAG zur Übernahme der Kinderbetreuungskosten eines alleinerziehenden Betriebsratsmitglieds zu sehen.[111] Demzufolge hat der Arbeitgeber gem. § 40 Abs. 1 BetrVG die durch die Betriebsratstätigkeit entstehenden Kosten zu tragen, zu denen auch die erforderlichen Aufwendungen gehören, die den Betriebsratsmitgliedern durch die Wahrnehmung ihrer betriebsverfassungsrechtlichen Aufgaben entstehen.[112] Hierzu führt das BAG aus: „Die verfassungsrechtliche Wertentscheidung in Art. 6 II 1 GG steht einer Auslegung des § 40 I BetrVG entgegen, nach der es ausschließlich Sache des Betriebsratsmitglieds ist, auf eigene Kosten den Konflikt zwischen seinen betriebsverfassungsrechtlichen Pflichten und seiner Elternpflicht zu lösen. Ein Betriebsratsmitglied kann daher vom Arbeitgeber in angemessener Höhe die Erstattung von Aufwendungen für die Fremdbetreuung minderjähriger Kinder verlangen, wenn es anders die Pflichtenkollision zwischen seinen gesetzlichen Betriebsratsaufgaben und der grundrechtlich in Art. 6 II 1 GG sowie einfachgesetzlich in §§ 1626 I, 1631 I BGB normierten Pflicht zur Pflege, Erziehung und Beaufsichtigung der Kinder nicht lösen kann.“[113]

Obwohl die Verpflichtung des Arbeitgebers insoweit recht weitgehend erscheint, ist zu berücksichtigen, dass auch Arbeitnehmer mit familiären Verpflichtungen

---

110 LAG Mecklenburg-Vorpommern v. 26.11.2008 – 2 Sa 217/08, Streit 2009, 21.

111 BAG v. 23.06.2010 – 7 ABR 103/08, BAGE 135, 48 = NZA 2010, 1298. Vgl. hierzu auch die Anmerkung von *Linnartz,* juris-PR 51/2010 Anm. 5; siehe zur Frage der Erforderlichkeit iSd. § 40 Abs. 1 BetrVG auch die vorinstanzliche Entscheidung des LAG Nürnberg v. 27.11.2008 – 5 TaBV 79/07 (juris).

112 BAG v. 23.06.2010 – 7 ABR 103/08, BAGE 135, 48 (50 ff.) = NZA 2010, 1298 (1300); BAG v. 16.01.2008 – 7 ABR 71/06, BAGE 125, 242 (244 ff.) = AP Nr. 92 zu § 40 BetrVG 1972.

113 BAG v. 23.06.2010 – 7 ABR 103/08, BAGE 135, 48 (52 ff.) = NZA 2010, 1298 (1300 ff.).

nicht an der Mitwirkung im Betriebsrat gehindert werden dürfen, weil ihnen insoweit entsprechende Betreuungsmöglichkeiten nicht zur Verfügung stehen bzw. eine Finanzierung nicht möglich ist. Die Entscheidung hat den Interessen der Arbeitgeber dahingehend Rechnung getragen, dass eine Erstattung nur unter der Voraussetzung in Frage kommt, dass das Betriebsratsmitglied ohne die Erfüllung von Betriebsratsaufgaben in dieser Zeit nicht zur Arbeitsleistung verpflichtet wäre bzw. der Arbeitgeber keine Überstunden anordnen könnte und anderweitige Betreuungsmöglichkeiten durch Familienmitglieder nicht vorhanden sind. Das BAG hat in der vorliegenden Entscheidung besondere Rücksicht auf die Situation von Alleinerziehenden genommen und insoweit eine Abwägung im Einzelfall durchgeführt.

d) Zwischenergebnis

Die Regelungen im Arbeitszeitgesetz zu Höchstarbeitszeiten bzw. zur Nacht- und Schichtarbeit erfassen zumindest teilweise das Problem der Vereinbarkeit von Familie und Beruf. Unterstrichen wird dies durch die Zielsetzung des Gesetzes, hinsichtlich der Schaffung von Rahmenbedingungen für flexible Arbeitszeiten (§ 1 Nr. 1 ArbZG) oder des Anspruchs eines Nachtarbeitnehmers auf einen Tagesarbeitsplatz (§ 6 Abs. 4 ArbZG). Wesentlich ist der angesprochene Komplex der Lage der Arbeitszeit für eine vereinbarkeitsorientierte Gestaltung, deren nähere Präzisierung durch den Arbeitgeber mit den dargelegten Restriktionen versehen wurde.

4. MuSchG

a) Zielsetzung

Im Bereich des Mutterschutzes stehen das werdende Leben und die damit verbundenen Belastungen für die Schwangere im Vordergrund. Ziel des gesetzlichen Mutterschutzes ist es, „den Widerstreit zwischen den Aufgaben der Frau als Mutter und ihrer Stellung im Berufsleben als Arbeitnehmerin im Interesse der Gesundhaltung von Mutter und Kind auszugleichen“[114]. Durch diese Ausgestaltung wird zumindest partiell das Verfassungsgebot des Art. 6 Abs. 4 GG verwirklicht.[115] Das

---

114 BVerfG v. 23.04.1974 – 1 BvL 19/73, BVerfGE 37, 121 (125) = AP Nr. 1 zu § 14 MuSchG 1968.

115 BAG v. 09.08.1963 – 1 AZR 497/62, BAGE 14, 304 (309) = AP Nr. 3 zu § 10 MuSchG; siehe dazu auch BAG v. 28.03.2006 – 1 BvL 10/01, BVerfGE 115, 259 (271) = AP Nr. 20 zu § 3 MuSchG 1968.

Mutterschutzgesetz verfolgt einen dreigliedrigen Ansatz, nämlich den Schutz vor Lebens- und Gesundheitsgefahren für die Schwangere und das ungeborene Kind, die Vermeidung von Entgelteinbußen der Schwangeren sowie den Schutz vor dem Verlust des Arbeitsplatzes während der Schwangerschaft bzw. zeitweise nach der Entbindung.[116]

Neben dem Mutterschutzgesetz dient auch die auf der Richtlinie 92/85/ EWG[117] beruhende Verordnung zum Schutze der Mütter am Arbeitsplatz (MuSchArbV)[118] der Aufrechterhaltung der Gesundheit der Mutter und damit auch des Kindes (§§ 4, 5 MuSchArbV). Hierdurch soll sichergestellt werden, dass werdende oder stillende Mütter nicht mit chemischen Gefahrstoffen, biologischen Arbeitsstoffen oder physikalischen Schadfaktoren in Kontakt kommen, um mögliche Gesundheitsschädigungen zu vermeiden (§ 1 MuSchArbV).

b) Schutzkonzept

aa) Kündigungsschutz

Zum Schutz der (werdenden) Mutter ist in § 9 Abs. 1 S. 1 MuSchG festgelegt, dass der Frau während der Schwangerschaft und bis zum Ablauf von vier Monaten nach der Entbindung nicht gekündigt werden darf, wenn der Arbeitgeber Kenntnis von der Schwangerschaft hat oder sie ihm innerhalb von zwei Wochen nach Zugang der Kündigung mitgeteilt wird.[119] Ausnahmen können sich in besonderen Fällen mit Zustimmung der zuständigen Landesbehörde ergeben.[120]

---

116 MüArbR/*Heenen*, § 305 BGB Rn. 1; HWK/*C.W. Hergenröder*, § 1 MuSchG Rn. 1; vgl. auch BAG v. 03.07.1985 – 5 AZR 79/84, AP Nr. 1 zu § 7 MuSchG 1968 = NZA 1986, 131.

117 Richtlinie 92/85/EWG des Rates vom 19. Oktober 1992 über die Durchführung von Maßnahmen zur Verbesserung der Sicherheit und des Gesundheitsschutzes von schwangeren Arbeitnehmerinnen, Wöchnerinnen und stillenden Arbeitnehmerinnen am Arbeitsplatz, ABl. L 348 v. 28.11.1992, S. 1.

118 BGBl. I 1997, S. 782, Verordnung zum Schutze der Mütter am Arbeitsplatz vom 15.04.1997.

119 Ausführlich hierzu *Eberhardt,* AiB 2009, 625. Zum Kündigungsschutz für schwangere Arbeitnehmerinnen siehe EuGH v. 29.10.2009 – C-63/08 [Pontin], EuZW 2010, 190 = AP Nr. 10 zu EWG-Richtlinie Nr. 92/85, demnach darf der wirksame gerichtliche Schutz aus dem EU-Recht nicht durch unangemessen kurze Rechtsbehelfsfristen erschwert werden.

120 Um aber den Mutterschutz nicht zu unterlaufen, ist die Kündigung einer Schwangeren nur dann gestattet, wenn die Weiterbeschäftigung dem Arbeitgeber nicht zuzumuten ist, BVerwG v. 02.07.1981 – 5 C 87/80, AP Nr. 1 zu § 9a MuSchG 1968 = NJW 1982,

Die Schwangere ist daher verpflichtet, ihre Schwangerschaft dem Arbeitgeber sowie den voraussichtlichen Entbindungstermin mitzuteilen (§ 5 MuSchG).[121] Allerdings stellt die Benachrichtigungsverpflichtung durch die Schwangere keine Rechtspflicht, sondern eine „nachdrückliche Empfehlung“[122] dar. Der geschlossene Arbeitsvertrag beinhaltet Rücksichtnahmepflichten, denen zu entnehmen ist, dass die Schwangere eine entsprechende Mitteilung an ihren Arbeitgeber machen muss, wenn dessen berechtigte Interessen tangiert werden.[123]

bb) Beschäftigungsverbote

Während das Kündigungsverbot primär der finanziellen Absicherung der Schwangeren dient, sollen bestimmte Beschäftigungsverbote (§§ 3 ff. MuSchG) und Vorgaben zur Gestaltung des Arbeitsplatzes (§ 2 MuSchG) verhindern, dass die Gesundheit der werdenden oder stillenden Mutter bzw. ihres (ungeborenen) Kindes gefährdet wird. Hierbei ist zwischen generellen Beschäftigungsverboten, die an allgemeine Umstände, die zur Gefährdung der Gesundheit von Mutter und Kind führen können, anknüpfen (z.B. §§ 3 Abs. 2, 4, 6 Abs. 3 MuSchG) und individuellen Restriktionen, die die jeweilige Konstitution der Schwangeren im Einzelfall im Blick haben (§ 3 Abs. 1 MuSchG), zu differenzieren.[124] Im letztgenannten Fall sind der Gesundheitszustand und die konkret ausgeübte Tätigkeit der Schwangeren individuell zu berücksichtigen.[125] Grundlegende Voraussetzung für ein einzelfallabhängiges Beschäftigungsverbot ist ein ärztliches Attest.[126] Die generelle Tätigkeitsuntersagung hingegen setzt keine medizinische Bescheinigung voraus,

---

62. Weiterführend zum Kündigungsverbot *Graue,* AiB 1999, 511. Beispiele für einen besonderen Fall iSd. § 9 Abs. 3 MuSchG: Schaub/*Linck,* ArbR-Hdb. § 169 Rn. 22.

121 Mangels entsprechender gesetzlicher Vorgaben kann die Mitteilung der Schwangerschaft auch mündlich erfolgen, vgl. Schaub/*Linck*, ArbR-Hdb. § 167 Rn. 1.

122 Gröninger/Thomas/*Evers-Vossgerau,* MuSchG, § 5 Rn. 3; BAG v. 13.06.1996 – 2 AZR 736/95, BAGE 83, 195 (199 mwN.) = AP Nr. 22 zu § 9 MuSchG 1968; Kittner/Zwanziger/Deinert-*Bantle*, Arbeitsrecht, § 109 Rn. 21 ff.

123 ErfK/*Schlachter*, § 5 MuSchG Rn. 1 f.; HWK/*C.W. Hergenröder,* § 5 MuSchG Rn. 2.

124 *Nebe* in: jurisPK-Vereinbarkeit von Familie und Beruf, Kapitel 5.10 Rn. 3. § 3 MuSchG: „[1] Werdende Mütter dürfen nicht beschäftigt werden, soweit nach ärztlichem Zeugnis Leben oder Gesundheit von Mutter oder Kind bei Fortdauer der Beschäftigung gefährdet ist. [2] Werdende Mütter dürfen in den letzten sechs Wochen vor der Entbindung nicht beschäftigt werden, es sei denn, dass sie sich zur Arbeitsleistung ausdrücklich bereit erklären; die Erklärung kann jederzeit widerrufen werden.“

125 DFL-*Vossen*, § 3 MuSchG Rn. 1; ErfK/*Schlachter,* § 3 MuSchG Rn. 1.

126 BAG v. 09.10.2002 – 5 AZR 443/01, AP Nr. 23 zu § 11 MuSchG 1968 = NZA 2004, 257 (259).

es wird lediglich an den Zeitraum von sechs Wochen vor der Geburt angeknüpft, wobei die Schwangere auf das Beschäftigungsverbot vor der Geburt verzichten kann (§ 3 Abs. 2 MuSchG). Eine Druckausübung ist dahingehend nicht gestattet, dass z.B. tarifliche Urlaubsregelungen die Schwangere dazu veranlassen, auf das Beschäftigungsverbot zu verzichten und weiterhin ihrer Tätigkeit nachzugehen.[127]

Besteht für die Schwangere ein Beschäftigungsverbot hinsichtlich einer bestimmten Tätigkeit, so kann der Arbeitgeber sie zur Ausübung einer Beschäftigung, die im Rahmen der besonderen Situation zumutbar erscheint, anweisen.[128] Verlangt der Arbeitgeber allerdings eine Tätigkeit, die auf Grund der Schwangerschaft verboten ist, kann sie die Erbringung der Arbeitsleistung verweigern, der Arbeitgeber hingegen gerät bei Berufung der Schwangeren auf das Beschäftigungsverbot in Annahmeverzug (§ 615 BGB).[129]

c) Reformbedarf?

Hervorzuheben ist hier die Problematik der Zugangserschwerung zur Erwerbstätigkeit, vor allem für Frauen im gebärfähigen Alter, aber auch für Väter, die zwar den Mutterschaftsurlaub bzw. den Zuschuss zum Mutterschaftsgeld gem. § 14 MuSchG[130] nicht in Anspruch nehmen können, aber einen Anspruch auf Elternzeit oder Elterngeld haben. In diesem Zusammenhang besteht die Gefahr, dass Arbeitgeber, die sich durch die gesetzliche Ausprägung des Familienschutzes in ihrer unternehmerischen Entscheidungsfreiheit eingeschränkt sehen, dazu veranlasst werden, jüngere Arbeitnehmer, bei denen die Familienplanung mutmaßlich noch nicht abgeschlossen ist, bei der Besetzung von freien Stellen gar nicht oder lediglich nachrangig zu berücksichtigen.[131] Dies ist besonders vor dem

---

127 BAG v. 20.08.2002 – 9 AZR 353/01, BAGE 102, 218 (223) = AP Nr. 10 zu Art. 6 Abs. 4 GG Mutterschutz, Leitsatz 1: „§ 1 TV Urlaubsgeld Ang-O enthält eine Regelung, nach der der Anspruch auf das „Urlaubsgeld" entfällt, wenn eine werdende Mutter sich vor der Geburt entscheidet, die Schutzfrist nach § 3 Abs 2 MuSchG in Anspruch zu nehmen, anstatt weiter zu arbeiten. Diese Regelung verstößt gegen die in Artikel 6 Abs 4 GG festgelegte Schutzpflicht."

128 BAG v. 21.04.1999 – 5 AZR 174/98, AP Nr. 5 zu § 4 MuSchG 1968 = DB 1999, 1962; BAG v. 15.11.2000 – 5 AZR 365/99, BAGE 96, 228 (231) = AP Nr. 7 zu § 4 MuSchG 1968.

129 Schaub/*Linck*, ArbR-Hdb. § 168 Rn. 1, 2.

130 Vgl. dazu BVerfG v. 18.11.2003 – 1 BvR 302/96, BVerfGE 109, 64 = AP Nr. 23 zu § 14 MuSchG 1968; näher dazu auch *Krause* in: FS Pfarr, S. 392.

131 *Perz*, Familienfreundliches Arbeitsrecht? S. 65 f.; *Krause* in: FS Pfarr, S. 392 (394), „Konkret stellt sich das Problem, ob eine Norm, die den Arbeitgeber im Falle einer

Hintergrund problematisch, dass die Familiengründung zwangsläufig mit erheblichen finanziellen Belastungen einhergeht, die durch die Zahlung des Elterngeldes nicht vollständig kompensiert werden können, zumal sich das Elterngeld an dem durchschnittlichen Einkommen des beantragenden Elternteils den der Geburt vorausgegangenen Monaten orientiert und idR. 67 % davon ausgezahlt werden.[132]

Diese Problematik lässt sich auch anhand der Entwicklung des Arbeitgeberzuschusses zum Mutterschaftsgeld gem. § 14 Abs. 1 S. 1 MuSchG exemplarisch verdeutlichen.[133] Demnach erhalten Frauen, die Mitglied einer gesetzlichen Krankenkasse sind, während der Schutzfristen sowie für den Entbindungstag von ihrer Krankenkasse ein Mutterschaftsgeld in Höhe von 13 €. Bis zu einem Gesamtbetrag von 210 € erhalten Frauen, die nicht Mitglied einer gesetzlichen Krankenkasse sind, das Mutterschaftsgeld auf Antrag vom Bundesversicherungsamt (§ 14 Abs. 2 MuSchG). Aufgestockt wird dieser als Sozialleistung ausgestaltete Betrag[134] durch den Zuschuss des Arbeitgebers. Die Höhe richtet sich nach dem Unterschiedsbetrag zwischen 13 € und dem durchschnittlichen kalendertäglichen Nettoarbeitsentgelt (siehe § 14 Abs. 1 S. 1 MuSchG). Die finanziellen Belastungen der Arbeitgeber wurden durch ein Ausgleichs- und Umlageverfahren dahingehend abgemildert, dass Arbeitgeber mit nicht mehr als 20 Arbeitnehmern den Arbeitgeberzuschuss ab dem 01.01.1997 vollständig von der Krankenkasse erstattet bekamen.[135] Allerdings waren durch die Beschränkung auf Arbeitgeber mit nicht mehr als 20

Schwangerschaft zur Zahlung von Entgelt verpflichtet, ohne von der Frau in den geschützten Zeiträumen eine Gegenleistung in Form von Arbeitsleistung zu erhalten, möglicherweise eine nicht gewollte Steuerungswirkung entfaltet, indem sie den Arbeitgeber tendenziell davon abhält, überhaupt Frauen im >gebärfähigen Alter< einzustellen, um die Rechtsbefolgungskosten von vornherein zu vermeiden." *Aubel,* RdA 2004, 141.

132 Gem. § 2 Abs. 1 S. 1 BEEG wird Elterngeld nur „in Höhe von 67 Prozent des in den zwölf Kalendermonaten vor dem Monat der Geburt des Kindes durchschnittlich erzielten monatlichen Einkommens aus Erwerbstätigkeit bis zu einem Höchstbetrag von 1800 Euro monatlich für volle Monate gezahlt, in denen die berechtigte Person kein Einkommen aus Erwerbstätigkeit erzielt". Auf Grund der Begrenzung der Auszahlung bis max. 67 Prozent bzw. 1800 € wird der finanzielle Verlust teilweise kompensiert. Im Hinblick auf die Anrechnung des Mutterschaftsgeldes auf das Elterngeld (§ 3 Abs. 1 BEEG) wurde bereits häufiger kritisiert, dass damit nicht für zwölf, sondern lediglich für zehn Monate Elterngeld gezahlt werde, vgl. *Jung*, WzS 2012, 38 (41 mwN.).

133 Vgl. dazu BVerfG v. 18.11.2003 – 1 BvR 302/96, BVerfGE 109, 64 = AP Nr. 23 zu § 14 MuSchG 1968; näher dazu auch *Krause* in: FS Pfarr, S. 392.

134 *Krause* in: FS Pfarr, S. 392 (393).

135 *Krause* in: FS Pfarr, S. 392 (393).

Arbeitnehmern alle größeren Unternehmen, die etwa drei Viertel der Arbeitnehmer beschäftigten, von der Erstattung ausgenommen.[136] Das BVerfG stellte in seiner Entscheidung vom 18.11.2003[137] im hier interessierenden Kontext fest, dass Art. 6 Abs. 4 GG keine verfassungsrechtliche Pflicht des Staates vorsieht die Kosten des Mutterschutzes allein zu tragen, darüber hinaus liegt es im gesetzgeberischen Gestaltungsermessen, wie er dem Gebot des Art. 3 Abs. 2 GG nachkommt. Entscheidet sich der Gesetzgeber allerdings dafür, dem Arbeitgeber im Rahmen der Erfüllung des Schutzauftrages hinsichtlich der Mutter Lasten aufzuerlegen, so muss durch geeignete Regelungen der Gefahr der faktischen Diskriminierung der Arbeitnehmerinnen durch die Schutzvorschriften begegnet werden.[138] Durch die Zahlungsverpflichtung ohne eine entsprechende Kompensationsmöglichkeit für einen Großteil der Arbeitgeber bestand die Gefahr, dass der Zuschuss zum Mutterschaftsgeld ein Beschäftigungshemmnis für Frauen hervorrufen würde, da Arbeitgeber auf Grund der potenziellen finanziellen Belastungen von deren Übernahme in ein Arbeitsverhältnis absehen würden.[139] Eine verfassungskonforme Situation hat der Gesetzgeber schließlich durch die Regelungen im Aufwendungsausgleichsgesetz[140] hergestellt. Im Rahmen des sog. U2-Verfahrens wurde das Ausgleichs- und Umlageverfahren auf alle Unternehmen ausgedehnt (§ 1 Abs. 2 AAG).

Zur Vermeidung einer entsprechenden Diskriminierung könnten im vorliegenden Kontext die Regelungen zum Mutterschutz gelockert werden. In Betracht käme die Verkürzung der gesetzlich vorgeschriebenen Frist von 14 Wochen, in denen eine Beschäftigung der Mutter gesetzlich verboten ist (vgl. § 3 Abs. 2 MuSchG iVm. § 6 MuSchG). Jedoch ist, wie bereits angesprochen, in § 3 Abs. 2 MuSchG bereits explizit geregelt, dass die Mutter auf das Beschäftigungsverbot innerhalb der letzten sechs Wochen verzichten und sich damit ausdrücklich zur Arbeitsleistung bereit erklären kann. Hierdurch wird gewährleistet, dass eine werdende Mutter sechs Wochen vor der Entbindung grundsätzlich nicht mehr arbeiten muss, auf diesen gesetzlichen Schutz aber bei Vorliegen der entsprechenden gesundheitlichen Voraussetzungen verzichten kann. Dies garantiert zumindest vor

---

136 *Krause* in: FS Pfarr, S. 392 (393).

137 BVerfG v. 18.11.2003 – 1 BvR 302/96, BVerfGE 109, 64 (87 ff.) = AP Nr. 23 zu § 14 MuSchG 1968.

138 BVerfG v. 18.11.2003 – 1 BvR 302/96, BVerfGE 109, 64 (90 f.) = AP Nr. 23 zu § 14 MuSchG 1968, Leitsätze Nr. 2 und 3.

139 BVerfG v. 18.11.2003 – 1 BvR 302/96, BVerfGE 109, 64 (91 f.) = AP Nr. 23 zu § 14 MuSchG 1968; ausführlich hierzu *Krause* in: FS Pfarr, S. 392.

140 Gesetz über den Ausgleich der Arbeitgeberaufwendungen für Entgeltfortzahlung (Aufwendungsausgleichsgesetz) v. 22.12.2005, BGBl. I 2005, S. 3686.

der Geburt des Kindes einen erheblichen zeitlichen Gestaltungsspielraum für die Arbeitsvertragsparteien.

Somit liegt der zentrale Schwerpunkt auf den ersten Wochen nach der Entbindung. Abgesehen von finanziellen Einbußen ergeben sich die Vereinbarkeitsschwierigkeiten für junge Eltern aber idR. erst nach Ablauf der Schutzfristen und bei der Rückkehr in den Beruf. Die damit verbundenen Problemkonstellationen kann das Gesetz nicht lösen und es ist nach der genannten Zwecksetzung darauf auch nicht ausgelegt. Wesentliche Änderungen des Gesetzes sind daher nicht angezeigt. Eine Lockerung ist, wie oben dargestellt, auf Grund der bereits vorhandenen flexiblen Regelungsmöglichkeiten nicht erforderlich. Die Verschärfung der Regelungen würde überwiegend für Frauen, die noch immer die Hauptlast im Rahmen der Familienarbeit tragen[141], weitere Hindernisse nach sich ziehen. Besonders kommt dies vor dem Hintergrund zum Tragen, dass ihnen im Rahmen des Einstellungsgesprächs hinsichtlich der Frage nach einer bestehenden Schwangerschaft ein Recht zur Lüge zugesprochen wird, wenn der Arbeitgeber sich danach erkundigt.[142]

Aus dieser Unsicherheit heraus, erscheint es nicht unwahrscheinlich, dass sich der Arbeitgeber für eine andere Arbeitnehmerin entscheidet, bei der die Familienplanung bereits abgeschlossen ist bzw. deren Kinder ein Alter erreicht haben, das die mit dem Mutterschutz und den Erziehungszeiten für den Arbeitgeber verbundenen Belastungen und Unsicherheiten ausschließt. Dies konterkariert das eigentliche Ziel des Gesetzgebers, der Politik und auch der Gesellschaft insgesamt, nämlich die Steigerung der Geburtenrate in Deutschland.[143] Die Dringlichkeit dieser

141 Vgl. *Hohmann-Dennhardt*, AuR 2010, 52 (53); *Krone/Stöbe-Blossey,* FPR 2010, 137.

142 Eine Anfechtung wegen arglistiger Täuschung gem. § 123 BGB ist nur dann möglich, wenn eine unrichtige Antwort auf eine zulässige Frage gegeben wurde, in Betracht zu ziehen ist aber eine Anfechtung gem. § 119 Abs. 2 BGB auf Grund eines Irrtums über eine verkehrswesentliche Eigenschaft, vgl. BAG v. 21.02.1991 – 2 AZR 449/90, AP Nr. 35 zu § 123 BGB = NJW 1991, 2723.

143 Statistisches Bundesamt, Wie leben Kinder in Deutschland? Begleitmaterial zur Pressekonferenz am 03.08.2011 in Berlin, S. 7, demnach hat sich die Zahl der in Deutschland lebenden Kinder in den letzten zehn Jahren zwischen 2000 und 2010 um 2,1 Millionen reduziert und liegt aktuell bei 13,1 Millionen minderjährigen Kindern in deutschen Haushalten. Gleichzeitig zeigt der europäische Vergleich, dass in keinem anderen Land der Anteil von minderjährigen Kindern an der Gesamtbevölkerung so gering ist wie in Deutschland, demnach kamen im Jahr 2010 8,3 Geburten auf 1000 Einwohner, während der EU-Schnitt bei 10,7 Geburten pro Einwohner lag, vgl. Eurostat, Pressemitteilung Nr. 110/2011 vom 28. 07.2011, S. 1; damit liegt die Geburtenquote in Deutschland nicht nur weit unter dem europäischen Durchschnitt, sondern bildet das Schlusslicht innerhalb der europäischen Union.

Problematik zeigt sich vor dem Hintergrund der aktuellen Daten des Statistischen Bundesamtes. Diese belegen, dass im Jahr 2011 2,2 % weniger Kinder im Vergleich zum Vorjahr zur Welt gekommen sind.[144]

d) Zwischenergebnis

Die Betrachtung zeigt, dass das Mutterschutzgesetz primär auf den Gesundheitsschutz von Mutter und Kind ausgerichtet ist und weniger auf die Vereinbarkeit von Familie und Beruf. Es soll gewährleistet werden, dass Frauen in der besonders schutzbedürftigen Phase der Schwangerschaft und den sich anschließenden Wochen nicht durch einen Arbeitsplatzverlust in finanzielle Schwierigkeiten geraten bzw. ihnen auf Grund der Schwangerschaft gekündigt werden darf. Dieses Recht wird durch das höchstrichterlich anerkannte Recht zur Lüge bei der Frage nach der Schwangerschaft im Einstellungsgespräch abgesichert[145]. Gleiches gilt auch dann, wenn die Frau auf Grund ihrer Schwangerschaft die befristete Tätigkeit zu keinem Zeitpunkt ausüben kann[146].

5. TzBfG

a) Allgemeines

Das Teilzeit- und Befristungsgesetz[147] verfolgt das Ziel der Förderung der Teilzeitbeschäftigung in Deutschland, da nach Ansicht des Gesetzgebers der Ausweitung dieser Tätigkeitsform eine „erhebliche beschäftigungspolitische Bedeutung“[148] zur Sicherung bestehender und Schaffung neuer Arbeitsplätze zukomme. Gleichzeitig wird davon ausgegangen, dass die Expansion der Teilzeitarbeit zur Gleichstellung von Männern und Frauen beitragen werde.[149]

Kernpunkt ist die Förderung der Teilzeitarbeit (§ 6 TzBfG), indem jeder Arbeitnehmer, dessen Arbeitsverhältnis länger als sechs Monate andauert, einen

---

144 Statistisches Bundesamt, Pressemitteilung Nr. 225 vom 02.07.2012, „2011: Weniger Geburten, Sterbefälle und Eheschließungen.“

145 BAG v. 15.10.1992 – 2 AZR 227/92, BAGE 71, 252 (255 f.) = AP Nr. 8 zu § 611a BGB.

146 EuGH v. 14.07.1994 – C-32/93, NZA 1994, 783 = DB 1994, 1522 (1523).

147 BGBl. I 2000, S. 1966, Gesetz über Teilzeitarbeit und befristete Arbeitsverträge vom 21.12.2000. Vgl. zur Teilzeitbeschäftigung allgemein ausführlich im 3. Kapitel unter B. I.

148 BT-Drucks. 14/4374, Entwurf eines Gesetzes über Teilzeitarbeit und befristete Arbeitsverträge und zur Änderung und Aufhebung arbeitsrechtlicher Bestimmungen v. 24.10.2000, S. 1.

149 BT-Drucks. 14/4374, Entwurf eines Gesetzes über Teilzeitarbeit und befristete Arbeitsverträge und zur Änderung und Aufhebung arbeitsrechtlicher Bestimmungen v. 24.10.2000, S. 1.

Anspruch auf die vertragliche Verringerung der vereinbarten Arbeitszeit hat, vgl. § 8 Abs. 1 TzBfG.[150]

Grund für die Einführung der Teilzeitbeschäftigung war die Schaffung weiterer Arbeitsplätze und eine zusätzliche Flexibilität der Arbeitnehmer.[151] Insbesondere durch den in § 8 Abs. 1 TzBfG verankerten Anspruch auf Verringerung der Arbeitszeit können Arbeitnehmer selbige entsprechend ihrer familiären Situation anpassen. Allerdings ergab sich zunächst das besondere Problem, dass die Eltern, im Regelfall die Mütter, einen Anspruch auf Reduktion ihrer Arbeitszeit hatten, aber ihnen im Gegenzug dazu kein Recht eingeräumt wurde, diese Arbeitszeit nach einem bestimmten Zeitraum auch wieder zu erhöhen. Damit gestaltete sich die Rückkehr zur Vollzeitbeschäftigung recht schwierig, wenn der Arbeitgeber mit den Wünschen des Arbeitnehmers nicht einverstanden war. Eine Angleichung der Stundenzahl an die eines Vollzeitbeschäftigten konnte nicht gegen den Willen des Arbeitgebers durchgesetzt werden.[152] Zur Lösung dieses Problems wurde § 9 TzBfG[153] in das Gesetz aufgenommen, der den Arbeitgeber verpflichtet, die teilzeitbeschäftigten Arbeitnehmer bei der Besetzung eines freien Arbeitsplatzes bei gleicher Eignung bevorzugt zu berücksichtigen, wenn der Arbeitnehmer den Wunsch nach einer Verlängerung seiner vertraglich vereinbarten Arbeitszeit angezeigt hat. Um dem Gesetzeszweck, der Förderung der Teilzeitbeschäftigung gerecht zu werden, ist es nicht erforderlich, dass die Stelle eines Vollzeitbeschäftigten besetzt werden soll, sondern es kann auch ein nicht besetzter Teilzeitarbeitsplatz mit der Teilzeitstelle eines ausscheidenden Arbeitnehmers verbunden werden.[154]

Förderlich im Hinblick auf die Vereinbarkeit von Familie und Beruf können diese Regelungen sein, da den Eltern eine zusätzliche Flexibilität gewährleistet

---

150 Vgl. zur Problematik: LAG Köln v. 08.08.2012 – 9 Sa 86/12 (juris).

151 BT-Drucks. 14/4374, Entwurf eines Gesetzes über Teilzeitarbeit und befristete Arbeitsverträge und zur Änderung und Aufhebung arbeitsrechtlicher Bestimmungen v. 24.10.2000, S. 11; Vgl. auch BAG v. 30.09.2003 – 9 AZR 665/02, BAGE 108, 47 (50 f.) = AP Nr. 5 zu § 8 TzBfG, mit Anmerkung von *Kothe/Doll*, jurisPR-ArbR 17/2004 Anm. 1; zum Teilzeitverlangen einer Führungskraft im Einzelhandel, vgl. ArbG Berlin v. 20.04.2012 – 28 Ca 17989/11, DB 2012, 1448.

152 Zum Schadensersatzanspruch bei unterlassener bevorzugter Berücksichtigung, LAG Berlin v. 02.12.2003 – 3 Sa 1041/03, AuR 2004, 468 = ZTR 2004, 324.

153 § 9 TzBfG hat die §§ 5 Abs. 3 b, c, 6 der Richtlinie 97/81/EG des Rates vom 15. Dezember 1997 zu der von UNICE, CEEP und EGB geschlossenen Rahmenvereinbarung über Teilzeitarbeit umgesetzt; Kittner/Zwanziger/Deinert-*Mayer*, Arbeitsrecht, § 121 Rn. 36 ff; Schaub/*Linck,* ArbR-Hdb. § 43 Rn. 158.

154 *Schüren*, AuR 2001, 321 (322 f.); Vgl. dazu auch *Hanau*, NZA 2001, 1168 (1169).

wird, wenn alternative Betreuungsmöglichkeiten nicht vorhanden sind. Gleichzeitig wurde oben aber auch angemerkt, dass ein Großteil der in Teilzeit beschäftigten Arbeitnehmer diese Position nicht freiwillig bzw. auf eigenen Wunsch innehat.[155] Hier offenbaren sich die wesentlichen Probleme dieser Beschäftigungsform. Denn die Ausübung einer Teilzeitbeschäftigung kann nur dann als beschäftigungspolitisch wertvolle Erwerbsform angesehen werden, wenn die Arbeitnehmer nicht gegen ihren Willen gezwungen sind, eine entsprechende Tätigkeit aufzunehmen bzw. mangels Alternativen darin verharren müssen. Eine solche Situation kann nicht die Möglichkeit einer echten Wahlfreiheit zwischen einer Vollzeit- und einer Teilzeitbeschäftigung eröffnen. Untersuchungen haben ergeben, dass sich unter den Teilzeitbeschäftigten im Jahr 2008 23 % eine Vollzeitbeschäftigung wünschten, dies aber aus variierenden Gründen nicht möglich war.[156] Obwohl sich diese Zahl im Jahr 2011 auf 16 % verringert hat, ist im Bereich des hier exemplarisch angeführten Einzelhandels der Anteil mit 22 % immer noch ähnlich hoch.[157]

b) Interessengerechte Ausgestaltung des § 9 TzBfG?

Die Rückkehr des Arbeitnehmers in ein Vollzeitbeschäftigungsverhältnis soll durch die Regelung des § 9 TzBfG unterstützt werden.[158] Denn vorteilhaft im Rahmen der Teilzeitbeschäftigung ist der Anspruch der Arbeitnehmer auf Reduktion ihrer Arbeitszeit, die eine Vereinbarung mit familiären Verpflichtungen jeglicher Art ermöglicht (§ 8 TzBfG). Allerdings ist bereits angeklungen, dass das wesentliche Problem oftmals nicht in der Reduktion der Arbeitszeit liegt, sondern in der Aufstockung der Stundenzahl, wenn sich die familiäre Situation geändert hat und somit eine Rückkehr in ein Vollzeitarbeitsverhältnis gewünscht wird. Häufig ergibt sich dann die Problematik, dass der Arbeitnehmer zeitlich wieder eine Vollzeitbeschäftigung aufnehmen möchte, aber für ihn kaum eine Möglichkeit besteht auf seine ursprüngliche Position zurückzukehren. Dies kann auf unterschiedliche Gründe zurückzuführen sein, u.a. darauf, dass der Arbeitgeber die frei gewordene Stelle anderweitig besetzt hat und damit zum Zeitpunkt des Aufstockungsverlangens keine adäquate Stelle vakant ist

155 Dazu 3. Kap. B. I. 1.; iwd 24/09, S. 2.

156 Laux/Schlachter-*Laux*, TzBfG, Einführung Rn. 5, unter Bezugnahme auf die Mikrozensen ab dem Jahr 2005; ausführlich dazu *Munz,* Beschäftigungs- und familienpolitische Aspekte der Teilzeitarbeit.

157 Statistisches Bundesamt, Qualität der Arbeit, S. 32 f.

158 Im Koalitionsvertrag zwischen CDU, CSU und SPD, Deutschlands Zukunft gestalten, 18. Legislaturperiode, S. 70 ist eine Weiterentwicklung des Teilzeitrechts vorgesehen, indem ein Anspruch auf eine befristete Teilzeitarbeit (Rückkehrrecht) geschaffen werden soll.

oder der Arbeitgeber die frei werdenden Kapazitäten durch die Verringerung der Beschäftigung zunächst nicht wieder neu besetzt bzw. ersatzlos gestrichen hat.

aa) Anspruch auf Erhöhung der Arbeitszeit

Die Lösung dieses Problems hat § 9 TzBfG im Blick, der eine Verlängerung der Arbeitszeit nach einer vorherigen Reduktion im Rahmen einer Teilzeitbeschäftigung vorsieht. Demnach hat der Arbeitgeber bei der Besetzung eines entsprechenden freien Arbeitsplatzes den teilzeitbeschäftigten Arbeitnehmer bevorzugt zu berücksichtigen, falls dem keine dringenden betrieblichen Gründe oder Arbeitszeitwünsche anderer teilzeitbeschäftigter Arbeitnehmer entgegenstehen. Diese Vorschrift setzt die Vorgaben der § 5 Abs. 3b, c, § 6 der Teilzeitrichtlinie (97/81/EG) in deutsches Recht um, wobei ein individueller Anspruch auf europäischer Ebene nicht vorgesehen war.[159] Bezeichnend ist, dass eine „Rückkehroption"[160] zur Vollzeitbeschäftigung vom 60. Deutschen Juristentag im Jahr 1994 noch abgelehnt wurde, wohingegen die Mehrzahl der Teilnehmer für die Einführung der Teilzeitbeschäftigung plädierte.[161]

bb) Folgen für die Arbeitgeber

Zu bedenken ist, dass bereits der Anspruch des Arbeitnehmers auf Verringerung seiner Arbeitszeit für den Arbeitgeber mit einem deutlich erhöhten Organisationsaufwand verbunden sein kann. Ablehnen kann er den Anspruch nur dann, wenn betriebliche Gründe dem entgegenstehen (§ 8 Abs. 4 S. 2 TzBfG). Ein betrieblicher Grund liegt insbesondere vor, wenn die Verringerung der Arbeitszeit die Organisation, den Arbeitsablauf oder die Sicherheit im Betrieb wesentlich beeinträchtigt oder unverhältnismäßige Kosten verursacht werden, § 8 Abs. 4 S. 3 TzBfG.[162] Ist ein solcher Grund nicht gegeben, so muss der Arbeitgeber gem. § 8 Abs. 3 S. 2 TzBfG mit dem Arbeitnehmer Einvernehmen über die festzulegende Verteilung der Arbeitszeit erzielen. Kommt ein Einvernehmen aus unterschiedlichen Gründen nicht zustande, so besteht für den Arbeitnehmer die Möglichkeit, den Arbeitgeber mittels einer Leistungsklage zur Abgabe der Willenserklärung gem. § 894 ZPO verurteilen

159 Laux/Schlachter-*Laux*, TzBfG, § 9 Rn. 4.

160 Laux/Schlachter-*Laux*, TzBfG, § 9 Rn. 3 mwN.

161 Deutscher Juristentag, NJW 1994, 3075 (3082); Laux/Schlachter-*Laux*, TzBfG, § 9 Rn. 3.

162 Der Anspruch auf Arbeitszeitverringerung einer Gruppenleiterin im Kindergarten kann unter der Voraussetzung abgelehnt werden, dass dieser im Widerspruch zum pädagogischen Betreuungskonzept der Einrichtung steht, BAG v. 19.08.2003 – 9 AZR 542/02, AP Nr. 4 zu § 8 TzBfG = ZTR 2004, 542 (544).

zu lassen.[163] Damit kann der Arbeitnehmer bei Nichteinigung seinen Anspruch auf Teilzeitarbeit auch gerichtlich durchsetzen lassen, sodass der Arbeitgeber idR. letztendlich doch gezwungen ist, den Wünschen des Arbeitnehmers nachzukommen. Nichtsdestotrotz verbleibt dem Arbeitgeber die unternehmerische Entscheidung über den Ablauf der betrieblichen Prozesse, solange „plausible wirtschaftliche oder unternehmenspolitische Überlegungen“[164] die Basis für die Entscheidungen bilden. Hierbei kann er unabhängig festlegen, ob bestimmte Arbeitsplätze wieder besetzt werden[165] oder künftig freie Mitarbeiter Teile der Tätigkeiten erledigen sollen[166].

cc) Chancen für die Arbeitnehmer

Neben dem erhöhten finanziellen und organisatorischen Aufwand für die Arbeitgeber eröffnet § 9 TzBfG den Arbeitnehmern die Möglichkeit nach einer familienbedingten Reduzierung der Arbeitszeit wieder zur ursprünglichen Beschäftigungszeit zurückzukehren. Besonders für Frauen, die, wie oben dargelegt, den Großteil der teilzeitbeschäftigten Arbeitnehmer ausmachen, wäre dies eine Chance nicht in die „Karrierefalle-Teilzeit“[167] zu geraten. Gleichzeitig könnten sie nach einer familiären Auszeit wieder schneller einer Vollzeitbeschäftigung nachgehen, was sich idR. nicht nur positiv auf die zukünftige berufliche Entwicklung auswirkt, sondern ebenfalls auf die finanzielle Absicherung durch die Sozialsysteme. Darüber hinaus ist der Anspruch auf Verlängerung der Arbeitszeit nicht nur „als Kompensation familienbedingter Nachteile“ anzusehen, sondern „dient der Förderung der Akzeptanz der Teilzeitarbeit und ist damit beschäftigungspolitisch, d.h. zur Durchsetzung eines sozialpolitischen Ziels, gerechtfertigt“[168].

Schwierigkeiten kann die bereits angesprochene, doch recht weit gehende unternehmerische Entscheidungsfreiheit des Arbeitgebers hervorrufen.[169] Der

---

163 BAG v. 19.08.2003 – 9 AZR 542/02, AP Nr. 4 zu § 8 TzBfG = ZTR 2004, 542 (543 f.); BAG v. 18.02.2003 – 9 AZR 164/02, BAGE 105, 107 = AP Nr. 2 zu § 8 TzBfG; BAG v. 16.03.2004 – 9 AZR 323/03, BAGE 110, 45 (52) = AP Nr. 10 zu § 8 TzBfG.

164 BAG v. 02.09.2009 – 7 AZR 233/08, BAGE 132, 59 (71) = AP Nr. 66 zu § 14 TzBfG. Vgl. dazu auch *Herbert*, jurisPR-ArbR 43/2011 Anm. 6.

165 BAG v. 08.05.2007 – 9 AZR 874/06, BAGE 122, 235 (242) = AP Nr. 3 zu § 9 TzBfG; BAG v. 02.09.2009 – 7 AZR 233/08, BAGE 132, 59 (70 f.) = AP Nr. 66 zu § 14 TzBfG.

166 BAG v. 02.09.2009 – 7 AZR 233/08, BAGE 132, 59 (70 f.) = AP Nr. 66 zu § 14 TzBfG.

167 *Waltermann*, Verhandlungen des 68. Deutschen Juristentages (2010), Band I, Gutachten, B, S. 26.

168 Laux/Schlachter-*Laux*, TzBfG, § 9 Rn. 9.

169 BAG v. 02.09.2009 – 7 AZR 233/08, BAGE 132, 59 (70 f.) = AP Nr. 66 zu § 14 TzBfG; BAG v. 15.08.2006 – 9 AZR 8/06, BAGE 119, 194 (199) = AP Nr. 1 zu § 9 TzBfG.

Gesetzgeber setzt hier voraus, dass „dringende betriebliche Gründe oder Arbeitszeitwünsche anderer teilzeitbeschäftigter Arbeitnehmer" dem Aufstockungsverlangen der Arbeitnehmer entgegenstehen (§ 9 TzBfG). Der unbestimmte Rechtsbegriff der dringenden betrieblichen Gründe hat u.a. durch das LAG Köln eine Konkretisierung dahingehend erfahren, dass der Arbeitgeber die unternehmerische Entscheidung durch „sachliche, arbeitsplatzbezogene Gründe"[170] rechtfertigen müsse, eine reine Willkürkontrolle sei hingegen nicht ausreichend.

Exemplarisch lässt sich die Klage einer Teilzeitbeschäftigten anführen, die ihre monatliche Arbeitszeit bis zur regulären Vollzeitbeschäftigung in ihrem Betrieb aufstocken wollte.[171] Der Arbeitgeber ist dem Verlangen mit der Begründung entgegengetreten, dass in seinem Unternehmen ausschließlich Teilzeitkräfte beschäftigt werden.[172] Obwohl der Arbeitgeber bei der Organisation seines Betriebes weitgehend eigenverantwortlich agieren kann, so muss er doch die sich aus §§ 8, 9 TzBfG ergebenden Einschränkungen berücksichtigen.[173] Die Entscheidung, ausschließlich Teilzeitkräfte zu beschäftigen, kann nur dann einem Aufstockungsverlangen entgegengehalten werden, wenn „arbeitsplatzbezogene Gründe"[174] eine solche unternehmerische Entscheidung rechtfertigen. Der Hinweis des Arbeitgebers, dass der Bedarf an Arbeitskräften starken zeitlichen Schwankungen unterliege, sei als Rechtfertigungsgrund nicht ausreichend.[175]

dd) Abwägung

Unter Berücksichtigung der beiderseitigen Interessen erscheint die bereits in § 9 TzBfG angelegte Lösungsmöglichkeit für einen Anspruch auf Verlängerung der Arbeitszeit angemessen. Dem Arbeitnehmer wird eine bevorzugte Berücksichtigung bei der Besetzung eines passenden freien Arbeitsplatzes zugesprochen, wobei der Arbeitgeber der bevorzugten Behandlung nur dann nachkommen muss, wenn dem keine dringenden betrieblichen Gründe oder Arbeitszeitwünsche anderer teilzeitbeschäftigter Arbeitnehmer entgegenstehen. Hintergrund der

---

170 LAG Köln v. 21.04.2011 – 7 Sa 25/11, AA 2012, 54 (Leitsatz); ebenso BAG v. 15.08.2006 – 9 AZR 8/06, BAGE 119, 194 (203) = AP Nr. 1 zu § 9 TzBfG; vgl. auch *Boemke*, jurisPR-ArbR 11/2012 Anm. 2.

171 LAG Köln v. 21.04.2011 – 7 Sa 25/11, AA 2012, 54.

172 LAG Köln v. 21.04.2011 – 7 Sa 25/11, AA 2012, 54.

173 *Boemke*, jurisPR-ArbR 11/2012 Anm. 2.

174 BAG v. 15.08.2006 – 9 AZR 8/06, BAGE 119, 194 (203) = AP Nr. 1 zu § 9 TzBfG.

175 LAG Köln v. 21.04.2011 – 7 Sa 25/11, AA 2012, 54.

Regelung ist die Schaffung eines Gleichgewichts „zwischen den Interessen der Arbeitnehmer und Arbeitgeber“[176]. Zu beachten ist, dass es sich bei der Ablehnung der Stundenaufstockung eines teilzeitbeschäftigten Arbeitnehmers um dringende betriebliche Gründe handeln muss, wohingegen im Rahmen von § 8 TzBfG bereits betriebliche Gründe ausreichend sind, um die vom Arbeitnehmer gewünschte Verteilung der Arbeitszeit abzulehnen. Kritisiert wurde bereits bei Einführung der Vorschrift, dass hierdurch die Interessen der Teilzeitbeschäftigten im Vergleich zu den Vollzeitbeschäftigten in den Vordergrund rücken und erhebliche praktische Probleme auftreten würden.[177] Dem ist entgegenzuhalten, dass zunächst der Arbeitgeber im Rahmen seiner unternehmerischen Entscheidungsfreiheit darüber zu befinden hat, ob er einen weiteren Vollzeitarbeitsplatz schafft; erst im Anschluss bei der Besetzung dieses Arbeitsplatzes hat der Arbeitgeber dann teilzeitbeschäftigte Arbeitnehmer, die den Wunsch geäußert haben, ihre Arbeitszeit zu erhöhen, bevorzugt zu berücksichtigen, sodass nicht unzulässig in die Entscheidungsfreiheit des Arbeitgebers eingegriffen wird.[178]

Im Hinblick auf die hier zu untersuchende Vereinbarkeitsproblematik muss gewährleistet werden, dass sich die konkrete Ausgestaltung der Arbeitszeit an den vorhandenen zeitlichen Schwierigkeiten orientiert. Die bereits genannten empirischen Nachweise machen deutlich, dass die Teilzeitbeschäftigung vor allem bei Frauen mit betreuungsbedürftigen Kindern besonders stark ausgeprägt ist. Um ihnen die Option zur Rückkehr in ein Vollzeitarbeitsverhältnis zu eröffnen, ist sicherzustellen, dass die Aufstockungswünsche nicht durch unbegründete Ablehnungen zurückgewiesen werden.

6. BEEG

a) Allgemeines

An die Phase der Schwangerschaft und der Geburt schließt sich die Betreuung des Kindes in den ersten Lebensmonaten und -jahren an. Auf Grund

---

176 BT-Drucks. 14/4374, Entwurf eines Gesetzes über Teilzeitarbeit und befristete Arbeitsverträge und zur Änderung und Aufhebung arbeitsrechtlicher Bestimmungen v. 24.10.2000, S. 11. Die Ablehnung des Aufstockungsverlangens durch den Arbeitgeber unterliegt nicht nur einer Willkürkontrolle, sondern die Entscheidung muss durch „sachliche, arbeitsplatzbezogene Gründe“ gerechtfertigt sein, LAG Köln v. 21.04.2011 – 7 Sa 25/11, AA 2012, 54 (Leitsatz).

177 *Schiefer*, DB 2000, 2118 (2120).

178 Vgl. auch *Däubler*, ZIP 2000, 1961 (1964).

der vollständigen Abhängigkeit des Kindes ist eine permanente Versorgung erforderlich, die entweder von den Eltern bzw. sonstigen Familienangehörigen wahrgenommen werden kann oder durch eine externe Betreuung in einer entsprechenden Einrichtung. Denkbar ist auch die Inanspruchnahme einer Tagesmutter oder eines Au-Pairs. Die vielfältigen Optionen vermitteln den Eindruck, dass den Eltern eine echte Wahlmöglichkeit zwischen den einzelnen Alternativen zukommt. Voraussetzung hierfür ist aber, dass flächendeckende, zeitlich flexible Kinderbetreuungsmöglichkeiten vorhanden sind, um, abgestimmt auf die eigene Familiensituation, die passenden Angebote in Anspruch nehmen zu können. Jedoch ist die Situation der externen Betreuung von Kindern in Deutschland regional so stark differierend, das nicht von einer echten Wahlmöglichkeit ausgegangen werden kann. Während in Ostdeutschland die Betreuungsquote, vor allem bei Kindern unter drei Jahren vergleichsweise hoch ist, zeigt sich nahezu das Gegenteil in einigen Gebieten in Westdeutschland.[179] Somit ist es häufig vom Wohnort der Eltern abhängig, ob sie ihr Kind selber betreuen bzw. die höheren Kosten, z.B. für eine Tagesmutter finanzieren müssen oder sich ihnen die Möglichkeit bietet, auf das Angebot einer öffentlichen Einrichtung zurückzugreifen, deren Inanspruchnahme auf Grund der größeren Betreuungsrelation zwischen Erziehern und Kindern idR. weniger kostenintensiv ist.[180]

Daneben tragen die sich wandelnden Familienverhältnisse auf Grund steigender Mobilitätserfordernisse dazu bei, dass häufig die Großeltern oder sonstige Verwandte nicht in der Nähe der Eltern wohnen, demzufolge ist die Betreuung durch diese Personen oftmals ausgeschlossen. Daher muss die Versorgung des Kindes nicht nur in zeitlicher, sondern auch in finanzieller

179 Vgl. Süddeutsche Zeitung vom 06.07.2011, S. 5, „Halbe Kraft für ganze Tage[,] Kita-Studie belegt: West-Länder tun zu wenig für die Betreuung von Kleinkindern“. Demnach seien in Sachsen Ganztags-Plätze für Kinder zur Regel geworden, wohingegen in Baden-Württemberg noch immer der klassische Halbtags-Kindergarten dominiere. Allerdings dürfe der Begriff des Ganztags-Kindergartens nicht dahingehend verstanden werden, dass die Betreuung die vollständige Dauer des Arbeitstages der Erwachsenen umfasse, idR. liege die tägliche Betreuungszeit der Kinder bei etwa sieben Stunden.

180 *Krone/Stöbe-Blossey*, FPR 2010, 137 (139), besonders Alleinerziehende seien auf die öffentlichen Betreuungsangebote angewiesen, vor allem auch zu atypischen Zeiten, da ihnen idR. die finanziellen Möglichkeiten zur individuellen Kinderbetreuung fehlen und häufig auch kein entsprechendes soziales Netzwerk vorhanden ist, um eventuelle Betreuungsengpässe zu überbrücken.

Hinsicht sichergestellt werden. An dieser Stelle setzte ursprünglich das Bundeserziehungsgeld[181] an, welches schließlich durch das Elterngeld[182] abgelöst wurde. Dieses regelt, dass die Eltern für die während der Betreuungsphase des Kindes entstehenden finanziellen Einbußen zumindest bis zu einem gewissen Grad einen Ausgleich erhalten, um damit die Vereinbarkeit von Familie und Beruf zu erleichtern.[183]

Obwohl gerade durch die Einführung des Elterngeldes der Verdienstausfall des Elternteils, der sich der Betreuung des Kindes widmet, zumindest teilweise kompensiert werden soll, verursacht die Vielfalt der Regelungen nicht selten Ratlosigkeit bei den betroffenen Arbeitnehmern bzw. Arbeitgebern hinsichtlich der konkreten Ausgestaltung sowie einzuhaltender Fristen oder Schutzmaßnahmen.[184]

b) Elternurlaubsrichtlinie

Eine wesentliche Regelung hinsichtlich der Vereinbarkeit von Familie und Beruf stellt das Gesetz zum Elterngeld und zur Elternzeit (BEEG) dar. In diesem Kontext sind die europarechtlichen Vorgaben, hier konkret die Richtlinie 2010/18/EG zur Durchführung der Rahmenvereinbarung über den Elternurlaub (im Folgenden Elternurlaubsrichtlinie)[185] zu berücksichtigen. Diese war bis zum 08.03.2012 umzusetzen, entsprechende Bestimmungen liegen bisher nicht vor.[186] Durch die

---

181 BGBl. I 1985, S. 2154; Gesetz zum Erziehungsgeld und zur Elternzeit (Bundeserziehungsgeldgesetz – BErzGG) vom 06.12.1985.

182 BGBl. I 2006, S. 2748; Gesetz zum Elterngeld und zur Elternzeit (Bundeselterngeld- und Elternzeitgesetz – BEEG) vom 05.12.2006. Im Folgenden wird ausführlich auf die angesprochenen Regelungen eingegangen.

183 Jeweils „67 % des in den zwölf Kalendermonaten vor dem Monat der Geburt des Kindes durchschnittlich erzielten monatlichen Einkommens aus Erwerbstätigkeit bis zu einem Höchstbetrag von 1800 € monatlich" (§ 2 Abs. 1 S. 1. BEEG) wird als Elterngeld gezahlt. *Böttcher,* Der Personalrat 2010, 234 (236).

184 Ähnlich war die Situation bereits unter Geltung des Bundeserziehungsgeldgesetezs, *Sowka*, NZA 2004, 82 (83). Vgl. dazu auch *Nassibi/Wenckebach/Zeibig,* djbZ 2012, 111 (115).

185 Richtlinie 2010/18/EU des Rates vom 08. März 2010 zur Durchführung der von BUSINESSEUROPE, UEAPME, CEEP und EGB geschlossenen überarbeiteten Rahmenvereinbarung über den Elternurlaub und zur Aufhebung der Richtlinie 96/34/EG, ABl. L 68 vom 18.03.2010, S. 13. Vgl. dazu *Thüsing/Steibert*, ZESAR 2012, 231.

186 Vgl. Stellungnahme des Deutschen Juristinnenbundes e.V. zum Entwurf eines Gesetzes zur Erweiterung der Großelternzeit und zur Modernisierung der Elternzeit (Referentenentwurf vom 06.09.2012), S. 2.

Richtlinie 2010/18/EG wurde die vorherige Richtlinie 96/34/EG[187] zum Elternurlaub aufgehoben.

Wesentlich in diesem Zusammenhang ist der in den §§ 5, 6 der Rahmenvereinbarung der europäischen Sozialpartner geregelte Bereich der Rückkehr aus dem Elternurlaub. Gem. § 5 Nr. 1 der Rahmenvereinbarung besteht das Recht des Arbeitnehmers, nach der Rückkehr aus dem Elternurlaub auf seinen früheren Arbeitsplatz zurückzukehren, bzw. falls dies nicht möglich ist, die Zuweisung einer gleichwertigen oder ähnlichen Arbeit zu verlangen. Darüber hinaus haben die Mitgliedstaaten gem. § 6 der Vereinbarung durch entsprechende Regelungen sicherzustellen, dass Arbeitnehmern bei der Rückkehr aus dem Elternurlaub die Möglichkeit eröffnet wird, ihre Arbeitszeit zu ändern oder entsprechende Arbeitszeitarrangements für eine bestimmte Dauer zu beantragen. Die Arbeitgeber haben entsprechende Anträge unter Berücksichtigung der Bedürfnisse von Arbeitnehmern und Arbeitgebern zu bescheiden. Zu befürworten ist insoweit die Forderung, dass im Rahmen der Umsetzung der Richtlinie ein Anspruch auf individuell abgestimmte Arbeitszeiten im Anschluss an die Elternzeit eingeführt werden soll.[188] Mit einer entsprechenden Regelung könnte der hinsichtlich etwaiger Erwerbsunterbrechungen oder nicht gewünschter Arbeitszeitreduzierungen risikoreiche Übergang zwischen der Elternzeit und der Rückkehr ins Erwerbsleben erleichtert werden.[189] Hinsichtlich beider Bereiche zeigt sich, dass die bisher geltenden Regelungen insoweit nicht ausreichend sind, um den Anforderungen an die Ermöglichung der Vereinbarkeit von Familie und Beruf, die verfassungsrechtlich verankert ist[190], hinreichend gerecht zu werden. So gewährt § 18 BEEG grds. Kündigungsschutz im Zusammenhang mit dem Verlangen der Elternzeit, allerdings handelt es sich hierbei um eine „Beschäftigungs-, aber keine Arbeitsplatzgarantie“[191].

187 Richtlinie 96/34/EG des Rates vom 03. Juni 1996 zu der von UNICE, CEEP und EGB geschlossenen Rahmenvereinbarung über Elternurlaub, ABl. L 145 vom 19.06.1996, S. 4.

188 *Nassibi/Wenckebach/Zeibig,* djbZ 2012, 111 (113).

189 *Kothe,* Verhandlungen des 68. Deutschen Juristentages (2010), Band II/1, Thesen zum Referat, M, S. 35 (37) *Paschke,* AuR 2012, S. 11 ff; *Nassibi/Wenckebach/Zeibig,* djbZ 2012, 111 (113).

190 BVerfG v. 28.05.1993 – 2 BvF 2/90, 2 BvF 4/92, 2 BvF 5/92, BVerfGE 88, 203 (260) = NJW 1993, 1751 (1755); Stellungnahme des Deutschen Juristinnenbundes e.V. zum Entwurf eines Gesetzes zur Erweiterung der Großelternzeit und zur Modernisierung der Elternzeit (Referentenentwurf vom 06.09.2012), S. 2.

191 Stellungnahme des Deutschen Juristinnenbundes e.V. zum Entwurf eines Gesetzes zur Erweiterung der Großelternzeit und zur Modernisierung der Elternzeit (Referentenentwurf vom 06.09.2012), S. 2.

Flexible Arbeitszeitarrangements sind in § 8 Abs. 4 TzBfG dahingehend vorgesehen, dass der Arbeitgeber die Wünsche der Arbeitnehmer hinsichtlich der Verteilung der Arbeitszeit nur bei entgegenstehenden betrieblichen Gründen ablehnen kann. Eine entsprechende Regelung enthält § 15 BEEG nicht.[192]

c) Genese

Das Bundeserziehungsgeld wurde im Jahr 1986 eingeführt und sah vor, dass sich ein Elternteil in der ersten Lebensphase des Kindes ausschließlich der Betreuung widmen sollte.[193] Formal stellte der Gesetzesentwurf auf die Einräumung von mehr Wahlmöglichkeiten für Mütter und Väter ab, in dem das Bundeserziehungsgeld beiden Elternteilen gewährt werden konnte, anders als das Mutterschaftsurlaubsgeld, das bis dahin nur eine entgeltliche Leistung an die Mütter vorsah.[194] Anspruchsberechtigt im Rahmen des Bundeserziehungsgeldes waren demnach sowohl Mütter als auch Väter, wenn sie sich überwiegend der Kinderbetreuung widmeten (§ 1 BErzGG), eine Teilzeittätigkeit war nebenbei nur in geringem Umfang gestattet (§ 2 BErzGG). Die Höhe des Bundeserziehungsgeldes betrug bis zu 600 DM (§ 5 Abs. 1 BErzGG) bzw. 300 € und wurde ab dem 7. Lebensmonat des Kindes nur noch abhängig vom Familieneinkommen gezahlt und folglich gemindert, wenn dieses Einkommen eine gewisse Grenze überschritten hatte (§ 5 Abs. 2 BErzGG).[195]

Zunächst war die Gewährung des Bundeserziehungsgeldes auf zwölf Monate (§ 4 Abs. 1 BErzGG)[196] angelegt und wurde schließlich auf einen Zeitraum von 24 Monaten ausgeweitet. In der Gesetzesbegründung findet sich mehrfach der Hinweis, dass nicht nur Mütter die Betreuung des Kindes übernehmen und das Erziehungsgeld bekommen könnten, sondern dies auch den Vätern zustehe und damit ein wesentlicher Schritt hinsichtlich der Anerkennung und Förderung junger Familien unternommen worden sei[197]. Das Gegenteil vermittelt die eher beiläufige Äußerung in der Gesetzesbegründung, dass durch das Bundeserziehungsgeld der Verzicht auf

---

192 Vgl. hierzu die Ausführungen 5. Kap. A. II. 6. e).

193 BT-Drucks. 10/3792, Entwurf eines Gesetzes über die Gewährung von Erziehungsgeld und Erziehungsurlaub, S. 1.

194 BT-Drucks. 10/3792, Entwurf eines Gesetzes über die Gewährung von Erziehungsgeld und Erziehungsurlaub, S. 1.

195 *Fuchsloch* in: FS Pfarr, S. 378 (379); kritisch zu den am 01.01.2001 in Kraft getretenen Änderungen im Bundeserziehungsgeldgesetz, siehe auch *Koch/Leßmann*, AuA, 6.

196 BGBl. I 1985, S. 2154.

197 BT-Drucks. 10/3792, Entwurf eines Gesetzes über die Gewährung von Erziehungsgeld und Erziehungsurlaub, S. 13.

eine Erwerbstätigkeit ermöglicht wird, wodurch „die Mutter weiterhin vorrangig zu Hause bleiben [kann], um sich neben der Betreuung des Kindes gesundheitlich zu regenerieren“[198]. Die Äußerung legt den Schluss nahe, dass trotz aller Betonung der Gleichstellung von Mutter und Vater kein Aufbrechen der überkommenen Strukturen beabsichtigt wurde. Damit war bereits vom Gesetzgeber vorgesehen, dass die Betreuung des Kindes weiterhin primär in den Aufgabenbereich der Mutter fiel.

Hinsichtlich der Ausgestaltung des Bundeserziehungsgeldes merkte *Fuchsloch* kritisch an, dass dieses Modell einen „Haupternährer“, idR. den Mann, in der Familie voraussetzte.[199] Obwohl das Konzept des Erziehungsgeldes so angelegt war, dass es ein gleichwertiges Arbeitseinkommen nicht ersetzen konnte, besiegelte dies doch häufig den langjährigen Ausstieg der Frauen aus der Erwerbstätigkeit.[200] Hinzu kamen die nicht vorhandenen Betreuungsmöglichkeiten für Kinder unter drei Jahren, die daher zwangsläufig im privaten Umfeld der Familie oder durch eine Tagesmutter organisiert werden musste. Bestanden diese Optionen nicht, so blieben mehrheitlich die Frauen zur Betreuung ihrer Kinder daheim.[201] Dieser Entwicklung sollte durch die Einführung des BEEG entgegengewirkt werden.

Ein wichtiger Baustein, um die Vereinbarkeit von Familie und Beruf für die betroffenen Arbeitnehmer zu vereinfachen, war die Einführung des Elterngeldes im Jahr 2007, um die angesprochenen Schwächen des Bundeserziehungsgeldes (BErzGG)[202] zu nivellieren. Besonders kritisch zum Bundeserziehungsgeld hat sich *Pfarr* bereits 1988 geäußert, die darin eine Zementierung des tradierten Rollenverständnisses gesehen hat, da sich die Mütter ausschließlich der Kindererziehung widmeten und hierfür längere Zeit keiner Berufstätigkeit nachgingen, wohingegen Männer kaum ihre Beschäftigung für die Kindererziehung, auch nur zeitweise, aufgaben.[203]

---

198 BT-Drucks. 10/3792, Entwurf eines Gesetzes über die Gewährung von Erziehungsgeld und Erziehungsurlaub S. 13.

199 Kritisch zum Bundeserziehungsgeld, *Fuchsloch* in: FS Pfarr, S. 378 (379).

200 Das Erziehungsgeld sollte honorieren, dass der betreffende Elternteil für die Betreuung des Kindes auf seine eigene Erwerbstätigkeit verzichtet, Hk-MuSchG/BEEG/*Lenz*, Vor § 1 BEEG, Rn. 1; *Fuchsloch/Scheiwe,* Leitfaden Elterngeld, Rn. 48.

201 *Fuchsloch* in: FS Pfarr, S. 378 (379); kritisch zu den Neuregelungen auch *Sowka,* NZA 2004, 82.

202 BGBl. I 1985, S. 2154. Zur ersten Änderung des Bundeselterngeld- und Elternzeitgesetzes (BGBl. I 2009, S. 61) siehe auch *Düwell*, NZA 2009, 759; eine erste Bilanz zum Elterngeld zieht *Dau*, SGb 2009, 261.

203 *Pfarr* in: Grottian/Krotz/Lütke/Pfarr, Die Wohlfahrtswende, S. 51 (63); BT-Drucks. 16/2454, Entwurf eines Gesetzes zur Einführung des Elterngeldes v. 25.08.2006, S. 1.

d) Elterngeld

aa) Zielsetzung

Das Elterngeld ist zum 01. Januar 2007 in Kraft getreten[204] und hat das bis dahin geltende Erziehungsgeld[205] ersetzt. Wesentlicher Grund für dessen Abschaffung war die von der Bundesregierung erkannte Notwendigkeit einer Neuausrichtung der Familienpolitik, insbesondere die familiengerechte Leistungsgewährung sowie die „passgenaue und nachhaltige Absicherung von Eltern und Kindern in der Frühphase der Familie“[206]. Vor allem die regelmäßig gelobte Wahlfreiheit der Eltern[207] zwischen der eigenen Betreuung des Kindes bzw. einer Fremdbetreuung bestand faktisch vielerorts auf Grund einer fehlenden Betreuungsinfrastruktur nicht. Ebenso waren die erkannten Nachteile des Bundeserziehungsgeldes Anlass, um über die Neuausrichtung der finanziellen Unterstützung der Familien nachzudenken, die regelmäßig in der Phase der Familiengründung über wenig Geld verfügen, obwohl hierdurch ein deutlicher Mehrbedarf verursacht wird.[208] Daneben hat der Gesetzgeber auch die bisher relativ unstetig verlaufenden Erwerbsbiographien von Müttern in den Blick genommen, die durch die Geburt der Kinder häufig ihre Beschäftigung aufgaben und damit nicht nur gegenwärtig finanzielle Einbußen hinnehmen mussten, sondern auch bedeutende Lücken in der sozialen Absicherung im Alter zu verzeichnen hatten.[209] Um diesen Nachteilen entgegenzuwirken, wurde das als Sozialleistung ausgestaltete Erziehungsgeld durch das Elterngeld vor dem Hintergrund ersetzt, dass dieses Geld keine „Mindestsicherung einkommensschwacher Familien“ darstellt, sondern das durch die Kinderbetreuung eines Elternteils wegfallende Einkommen zumindest teilweise ersetzen soll.[210] Lediglich

---

204 BGBl. I 2006, S. 2748, Gesetz zum Elterngeld und zur Elternzeit (Bundeselterngeld- und Elternzeitgesetz – BEEG) vom 05.12.2006.

205 BGBl. I 1985, S. 2154; Gesetz zum Erziehungsgeld und zur Elternzeit (Bundeserziehungsgeldgesetz – BErzGG) vom 06.12.1985.

206 BT-Drucks. 16/1889, Entwurf eines Gesetzes zur Einführung des Elterngeldes v. 20.06.2006, S. 1.

207 BT-Drucks. 16/1889, Entwurf eines Gesetzes zur Einführung des Elterngeldes v. 20.06.2006, S. 1.

208 BT-Drucks. 16/1889, Entwurf eines Gesetzes zur Einführung des Elterngeldes v. 20.06.2006, S. 1.

209 BT-Drucks. 16/1889, Entwurf eines Gesetzes zur Einführung des Elterngeldes v. 20.06.2006, S. 1. Vgl. dazu auch *Böttcher*, Der Personalrat 2010, 234.

210 *Fuchsloch* in: FS Pfarr, S. 378 (387), der Lebensunterhalt werde durch die Grundsicherungsleistungen für Kinder, den Kindergeldzuschlag sowie das Kindergeld gesichert.

das Mindestelterngeld iHv. 300 € (§ 2 Abs. 5 S. 1 BEEG) stellt eine Sozialleistung mit der Intention der Familienförderung dar.[211]

Hinsichtlich einer Evaluierung bleibt zu konstatieren, dass das Gesetz zum Elterngeld und zur Elternzeit[212] als Nachfolgeregelung des Bundeserziehungsgeldgesetzes noch relativ jung und daher kaum wissenschaftlich fundiert bzgl. der gebrachten Fortschritte zu bewerten ist.[213] Interpretationen des Statistischen Bundesamtes und des Bundesfamilienministeriums eröffnen einen erheblichen Deutungsspielraum in Bezug auf den durch das Gesetz erzielten Fortschritt.[214] Primäres Ziel war die Verbesserung der Möglichkeiten zur Vereinbarung von Familie und Beruf, ob dies tatsächlich erreicht wurde, lässt sich bisher auf Grund der variierenden Meldungen noch nicht sicher belegen.[215]

bb) Ausgestaltung

Das Elterngeld[216] stellt eine Einkommensersatzleistung iHv. „67 Prozent des in den zwölf Kalendermonaten vor dem Monat der Geburt des Kindes durchschnittlich erzielten monatlichen Einkommens aus Erwerbstätigkeit bis zu einem Höchstbetrag von maximal 1800 €" (§ 2 Abs. 1 S. 1 BEEG) dar. Falls vor der Geburt des Kindes keiner Erwerbstätigkeit nachgegangen wurde, wird ein Mindestbetrag von 300 € gewährt, § 2 Abs. 5 S. 1 BEEG. Weitere Regelungen finden sich zur Erhöhung des Elterngeldes, wenn eine anspruchsberechtigte Person mit mehreren Kindern

---

211 *Fuchsloch* in: FS Pfarr, S. 378 (382).

212 BGBl. I 2006, S. 2748.

213 So auch *Düwell* in: jurisPK-Vereinbarkeit von Familie und Beruf, Kapitel 1 Rn. 3. Eine erste Bilanz nach zwei Jahren Elterngeld hat *Dau*, SGb 2009, 261 (265 f.) gezogen und kommt zu einem insgesamt positiven Fazit, mahnt aber den noch notwendigen Reformbedarf in einigen Bereichen an.

214 http://www.spiegel.de/wirtschaft/0,1518,623066,00.html (21.12.2013), demnach ist die Zahl der Geburten durch das Elterngeld im Jahr 2008 nicht gestiegen, aber die Frauen, die sich für Kinder entscheiden, bekommen häufiger nicht nur ein Kind, sondern mehrere. Das Ministerium für Familie, Senioren, Frauen und Jugend sieht in der Einführung des Elterngeldes einen Erfolg, vgl. Pressemitteilung des Bundesministeriums für Familie, Senioren, Frauen und Jugend vom 10.06.2010.

215 Vgl. zur unterschiedlichen Berichterstattung auch Süddeutsche Zeitung vom 07.09.2011, S. 6, „Aufgeschoben, nicht aufgehoben[,] Frauen in Deutschland bekommen wieder mehr Kinder, doch die amtliche Geburtenrate verkennt diesen Trend".

216 *Becker* in: FS Buchner, S. 67 ff. Das Elterngeld unter verfassungsrechtlichen Gesichtspunkten, vgl. *Jung*, WzS 2012, 38; *Seiler*, NVwZ 2007, 129. Eine kritische Analyse der Auswirkungen des Elterngeldes fünf Jahre nach dessen Einführung nehmen *Schutter/Zerle-Elsäßer,* WSI-Mitteilungen 2012, 216 vor.

zusammenlebt (§ 2 Abs. 4 BEEG) bzw. bei Mehrlingsgeburten (§ 2 Abs. 6 BEEG). Dargelegt wurde, dass das Elterngeld nicht als Sozialleistung ausgestaltet ist, sondern als steuerfinanzierter Einkommensersatz und damit nicht den Lebensunterhalt der Familie sichern soll.[217] In diesem Kontext ist wohl auch die Tatsache zu sehen, dass der Gesetzgeber zum 01.01.2011 die Regelung aufgehoben hat, nach der auch Arbeitslosengeld-II-Beziehern Elterngeld gewährt wurde, § 10 Abs. 5 S. 1 BEEG.[218]

Wesentlich für den Bezug des Elterngeldes ist ein Zeitraum von 14 Monaten, dieser beginnt ab der Geburt des Kindes (§ 4 Abs. 1 S. 1 BEEG). Zu berücksichtigen ist, dass ein Elternteil nur für maximal zwölf Monate Elterngeld beziehen kann (§ 4 Abs. 2 S. 2 BEEG), somit müssen beide Elternteile jeweils mindestens für zwei Monate ihre Erwerbstätigkeit unterbrechen, damit der Bezug des Elterngeldes für den gesamten Zeitraum möglich ist (§ 4 Abs. 2 S. 3 BEEG). Diese als sog. Partnermonate[219] bezeichnete Zeitspanne wurde zügig als Vätermonate[220] tituliert, was wiederum die Gesamtproblematik des Gesetzes widerspiegelt. Bezeichnend erscheint auch, dass der Gesetzgeber im Jahr 2007 für die Partnermonate wesentlich mehr Elterngeld als erwartet ausgezahlt hat, da die Inanspruchnahme offensichtlich deutlich unterschätzt wurde.[221]

cc) Bewertung des Gesetzes

Einige Jahre nach Einführung des Gesetzes lässt sich feststellen, dass der Anteil der Väter, die sich an der Betreuung des Kindes beteiligen, stetig zunimmt, aber

---

217 *Fuchsloch* in: FS Pfarr, S. 378 (387); *Glock/Wollschläger*, AuA 2007, 296 (298) sehen als wesentliche Probleme des Elterngeldes, dass zum einen Erwerbslose bzw. Geringverdiener durch die Neuregelung benachteiligt würden und zum anderen die Schwierigkeiten hinsichtlich der Rückkehr auf den ursprünglichen Arbeitsplatz bzw. die daran anknüpfende Betreuungsproblematik noch nicht gelöst seien.

218 Zur Verfassungsmäßigkeit dieser Regelung SG Marburg v. 12.08.2011 – S 8 AS 169/11 (juris); SG Landshut v. 07.12.2011 – S 10 AS 484/11 (juris), zustimmend *Gerlinger* et al., ZSR 2012, 3 (13); differenzierend: *Dau*, jurisPR-SozR 2/2012 Anm. 2; *Lenze* geht davon aus, dass die Streichung des Elterngeldes für die betroffenen Personengruppen eine verfassungswidrige Benachteiligung darstelle, siehe *Lenze,* info also 2011, 3 (7).

219 BT-Drucks. 16/1889, Entwurf eines Gesetzes zur Einführung des Elterngeldes v. 20.06.2006, S. 2.

220 *Brosius-Gersdorf,* VSSR 2008, 299 (302); *Düwell,* NZA 2009, 759 (761); *Scheiwe/ Fuchsloch,* ZRP 2006, 37 (39); *Terpitz-Müller*, JZ 2006, 991.

221 *Ehlert,* Dossier, Elterngeld als Teil nachhaltiger Familienpolitik, S. 13; iwd 11/08, S. 7; *Kittner*, Arbeits- und Sozialordnung, Einleitung zum Bundeselterngeld- und Elternzeitgesetz, S. 739.

idR. die familienbedingte Auszeit nur auf die zwei Partnermonate beschränkt ist, um den Anspruch auf das Elterngeld für den gesamten Zeitraum von 14 Monaten geltend machen zu können (§§ 4 Abs. 2 S. 2, Abs. 3 S. 1 BEEG).[222] Allerdings ist auch bereits angeklungen, dass eine fundierte wissenschaftliche Auswertung des BEEG auf Grund der geringen Zeitspanne seit der Schaffung des Gesetzes kaum möglich erscheint, nichtsdestotrotz nimmt doch die vom Bundesministerium für Familien, Senioren, Frauen und Jugend in Auftrag gegebene Evaluation eine erste Einschätzung vor.[223] Demnach sei das Elterngeld ein wesentlicher Faktor, um das Familieneinkommen nach der Geburt eines Kindes auf einem annähernd gleichen Niveau im Vergleich zum Zeitraum vor der Geburt zu halten, darüber hinaus erfahre das Elterngeld in der Gesellschaft und den Unternehmen gleichermaßen eine breite Akzeptanz und fördere damit die partnerschaftliche Betreuung der Kinder sowie eine stärkere Erwerbsbeteiligung der Mütter.[224]

Ob die Auswirkungen tatsächlich so positiv sind, lässt sich anhand der bisherigen Entwicklungen bezweifeln. Problematisch erscheint, dass die Studie 2008 angefertigt wurde und daher nur ein Zeitraum von knapp zwei Jahren zur Bewertung des Gesetzes berücksichtigt werden konnte. Darüber hinaus wurde bereits verdeutlicht, dass die Zahl der Geburten seit der Einführung des Elterngeldes nicht wesentlich gestiegen ist, wobei eine Orientierung allein an diesem Wert nicht besonders aussagekräftig erscheint, erforderlich ist die Betrachtung der Anzahl der gebärfähigen Frauen in Relation zur Zahl der Geburten; berücksichtigt man diese Annahme, so hat sich die Geburtenzahl in Deutschland seit Einführung des Elterngeldes tatsächlich erhöht.[225]

Allerdings ist damit noch nicht das Problem der Betreuung des Nachwuchses geregelt. Zahlen des Statistischen Bundesamtes belegen, dass im Jahr 2010 25,3 % der

---

222 Statistisches Bundesamt, Im Blickpunkt: Jugend und Familien in Europa, 2009, S. 43.

223 BT-Drucks. 16/10770, Bericht über die Auswirkungen des Bundeselterngeld- und Elternzeitgesetzes sowie über die gegebenenfalls notwendige Weiterentwicklung v. 30.10.2008, S. 29. Die Evaluation beruht auf § 25 BEEG, der vorsieht, dass die Bundesregierung dem Deutschen Bundestag einen Bericht über die Auswirkungen dieses Gesetzes, sowie über die gegebenenfalls notwendige Weiterentwicklung, vorlegt.

224 BT-Drucks. 16/10770, Bericht über die Auswirkungen des Bundeselterngeld- und Elternzeitgesetzes, sowie über die gegebenenfalls notwendige Weiterentwicklung v. 30.10.2008, S. 29. Besonders herausgestellt wird, dass nahezu 100 % der anspruchsberechtigten Eltern dieses auch ausgezahlt bekommen, beim Erziehungsgeld waren es nur 77 % (a.a.O. S. 13).

225 Süddeutsche Zeitung v. 07.09.2011, S. 6, „Aufgeschoben, nicht aufgehoben[,] Frauen in Deutschland bekommen wieder mehr Kinder, doch die amtliche Geburtenrate verkennt diesen Trend".

Väter Elterngeld bezogen haben, was einen neuen Höchststand darstellte, allerdings bezogen immer noch drei von vier Vätern (76 %) das Elterngeld für maximal zwei Monate; der durchschnittliche Anspruch lag bei 964 €.[226] Im Jahr 2008 lag die Elterngeldquote der Väter bei 21 %.[227] Demzufolge begnügen sich die meisten Väter zur vollen Anspruchssicherung damit, ihre Erwerbstätigkeit für zwei Monate zu unterbrechen, während für die übrigen zwölf Monate die Mutter die Betreuung sicherstellt.

Die Ursachen für diese Entwicklung scheinen vielfältig, zu denken ist hier an tradierte Rollenbilder, Bedenken der Unternehmen, praktische Schwierigkeiten beim Ausstieg aus der Beschäftigung, Ansehensverlust in der Öffentlichkeit. Bei näherer Betrachtung lassen sich diese unterschiedlichen Gründe auf den Kernpunkt des überkommenen Rollenverständnisses reduzieren. Obwohl die vom Bundesfamilienministerium in Auftrag gegebene Studie ein anderes Verständnis suggeriert, so erscheint der – zeitlich befristete – Ausstieg eines Mannes aus der Beschäftigung zur Betreuung seines Kindes immer noch nicht in der gesellschaftlichen und unternehmerischen Wirklichkeit angekommen zu sein.[228] Es ist davon auszugehen, dass Männer durch einen zu langen „Ausflug ans Kinderbett"[229] Nachteile befürchten und daher, wenn sie die Auszeit überhaupt in Anspruch nehmen, eben nur für diesen kurzen Zeitraum. Für die Frauen hat das zur Folge, dass ihnen weiterhin die tragende Rolle bei der Kinderziehung zukommt und die Auflösung der alten Rollenmuster auf diesem Weg kaum zu erreichen ist.[230]

dd) Reformbedarf

Aus dem Vorgenannten lässt sich erkennen, dass das Elterngeld zwar ein richtiger und auch wichtiger Schritt auf dem Weg zur besseren Vereinbarkeit von Familie und Beruf darstellt, sich aber trotzdem einige Bereiche finden lassen, die einer gesetzgeberischen Nachbesserung bedürfen. Neben einigen steuerrechtlichen Unzulänglichkeiten[231], stellt sich vor allem das Problem des

---

226 Statistisches Bundesamt, Pressemitteilung vom 27.06.2012, Nr. 221/12, „Elterngeld: Erwerbstätigkeit von Frauen führt zu höherer Väterbeteiligung".

227 Bundesministerium für Familien, Senioren, Frauen und Jugend, Pressemitteilung vom 27.06.2012, Nr. 61/2012.

228 *Hohmann/Dennhardt,* AuR 2010, 52 (54). Hierzu auch *Fuchsloch* in: FS Pfarr, S. 378 (391), die das Elterngeld insgesamt positiv bewertet, jedoch auf weiteren Reformbedarf verweist.

229 *Hohmann/Dennhardt,* AuR 2010, 52 (54).

230 *Hohmann/Dennhardt,* AuR 2010, 52 (55).

231 *Dau,* SGb 2009, 261 (265 f.), der Autor hat in einer ersten Bilanz zum Elterngeld wesentliche Ungerechtigkeiten im Rahmen der derzeitigen Ausgestaltung der

„doppelten Anspruchsverbrauchs“ bei paralleler Inanspruchnahme des Elterngeldes durch beide Partner. Abgesehen von diesem eher „handwerklichen“ Fehler bei der Gestaltung des Gesetzes, bleibt zu klären, inwieweit die verfolgten Ziele erreicht wurden. Aus den geschilderten empirischen Untersuchungen lässt sich folgern, dass die Akzeptanz in der Gesellschaft, bei den Unternehmen und auch bei den Vätern selbst nicht so hoch ist, wie es sich das Bundesfamilienministerium wünscht und es für eine gendergerechte Verteilung der Personensorgeverpflichtungen erforderlich ist. Hier scheint noch einiger Nachholbedarf zu bestehen, um dem entgegen zu wirken und eine echte Gleichberechtigung hinsichtlich der Kinderbetreuung durch Mütter und Väter zu erreichen. Zu denken ist neben dem im Rahmen der Umsetzung der Richtlinie 2010/18/EG bestimmten Rechts auf individuelle Arbeitszeitarrangements an eine andere Verteilung des Bezugszeitraumes durch die Eltern oder an eine Ausweitung der Partnermonate.

(1) „Doppelter Anspruchsverbrauch“

(a) Allgemeines

Ein wesentlicher Kritikpunkt am BEEG ist die Regelung bei der sich beide Elternteile parallel um die Betreuung des Kindes kümmern und zusätzlich erwerbstätig sind. Hier kommt der von *Dau* kritisierte Aspekt des „doppelten Anspruchsverbrauchs“[232] zum Tragen. Dahinter verbirgt sich die Konstellation, dass Eltern nicht nacheinander über einen Zeitraum von insgesamt 14 Monaten das Elterngeld beanspruchen, in dem sich einer vollständig der Betreuung des Kindes widmet und dafür Elterngeld bezieht, sondern beide Elternteile die Beaufsichtigung des Kindes parallel übernehmen. Während die Möglichkeit der gleichzeitigen Inanspruchnahme ausdrücklich vom Gesetzgeber eröffnet wurde (§ 4 Abs. 2 S. 3 BEEG), ergibt sich in finanzieller Hinsicht die missliche Situation, dass bei gleichzeitiger Inanspruchnahme der Leistung pro Lebensmonat des Kindes jeweils zwei Monatsbeiträge des Elterngeldes unabhängig von

---

Gesetzes ausgemacht und fordert, dass einige Veränderungen im Zusammenhang mit dem geltenden Steuerrecht hinsichtlich der Werbungskosten und des Progressionsvorbehalts vorgenommen werden. Ein näheres Eingehen auf diese Problematik würde den Rahmen der Bearbeitung überschreiten, sodass der Fokus auf den Regelungen liegen soll, die von größerer Bedeutung im Rahmen der hier zu untersuchenden Fragestellung sind.

232 *Dau*, SGb 2009, 261 (266); *Dau*, SGb 2011, 198 (202); vgl. auch *Fuchsloch* in: FS Pfarr, S. 378 (389 f.).

der Einkommensersatzhöhe verbraucht werden.[233] Dies hat zur Folge, dass der Anspruch auf Elterngeld bereits nach sieben Monaten erlischt und damit beide Einkommen für diesen Zeitraum nur hälftig ausgeglichen werden.

(b) Verfassungsrechtliche Bedenken

Art. 3 Abs. 2 GG verpflichtet den Staat, die „tatsächliche Durchsetzung der Gleichberechtigung von Frauen und Männern" zu fördern und auf die Beseitigung bestehender Nachteile hinzuwirken. Im Rahmen der Beeinträchtigungen ist zwischen direkten und indirekten Ungleichbehandlungen zu differenzieren.[234] Der doppelte Anspruchsverbrauch bei gleichzeitiger Teilzeittätigkeit beider Eltern im Rahmen des Elterngeldes trifft die Eltern gleichermaßen, sodass eine direkte Ungleichbehandlung zu verneinen ist. Hingegen liegt eine indirekte Differenzierung vor, wenn bestimmte Regelungen, „die zwar geschlechtsneutral formuliert sind, im Ergebnis aber aufgrund natürlicher Unterschiede oder der gesellschaftlichen Bedingungen überwiegend Frauen betreffen"[235]. Demzufolge müsse auch die „soziale Realität"[236] und das an die Regelung anknüpfende Verhalten der betroffenen Personen in die verfassungsrechtliche Prüfung integriert werden. Es wurde hinreichend deutlich gemacht, dass in Deutschland immer noch das tradierte Rollenverständnis vorherrscht. Dem soll aber gerade entgegengewirkt werden, indem Frauen entsprechende Anreize geboten werden, ihre Beschäftigung nach der Geburt eines Kindes zeitnah wieder aufzunehmen. Die angesprochene Regelung des doppelten Anspruchsverbrauchs erschwert aber dieses Vorhaben, da bei der Betreuung des Kindes durch einen Elternteil die Ersetzung des gesamten Einkommens entsprechend des Prozentsatzes bis zu 12 Monate erfolgt.[237] Die hier

233 *Dau*, SGb 2009, 261 (266); dazu auch *Fuchsloch/Scheiwe*, Leitfaden Elterngeld, Rn. 356 ff.

234 Jarass/Pieroth-*Jarass*, GG, Art. 3 Rn. 86 f.

235 BVerfG v. 27.11.1997 – 1 BvL 12/91, BVerfGE 97, 35 (43) = AP Nr. 2 zu § 3 RuhegeldG Hamburg; BVerfG v. 05.04.2005 – 1 BvR 774/02, BVerfGE 113, 1 (15) = NJW 2005, 2443; BVerfG v. 30.01.2002 – 1 BvL 23/96, BVerfGE 104, 373 (393) = NJW 2002, 1256 (1259). *Fuchsloch/Scheiwe,* Leitfaden Elterngeld, Rn. 371, faktische Diskriminierungen eines Geschlechts sind zu vermeiden.

236 *Fuchsloch/Scheiwe,* Leitfaden Elterngeld, Rn. 373.

237 *Dau*, SGb 2009, 261 (266). In § 6 S. 2 BEEG ist vorgesehen, dass das Elterngeld auch in jeweils zwei halben Monatsbeträgen ausgezahlt werden kann, dies hat eine Verdopplung des Auszahlungszeitraums zur Folge. Jedoch ist hier nicht die Konstellation geregelt, dass die Eltern parallel jeweils nur einen halben Monatsbetrag erhalten, BT-Drucks. 16/10770, S. 7.

dargestellte Regelung verbietet es den Eltern aber häufig aus wirtschaftlichen Gesichtspunkten, zumindest für einen Teil des Zeitraumes auch gemeinsam die Betreuung des Kindes sicherzustellen.[238] Insbesondere wird dadurch verhindert, dass sich dem Vater die Perspektive eröffnet über einen längeren Zeitraum als zwei Monate aktiv an der Erziehung des Kindes mitzuwirken.[239] Als Konsequenz fällt die Aufgabe der Betreuung für die restlichen zwölf Monate regelmäßig wieder der Mutter zu, während das Modell der beiderseitigen Teilzeitbeschäftigung von Vater und Mutter dieser die Option bieten würde, bereits zeitnah im Anschluss an die Geburt, frühestens aber nach Ablauf der gesetzlichen Mutterschutzfrist von idR. 8 Wochen (§ 6 Abs. 1 S. 1 MuSchG), in den Beruf zurückzukehren und damit den Kontakt zum beruflichen Umfeld zu halten und sich trotzdem der Betreuung und Erziehung des Kindes widmen zu können.

Hinzu kommt ein unzulässiger Eingriff in das Erziehungsrecht der Eltern gem. Art. 6 Abs. 2 GG. Ohne gewichtige Rechtfertigungsgründe darf der Staat im Rahmen der Leistungsgewährung keine Differenzierungen vornehmen.[240] Eine solche unzulässige Ungleichbehandlung liegt aber vor, wenn je nach Aufteilung der elterlichen Inanspruchnahme das Elterngeld für sieben oder für 14 Monate ausgezahlt wird. Rechtfertigungsgründe für diese Differenzierung sind nicht ersichtlich, sodass dies einen unzulässigen Eingriff in das Erziehungsrecht der Eltern darstellt.

Nachdem diese Regelung bereits im Gesetzgebungsverfahren kritisiert worden ist[241], hat bisher noch keine entsprechende neue Bestimmung Eingang in den Gesetzeswortlaut gefunden. Das Problem hat sowohl der Koalitionsvertrag zwischen

---

238 Zustimmend *Fuchsloch* in: FS Pfarr, S. 378 (390).

239 Die negativen Folgen dieser Regelung belegen auch die jüngsten Zahlen des Statistischen Bundesamtes zum Elterngeld, demnach haben Familien, in denen Elterngeld von beiden Elternteilen bezogen wurde, dieses in 65 % der Fälle für einen kurzen Zeitraum von zwei Monaten parallel bezogen, bei ca. 34 % hat sich der Bezugszeitraum nicht überschnitten und nur ein verschwindend geringer Prozentsatz bezog das Elterngeld über den gesamten Anspruchszeitraum parallel, Statistisches Bundesamt, Pressemitteilung vom 27.06.2012, Nr. 221/12, „Elterngeld: Erwerbstätigkeit von Frauen führt zu höherer Väterbeteiligung“.

240 BVerfG v. 05.04.2005 – 1 BvR 774/02, BVerfGE 113, 1 = NJW 2005, 2443; *Fuchsloch/Scheiwe,* Leitfaden Elterngeld, Rn. 376.

241 Unter anderem hat der Deutsche Juristinnenbund im Gesetzgebungsverfahren Kritik geäußert und eine Alternative vorgelegt, die aber keine Berücksichtigung fand, vgl. Beschlussempfehlung und Bericht des Ausschusses für Familie, Senioren, Frauen und Jugend, Elterngeld sozial gestalten v. 27.09.2006, S. 34; dazu auch *Fuchsloch/Scheiwe,* Leitfaden Elterngeld, Rn. 376, Fn. 38.

der CDU, CSU und FDP[242] der 17. Legislaturperiode, als auch die Koalition der 18. Legislaturperiode[243] aufgegriffen, demnach war und ist die Stärkung der Partnermonate sowie die Einführung eines Teilelterngeldes von bis zu 28 Monaten geplant. Hierbei wird die erläuterte Problematik des doppelten Anspruchsverbrauchs ins Blickfeld gerückt, sodass durch die parallele Inanspruchnahme der Elternzeit kein doppelter Anspruchsverbrauch herbeigeführt wird.[244]

(c) Zwischenergebnis

Die Problematik greifen auch die Kleinen Anfragen von Abgeordneten und der Fraktion BÜNDNIS90/DIE GRÜNEN vom 15.12.2010 zu den Plänen der Bundesregierung in der Kinder- und Familienpolitik[245] und vom 28.07.2011 zur Umsetzung des Koalitionsvertrages zwischen CDU, CSU und FDP im Bereich Kinder und Familie, auf[246]. Während sich die erstgenannte Kleine Anfrage eher allgemein mit dem Thema befasst und nach den „strukturell neuen Instrumente[n] […] [, die] die Bundesregierung für eine verbesserte Vereinbarkeit von Familie und Beruf bzw. für die Entstehung familienfreundlicher Arbeitsplätze" plant[247], fragt, geht die zweite Kleine Anfrage wesentlich tiefer ins Detail und befasst sich auch mit dem Problem des doppelten Anspruchsverbrauchs und welche Maßnahmen die Bundesregierung bereits ergriffen hat bzw. wann geplante Maßnahmen umgesetzt werden.[248] Der ehemalige parlamentarische Staatssekretär des Bundesministeriums für Familien, Frauen, Senioren und Jugend, *Josef Hecken,* hat in seiner Antwort vom 11.08.2011 auf die zweite Anfrage darauf hingewiesen, dass die Lösung dieses Problems weiterhin auf der Agenda während dieser Legislaturperiode stehe, allerdings unter dem Vorbehalt

242 Koalitionsvertrag zwischen CDU, CSU und FDP, Wachstum, Bildung, Zusammenhalt, 17. Legislaturperiode, S. 69.

243 Koalitionsvertrag zwischen CDU, CSU und SPD, Deutschlands Zukunft gestalten, 18. Legislaturperiode, S. 98.

244 Koalitionsvertrag zwischen CDU, CSU und FDP, Wachstum, Bildung, Zusammenhalt, 17. Legislaturperiode, S. 69; Koalitionsvertrag zwischen CDU, CSU und SPD, Deutschlands Zukunft gestalten, 18. Legislaturperiode, S. 98.

245 BT-Drucks. 17/4264, S. 1.

246 BT-Drucks. 17/6306, S. 1.

247 BT-Drucks. 17/4264, Pläne der Bundesregierung in der Kinder- und Familienpolitik v. 15.12.2010, S. 3.

248 BT-Drucks. 17/6306, Umsetzung des Koalitionsvertrages zwischen CDU, CSU und FDP im Bereich Kinder und Familie, S. 3.

der Finanzierbarkeit.[249] Diese recht knappe Antwort unter Verweisung auf den Finanzierungsvorbehalt macht die Kernproblematik besonders deutlich, dass die Abschaffung des doppelten Anspruchsverbrauchs mit zusätzlichen finanziellen Ausgaben verbunden ist, die im Rahmen der derzeitigen haushaltspolitischen Finanzlage nicht in Frage kommen. Unter diesem Aspekt ist es wohl auch zu sehen, dass Bundesfamilienministerin a.D. *Schröder* (zunächst) auf die Ausweitung der Partnermonate verzichtet hat.[250] In diesem Kontext wird im Folgenden noch darauf einzugehen sein, ob anstatt der Ausweitung nicht auch eine Neuverteilung zwischen den Elternteilen in Betracht käme, die mit geringeren zusätzlichen Kosten verbunden wäre.

Hinsichtlich der misslichen Situation des doppelten Anspruchsverbrauchs bleibt zu konstatieren, dass eine Angleichung bei paralleler Inanspruchnahme des Elterngeldes an die bereits im Gesetz vorgesehene Situation stattfinden muss, sodass nur ein Elterngeldmonat zur Anrechnung kommt, obwohl beide Elternteile neben einer Teilzeitbeschäftigung hälftig Elterngeld beziehen. Geleugnet werden kann nicht, dass sich hierdurch ein vermehrter Verwaltungsaufwand für die Anspruchsberechnung ergeben würde, der aber durch die derzeitige ungerechte und falsche Anreize setzende Ausgestaltung hinzunehmen ist.

(2) Verteilung der Partnermonate

Neben einer Neuregelung zur Vermeidung der angesprochenen Probleme bei gleichzeitiger Teilzeitbeschäftigung beider Elternteile, erscheint auch die Umstrukturierung der Partnermonate vor dem Hintergrund der weiteren Förderung der Vereinbarkeit von Familie und Beruf sowie der Ermöglichung der vollständigen beruflichen Partizipation von Müttern denkbar. Hinsichtlich der von der Bundesministerin für Familie, Senioren, Frauen und Jugend a. D. *Schröder* angedachten Stärkung bzw. Ausweitung der Partnermonate, hat sie dieses Vorhaben, auf Grund

249 BT-Drucks. 17/6792, Umsetzung des Koalitionsvertrags zwischen CDU, CSU und FDP im Bereich Kinder und Familie v. 15.08.2011, S. 16.

250 Süddeutsche Zeitung v. 11.04.11, S. 5, „Arbeit statt Babypause[,] Ausbau des Elterngeldes scheitert an der Finanzierung". Demnach sei „eine Weiterentwicklung des Elterngeldes im Moment aus finanziellen Gründen nicht darstellbar". Allerdings herrsche auch in der Koalition keine Einigkeit darüber, ob im Falle der vorhandenen finanziellen Mittel die Partnermonate ausgeweitet oder eine grundsätzliche Neuverteilung der Elternzeit stattfinden soll, wie z.B. in Island, das jeweils dem Vater und der Mutter drei Monate Elterngeld gewährt, die restlichen drei Monate können die Eltern individuell verteilen.

nicht vorhandener Finanzierungsmittel innerhalb der letzten Legislaturperiode zunächst auf unbestimmte Zeit verschoben.[251]

Zu klären bleibt jedoch die Frage, ob die Ausweitung der Partnermonate tatsächlich einen weiteren Fortschritt für junge Familien erzielen würde. Dies setzt eine genauere Betrachtung der Struktur voraus. Gem. § 4 Abs. 2 S. 2 BEEG haben Eltern insgesamt einen Anspruch auf zwölf Monatsbeträge. Zwei weitere Monatsbeträge werden gewährt, wenn für diesen Zeitraum eine Minderung des Einkommens aus Erwerbstätigkeit erfolgt (§ 4 Abs. 2 S. 3 BEEG), wobei ein Elternteil für mindestens zwei, aber höchstens zwölf Monate Elterngeld beziehen kann (§ 4 Abs. 3 S. 1 BEEG). Zur Inanspruchnahme des Elterngeldes für 14 Monate ist Voraussetzung, dass beide Partner wenigstens jeweils zwei Monate die Erwerbstätigkeit (teilweise) unterbrechen. Wie bereits erwähnt, spricht der Gesetzgeber von Partnermonaten[252], hingegen hat sich in der Literatur[253] und auch in der gesellschaftlichen Wahrnehmung der Begriff der Vätermonate stärker etabliert. Zurückführen lässt sich dies auf das immer noch verankerte Rollenbild, dass die Fürsorge für ein Neugeborenes der Mutter obliegt. Dieses, auch durch das Bundeserziehungsgeld geförderte Verständnis wollte der Gesetzgeber mit der Einführung des Elterngeldes zumindest teilweise aufbrechen und den Familien eine größere Wahlmöglichkeit einräumen.[254]

Kritiker haben bei der Neuregelung angemahnt, dass damit ein unzulässiger Druck auf die Familien ausgeübt werde, indem beide Eltern gezwungen sind, sich mindestens zwei Monate an der Betreuung des Kindes zu beteiligen, um den gesamten Anspruch zur Geltung zu bringen.[255] Diese Bedenken hat das

---

251 BT-Drucks. 17/6792, Umsetzung des Koalitionsvertrags zwischen CDU, CSU und FDP im Bereich Kinder und Familie v. 15.08.2011, S. 16.

252 Vgl. 5. Kap. A. II. 6. d) bb); BT-Drucks. 16/1889, Entwurf eines Gesetzes zur Einführung des Elterngeldes v. 20.06.2006, S. 2; BT-Drucks. 16/13449, Entwurf eines Gesetzes zur Änderung des Gesetzes zum Elterngeld und zur Elternzeit v. 17.06.2009, S. 4; BT-Drucks. 17/485, Achtzehnter Bericht nach § 35 des Bundesausbildungsförderungsgesetzes zur Überprüfung der Bedarfssätze, Freibeträge sowie Vomhundertsätze und Höchstbeträge nach § 21 Abs. 2 v. 19.01.2010, S. 6.

253 *Brosius-Gersdorf*, VSSR 2008, 299 zur Verfassungsmäßigkeit der Vätermonate und der Neutralitätspflicht des Staates im Hinblick auf die Familienförderung. Siehe auch *Düwell*, NZA 2009, 759 (761); *Scheiwe/Fuchsloch*, ZRP 2006, 37 (39); *Terpitz-Müller*, JZ 2006, 991.

254 BT-Drucks. 16/1889, Entwurf eines Gesetzes zur Einführung des Elterngeldes v. 20.06.2006, S. 2.

255 So die Klägerin im Verfahren vor dem Bundessozialgericht: BSG v. 26.05.2011 – B 10 EG 3/10 R, SozR 4-7837 § 4 Nr. 1 = SGb 2011, 572 (573), Leitsatz: „Es ist mit

Bundessozialgericht nicht geteilt und entschieden, dass das BEEG keinen iSv. Art. 6 Abs. 1 GG unzulässigen Zwang auf die Eltern ausübe, sondern die Regelung als Anreiz dienen solle, die familienpolitischen Ziele des Gesetzgebers zu verfolgen.[256] Die Inanspruchnahme der Partnermonate sei lediglich ein Angebot, bei dem es den Elternteilen freistehe, ob sie es annehmen oder ablehnen, ein Zwang werde hierbei nicht ausgeübt.[257] Demnach liegt es im Ermessensspielraum des Gesetzgebers, bei der Ausgestaltung der Gesetze bestimmte familienpolitische Ziele zu verfolgen, vor allem, da in Art. 6 Abs. 1 GG Ehe und Familie unter dem besonderen Schutz des Staates stehen und der Gesetzgeber gem. Art. 3 Abs. 2 S. 2 GG die tatsächliche Durchsetzung der Gleichberechtigung von Frauen und Männern zu fördern und auf die Beseitigung bestehender Nachteile hinzuwirken hat. Aus dem Zusammenspiel dieser grundgesetzlichen Vorschriften ergibt sich neben dem Schutz der Familie auch die Vereinbarkeit der Familienpflichten mit der Erwerbsarbeit, demnach sind „Mutterschaft und Kinderbetreuung als eine Leistung zu betrachten, die auch im Interesse der Gemeinschaft liegt und deren Anerkennung verlangt"[258]. Dies eröffnet dem Gesetzgeber z. B. die Möglichkeit, entstehende Nachteile aus einer Schwangerschaft zu verringern bzw. zu beseitigen, wobei die konkrete Ausgestaltung innerhalb des eingeräumten Ermessens liegt.[259] Folglich steht es dem verfassungsrechtlichen Schutz von Ehe und Familie nicht entgegen, dass das Gesetz den Anspruch auf

---

dem GG vereinbar, dass ein Elternteil allein nur dann Anspruch auf Elterngeld für mehr als zwölf Lebensmonate des Kindes haben kann, wenn der andere Elternteil aus tatsächlichen und/oder rechtlichen Gründen für eine Betreuung des Kindes nicht zur Verfügung steht".

256 BSG v. 25.06.2009 – B 10 EG 8/08 R, BSGE 103, 291 (304) = NJW 2010, 1478 (1480); *Seiler*, NVwZ 2007, 129 (132); BSG v. 26.05.2011 – B 10 EG 3/10 R, SozR 4-7837 § 4 Nr. 1 = SGb 2011, 572 (573). Auch das Bundesverfassungsgericht sieht die Regelung des § 4 Abs. 3 S. 1 BEEG durch Art. 3 Abs. 2 GG gerechtfertigt, da diese geeignet ist, die Gleichberechtigung von Männern und Frauen zu fördern, BVerfG v. 26.10.2011 – 1 BvR 2075/11, NJW 2012, 216.

257 BSG v. 26.05.2011 – B 10 EG 3/10 R, SozR 4-7837 § 4 Nr. 1 = SGb 2011, 572 (573).

258 BVerfG v. 02.04.1996 – 2 BvR 169/93, NVwZ 1997, 54 (55) = EzA Nr. 4 zu Art. 6 GG; *Buchner/Becker,* MuSchG/BEEG, Vor § 15 BEEG Rn. 13 ff.; weiterführend auch BT-Drucks. 14/3553, Bericht über die Auswirkungen der §§ 15 und 16 Bundeserziehungsgeldgesetz v. 17.06.2004.

259 BVerfG v. 25.01.1972 – 1 BvL 3/70, BVerfGE 32, 273 (277) = AP Nr. 1 zu § 9 MuschG 1968; BVerfG v. 10.02.1982 – 1 BvL 116/78, BVerfGE 60, 68 (74) = NJW 1982, 1863 (1864).

das Elterngeld für 14 Monate nur dann gewährt, wenn beide Elternteile zumindest zwei Monate ihre Erwerbstätigkeit unterbrechen.

Hinsichtlich der Dauer der Leistungsgewährung hat der Gesetzgeber den grundsätzlichen Leistungsbezug auf zwölf Monate ab der Geburt des Kindes (§ 4 Abs. 1 S. 1 BEEG) festgelegt, wobei eben als Zusatzoption zwei weitere Monate in Betracht kommen (§ 4 Abs. 2 BEEG). Ob die Festlegung auf 12 bzw. 14 Monate als geeignete Lösung anzusehen oder eine Ausweitung auf 16, 18 oder gar 24 Monate zu bevorzugen ist, lässt sich pauschal kaum beantworten. Maßgebend für den Gesetzgeber war der zu vereinbarende Dreiklang aus einer „unterstützende[n] Infrastruktur, einer familienbewussten Arbeitswelt und gezielter finanzieller Förderung"[260]. Das Elterngeld soll die Möglichkeit der Kinderbetreuung durch die eigenen Eltern bieten und einen sog. Schonraum schaffen, gleichzeitig wird durch die Orientierung der monetären Leistung an der Höhe des Einkommens der Eltern angestrebt, dass diese möglichst unabhängig von staatlichen Fürsorgeleistungen ihre Existenz sichern können.[261] Daneben steht aber auch die Erleichterung der Rückkehr in das Berufsleben besonders für Frauen, die immer noch nach dem traditionellen Verständnis den Großteil der Elterngeldmonate beanspruchen, im Mittelpunkt.[262]

Unter besonderer Beachtung dieser Prämisse ist die Ausweitung der Partnermonate auf 4 Monate bedenkenlos zu akzeptieren, da es verhindern würde, dass Frauen länger als maximal 12 Monate ihre Erwerbstätigkeit nach der Geburt eines Kindes unterbrechen. Parallel stellt sich aber das bereits angesprochene Problem der Finanzierbarkeit.[263]

Anders wäre die Situation zu beurteilen, wenn nicht die Partnermonate, sondern das Elterngeld an sich ausgeweitet werden würde. Nach bisherigen Erkenntnissen zur Inanspruchnahme des Elterngeldes[264] hätte eine solche Änderung

---

260 BT-Drucks. 16/1889, Entwurf eines Gesetzes zur Einführung des Elterngeldes v. 20.06.2006, S. 15.

261 BT-Drucks. 16/1889, Entwurf eines Gesetzes zur Einführung des Elterngeldes v. 20.06.2006, S. 15.

262 BT-Drucks. 16/1889, Entwurf eines Gesetzes zur Einführung des Elterngeldes v. 20.06.2006, S. 15; *Fuchsloch* in: FS Pfarr, S. 378 (383); ErfK/*Gallner*, § 15 BEEG Rn. 2.

263 BT-Drucks. 17/6792, Umsetzung des Koalitionsvertrags zwischen CDU, CSU und FDP im Bereich Kinder und Familie v. 15.08.2011, S. 16; Näher dazu auch *Krause* in: FS Pfarr, S. 392 (404).

264 Statistisches Bundesamt, Pressemitteilung Nr. 195 vom 19.05.2011, demnach ist die Beteiligung der Väter am Elterngeld zwar gestiegen, aber die Dauer der Inanspruchnahme von idR. zwei Monaten zur vollen Anspruchssicherung hat sich kaum verändert.

wahrscheinlich zur Konsequenz, dass überwiegend Frauen ihre Erwerbstätigkeit für einen noch längeren Zeitraum unterbrechen und ihnen damit die Rückkehr ins Berufsleben zusätzlich erschwert wird. Besonders in Berufen, in denen die Abwesenheit des Arbeitnehmers schwer zu kompensieren ist, erscheint es im Sinne beider Arbeitsvertragsparteien sinnvoll, die langfristige Unterbrechung der Erwerbstätigkeit nicht durch monetäre Einkommensersatzleistungen noch zu fördern. Hierfür spricht neben der aktuellen beruflichen Situation auch die notwendige Altersvorsorge sowie die wirtschaftliche Unabhängigkeit der betroffenen Frauen insgesamt.

ee) Zwischenergebnis

Im Rahmen der näheren Betrachtung des Elterngeldes zeigt sich, dass es einen wesentlichen und richtigen Schritt auf dem Weg zur Vereinbarkeit von Familie und Beruf darstellt.[265] Den Eltern wird ermöglicht, die Betreuung des Kindes innerhalb des vorgegebenen Rahmens individuell aufzuteilen, wobei darauf geachtet wurde, dass beide Elternteile zumindest anteilig an der Kindererziehung partizipieren. Den Hintergrund bildeten die Erfahrungen mit dem Bundeserziehungsgeld, welches auf Grund seiner Ausgestaltung zur Folge hatte, dass aus ökonomischen Gesichtspunkten der Partner, der das geringere Einkommen bezog, die Betreuung des Kindes übernahm. Da die Frauen zum größten Teil über ein geringeres Einkommen verfügten und auch häufig immer noch verfügen[266], blieb ihnen kaum eine Möglichkeit die Betreuung des Kindes mit dem Partner zu teilen, sollte nicht der finanzielle Rückhalt der Familie gefährdet werden. Dem hat das Elterngeld dahingehend entgegengewirkt, dass bis zu 67 % des bisherigen Einkommens (§ 2 BEEG) ersetzt und damit den Familien ein deutlich größerer finanzieller Spielraum eröffnet wird.

Allerdings hat die Untersuchung auch gezeigt, dass die Ausgestaltung des Elterngeldes noch mit einigen Unzulänglichkeiten behaftet ist. Neben steuerrechtlichen Unstimmigkeiten, die hier nicht weiter ausgeführt werden können[267], ist vor allem der doppelte Anspruchsverbrauch vom Gesetzgeber schnellstmöglich

---

265 So auch *Gerlinger* et al., ZSR 2012, 3 (12), „So gibt es seit Einführung des Elterngeldes 2007 zumindest Anzeichen für eine leichte Verbesserung der Geburtenrate. Zudem haben sich die Erziehungsaufgaben egalitärer zwischen Müttern und Vätern verteilt, und auch die Kinder profitieren, da ihre Eltern mehr Zeit mit ihnen verbringen."

266 BT-Drucks. 16/1889, S. 14; *Rieble,* RdA 2011, 36 (37); *Pfarr*, WSI-Mitteilungen 2011, 253.

267 Vgl. dazu die Ausführungen von *Dau*, SGb 2009, 261 (265 f.); dazu auch *Oyda,* NZS 2010, 194.

zu korrigieren. Die derzeitige Regelung konterkariert das familienpolitische Ziel, auch die Väter möglichst großzügig an der Betreuung des Kindes zu beteiligen. Wie oben bereits festgestellt wurde, beziehen Väter bisher zum Großteil nur zwei Monate Elterngeld, um den vollständigen gesetzlichen Anspruch zu wahren und gleichzeitig eventuelle Karriereeinbrüche durch einen relativ geringen Zeitraum der Unterbrechung der Erwerbstätigkeit zu vermeiden.[268] Die Teilzeitregelung könnte daher für Männer eine Möglichkeit darstellen, dem Beruf nachzugehen und sich parallel auch der Kinderbetreuung zu widmen. Positive Begleiterscheinung wäre die überwiegend schnellere Rückkehr der Frauen an ihren Arbeitsplatz.

Obwohl die endgültige Aufgabenverteilung hinsichtlich der Betreuung des Kindes bzw. der Sicherung der Lebensgrundlage eine individuelle Entscheidung der Eltern bleibt, die auch zu akzeptieren ist, wenn sie das traditionelle Bild der Betreuung des Kindes durch die Mutter und der gleichzeitigen Alleinerwerbstätigkeit des Vaters präferiert, so müssen zumindest die Rahmenbedingungen existieren, die den Eltern tatsächlich eine entsprechende Wahlmöglichkeit einräumen und sie nicht auf Grund von ökonomischen Gesichtspunkten zu einer Variante gezwungen sind.

e) Elternzeit

aa) Allgemeines

Neben den Regelungen zum Elterngeld enthält das BEEG auch die Bestimmungen zur Elternzeit. Waren die Neugestaltungen durch das BEEG im Vergleich zum Bundeserziehungsgeldgesetz elementar, so hat sich im Bereich der Elternzeit keine fundamentale Veränderung ergeben. Eingeführt wurde der Erziehungsurlaub erstmals durch das Bundeserziehungsgeldgesetz vom 06.12.1985.[269] Sprachliche Neuerungen sind im Jahr 2000 durch die Neufassung des Gesetzes[270] vorgenommen worden, indem eine Umbenennung des Erziehungsurlaubs in Elternzeit erfolgte.[271]

Mit der Einführung von Elternzeit und Elterngeld verfolgte der Gesetzgeber die Intention, die „ständige Betreuung eines Kindes in der ersten Lebensphase durch einen Elternteil zu fördern und mehr Wahlfreiheit für die Entscheidung

268 Statistisches Bundesamt, Pressemitteilung Nr. 195 vom 19.05.2011, „Elterngeld: Väterbeteiligung im Jahresverlauf 2009 weiter gestiegen". Vgl. dazu auch *Hohmann/Dennhardt,* AuR 2010, 52 (54 f.).

269 BGBl. I 1985, S. 2154, Gesetz zum Erziehungsgeld und zur Elternzeit; Schaub/*Linck*, ArbR-Hdb. § 172 Rn. 1; weiterführend zur Thematik, *Koch/Leßmann,* AuA 2001, 6 (8).

270 BGBl. I, S. 1645; *Koch/Leßmann,* AuA 2001, 6.

271 Schaub/*Linck*, ArbR-Hdb. § 172 Rn. 1; *Reinecke*, FA 2001, 10.

zwischen [einer] Tätigkeit in der Familie und außerhäuslicher Erwerbstätigkeit zu schaffen".[272] Dies hat zwangsläufig Auswirkungen auf die Förderung der besseren Vereinbarkeit von Familie und Beruf.[273] Eine echte Wahlfreiheit ist neben der finanziellen Absicherung der Familie jedoch nur dann gewährleistet, wenn der Verlust des Arbeitsplatzes für die Zeit der Inanspruchnahme der Elternzeit ausgeschlossen ist. Entsprechender Kündigungsschutz in dieser Zeit ist in § 18 BEEG vorgesehen. Demnach darf der Arbeitgeber das Arbeitsverhältnis „ab dem Zeitpunkt, von dem an Elternzeit verlangt worden ist, höchstens jedoch acht Wochen vor Beginn der Elternzeit, und während der Elternzeit nicht kündigen" (§ 18 Abs. 1 S. 1 BEEG). Ausnahmen vom Kündigungsschutz sind vorgesehen, wenn durch die Inanspruchnahme der Elternzeit eine Gefährdung der wirtschaftlichen Existenz des Betriebes vorliegen würde (§ 18 Abs. 1 S. 2 BEEG). Die Entscheidung hierüber trifft gem. § 18 Abs. 1 S. 3 BEEG die für den Arbeitsschutz zuständige oberste Landesbehörde oder eine von ihr festgelegte Stelle.

Zur Inanspruchnahme ist es erforderlich, dass die Elternzeit schriftlich vom Arbeitgeber bis sieben Wochen vor Beginn verlangt und parallel dazu der beabsichtigte Zeitraum innerhalb von zwei Jahren mitgeteilt wird (§ 16 Abs. 1 S. 1 BEEG).

Zu beachten ist, dass die gesetzliche Mutterschutzfrist gem. § 6 Abs. 1 MuSchG, die für die ersten acht Wochen nach der Entbindung ein Beschäftigungsverbot statuiert, auf den angesprochenen Zeitraum von zwei Jahren angerechnet wird, vgl. § 16 Abs. 1 S. 3 BEEG. Gleiches gilt, wenn die Mutter nach der Mutterschutzfrist von acht Wochen noch Erholungsurlaub nimmt, dieser wird ebenso wie die Mutterschutzfrist auf den Zweijahres-Zeitraum angerechnet, § 16 Abs. 1. S. 4 BEEG. Gleichzeitig kann der Arbeitgeber gem. § 17 S. 1 BEEG den dem Arbeitnehmer zustehenden Erholungsurlaub jeweils um ein Zwölftel für volle Kalendermonate der Elternzeit kürzen. Allerdings gilt dies nicht, wenn der Arbeitnehmer parallel zur Elternzeit einer Teilzeitbeschäftigung bei seinem Arbeitgeber nachgeht (§ 17 Abs. 1 S. 2 BEEG).

Die Ausgestaltung der Elternzeit lässt erkennen, dass es sich „um einen privatrechtlichen Anspruch des Arbeitnehmers gegen den Arbeitgeber auf unbezahlte Freistellung von der Arbeit aus Anlass der Betreuung des Kindes"[274] handelt.

---

272 BT-Drucks. 10/3792, Entwurf eines Gesetzes über die Gewährung von Erziehungsgeld und Erziehungsurlaub, S. 20.

273 Kittner/Zwanziger/Deinert-*Litzig*, Arbeitsrecht, § 51 Rn. 2.

274 Schaub/*Linck*, ArbR-Hdb. § 172 Rn. 3. Im Koalitionsvertrag zwischen CDU, CSU und SPD, Deutschlands Zukunft gestalten, 18. Legislaturperiode, S. 98 ist vorgesehen, die 36 Monate der Elternzeit flexibler auszugestalten. „Dazu sollen auch ohne

Anders ist hingegen der Erholungsurlaub zu bewerten, der eine Freistellungserklärung des Arbeitgebers erfordert.[275]

bb) Anspruchsinhaber

Gem. § 15 Abs. 1 BEEG haben Eltern einen Anspruch auf Elternzeit, wenn sie mit ihrem Kind in einem Haushalt leben und es selbst betreuen und erziehen. Neben dieser Elternzeit wurde kürzlich die sog. Großelternzeit eingeführt[276]. Hintergrund dieser Änderung des BEEG waren die sog. „Teenager-Schwangerschaften“[277]. Durch die Ausweitung soll es den minderjährigen Eltern ermöglicht werden, trotz der Verantwortung für ein Kind mit der Unterstützung der Großeltern einen Schul- oder Ausbildungsabschluss zu erreichen.[278] Demnach haben auch Großeltern einen Anspruch auf Elternzeit, „wenn sie mit ihrem Enkelkind in einem Haushalt leben und dieses Kind selbst betreuen und erziehen und ein Elternteil des Kindes minderjährig ist oder [...] sich im letzten oder vorletzten Jahr der Ausbildung befindet, die vor Vollendung des 18. Lebensjahres begonnen wurde und die Arbeitskraft des Elternteils im Allgemeinen voll in Anspruch nimmt“ (§ 15 Abs. 1a S. 1 BEEG). Um eine doppelte Inanspruchnahme zu vermeiden, können Großeltern gem. § 15 Abs. 1a S. 2 BEEG nur dann Elternzeit beanspruchen, wenn keiner der Elternteile des Kindes darauf zurückgreift.

cc) Zwischenergebnis

Insgesamt erscheinen die Regelungen zur Elternzeit in sich stimmig und räumen den Eltern eine hinreichende Flexibilität bei der Bestimmung des Zeitraumes der Elternzeit ein, § 16 Abs. 1 S. 1 BEEG. Gleichzeitig regelt § 15 Abs. 2 S. 6 BEEG, das der Anspruch auf Elternzeit nicht durch Vertrag ausgeschlossen oder

---

die Zustimmung des Arbeitgebers nach angemessener vorheriger Anmeldung zukünftig 24 statt 12 Monate zwischen dem 3. bis 8. Lebensjahr des Kindes von Müttern und Vätern in Anspruch genommen werden können.“

275 Schaub/*Linck*, ArbR-Hdb. § 172 Rn. 3. Vgl. den Gesetzeswortlaut des § 7 BUrlG. Demnach hat der Arbeitgeber bei der Festlegung des Urlaubs die Urlaubswünsche des Arbeitnehmers zu berücksichtigen, es sei denn, dem stehen dringende betriebliche Belange entgegen (S. 1). Darüber hinaus wird der Urlaub vom Arbeitgeber gewährt und nicht vom Arbeitnehmer genommen (S. 2).

276 BGBl. I 2009, S. 61; weiterführend zur Großelternzeit siehe: *Böhm*, ArbRB 2009, 379.

277 BT-Drucks. 16/9415, Entwurf eines Ersten Gesetzes zur Änderung des Bundeselterngeld- und Elternzeitgesetzes v. 03.06.2008, S. 6.

278 BT-Drucks. 16/9415, Entwurf eines Ersten Gesetzes zur Änderung des Bundeselterngeld- und Elternzeitgesetzes v. 03.06.2008, S. 6.

beschränkt werden kann; entgegenstehende Vereinbarungen in Tarifverträgen, Betriebsvereinbarungen oder Arbeitsverträgen kommen nicht in Betracht.[279] Darüber hinaus sind auch Regelungen nicht gestattet, die die Position des Arbeitnehmers vor oder nach der Elternzeit nachteilig beeinflussen.[280] Ein wesentlicher Reformbedarf ist daher hier nicht auszumachen.

f) Rechtsanspruch auf einen Krippenplatz

aa) Allgemeines

Im Hinblick auf die Erleichterung der Vereinbarkeit von Familie und Beruf, wird das Elterngeld überwiegend als ein positiver Schritt gewertet[281], obwohl es bis heute nicht unumstritten ist[282]. Allerdings beschäftigt sich das Elterngeld nach der aktuellen Gesetzeslage nur mit den ersten 14 Lebensmonaten des Kindes. Die Elternzeit ist grds. bis zum vollendeten dritten Lebensjahres des Kindes angelegt (§ 15 Abs. 2 S. 1 BEEG). Somit stellt sich die Frage, welche Betreuungsmöglichkeiten nach Ablauf der 14 Monate bestehen, wenn Eltern die Betreuung im Rahmen der Elternzeit nicht selbst sicherstellen wollen oder können. Es ist bereits mehrfach angeklungen, dass es für die weitere berufliche Entwicklung der Frau besonders förderlich ist, wenn sie möglicht zeitig wieder in den Beruf zurückkehrt. Allerdings hatten Kinder in Deutschland bisher erst ab dem vollendeten dritten Lebensjahr einen Rechtsanspruch auf einen Kindergartenplatz, sodass diese Altersgrenze mit der Elternzeit korrespondiert, gleichzeitig aber regelmäßig eine dreijährige Abwesenheit der

---

279 *Göhle-Sander* in: jurisPK-Vereinbarkeit von Familie und Beruf, Kapitel 6.15 Rn. 53.

280 BAG v. 26.11.2003 – 4 AZR 693/02, AP Nr. 30 zu § 1 TVG Tarifverträge: Lufthansa = ZTR 2004, 426, Orientierungssatz Nr. 2: „Erziehungsurlaub (jetzt: Elternzeit) ist kein unbezahlter Urlaub i.S.v. § 9 C. lit. c) MTV Cockpit Nr. 5. Für durch Erziehungsurlaub ausfallende Kalendertage eines Cockpitmitarbeiters hat dieser daher keinen Anspruch auf Flugstundengutschrift bei der Berechnung der Mehrflugstundenvergütung."

281 So auch *Gerlinger* et al., ZSR 2012, 3 (12), „So gibt es seit Einführung des Elterngeldes 2007 zumindest Anzeichen für eine leichte Verbesserung der Geburtenrate. Zudem haben sich die Erziehungsaufgaben egalitärer zwischen Müttern und Vätern verteilt, und auch die Kinder profitieren, da ihre Eltern mehr Zeit mit ihnen verbringen."

282 Süddeutsche Zeitung vom 19.08.2011, S. 1, „Geburtenrate auf höchstem Stand seit 1990 [,] Im vergangenen Jahr kamen 678 000 Kinder zur Welt/CDU-Fraktionsvorsitzender Kauder stellt Elterngeld in Frage", *Kauder* hält das Elterngeld grundsätzlich für richtig, merkt aber an, dass man „mit Geld keinen Kindersegen erreichen wird", sodass das Elterngeld bis zum Jahr 2013 erhalten bleiben solle, danach aber eine Überprüfung der ganzen Familienpolitik erforderlich sei; zum Reformbedarf *Fuchsloch* in: FS Pfarr, S. 378 (391).

Mutter vom Arbeitsmarkt zur Folge hat.[283] Für Kinder, die diese Altersgrenze noch nicht erreicht hatten bzw. im schulpflichtigen Alter waren, mussten gem. § 24 Abs. 2, 3 SGB VIII nach Bedarf Plätze in Kindertageseinrichtungen vorgehalten werden. Die Träger der öffentlichen Jugendhilfe sollten für ein bedarfsgerechtes Angebot sorgen, wobei bei der Vergabe dieser Plätze vorrangig erwerbstätige bzw. arbeitssuchende Erziehungsberechtigte zu berücksichtigen waren (§ 24 Abs. 4 SGB VIII).

Der Gesetzgeber hat im Zuge der drängenden Vereinbarkeitsproblematik erkannt, dass eine solch vage Erklärung dem aktuellen Bedürfnis der Familien nach Planungssicherheit nicht gerecht werden kann. Nur wenn sich Eltern auch die Möglichkeit bietet, ihr Kind in einer entsprechenden Einrichtung betreuen zu lassen, besteht eine echte Alternative zwischen der Eigen- bzw. Fremdbetreuung. Daher wurde im Kinderförderungsgesetz (KiföG)[284] ein Rechtsanspruch für jedes Kind zwischen dem vollendeten ersten und dritten Lebensjahr auf eine Betreuungsmöglichkeit in einer Tagesstätte oder bei einer Tagesmutter festgeschrieben.[285] Dieser Rechtsanspruch ist nunmehr durch das Gesetz zur Einführung eines Betreuungsgeldes zum 01.08.2013[286], § 4a BEEG, in Kraft getreten,

Einschränkend bleibt zu berücksichtigen, dass – abgesehen von den bereits bestehenden Schwierigkeiten, die der Ausbau der Kinderbetreuung allgemein hervorruft – im Vorfeld der Einführung des Betreuungsgeldes davon ausgegangen wurde, dass die Nachfrage bereits dann befriedigt werden könne, wenn etwa für jedes dritte Kind eine Betreuungsmöglichkeit geschaffen werde[287], wohingegen mittlerweile eine erforderliche Betreuungsquote von ca. 39 % angenommen wird.[288] Eltern werden

---

283 §§ 24 Abs. 1, 2 SGB VIII, „(1) Ein Kind hat vom vollendeten dritten Lebensjahr bis zum Schuleintritt Anspruch auf den Besuch einer Tageseinrichtung. Die Träger der öffentlichen Jugendhilfe haben darauf hinzuwirken, dass für diese Altersgruppe ein bedarfsgerechtes Angebot an Ganztagsplätzen oder ergänzend Förderung in Kindertagespflege zur Verfügung steht. (2) Für Kinder im Alter unter drei Jahren und im schulpflichtigen Alter ist ein bedarfsgerechtes Angebot an Plätzen in Tageseinrichtungen und in Kindertagespflege vorzuhalten."

284 BGBl. I 2008, S. 2403, Gesetz zur Förderung von Kindern unter drei Jahren in Kindertageseinrichtungen und in Kindertagespflege v. 10.12. 2008.

285 Pressemitteilung des Bundesministeriums für Familie, Senioren, Frauen und Jugend vom 27.02.2008, „Einigung zum Thema Betreuungsgeld erzielt".

286 BGBl. I, S. 254, Gesetz zur Einführung des Betreuungsgeldes (Betreuungsgeldgesetz) vom 15.02.2013.

287 BT-Drucks. 16/10173, Entwurf eines Gesetzes zur Förderung von Kindern unter drei Jahren Tageseinrichtungen und in der Tagespflege v. 28.08.2008, S. 15.

288 Bundesministerium für Familie, Senioren, Frauen und Jugend, Dritter Zwischenbericht zur Evaluation des Kinderförderungsgesetzes, Mai 2012, S. 1.

daher bei steigender Nachfrage weiterhin große Probleme haben, ihren Nachwuchs in einer entsprechenden Einrichtung unterzubringen. Gleichzeitig ist derzeit auf Grund der geringen Zeitspanne seit Einführung des Gesetzes noch nicht ersichtlich, ob durch einen raschen Ausbau der Kinderbetreuungsmöglichkeiten auch genügend Erzieher zur Verfügung stehen und damit die dringend notwendige Qualität der Betreuung gesichert werden kann.[289] Ein ausdifferenziertes Angebot, welches eine qualitativ hochwertige Betreuung des Kindes gewährleistet und gleichzeitig auf die zeitlichen Schwierigkeiten der Eltern mit flexiblen Öffnungszeiten reagiert, erscheint der einzige Garant dafür, dass besonders Frauen die Möglichkeit eröffnet wird, relativ zeitnah nach der Geburt eines Kindes wieder in den beruflichen Alltag hineinzufinden. Damit können nicht nur die finanzielle Unabhängigkeit garantiert bzw. die Versorgungslücken minimiert werden, sondern auch die möglichst vollständige Integration am ursprünglichen Arbeitsplatz wird wesentlich erleichtert. Denn wissenschaftliche Untersuchungen belegen, dass die Zahl der (voll) berufstätigen Mütter mit steigender Kinderanzahl stetig zurück geht und nach einer längeren Arbeitsunterbrechung die Rückkehr auf die ursprüngliche Position nahezu unmöglich ist.[290] Häufig sind Frauen dann gezwungen, lediglich einer Teilzeitbeschäftigung oder gar einer prekären Beschäftigung nachzugehen.

bb) Verfassungsrechtliche Bedenken

Im Zuge der Entscheidung über den Ausbau der Betreuungsplätze in einer Kindertagesstätte oder bei einer Tagesmutter sind auch kritische Stimmen geäußert worden. Den Mittelpunkt der Kritik bildete die Befürchtung, dass dies einen zu großen Eingriff in das Elternrecht darstelle und sich die Vereinbarkeit mit dem Kindeswohl als problematisch erweise.[291]

---

289 Kritisch zur Umsetzbarkeit des Anspruchs auf einen Kita-Platz ab dem Jahr 2013, Süddeutsche Zeitung v. 28.03.2012, S. 2, „Kinder, Kinder[,] Jetzt steht`s fest: Der Ausbau der Kitas wird scheitern, denn es werden 2013 mindestens 20 000 Erzieherinnen fehlen".

290 *Renz/Eggen*, Statistisches Monatsheft Baden-Württemberg, 2004, S. 11. Demnach nimmt der Anteil der berufstätigen Mütter mit steigender Kinderzahl stetig ab. Waren noch 76 % der Frauen mit einem Kind erwerbstätig, so liegt der Anteil bei zwei Kindern noch bei 64 %, bei drei Kindern gehen lediglich 46 % der Frauen einer Erwerbstätigkeit nach. Die Zahlen variieren abhängig vom Alter der Kinder.

291 *Lenze,* KJ 2008, 378 (386), die Familienförderung durch das Elterngeld oder den Ausbau von Krippenplätzen könne nur die „Kür" bilden, vorrangig seien andere Reformmaßnahmen, z.B. im Einkommenssteuerrecht und in der Sozialversicherung.

Art. 6 Abs. 1 GG verpflichtet den Staat, Familien unter den besonderen Schutz der staatlichen Gemeinschaft zu stellen und entsprechend zu fördern.[292] Allerdings liegt es nicht innerhalb des durch die Verfassung vorgegebenen Rahmens, wenn der Gesetzgeber aktiv darauf hinwirkt, dass die Kinder außerhalb der Familien betreut werden. Obwohl dem Gesetzgeber derart einseitige Vorgaben nicht gestattet sind, so hat er jedoch gem. Art. 3 Abs. 2 S. 2 GG die tatsächliche Durchsetzung der Gleichberechtigung von Männern und Frauen zu fördern. Erforderlich ist, dass Rahmenbedingungen geschaffen werden, die den Eltern eine echte Wahlmöglichkeit eröffnen, ob sie ihr Kind in den ersten Lebensjahren selbst betreuen möchten oder die Versorgung durch eine Kindertagesstätte oder eine Tagesmutter in Anspruch nehmen. Voraussetzung hierfür ist wiederum, dass ein flächendeckendes Betreuungsangebot für Kinder in diesem Alter zur Verfügung steht, damit nicht aus der echten Wahlmöglichkeit auf Grund der regional unterschiedlichen Gegebenheiten ein alternativloser Zwang wird. Das Bereitstellen entsprechender Einrichtungen kann daher nicht als Eingriff in das Elternrecht gewertet werden, da hiermit keinerlei Zwang verbunden ist.

cc) Zwischenergebnis

Zur Minderung der angesprochenen Probleme wird der angekündigte Ausbau der Betreuungsplätze beitragen, aber nur dann, wenn die Frauen auch bereit sind, die Kinder außer Haus betreuen zu lassen und eine qualitativ hochwertige Betreuung sichergestellt ist. Positive Effekte hätte eine frühe Rückkehr der Mütter in den Beruf nicht nur für ihre eigene finanzielle Unabhängigkeit, sondern auch für die Wirtschaft allgemein. Auf Grund der stetigen Verbesserung der Ausbildung von jungen Frauen und dem ansteigenden Fachkräftemangel ist es wenig sinnvoll, auf dieses Potenzial zu verzichten.[293]

Kritikern ist daher entgegen zu halten, dass es sich um einen Rechtsanspruch handelt, der nicht zu einer Verpflichtung der Eltern führt, diesen auch wahrzunehmen. Somit können Eltern individuell über eine Inanspruchnahme, unter Berücksichtigung der Bedürfnisse des eigenen Kindes, entscheiden.

---

292 BVerfG v. 09.04.2003 – 1 BvR 1493/96, 1 BvR 1724/01, BVerfGE 108, 82 (112) = NJW 2003, 2151 (2155); BVerfG v. 18.04.1989 – 2 BvR 1169/84, BVerfGE 80, 81 (90) = NJW 1989, 2195 (2196).

293 *Altunkas*, AiB 2012, 310; *Schroeder* in: FS Pfarr, S. 405 (415).

g) Betreuungsgeld

In diesem Kontext ist auch das sog. Betreuungsgeld[294] zu berücksichtigen, dass seit dem 01.08.2013 einen monatlichen Betrag iHv. 100 € und ab 2014 pro Monat 150 € beinhaltet, wenn Eltern für ihr Kind im Alter zwischen einem und drei Jahren keine öffentlich geförderte Betreuung in Anspruch nehmen.[295] Das parallel dazu geplante Betreuungsergänzungsgeldgesetz[296], welches eine Erhöhung des Betrages um einen Bonus von 15 € monatlich vorsah,, wenn keine unmittelbare Auszahlung erfolgt, sondern das Geld zum Aufbau einer privaten Altersvorsorge oder nach Schaffung einer entsprechenden gesetzlichen Regelung zum Bildungssparen genutzt wird, wurde vom Bundesrat abgelehnt[297].

Insbesondere Mitglieder der CDU/CSU traten nachhaltig für die Notwendigkeit des Betreuungsgeldes ein, um einer echten Wahlmöglichkeit zwischen der Eigen- bzw. Fremdbetreuung gerecht zu werden[298], wobei zunehmend Kritik – auch aus den eigenen Reihen – an deren Sinnhaftigkeit laut wurde.[299] Gleichzeitig regte sich in der Opposition heftiger Widerstand gegen die Einführung des Betreuungsgeldes.[300] Selbiges sei „sozial-, integrations- und gleichstellungspolitisch verfehlt und

294 BT-Drucks. 17/9917, Entwurf eines Gesetzes zur Einführung eines Betreuungsgeldes v. 12.06.2012.

295 BT-Drucks. 17/9917, S. 7, Entwurf eines Gesetzes zur Einführung eines Betreuungsgeldes v. 12.06.2012.

296 BT-Drucks. 17/11315, S. 4, Entwurf eines Gesetzes zur Ergänzung des Betreuungsgeldgesetzes v. 06.11.2012; vgl. auch Plenarprotokoll 17/205, S. 25012.

297 http://www.bundesrat.de/nn_8396/DE/service/thema-aktuell/13/20130920-Betreuungsgeld.html (22.12.2013).

298 Münder/Meysen/Trenczek-*Proksch*, Frankfurter Kommentar zum SGB VIII, § 16 Rn. 13; Süddeutsche Zeitung v. 12.03.2012, S. 6 „Die Ja-Sagerinnen[,] Was bewegt die CSU-Frauen, die sich so vehement für das Betreuungsgeld einsetzen? Eine Spurensuche in Bayern".

299 Süddeutsche Zeitung v. 02.04.2012, S. 1, „Aufstand in der CDU gegen Betreuungsgeld[,] 23 Bundestagsabgeordnete lehnen Unterstützung für Eltern ab, die ihre Kinder nicht in Krippen bringen"; *Brosius-Gersdorf*, RdJB 2011, 440 (443 ff.).

300 BT-Drucks. 17/9572, Kita-Ausbau statt Betreuungsgeld, Antrag von Abgeordneten und der Fraktion der SPD v. 09.05.2012; BT-Drucks. 17/9582, Betreuungsgeld nicht einführen – Öffentliche Kinderbetreuung ausbauen, Antrag von Abgeordneten und der Fraktion DIE LINKE v. 09.05.2012; BT-Drucks. 17/9929, Wahlfreiheit gewährleisten, Kindertagesbetreuung ausbauen, Antrag von Abgeordneten und der Fraktion BÜNDNIS90/DIE GRÜNEN v. 12.06.2012.

verfassungsrechtlich problematisch“[301]. Exemplarisch zeigt die damit verbundene Problematik auch der Begriff der “Herdprämie“, welcher sich in der öffentlichen Diskussion schnell in Bezug auf das Betreuungsgeld etabliert hat und sogar zum Unwort des Jahres 2007 gewählt wurde.[302]

Im Vorfeld des Gesetzesentwurfs fand als Reaktion auf die lauter werdende Kritik am 04.07.2011 eine öffentliche Anhörung des Ausschusses für Familie, Senioren, Frauen und Jugend zur beabsichtigten Einführung des Betreuungsgeldes statt.[303] Trotz kontroverser Diskussionen sprach sich die Mehrheit der befragten Experten gegen die Einführung aus. Hierbei waren sowohl verfassungsrechtliche Aspekte, aber auch die Berücksichtigung der familienpolitischen Ziele des Gesetzgebers ausschlaggebend. Die beiden in der öffentlichen Anhörung dargelegten Aspekte sollen im Folgenden aufgegriffen und anhand derer eruiert werden, ob die Bestimmung mit den verfassungsrechtlichen Vorgaben, vor allem mit der Gleichberechtigung von Frauen und Männern, zu vereinbaren ist.[304] Denn die Regelungen in § 16 Abs. 5 SGB VIII und § 4a BEEG erwecken den Eindruck, dass der Rechtsanspruch auf einen Krippenplatz durch das Betreuungsgeld „kompensiert“ werden soll und somit Eltern, die auf Grund des stockenden Krippenausbaus keine Betreuungsmöglichkeit für ihr Kind erhalten, anderweitige monetäre Leistungen bekommen sollen, um diese Aufgabe persönlich zu übernehmen.[305]

---

301 BT-Drucks. 17/6088, S. 1. Der Antrag von verschiedenen Abgeordneten und der Fraktion der SPD vom 07.06.2011 mit dem Titel „Auf die Einführung des Betreuungsgeldes verzichten“ bezieht sich auf mehrere Studien, die belegen, dass das Betreuungsgeld die traditionelle Rollenverteilung zwischen Frauen und Männern zementiere und damit nicht zu einer erhöhten Wahlmöglichkeit der Familien beitrage. Kritisch zur Einführung des Betreuungsgeldes auch: *Brosius-Gersdorf*, ZRP 2010, 84 (86); *Sacksofsky*, Streit 2010, 167 (170); *Brosius-Gersdorf*, NJW 2013, 2316.

302 http://www.spiegel.de/kultur/gesellschaft/0,1518,528630,00.html (21.12.2013).

303 http://www.bundestag.de/presse/hib/2011_07/2011_279/03.html (21.12.2013).

304 Andere verfassungsrechtliche Aspekte, wie die fehlende Gesetzgebungskompetenz können vorliegend auf Grund abweichender Schwerpunktsetzung nicht näher erläutert werden, vgl. dazu Süddeutsche Zeitung v. 08.06.2012, S. 5 „Betreuungsgeld ist vermutlich verfassungswidrig [,] Führende FDP-Familienpolitikerin hält die Länder für zuständig/Hamburg und die SPD erwägen Klagen“; Süddeutsche Zeitung v. 08.08.2012, S. 2, „Was geht das den Bund an? Im Streit über das Betreuungsgesetz wird ein Aspekt übersehen: Wahrscheinlich verstößt das ganze Vorhaben gegen das Grundgesetz.“ Vgl. auch *Ewer*, NJW 2012, 2251; *Rixen*, DVBl. 2012, 1393 .

305 *Kunkel* in: LPK-SGB VIII, § 16 Rn. 11.

aa) Verstoß gegen Art. 6 Abs. 1 GG

(1) Ausgestaltung des Art. 6 Abs. 1 GG

Unter verfassungsrechtlichen Gesichtspunkten, kommt zunächst ein Verstoß gegen Art. 6 Abs. 1 GG in Betracht. Demnach stehen Ehe und Familie unter dem besonderen Schutz des Staates. Art. 6 GG hat eine dreidimensionale Ausgestaltung als Grundrecht, Institutsgarantie sowie als wertentscheidende Grundsatznorm erfahren.[306] Enthalten ist ein besonderes Diskriminierungsverbot, welches die Verbindung von Ehe bzw. Familie mit rechtlichen Nachteilen nicht gestattet.[307] Gleichzeitig ist aber auch eine unterschiedliche Behandlung einzelner Familienmodelle nur unter der Prämisse verfassungskonform, dass es hierfür einen sachlichen Grund gibt, zu denken ist an die besondere soziale Bedürftigkeit bestimmter Familien.[308] Die rechtfertigenden Gründe dürfen jedoch ihrerseits nicht unzulässig in Art. 6 Abs. 1 GG eingreifen.[309]

Daneben trifft den Staat die Pflicht Familien zu fördern.[310] Umfasst von dieser Förderpflicht sind sowohl entsprechende Möglichkeiten zur Kinderbetreuung[311] als auch ein angemessener gesetzlicher Rahmen zur Vereinbarkeit von Familie und Beruf[312].

(2) Verstößt das Betreuungsgeld gegen Art. 6 Abs. 1 GG?

Die Vorschriften der §§ 4a, b BEEG gewähren Eltern im Fall der Nichtinanspruchnahme einer öffentlich geförderten Kinderbetreuung eine Geldleistung

306 BVerfG v. 17.07.2002 – 1 BvF 1/01, 1 BvF 2/01, BVerfGE 105, 313 (342) = NJW 2002, 2543 (2547); BVerfG v. 18.04.1989 – 2 BvR 1169/84, BVerfGE 80, 81 (92 f. mwN.) = NJW 1989, 2195 (2196).

307 BVerfG v. 18.03.1970 – 1 BvR 498/66, BVerfGE 28, 104 (112) = NJW 1970, 1176; BVerfG v. 12.05.1987 – 2 BvR 1226/83, 2 BvR 101/84, 2 BvR 313/84, BVerfGE 76, 1 (72) = NJW 1988, 626 (634); BVerfG v. 10.11.1998 – 2 BvR 1057/91, 2 BvR 1226/91, 2 BvR 980/91, BVerfGE 99, 216 (232) = NJW 1999, 557 (558).

308 BVerfG v. 10.03.1998 – 1 BvR 178/97, BVerfGE 97, 332 (349) = NJW 1998, 2128 (2131).

309 *Sacksofsky*, Streit 2010, 167 (170).

310 BVerfG v. 10.11.1998 – 2 BvR 1057/91, 2 BvR 1226/91, 2 BvR 980/91, BVerfGE 99, 216 (234) = NJW 1999, 557 (558).

311 BVerfG v. 10.11.1998 – 2 BvR 1057/91, 2 BvR 1226/91, 2 BvR 980/91, BVerfGE 99, 216 (234) = NJW 1999, 557 (558).

312 BVerfG v. 28.05.1993 – 2 BvF 2/90, 2 BvF 4/92, 2 BvF 5/92, BVerfGE 88, 203 (260) = NJW 1993, 1751 (1755); BVerfG v. 02.04.1996 – 2 BvR 169/93, EzA Nr. 4 zu Art. 6 GG = NVwZ 1997, 54 (55).

iHv. 150 €.[313] Diese „Belohnung" erweckt den Eindruck einer zusätzlichen Leistung zur Familienförderung, sodass sich die verfassungsrechtliche Problematik im Hinblick auf Art. 6 Abs. 1 GG nicht auf den ersten Blick erschließt.[314] Betrachtet man die dargestellte Ausgestaltung des Grundrechts, so lässt sich erkennen, dass dieses einen Schutz der Familie gegenüber anderen Lebensformen umfasst. Die Familie darf im Vergleich zu differierenden Lebensmodellen keinen Diskriminierungen ausgesetzt sein. Aus diesem Blickwinkel stellt das Betreuungsgeld keine unzulässige Benachteiligung dar. Jedoch beinhaltet das Diskriminierungsgebot nicht nur ein Verbot der Schlechterstellung gegenüber anderen Lebensformen, sondern im Zusammenspiel mit dem Neutralitätsgebot des Staates[315], dass dieser nicht eine bestimmte Lebensform durch Vergünstigungen in jeglicher Form bevorzugen darf. Denkbar sind hier finanzielle Anreize in Form von Barauszahlungen, steuerlichen Vergünstigungen oder aber auch sonstigen Abgabenbefreiungen.[316]

Das Betreuungsgeld zielt darauf ab, Eltern dafür finanziell zu honorieren, dass sie ihr Kind nicht in Kindertagesstätten oder in Kindertagespflegeeinrichtungen betreuen lassen, sondern diese Aufgabe größtenteils selber übernehmen.[317] Somit erhalten die Familien, die ein solches Familienmodell praktizieren, eine Barleistung ausgezahlt. Ermöglicht wird auf Grund der geringen Höhe des Betreuungsgeldes zwar keine Kompensation des Verdienstausfalls des betreuenden Elternteils, aber zumindest für die Sorgeberechtigten, die ohnehin bereit wären, sich in den ersten Lebensjahren persönlich um das Kind zu kümmern, wäre ein weiterer Anreiz geschaffen. Häufig trifft dies auf Teilzeitkräfte zu, die sich auf Grund der schwierigen Arbeitsbedingungen, z.B. im Einzelhandel[318] hierzu veranlasst sehen. Dieser Anreiz wird dadurch verstärkt, dass bei der persönlichen Betreuung neben der Gewährung des Betreuungsgeldes keine Kosten für eine

313 Kritisch *Sacksofsky,* Streit 2010, 167; *Brosius-Gersdorf,* RdJB 2011, 440 (443 ff.).

314 So auch *Sacksofsky*, Streit 2010, 167 (169).

315 Schmidt-Bleibtreu/Hofmann/Hopfauf-*Hopfauf,* GG, Einl. Rn. 111 f. mwN., der Staat hat sowohl in religiösen als auch politischen Fragen seine Neutralitätspflicht zu wahren. Dies umfasst auch die Unvoreingenommenheit gegenüber verschiedenen Lebensmodellen einzelner Bürger.

316 *Sacksofsky,* Streit 2010, 167 (168).

317 Ausnahmen sind bei schwerer Krankheit, Schwerbehinderung oder Tod der Eltern vorgesehen, sodass unter diesen Umständen das Kind im monatlichen Durchschnitt 10 Wochenstunden in einer öffentlich geförderten Einrichtung betreut werden kann (§ 4a Abs. 2 BEEG).

318 Vgl. dazu die Ausführungen im 4. Kap.

Kindertagesstätte anfallen.[319] Damit wird die Inanspruchnahme mit noch größeren finanziellen Vorteilen verbunden, da Eltern, die ihre Kinder in einer Kindertagesstätte betreuen lassen, nicht nur für diese Kosten aufkommen müssen, sondern ihnen auch der Anspruch auf die Geldleistung verwehrt bleibt, abgesehen von der (teilweisen) steuerlichen Absetzbarkeit der Kinderbetreuungskosten.[320]

(3) Rechtfertigung

Die Vorschrift des § 16 Abs. 5 SGB VIII wurde durch das Kinderförderungsgesetz (KiföG) eingeführt.[321] Der Gesetzgeber hat im Rahmen der Begründung betont, dass der Ausbau der Betreuungsangebote für Kinder unter drei Jahren ein wesentlicher Grundstein für die Entwicklung von Vereinbarkeitslösungen sowie Geschlechtergerechtigkeit sei.[322] Hinsichtlich des Betreuungsgeldes wird darauf verwiesen, dass durch dessen Einführung die „herausragende Leistung der Eltern bei der Erziehung des Kindes“[323] gewürdigt und damit auch Rücksicht auf die individuellen Betreuungswünsche der Eltern genommen werde[324].

Die mit dem Betreuungsgeld verfolgten Ziele werfen Fragen auf. Ist es verfassungsrechtlich überhaupt gestattet, bestimmte Erziehungsleistungen gesondert zu honorieren bzw. wird den Eltern tatsächlich eine Wahlmöglichkeit eingeräumt?

In Bezug auf die Honorierung von besonderen Erziehungsleistungen der Eltern, die ihre Kinder daheim betreuen, stellt sich die Frage, ob nur diese die Voraussetzung für das Betreuungsgeld erfüllen bzw. wie die elterliche Betreuungsaufgabe zu bewerten ist, die (lediglich) vor und nach der Beaufsichtigung der Kinder durch öffentliche Einrichtungen oder eine Tagesmutter wahrgenommen wird.

---

319 Zum komplexen Regelungssystem der Absetzbarkeit von Kinderbetreuungskosten, vgl. *Hey*, NJW 2006, 2001. Vgl. auch *Ahmann*, NJW 2002, 633.

320 Das Verhältnis zwischen „Elterngeld und [der] steuerliche[n] Absetzbarkeit von Kinderbetreuungskosten“ wird näher beleuchtet von *Brosius-Gersdorf*, JZ 2007, 326.

321 BGBl. I 2008, S. 2403, Gesetz zur Förderung von Kindern unter drei Jahren in Tageseinrichtungen und in der Tagespflege.

322 BT-Drucks. 16/9299, Entwurf eines Gesetzes zur Förderung von Kindern unter drei Jahren in Kindertageseinrichtungen und der Kindertagespflege v. 27.05.2008, S. 10.

323 BT-Drucks. 16/9299, Entwurf eines Gesetzes zur Förderung von Kindern unter drei Jahren in Kindertageseinrichtungen und der Kindertagespflege v. 27.05.2008, S. 14.

324 BT-Drucks. 17/9917, S. 1, Entwurf eines Gesetzes zur Einführung eines Betreuungsgeldes v. 12.06.2012.

Zweifelsohne erbringen auch sie eine wesentliche Erziehungsleistung, sodass es unter verfassungsrechtlichen Gesichtspunkten kaum denkbar erscheint, diese Leistung als minderwertig im Vergleich zur Betreuung des Kindes während des gesamten Tages zu beurteilen.[325] Der Gesetzgeber würde andernfalls zwischen verschiedenen Familien- bzw. Erziehungsmodellen differenzieren und einen Anreiz für eine bestimmte Lebensform setzen, dies ist aber gem. Art. 6 Abs. 1 GG nicht gestattet. Hinzu kommt, dass die von der ehemaligen Bundesregierung vorgebrachte Argumentation, dass das Betreuungsgeld eine „Anerkennungs- und Unterstützungsleistung für Eltern mit Kleinkindern“[326] darstelle, nicht durchgreift. Wäre tatsächlich die Honorierung der elterlichen Erziehungsleistung gewollt, stellt sich die Frage, wieso das Betreuungsgeld nicht nur unter der Prämisse gezahlt wird, dass das Kind keine öffentlich geförderte Einrichtung besucht und stattdessen von den Eltern betreut wird. Das Gesetz steht aber einer Betreuung des Kindes durch ein Au-Pair, die Großeltern oder sonstigen Personen nicht entgegen, sodass auch in diesem Fall das Betreuungsgeld gezahlt wird, obwohl die Eltern die Erziehungsaufgabe zumindest zeitweise – vergleichbar mit der Betreuung in einer Kindertagesstätte – in die Hände anderer Personen legen.

Ebenfalls erscheint die durch das Betreuungsgeld häufig suggerierte Wahlfreiheit bei genauerer Betrachtung sehr zweifelhaft. Diese kann nur unter der Voraussetzung gegeben sein, dass die beiden zur Verfügung stehenden Alternativen gleichwertig sind. Im vorliegenden Kontext ist dies nicht gegeben, da den Eltern im Falle einer Eigenbetreuung ein zusätzlicher finanzieller Anreiz geboten wird, der nicht zur Auszahlung kommt, wenn das Kind eine Kindertagesstätte besucht oder von einer Tagesmutter betreut wird. Für die hierdurch verursachten zusätzlichen Kosten erhalten Eltern, außer der partiellen steuerlichen Absetzbarkeit, keinerlei finanzielle Entschädigung und erleiden damit in doppelter Hinsicht einen Nachteil. Eine derart einseitig vorteilhafte Ausgestaltung einer Alternative kann nicht zur Gewährung einer echten Wahlfreiheit beitragen, sondern bewirkt eher das Gegenteil, nämlich die Reduktion der Entscheidungsfreiheit, da eine Alternative

325 *Sacksofsky,* Streit 2010, 167 (171), die außerhäusliche Betreuung umfasse idR. nur ein Drittel des Tages, sodass die übrige Betreuungsleistung, auch an den Wochenenden von den Eltern erbracht werden müsse. So auch *Schuler-Harms*, „Verfassungsrechtlich prekär“, S. 24, abzurufen unter: http://www.fes.de/forumpug/documents/BroschuereVerfassungsrechtlicherRahmeneinesBetreuungsgeldes09_000.pdf (21.12.2013).

326 BT-Drucks. 17/9917, S. 1, Entwurf eines Gesetzes zur Einführung eines Betreuungsgeldes v. 12.06.2012.

mit Barleistungen belohnt wird, während die andere Option mit erheblichen monetären Belastungen verbunden ist.

Zur Rechtfertigung wäre in Betracht zu ziehen, dass die Familien, die sich für die Fremdbetreuung ihrer Kinder entscheiden, den Vorteil eines weiteren Einkommens zu verzeichnen haben und damit der finanzielle Verlust zumindest teilweise ausgeglichen wird, wohingegen in Familien, in denen sich ein Elternteil der Betreuung des Kindes widmet, auf ein weiteres Einkommen verzichtet wird. Obwohl eine exakte „Aufrechnung" der beiden Möglichkeiten auf Grund individuell variierender Parameter kaum möglich ist, geht auch nicht zwangsläufig mit der Eigenbetreuung des Kindes der Verlust eines Gehalts einher, da nicht mit Sicherheit zu sagen ist, ob der betreffende Elternteil einer entsprechenden Beschäftigung nachgehen würde, gleichzeitig stellt auch die Erledigung der Hausarbeit einen ökonomischen Wert dar.[327]

Zu erwarten ist aber, dass der finanzielle Anreiz Frauen, die immer noch überwiegend die Betreuung des Kindes übernehmen, wahrscheinlich zur längeren Unterbrechung ihrer Beschäftigung veranlassen wird. Dieser Aspekt ist im Rahmen der Diskussion um das Betreuungsgeld stärker ins Bewusstsein der Beteiligten zu rücken. Bei der Abwägung der finanziellen Vor- und Nachteile kann sich durch entfallende Kinderbetreuungskosten und die Hinzurechnung des Betreuungsgeldes durchaus eine positive Entscheidung zu Gunsten der Eigenbetreuung ergeben. Zu berücksichtigen ist aber nicht nur der aktuelle finanzielle Vorteil, sondern auch die sich daraus ergebenden Folgen, die oben bereits angeklungen sind. Ein längerer Ausstieg aus der Erwerbstätigkeit erschwert den Wiedereinstieg, lässt vorhandene Fähigkeiten schwinden, reduziert die Chancen an Fortbildungen oder Schulungen teilzunehmen, sodass insgesamt das berufliche Fortkommen deutlich erschwert wird.[328] Daneben wirken sich die langen Zeiten der Erwerbsunterbrechung negativ auf die Beitragszahlungen an die Sozialkassen und damit auf die Leistungsbezüge im Bedarfsfall aus. Anhand dieser Überlegungen zeigt sich, dass sich der scheinbare monetäre Vorteil in der Gesamtschau als wesentlicher Nachteil erweisen kann.

(4) Fazit

Diese einseitige Bevorzugung eines veralteten Familien- und Rollenverständnisses verstößt mangels Vorliegen eines sachlichen Grundes gegen Art. 6 Abs. 1 GG.

---

327 *Sacksofsky,* Streit 2010, 167 (172).
328 *Schroeder* in: FS Pfarr, S. 405 (408).

bb) Verstoß gegen Art. 3 Abs. 2 GG

(1) Ausgestaltung des Art. 3 Abs. 2 GG

Neben einem Verstoß gegen Art. 6 Abs. 1 GG ist zu eruieren, ob das Betreuungsgeld den Vorgaben des Art. 3 Abs. 2 GG gerecht wird. Gem. Art. 3 Abs. 2 S. 1 GG sind Männer und Frauen gleichberechtigt, der Staat hat die tatsächliche Durchsetzung der Gleichberechtigung zu fördern und auf die Beseitigung bestehender Nachteile hinzuwirken (Art. 3 Abs. 2 S. 2 GG). Hierdurch wird der allgemeine Gleichheitssatz einer inhaltlichen Präzisierung zugeführt[329], aus der sich ergibt, dass der Staat im Rahmen seines Handlungsauftrags faktische, typischerweise ein Geschlecht treffende Nachteile, durch begünstigende Regelungen kompensieren kann[330]. Der Schutz vor Benachteiligungen trifft sowohl Frauen als auch Männer[331], obwohl auf Grund der historischen Entwicklung primär die Gleichberechtigung der Frau in den Vordergrund gerückt ist[332]. Denn trotz der formellen Gleichstellung von Männern und Frauen existieren noch immer in wesentlichen Bereichen tatsächliche Unterschiede.[333] Auf Grund dieser Erkenntnisse ist der Staat verpflichtet, die bestehenden Unterschiede möglichst weitgehend zu nivellieren.

(2) Verstößt das Betreuungsgeld gegen Art. 3 Abs. 2 GG?

Hinsichtlich der Ausgestaltung des Betreuungsgeldes bleibt zunächst festzuhalten, dass der Gesetzeswortlaut geschlechtsneutral formuliert ist. Die Regelungen des § 16 Abs. 5 SGB VIII a. F. und des § 4a BEEG erwähnen nur die Eltern und weisen somit eine neutrale Ausgestaltung auf. Auch dem sonstigen

329 Schmidt-Bleibtreu/Hofmann/Hopfauf-*Kannengießer,* GG, Art. 3 Rn. 51.

330 BVerfG v. 24.01.1995 – 1 BvL 18/93, 1 BvL 5/94, 1 BvL 6/94, 1 BvL 7/94, 1 BvR 403/94, 1 BvR 569/94, BVerfGE 92, 91 (109 mwN.) = NJW 1995, 1733 (1734); Jarass/Pieroth-*Jarass*, GG, Art. 3 Rn. 97.

331 BVerfG v. 28.01.1987 – 1 BvR 455/82, BVerfGE 74, 163 (179) = NJW 1987, 1541 (1542).

332 *Boysen* in: v. Münch/Kunig, GGK I, Art. 3 Rn. 155 ff.; vgl. auch Jarass/Pieroth-*Jarass*, GG, Art. 3 Rn. 79 mwN.

333 Exemplarisch lassen sich in diesem Bereich die noch immer bestehenden Gehaltsunterschiede zwischen Männern und Frauen trotz identischer Tätigkeiten anführen, vgl. dazu Statistisches Bundesamt, Pressemitteilung Nr. 284 vom 20.08.2012, „Mehr Nacht- und Wochenendarbeit in Deutschland – neuer Bericht zur Qualität der Arbeit erschienen", hier wird eine Gehaltsdifferenz zwischen Männern und Frauen von 23 % ausgemacht; ebenso *Wenckebach*, Antidiskriminierungsrechtliche Aspekte des Kündigungsschutzes in Deutschland und England, S. 30 f. mwN.

Wortlaut lassen sich keine geschlechtsspezifischen Unterschiede entnehmen.[334] Eine direkte geschlechtsbezogene Ungleichbehandlung ist daher auf Grund der individuellen Gestaltungsmöglichkeiten der Paare ausgeschlossen. Allerdings schützt Art. 3 Abs. 2 GG nicht nur vor direkten, sondern ebenso vor indirekten Ungleichbehandlungen, vor allem wenn die Bestimmung typischerweise ein Geschlecht auf Grund besonderer Gegebenheiten benachteiligt.[335] In diesem Zusammenhang ist die eigentlich geschlechtsneutrale Ausgestaltung des Betreuungsgeldes zu sehen. Hier knüpft auch das von *Prof. Sacksofsky* im Auftrag der Partei BÜNDNIS90/DIE GRÜNEN erstellte Rechtsgutachten zur Frage der Vereinbarkeit des geplanten Betreuungsgeldes mit Art. 3 GG und Art. 6 GG an, worin betont wird, dass eine formale Betrachtung des Gesetzeswortlautes iSd. Art. 3 Abs. 2 GG nicht ausreichend sei, sondern auch „die realen Wirkungsbedingungen“[336] in die Gesamtbetrachtung integriert werden müssten. Anhand des Betreuungsgeldes wird den Familien ein Anreiz gegeben, das Kind durch einen Elternteil selbst zu betreuen und sich dafür durch das Betreuungsgeld „entlohnen“ zu lassen. Im Rahmen eines von *Margarete Schuler-Harms* für die Friedrich-Ebert-Stiftung angefertigten Gutachtens wird kritisiert, dass der Staat durch die Einführung des Betreuungsgeldes einen gegenteiligen Anreiz im Hinblick auf die Gleichberechtigung von Männern und Frauen setze.[337] In der Mehrzahl der Fälle wird dies nicht die Wahlmöglichkeiten zwischen einer Eigen- bzw. Fremdbetreuung erhöhen, sondern dazu führen, dass Frauen, die idR. immer noch deutlich weniger verdienen als Männer, das Kind selbst betreuen.[338] Damit sind diese Frauen durch die Geburt eines

---

334 BT-Drucks. 17/9917, S. 4 f., Entwurf eines Gesetzes zur Einführung eines Betreuungsgeldes v. 12.06.2012.

335 BVerfG v. 16.11.1993 – 1 BvR 258/86, BVerfGE 89, 276 (288) = NJW 1994, 647 (648); BVerfG v. 27.11.1997 – 1 BvL 12/91, BVerfGE 97, 35 (43) = NJW 1998, 1215 (1215 f.). Zur verfassungsrechtlichen Problematik des Nacharbeitsverbots für Arbeitnehmerinnen, BVerfG v. 28.01.1992 – 1 BvR 1025/82, 1 BvL 16/83, 1 BvL 10/91, BVerfGE 85, 191 = AP Nr. 2 zu § 19 AZO.

336 *Sacksofsky,* Streit 2010, 167 (173). *Brosius-Gersdorf,* RdJB 2011, 440 (446). Näher zum Schutzauftrag des Gesetzgebers bei faktischer Diskriminierung, *Krause* in: FS Pfarr, S. 392.

337 *Schuler-Harms*, „Verfassungsrechtlich prekär“, S. 4, abzurufen unter: http://www.fes.de/forumpug/documents/BroschuereVerfassungsrechtlicherRahmeneinesBetreuungsgeldes09_000.pdf (21.12.2013).

338 *Schuler-Harms*, „Verfassungsrechtlich prekär“, S. 6, abzurufen unter: http://www.fes.de/forumpug/documents/BroschuereVerfassungsrechtlicherRahmeneinesBetreuungsgeldes09_000.pdf (21.12.2013).

oder mehrerer Kinder über einen erheblichen Zeitraum dem Arbeitsmarkt entzogen, obwohl sie oftmals hoch qualifiziert sind. Häufig ist die Rückkehr nach einer langen Arbeitsunterbrechung in eine gleichwertige Position fast unmöglich, sodass die Arbeitnehmerinnen unter Umständen gezwungen sind, eine prekäre Beschäftigung auszuüben.[339]

(3) Rechtfertigung

Mangels ausdrücklicher Verankerung eines Gesetzesvorbehaltes in Art. 3 GG kann das Grundrecht durch kollidierendes Verfassungsrecht eingeschränkt werden.[340] In Betracht kommt die in Art. 3 Abs. 2 S. 2 GG verankerte gesetzliche Förderpflicht der Gleichberechtigung von Männern und Frauen. Demnach ist eine Verletzung von Art. 3 Abs. 2 zu verneinen, wenn der Gesetzgeber zum Ausgleich von Nachteilen, die ein Geschlecht besonders treffen, begünstigende Regelungen schafft.

Das Betreuungsgeld ist geschlechtsneutral ausgestaltet, sodass ein Verstoß gegen die Gleichberechtigung von Männern und Frauen nicht ersichtlich ist. Allerdings kann man nicht, wie bereits dargelegt, nur auf den Gesetzeswortlaut abstellen, „sondern es müssen die realen Wirkungsbedingungen einbezogen werden“[341]. Diese beruhen darauf, dass noch immer ein Großteil der Mütter die Erziehungs- und Betreuungsaufgabe – besonders während der ersten Monate – wahrnimmt. Der hierdurch bedingte berufliche Nachteil wird durch das Betreuungsgeld nicht ausgeglichen, sondern noch verschärft, indem ein Anreiz besteht, über die ersten 12 bzw. 14 Monate hinaus auf Grund der Betreuung des Kindes – von bestimmten Ausnahmen abgesehen (§ 4a Abs. 2 BEEG) – keine Beschäftigung aufzunehmen. Wird unter Umständen doch einer Tätigkeit nachgegangen, ist diese häufig im prekären Bereich angesiedelt und kann damit nur einen geringen Beitrag zum finanziellen Auskommen der Familie leisten. Das angesprochene Argument, dass das Betreuungsgeld auch die bisher noch nicht staatlich geförderten Familienmodelle berücksichtigen will[342], kann so nicht durchgreifen.

---

339 *Renz/Eggen*, Statistisches Monatsheft Baden-Württemberg, 2004, S. 11. Demnach nimmt der Anteil der berufstätigen Mütter mit steigender Kinderzahl kontinuierlich ab. Waren noch 76 % der Frauen mit einem Kind erwerbstätig, so liegt der Anteil bei von berufstätigen Müttern mit zwei Kindern lediglich bei 64 %, bei drei Kindern gehen nur noch 46 % der Frauen einer Beschäftigung nach.

340 BVerfG v. 24.01.1995 – 1 BvL 18/93, 1 BvL 5/94, 1 BvL 6/94, 1 BvL 7/94, 1 BvR 403/94, 1 BvR 569/94, BVerfGE 92, 91 (109) = NJW 1995, 1733 (1734).

341 *Sacksofsky,* Streit 2010, 167 (173).

342 BT-Drucks. 17/9917, S. 1, Entwurf eines Gesetzes zur Einführung eines Betreuungsgeldes v. 12.06.2012.

Das Bundesverfassungsgericht hat aus Art. 3 Abs. 2 GG gefolgert, dass der Staat „Grundlagen dafür zu schaffen [hat], daß Familientätigkeit und Erwerbstätigkeit aufeinander abgestimmt werden können und die Wahrnehmung der familiären Erziehungsaufgabe nicht zu beruflichen Nachteilen führt"[343]. Daraus resultiert die staatliche Verpflichtung zur Bereitstellung von Kindergartenplätzen.[344] Gleiches muss für die Betreuung von Kindern unter drei Jahren in einer Kindertagesstätte oder bei einer Tagesmutter gelten. Wenn es sich bei der Verbesserung der Vereinbarkeit von Familie und Beruf und der damit verbundenen Schaffung von Kinderbetreuungsplätzen um eine staatliche Aufgabe handelt, so kann Personen, die dieses Angebot nicht beanspruchen, kein Ausgleich gewährleistet werden.[345] Folge dieser Regelung ist die Erschwerung der gleichberechtigten Teilhabe von Frauen und Männern am Arbeitsmarkt.

(4) Fazit

Obwohl dem Gesetzgeber bei der Förderung der Familien ein Gestaltungsspielraum verbleibt[346], kann er nicht eine bestimmte Form der Kinderbetreuung honorieren, die faktisch zur Benachteiligung der Frau im Erwerbsleben führt. Die Bevorzugung der persönlichen Kinderbetreuung durch die Eltern würde wiederum andere Formen, z. B. die Inanspruchnahme einer Betreuung in einer Kindertagesstätte oder durch eine Tagesmutter benachteiligen. Hinzu kommt, dass die Förderung der tatsächlichen Gleichberechtigung von Männern und Frauen nicht nur auf den Abbau von rechtlichen Ungleichheiten, sondern auch auf die Reduzierung von gesellschaftlichen Benachteiligungen ausgerichtet ist.[347] Es ist daher nicht ausreichend, wenn der Gesetzgeber die Regelung neutral formuliert und sich

---

343 BVerfG v. 28.05.1993 – 2 BvF 2/90, 2 BvF 4/92, 2 BvF 5/92, BVerfGE 88, 203 (260) = NJW 1993, 1751 (1755).

344 BVerfG v. 10.03.1998 – 1 BvR 178/97, BVerfGE 97, 332 (347 f.) = NJW 1998, 2128 (2130 f.).

345 *Sacksofsky,* Streit 2010, 167 (172), „Wenn der Staat ein Interesse daran hat, dass seine Bürgerinnen und Bürger die Einrichtung nicht nutzen, muss er die Schaffung dieser Einrichtung unterlassen".

346 BVerfG v. 23.11.1976 – 1 BvR 150/75, BVerfGE 43, 108 (124) = NJW 1977, 241(242); BVerfG v. 29.10.2002 – 1 BvL 16/95, 1 BvL 17/95, 1 BvL 16/97, BVerfGE 106, 166 (177) = FamRZ 2003, 151 (151); ausführlich dazu auch *Sacksofsky,* Streit 2010, 167 (170).

347 BVerfGE v. 28.01.1992 – 1 BvR 1025/82, 1 BvL 16/83, 1 BvL 10/91, BVerfGE 85, 191 (207) = NJW 1992, 964 (965); BVerfG v. 18.11.2003 – 1 BvR 302/96, BVerfGE 109, 64 (89) = NJW 2004, 146 (149).

darauf beruft, dass die innerfamiliäre Aufgabenteilung den Eltern selbst überlassen werden müsse. Bei der Schaffung einer solchen Regelung sind ebenso die faktischen Auswirkungen zu berücksichtigen, hier die Nachteile im Rahmen der Erwerbsbeteiligung der Frauen.

cc) Vereinbarkeit mit familienpolitischen Zielen

Die Koalition aus CDU, CSU und FDP hat sich in ihrem Koalitionsvertrag in der 17. Legislaturperiode hinsichtlich der familienpolitischen Ziele vorgenommen, die gleichen Chancen für Frauen und Männer sowohl hinsichtlich des beruflichen Fortkommens als auch der Kinderbetreuung zu schaffen[348], gleiches gilt auch für die Koalition der 18. Legislaturperiode aus CDU, CSU und SPD[349]. Mehrfach angesprochen wurde bereits die immer noch schlechtere Ausgangslage für Frauen im Anschluss an eine familienbedingte Pause. Daher wurde die Einführung des Betreuungsgeldes mit der Realisierung einer echten Wahlfreiheit der Familien zwischen einer Eigen- und einer Fremdbetreuung begründet.[350]

Wie schon im Rahmen der verfassungsrechtlichen Untersuchung dargestellt, ist das Elterngeld als ein Anreiz für Mütter und Väter zu verstehen, sich für einen gewissen Zeitraum der Fürsorge und Erziehung des Kindes zu widmen, mit dem Ziel der möglichst raschen Rückkehr an den Arbeitsplatz. Das Betreuungsgeld hingegen beinhaltet, dass Eltern für die Betreuung ihres Kindes im Alter von einem bis drei Jahren zwischen 100 € und 150 € bekommen, wenn das Kind keine Betreuungseinrichtung besucht bzw. nicht von einer Tagesmutter betreut wird. Unter Umständen ist für eine bestimmte Zeitspanne eine externe Betreuung zulässig, vgl. § 4a Abs. 2 BEEG. Erfahrungen mit dem Betreuungsgeld vergleichbaren Leistungen in Thüringen oder auch in Skandinavien verdeutlichen, dass diese vor allem auf Arbeitnehmer mit niedriger Bildung und/oder geringfügiger Beschäftigung einen Anreiz ausüben und diese Personengruppen überdurchschnittlich häufig solche Leistungen in Anspruch nehmen.[351]

Abgesehen von diesen negativen Auswirkungen, besonders für Frauen, haben die Experten, die im Ausschuss für Familie, Senioren, Frauen und Jugend

348 Koalitionsvertrag zwischen CDU, CSU und FDP, Wachstum, Bildung, Zusammenhalt, 17. Legislaturperiode, S. 67.

349 Koalitionsvertrag zwischen CDU, CSU und SPD, Deutschlands Zukunft gestalten, 18. Legislaturperiode, S. 97.

350 Koalitionsvertrag zwischen CDU, CSU und FDP, Wachstum, Bildung, Zusammenhalt, 17. Legislaturperiode, S. 68.

351 *Gerlinger et al.*, ZSR 2012, 3 (13 f.).

angehört wurden, eingeräumt, dass der tatsächliche Effekt auf die bestehende Betreuungslandschaft bei weitem nicht so gravierend sein werde, wie in der aktuellen Diskussion angedeutet.[352] Tatsächlich ist auf Grund der ersten Zahlen bisher nur von einer eher geringen Inanspruchnahme des Betreuungsgeldes auszugehen.[353] *Sacksofsky* konstatiert, dass auf Grund der niedrigen Höhe des Betreuungsgeldes zumindest aber eine nicht zu unterschätzende „symbolische Wirkung"[354] erzeugt werde. Gleiches räumt auch *Axel Plünnecke* vom Institut der deutschen Wirtschaft im Rahmen der Ausschussanhörung ein, dass bereits heute 71,8 % der Mütter mit Kleinkindern keiner Beschäftigung nachgehen, sodass sich die Struktur durch das Betreuungsgeld nicht wesentlich verändern würde; negativ auswirken könnte sich das Geld allerdings auf teilzeitbeschäftigte Mütter[355]. *Plünnecke* bezieht sich auf eine Studie des Zentrums für europäische Wirtschaftsforschung (2009)[356], die darlegt, dass für ungefähr 50 % der Frauen in Teilzeitbeschäftigung das Betreuungsgeld ein Anreiz wäre, ihre Beschäftigung vollständig aufzugeben.[357]

Im Rahmen der hier näher untersuchten Beschäftigungsstruktur im Einzelhandel[358] könnte eine solche Entwicklung in diesem von Teilzeitbeschäftigungen geprägten Bereich ebenfalls dazu führen, dass Frauen das Betreuungsgeld als Gelegenheit sehen, um ihre Beschäftigung aufzugeben, die auf Grund der langen Arbeitszeiten und der hohen erforderlichen Flexibilität ohnehin nur schwer mit den Verpflichtungen innerhalb der Familie zu vereinbaren ist. Die dadurch entstehenden Phasen der Erwerbsunterbrechungen erhöhen erheblich die Gefahr, dass eine Rückkehr in den Arbeitsmarkt durch die Abwertung der bis dahin erworbenen Fähigkeiten auf Grund mangelnder regelmäßiger Nutzung und fehlender Weiterbildung, zusätzlich erschwert wird.[359] Bezeichnend ist, dass das Betreuungsgeld, abgesehen von der Kritik aus den Reihen der Politiker und Fachverbände, nach

---

352 Anhörung des Ausschusses für Familie, Frauen, Senioren und Jugend am 04.07.2011, Wortprotokoll Nr. 17/44.

353 http://www1.wdr.de/themen/politik/betreuungsgeld282.html (22.12.2013).

354 *Sacksofsky,* Streit 2010, 167 (174).

355 Anhörung des Ausschusses für Familie, Frauen, Senioren und Jugend am 04.07.2011, Ausschussdrucksache 17(13)110c, S. 3.

356 Abzurufen unter http://ftp.zew.de/pub/zew-docs/gutachten/Endbericht_Betreuungs geld2009.pdf (21.12.2013).

357 Anhörung des Ausschusses für Familie, Frauen, Senioren und Jugend am 04.07.2011, Ausschussdrucksache 17(13)110c, S. 4.

358 Vgl. 4. Kap.

359 *Sacksofsky,* Streit 2010, 167 (174).

einer Umfrage im Deutschlandtrend vom 04. Mai 2012 sogar von 69 % der Bürgerinnen und Bürger abgelehnt wurde.[360]

h) Ergebnis

Die Einführung des Elterngeldes stellt im Vergleich zum Bundeserziehungsgeld einen wesentlichen Fortschritt auf dem Weg zur Vereinbarkeit von Familie und Beruf dar. Obwohl die angesprochenen Ziele nicht in dem angestrebten Tempo erreicht werden, steigt zumindest die Zahl der Väter, die auch über den zum vollen Anspruchserwerb erforderlichen Zeitraum von zwei Monaten hinaus Elterngeld beantragen und sich damit zum einen der Betreuung ihres Kindes widmen und gleichzeitig der Frau die Möglichkeit eröffnen, zeitnah wieder ins aktive Berufsleben einzusteigen, um ihre finanzielle Unabhängigkeit und soziale Absicherung zu gewährleisten.

Hinsichtlich der Krippenplätze ist bereits auf die Problematik des nur langsam voranschreitenden Ausbaus hingewiesen worden. Im aktuellen Koalitionsvertrag ist ein neues Investitionsprogramm vorgesehen[361], um dieses Problem möglichst zeitnah zu beheben und um auch möglichen Schadensersatzklagen von Eltern vorzubeugen. Denn jüngst hat das Verwaltungsgericht Mainz[362] einer Referendarin einen Schadensersatzanspruch zugesprochen, da sie für ihre zweijährige Tochter, mangels vorhandenem Betreuungsplatz der Stadt Mainz, eine private Kindertagesstätte in Anspruch nehmen musste, obwohl in Rheinland-Pfalz bereits für Kinder ab zwei Jahren ein Rechtsanspruch auf einen Betreuungsplatz besteht. Erforderlich ist daher der zügige weitere Ausbau der Kleinkindbetreuung, wobei die Nachmittagsbetreuung der schulpflichtigen Kinder nicht vergessen werden darf. Denn trotz der Betreuung des Kindes in der Schule, stellt sich dasselbe Problem wie bei kleineren Kindern, wie die Betreuung so ausgestaltet werden kann, dass sie mit einem durchschnittlichen Arbeitstag der Eltern korrespondiert. Dringend notwendig sind daher weitere Investitionen, auch in den Ausbau der nachmittäglichen Betreuung an den Schulen.

Zu konstatieren bleibt, dass das Betreuungsgeld mit Art. 6 Abs. 1 GG und Art. 3 Abs. 2 GG nicht zu vereinbaren ist und die familienpolitischen Ziele des Gesetzgebers konterkariert. Das Elterngeld stellt eine Möglichkeit dar, die kindbedingten finanziellen Einbußen zumindest teilweise auszugleichen und so einen Beitrag

360 BT-Drucks. 17/9572, Kita-Ausbau statt Betreuungsgeld v. 09.05.2012, S. 2.

361 Koalitionsvertrag zwischen CDU, CSU und SPD, Deutschlands Zukunft gestalten, 18. Legislaturperiode, S. 97.

362 VG Mainz v. 10.05.2012 – 1 K 981/11.MZ, Streit 2012, 78.

zur finanziellen Stabilität im Rahmen der Familiengründung zu leisten. Hingegen fördert das Betreuungsgeld das Familienmodell der persönlichen elterlichen Betreuung eines Kindes zwischen dem ersten und dritten Lebensjahr. Wie beim Elterngeld gibt der Gesetzgeber nicht vor, welcher Elternteil das Kind betreuen und damit die Zahlung erhalten soll, sodass auf den ersten Blick die Annahme nahe liegt, dass die Regelung geschlechtsneutral ausgestaltet ist. Allerdings verbietet das Grundgesetz ebenfalls mittelbare Diskriminierungen eines Geschlechts.[363] Auf Grund der traditionell in der Gesellschaft noch immer stark verankerten Rollenverteilung zwischen Frauen und Männern und den bisherigen Erfahrungen mit dem Elterngeld ist davon auszugehen, dass zum größten Teil Frauen das Betreuungsgeld in Anspruch nehmen werden und damit im Regelfall mindestens über einen Zeitraum von drei Jahren ihre Beschäftigung aufgeben.[364] Schließt sich an das erste Kind ein zweites oder drittes an, so kann sich die familienbedingte Unterbrechung der Frauen auf mehrere Jahre, wenn nicht gar Jahrzehnte ausweiten. Dies ist weder mit der Förderung der Gleichberechtigung von Männern und Frauen zu vereinbaren, noch mit dem Verbot, eine bestimmte Familienform ohne sachlichen Grund zu fördern oder zu benachteiligen. Hinzu kommt, dass sich besonders für Kinder aus bildungsfernen Haushalten der frühe Kontakt mit Gleichaltrigen positiv auf die Gesamtentwicklung auswirkt.[365]

7. PflegeZG/FPfZG

a) Pflegezeitgesetz

aa) Einführung

Die Regelungen zur Pflegeversicherung sind 1994 in das 11. Sozialgesetzbuch unter dem Arbeitstitel „Soziale Pflegeversicherung“ aufgenommen worden.[366] Ziel des Gesetzes war die „umfassende Lösung der Pflegeproblematik herbeizuführen“[367].

---

363 BAG v. 20.06.1995 – 3 AZR 684/93; BAGE 80, 173 (183 f.) = AP Nr. 11 zu § 1 TVG Tarifverträge Chemie; *Sacksofsky,* Streit 2010, 167 (173); Jarass/Pieroth-*Jarass*, GG, Art. 3 Rn. 87 mwN.

364 *Peuckert*, Familienformen im sozialen Wandel, S. 362 f.; *Brosius-Gersdorf*, RdJB 2011, 440 (449).

365 *Schroeder* in: FS Pfarr, S. 405 (414); Süddeutsche Zeitung vom 10.10.2011, S. 4, „Das Erziehungsgeld kehrt zurück“.

366 Gesetz zur sozialen Absicherung des Risikos der Pflegebedürftigkeit, BGBl. I 1994, S. 1014.

367 BT-Drucks. 12/5262, Entwurf eines Gesetzes zur sozialen Absicherung des Risikos der Pflegebedürftigkeit, S. 1.

Unzureichend stellte sich die damalige Situation dar, dass für Krankheitsfälle eine Krankenversicherung die Kosten für etwaige Heilbehandlungen übernahm, im Falle einer Pflegebedürftigkeit, die vorwiegend ältere Menschen traf, aber auch bei jüngeren Menschen durch einen Unfall von Bedeutung sein konnte, es keine entsprechende Absicherung gab, die im Notfall für die oftmals erheblichen Kosten der Pflege aufkam.[368] Daher sollte durch die Einführung einer sozialen Pflegeversicherung der Umstand der Pflegebedürftigkeit ebenso abgesichert werden, wie eine auftretende Krankheit, ein Unfall oder die Arbeitslosigkeit bereits durch anderweitige Versicherungen abgedeckt waren.

Im Hinblick auf die finanzielle Absicherung der Pflegebedürftigen hat die Pflegeversicherung einen Fortschritt erzielt. Geklärt wurde damit aber nicht, wie eine Versorgung im Bedarfsfall aussehen könnte. An dieser Stelle entsteht neben der Kinderbetreuung der zweite wesentliche Problemkomplex für Arbeitnehmer. Im Laufe ihres Erwerbslebens kommen unterschiedliche Belastungen auf sie zu, die die Ausübung einer Vollzeittätigkeit zumindest für einen bestimmten Zeitraum erheblich erschweren. Während junge Arbeitnehmer häufig mit dem Problem der mangelnden Vereinbarkeit von Kinderbetreuung und Beruf konfrontiert sind, so haben Arbeitnehmer in fortgeschrittenen Jahren damit zu kämpfen, wie die Pflege ihrer Angehörigen mit der ausgeübten Erwerbstätigkeit kombiniert werden kann. Während der Ausbau von Kinderkrippen und Kindertagesstätten, wie unter 6. f) dargelegt, zumindest in kleinen Schritten voranschreitet und so die Situation der Eltern verbessert wird, ist es für viele Arbeitnehmer fast unmöglich, die pflegebedürftigen Angehörigen neben der eigenen (ganztägigen) Erwerbstätigkeit angemessen zu versorgen.

Diese Problematik aufgreifend fand im Jahr 2008 eine Weiterentwicklung und Anpassung der Pflegeversicherung durch das Pflege-Weiterentwicklungsgesetz[369] statt. Dessen Bestandteil war das Pflegezeitgesetz, welches „ein durch sozialrechtliche Vorschriften flankiertes arbeitsrechtliches Gesetz"[370] darstellt. Im Wesentlichen wurde durch die Neuregelung die Pflegeversicherung reformiert, um sie auf die Bedürfnisse und Wünsche der Pflegebedürftigen und deren Angehörigen abzustimmen, wobei der Grundsatz der häuslichen Pflege im Mittelpunkt stand.[371]

---

368 BT-Drucks. 12/5262, Entwurf eines Gesetzes zur sozialen Absicherung des Risikos der Pflegebedürftigkeit, S. 1.

369 BGBl. I 2008, S. 874. Weiterführend zur sozialen Pflegeversicherung, *Best,* SGb 2011, 415.

370 *Schlegel,* jurisPR-SozR 10/2008 Anm. 4.

371 BT-Drucks. 16/7439, Entwurf eines Gesetz zur strukturellen Weiterentwicklung der Pflegeversicherung v. 07.12.2007, S. 37, „Unter Berücksichtigung der von den meisten Pflegebedürftigen bevorzugten Form der Versorgung ist daher besonderes

Das in § 1 PflegeZG[372] ausgegebene Ziel, den Beschäftigten die Möglichkeit zu eröffnen, pflegebedürftige nahe Angehörige in häuslicher Umgebung zu versorgen und damit die Vereinbarkeit von Beruf und familiärer Pflege zu verbessern, scheint in der Praxis noch nicht zufrieden stellend umgesetzt worden zu sein. Wie unterrepräsentiert dieses Problem in der politischen Diskussion bisher war, zeigt sich u.a. auch daran, dass das Gesetz erst 2008 verabschiedet wurde und damit vergleichsweise jungen Datums ist.

bb) Inhaltliche Ausgestaltung

(1) Allgemeines

Kernpunkt des Pflegezeitgesetzes ist die Organisation der Versorgung von nahen Angehörigen in häuslicher Umgebung, vgl. § 1 PflegeZG. Beabsichtigt wird, die Situation der Angehörigen zu verbessern, indem ihnen bestimmte Zeiträume zur Verfügung stehen, innerhalb derer sie von der Erwerbstätigkeit freigestellt werden können, um die Pflege eines nahen Angehörigen zu organisieren bzw. diese für einen bestimmten Zeitraum selber zu übernehmen. Zu differenzieren ist daher zwischen einer kurzzeitigen Arbeitsverhinderung und der Pflegezeit.

(2) Kurzzeitige Arbeitsverhinderung

Beschäftigte haben gem. § 2 PflegeZG die Möglichkeit, für einen Zeitraum von bis zu zehn Tagen der Beschäftigung fernzubleiben, um in dieser Zeit für einen pflegebedürftigen Angehörigen in einer akut auftretenden Pflegesituation eine entsprechende Pflege zu organisieren bzw. für diesen Zeitraum die Versorgung in eigener Person zu erbringen (§ 2 PflegeZG). Der Zeitraum von 10 Tagen zur Organisation einer fachgerechten Pflege erscheint relativ knapp bemessen, da dies eine Abwägung und Lösung von vielfältigsten Problemen bedeutet. Besonders bei sich nicht abzeichnender Pflegebedürftigkeit, wenn diese durch einen Unfall oder sonstige Umstände kurzfristig eingetreten ist, kann dies zu erheblichen Schwierigkeiten führen. Im Vergleich zur Pflegezeit gem. § 3 PflegeZG ist aber das Recht zum Fernbleiben vom Arbeitsplatz nicht an eine bestimmte Betriebsgröße gekoppelt,

---

Augenmerk auf die Stützung und Förderung häuslicher Versorgungsstrukturen nach dem Grundsatz „ambulant vor stationär“ zu legen. Es gilt daher, wohnortnahe Versorgungsstrukturen zu stützen und zu aktivieren.“

372 Gesetz über die Pflegezeit v. 28. Mai 2008, BGBl. I, S. 874 (896). Die Auswirkungen des Pflegezeitgesetzes auf die arbeitsrechtliche Praxis legt *Müller,* BB 2008, 1058 dar. Siehe auch *Freihube/Sasse*, DB 2008, 1320.

sondern der Arbeitnehmer kann die Beschäftigung bis zu zehn Tage unterbrechen, unabhängig von der Zahl der beschäftigten Arbeitnehmer.

(3) Pflegezeit

Neben der kurzzeitigen Arbeitsverhinderung besteht für Beschäftigte die Option, eine Pflegezeit zu beanspruchen, um einen Angehörigen für einen bestimmten Zeitraum selber zu pflegen (§ 3 PflegeZG). Die Höchstpflegedauer ist auf maximal sechs Monate (§ 4 PflegeZG) für jeden pflegebedürftigen Angehörigen begrenzt. Parallelen zur kurzzeitigen Arbeitsverhinderung weist die Pflegezeit hinsichtlich des vorgesehenen Zeitraumes auf. Denn, wie bereits angesprochen, dauert die durchschnittliche Pflegezeit einer Person etwa zwei Jahre[373] und kann daher nicht mit einer Pflegezeit von sechs Monaten kompensiert werden. Dies bedeutet, dass nach Ablauf der vorgegeben Zeit entweder ein anderer naher Familienangehöriger die Aufgabe für die folgenden sechs Monate übernehmen oder auf eine häusliche bzw. stationäre Versorgungsoption zurückgegriffen werden muss.

Zur Inanspruchnahme der Pflegezeit ist es Voraussetzung, dass der Arbeitgeber mehr als 15 Beschäftigte hat (§ 3 Abs. 1 S. 2 PflegeZG). Hingegen bleibt Arbeitnehmern, die in kleineren Betrieben mit 15 oder weniger Beschäftigten arbeiten, ein Anspruch auf die Pflegezeit vollständig verwehrt, sodass sie auf die Kooperationsbereitschaft ihres Arbeitgebers hoffen müssen. Betroffen von dieser Einschränkung sind ca. 6,5 Millionen Beschäftigte in etwa 1,8 Millionen Betrieben, wovon mehr als die Hälfte Frauen (53 %) sind.[374] Somit bleiben die Personen, die überproportional häufig in der Pflege von Angehörigen beschäftigt sind, oftmals von diesem Anspruch ausgenommen.[375]

cc) Vergütungsaspekte

Auffällig ist, dass zwar die Möglichkeit einer teilweisen Freistellung des Arbeitnehmers zur Pflege besteht (§ 3 Abs. 1 S. 1 PflegeZG), deren genaue Ausgestaltung, auch hinsichtlich der Vergütung, jedoch unklar bleibt. Im Rahmen einer teilweisen Freistellung schließen beide Vertragsparteien eine schriftliche Vereinbarung über die

373 Vergleiche zur Diskussion um die Pflegedauer die Ausführungen im 2. Kap. D. III. 4.

374 *Nielebrock*, AiB 2008, 363 (365).

375 Der Koalitionsvertrag zwischen CDU, CSU und SPD, Deutschlands Zukunft gestalten, 18. Legislaturperiode, S. 84 sieht vor, die Regelungen des Pflegezeit- und Familienpflegezeitgesetzes „unter einem Dach mit Rechtsanspruch zusammen[zu]führen und weiter[zu]entwickeln".

angestrebte Verringerung und die damit verbundene Verteilung der Arbeitszeit.[376] Obwohl dies nicht ausdrücklich im Gesetz normiert ist, so ist der Gesetzesbegründung zu entnehmen, dass der Arbeitgeber den Vorstellungen des Arbeitnehmers nur dringende betriebliche Gründe zur Ablehnung entgegenhalten kann, ansonsten ist er zur Zustimmung verpflichtet.[377] Daraus folgt, dass der Arbeitnehmer vom Arbeitgeber ab einer gewissen Betriebsgröße verlangen kann, teilweise freigestellt zu werden. Konsequenterweise bekommt der Arbeitnehmer dann auch nur den verringerten Lohn. In den wenigsten Fällen können die dadurch verursachten finanziellen Nachteile durch Ersparnisse oder das Einkommen von anderen Familienmitgliedern kompensiert werden. Ein ähnliches Bild zeichnet sich ab, wenn der Arbeitnehmer für einen gewissen Zeitraum eine vollständige Freistellung anstrebt. Im Pflegezeitgesetz wird lediglich festgelegt, dass der Arbeitgeber zur Fortzahlung der Vergütung nur verpflichtet ist, soweit sich eine solche Verpflichtung aus anderen gesetzlichen Vorschriften oder auf Grund einer Vereinbarung ergibt (§ 2 Abs. 3 PflegeZG). Vergütungsansprüche der Arbeitnehmer können sich in solchen Fällen vor allem aus § 616 S. 1 BGB ergeben.[378] Problematisch ist allerdings, dass § 616 BGB als dispositives Recht durch einen Arbeits-, Tarifvertrag oder eine Betriebsvereinbarung abbedungen werden kann, sodass den Arbeitnehmern nur eine geringe Sicherheit gewährleistet wird[379], da von dieser Option, vor allem in Tarifverträgen, Gebrauch gemacht wird[380]. Selbst bei Eingreifen der Regelung des § 616 BGB wird unter einer „verhältnismäßig nicht erheblichen Zeit" nur eine Zeitspanne von etwa fünf Tagen verstanden, hingegen eröffnet § 2 PflegeZG die Möglichkeit einer Freistellung für zehn Tage, sodass § 616 BGB mangels Vorliegen der Voraussetzungen nicht zur Anwendung kommen kann.[381] Umso wichtiger sind daher Regelungen, aus denen sich ein Vergütungsanspruch ergibt.[382]

---

376 Wedde/*Böttcher*, Arbeitsrecht, § 3 PflegeZG Rn. 11.

377 BR-Drucks. 718/07, Entwurf eines Gesetzes zur strukturellen Weiterentwicklung der Pflegeversicherung v. 19.10.2007, S. 222, bei den vom Arbeitgeber vorgebrachten dringenden betrieblichen Gründen muss „es sich um gewichtige Gründe handeln, die Vorrang vor den Interessen an der häuslichen Pflege verdienen".

378 ErfK/*Gallner*, § 2 PflegeZG Rn. 4; *Plein/Kratz*, KSzW 2012, 101 (102).

379 *V. Steinau-Steinrück/Mosch*, NJW-Spezial 2010, 178 (179); *Nassibi/Wenckebach/Zeibig*, djbZ 2012, 111 (114).

380 *Plein/Kratz*, KSzW 2012, 101 (103 f. mwN.); *Göhle-Sander* in: jurisPK-Vereinbarkeit von Familie und Beruf, Kapitel 9.2 Rn. 41.

381 *Plein/Kratz*, KSzW 2012, 101 (104); ErfK/*Preis*, § 616 BGB Rn. 10.

382 BT-Drucks. 16/7439, Entwurf eines Gesetzes zur strukturellen Weiterentwicklung der Pflegeversicherung v. 07.12.2007, S. 1; *Nassibi/Wenckebach/Zeibig*, djbZ

b) *Familienpflegezeitgesetz*

aa) Allgemeines

Neben den bereits angesprochenen zeitlichen Schwierigkeiten, ist das wohl größte Problem im Rahmen der Pflege die Vergütung. Zwar bekommt die pflegebedürftige Person von der sozialen Pflegeversicherung ein Pflegegeld (§ 37 SGB XI) ausgezahlt, dass aber idR. nicht den Einkommensausfall des pflegenden Angehörigen kompensieren kann.[383] Vor dem Hintergrund dieser erheblichen Reformnotwendigkeit und der stärkeren Fokussierung nicht nur auf die Betreuung von Kindern, sondern auch auf die Versorgung von älteren Menschen, ist zum 01.01.2012 das Familienpflegezeitgesetz[384] in Kraft getreten. Die ehemalige Bundesfamilienministerin *Schröder* hat die Regelungen als „innovatives Modell, das die Bürgerinnen und Bürger entlastet, ohne die Sozialsysteme zusätzlich zu belasten"[385] gelobt. Ob das Gesetz tatsächlich einen wesentlichen Beitrag zur Vereinbarkeit von Pflege und Beruf leisten kann, wird sich erst in einigen Jahren abschließend beurteilen lassen.

bb) Zielsetzung und Ausgestaltung

Wesentliches Ziel des Gesetzes ist die Verbesserung der Möglichkeiten zur Vereinbarkeit von Erwerbstätigkeit und familiärer Pflege (§ 1 FPfZG). Wie oben bereits angesprochen, ist nicht nur der Bereich der Betreuung von Kleinkindern bisher regelmäßig vernachlässigt worden, sondern auch der sich immer weiter ausbreitende „Pflegenotstand"[386]. Die überalterte deutsche Gesellschaft hat zur Folge, dass sich immer mehr Menschen mit der Problematik der Pflege von

---

2012, 111 (114). Hierzu sieht der Koalitionsvertrag zwischen CDU, CSU und SPD, Deutschlands Zukunft gestalten, 18. Legislaturperiode, S. 84 vor, dass für die zehntätige Auszeit zur Pflege von Angehörigen eine Lohnersatzleistung nach dem Vorbild des Kinderkrankengeldes geschaffen werden soll.

383 *Gerlinger et al.*, ZSR 2012, 3 (10 f.). Überblick zur Familienpflegezeit, *Sasse*, DB 2011, 2660; *Klenter,* AiB 2011, 716. Wechselwirkungen zum Pflegezeitgesetz erläutern *Plein/Kratz*, KSzW 2012, 101 (107 f.).

384 BGBl. I 2011, S. 2564. Vgl. *Tammer/Kohl*, Personalführung 2011, 114; *Schiefer/ Worzalla*, DB 2012, 516; *Kossens,* PersR 2012, 17; *Karb*, öAT 2012, 30; *Barkow von Creytz*, DStR 2012, 191; *Lehmann,* BB 2011, 757; *Novara*, AuA 2012, 27; *Göttling/ Neumann,* NZA 2012, 119; *Klenter*, AiB 2012, 31; *Schwerdle*, ZTR 2012, 3.

385 Bundesministerium für Familie, Senioren, Frauen und Jugend, Pressemitteilung Nr. 84/2011 v. 20.10.2011, Thema: Ältere Menschen, Wohlfahrtspflege.

386 BT-Drucks. 17/2301, Ausgestaltung der Pflegeberufe und Weiterentwicklung der Pflegeausbildungen v. 28.06.2010, S. 2.

Angehörigen auseinandersetzen müssen. Primäre Frage hierbei ist, ob eine häusliche Pflege organisiert werden kann oder die Inanspruchnahme einer staatlichen Einrichtung erforderlich ist. Bisher werden 1,63 Millionen Menschen, also mehr als zwei Drittel der Pflegebedürftigen im häuslichen Umfeld durch die Angehörigen bzw. von Pflegediensten betreut.[387] Dies korrespondiert mit dem häufigen Wunsch der pflegebedürftigen Personen von vertrauten Personen im bekannten Umfeld gepflegt zu werden.[388] Nichtsdestotrotz bleibt zu konstatieren, dass die häusliche Pflege, auch bei Inanspruchnahme von ambulanten Pflegediensten, nur unter größten zeitlichen und finanziellen Kraftanstrengungen zu leisten ist. Je nach Schwere der Pflegebedürftigkeit können hier erhebliche Belastungen auf die Angehörigen zukommen, die in der Regel noch für das finanzielle Auskommen der eigenen Familie sorgen müssen und so in existenzielle Nöte geraten können.

Dem will das Familienpflegegesetz[389] abhelfen, indem es den pflegenden Angehörigen ermöglicht für einen Maximalzeitraum von zwei Jahren die Arbeitszeit erheblich zu reduzieren, ohne dabei spiegelbildliche finanzielle Einbußen hinnehmen zu müssen. So wird Arbeitnehmern die Möglichkeit gegeben, ihre Arbeitszeit für maximal zwei Jahre auf bis zu 15 Stunden wöchentlich zu reduzieren (§ 2 Abs. 1 FPfZG). Gleichzeitig wird das Entgelt „um die Hälfte des Produkts aus monatlicher Arbeitszeitverringerung in Stunden und dem durchschnittlichen Entgelt pro Arbeitsstunde“ (§ 3 Abs. 1 Nr. 1b FPfZG) aufgestockt, sodass für einen vollzeitbeschäftigten Arbeitnehmer z.B. die Option besteht, seine Arbeitszeit um 50 % zu senken, wobei aber 75 % seines letzten Bruttogehalts zur Auszahlung kommen. Die hierdurch entstehende negative Bilanz auf dem Arbeitskonto wird ausgeglichen, indem der Arbeitnehmer im Anschluss an die Reduzierung der Arbeitszeit wieder die vertraglich vorgesehene Zeit arbeitet, jedoch bis zum Ausgleich des Arbeitskontos weiterhin nur jeweils 75 % seines letzten Bruttomonatslohns bezieht.[390]

Damit der Arbeitgeber, der in der Familienpflegezeit von bis zu zwei Jahren für anderweitigen Ersatz sorgen und diesen Arbeitnehmer auch entsprechend entlohnen muss, finanziell nicht übermäßig belastet wird, gewährt das

387 BT-Drucks. 17/6000, Entwurf eines Gesetzes zur Vereinbarkeit von Pflege und Beruf v. 06.06.2011, S. 1.

388 BT-Drucks. 17/6000, Entwurf eines Gesetzes zur Vereinbarkeit von Pflege und Beruf v. 06.06.2011, S. 1.

389 BGBl. I 2011, S. 2564.

390 Siehe hierzu die Presseerklärung des Bundesministeriums für Familie, Senioren, Frauen und Jugend vom 23.03.2011, „Bundesfamilienministerin bringt Gesetz zur Familienpflegezeit ins Kabinett ein“.

Bundesamt für Familie und zivilgesellschaftliche Aufgaben dem Arbeitgeber ein zinsloses Darlehen (§ 3 Abs. 1 FPfZG).[391] Neben diesen finanziellen Belastungen kommt hinzu, dass den Arbeitgeber in einer solchen Fallkonstellation auch das Ausfallrisiko treffen würde, wenn der Arbeitnehmer in der Ausgleichsphase krank oder arbeitsunfähig wird. Zur Absicherung des Zeitraums, in dem das zu Gunsten des Arbeitnehmers angesammelte Wertguthaben wieder ausgeglichen werden soll, sieht das Gesetz den Abschluss einer Familienpflegezeitversicherung vor (§ 4 FPfZG).

cc) Kritikpunkte

Im hier behandelten Kontext sollen die wesentlichen Unzulänglichkeiten des Gesetzes, die in direktem Zusammenhang mit der Vereinbarkeit von Erwerbstätigkeit und Pflege stehen, näher in Augenschein genommen werden.

(1) Dauer der Pflege

Positiv ist hervorzuheben, dass der Gesetzgeber der besseren Vereinbarkeit von Pflege und Erwerbstätigkeit zunehmend die dringend benötigte Aufmerksamkeit widmet.[392] Bemerkenswert ist, dass die im Pflegezeitgesetz vorgesehene Pflegezeit von höchstens sechs Monaten (§ 4 Abs. 1 S.1 PflegeZG) auf bis zu 24 Monate (§ 2 Abs. 1 FPfZG) erheblich ausgeweitet wurde. Trotzdem ist insbesondere von der Opposition angemahnt worden, dass der Zeitraum, in dem ein älterer Mensch im Durchschnitt Pflege benötigt, ca. 8 Jahre umfasse[393], sodass auch die

---

391 BT-Drucks. 17/7387, Beschlussempfehlung und Bericht des Ausschusses für Familie, Senioren, Frauen und Jugend, Entwurf eines Gesetzes zur Vereinbarkeit von Pflege und Beruf v. 19.10.2011, S. 1, „Kernstück des Gesetzentwurfs ist die zinslose Refinanzierung einer solchen Entgeltaufstockung des Arbeitgebers durch ein Bundesdarlehen".

392 Koalitionsvertrag von CDU, CSU und FDP, Wachstum, Bildung, Zusammenhalt, 17. Legislaturperiode, S. 84 f., „Gesundheit hat für die Menschen in unserem Land eine hohe Bedeutung. Sie müssen sicher sein können, dass sie im Krankheits- und Pflegefall gut versorgt sind. Die Qualität der Versorgung und ihre flächendeckende Bereitstellung sind uns ein zentrales Anliegen. Eine hochwertige Gesundheitsversorgung muss vom Menschen her gedacht werden. Dafür ist ein Umdenken erforderlich."

393 BT-Drucks. 17/7387, Beschlussempfehlung und Bericht des Ausschusses für Familie, Senioren, Frauen und Jugend, Entwurf eines Gesetzes zur Vereinbarkeit von Pflege und Beruf v. 19.10.2011, S. 15; a.A. *Müller/Unger/Rothgang,* SozSich 2010, 230 (237), demnach reiche die Familienpflegezeit von zwei Jahren aus, da die „typischen Pflegeverläufe" diesen Zeitraum nicht überschreiten würden. Für Personen, die über

Ausweitung auf maximal 24 Monate dem nicht gerecht werden könne. Demgegenüber vertrat die damalige Bundesregierung die Ansicht, dass die Regelung eine besonders flexible Inanspruchnahme ermögliche, insbesondere dann, wenn mehrere Kinder sich die Pflege der Eltern aufteilen, um diese nacheinander oder parallel sicherzustellen.[394] Eine solche Überlegung mag sinnvoll sein, wenn das Bild der Mehr-Kind-Familie auch tatsächlich der überwiegenden gesellschaftlichen Realität entspricht. Davon kann aber kaum die Rede sein. In Deutschland bekommt eine Frau im Schnitt 1,36 Kinder (2009).[395] Dies spiegelt den seit den 1970er Jahren anhaltenden Trend zur Ein-Kind-Familie wieder.[396] Damit liegt die Sicherstellung der Pflege von Eltern in vielen Fällen in den Händen eines Kindes, welches sich aber um beide Elternteile kümmern muss, sodass die von der Bundesregierung dargestellte flexible Verteilung auf mehrere Kinder in der Mehrheit der Fälle so nicht funktionieren kann. Besonders gravierend ist dies aber vor dem Hintergrund des demographischen Wandels[397], da einer zunehmenden Vielzahl von pflegebedürftigen Personen immer weniger Angehörige gegenüberstehen, die die Aufgabe übernehmen könnten. Erschwerend kommt hinzu, dass in den Pflegeeinrichtungen die Personaldecke äußerst dünn ist und somit akute Personalnot zunehmend das Bild prägt, flankiert von einer erheblichen Unzufriedenheit des Personals.[398]

Im Rahmen der zweiten und dritten Beratung zum Gesetzesentwurf zur Vereinbarkeit von Pflege und Beruf[399] hat die SPD-Fraktion als Alternative zur Regelung des Familienpflegezeitgesetzes vorgeschlagen, den Arbeitnehmern ein Zeitkonto

---

diesen Zeitraum hinaus gepflegt werden müssen, sei auch die Ausweitung der Familienpflegezeit auf z.B. vier Jahre ebenfalls kaum ausreichend, da hier u.a. „jüngere Behinderte mit sehr langen Überlebenszeiten" versorgt werden müssten. Zum Streit über die durchschnittliche Pflegedauer vgl. auch die Ausführungen im 2. Kap. D. III. 4.

394 BT-Drucks. 17/7387, Beschlussempfehlung und Bericht des Ausschusses für Familie, Senioren, Frauen und Jugend, Entwurf eines Gesetzes zur Vereinbarkeit von Pflege und Beruf v. 19.10.2011, S. 15.

395 Statistisches Bundesamt, Presseerklärung Nr. 414 vom 12.11.2010, demnach bekam eine Frau im Jahr 2009 durchschnittlich 1,36 Kinder.

396 *Peuckert*, Familienformen im sozialen Wandel, S. 128.

397 Demnach wird die Zahl der pflegebedürftigen Menschen weiter zunehmen von bisher etwa 2,4 Millionen auf 3,4 Millionen im Jahr 2040, vgl. Süddeutsche Zeitung v. 30.06./01.07.2012, S. 8, „Neue Regeln für die Pflege[,] Wer sich um Angehörige kümmert, erhält künftig mehr Geld und Unterstützung" unter Bezugnahme auf die Zahlen des Statistischen Bundesamtes.

398 *Hackmann/Moog*, ZSR 2010, 113 (133 mwN.).

399 BT-Drucks. 17/6000, Entwurf eines Gesetzes zur Vereinbarkeit von Pflege und Beruf v. 06.06.2011.

von 1000 Stunden (ca. sechs Monate) einzurichten, die individuell nach dem jeweiligen Bedarf eingesetzt werden könnten, wobei die Gesellschaft insgesamt für den dadurch benötigten Lohnersatz aufkommen würde.[400] Dieser Vorschlag erscheint zumindest dahingehend begrüßenswert, dass hier in Anlehnung an das Elterngeld als Lohnersatzleistung ebenfalls darüber nachgedacht wird, die finanziellen Auswirkungen nicht ausschließlich den Arbeitnehmern aufzubürden, sondern eine gesamtgesellschaftliche Verteilung vorzunehmen. Aber auch ein Zeitkonto von 1000 Stunden, das je nach Inanspruchnahme ca. sechs Monate abdecken kann, steht im Widerspruch zur vorher von der Opposition angesprochenen durchschnittlichen Pflegezeit von etwa acht Jahren, die durch diese Regelung noch weniger aufgefangen werden kann als durch das Familienpflegezeitgesetz.

Bleibt also die Frage, ob eine noch weitergehende Ausdehnung des Pflegezeitraumes auf drei bzw. vier Jahre oder einen gar noch längeren Zeitraum zielführend erscheint. In diesem Zusammenhang besonders problematisch ist die Unwägbarkeit der Situation. Niemand kann abschätzen, wie sich der Gesundheitszustand der pflegebedürftigen Person entwickeln wird und parallel dazu der damit verbundene Pflegeaufwand. Klar ist, dass der Pflegezeitraum nicht in jedem Einzelfall für die jeweilige Familie angemessen ist. Eine solche Regelung kann aber auch im Sinne eines angemessenen Interessensausgleichs zwischen Arbeitnehmern und Arbeitgebern nicht geschaffen werden. Wichtig ist daher, dass sich der Gesetzgeber an der durchschnittlichen Pflegedauer orientiert und sowohl für die Pflegebedürftigen als auch für deren Angehörige eine angemessene und interessengerechte Lösung findet, die gleichzeitig die Schwierigkeiten des Arbeitgebers nicht außer Acht lässt. Die dargelegten Streitigkeiten zur Bestimmung der Dauer der Pflegebedürftigkeit offenbaren, dass hier kaum eine „richtige“ Lösung zu finden ist.

Die wesentliche Ausweitung des Pflegezeitraumes von sechs Monaten auf zwei Jahre ermöglicht den betroffenen Familien für eine erheblich längere Zeitperiode die Pflege von Angehörigen selbst zu übernehmen und in dieser Zeit eine Lösung für die künftige Pflegesituation zu finden. Parallel zu den Ausführungen zur Ausweitung der Bezugszeit des Elterngeldes ist auch hier die aktuell bestehende Pflegesituation näher zu berücksichtigen. Angeklungen ist, dass die Pflege überwiegend von Frauen wahrgenommen wird und damit wenig „Gendergerechtigkeit“[401] aufweist. Unter diesem Aspekt muss berücksichtigt werden, dass die weitere Ausdehnung des Zeitraumes wesentlich zu Lasten der finanziellen Situation und der sozialen Absicherung der betroffenen Frauen geht und daher abzulehnen

400 Plenarprotokoll 17/133, S. 15702.

401 Vgl. dazu *Nebe*, djbZ 2011, 57 (58).

ist. Wünschenswert ist daher die Schaffung eines Anreizsystems, um ein stärkeres Engagement der Männer im Bereich der Angehörigenpflege zu erreichen.

(2) Kein Anspruch auf Familienpflegezeit

Ein weiterer wesentlicher Kritikpunkt des neuen Gesetzes ist die konkrete Ausgestaltung der Familienpflegezeit. Das Gesetz sieht keinen Anspruch des Arbeitnehmers auf eine Familienpflegezeit, eventuell abhängig von der Anzahl der im Betrieb Beschäftigten vor, sondern es wird auf eine schriftliche Vereinbarung zwischen Arbeitgeber und Arbeitnehmer abgestellt (§ 3 Abs. 1 Nr. 1 FPfZG). Voraussetzung hierfür ist eine freiwillige Einigung, sodass der Arbeitnehmer keine Möglichkeit hat, den Arbeitgeber zum Abschluss dieser Vereinbarung zu veranlassen, falls dieser sich weigert, die Arbeitszeit des Beschäftigten zu reduzieren.[402] Damit liegt die gesamte Verantwortung bei den Angehörigen und eine gesamtgesellschaftliche Übernahme der zu tragenden Lasten findet nicht statt. Zu diesem Problemkomplex wurde während der Ausschussberatungen vorgetragen, dass die jetzige Ausgestaltung einen gerechten Ausgleich zwischen den Arbeitgebern und Arbeitnehmern darstelle, da die Arbeitgeber „hinnehmen [müssten], dass in ihre Arbeitsorganisation eingegriffen werde, wenngleich dies flexibel gestaltet sei“[403]. Die Arbeitnehmer hätten für die Zeit der Pflege ein geringeres Einkommen in Kauf zu nehmen.[404]

Zuzugeben ist, dass die Kompensation des Arbeitsausfalls oder der Arbeitsverringerung eines Arbeitnehmers für den Arbeitgeber mit einem erheblichen Organisationsaufwand und korrespondierend dazu mit zusätzlichen Kosten verbunden ist, um trotzdem die Erfüllung der Aufgaben sicherzustellen. Von einem gerechten Lastenausgleich kann aber nur dann gesprochen werden, wenn die Beteiligten gleichermaßen zu deren Bewältigung beitragen. Dies ist allerdings der wesentliche Kritikpunkt an der Neuregelung, da auf eine Ausgestaltung als Anspruch

---

402 So auch die Kritik der Opposition am Gesetzesentwurf: Plenarprotokoll 17/133, S. 15700 ff. Vgl. auch *Leopold*, WzS 2012, 18; *Nassibi/Wenckebach/Zeibig*, djbZ 2012, 111 (115). Der Koalitionsvertrag zwischen CDU, CSU und SPD, Deutschlands Zukunft gestalten, 18. Legislaturperiode, S. 84 sieht vor, die Regelungen des Pflegezeit- und Familienpflegezeitgesetzes „unter einem Dach mit Rechtsanspruch zusammen[zu]führen und weiter[zu]entwickeln“.

403 BT-Drucks. 17/7387, Beschlussempfehlung und Bericht des Ausschusses für Familie, Senioren, Frauen und Jugend, Entwurf eines Gesetzes zur Vereinbarkeit von Pflege und Beruf v. 19.10.2011 S. 15.

404 BT-Drucks. 17/7387, Beschlussempfehlung und Bericht des Ausschusses für Familie, Senioren, Frauen und Jugend, Entwurf eines Gesetzes zur Vereinbarkeit von Pflege und Beruf v. 19.10.2011, S. 15.

verzichtet wurde und damit der Arbeitgeber eben nicht gezwungen werden kann, dem Verlangen des Arbeitnehmers zur Arbeitszeitverringerung nachzukommen. Der Arbeitnehmer ist auf das Entgegenkommen des Arbeitgebers angewiesen, dies stellt in einem so wesentlichen Bereich wie der Pflege von Angehörigen eine nicht hinnehmbare Situation dar. Regelmäßig ist davon auszugehen, dass der Arbeitgeber ein Interesse daran haben wird, qualifizierte Mitarbeiter seines Unternehmens zu behalten und die familienfreundliche Arbeitsumgebung ein wesentliches Kriterium bei der zukünftigen Anwerbung von Mitarbeitern darstellt.[405] Die finanziellen Unwägbarkeiten können allerdings dazu führen, dass Arbeitgeber nur dann bereit sind, solche Belastungen auf sich zu nehmen, wenn der betroffene Arbeitnehmer einen besonderen Mehrwert für das Unternehmen bietet. Dies wiederum ist regelmäßig mit der hierarchischen Einordnung des Mitarbeiters verbunden, da davon auszugehen ist, dass die Position eines Beschäftigten oftmals Wesentliches über dessen Bedeutung für das Unternehmen aussagt. Problematisch ist, dass in solche Ebenen größtenteils Männer vordringen, wie die immer wieder auftauchende Diskussion um eine Frauenquote zeigt[406], diese aber nur zu einem verschwindend geringen Prozentsatz überhaupt in der Pflege engagiert sind. So sind überwiegend Frauen betroffen, die auf den unteren Ebenen eines Unternehmens angesiedelt und damit leichter zu ersetzen sind. Allein dieser Kreislauf macht deutlich, dass die Ausgestaltung der Familienpflegezeit als Anspruch der Arbeitnehmer dringend erforderlich ist.

(3) Einführung einer Einkommensersatzleistung

Kritisch zu sehen ist ebenfalls die Lastenverteilung im Rahmen des Familienpflegezeitgesetzes. Besonders die vielfältigen Belastungen der Arbeitnehmer werden weder durch eine angemessene Einbindung der Arbeitgeber kompensiert, noch wird die Gesellschaft insgesamt ihrer Verpflichtung zur sozialen Fürsorge gerecht. Zum Ausdruck kommt dies, da die Arbeitnehmer auf einen Teil ihres Gehalts verzichten müssen und, abgesehen vom Darlehen zur Einkommensaufstockung, das aber den Arbeitgebern gewährt und von den Arbeitnehmern im Rahmen der Nachpflegephase wieder ausgeglichen werden muss, keinerlei staatliche Unterstützung erhalten.

---

405 *Tammer/Kohl*, PersF 2011, 114 (115); beispielhaft zum Konzept der Familienförderung beim Automobilzulieferer Continental, vgl. *Nennstiel-Koch*, AuA 2009, 96; *Plein/Kratz*, KSzW 2012, 101 (108).

406 Zur Frauenquote für Aufsichtsräte: *Birnbaum*, AuA 2011, 148; *Künast*, ZRP 2011, 11; *Bachmann*, ZIP 2011, 1131.

Leicht erscheint die Suche nach Alternativlösungen nicht, da eine weitere Ausdehnung der Pflegezeit, wie eben dargelegt, dazu führen würde, dass überwiegend Frauen über einen noch längeren Zeitraum ihre Erwerbstätigkeit unterbrechen und damit nach so langer Zeit kaum eine Möglichkeit haben, wieder eine ihren Fähigkeiten entsprechende Beschäftigung zu finden. Betrachtet man die Pflegesituation im Kontext mit der bisherigen Erwerbsbiographie von Arbeitnehmern, so ist davon auszugehen, dass die Zeitspanne zwischen familienbedingten Arbeitsunterbrechungen auf Grund von Kinderbetreuungspflichten bzw. der Pflege von Angehörigen und Zeiträumen mit einer Vollzeiterwerbstätigkeit immer geringer werden. Damit wird nicht nur das berufliche Fortkommen erschwert, sondern auch die Möglichkeit sich eine angemessene soziale Absicherung für den Bedarfsfall aufzubauen.

Eine Änderung dieser Situation ist im Hinblick auf die finanzielle Ausgestaltung des Gesetzes nicht in Sicht. Der Gesetzgeber hat darauf geachtet, dass das Gesetz möglichst kostenneutral ausgestaltet wird und somit auf eine entsprechende Entgeltersatzleistung für pflegende Personen in Anlehnung an die Zahlung eines Elterngeldes verzichtet.[407] Allerdings ist diese abweichende Ausgestaltung im Vergleich zum Elterngeld kaum zu rechtfertigen. Denn regelmäßig ist davon auszugehen, dass es nicht nur der primäre Wunsch der Pflegebedürftigen ist, im gewohnten Umfeld die erforderliche Versorgung zu erhalten, sondern auch aus ökonomischen Gründen wesentlich kostengünstiger ist.[408] Darüber hinaus wäre die Einführung einer Einkommensersatzleistung im Hinblick auf eine gendergerechte Pflege dringend erforderlich. Das Modell des Elterngelds hat gezeigt, dass sich zunehmend ebenfalls Väter um die Versorgung ihrer Kinder kümmern. Ein stärkeres Engagement der männlichen Arbeitnehmer im Bereich der Pflege ist ebenso wünschenswert. Gerade dieses beim Elterngeld bereits Erfolge erzielende Modell der Einkommensersatzleistung könnte dafür sorgen, dass die Pflege von nahen Angehörigen, ebenso wie die Kindererziehung besser mit der Erwerbstätigkeit zu vereinbaren ist. Besonders der Tatsache, dass die Pflege zum großen Teil von weiblichen Arbeitnehmern geleistet wird, lässt sich ohne eine entsprechende

---

407 BT-Drucks. 17/6000, Entwurf eines Gesetzes zur Vereinbarkeit von Pflege und Beruf v. 06.06.2011, S. 19: „Insgesamt bewirkt das Gesetz wegen der zu erwartenden Entlastungen bei den Leistungsausgaben dauerhafte Einsparungen im Bereich der sozialen Pflegeversicherung."

408 *Nebe*, djbZ 2011, 57 (58), besonders im Hinblick auf den demografischen Wandel wird die Bedeutung der häuslichen Pflege in Zukunft noch weiter steigen.

Entgeltersatzleistung kaum entgegenwirken, die eine notwendige finanzielle Kompensation beinhaltet.[409]

Will man also tatsächlich die Familienlasten zumindest annähernd gleichmäßig auf beide Partner verteilen, so erscheint die Einführung einer Lohnersatzleistung unumgänglich. Denn auch bei der Versorgung von pflegebedürftigen Angehörigen muss zum Ausdruck kommen, dass dies parallel zum Elterngeld als steuerfinanzierte Einkommensersatzleistung eine gesamtgesellschaftliche Aufgabe darstellt, besonders vor dem Hintergrund der demografischen Entwicklung. Das durch das Familienpflegezeitgesetz eingeführte Modell einer Reduktion der Arbeitzeit z.B. um 50 % bei gleichzeitiger Aufstockung des Gehaltes um 25 % kann nämlich nur dann funktionieren, wenn das verringerte Einkommen des betroffenen Arbeitnehmers trotz der Aufstockung immer noch zur Sicherung des Lebensunterhalts ausreicht, bei den oben erläuterten unterschiedlichen Formen der atypischen Beschäftigung wird das nur in den seltensten Fällen möglich sein.[410]

(4) Weitere Kritikpunkte

Kritisch gesehen wird ebenfalls der durch das Gesetz verursachte Verwaltungsaufwand, da für die Einzelheiten jeweils individualvertragliche Regelungen erforderlich sind.[411] Auch der Verweis auf die Anlehnung an das Modell der Altersteilzeit und der erzielte Erfolg dieser Regelung[412] kann im Zusammenhang von Pflege und Beruf nicht greifen, da die Situation in wesentlichen Punkten abweicht. Entscheidet sich ein Arbeitnehmer in Altersteilzeit zu gehen, so beruht dies zumindest idR. auf

---

409 *Hoffer*, djbZ 2011, 47 (55); zur Notwendigkeit einer Entgeltersatzleitung *Nebe*, djbZ 2011, 57 (60).

410 *Nebe*, djbZ 2011, 57 (60); BT-Drucks. 17/7387, Beschlussempfehlung und Bericht des Ausschusses für Familie, Senioren, Frauen und Jugend, Entwurf eines Gesetzes zur Vereinbarkeit von Pflege und Beruf v. 19.10.2011, S. 16; *Gerlinger* et al., ZSR 2012, 2 (10).

411 Abhilfe könne hier eine Mustervereinbarung schaffen, die gemeinsam von DGB und BDA verabschiedet werden solle und sich derzeit noch im Verhandlungsstadium befände, *Klenter,* AiB 2012, 31 (33). Zu den Anforderungen und Gestaltungsmöglichkeiten einer Vereinbarung zur Familienpflegezeit, vgl. auch die Ausführungen von *Schmitz-Witte*, AuA 2012, 275; *Leopold*, WzS 2012, 18.

412 BT-Drucks. 17/6000, Entwurf eines Gesetzes zur Vereinbarkeit von Pflege und Beruf v. 06.06.2011, S. 13, „In der betrieblichen Praxis soll sich die Familienpflegezeit an der rechtlichen Konzeption der Altersteilzeit orientieren. Die gesetzlichen Regelungen setzen einen Rahmen, der durch Arbeitgeber und Beschäftigte auf vertraglicher Grundlage auszufüllen ist. Die Erfahrung mit der Altersteilzeit zeigt hierfür eine große Akzeptanz sowohl bei Beschäftigten als auch bei Arbeitgebern".

einem autonomen Entschluss nach entsprechender Prüfung der finanziellen Einbußen und Möglichkeiten zur Kompensation. Dies ist bei Arbeitnehmern, deren Angehörige sich in einer akuten Pflegebedarfssituation befinden, regelmäßig nicht der Fall. Sie haben häufig keine Alternative zur Übernahme der Pflege und können oftmals die finanziellen Einbußen nicht kompensieren, sodass der Vergleich zum Erfolgsmodell der Altersteilzeit „hinkt".

dd) Zwischenfazit

Insgesamt kann das Familienpflegezeitgesetz als ein wichtiger Schritt zur Vereinbarkeit von Pflege und Beruf angesehen werden, da die immer dringendere Problematik stärker in das Bewusstsein des Gesetzgebers und damit der Gesellschaft insgesamt gerückt wurde. Hinsichtlich der konkreten Ausgestaltung weist das Gesetz aber wesentliche Mängel auf. So wird die Aufnahme von Pflegetätigkeiten und die damit verbundene Reduzierung der Erwerbstätigkeit für maximal 24 Monate erleichtert, aber nur bei einer Einigung mit dem Arbeitgeber. Ist dies nicht möglich, so hat der Arbeitnehmer keine Möglichkeit, sein Vorhaben einseitig durchzusetzen. Hier stellt sich die Frage, warum der Gesetzgeber im Sinne der Vereinheitlichung und Vereinfachung der Vorschriften zur Vereinbarkeit von Familie und Beruf keine parallele Ausgestaltung der Familienpflegezeit zur Elternzeit vorgenommen hat. Denn besteht die Notwendigkeit einer Kinderbetreuung, so hat der Arbeitnehmer einen Anspruch auf Elternzeit grds. bis zur Vollendung des dritten Lebensjahres eines Kindes (§ 15 Abs. 2 S. 1 BEEG). Hinzu kommt der Anspruch auf das Elterngeld als Einkommensersatzleistung (§ 2 BEEG). Im Rahmen der Familienpflegezeit ist zwar eine Reduzierung der Arbeitszeit auf bis zu 15 Stunden wöchentlich für einen Höchstzeitraum von 24 Monaten vorgesehen, aber den finanziellen Ausfall trägt ausschließlich der Arbeitnehmer. Zwar wird das Einkommen nicht äquivalent zur Reduzierung der Arbeitszeit gekürzt, da eine Aufstockung um bis zu 25 % stattfinden kann, jedoch muss der Arbeitnehmer das sich dadurch angesammelte Wertguthaben dahingehend wieder ausgleichen, dass er nach der Familienpflegephase auch nur ein prozentual verringertes Einkommen erhält, bis das Konto wieder saldiert ist. Eine Belastung des Arbeitgebers wird dadurch ausgeschlossen, dass dieser ein zinsloses Darlehen vom Bundesamt für Familie und zivilgesellschaftliche Aufgaben (§ 3 FPfZG) erhält und eine Familienpflegezeitversicherung (§ 4 FPfZG) abgeschlossen werden muss, falls der Arbeitnehmer in der Ausgleichsphase berufsunfähig oder krank wird, wobei auch hier der Arbeitnehmer für die Beiträge aufkommen muss.[413]

413 *Gerlinger* et al., ZSR 2012, 3 (10).

Grundsätzlich können dringend benötigte Reformen nicht daran scheitern, dass ein entsprechendes Finanzierungsvolumen nicht vorhanden ist. Dieser Eindruck drängt sich aber auf, wenn in der Gesetzesbegründung zum Familienpflegezeitgesetz folgendes Zitat zu finden ist: „Insgesamt bewirkt das Gesetz wegen der zu erwartenden Entlastungen bei den Leistungsausgaben dauerhafte Einsparungen im Bereich der sozialen Pflegeversicherung“[414]. Anscheinend ist es noch immer nicht hinreichend im Bewusstsein verankert, dass die häusliche Pflege wesentlich günstiger als eine stationäre Pflege ist, hinzu kommt, dass das System der stationären Pflege den Ausfall der häuslichen Pflege kaum auffangen könnte, da nicht genügend Einrichtungen zur Verfügung stehen.[415] Ein solches Szenario hätte ebenfalls erhebliche Auswirkungen auf die Sozialkassen, da für eine stationäre Betreuung höhere Pflegesätze zu bezahlen sind. Obwohl das System der Pflegeversicherung im Vergleich zur Krankenkasse nicht auf eine vollständige Absicherung zielt, sondern nur als Ergänzung dient (§ 4 Abs. 2 S. 1 SGB XI)[416], kämen auf die Sozialkassen bei steigenden Betreuungszahlen in stationären Einrichtungen auch erhebliche Mehrausgaben hinzu. Darüber hinaus muss der Pflegebedürftige die entstehende Versorgungslücke zwar prinzipiell selbst schließen, ist er aber hierzu nicht in der Lage, müssen diese Kosten durch die Sozialhilfe und damit wiederum zu Lasten der gesamten Gesellschaft gedeckt werden.[417] Eine entsprechende Entwicklung würde mithin zu wesentlich höheren Kosten führen und wäre weder von den pflegebedürftigen Personen noch von deren Angehörigen gewollt.

Die Haushaltskonsolidierung stellt ein wichtiges Ziel dar, nur bleibt die Frage, ob die Einsparungen an der richtigen Stelle vorgenommen werden. Denn neben der Bereitschaft zur Übernahme der Pflege eines nahen Angehörigen ist es auch erforderlich, dass der Pflegende finanziell in der Lage ist, auf einen bestimmten Prozentsatz seines Einkommens zu verzichten und trotzdem noch ein seinen Lebensunterhalt sicherndes Einkommen erzielt. Besonders problematisch stellt sich hier die Situation von regelmäßig in Teilzeit tätigen Arbeitnehmern oder geringfügig Beschäftigten dar, denen ein Verzicht auch nur auf einen relativ kleinen Teil des Einkommens kaum möglich ist.[418] Kritisch anführen ließe sich hier, dass eine solche atypische Beschäftigung aber ohnehin nicht mit der Arbeitszeit

414 BT-Drucks. 17/6000, Entwurf eines Gesetzes zur Vereinbarkeit von Pflege und Beruf v. 06.06.2011, S. 19.

415 *Nebe*, djbZ 2011, 57 (58); *vgl. auch Nebe* in: FS Pfarr, S. 416 (422 f.).

416 *Nebe*, djbZ 2011, 57 (59).

417 *Nebe*, djbZ 2011, 57 (59).

418 *Nebe*, djbZ 2011, 57 (60); *Klenter*, AiB 2012, 31 (36).

eines vollzeitbeschäftigten Arbeitnehmers korrespondiert, sodass sich hier zeitliche Spielräume für die Übernahme einer Pflegetätigkeit eröffnen würden. Dem ist entgegenzuhalten, dass gerade Frauen in den genannten atypischen Beschäftigungsverhältnissen eine besondere Flexibilität hinsichtlich ihrer Arbeitszeiten an den Tag legen müssen, wie dies exemplarisch am Beispiel der Beschäftigten im Einzelhandel dargelegt wurde.[419] Eine solche erforderliche Flexibilität erschwert die Übernahme einer Pflegetätigkeit, die durch einen hohen Organisationsaufwand und feste, regelmäßige Strukturen für alle Beteiligten gekennzeichnet ist, zunehmend und stellt sich als kaum lösbarer Konflikt dar.

Hinreichend erwähnt wurde bereits, dass nicht nur die Erziehung der Kinder, sondern auch die Pflege der Angehörigen primär in den Verantwortungsbereich der weiblichen Arbeitnehmer fällt.[420] Das BEEG erzielte dahingehend Fortschritte, dass zunehmend auch die Väter durch das Elterngeld als Einkommensersatzleistung zumindest zwei Monate die Betreuung des Kindes übernehmen, um über den gesamten Zeitraum von 14 Monaten Elterngeld zu beziehen (§§ 4 Abs. 1, 3 BEEG). Erkennbar ist hier immerhin eine langsame Steigerung der väterlichen Betreuungsleistungen.[421] Soweit ersichtlich, liegen keine genauen Zahlen zur Beteiligung von Männern an den Pflegeaufgaben vor, allerdings erscheint dieser Anteil verschwindend gering und ohne entsprechende staatliche Anreize ist auch nicht erkennbar, warum sich an dieser Situation in naher Zukunft etwas ändern sollte.

Reformbedürftig erscheint zum einen die Ausgestaltung der Familienpflegezeit als Anspruch der Betroffenen sowie die Einführung einer dem Elterngeld vergleichbare Einkommensersatzleistung. Hierdurch werden finanzielle Einbußen ausgeglichen, aber zeitgleich mögliche Anreize geschaffen, damit auch Männer ihren Sorgeverpflichtungen nachkommen können.[422]

c) Ergebnis

Insgesamt zeigt sich, dass im Rahmen der Vereinbarkeit von Pflege und Beruf noch mehr „Baustellen“ existieren als beim Zusammenspiel von Kinderbetreuung

---

419 Vgl. 4. Kap. C., Ladenschlussgesetz und Arbeitnehmerschutz. *Plein/Kratz*, KSzW 2012, 101 (107) sehen das Gesetz als insgesamt zu statisch an und nicht an eine moderne Zeitpolitik angepasst.

420 *Bogedan,* WSI-Mitteilungen 2008, 212; *Hoffer*, djbZ 2011, 47; *Nebe*, djbZ 2011, 57 (58).

421 Statistisches Bundesamt, Pressemitteilung Nr. 176 vom 27.05.2013, „Elterngeld: Väterbeteiligung mit 27,3 % auf neuem Höchststand.

422 *Nebe*, djbZ 2011, 57 (60).

und Erwerbstätigkeit. Es entsteht der Eindruck, dass die gravierend zunehmende Problematik der Versorgung von älteren Angehörigen noch nicht hinreichend in der Gesellschaft insgesamt, aber vor allem in der Politik angekommen ist, die den wesentlichsten Gestaltungsspielraum und damit auch die größten Verpflichtungen in diesem Bereich hat. Vor dem Hintergrund, dass die Versorgung von pflegebedürftigen Personen im häuslichen Umfeld auf Grund der Kostenreduzierung einen „hohen volkswirtschaftlichen Vorteil“[423] darstellt, sollte die Unterstützung dieser Form der Pflege im besonderen Interesse des Gesetzgebers liegen.

Die dargestellten Kritikpunkte verdeutlichen, dass das Familienpflegezeitgesetz zwar als ein weiteres Element zur Vereinbarkeit von Pflege und Beruf angesehen werden kann, aber die konkrete inhaltliche Ausgestaltung noch wesentliche Veränderungen erfahren muss. Zu erwähnen sind hier die Schaffung eines Anspruchs auf Familienpflegezeit gegenüber dem Arbeitgeber, zu dessen Entlastung in Anlehnung an die Elternzeit auch eine bestimmte Betriebsgröße vorgeschrieben werden kann (vgl. § 15 Abs. 7 Nr. 1 BEEG), die Überarbeitung der finanziellen Lastenverteilung, insbesondere die Einführung einer Lohnersatzleistung zur Schaffung eines Anreizsystems, um die Übernahme von Pflegeaufgaben durch Angehörige zu erleichtern. Die damit verbundenen finanziellen Belastungen des Haushaltes können den Verzicht darauf nicht begründen, da wie oben bereits dargelegt, die überwiegende oder gar vollständige stationäre Pflege aller pflegebedürftigen Personen, zumindest angesichts der derzeitigen Pflegeinfrastruktur nicht zu leisten wäre.

Hinzu kommt, dass ähnlich wie beim Elterngeld stärker beachtet werden muss, dass nicht nur die Kindererziehung, sondern auch die Pflege von älteren Menschen eine gesamtgesellschaftliche Aufgabe darstellt, deren Lasten nicht nur auf den Schultern der nahen Angehörigen ruhen kann.[424] Vergessen werden darf im Zuge der Diskussion nicht, dass die Betreuung von kleinen Kindern und pflegebedürftigen Angehörigen hinsichtlich der Schwierigkeiten, die sich auf Grund des erheblichen Organisationsaufwands ergeben zwar wesentliche Parallelen aufweisen, aber im Bereich der Vorhersehbarkeit und damit der Planbarkeit erheblich differieren. Die Phase der Kinderbetreuung ist grds. mehrere Monate im Voraus absehbar und damit planbar. Vorteilhaft ist die Absehbarkeit der Betreuungsbedürftigkeit, da seit August 2013 zumindest für jedes Kind ab einem Jahr ein Platz in einer entsprechenden Betreuungseinrichtung zur Verfügung stehen muss.[425] Studien hinsichtlich der

423 *Nebe*, djbZ 2011, 57 (58).
424 So auch *Pfahl/Reuyß/Rinderspacher* in: Groß/Seifert, Zeitkonflikte, S. 161.
425 *Pfahl/Reuyß/Rinderspacher* in: Groß/Seifert, Zeitkonflikte, S. 161 (185).

Pflegedauer kommen zu unterschiedlichen Ergebnissen, wobei der durchschnittliche Zeitraum wohl zwischen zwei und acht Jahren liegt.[426] Damit ist diese Phase idR. deutlich länger als die Betreuungsphase von Kleinkindern. Obwohl es sich hierbei um einen Richtwert handelt, der im Einzelfall in beide Richtungen variieren kann, so ist doch die Unsicherheit über die zeitlichen Faktoren, besonders ein sich unerwartet ergebender Pflegebedarf, wesentlicher Grund für die Schwierigkeiten, mit denen sich die betreuenden Angehörigen auseinandersetzen müssen. So lange der Gesetzgeber auf Grund von politischen Dissonanzen oder finanziellen Unzulänglichkeiten nicht in der Lage ist ein tragfähiges Konzept zu entwickeln, sind weiterhin die Angehörigen am stärksten gefordert, die täglichen Herausforderungen zu meistern. Zwingend notwendig erscheint hierbei die Unterstützung durch die Arbeitgeber, die stärker in die Pflicht zu nehmen sind. Lassen sich die bisher gesetzlich normierten freiwilligen Vereinbarungen zwischen dem Arbeitgeber und den Arbeitnehmern nicht erzielen, so sind die Sozialpartner gefragt, hier einen angemessenen Lastenausgleich zu finden.[427]

Nicht unerwähnt bleiben soll, dass sich auch bisher viele Arbeitgeber bemühen, den Bedürfnissen ihrer Arbeitnehmer so weit wie möglich Rechnung zu tragen.[428] Es kann davon ausgegangen werden, dass die Anstrengungen der Arbeitgeber weiterhin zu verzeichnen sind, um den Mitarbeitern eine entsprechende berufliche Perspektive zu verschaffen. Einschränkend ist aber zu berücksichtigen, dass dies regelmäßig nur auf entsprechend qualifizierte Arbeitnehmer zutrifft und nicht für die geringfügig Beschäftigten, die besonders häufig Pflegeaufgaben übernehmen.[429]

Die gesetzlichen Vorgaben bieten einen relativ starren Rahmen, der auf Grund der genannten Unzulänglichkeiten auch mit einigen Unsicherheiten verbunden ist. Daher werden die Arbeitnehmer in Zukunft noch stärker darauf angewiesen sein, dass sie mit den Arbeitgebern Regelungen vereinbaren können, die ihren Bedürfnissen wesentlich entgegenkommen, z.B. im Rahmen von individuell vereinbarten Bestimmungen, die nach Möglichkeit auch für geringer Qualifizierte zur Anwendung kommen.[430]

---

426 *Müller/Unger/Rothgang,* SozSich 2010, 230 (231 ff.), erläutern methodische Ansätze zur Bestimmung der durchschnittlichen Pflegedauer; *Kerschbaumer,* PersR 2008, 281; vgl. zur Diskussion auch *Deter/Ragu*, Deutscher Bundestag, Wissenschaftliche Dienste, Nr. 26/10, S. 2.

427 Siehe hierzu die Ausführungen im 5. Kap. A. II. 8.

428 *Nennstiel-Koch*, AuA 2009, 96, zum Familienkonzept des Automobilzulieferers Continental; *Plein/Kratz*, KSzW 2012, 101 (108).

429 BT-Drucks. 17/6240, Erster Gleichstellungsbericht v. 16.06.2011, S. 123 ff. mwN.; *Nebe*, djbZ 2011, 57 (60); *Plein/Kratz*, KSzW 2012, 101 (108).

430 *Plein/Kratz*, KSzW 2012, 101 (108).

8. TVG/BetrVG

a) Allgemeines

Die vorherigen Ausführungen zeigen, dass die gesetzlichen Regelungen zur Vereinbarkeit von Familie bzw. Pflege und Beruf in den letzten Jahren eine positive Entwicklung genommen haben, wobei das Ende der benötigten Reformen längst nicht erreicht ist. Noch immer weist die Gesetzeslage in wesentlichen Bereichen erhebliche Defizite auf und es ist nicht nachvollziehbar, warum die Betreuung von Kleinkindern eine derart differierende Ausgestaltung erfährt im Vergleich zur Pflege von älteren Angehörigen, da davon auszugehen ist, dass die entstehenden Vereinbarkeitsschwierigkeiten im Bereich der Versorgung von pflegebedürftigen Angehörigen noch gravierender sind.

Damit die Lasten, besonders im Bereich der Pflege, nicht vollständig von den Arbeitnehmern getragen werden müssen, sind sie neben dem Tätigwerden des Gesetzgebers auf die Unterstützung der Arbeitgeber angewiesen. Es ist angeklungen, dass sich viele in diesem Bereich bereits engagieren, um den Arbeitnehmern weitestgehend entgegenzukommen.[431] Trotzdem sind freiwillige Vereinbarungen dann nicht zielführend, wenn die Arbeitszeitwünsche der Arbeitnehmer aus unterschiedlichen Gründen keine hinreichende Berücksichtigung finden.

Daher zeigt sich, dass diese Problematik auch in Tarifverträgen bzw. Betriebsvereinbarungen stärkere Beachtung finden muss. Im Rahmen von abzuschließenden Tarifverträgen wird der ansprochene Themenkomplex zunehmend zentraler Bestandteil.[432] Demnach sind Regelungen, die die Vereinbarkeit von familiären Aufgaben mit dem Berufsalltag betreffen immer häufiger Gegenstand von Tarifverträgen, insbesondere der hier im Mittelpunkt stehende Aspekt der Arbeitszeitflexibilisierung ist grundsätzlich kein Novum mehr. Aber die Bedeutung hat sich im Laufe der Zeit verschoben, da die Arbeitszeitflexibilisierung in früheren Jahren „als Instrument der Beschäftigungssicherung und zum Abbau von Überstunden genutzt worden, inzwischen [...] die Balance von Arbeit und Leben als gleichwertiger Aspekt hinzugekommen“[433] ist.

---

431 Vgl. 5. Kap. A. II. 7. c); *Nennstiel-Koch*, AuA 2009, 96 zum Familienkonzept des Automobilzulieferers Continental; weiterführend *Brinkmann/Fehre*, WSI-Mitteilungen 2009, 324.

432 *Flüter-Hoffmann*, Familienfreundliche Regelungen in Tarifverträgen und Betriebsvereinbarungen, S. 6; Vgl. auch *Lehmann*, BB 2011, 757.

433 *Flüter-Hoffmann*, Familienfreundliche Regelungen in Tarifverträgen und Betriebsvereinbarungen, S. 8. Zur „Entgeltgleichheit und Begrenzung der Flexibilisierung

Daneben ist auch der Betriebsrat gem. § 80 Abs. 1 Nr. 2b BetrVG dazu aufgefordert, die Vereinbarkeit von privaten und beruflichen Aufgaben zu fördern. Dieser soll darauf hinwirken, dass besonders im Rahmen der Arbeitszeitgestaltung im Betrieb auf die familiären Pflichten der Arbeitnehmer besondere Rücksicht genommen wird.[434] Allerdings stellt § 80 Abs. 1 Nr. 2b BetrVG lediglich eine Zielvorgabe dar, die einen weiten individuellen Gestaltungsspielraum eröffnet.[435] Hinzu kommen die „Leistungs- und Flexibilitätserwartung [des Arbeitgebers] in Bezug auf Arbeitseinsatz, Arbeitsort und Verfügbarkeit"[436], sodass die unterschiedlichen Interessen in einen angemessenen Ausgleich gebracht werden müssen. Daher ist hier besonders der Betriebsrat in der Pflicht, um die Arbeitszeitwünsche der Beschäftigten möglichst weitgehend umsetzen zu können. In Betracht kommen erzwingbare Betriebsvereinbarungen, die sich hinsichtlich der Arbeitszeit an den familiären Bedürfnissen der Arbeitnehmer orientieren.[437]

Im Hinblick auf die Arbeitszeit muss der Betriebsrat gem. § 87 Abs. 1 Nr. 2 BetrVG den Festlegungen hinsichtlich Beginn und Ende zustimmen, darunter auch der wöchentlichen Verteilung bzw. Verkürzung oder Verlängerung der im Betrieb üblichen Arbeitszeit (§ 87 Abs. 1 Nr. 3 BetrVG). In Bezug auf die sich aus der Betriebsratsarbeit ergebenden Aufgaben, die unter Umständen mit privaten Verpflichtungen kollidieren können, hat das BAG entschieden, dass der Arbeitgeber unter bestimmten Voraussetzungen verpflichtet ist, die Aufwendungen für die Fremdbetreuung minderjähriger Kinder zu erstatten, wenn die Pflichtenkollision nicht anderweitig gelöst werden kann.[438]

b) Vergütungsaspekte

Neben den Bestimmungen zur Arbeitszeit, die sich mit der Vereinbarkeitsproblematik befassen, muss auch hier der Vergütungsaspekt näher betrachtet werden. Wie bereits angesprochen, ergibt sich aus § 616 BGB, dass der Arbeitnehmer seinen Vergütungsanspruch dann nicht verliert, wenn er seine Arbeitsleistung für eine verhältnismäßig nicht erhebliche Zeit ohne sein Verschulden nicht erbringt,

---

geringfügiger Beschäftigung durch kollektivvertragliche Regelungen", vgl. *Zimmer,* WSI-Mitteilungen 2012, 50.

434 Richardi/*Thüsing*, BetrVG, § 80 Rn. 30; ErfK/*Kania*, § 80 BetrVG Rn. 11.

435 Richardi/*Thüsing*, BetrVG, § 80 Rn. 30.

436 *Lück*, AiB 2008, 268 (270); DKKW-*Buschmann,* BetrVG, § 80 Rn. 44.

437 *Lück*, AiB 2008, 268 (270); ErfK/*Kania*, § 80 BetrVG Rn. 11.

438 BAG v. 23.06.2010 – 7 ABR 103/08, BAGE 135, 48 = NZA 2010, 1298; vgl. hierzu die Ausführungen im 5. Kap. A. II. 3. c).

wobei der Grund der Arbeitsverhinderung in seiner Person liegen muss. Wann eine verhältnismäßig nicht erhebliche Zeit vorliegt, bestimmt sich nach der (auch voraussichtlichen Dauer) des Arbeitsverhältnisses.[439] Regelmäßig werden hier aber nur wenige Tage als nicht erhebliche Zeit angesehen.[440] Allerdings ist § 616 BGB nicht zwingender Natur, sodass eine Abbedingung, z.B. durch einen Tarifvertrag in Betracht kommt.[441] Eine solche Abbedingung kann, je nach Vereinbarung dazu führen, dass Arbeitnehmer für einen längeren Zeitraum der Beschäftigung fernbleiben können, ohne dadurch ihren Anspruch auf die Vergütung zu verlieren. Gleichzeitig besteht die Möglichkeit, Regelungen in einem Tarifvertrag zur unbezahlten Arbeitsfreistellung zu treffen.[442]

An dieser Stelle setzt das noch sehr junge Familienpflegezeitgesetz an, dass die finanziellen Schwierigkeiten in den Blick nimmt, denn häufig ist es den Arbeitnehmern auf Grund von familiären Unterhaltsverpflichtungen nicht möglich, vollständig auf ihr Einkommen zu verzichten.[443] Daher soll die Finanzierungsproblematik in diesem Kontext erleichtert werden.[444] Kritiker hingegen gehen davon aus, dass das Familienpflegezeitgesetz nicht erforderlich sei, da dieser Themenkomplex bereits Eingang in einige Arbeits-, Tarifverträge bzw. Betriebsvereinbarungen gefunden habe.[445] Zu begrüßen ist, dass dieses Thema auch bei den Arbeitsvertrags- bzw. Tarifvertragsparteien stärker in den Fokus rückt. Es ist aber nicht ausreichend, wenn sich nur einige Tarifverträge diesem Thema widmen, vielmehr sind klare Vorgaben erforderlich, an denen sich die Betroffenen orientieren können und die ihnen in dieser Situation ein gewisses Maß an Verlässlichkeit garantieren. Erschwerend kommt hinzu, dass nicht jeder Arbeitsvertrag auch einem Tarifvertrag unterfällt[446], davon ist besonders im Bereich der prekären Beschäftigungsverhältnisse auszugehen. Nichtsdestotrotz sind Tarifverträge und Betriebsvereinbarungen

---

439 Palandt/*Weidenkaff*, BGB, § 616 Rn. 9; vgl. dazu auch die Ausführungen im 5. Kap. A. II. 2. b).

440 BAG v. 20.07.1977 – 5 AZR 325/76, AP Nr. 47 zu § 616 BGB = DB 1977, 2332.

441 BAG v. 20.06.1979 – 5 AZR 479/77, BAGE 32, 32 (35) = AP Nr. 49 zu § 616 BGB.

442 Beispiele für Tarifverträge, die sich mit der Freistellung von der Arbeit befassen, um die Betreuung eines Angehörigen zu gewährleisten, *Flüter-Hoffmann*, Familienfreundliche Regelungen in Tarifverträgen und Betriebsvereinbarungen, S. 14 ff.

443 Vgl. ausführlich dazu 5. Kap. A. II. 7. b).

444 Vgl. auch *Flüter-Hoffmann*, Familienfreundliche Regelungen in Tarifverträgen und Betriebsvereinbarungen, S. 9; *Novara*, AuA 2012, 27; *Göttling/Neumann*, NZA 2012, 119 (120 f.); *Kossens*, PersR 2012, 17 (18).

445 *Deter/Ragu*, Deutscher Bundestag, Wissenschaftliche Dienste, Nr. 26/10, S. 2.

446 Vgl. §§ 3, 5 TVG.

wichtige Ergänzungen, um jeweils die individuellen Verhältnisse des Betriebs ins Blickfeld zu nehmen und in diesem Kontext einen angemessenen Interessenausgleich zwischen den beteiligten Parteien zu erzielen.

B. Stellungnahme

Die dargelegten Ausführungen zeigen, dass das deutsche Rechtssystem über einen relativ gut ausgebauten Schutz der Arbeitnehmer durch das Arbeitszeitgesetz verfügt und den Arbeitsvertragsparteien eine weitgehende Flexibilität gewährt.

Zeitgleich lässt sich eine Zunahme von atypischen Beschäftigungen verzeichnen, zu denen auch die Teilzeitarbeit gehört. Hintergrund dieser Zunahme ist der überwiegend von Arbeitgebern geforderte flexible Einsatz von Mitarbeitern, um in Zeiten hoher Auftragslagen zeitnah Beschäftigte einstellen zu können, ohne dass diese unter die strengen kündigungsschutzrechtlichen Regelungen fallen. Positiv ist diese Form der Beschäftigung für die Arbeitnehmer nur bei freiwilliger Ausübung, häufig ist diese Beschäftigungsform aber nicht autonom gewählt, sondern mangels anderweitiger Alternativen die einzige Option.

Festgestellt wurde, dass der Anteil von Frauen in atypischen Beschäftigungsverhältnissen, vor allem im Bereich der Teilzeitarbeit sehr hoch ist. Dies spiegelt die noch immer vorherrschende traditionelle Rollenverteilung wider, dass die Frauen nach der Geburt der Kinder zunächst nur eine Teilzeitbeschäftigung aufnehmen, um deren Betreuung sicherzustellen. Während sich einige Arbeitnehmerinnen bewusst dafür entscheiden die Aufgabe selbst wahrzunehmen, ist in vielen Fällen das nicht vorhandene Betreuungsangebot für die Kinder ein wesentliches Hemmnis. Hier kann nicht von einer autonomen Entscheidung die Rede sein, die nach der Vorstellung des Gesetzgebers durch den Ausbau der Betreuungsmöglichkeiten für Kinder unter drei Jahren geschaffen werden soll. Steht jedoch keine echte Alternative zur Versorgung durch die Eltern zur Verfügung, bleibt nur noch die Möglichkeit, die Betreuung selbst zu übernehmen, wobei diese Aufgabe im Regelfall der Mutter zukommt, sodass sich tradierte Rollenbilder weiter fortsetzen.

Einen ersten Anreiz zur Durchbrechung hat das Elterngeld geschaffen, indem es für den vollständigen Anspruch von 14 Monaten voraussetzt, dass sich jeder Elternteil mindestens zwei Monate der Betreuung des Kindes widmet. Dies hat immerhin dazu geführt, dass die Zahl der Väter, die für zwei Monate die Betreuung des Kindes übernehmen, ansteigt. Trotzdem ist es für viele Eltern auf Grund der schlechten Betreuungssituation im Anschluss an den Bezugszeitraum des Elterngeldes oft schwierig wieder einer Vollzeitbeschäftigung nachzugehen. Hinzu kommt, dass die Dauer der Beschäftigungsunterbrechung in engem Zusammenhang mit der anschließenden Aufnahme einer Vollzeitbeschäftigung steht.[447] Denn die permanente berufliche Abwesenheit führt häufig dazu, dass der Anschluss an die neueren Entwicklungen und Fortschritte in der Arbeitswelt nur schwer gehalten werden kann. Damit bleibt regelmäßig lediglich die Ausübung einer atypischen Beschäftigung, die aber weder unter finanziellen Gesichtspunkten noch im Rahmen der Altersvorsorge erstrebenswert ist.

Besonders problematisch erscheint in diesem Zusammenhang das Betreuungsgeld, das einen zusätzlichen Anreiz in der Regel für Frauen bietet, das Kind selber zu betreuen und keine Kindertagesstätte oder eine Tagesmutter in Anspruch zu nehmen. Hierdurch wird die Abwesenheit der Mütter vom Arbeitsmarkt weiter zementiert. Obwohl im Koalitionsvertrag der 17. Legislaturperiode deutlich zum Ausdruck gebracht wurde, dass das Betreuungsgeld den Eltern eine echte Wahlmöglichkeit eröffnen soll, ob sie die Betreuung des Kindes selbst übernehmen möchten[448], so kann davon nicht ausgegangen werden. Denn eine echte Wahlmöglichkeit würde voraussetzen, dass vergleichbare Alternativen gegeben sind. Im Rahmen des Betreuungsgeldes steht jedoch der Erhalt der Geldleistung im Fall der Eigenbetreuung dem Nichterhalt des Geldes bei einer Fremdbetreuung sowie anfallenden Betreuungskosten gegenüber. Die einseitige staatliche Förderung einer Alternative hat zur Folge, dass keine gleichwertigen Optionen bestehen und somit regelmäßig der monetäre Anreiz in Anspruch genommen wird. Diese Entwicklung konterkariert das Ziel, die Beteiligung von Frauen am Arbeitsmarkt zu fördern und damit insgesamt für eine bessere Chancengleichheit zu sorgen.

Neben der Problematik der Kinderbetreuung ergibt sich im Verlauf eines Erwerbslebens oftmals auch die Schwierigkeit der Versorgung von pflegebedürftigen Angehörigen. Immer häufiger stehen auf Grund der demografischen Entwicklung Arbeitnehmer vor dieser Problematik und müssen die Pflege der Angehörigen selbst übernehmen oder entsprechend organisieren. Zur Vereinfachung dieser Situation wurde den Arbeitnehmern durch das Pflegezeitgesetz die Möglichkeit eröffnet, bis zu zehn Tage der Arbeit fernzubleiben (§ 2 PflegeZG)

---

447 *Renz/Eggen*, Statistisches Monatsheft Baden-Württemberg, 2004, S. 11. Demnach nimmt der Anteil der berufstätigen Mütter mit steigender Kinderzahl kontinuierlich ab. Waren noch 76 % der Frauen mit einem Kind erwerbstätig, so liegt der Anteil von berufstätigen Müttern mit zwei Kindern lediglich bei 64 %, bei drei Kindern gehen nur noch 46 % der Frauen einer Beschäftigung nach. Siehe zur Verfassungsmäßigkeit des Betreuungsgeldes auch die Ausführungen im 5. Kap. A. II. 6. g).

448 Koalitionsvertrag zwischen CDU, CSU und FDP, Wachstum, Bildung, Zusammenhalt, 17. Legislaturperiode, S. 68.

bzw. unter bestimmten Voraussetzungen eine sechsmonatige Pflegezeit (§§ 3, 4 PflegeZG) geltendzumachen. Das Kernproblem besteht aber darin, dass das Pflegezeitgesetz selber keine Regelung hinsichtlich der Vergütung beinhaltet. Es wird lediglich darauf verwiesen, dass eine Vergütung nur dann gezahlt werden muss, wenn sich diese aus anderweitigen Regelungen ergibt (§ 2 Abs. 3 PflegeZG). Fehlende Regelungen zur finanziellen Situation verbunden mit der relativ kurzen Höchstpflegedauer von sechs Monaten haben zur Folge, dass das Pflegezeitgesetz den Bedürfnissen der pflegebedürftigen Personen und deren Angehörigen kaum gerecht werden kann. Um diese Defizite zu minimieren, ist das Familienpflegezeitgesetz zum 01.01.2012 in Kraft getreten, welches den Pflegezeitraum auf maximal 24 Monate ausweitet (§ 2 PflegeZG) und auch entsprechende Regelungen zur Vergütung vorsieht (§ 3 Abs. 1 Nr. 1b FPfZG)[449]. Streiten lässt sich darüber, ob die im Familienpflegezeitgesetz getroffenen Regelungen ausreichend sind oder den Bedürfnissen der pflegebedürftigen Personen und deren Angehörigen nur durch eine weitere Ausweitung der Pflegezeit Rechnung getragen werden kann, wobei insgesamt davon ausgegangen werden muss, dass eine Verlängerung über die vorgesehenen 24 Monate hinaus nicht zielführend wäre. Wesentlich ist aber die angesprochene Einkommensersatzleistung in Anlehnung an die Regelung des Elterngeldes, um die finanziellen Belastungen, die im Rahmen der Versorgung von pflegebedürftigen Angehörigen entstehen, zumindest abzumildern. Trotz dieser thematisierten Unzulänglichkeiten bleibt zu konstatieren, dass das Familienpflegezeitgesetz ein weiterer Schritt zur besseren Vereinbarung von Pflege und Beruf ist. Gleichzeitig ist aber nicht erkennbar, warum sich der Bereich der Pflege von nahen Angehörigen so erheblich von der Betreuung von Kindern unterscheidet, ähneln sich diese Phasen doch in wesentlichen Punkten.

Insgesamt zeigt sich, dass besonders bei der Harmonisierung der unterschiedlichen Regelungen, die den Bereich von Familie und Beruf betreffen, noch erheblicher Nachholbedarf besteht.[450] Exemplarisch lässt sich hier die angesprochene Problematik der Rückkehr aus dem Elternurlaub nennen.[451]

---

449 § 3 Abs. 1 Nr. 1b FPfZG: „[…] während der Familienpflegezeit Aufstockung des monatlichen Arbeitsentgelts um die Hälfte des Produkts aus monatlicher Arbeitszeitverringerung in Stunden und dem durchschnittlichen Entgelt pro Arbeitsstunde […]“.

450 Siehe hierzu die Ausführungen von *Hanau* in: FS Buchner, S. 281, „Ansätze zu einem System familiengerechter Arbeitszeiten“. Vgl. auch die Stellungnahme des Deutschen Juristinnenbundes e.V. zum Entwurf eines Gesetzes zur Erweiterung der Großelternzeit und zur Modernisierung der Elternzeit (Referentenentwurf vom 06.09.2012), S. 2.

451 Vgl. 5. Kap. A. II. 6. b).

C. Ergebnis

Trotz der vielfältigen – und häufig unübersichtlichen – Regelungen zur Vereinbarkeit von Familie und Beruf besteht weiterer Handlungsbedarf. Allerdings erscheint es nicht angebracht, dass der Gesetzgeber neue Regelungen schafft, sondern primär sein Augenmerk auf den Abbau der bestehenden Ungleichheiten legt, die sich beim Vergleich der einzelnen Bestimmungen ergeben und sachlich nicht zu begründen sind. Ziel hierbei muss es sein, die vielfältigen arbeitsrechtlichen Normen möglichst anzugleichen, um ein einheitliches und in sich stimmiges Konzept zur Vereinbarkeit von Familie und Beruf zu zeichnen.

Zur Erreichung dieses Zieles käme ebenfalls in Betracht, die verschiedenen Gesetze unter strikter Differenzierung zwischen notwendigen und nicht notwendigen Bestimmungen zu einem allgemeinen Gesetzeswerk zusammenzufassen. Überlegungen und Diskussionsentwürfe zu einem einheitlichen Arbeitsvertragsgesetz stammen von *Henssler/Preis*[452]. Eine ausführliche Prüfung dessen würde aber den hier vorgegebenen Rahmen überschreiten, sodass vorliegend das Augenmerk weniger auf eine Vereinheitlichung der gesamten Regelungen gelegt wurde, sondern primär auf notwendige Maßnahmen zur vereinbarkeitsorientierten Arbeitszeitgestaltung. Die vielfältigen und ausdifferenzierten Regelungen zum Schutz der Arbeitnehmer und zur besseren Vereinbarkeit von Familie und Beruf eröffnen einen erheblichen Gestaltungsspielraum, die beruflichen und privaten Pflichten in einen angemessen Einklang zu bringen. Jedoch ist die Stärkung des Normalarbeitsverhältnisses in den Vordergrund der Bemühungen zu rücken, da regelmäßig nur mit dieser Beschäftigungsform eine umfassende finanzielle und soziale Absicherung einhergeht. Atypische Beschäftigungsverhältnisse können hilfreich sein, um bestimmte Phasen im Leben zu überbrücken, trotzdem muss für Arbeitnehmer mit familiären Verpflichtungen die Option bestehen, einer Vollzeitbeschäftigung nachzugehen. Wesentlich ist die Verhinderung eines dauerhaften Verbleibs des Arbeitnehmers in solchen Beschäftigungsverhältnissen, die regelmäßig weder den derzeitigen Lebensunterhalt decken können, noch einen Spielraum zur finanziellen Vorsorge eröffnen.

---

452 *Henssler/Preis,* NZA 2006, Beilage zu Heft 23, 6; zum Vorschlag *Frick/Habich*, PersF 2007, 24; *Hromadka*, NZA 2007, 838; *Fischer*, NZA 2006, 1395; Kittner/Zwanziger/Deinert-*Deinert*, Arbeitsrecht, § 11 Rn. 10 mwN.

6. Kapitel: Schlussfolgerungen

A. Wesentliche Thesen der Untersuchung/ Reformbedarf

I. Stärkung des Normalarbeitsverhältnisses

Anhand der getroffenen Ausführungen lässt sich resümieren, dass das wesentliche Ziel künftiger Reformbemühungen die Stärkung des Normalarbeitsverhältnisses sein muss. Obwohl sich der deutsche Arbeitsmarkt zunehmenden internationalen Einflüssen nicht widersetzen kann, sollte diese Beschäftigungsform auch im Rahmen von notwendigen und sinnvollen Flexibilisierungsbestrebungen den Ausgangspunkt der Arbeitsverhältnisse bilden und nicht im Zuge von zunehmenden Zwängen der globalen Märkte beständig durch atypische Beschäftigungsformen ersetzt werden. Besondere Bedeutung hat dies vor dem Hintergrund, dass Beschäftigte eines Normalarbeitsverhältnisses schneller und häufig auch ohne nennenswerte Unterbrechungen eine neue Beschäftigung finden, bei atypisch Beschäftigten kommen zur Unsicherheit hinsichtlich der aktuellen Arbeitssituation noch die Schwierigkeiten im Rahmen der Suche nach einem neuen Arbeitsverhältnis hinzu.[1] Darüber hinaus sind diese Beschäftigten idR. nicht oder nicht ausreichend in die sozialen Sicherungssysteme integriert, sodass eine verlässliche finanzielle Perspektive nicht gewährleistet werden kann.

Grundsätzlich ist die Existenz flexibler Beschäftigungsformen zu befürworten, wenn sowohl Arbeitnehmer als auch Arbeitgeber darin in der jeweiligen Situation die optimalste Beschäftigungsform sehen. Des Weiteren können befristete Beschäftigungen oder auch Leiharbeit dazu beitragen, dass insbesondere gering Qualifizierten die Möglichkeit eröffnet wird, ihre Fähigkeiten unter Beweis zu stellen und „eine reelle Chance auf Zugang zum Arbeitsmarkt“[2] zu erhalten. Nicht gewollt ist allerdings das Phänomen, dass Arbeitnehmer – überdurchschnittlich

1 *Gensicke/Herzog-Stein/Seifert/Tschersich,* WSI-Mitteilungen 2010, 179 (185 f.). Zur Ausweitung der Prekarisierung, vgl. *Klenner,* WSI-Mitteilungen 2011, 378; *Jürgens,* WSI-Mitteilungen 2011, 379 (380); *Kocher*, NZA 2010, 841 zur „Diskontinuität von Erwerbsbiografien“ und das Normalarbeitsverhältnis.

2 *Alt*, Verhandlungen des 68. Deutschen Juristentages (2010), Band II/1, Referat, M, S. 22.

häufig Frauen[3] – in solche atypischen Beschäftigungsverhältnisse mangels existierender Alternativen oder auf Grund von nicht vorhandenen Betreuungsmöglichkeiten gedrängt werden. Die Konsequenz ist eine Segregation am Arbeitsmarkt zwischen gut qualifizierten Beschäftigten, die einer Vollzeittätigkeit nachgehen und den gering Qualifizierten, die ihren Lebensunterhalt durch atypische Beschäftigungsverhältnisse kaum erwirtschaften können.[4]

Zu berücksichtigen ist, dass die Anforderungen an die Flexibilität der Arbeitnehmer, wie am hier untersuchten Beispiel des Einzelhandels exemplarisch gezeigt, erheblich gestiegen sind. Der Konsument verlangt auf Grund der eigenen zunehmend längeren Arbeitszeiten, dass die Geschäfte des Einzelhandels hier eine Anpassung vornehmen und ihrerseits verlängerte Öffnungszeiten zur Verfügung stellen. In diesem Bereich ist der Flexibilisierungsgrad besonders ausgeprägt, da die überlangen Öffnungszeiten nicht ausschließlich von Beschäftigten in einem Normalarbeitsverhältnis zu bewältigen sind. Konsequenz ist der hohe Anteil an teilzeitbeschäftigten – vor allem weiblichen – Arbeitnehmern, die ihrer Tätigkeit häufig in den Abendstunden oder an den Wochenenden nachkommen müssen, sodass diese Zeiten mit den benötigten Freiräumen für familiäre Pflichten kollidieren. Gleiches gilt für die Öffnung von Ladengeschäften an Sonn- und Feiertagen, die unter dem Gesichtspunkt der Vereinbarkeit von Familie und Erwerbstätigkeit besonders problematisch erscheinen. Einen wichtigen Schritt in diese Richtung hat das Bundesverfassungsgericht unternommen, als es die Ladenöffnung an allen vier Adventssonntagen für unzulässig erklärt hat.[5] Neben den von der Kirche vorgetragenen Aspekten der Sonntagsruhe zur Glaubensausübung, soll hierdurch dem Einzelnen auch die Teilhabe am familiären und gesellschaftlichen Leben ermöglicht werden.[6] Das Bundesverfassungsgericht spricht von „einer synchronen Taktung des Lebens“[7], die dann nicht mehr gewährleistet ist, wenn die Möglichkeit besteht, dass Beschäftigte an allen vier Adventssonntagen ihrer Tätigkeit nachgehen müssen.

---

3 Statistisches Bundesamt, Pressemitteilung Nr. 270 v. 19.07.2011, „Beschäftigungszuwachs 2010 zu großen Teilen von Zeitarbeit getragen“.

4 *Krause/Köhler*, WSI-Mitteilungen 2011, 588 (590).

5 BVerfG v. 01.12.2009 – 1 BvR 2857/07, 2858/07, BVerfGE 125, 39 (77) = JZ 2010, 137 (138).

6 BVerfG v. 01.12.2009 – 1 BvR 2857/07, 2858/07, BVerfGE 125, 39 (83) = JZ 2010, 137 (140).

7 BVerfG v. 01.12.2009 – 1 BvR 2857/07, 2858/07, BVerfGE 125, 39 (82) = JZ 2010, 137 (139).

Somit muss die Stärkung des Normalarbeitsverhältnisses in den Mittelpunkt der Reformbemühungen gestellt werden, da ein umfassender arbeitsrechtlicher Schutz regelmäßig nur durch diese Beschäftigungsform gewährleistet werden kann. Individuelle Anpassungen an die jeweils bestehende betriebliche oder persönliche Situation des Arbeitnehmers sind aber nicht ausgeschlossen.[8] Hieraus ergeben sich nicht nur positive Auswirkungen für das berufliche Fortkommen der Arbeitnehmer und damit zusammenhängende Aufstiegschancen, sondern es eröffnet besonders Frauen die Möglichkeit, im Rahmen einer Vollzeitbeschäftigung für ihren eigenen Lebensunterhalt zu sorgen und damit eine größere finanzielle Unabhängigkeit zu erlangen. Positiver Nebeneffekt sind die deutlich höheren Einzahlungen in die Sozialkassen, sodass im Fall der Bedürftigkeit auch eine entsprechende Absicherung der Arbeitnehmer für entstehende Kosten gewährleistet ist. Daneben ergeben sich durch die größere finanzielle Unabhängigkeit weitere Optionen zur privaten Vorsorge, um z.B. das Risiko der Altersarmut zu minimieren.

Wesentlich ist, dass das Normalarbeitsverhältnis im Hinblick auf die Vereinbarkeit von Familie und Beruf die größtmögliche Sicherheit bietet, da diese Beschäftigungsform idR. durch eine zeitliche und finanzielle Stabilität gekennzeichnet ist. Denn obwohl bei atypischen Beschäftigungsverhältnissen die Arbeitszeit häufig geringer ist, so liegen die Arbeitszeiten oftmals in den Abendstunden oder am Wochenende, dadurch wird die Wahrnehmung von Familienaufgaben wesentlich erschwert. Besondere Bedeutung kommt daher der Lage der Arbeitszeit zu, die nicht ohne jegliche Kontrolle einseitig vom Arbeitgeber festgelegt werden kann. Die angesprochenen Entscheidungen des LAG Mecklenburg-Vorpommern[9] und des ArbG Bochum[10] haben sich mit diesem Themenkomplex beschäftigt und dargelegt, dass bei der Festsetzung der individuellen Arbeitszeiten durch den Arbeitgeber vor allem die „durch Art. 6 GG geschützte Rechtsposition“[11] der Eltern besondere Beachtung erfordere.

Notwendig ist im Sinne des Arbeitsrechts als Schutzrecht der Arbeitnehmer bestimmte gesetzliche Lockerungen der letzten Jahre wieder restriktiver zu

8 Vgl. *Klier* in: Groß/Seifert, Zeitkonflikte, S. 313. Vgl. auch *Nebe* in: FS Bepler, S. 439 (443 f. mwN.) die von einem „modernen Leitbild des Normalarbeitsverhältnisses [ausgeht], welches für Frauen wie Männer, Eltern und Kinderlose gleichermaßen auf dauerhafte Inklusion in den Arbeitsmarkt und damit auf gesundheits- und familiengerechte Anpassung der Beschäftigungsbedingungen zur Vermeidung von brüchigen Erwerbsbiografien angelegt ist“.

9 LAG Mecklenburg-Vorpommern v. 26.11.2008 – 2 Sa 217/08, Streit 2009, 21.

10 LAG Köln v. 27.03.2012 – 12 Sa 987/11, PersV 2013, 236.

11 LAG Mecklenburg-Vorpommern v. 26.11.2008 – 2 Sa 217/08, Streit 2009, 21 (22).

handhaben. Hervorzuheben ist hier die Senkung der maximalen, sachgrundlosen Befristungsdauer von zwei Jahren auf einen Zeitraum von zwölf Monaten. Ebenso erscheint die Abschaffung der Abgabenprivilegierung im Bereich der geringfügigen Beschäftigung erforderlich, um die soziale Absicherung der Arbeitnehmer stärker zu fokussieren, die bei dieser Beschäftigungsform nahezu nicht vorhanden ist. Schließlich sind die angesprochenen Lockerungen im Bereich der Leiharbeit zu überarbeiten. Die dargestellten atypischen Beschäftigungsverhältnisse können den Arbeitsvertragsparteien die Möglichkeit von vereinbarkeitsorientierten Arbeitszeitarrangements ermöglichen, vor allem ist in diesem Zusammenhang die Teilzeitbeschäftigung zu erwähnen. Festgestellt wurde allerdings, dass die Lockerungen oftmals zum Absinken des Schutzniveaus in diesen Beschäftigungsformen führen und damit das Risiko einseitig zu Lasten der Arbeitnehmer verteilt wird.

Wesentlich ist vor allem, „da jede […] Maßnahme der Arbeitszeitflexibilisierung eine graduelle Verlagerung des Beschäftigungsrisikos darstellt“[12], dass ein gerechter Interessenausgleich zwischen Arbeitgebern und Arbeitnehmern erzielt wird. Auf Grund der strukturellen Unterlegenheit von Arbeitnehmern im Rahmen der Vertragsverhandlungen und regelmäßig auch während der Vertragslaufzeit ist explizit zu berücksichtigen, dass ein Ausgleich erzielt wird, der die konfligierenden Intentionen möglichst weitgehend zur Geltung bringt.[13] Hier sind der Gesetzgeber, aber auch die Tarifvertragsparteien gefordert, diese Benachteiligungen zu beseitigen und für ein möglichst ausbalanciertes System zu sorgen. Dies erscheint jedoch nur dann möglich, wenn der Gesetzgeber einen gewissen Rahmen vorgibt, der Freiräume für individuelle Anpassungsmöglichkeiten eröffnet, aber gleichzeitig ein bestimmtes Schutzniveau gewährleistet. Da festgestellt wurde, dass dieser Schutz idR. nur durch eine Beschäftigung im Rahmen eines Normalarbeitsverhältnisses hinreichend vorhanden ist, erscheinen weitere Lockerungen, insbesondere im Arbeitszeitgesetz nicht angebracht. Obwohl im Rahmen der Überarbeitung der europäischen Arbeitszeitrichtlinie entsprechende Forderungen zum Ausdruck gebracht wurden, so gewährleistet das Arbeitszeitgesetz bereits durch eine Vielzahl von Abweichungsmöglichkeiten die erforderliche Flexibilität (vgl. z.B. § 7 ArbZG). Das weitere Absenken des Schutzniveaus würde zwangsläufig

---

12 *Thüsing/Pötters*, BB 2012, 317 (318), die sich mit Arbeitszeitkonten als Flexibilisierungsinstrument im Rahmen der Arbeitnehmerüberlassung beschäftigen.

13 Kittner/Zwanziger/Deinert-*Deinert*, Arbeitsrecht, § 7 Rn. 18, „gestörte Vertragsparität“ zwischen Arbeitnehmer und Arbeitgeber; Kempen/Zachert/*Stein,* TVG, § 4 Rn. 1 f.; Däubler/*Deinert,* TVG, § 4 Rn. 460. Vgl. dazu auch *Nassibi/Wenckebach/Zeibig,* djbZ 2012, 111 (112).

zusätzliche Nachteile für die Beschäftigten hinsichtlich der derzeitigen Beschäftigungs- und Einkommenssituation, aber auch in Bezug auf die soziale Absicherung, hervorrufen. In diesem Kontext sind die Ausführungen zu den einzelnen atypischen Beschäftigungsverhältnissen zu sehen. Hier ist die Abwägung zwischen dem Arbeitnehmerschutz und der von den Arbeitgebern geforderten Flexibilität eine erhebliche Gratwanderung, bei der nicht immer alle Interessen angemessen befriedigt werden können. Nichtsdestotrotz muss auch der fortschreitenden Entwicklung im Rahmen der Flexibilisierung Rechnung getragen werden, sodass „ein Akzeptieren dieser Veränderungen, die sich durch die Fortentwicklung der gesellschaftlichen Rahmenbedingungen ergeben haben“[14] erforderlich erscheint, ohne dabei den schützenden gesetzlichen Rahmen zu sehr zu lockern.

II. Flexible Arbeitszeitarrangements

Neben der Stärkung des Normalarbeitsverhältnisses, welches immer noch die verlässlichste Grundlage für Arbeitnehmer bietet, hat sich im Laufe der Untersuchung aber auch herausgestellt, dass die angesprochenen Möglichkeiten zur Flexibilisierung eines Arbeitsverhältnisses zumindest temporär für die Beteiligten eine passende Alternative darstellen können. Allerdings ist vor allem auch im Rahmen des Normalarbeitsverhältnisses darauf zu achten, dass Arbeitnehmer mit familiären Verpflichtungen die Rahmenbedingungen vorfinden, die sie zur Ausübung ihrer Pflichten benötigen. Hier lässt sich die Richtlinie 2010/18/EG zum Elternurlaub anführen, die einen besonderen Schwerpunkt auf die Rückkehr der Arbeitnehmer aus dem Elternurlaub setzt und diesen das Recht einräumt, dass sie auf ihren ursprünglichen oder zumindest einen vergleichbaren Arbeitsplatz zurückkehren können. Darüber hinaus wird festgelegt, dass sich auch nach der Rückkehr an den Arbeitsplatz durch flexible Arbeitszeitarrangement Freiräume für familiäre Verpflichtungen unter Berücksichtigung der individuellen Situation eröffnen. Solche einzelfallbezogenen Regelungen ermöglicht § 8 TzBfG, da der Arbeitgeber den Verteilungswünschen der Arbeitnehmer nur aus betrieblichen Gründen widersprechen kann (§ 8 Abs. 4 S. 1 TzBfG). Eine vergleichbare Regelung hinsichtlich der Lage der Arbeitszeit wäre auch im Rahmen von § 15 BEEG erforderlich, um den Arbeitnehmern die notwendige Sicherheit hinsichtlich einzelner Arbeitszeitvereinbarungen zu geben, ohne den Arbeitgeber in unzumutbarer Weise zu belasten.

14 *Joussen*, JZ 2010, 812, die Veränderungen in der Arbeitswelt sollen „Nicht fördernd, nicht ablehnend, aber einrahmend“ begleitet werden.

Ein Rückgriff auf die Vorschrift § 106 GewO ist insoweit nicht ausreichend, da eine Verteilung der Arbeitszeit nach billigem Ermessen des Arbeitgebers nicht die erforderliche Sicherheit und Planbarkeit zur Wahrnehmung familiärer Verpflichtungen bietet.[15] In diesem Kontext sind auch die von *Hanau*[16] angesprochenen weiteren Unzulänglichkeiten hinsichtlich familiengerechter Arbeitszeiten zu berücksichtigen und durch entsprechende Harmonisierungen zu beseitigen.

III. Verteilung der Partnermonate beim Elterngeld

Es wurde bereits angesprochen, dass sich die Stärkung des Normalarbeitsverhältnisses nicht nur positiv auf die zeitliche und finanzielle Sicherheit der Arbeitnehmer positiv auswirkt, sondern vor allem Frauen von dieser Beschäftigungsform profitieren, da sie auf Grund familiärer Verpflichtungen überdurchschnittlich häufig in den meisten atypischen Beschäftigungsformen zu finden sind. Um aber die – immer noch in der Gesellschaft – vorherrschende traditionelle Rollenverteilung zu reformieren, ist es nicht ausreichend, die atypischen Beschäftigungsverhältnisse stärker zu reglementieren, sondern die aktive Übernahme von Familienpflichten durch die Väter muss deutlicher in den Fokus rücken. Positiv hervorheben lassen sich hier die Partnermonate im Bereich des Elterngeldes, die zwar den Erwartungen des Gesetzgebers noch nicht vollständig gerecht werden können, aber zumindest zu einem Anstieg der Betreuungstätigkeiten der Väter geführt haben.[17] Um diese Entwicklung weiter zu fördern und ein annähernd gleiches Engagement bei der Betreuung von Kleinkindern zu erreichen, sind zusätzliche Anreize des Staates notwendig. So ist die Neuverteilung der Vätermonate bei gleichzeitiger Beibehaltung der maximalen Anspruchsdauer von 14 Monaten ein Weg, um eine größere Chancengleichheit zu erreichen und die gleichberechtigte Partizipation beider Elternteile an der Betreuung der Kinder zu gewährleisten. Sinnvoll erscheint, die Partnermonate auf mindestens vier, wenn nicht gar auf sechs Monate auszuweiten, um die frühere Rückkehr der Frauen in den Beruf zu fördern und parallel dazu die Akzeptanz einer Erwerbsunterbrechung durch den Vater zu erhöhen.

Denkbar sind gewisse Ausnahmetatbestände, die in engen Grenzen eine individuelle Abweichung vorsehen, wenn eine entsprechende Aufteilung durch die

---

15 BAG v. 09.05.2006 – 9 AZR 278/05, NZA 2006, 1413 (1416) = AP Nr. 47 zu § 15 BErzGG.

16 *Hanau* in: FS Buchner, S. 281.

17 Vgl. 5. Kap. A. II. 6. d) cc).

Eltern nicht in Frage kommt. Allerdings muss vermieden werden, dass eine grundsätzliche Ausweitung der Partnermonate durch ein solches „Hintertürchen" wieder unterlaufen wird.

IV. Abschaffung des Betreuungsgeldes

Die Ausführungen haben deutlich gemacht, dass das Betreuungsgeld nicht ohne Grund im allgemeinen Sprachgebrauch als „Herdprämie"[18] tituliert wird. Dieses konterkariert die von der Bundesregierung angestrebte weitere Förderung der Gleichberechtigung von Männern und Frauen.[19] Das Gesetz beinhaltet, Familien einen Ausgleich dafür zu zahlen, dass sie die Versorgung ihres Kindes selbst übernehmen und für dieses Kind keine öffentlich geförderte Kindertagesbetreuung in Anspruch nehmen.[20] Begründet wird die Einführung des Betreuungsgeldes mit einer größeren Wahlmöglichkeit der Familien zwischen einer „externe[n] oder familieninterne[n] Betreuung"[21] Die hierunter fallenden Optionen sollen sich „im Interesse von Vielfalt und Wahlfreiheit idealerweise ergänzen"[22]. Es wurde ausführlich dargestellt[23], dass der Zahlung eines Betreuungsgeldes erhebliche verfassungsrechtliche Bedenken gegenüberstehen. Dieses verstößt sowohl gegen Art. 6 Abs. 1 GG als auch gegen Art. 3 Abs. 2 GG, sodass diese staatliche Leistung schon aus verfassungsrechtlicher Perspektive nicht tragbar ist.

Neben dieser Problematik hat die Analyse ebenfalls ergeben, dass das Betreuungsgeld keine größere Wahlfreiheit bringt, sondern im Gegenteil die Wahl der Eltern in eine bestimmte Richtung beeinflusst, indem die Eigenbetreuung des Kindes noch mit einem monetären Anreiz gefördert wird. Ein solcher beschäftigungspolitischer Anreiz wird sich wohl überwiegend nachteilig auf die Erwerbsbeteiligung von Frauen auswirken. Besonders die Ausübung einer atypischen

---

18 http://www.spiegel.de/kultur/gesellschaft/0,1518,528630,00.html (21.12.2013); Süddeutsche Zeitung v. 21.09.2011, S. 5, „Alternativen zur Herdprämie[,] Koalition berät über Zuschüsse für Familien, die ihre Kleinkinder daheim betreuen".

19 BT-Drucks. 16/1889, Entwurf eines Gesetzes zur Einführung des Elterngeldes v. 20.06.2006, S. 1 f.

20 BT-Drucks. 17/9917, S. 3, Entwurf eines Gesetzes zur Einführung eines Betreuungsgeldes v. 12.06.2012.

21 BT-Drucks. 17/9917, S. 1, Entwurf eines Gesetzes zur Einführung eines Betreuungsgeldes v. 12.06.2012.

22 BT-Drucks. 17/9917, S. 1, Entwurf eines Gesetzes zur Einführung eines Betreuungsgeldes v. 12.06.2012.

23 Vgl. 5. Kap. A. II. 6. g).

Beschäftigung, die mit erheblichen zeitlichen Belastungen und keinem existenzsichernden Einkommen einhergeht, kann – vor allem – Frauen dazu veranlassen, ihre Erwerbstätigkeit zu Gunsten der Betreuung des Kindes nicht wieder aufzunehmen oder einzustellen. Eine solche Entwicklung unterläuft aber die mehrfach angesprochenen Bestrebungen des Gesetzgebers auf die Gleichstellung von Frauen und Männern in der Arbeitswelt mittels vereinbarkeitsorientierten flexiblen Arbeitszeitarrangements hinzuwirken. Die dargelegten Streitigkeiten und Uneinigkeiten im Zuge des Gesetzgebungsverfahrens machen deutlich, dass selbst wesentliche Teile der ehemaligen Bundesregierung die Einführung einer solchen Leistung skeptisch betrachteten.[24] Besonders kritisch ist die Bindung finanzieller Ressourcen in der Größenordnung von ca. 300 Mio. € (2013) und ca. 1 Mrd. € (2014)[25] im Hinblick auf den seit August 2013 für Kinder ab dem vollendeten ersten Lebensjahr bestehenden Rechtsanspruch auf einen Krippenplatz zu sehen, insbesondere vor dem Hintergrund des relativ langsamen Krippenausbaus.[26] Die Betreuungsquote in Westdeutschland lag im Jahr 2011 bei lediglich 19,9 %, hinzu kommt ein wesentlicher Mangel an gut ausgebildeten Erziehern, sodass kaum die Betreuung an sich, noch ein qualitativ hochwertiger Standard gewährleistet werden kann.[27] Um etwaige Schadensersatzklagen zu vermeiden, ist es dringend erforderlich, dass die für das Betreuungsgeld vorgesehenen Mittel in den Ausbau

---

24 Süddeutsche Zeitung v. 16./17.06.2012, S. 1 „Union blamiert sich im Bundestag[,] Weil 126 Abgeordnete der Koalition im Parlament fehlen, kann Betreuungsgeld erst im Herbst beschlossen werden".

25 BT-Drucks. 17/9917, S. 2, Entwurf eines Gesetzes zur Einführung eines Betreuungsgeldes (Betreuungsgeldgesetz) v. 12.06.2012.

26 BT-Drucks. 16/10173, Entwurf eines Gesetzes zur Förderung von Kindern unter drei Jahren in Tageseinrichtungen und in der Kindertagespflege v. 28.08.2008, S. 2, „Der Gesetzentwurf beinhaltet daher den quantitativen Ausbau der Kinderbetreuung, d.h., […] zum 1. August 2013 die Einführung eines Rechtsanspruchs auf frühkindliche Förderung in einer Tageseinrichtung oder in Kindertagespflege für Kinder ab dem vollendeten ersten Lebensjahr". Der Koalitionsvertrag zwischen CDU, CSU und SPD, Deutschlands Zukunft gestalten, 18. Legislaturperiode, S. 97 beinhaltet hinsichtlich des Krippenausbaus ein zusätzliches Investitionsprogramm.

27 Süddeutsche Zeitung v. 07.11.2011, S. 2, „Hilfe, die Eltern kommen[,] Den Rechtsanspruch auf einen Krippenplatz hat Ursula von der Leyen durchgesetzt – nur umgesetzt werden muss er noch". Gleichzeitig herrscht auch ein erheblicher Mangel an Erzieherinnen, der bis zum anvisierten Datum wohl kaum zu beheben sein wird, vgl. dazu Süddeutsche Zeitung v. 28.03.2012, S. 2, „Kinder, Kinder[,] Jetzt steht`s fest: Der Ausbau der Kitas wird scheitern, denn es werden 2013 mindestens 20 000 Erzieherinnen fehlen".

der Kindertagesstätten investiert werden, um so zumindest das Minimalziel einer flächendeckenden Betreuungsquote von ca. 35 % zu erreichen. Andernfalls wären viele Eltern gezwungen, die Versorgung ihrer Kinder selbst zu übernehmen mit der Konsequenz, dass eine längere Abwesenheit vom Arbeitsmarkt eine Rückkehr zunehmend erschwert. Dies spiegelt aber nicht die vom Gesetzgeber viel gepriesene Wahlmöglichkeit zwischen einer Eigen- bzw. Fremdbetreuung wider.

V. Änderungen des Familienpflegezeitgesetzes

Die sich auf Grund des demografischen Wandels in den nächsten Jahren und Jahrzehnten noch verschärfende Situation im Rahmen der Pflege von älteren Menschen erfordert ein zügiges Handeln seitens des Gesetzgebers, um die betroffenen Pflegebedürftigen und deren Angehörige angemessen zu unterstützen. Elementar ist in diesem Zusammenhang, dass die Angehörigen von pflegebedürftigen Personen einen Anspruch gegenüber ihrem Arbeitgeber auf die Gewährung einer Familienpflegezeit erhalten. Damit wäre gewährleistet, dass sich der betroffene Arbeitnehmer darauf verlassen kann, bei Bedarf für diese Aufgabe freigestellt zu werden. Obwohl das Familienpflegezeitgesetz einen wesentlichen Schritt zur Bewältigung der zunehmenden Pflegeaufgaben bildet, kann dies aber noch nicht das Ende der Reformbemühungen bedeuten. Positiv erscheint, dass im Vergleich zum Pflegezeitgesetz auch der Vergütungsaspekt aufgenommen wurde. Die aktuelle Ausgestaltung, z.B. bei Halbierung der Arbeitszeit noch 75 % des ursprünglichen Lohnes zu erhalten, kommt aber nur für Personen in Frage, die mit dem dann zur Verfügung stehenden Geld ihren Lebensunterhalt bestreiten können oder über anderweitige Einnahmequellen verfügen; auf Arbeitnehmer in atypischen Beschäftigungsverhältnissen wird dies nur in den seltensten Fällen zutreffen.[28]

Gleichzeitig ist nicht ersichtlich, warum die Ausgestaltung des Elterngeldes und die finanzielle Kompensation für erbrachte Pflegeleistungen derart unterschiedlich ist. Es kann davon ausgegangen werden, dass die Pflege einer Person auf Grund der täglichen Konfrontation mit den Leiden eines nahen Angehörigen psychisch, aber auch physisch häufig belastender ist, als die Betreuung von kleinen Kindern. Deren Eltern wird aber durch das Elterngeld eine steuerfinanzierte Entgeltersatzleistung gewährt, um den durch die Betreuung verursachten Einkommensausfall auszugleichen. Unverständlich ist, warum die Regelungen im Bereich der Pflege keine parallele Ausgestaltung erfahren haben. Indem die Angehörigen während der Zeit der

28 *Nebe*, djbZ 2011, 57 (60).

zweijährigen Pflege und innerhalb der darauf folgenden zwei Jahre, in denen eine Saldierung des während der Pflegezeit angesammelten finanziellen Guthabens stattfindet, im genannten Beispiel auf 25 % ihres Einkommens verzichten müssen, wird die gesamte finanzielle Belastung den Angehörigen aufgebürdet, ohne dass sich die Allgemeinheit daran angemessen beteiligt. Trotz zu begrüßender Bemühungen um eine Haushaltskonsolidierung können rein finanzielle Erwägungen nicht rechtfertigen, dass die Arbeitnehmer die finanziellen Folgen der Pflegebedürftigkeit von Angehörigen individuell zu bewältigen haben, wohingegen Eltern eine entsprechende Entgeltersatzleistung gewährt wird. Erschwerend kommt hinzu, dass auf Grund des demografischen Wandels das Problem der Pflegebedürftigkeit erheblich zunehmen wird, sodass die Folgen nicht mehr größtenteils von Angehörigen kompensiert werden können. Hier ist der Gesetzgeber in der Pflicht, durch entsprechende finanzielle Unterstützungen, die physischen und psychischen Herausforderungen der Pflegenden zu begleiten und die angemessene Versorgung der älteren Menschen als eine gesamtgesellschaftliche Aufgabe wahrzunehmen.

Im Hinblick auf die in der Pflege kaum vorhandene Gendergerechtigkeit erscheint die Einführung einer Entgeltersatzleistung – ähnlich wie beim Elterngeld – der einzig mögliche Weg, um für eine zunehmend gerechtere Verteilung der häuslichen Pflegearbeiten zu sorgen.[29]

B. Ausblick

Die Ergebnisse der Untersuchung machen deutlich, dass im Bereich der atypischen Beschäftigungsverhältnisse eine wesentliche Zunahme erkennbar ist. Die Zahl der Beschäftigten in einem Normalarbeitsverhältnis ist einigen Schwankungen unterworfen, derzeit lässt sich aber ein Abschied vom Normalarbeitsverhältnis nicht ausmachen. Nichtsdestotrotz ist doch eine erhebliche Segregation zwischen den Beschäftigten, die die klassischen Merkmale eines Normalarbeitsverhältnisses erfüllen und denen, die ihren Lebensunterhalt mittels anderweitiger Beschäftigungsverhältnisse erwirtschaften müssen, zu beobachten. Ändern wird sich an dieser Entwicklung nur wenig, solange der Gesetzgeber dem nicht entgegen wirkt und insbesondere weitere Lockerungen, z.B. im Kündigungsschutz- oder auch im Befristungsrecht unterlässt bzw. die angesprochenen notwendigen Reformen durchführt.

Klar ist, dass sich auch Deutschland den Zwängen eines immer internationaler werdenden Arbeitsmarkts nicht entziehen kann und mit entsprechenden

29 Vgl. dazu *Nebe*, djbZ 2011, 57 (60).

gesetzlichen Rahmenbedingungen seine Konkurrenzfähigkeit sicherstellen muss. Dies erfordert aber ein ausgewogenes Verhältnis zwischen den Interessen der Arbeitgeber und denen der Arbeitnehmer. Einseitige Weichenstellungen sind nicht zielführend, da ein immer weiter abfallendes Schutzniveau für erhebliche Unsicherheit sorgt. Besonders vor dem Hintergrund des demografischen Wandels, hat die derzeitige Generation der Arbeitnehmer nicht nur die Versorgung der Kinder sicherzustellen, sondern – oftmals auch parallel – die Pflege von älteren Angehörigen. Gleiches wird in noch stärkerem Maße für künftige Generationen gelten. Solche Aufgaben sind aber nur dann zu bewältigen, wenn die physischen und emotionalen Belastungen von einem sichereren finanziellen Fundament getragen werden, das eine Abhängigkeit von staatlichen Transferleistungen möglichst verhindert.

Die Untersuchung hat gezeigt, dass die Arbeitszeit die Grenze zwischen dem Berufs- und dem Privatleben determiniert und damit von essentieller Bedeutung ist. Elementar ist daher die angesprochene Stärkung des Normalarbeitsverhältnisses. Gleichzeitig sind die genannten Veränderungen im Bereich des Elterngeldes bzw. des Familienpflegezeitgesetzes umzusetzen und das Betreuungsgeld wieder abzuschaffen.

Festzustellen ist aber auch, dass die Analyse nur ausgewählte Diskussionspunkte näher betrachten konnte, sodass hier weiterer Untersuchungsbedarf besteht, z. B. im Hinblick auf die Reform des Pflegebedürftigkeitsbegriffs, um die steigende Zahl Demenzkranker angemessen zu berücksichtigen.[30]

Zweifellos erfordern die angesprochenen Lebenslagen ein erhebliches Maß an Flexibilität von allen Beteiligten. Um aber den Arbeitnehmern eine höhere Sicherheit zu gewährleisten, ist die Angleichung der unterschiedlichen – das Zusammenspiel zwischen beruflichen und familiären Verpflichtungen betreffenden – Regelungen in den einzelnen Lebensphasen erforderlich. Das nötige, bereits angesprochene Fundament hierfür bietet das Normalarbeitsverhältnis. Wesentlich erscheint hierbei der von der Bundesverfassungsrichterin a.D. *Christine Hohmann-Dennhardt* formulierte Satz: „Nicht die Familie hat sich der Erwerbsarbeit anzupassen, sondern die Erwerbsarbeit hat die familiären Bedürfnisse der Arbeitnehmer zu berücksichtigen“[31].

---

30 Dazu *Nebe*, djbZ 2011, 57 (60 f.); Süddeutsche Zeitung v. 29.03.2012, S. 6, „Pflege bleibt pflegebedürftig[,] Demenzkranke sollen mehr Unterstützung erhalten – die Kassenbeiträge steigen leicht“.

31 *Hohmann-Dennhardt*, AuR 2010, 52 (55). So auch *Holst/Seifert,* WSI-Mitteilungen 2012, 141 „Wie soll die zukünftige Arbeitszeit aussehen? Die vielfältigen Antworten auf diese Frage gehen weit auseinander. Übereinstimmung besteht lediglich in der Einschätzung, dass die gegenwärtigen Arbeitszeitstrukturen für die Beschäftigten suboptimal sind. Die Arbeitszeitpolitik steht an einem Scheideweg.“

Literaturverzeichnis

Adam, Roman F., Die Bestimmung des Umfangs der zu vergütenden Arbeitszeit, AuR 2001, S. 481.

Ahlers, Elke, Arbeitsbedingungen von Beschäftigten in Betrieben mit ergebnisorientiert gesteuerten Arbeitsformen, WSI-Mitteilungen 2010, S. 350.

Ahmann, Renate, Die berufstätige Mutter – das Stiefkind im Steuerrecht, Der begrenzte Abzug von erwerbsbedingten Kinderbetreuungsaufwendungen aus verfassungs- und gemeinschaftsrechtlicher Sicht, NJW 2002, S. 633.

Alt, Heinrich, Abschied vom Normalarbeitsverhältnis? – Welche arbeits- und sozialrechtlichen Regelungen empfehlen sich im Hinblick auf die Zunahme neuer Beschäftigungsformen und die wachsende Diskontinuität von Erwerbsbiographien? Referat Teil M zum 68. Deutschen Juristentag 2010, in: Ständige Deputation des Deutschen Juristentages (Hrsg.), Verhandlungen des 68. Deutschen Juristentages in Berlin 2010, Band II/1, Sitzungsberichte (Referate und Beschlüsse) München 2011 (zit.: *Alt*, Verhandlungen des 68. Deutschen Juristentages (2010), Band II/1).

Altunkas, Özgül, Familienfreundliche Unternehmen fürchten keinen Fachkräftemangel, Sichere und flexible Arbeitsplätze für zuverlässige und flexible Fachkräfte, AiB 2012, S. 310.

Anzinger, Rudolf / Koberski, Wolfgang, Kommentar zum Arbeitszeitgesetz, 3. Auflage, Frankfurt am Main 2009 (zit.: *Anzinger/Koberski,* ArbZG).

Anzinger, Rudolf, Das Arbeitszeitgesetz, S. 427, in: Festschrift für Otfried Wlotzke zum 70. Geburtstag, Entwicklungen im Arbeitsrecht und Arbeitsschutzrecht, Hrsg.: Anzinger, Rudolf / Wank, Rolf, München 1996 (zit.: *Anzinger* in: FS Wlotzke).

Anzinger, Rudolf, Neues Arbeitszeitgesetz in Kraft getreten, BB 1994, S. 1492.

Aubel, Tobias, Diskriminierung von Frauen durch finanzielle Belastung des Arbeitgebers, RdA 2004, S. 141.

Bachmann, Gregor, Zur Umsetzung einer Frauenquote im Aufsichtsrat, ZIP 2011, S. 1131.

Bäcker, Gerhard / Neuffer, Stefanie, Von der Sonderregelung zur Beschäftigungsnorm: Minijobs im deutschen Sozialstaat, WSI-Mitteilungen 2012, S. 13.

Baeck, Ulrich / Deutsch, Markus, Arbeitszeitgesetz, Kommentar, 3. Auflage, München 2014 (zit.: *Baeck/Deutsch*, ArbZG).

Baeck, Ulrich / Lösler, Annette, Neue Entwicklungen im Arbeitszeitrecht, NZA 2005, S. 247.

Barkow von Creytz, Dunja, Das Familienpflegezeitgesetz, DStR 2012, S. 191.

Barthel, Thomas / Müller, Gerald Peter, Reisezeit ist nicht gleich Arbeitszeit, Vergütungspflichtig oder nicht?, AuA 2011, S. 152.

Bauer, Jobst-Hubertus, Tückisches Befristungsrecht, NZA 2011, S. 241.

Baumbach, Birgit, Überblick über das Erste und das Zweite Gesetz für Moderne Dienstleistungen am Arbeitsmarkt, AiB 2003, S. 453.

Becker, Ulrich, Das neue Elterngeld, S. 67, in: Festschrift für Herbert Buchner zum 70. Geburtstag, Hrsg.: Bauer, Jobst-Hubertus / Kort, Michael / Möllers, Thomas M.J. / Sandmann, Bernd, München 2009 (zit.: *Becker* in: FS Buchner)

Berg, Peter, Das Arbeitszeitrechtsgesetz, AiB 1994, S. 578.

Berger-Delhey, Ulf, Nochmals: Der Entwurf eines Arbeitszeitrechtsgesetzes (EArbZRG), ZTR 1994, 105.

Bergmann, Jan (Hrsg.), Handlexikon der Europäischen Union, 4. Auflage, Baden-Baden 2012 (zit.: Bergmann/*Bearbeiter*, Handlexikon der Europäischen Union).

Bertram, Oliver, Die Reform des Arbeitnehmerüberlassungsgesetzes, FA 2003, S. 200.

Best, Gerald, Soziale Pflegeversicherung – zusätzliche Betreuungsleistungen bei erheblichem allgemeinen Betreuungsbedarf – Verwaltungsverfahren – Zweistufigkeit –fortbestehende Rechtsunsicherheit – anspruchsberechtigter Personenkreis – Ursachenzusammenhang – Auslegung der Tatbestandsmerkmale „dauerhaft“ und „regelmäßig“, SGb 2011, S. 415.

Birnbaum, Monika, Frauenquote für Aufsichtsräte, Eine Frage der Gestaltung, AuA 2011, S. 148.

Bissels, Alexander / Domke, Carsten / Wisskirchen, Gerlind, BlackBerry & Co.: Was ist heute Arbeitszeit? DB 2010, S. 2052.

Bittmann, Barbara / Mujan, Susanne, Variable Vergütung, Instrument zur Personalbindung und Mitarbeiterführung, AuA 2010, S. 366.

Boemke, Burkhard, Die EG-Leiharbeitsrichtlinie und ihre Einflüsse auf das deutsche Recht, RIW 2009, S. 177.

Boemke, Burkhard, Einwendungen des Arbeitgebers gegen Aufstockungsverlangen einer Teilzeitkraft, Anmerkung zu LAG Köln v. 21.04.2011 – 7 Sa 25/11, jurisPR-ArbR 11/2012 Anm. 2 (zit.: *Boemke*, jurisPR-ArbR 11/2012 Anm. 2).

Bogedan, Claudia, Pflegeverantwortung zwischen Familie und Staat – Ein deutsch-dänischer Vergleich, WSI-Mitteilungen 2008, S. 212.

Böhm, Annett, Elternzeit für Großeltern, ArbRB 2009, S. 379.

Böhm, Wolfgang, „Zweite Belegschaften“: Mehr Flexibilität und geringere Personalkosten durch onsite management, NZA 2005, S. 554.

Böker, Karl-Hermann, Das Projekt „Gesündere Schichtarbeit“ So kann es gelingen!, AiB 2011, S. 739.

Bosch, Gerhard / Weinkopf, Claudia, Arbeitsverhältnisse im Dienstleistungssektor, WSI-Mitteilungen 2011, S. 439.

Bosch, Gerhard, Hat das Normalarbeitsverhältnis eine Zukunft? WSI-Mitteilungen 1986, S. 163.

Böttcher, Inge, Auswirkungen von Elterngeld und Elternzeit, Möglichkeiten zur Vereinbarkeit von Familie und Beruf, Der Personalrat 2010, S. 234.

Braunschneider, Hartmut, Betriebsratsarbeit ist Arbeitszeit, Wer Zitate nachliest, ist klar im Vorteil, AiB 2011, S. 38.

Brill, Werner, Arztbesuche während der Arbeitszeit, NZA 1984, S. 281.

Brinkmann, Tanja / Fehre, Rena, Familienbewusste Arbeitsbedingungen – (K)ein Thema für Betriebs- und Personalräte?, WSI-Mitteilungen 2009, S. 324.

Brosius-Gersdorf, Frauke, Betreuungsgeld: Barleistung für Alleinverdienerfamilien und Gutscheine für „Hartz IV-Familien“, ZRP 2010, S. 84.

Brosius-Gersdorf, Frauke, Das neue Betreuungsgeldgesetz – Familienförderung wider das Grundgesetz, NJW 2013, S. 2316.

Brosius-Gersdorf, Frauke, Die Rolle des Staates in der Kinderbetreuung: Betreuungsgeld oder Förderung der Kinderbetreuung in Tageseinrichtungen und Tagespflege? RdJB 2011, S. 440.

Brosius-Gersdorf, Frauke, Elterngeld und steuerliche Absetzbarkeit von Kinderbetreuungskosten, JZ 2007, S. 326.

Brosius-Gersdorf, Frauke, Vätermonate – Staatliche Familienförderung zwischen Neutralitätspflicht und Durchsetzung der Gleichberechtigung der Geschlechter – VSSR 2008, S. 299.

Brunhöber, Hanna, Das Weisungsrecht im Arbeitsverhältnis, Berlin 2006 (zit.: *Brunhöber,* Das Weisungsrecht im Arbeitsverhältnis).

Buchner, Herbert / Becker, Ulrich, Mutterschutzgesetz und Bundeselterngeld- und Elternzeitgesetz, 8. Auflage, München 2008 (zit.: *Buchner/Becker*, MuSchG/BEEG).

Burger, Guido, Vor- und Nachteile von Minijobs, AuA 2010, S. 429.

Busch, Mathias, Waschen und Umkleiden als Arbeitszeit, Ein Beitrag zur Definition des Begriffs der vergütungspflichtigen Arbeitszeit, BB 1995, S. 1690.

Buschmann, Rudolf / Ulber, Jürgen (Hrsg.), Arbeitszeitgesetz, Basiskommentar mit Nebengesetzen und Ladenschluss, 7. Auflage, Frankfurt am Main 2011 (zit.: *Buschmann/Ulber*, ArbZG).

Buschmann, Rudolf, Allzeit bereit, Folgerungen aus den Entscheidungen des EuGH zum Bereitschaftsdienst für das deutsche Arbeitsrecht, AuR 2003, S. 1.

Buschmann, Rudolf, Das Märchen vom Mann im Monde, AuR 2011, S. 430.

Buschmann, Rudolf, Kollektive Irrtümer im Arbeitszeitrecht, AiB 2008, S. 305.

Buschmann, Rudolf, Rechtsgrundlagen des Arbeitszeitrechts, Schein und Wirklichkeit, AiB 2006, S. 651.

Buschmann, Rudolf, Vorwärts Kameraden, es geht zurück! Neue alte gesetzliche Regelungen ab 1.1.2004, AuR 2004, S. 1.

Buschmann, Rudolf, Was ist Arbeitszeit? S. 197, in: Festschrift für Peter Hanau, Arbeitsrecht und Sozialpartnerschaft, Hrsg.: Isenhardt, Udo / Preis, Ulrich, Köln 1999 (zit.: *Buschmann* in: FS Hanau).

Buschmann, Rudolf, Zum Gesetzesvorrang bei der betrieblichen Arbeitszeitgestaltung, S. 250, in: Festschrift für Hellmut Wissmann zum 65. Geburtstag, Arbeitsrecht im sozialen Dialog, Hrsg.: Kothe, Wolfhard / Dörner, Hans-Jürgen / Anzinger, Rudolf, München 2005 (zit.: *Buschmann* in: FS Wissmann).

Buschmann, Rudolph, Beschäftigte online, Die ständige Erreichbarkeit und ihre Folgen, PersR 2011, S. 247.

Buschmann, Rudolph, Ohne Sonntag gibt es nur noch Werktage, AiB 2007, S. 197.

Classen, Claus Dieter, Anmerkung zum Urteil des Bundesverfassungsgerichtes vom 1.12.2009, JZ 2010, S. 144.

Danne, Harald, Änderung der Arbeitszeit – Direktionsrecht des Arbeitgebers, Anmerkung zu BAG v. 23.06.1992 – 1 AZR 57/92, SAE 1993, S. 196.

Dau, Dirk H., Zwei Jahre Elterngeld – eine erste Bilanz, SGb 2009, S. 261.

Dau, Dirk H., „Streichung des Elterngeldes für Sozialleistungsbezieher auf dem Prüfstand", Anmerkung zu SG Landshut v. 07.12.2011 – S 10 AS 484/11, jurisPR-SozR 2/2012 Anm. 2 (zit.: *Dau*, jurisPR-SozR 2/2012 Anm. 2).

Dau, Dirk H., Das Elterngeld nach dem Haushaltsbegleitgesetz 2011, SGb 2011, S. 198.

Däubler, Wolfgang / Hjort, Jens Peter / Schubert, Michael / Wolmerath, Martin, (Hrsg.), Arbeitsrecht, Individualarbeitsrecht mit kollektivrechtlichen Bezügen, Handkommentar, 3. Auflage, Baden-Baden 2013 (zit.: HK-ArbR/*Bearbeiter*).

Däubler, Wolfgang / Kittner, Michael / Klebe, Thomas / Wedde, Peter (Hrsg.), Betriebsverfassungsgesetz mit Wahlordnung und EBR-Gesetz, 13. Auflage, Frankfurt a.M. 2012 (zit.: DKKW-*Bearbeiter*, BetrVG).

Däubler, Wolfgang, Das geplante Teilzeit- und Befristungsgesetz, ZIP 2000, S. 1961.

Däubler, Wolfgang, Die Auswirkungen der Schuldrechtsmodernisierung auf das Arbeitsrecht, NZA 2001, S. 1329.

Däubler, Wolfgang, Sonntagsarbeit aus technischen und wirtschaftlichen Gründen, DB 1988, Beilage Nr. 7, S. 1.

Däubler, Wolfgang, Tarifvertragsgesetz mit Arbeitnehmer-Entsendegesetz, 3. Auflage, Baden-Baden 2012 (zit.: Däubler/*Bearbeiter*, TVG).

Degen, Barbara, Grenzen des Direktionsrechts, Anmerkung zu ArbG Hamburg v. 04.12.1995 – 21 Ca 290/95, AiB 1996, S. 737.

Degenhardt, Frank / Kasprzyk, Izabela, Flexiblere Arbeitszeit, Freiräume für Arbeitnehmer schaffen, AuA 2008, Sonderbeilage Baker & McKenzie, S. 4.

Deinert, Olaf / Kittner, Michael, Die arbeitsrechtliche Bilanz der großen Koalition 2005–2009, RdA 2009, S. 265.

Deinert, Olaf, Die Rechtsquellen des Sozialrechts, Überblick über die in der betrieblichen Praxis bedeutsamen Normen, AiB 2010, S. 391.

Deinert, Olaf, Mini- und Midijobs, Geringfügige Beschäftigung und Gleitzone, AiB 2012, S. 643.

Deinert, Olaf, Zahlung der Sozialversicherungsbeiträge, Pflichten des Arbeitgebers, AiB 2012, S. 255.

Denecke, J. (Begr.) / Neumann, Dirk / Biebl, Josef, Arbeitszeitordnung nebst der Arbeitszeitregelung für Jugendliche nach dem Jugendarbeitsschutzgesetz sowie die Vorschriften über Sonntagsarbeit, Lohnzahlungen an Feiertagen und den Ladenschluß, 11. Auflage, München 1991 (zit.: *Denecke/ Neumann*, AZO).

Deter, Gerhard / Ragu, Mareike, Aktueller Begriff: Familien-Pflegezeit, Wissenschaftliche Dienste, Deutscher Bundestag Nr. 26/10, 14. April 2010 (zit. *Deter/Ragu*, Deutscher Bundestag, Wissenschaftliche Dienste).

Deutscher Juristentag, 60. Deutscher Juristentag, Die Beschlüsse, NJW 1994, S. 3075.

Dieterich, Thomas, Unternehmerfreiheit und Arbeitsrecht im Sozialstaat, AuR 2007, S. 65.

Dietz, Rolf, Der Anspruch auf Abschluß einer Betriebsvereinbarung nach § 56 BetrVG, S. 147, in: Festschrift für Hans Carl Nipperdey zum 60. Geburtstag, 21. Januar 1955, Hrsg.: Dietz, Rolf / Huck, Alfred / Reinhardt, Rudolf, München und Berlin 1955 (zit.: *Dietz* in: FS Nipperdey).

Diller, Martin, Fortschritt oder Rückschritt? – Das neue Arbeitszeitrecht, NJW 1994, S. 2726.

Dobberahn, Peter, Das neue Arbeitszeitgesetz in der Praxis, 2. Auflage, München 1996 (zit.: *Dobberahn,* Das neue Arbeitszeitgesetz in der Praxis).

Dornbusch, Gregor / Fischermeier, Ernst / Löwisch, Manfred, Fachanwaltskommentar Arbeitsrecht, 56. Auflage, Köln 2013–2014 (zit.: DFL-*Bearbeiter*)

Dörre, Klaus, Normalarbeit und Prekarität, ZSR 2010, S. 439.

Düwell, Franz Josef, Betriebsverfassungsgesetz, 4. Auflage, Baden-Baden 2014 (zit.: Düwell/*Bearbeiter*, BetrVG).

Düwell, Franz Josef, Elternschaft und Arbeitsrecht – Neue Entwicklungen, NZA 2009, S. 759.

Düwell, Franz-Josef / Göhle-Sander, Kristina / Kothe, Wolfhard, Juris Praxiskommentar, Vereinbarkeit von Familie und Beruf, Saarbrücken 2009 (zit.: *Bearbeiter* in: jurisPK-Vereinbarkeit von Familie und Beruf).

Eberhardt, Beate, Schutzrechte für Frauen und Beschäftigte mit Familienpflichten, Keine Ausgrenzung in der Krise! AiB 2009, S. 625.

Ehlert, Nancy, Dossier Elterngeld als Teil nachhaltiger Familienpolitik, 3. Auflage, Berlin 2008 (zit.: *Ehlert*, Dossier Elterngeld als Teil nachhaltiger Familienpolitik).

Eichhorst, Werner / Thode, Eric, Vereinbarkeit von Familie und Beruf 2010, Benchmarking Deutschland: Steigende Erwerbsbeteiligung, aber schwierige Übergänge, November 2010, IZA Research Report No. 30 (zit.: *Eichhorst/Thode,* IZA Research Report No. 30).

Ende, Monika, Gemeinschaftliche Mindestregelungen als soziales Auffangnetz am Beispiel des § 3 AZG, AuR 1997, S. 137.

Engelen-Kefer, *Ursula*, Reform des Arbeitszeitrechts, AuR 1992, S. 161.

Engelhardt, Norbert, Schichtarbeit und Nachtarbeit, Mitarbeiterorientierte Einsatzpläne als Herausforderung für den Betriebsrat, AiB 2003, S. 213.

Enriquez, Miguel, Die hybride Rechtsnatur des Weisungsrechts des Arbeitgebers, Konkretisierungsrechte als neue Kategorie subjektiver Rechte des Könnens, ZfA 2011, S. 121.

Erasmy, Walter, Ausgewählte Rechtsfragen zum neuen Arbeitszeitrecht (I), NZA 1994, S. 1105.

Europäische Kommission, Mitteilung der Kommission an das Europäische Parlament, den Rat, den Europäischen Wirtschafts- und Sozialausschuss und den Ausschuss der Regionen, Überarbeitung der Arbeitszeitrichtlinie (erste Phase der Anhörung der Sozialpartner auf europäischer Ebene gemäß Art. 154 AEUV v. 24.3.2010, KOM (2010) 106 endgültig (zit.: KOM (2010) 106 endgültig).

Europäische Kommission, Mitteilung der Kommission an den Rat, das Europäische Parlament, den Europäischen Wirtschafts- und Sozialausschuss und den Ausschuss der Regionen hinsichtlich der Überprüfung der Richtlinie 93/104/EG über bestimmte Aspekte der Arbeitszeitgestaltung v. 30.12.2003, KOM (2003), 843 endgültig (zit.: KOM (2003) 843 endgültig).

Ewer, Wolfgang, Kompetenz des Bundesgesetzgebers zur Einführung des Betreuungsgelds?, NJW 2012, S. 2251.

Falder, Roland, Immer erreichbar – Arbeitszeit- und Urlaubsrecht in Zeiten des technologischen Wandels, NZA 2010, S. 1150.

Fechner, Erich, Probleme der Arbeitsbereitschaft, Arbeitsbereitschaft und verwandte Erscheinungen in der Ordnung der Arbeit, Tübingen 1963 (zit.: *Fechner*, Probleme der Arbeitsbereitschaft).

Feldhoff, Kerstin, Frauenarbeit im Einzelhandel: Geringfügig beschäftigt – gering entlohnt – gering geschätzt?! Anmerkung zum Urteil des LAG Hamm vom 18.03.2009 – 6 Sa 282/08, Streit 2009, S. 99.

Feldhoff, Kerstin, Kollision Arbeitspflicht und Kinderbetreuung – Lage der Arbeitszeit, Anmerkung zu ArbG Bochum v. 22.12.2010 – 5 Ca 2700/10, jurisPR-ArbR 37/2011 Anm. 6 (zit.: *Feldhoff,* jurisPR-ArbR 37/2011 Anm. 6).

Fergen, Andrea / Schweflinghaus, Wolfgang, Gute Arbeit im Schichtbetrieb? Empfehlungen zur Gestaltung von Schichtplänen, AiB 2006, S. 672.

Fiedler, Manfred / Schelter, Wolfgang, Arbeitszeitrecht für die Praxis, Das Arbeitszeitrechtsgesetz (ArbZRG), Texte und Erläuterungen, 2. Auflage, Stuttgart 1995 (zit.: *Fiedler/Schelter*, ArbZRG).

Fischer, Ulrich, Die Nutzung eines privaten Handys am Arbeitsplatz – eine individualrechtliche und betriebsverfassungsrechtliche Problemskizze, S. 543, in: Festschrift für Kurt Bartenbach zum 65. Geburtstag am 09. Dezember 2004, Hrsg.: Haesemann, Manfred / Gennen, Klaus / Bartenbach, Britta / Bartenbach, Anja, Köln 2005 (zit.: *Fischer* in: FS Bartenbach).

Fischer, Ulrich, Rechtsfort- oder Rückschritt durch Rechtsstillstand – Das Arbeitsvertragsgesetz: Fata Morgana oder „wenn nicht jetzt, wann dann?“ NZA 2006, 1395.

Flüter-Hoffmann, Christiane, Familienfreundliche Regelungen in Tarifverträgen und Betriebsvereinbarungen, Beispiele guter Praxis, Hrsg. Bundesministerium für Familie, Senioren, Frauen und Jugend, Berlin 2005 (zit.: *Flüter-Hoffmann*, Familienfreundliche Regelungen in Tarifverträgen und Betriebsvereinbarungen).

Freihube, Dirk / Sasse, Stefan, Was bringt das neue Pflegezeitgesetz!? DB 2008, S. 1320.

Frick, Frank / Habich, Jörg, Mehr Klarheit und Rechtssicherheit durch ein neues Arbeitsvertragsgesetz, Reform des Arbeitsrechts, PersF 2007, S. 24.

Friemel, Kilian / Hautumm, Daniel, Vorteile von Leiharbeit, Personalreduzierung und unternehmerische Flexibilität, AuA 2010, S. 208.

Fuchs, Katrin, Ladenschluss – und kein Ende? NVwZ 2005, S. 1026.

Fuchsloch, Christine / Scheiwe, Kirsten, Leitfaden Elterngeld, München 2007 (zit.: *Fuchsloch/Scheiwe*, Leitfaden Elterngeld).

Fuchsloch, Christine, Frauenförderung durch Elterngeld – Wunsch und Wirklichkeit? S. 378, in: Festschrift für Heide Pfarr, Geschlechtergerechtigkeit, Hrsg.: Hohmann-Dennhardt, Christine / Körner, Marita / Zimmer, Reingard, Baden-Baden 2010 (zit.: *Fuchsloch* in: FS Pfarr).

Fuhlrott, Michael, BAG: Direktionsrecht bei Fehlen entgegenstehender arbeitsvertraglicher und kollektivrechtlicher Regelungen, BB 2010, S. 707.

Geiger, Rudolf / Khan, Daniel-Erasmus / Kotzur, Markus, EUV/AEUV, Vertrag über die Europäische Union und Vertrag über die Arbeitsweise der Europäischen Union, 5. Auflage, München 2010 (zit.: Geiger/Khan/Kotzur-*Bearbeiter,* EUV/AEUV).

Gensicke, Miriam / Herzog-Stein, Alexander / Seifert, Hartmut / Tschersich, Nikolai, Einmal atypisch, immer atypisch beschäftigt? Mobilitätsprozesse atypischer und normaler Arbeitsverhältnisse im Vergleich, WSI-Mitteilungen 2010, S. 179.

Gerdom, Thomas, Reisezeiten im Arbeitsrecht des öffentlichen Dienstes, öAT 2011, S. 103.

Gerlinger, Thomas / Gerlach, Irene / Bäcker, Gerhard / Eichhorst, Werner, Rückblick auf die Entwicklung der Sozialpolitik im Jahr 2011, ZSR 2012, S. 3.

Giesecke, Johannes / Groß, Martin, Befristete Beschäftigung, WSI-Mitteilungen 2006, S. 247.

Giesen, Tom / Müller, Marcel, Neue Spielregeln für die Leiharbeit – Wesentliche Neuerungen des AÜG und deren Auswirkungen auf die Praxis, KSzW 2012, S. 20.

Gitter, Wolfgang, Probleme der Arbeitsbereitschaft, ZfA 1983, S. 375.

Glaubitz, Jürgen, Drei Jahre neues Ladenschlussgesetz – eine kritische Bilanz, WSI-Mitteilungen 1999, S. 799.

Glock, Jutta / Wollschläger, Leona Sofie, Das neue Elterngeld, Differenzierte Anwendung in der Praxis, AuA 2007, S. 296.

Goos, Christopf, Die Kirchen, der Sonntagsschutz und das *Bundesverfassungsgericht,* StudZR 2010, S. 479.

Göttling, Wulfhard / Neumann, Michael, Das neue Familienpflegezeitgesetz, NZA 2012, S. 119.

Graue, Bettina, Das mutterschutzrechtliche Kündigungsverbot nach § 9 MuSchG, AiB 1999, S. 511.

Greiner, Stefan, Familienfreundliches Arbeitsrecht? – Die Erkrankung des Kindes als Gegenstand widersprüchlicher Regelungen, NZA 2007, S. 490.

Grobys, Marcel / Panzer, Andrea, StichwortKommentar Arbeitsrecht, Alphabetische Gesamtdarstellung, Individualarbeitsrecht/Kollektives Arbeitsrecht/ Prozessrecht, 1. Auflage, Baden-Baden 2012 (zit.: Grobys/Panzer/*Bearbeiter,* SWK ArbR 2012 Stichwort).

Gröninger, Karl /Thomas, Werner (Begr.) Mutterschutzgesetz einschließlich Elterngeld und Elternzeit, Kommentar, 54. Ergänzung, Juli 2013, Köln 2013. (zit.: Gröninger/Thomas/*Bearbeiter,* MuSchG).

Groß, Hermann / Seifert, Hartmut / Sieglen, Georg, Formen und Ausmaß verstärkter Arbeitszeitflexibilisierung, WSI-Mitteilungen 2007, S. 202.

Groß, Hermann / Seifert, Hartmut, Einführung, S. 10, in: Groß, Hermann / Seifert, Hartmut, Zeitkonflikte, Renaissance der Arbeitszeitpolitik, Berlin 2010 (zit.: *Bearbeiter* in: Groß/Seifert, Zeitkonflikte).

Grottian, Peter / Krotz, Friedrich / Lütke, Günther / Pfarr, Heide, Die Wohlfahrtswende, Der Zauber konservativer Sozialpolitik, München 1988 (zit.: *Bearbeiter* in: Grottian/Krotz/Lütke/Pfarr, Die Wohlfahrtswende).

Habich, Anke, Sicherheits- und Gesundheitsschutz durch die Gestaltung von Nacht- und Schichtarbeit und die Rolle des Betriebsrates, Frankfurt 2006, zugl. Halle-Wittenberg, Univ., Diss. 2004 (zit.: *Habich,* Sicherheits- und Gesundheitsschutz durch die Gestaltung von Nacht- und Schichtarbeit und die Rolle des Betriebsrates).

Hackmann, Tobias / Moog, Stefan, Pflege im Spannungsfeld von Angebot und Nachfrage, ZSR 2010, S. 113.

Häde, Ulrich, Föderalismusreform in Deutschland – auf dem Weg zur dritten Stufe, LKV 2011, S. 97.

Hamm, Ingo, Arbeitszeitgestaltung als Maßnahme zur Beschäftigungssicherung, So kann der Betriebsrat vorgehen, AiB 2011, S. 745.

Hamm, Ingo, Das neue Arbeitszeitgesetz, Ein halbherziger Reparaturversuch, AiB 2004, S. 133.

Hanau, Peter, Ansätze zu einem System familiengerechter Arbeitszeiten, S. 281, in: Festschrift für Herbert Buchner zum 70. Geburtstag, Hrsg.: Bauer,

Jobst-Hubertus / Kort, Michael / Möllers, Thomas M.J. / Sandmann, Bernd, München 2009 (zit.: *Hanau* in: FS Buchner).

Hanau, Peter, Der Tarifvertrag in der Krise, RdA 1998, S. 65.

Hanau, Peter, Einzelfragen und -antworten zu den ersten beiden Gesetzen für moderne Dienstleistungen am Arbeitsmarkt, ZIP 2003, S. 1573.

Hanau, Peter, Offene Fragen zum Teilzeitgesetz, NZA 2001, S. 1168.

Heilmann, Micha, Wasch- und Umkleidezeit als Arbeitszeit, Anmerkung zu AG Stralsund v. 06.04.1998 – 1 Ca 23/98, AiB 1998, S. 478.

Hellert, Ulrike, Menschengerechte Gestaltung der Nacht- und Schichtarbeit, PersF 2000, S. 72.

Henssler, Martin / Preis, Ulrich, Diskussionsentwurf eines Arbeitsvertragsgesetzes, NZA 2006, Beilage zu Heft 2006, S. 6.

Henssler, Martin / Willemsen, Heinz Josef / Kalb, Heinz-Jürgen, Arbeitsrecht Kommentar, 5. Auflage, Köln 2012 (zit.: HWK/*Bearbeiter*).

Herbert, Christina, Voraussetzungen eines Anspruchs des Arbeitnehmers auf Erhöhung der wöchentlichen Arbeitszeit, Anmerkung zu LAG Köln v. 19.05.2011 – 13 Sa 1567/10, jurisPR-ArbR 43/2011 Anm. 6 (zit.: *Herbert,* jurisPR-ArbR 43/2011 Anm. 6).

Hess, Harald / Schlochauer, Ursula / Worzalla, Michael / Glock, Dirk / Nicolai, Andrea / Rose, Franz-Josef, BetrVG, Kommentar, 8. Auflage, Köln 2011 (zit.: Hess et al./*Bearbeiter*, BetrVG).

Hey, Johanna, Der neue Abzug für Kinderbetreuungskosten, NJW 2006, S. 2001

Hillgruber, Christian, Staat und Religion, DVBl 1999, S. 1155.

Hinz, Lieselotte, Minijobs im Einzelhandel, WSI-Mitteilungen 2012, S. 58.

Hoffer, Heike, Geschlechtergerechte Pflege als Herausforderung für eine gleichstellungsorientierte Pflegepolitik, djbZ 2011, S. 47.

Hohenstatt, Klaus-Stefan / Schramm, Nils, Neue Gestaltungsmöglichkeiten zur Flexibilisierung der Arbeitszeit, NZA 2007, S. 238.

Hohmann-Dennhardt, Christine, Familie und Arbeitsleben – unvereinbar?, AuR 2010, S. 52.

Holst, Elke / Seifert, Hartmut, Arbeitszeitpolitische Kontroversen im Spiegel der Arbeitszeitwünsche, WSI-Mitteilungen 2012, S. 141.

Horstmann, Hendrik, Neue Gesetzgebungskompetenzen bei Ladenschluss und Arbeitszeit, NZA 2006, S. 1246.

Hromadka, Wolfgang, Arbeitnehmer, Arbeitnehmergruppen und Arbeitnehmerähnliche im Entwurf eines Arbeitsvertragsgesetzes, NZA 2007, S. 838.

Hromadka, Wolfgang, Das allgemeine Weisungsrecht, DB 1995, S. 2601.

Hromadka, Wolfgang, Mitbestimmung bei übertariflichen Zulagen – insbesondere bei deren Anrechnung, DB 1991, S. 2133.

Huke, Rainer / Neufeld, Tobias / Luickhardt, Vera, Das neue AÜG: Erste Praxiserfahrungen und Hinweise zum Umgang mit den neuen Regelungen, BB 2012, S. 961.

Hümmerich, Klaus / Boecken, Winfried / Düwell, Franz Josef (Hrsg.), AnwaltKommentar, Arbeitsrecht, Band 1, 2. Auflage, Bonn 2010 (zit.: AnwK-ArbR/*Bearbeiter*).

Hümmerich, Klaus / Boecken, Winfried / Düwell, Franz Josef (Hrsg.), AnwaltKommentar, Arbeitsrecht, Band 2, 2. Auflage, Bonn 2010 (zit.: AnwK-ArbR/*Bearbeiter*).

Hunold, Wolf, Aktenlesen in der Bahn, Probleme von Arbeitszeit und Vergütung bei Dienstreisen, NZA 2006, Beilage zu Heft 1, S. 38.

Jahn, Elke, Entlohnung in der Zeitarbeit: Auf die Mischung kommt es an, IAB-Forum 2011, S. 40.

Janicki, Jörg, Aktuelle arbeitszeitrechtliche Probleme und der Entwurf des Arbeitszeitgesetzes, Berlin 1992, zugl. Berlin, Fr. Univ., Diss. 1991 (zit.: *Janicki,* Aktuelle arbeitszeitrechtliche Probleme und der Entwurf eines Arbeitszeitgesetzes).

Jarass, Hans D. / Pieroth, Bodo, Grundgesetz für die Bundesrepublik Deutschland, Kommentar, 12. Auflage, München 2012 (zit.: Jarass/Pieroth-*Bearbeiter*).

Jentgens, Barbara, Arbeitszeit am Limit, Leistungsverdichtung nimmt zu, AiB 2011, S. 719.

Jepsen, Maria, Jenseits des Normalarbeitsverhältnisses: Sklaverei des Arbeitsmarkts oder neu gewonnene Kollektivität? ZSR 2010, S. 433.

Joussen, Jacob, Abschied vom Normalarbeitsverhältnis? – Welche arbeits- und sozialrechtlichen Regelungen empfehlen sich im Hinblick auf die Zunahme neuer Beschäftigungsformen und die wachsende Diskontinuität von Erwerbsbiographien? JZ 2010, S. 812.

Joussen, Jacob, Streitfragen aus dem Pflegezeitgesetz, NZA 2009, S. 69.

Jung, Eberhard, Elterngeld und Verfassungsrecht, WzS 2012, S. 38.

Junker, Abbo, Brennpunkte des Arbeitszeitgesetzes, ZfA 1998, S. 105.

Junker, Abbo, Grundkurs Arbeitsrecht, 12. Auflage, München 2013 (zit.: *Junker*, Arbeitsrecht).

Jurczyk, Karin, Entgrenzte Arbeit – entgrenzte Familie, Arbeitszeitpolitische Herausforderungen aus der Lebenswelt, S. 239, in: Groß, Hermann / Seifert, Hartmut, Zeitkonflikte (zit.: *Jurczyk* in: Groß/Seifert, Zeitkonflikte).

Jürgens, Kerstin, Die Ökonomisierung von Zeit im flexiblen Kapitalismus, WSI-Mitteilungen 2007, S. 167.

Jürgens, Kerstin, Prekäres Leben, WSI-Mitteilungen 2011, S. 379.

Kalina, Doreen, Anmerkung zur Entscheidung des ArbG Bochum v. 22.12.2010 (Az: 5 CA 2700/10; Streit 2011, 72) – Zu den Grenzen des Direktionsrechts im Hinblick auf familiengerechte Arbeitszeiten, Streit 2011, S. 75.

Kalmbach, Peer, Allzeit bereit, Personal 2011, S. 50.

Kämmerer, Axel / Thüsing, Gregor, Ladenschlussrecht und Arbeitszeitrecht, Zur Gesetzgebungshoheit für die Materien des Ladenschlussgesetzes nach der Föderalismusreform, GewArch 2006, S. 266.

Karb, Svenja, Das neue Familienpflegezeitgesetz, öAT 2012, S. 30.

Kaskel, Die Arbeitsbereitschaft, Das Schlichtungswesen 1926, S. 75.

Keller, Bernd / Seifert, Hartmut, Atypische Beschäftigung und soziale Risiken, Entwicklung, Strukturen, Regulierung, Expertise im Auftrag der Abteilung Wirtschafts- und Sozialpolitik der Friedrich-Ebert-Stiftung, Bonn 2011 (zit.: *Keller/Seifert*, Atypische Beschäftigung und soziale Risiken).

Keller, Berndt / Seifert, Hartmut, Atypische Beschäftigungsverhältnisse, Stand und Lücken der aktuellen Diskussion, WSI-Mitteilungen 2011, S. 138.

Keller, Berndt / Seifert, Hartmut, Atypische Beschäftigungsverhältnisse: Formen, Verbreitung, soziale Folgen, APuZ 2009, S. 40.

Kempen, Otto Ernst / Zachert, Ulrich (Hrsg.), Tarifvertragsgesetz, 4. Auflage, Frankfurt am Main 2006 (zit.: Kempen/Zachert/*Bearbeiter*, TVG).

Kerschbaumer, Judith, Wunsch und Wirklichkeit – beim neuen Pflegezeitgesetz weit voneinander entfernt!, PersR 2008, S. 281.

Kerwer, Christoph, Arbeitsrechtliche Probleme des Ladenschlusses, NZA 1999, S. 1313.

Kingreen, Thorsten / Pieroth, Bodo, Verfassungsrechtliche Grenzen einer Aufhebung der Ladenschlusszeiten, NVwZ 2006, S. 1221.

Kittner, Michael / Däubler, Wolfgang / Zwanziger, Bertram, KSchR, Kündigungsschutzrecht, 8. Auflage, Frankfurt am Main 2011 (zit.: Kittner/Däubler/Zwanziger-*Bearbeiter*, KSchR).

Kittner, Michael / Zwanziger, Bertram / Deinert, Olaf, Arbeitsrecht, Handbuch für die Praxis, 7. Auflage, Frankfurt am Main 2013 (zit.: Kittner/Zwanziger/Deinert-*Bearbeiter,* Arbeitsrecht).

Kittner, Michael, Arbeits- und Sozialordnung, Gesetzestexte, Einleitungen, Anwendungshilfen, 38. Auflage, Frankfurt am Main 2013 (zit.: *Kittner*, Arbeits- und Sozialordnung).

Klenner, Christina (Hrsg.), Arbeitszeitgestaltung und Chancengleichheit für Frauen, edition der Hans-Böckler-Stiftung, Düsseldorf 2000 (zit.: Klenner/ *Bearbeiter,* Arbeitszeitgestaltung und Chancengleichheit für Frauen).

Klenner, Christina, Balance von Beruf und Familie – Ein Kriterium guter Arbeit, WSI-Mitteilungen 2005, S. 207.

Klenner, Christina, Prekarisierung der Arbeit – Prekarisierung im Lebenszusammenhang, WSI-Mitteilungen 2011, S. 378.

Klenter, Peter, Familienpflegezeitgesetz, Das wird vorausgesetzt und so wirkt es, AiB 2012, S. 31.

Klenter, Peter, Werkstattbericht, Familienpflegezeitgesetz soll zum 1.1.2012 in Kraft treten, AiB 2011, S. 716.

Klier, Alexander, Die Rückkehr der Lebenswelt in die Arbeit, Vom „Normalarbeitsverhältnis" zu neuen Zeitqualitäten im Betrieb, S. 313, in: Groß/Seifert, Zeitkonflikte, Renaissance der Arbeitszeitpolitik, Berlin 2010 (zit.: *Klier* in: Groß/Seifert, Zeitkonflikte).

Klotz, Christopher, Verkaufstätigkeiten an Sonn- und Feiertagen nach dem BVerfG-Urteil zum Berliner Ladenschlussgesetz, NVwZ 2011, S. 1363.

Koch, Ulrich / Leßmann, Jochen, Bundeserziehungsgeldgesetz, Neues ab 1. Januar 2001 im Arbeits- und Sozialrecht, AuA 2001, S. 6.

Kocher, Eva / Welti, Felix, Autonomie und soziale Sicherheit – Anforderungen an arbeits- und sozialrechtliche Regulierung, WSI-Mitteilungen 2010, S. 299.

Kocher, Eva, Diskontinuität von Erwerbsbiografien und das Normalarbeitsrecht, Der Umgang mit Unsicherheiten, NZA 2010, S. 841.

Kokemoor, Axel, Neuregelung der Arbeitnehmerüberlassung durch die Hartz-Umsetzungsgesetze, NZA 2003, S. 238.

Kossens, Michael, Befristetes Arbeitsverhältnis im Anschluss an Ausbildung oder Studium, Anmerkung zu BAG v. 24.08.2011 – 7 AZR 368/10, jurisPR-ArbR 8/2012 Anm. 5 (zit.: *Kossens,* jurisPR-ArbR 8/2012 Anm. 5).

Kossens, Michael, Das neue Familienpflegezeitgesetz, Vereinbarkeit von Erwerbstätigkeit und häuslicher Pflege, PersR 2012, S. 17.

Kossens, Michael, Pflegezeitgesetz und Familienpflegezeitgesetz, Basiskommentar, 2. Auflage, Frankfurt am Main 2012 (zit: *Kossens*, Pflegezeitgesetz).

Kothe, Wolfhard / Doll, Christine, Anspruch auf Teilzeitarbeit, Anmerkung zu BAG v. 30.09.2003 – 9 AZR 665/02, jurisPR-ArbR 17/2004 Anm. 1 (zit.: *Kothe/Doll*, jurisPR-ArbR 17/2004 Anm. 1).

Kothe, Wolfhard / Nebe, Katja, Bezahlte Freizeit bei schwerer Erkrankung von Angehörigen, Anmerkung zu LAG Düsseldorf v. 20.03.2007 – 3 Sa

30/07, jurisPR-ArbR 36/2007 Anm. 1 (zit.: *Kothe/Nebe*, jurisPR-ArbR 36/2007 Anm. 1).

Kothe, Wolfhard, Abschied vom Normalarbeitsverhältnis? Welche arbeits- und sozialrechtlichen Regelungen empfehlen sich im Hinblick auf die Zunahme neuer Beschäftigungsformen und die wachsende Diskontinuität von Erwerbsbiographien? Referat zum 68. Deutschen Juristentag 2010, in: Ständige Deputation des Deutschen Juristentages (Hrsg.), Verhandlungen des 68. Deutschen Juristentages in Berlin 2010, Band II/1, Sitzungsberichte, Referate und Beschlüsse, München 2011 (zit.: *Kothe,* Verhandlungen des 68. Deutschen Juristentages (2010), Band II/1).

Kothe, Wolfhard, Arbeitsbedingte psychische Belastungen – ein aktuelles Thema für Regulierung und Gestaltung, AiB 2011, S. 565.

Kothe, Wolfhard, Der Beitrag der Betriebsverfassung zur Realisierung des Arbeitszeitrechts, S. 331, in: Festschrift für Helmut Wissmann zum 65. Geburtstag, Arbeitsrecht im sozialen Dialog, Hrsg.: Kothe, Wolfhard / Dörner, Hans-Jürgen / Anzinger, Rudolf, München 2005 (zit.: *Kothe* in: FS Wissmann).

Kothe, Wolfhard, Tarifdispositives Arbeitszeitrecht – zwischen respektierter Tarifautonomie und eingeschränktem Gestaltungsspielraum, S. 287, in: Festschrift für Klaus Bepler zum 65. Geburtstag, Arbeitsgerichtsbarkeit und Wissenschaft, Hrsg.: Creutzfeldt, Malte / Hanau, Peter / Thüsing, Gregor / Wissmann, Hellmut, München 2012 (zit.: *Kothe* in: FS Bepler).

Kramer, Stefan / Kiene, Wiebke, Arbeit auf Abruf – Spielräume bei der vertraglichen Gestaltung, ArbR 2010, S. 233.

Kratzer, Nick / Sauer, Dieter, Welche Arbeitszeitpolitik? Ein neues Verhältnis von Zeitökonomie und Zeitpolitik, WSI-Mitteilungen 2007, S. 174.

Krause, Alexandra / Köhler, Christoph, Von der Vorherrschaft interner Arbeitsmärkte zur dynamischen Koexistenz von Arbeitsmarktsegmenten, WSI-Mitteilungen 2011, S. 589.

Krause, Rüdiger, Sachgrundlose Befristung – Vorbeschäftigungsverbot – Rechtsprechungsänderung, JA 2012, S. 468.

Krause, Rüdiger, Schutzvorschriften und faktische Diskriminierung, S. 392, in: Festschrift für Heide Pfarr, Geschlechtergerechtigkeit, Hrsg.: Hohmann-Dennhardt, Christine / Körner, Marita / Zimmer, Reingard, Baden-Baden 2010 (zit.: *Krause* in: FS Pfarr).

Krone, Sirikit / Stöbe-Blossey, Sybille, Vater, Mutter, Kind – und Job? Zur Organisation von Erwerbstätigkeit und Kinderbetreuung, FPR 2010, S. 137.

Kühling, Jürgen, Ladenschluss nach der Föderalismusreform, Öffnungszeiten und Arbeitnehmerschutz, AuR 2006, S. 384.

Kühn, Friedrich, Ende eines „Dornröschenschlafs" – Das Adventssonntagsurteil des BVerfG, NJW 2010, S. 2094.

Kühn, Friedrich, Öffnen ja, Arbeiten nein? Zu den aktuellen Entwicklungen des Ladenschlussrechts, AuR 2006, S. 418.

Kühn, Friedrich, Sonntagsarbeit bleibt unsicher! Arbeitsrechtliche Folgen des Urteils des BVerfG v. 01.12.2009, AuR 2010, S. 299.

Kuhr, Helmut, Die Sonntagsruhe im Arbeitszeitgesetz aus verfassungsrechtlicher Sicht, DB 1994, S. 2186.

Künast, Renate, Geschlechtergerechte Besetzung von Aufsichtsräten, ZRP 2011, S. 11.

Kunkel, Peter-Christian (Hrsg.), Sozialgesetzbuch VIII, Kinder- und Jugendhilfe, Lehr- und Praxiskommentar, 4. Auflage, Baden-Baden 2011 (zit.: *Bearbeiter* in: LPK-SGB VIII).

Küttner, Wolfdieter (Begr.), Personalbuch 2013, Arbeitsrecht, Lohnsteuerrecht, Sozialversicherungsrecht, 20. Auflage, München 2013 (zit.: Küttner/*Bearbeiter*, Personalbuch 2013).

Lakies, Thomas, Das Weisungsrecht des Arbeitgebers (§ 106 GewO) – Inhalt und Grenzen, BB 2003, S. 364.

Langenfeld, Christine, Geschlecht – Kein Thema mehr für das Recht? DVBl 2010, S. 1019.

Langer, Heiko, Die neue Leiharbeit, Personal 2011, S. 52.

Laux, Helga / Schlachter, Monika, Teilzeit- und Befristungsgesetz, Kommentar, 2. Auflage, München 2011 (zit.: Laux/Schlachter-*Bearbeiter*, TzBfG).

Leder, Tobias, Aktuelles zur Flexibilisierung von Arbeitsbedingungen, RdA 2010, S. 93.

Lehmann, Friedrich-Wilhelm, Arbeitsrechtliche Aspekte von Tarifverträgen, Zukunftsfähige Lösungen schaffen, Personalführung 2009, S. 60.

Lehmann, Friedrich-Wilhelm, Kernpunkte des zu erwartenden Familienpflegezeitgesetzes, BB 2011, S. 757.

Lehndorff, Steffen, Arbeitszeitverlängerung: Auf ein Neues? AiB 2011, S. 705.

Leinemann, Wolfgang (Hrsg.), Kasseler Handbuch zum Arbeitsrecht, Band 1, Arbeitsverhältnis, Inhalt des Arbeitsverhältnisses und Arbeitsverhältnisse mit erhöhtem Schutz, 2. Auflage Neuwied 2000 (zit.: KH-ArbR/*Bearbeiter*).

Lembke, Mark, Die „Hartz-Reform" des Arbeitnehmerüberlassungsgesetzes, BB 2003, S. 98.

Lembke, Mark, Die geplanten Änderungen im Recht der Arbeitnehmerüberlassung, DB 2011, S. 414.

Lenze, Anne, Die Streichung des Elterngeldes für GrundsicherungsempfängerInnen – ein gleichheitsrechtliches Desaster, info also 2011, S. 3.

Lenze, Anne, Schluss mit der Familienförderung! KJ 2008, S. 378.

Leopold, Dieter, Kein Rechtsanspruch für pflegende Arbeitnehmer – Finanzierung über Bundesdarlehen, Ein neues Familienpflegezeitgesetz, WzS 2012, S. 18.

Linck, Rüdiger, Offene Fragen des Pflegezeitgesetzes, BB 2008, S. 2738.

Linnartz, Edith, Kinderbetreuungskosten eines alleinerziehenden Betriebsratsmitglieds, jurisPR-ArbR 51/2010 Anm. 5 (zit.: *Linnartz*, jurisPR 51/2010 Anm. 5).

Linnenkohl, Karl / Schütz, Regina, Bereitschaftsdienst – Problem nicht nur bei Ärzten, Arbeitszeit, AuA 2002, S. 316.

Löffler, Siegfried, Juristentag für Normalarbeitsverhältnis und Mindestlohn, SGb 2010, S. 675.

Lörcher, Klaus, Die Arbeitszeitrichtlinie der EU, AuR 1994, S. 49.

Loritz, Karl-Georg, Die Dienstreise des Arbeitnehmers, NZA 1997, S. 1188.

Loritz, Karl-Georg, Möglichkeiten und Grenzen der Sonntagsarbeit, Stuttgart 1989 (zit.: *Loritz*, Möglichkeiten und Grenzen der Sonntagsarbeit).

Löwisch, Manfred / Rieble, Volker, Tarifvertragsgesetz, Kommentar, 3. Auflage 2012 (zit.: *Löwisch/Rieble,* TVG).

Lück, Maria, Vereinbarkeit von Familie und Beruf, AiB 2008, S. 268.

Mangoldt von, Hermann (Begr.), Kommentar zum Grundgesetz, Band 1: Präambel, Artikel 1 bis 19, 6. Auflage, München 2010 (zit: *Bearbeiter,* in: v. Mangoldt/Klein/Starck, GG I).

Matthies, Hildegard / Mückenberger, Ulrich / Offe, Claus / Peter, Edgar / Raasch, Sybille, Arbeit 2000, Anforderungen an eine Neugestaltung der Arbeitswelt. Eine Studie der Hans-Böckler-Stiftung, Reinbek bei Hamburg 1994 (zit.: *Matthies et al.*, Arbeit 2000).

Matthiessen, Michael / Shea, Dennis, Europarechtswidrige tarifliche Arbeitszeitregelungen, Behandlung und Rechtsfolgen vor dem Hintergrund der Pfeiffer-Entscheidung des EuGH, DB 2005, S. 106.

Mattner, Andreas, Sonntagsruhe im Spiegel des Grundgesetzes und der Feiertagsgesetze der Länder, NJW 1988, S. 2207.

Maunz, Theodor / Dürig, Günter (Begr.), Grundgesetz Kommentar, Band 1, Texte, Art. 1–5, 69. Lieferung, Januar 2013, München 2013 (zit.: Maunz/ Dürig-*Bearbeiter*, GG).

Mayer, Udo R., Aktuelle Auseinandersetzungen zu Bereitschaftsdiensten und Rufbereitschaft, Ein europäisches Problem? AiB 2011, S. 711.

Mayer, Udo R., Bereitschaftsdienste vier Jahre nach der Novellierung des ArbZG, Von Verbesserungen für die Beschäftigten keine Spur! AiB 2008, S. 307.

Mayer, Udo R., Europäische Union und der Abschied vom 8-Stunden-Tag, Arbeiten wir künftig noch länger? AiB 2008, S. 443.

Mayer, Udo R., Europäisierung der Arbeitszeit, Zweite Runde, AiB 2011, S. 498.

Medicus, Dieter, Bemerkungen zur „vorübergehenden Unmöglichkeit", S. 347, in: Festschrift für Andreas Heldrich zum 70. Geburtstag, Hrsg.: Lorenz, Stefan / Trunk, Alexander / Eidenmüller, Horst / Wendehorst, Christiane / Aldoff, Johannes, München 2005 (zit.: *Medicus* in: FS Heldrich).

Mertens, Alfred, Der Arbeitsschutz und seine Entwicklung, Dortmund 1978 (zit.: *Mertens*, Der Arbeitsschutz und seine Entwicklung).

Meyer-Ladewig, Jens, Europäische Menschenrechtskonvention, Handkommentar, 3. Auflage 2011 (zit: *Meyer-Ladewig*, EMRK).

Mosbacher, Wolfgang, Das neue Sonntagsgrundrecht – am Beispiel des Ladenschlusses, NVwZ 2010, S. 537.

Mosbacher, Wolfgang, Sonntagsschutz und Ladenschluß, Der verfassungsrechtliche Rahmen für den Ladenschluß an Sonn- und Feiertagen und seine subjektiv-rechtliche Dimension, Berlin 2007, zugl. Berlin, Univ., Diss. 2007 (zit.: *Mosbacher*, Sonntagsschutz und Ladenschluss).

Mückenberger, Ulrich, Die Krise des Normalarbeitsverhältnisses – Hat das Arbeitsrecht noch Zukunft? – ZSR 1985, S. 415.

Mückenberger, Ulrich, Krise des Normalarbeitsverhältnisses – ein Umbauprogramm, ZSR 2010, S. 403.

Müller, Christian, Das niedersächsische Ladenöffnungsgesetz nach der Föderalismusreform, Nds.VBl. 2009, S. 273.

Müller, Rolf / Unger, Rainer / Rothgang, Heinz, Reicht eine zweijährige Familien-Pflegezeit für Arbeitnehmer? SozSich 2010, S. 230.

Müller, Stefan, Das Pflegezeitgesetz (PflegeZG) und seine Folgen für die arbeitsrechtliche Praxis, BB 2008, S. 1058.

Müller-Glöge, Rudi / Preis, Ulrich / Schmidt, Ingrid (Hrsg.), Erfurter Kommentar zum Arbeitsrecht, 14. Auflage, München 2014 (zit.: ErfK/*Bearbeiter*).

Münch von, Ingo / Kunig, Philip, Grundgesetz-Kommentar, Band 1, 6. Auflage, München 2012 (zit.: *Bearbeiter*, in: von Münch/Kunig/Bearbeiter, GGK I).

Münder, Johannes / Meysen, Thomas / Trenczek, Thomas, Frankfurter Kommentar zum SGB VIII, Kinder- und Jugendhilfe, 7. Auflage, Baden-Baden 2013 (Münder/Meysen/Trenczek-*Bearbeiter*, SGB VIII).

Munz, Eva, Arbeitszeiten selber steuern, Chancen und Risiken, AiB 2008, S. 338.

Munz, Sonja, Beschäftigungs- und familienpolitische Aspekte der Teilzeitarbeit im Lichte des Teilzeit- und Befristungsgesetzes – eine Evaluierung, München 2007, zugl. Augsburg, Univ., Diss. 2007 (zit.: *Munz,* Beschäftigungs- und familienpolitische Aspekte der Teilzeitarbeit).

Musielak, Hans Joachim, Der Ausschluss der Leistungspflicht nach § 275 BGB, JA 2011, S. 801.

Nassibi, Ghazaleh / Wenckebach, Johanna / Zeibig, Nadine, Geschlechtergleichstellung durch Arbeitszeitsouveränität – Arbeits- und sozialrechtliche Regulierung für Übergänge im Lebenslauf, djbZ 2012, S. 111.

Nebe, Katja, Der Vorrang häuslicher Pflege und die Genderfrage – Risiken und Chancen sozial- und arbeitsrechtlicher Regelungen, S. 416 in: Festschrift für Heide Pfarr, Geschlechtergerechtigkeit, Hrsg.: Hohmann-Dennhardt, Christine / Körner, Marita / Zimmer, Reingard, Baden-Baden 2010 (zit.: *Nebe* in: FS Pfarr).

Nebe, Katja, Familienpflichten als Sonder- oder als Normalfall? AnwBl 2010, S. 612.

Nebe, Katja, Festlegung der individuellen Arbeitszeit und kollidierende Kinderbetreuungspflichten, Anmerkung zu LAG Mecklenburg-Vorpommern v. 26.11.2008 – 2 Sa 217/08, jurisPR-ArbR 36/2009 Anm. 1 (zit.: *Nebe,* jurisPR-ArbR 36/2009 Anm. 1).

Nebe, Katja, Häusliche Pflege gendergerecht? – eine Bestandsaufnahme, djbZ 2011, S. 57.

Nebe, Katja, Vereinbarkeit von Familie und Beruf – ein Thema für Tarifvertrags- und Betriebsparteien?, S. 439, in: Festschrift für Klaus Bepler zum 65. Geburtstag, Arbeitsgerichtsbarkeit und Wissenschaft, Hrsg.: Creutzfeldt, Malte / Hanau, Peter / Thüsing, Gregor / Wissmann, Hellmut, München 2012 (zit.: *Nebe* in: FS Bepler).

Nennstiel-Koch, Carola, Das Job-Familien-Konzept bei Continental, AuA 2009, S. 96.

Neufeld, Tobias / Luickhardt, Vera, Leiharbeitnehmer im Betrieb, AuA 2012, S. 72

Neumann, Dirk / Biebl, Josef, Arbeitszeitgesetz, Kommentar, 16. Auflage, München 2013 (zit.: *Neumann/Biebl,* ArbZG).

Neumann, Dirk, Ladenschlussrecht mit allen wichtigen Gesetzen und Verordnungen aus Bund und Ländern, 5. Auflage, München 2008 (zit.: *Neumann,* Ladenschlussrecht).

Nielebrock, Helga, Pflegezeit für Beschäftigte, Ansprüche auf Freistellung und ihre Voraussetzungen, AiB 2008, S. 363.

Novara, Fabian, Familienpflegezeitgesetz, Update, AuA 2012, S. 27.

Ohl, Kay, Einführung von Arbeitszeitmodellen, So sollte der Betriebsrat vorgehen, AiB 2011, S. 750.

Ohlendorf, Bernd / Fabritius, Burkhard, Aspekte der Arbeitszeit, Ist Zeit Geld? AuA 2009, S. 642.

Oppolzer, Alfred, Menschengerechte Arbeitszeitgestaltung – nie war sie so wichtig wie heute, AiB 2006, S. 521.

Oppolzer, Alfred, Rückbau oder Ausbau des Arbeits- und Gesundheitsschutzes? Zum Vergleich der Gesetzesentwürfe von Bundesregierung und SPD-Fraktion für ein neues Arbeitszeitgesetz, AuR 1994, S. 41.

Otto, Björn / Walk, Werner, Entgeltflexibilisierung als Weg aus der Krise – Arbeitsrechtliche Gestaltungsmöglichkeiten im Familienunternehmen neben Personalabbau und Kurzarbeit – BB 2010, S. 373.

Otto, Hansjörg, Direktionsrecht des Arbeitgebers, Anmerkung zu BAG v. 03.12.1980 – 5 AZR 477/78, SAE 1982, S. 164.

Oyda, Michael, Probleme bei der Ermittlung des Elterngeldes, NZS 2010, S. 194.

Palandt, Otto (Begr.): Bürgerliches Gesetzbuch mit Nebengesetzen, 73. Auflage, München 2014 (zit.: Palandt/*Bearbeiter*).

Paschke, Christian, Zeitsouveränität durch Anpassung der Arbeitszeitlage an die persönlichen Bedürfnisse, individuelle Zeitansprüche und kollektive Mitbestimmung, AuR 2012, S. 11.

Perz, Markus, Familienfreundliches Arbeitsrecht? Hamburg 2008, zugl. München, Univ., Diss. 2008 (zit.: *Perz,* Familienfreundliches Arbeitsrecht?).

Peuckert, Rüdiger, Familienformen im sozialen Wandel, 7. Auflage, Wiesbaden 2008 (zit.: *Peuckert,* Familienformen im sozialen Wandel).

Pfahl, Svenja / Reuyß, Stefan / Rinderspacher, Jürgen P., Zwischen Alltagswelt und Alterswelt: Zeitkonflikte und Zeitnot in der häuslichen Pflege, Analyse aus der Sicht der Betroffenen und zeitpolitische Schlussfolgerungen, S. 161, in: Groß/Seifert, Zeitkonflikte, Renaissance der Arbeitszeitpolitik, Berlin 2010 (zit.: *Pfahl/Reuyß/Rinderspacher* in: Groß/Seifert, Zeitkonflikte).

Pfahl, Svenja / Reuyß, Stefan, Das Elterngeld wirkt – Väter brauchen mehr betriebliche Unterstützung, Gute Arbeit 2010, S. 24.

Pfarr, Heide, Die Entgeltgleichheit für Frauen und Männer erfordert ein Durchsetzungsgesetz, WSI-Mitteilungen 2011, S. 253.

Pfarr, Heide, Soziale Sicherheit und Flexibilität: Brauchen wir ein „Neues Normalarbeitverhältnis"? WSI-Mitteilungen 2000, S. 279.

Plein, Anne / Kratz, Eva, Angehörigenpflege durch Arbeitnehmer – Eine Herausforderung für die unternehmerische Praxis, Das Modell der Pflegezeit und der neuen Familienpflegezeit, KSzW 2012, S. 101.

Preis, Ulrich / Greiner, Stefan, Befristungsrecht – Quo vadis? RdA 2010, S. 148.

Preis, Ulrich / Ulber, Daniel, Direktionsrecht und Sonntagsarbeit, NZA 2010, S. 729.

Preis, Ulrich / Ulber, Daniel, Fußtritte für das deutsche Arbeitszeitrecht? ZESAR 2011, S. 147.

Preis, Ulrich, Arbeitsrecht, Individualarbeitsrecht, Lehrbuch für Studium und Praxis, 4. Auflage, Köln 2012 (zit.: *Preis*, Arbeitsrecht).

Prütting, Hanns / Wegen, Gerhard / Weinreich, Gerd, BGB Kommentar, 8. Auflage 2013 (zit.: PWW/*Bearbeiter*).

Rancke, Friedbert, Mutterschutz, Elterngeld, Elternzeit, Handkommentar, 2. Auflage, Baden-Baden 2010 (zit.: Hk-MuSchG/BEEG/*Bearbeiter*).

Reim, Uwe, Bereitschaftsdienste und kein Ende, Trotz gesetzlicher Standards immer noch europarechtswidriger Zustand, AiB 2006, S. 664.

Reim, Uwe, Neue Wege bei der Leiharbeit – Die Änderung des Arbeitnehmerüberlassungsgesetzes zum 1.1.2003, AiB 2003, S. 73.

Reinecke, Birgit, Elternzeit statt Erziehungsurlaub, FA 2001, S. 10.

Reinecke, Gerhard, Flexibilisierung der Arbeitszeit im Arbeitgeber- und Arbeitnehmerinteresse – ein Rechtsprechungsbericht, BB-Special 2008 zu Heft 14, S. 21.

Reinhard, Barbara, Wie viel Schutz für Arbeitnehmer? Oder: Wem nützt die Freiheit? AnwBl 2010, S. 571.

Reiserer, Kerstin, Atmendes Entgelt, atmende Arbeitszeit, NZA 2010, Beilage zu Heft 2, S. 39.

Renz, Regine / Eggen, Bernd, Frauen in Europa: Job? Kinder? Oder beides? Statistisches Monatsheft Baden-Württemberg, 2004, S. 11.

Reusch, Jürgen, EU-Arbeitszeitrichtlinie, Das Parlament stoppt den Einstieg in die 65-Stunden-Woche, AiB 2009, S. 78.

Reuter, Wolf J., Sonn- und Feiertagsarbeit, AuA 2010, S. 4.

Richardi, Reinhard / Wlotzke, Otfried / Wißmann, Hellmut / Oetker, Hartmut (Hrsg.), Münchener Handbuch zum Arbeitsrecht, Band 2, Kollektivarbeitsrecht/ Sonderformen, §§ 152–347, 3. Auflage, München 2009 (zit.: MüArbR/*Bearbeiter*).

Richardi, Reinhard, Betriebsverfassungsgesetz mit Wahlordnung, 13. Auflage, München 2012 (zit.: Richardi/*Bearbeiter*, BetrVG).

Richardi, Reinhard, Sonn- und Feiertagsruhe im Arbeitsleben, AuR 2006, S. 379.

Rid, Claudia / Ramstetter, Simon, Spielräume des ArbZG nutzen, Wo endet das Direktionsrecht? AuA 2012, S. 272.

Rieble, Volker / Junker, Abbo, Familienschutz und Familienverträglichkeit des Arbeitsrechts, 3. Ludwigsburger Rechtsgespräch, München 2007 (zit.: *Rieble/Junker*, Familienschutz und Familienverträglichkeit des Arbeitsrechts).

Rieble, Volker / Vielmeier, Stephan, Umsetzungsdefizite der Leiharbeitsrichtlinie, EuZA 2011, S. 474.

Rieble, Volker, Entgeltgleichstellung der Frau, RdA 2011, S. 36.

Rieger, Hans-Jürgen, Die arbeitszeitrechtliche und lohnrechtliche Behandlung des Bereitschaftsdienstes und der Rufbereitschaft, RdA 1964, S. 405.

Rixen, Stephan, Hat der Bund die Gesetzgebungskompetenz für das Betreuungsgeld? Zum Kompetenztitel für die „öffentliche Fürsorge" (Art. 74 Abs. 1 Nr. 7 GG) und zum Erforderlichkeitsgrundsatz (Art. 72 Abs. 2 GG) zehn Jahre nach dem „Altenpflegegesetz"-Urteil des BVerfG, DVBl. 2012, S. 1393.

Roggendorff, Peter, Arbeitszeitgesetz, Erläuternde Textausgabe mit Einführung und amtlicher Begründung sowie ergänzenden Rechtsvorschriften, 1. Auflage, München 1994 (zit.: *Roggendorff,* ArbZG).

Röhl, Matthias, Zwischenbilanz und erste Rechtsprechung zum Elterngeld und BEEG, Der Gesetzgeber als „Sozialingenieur", NJW 2010, S. 1418.

Rolfs, Christian / Giesen, Richard / Kreikebohm, Ralf / Udsching, Peter, Beck'scher Onlinekommentar Arbeitsrecht, 30. Auflage, München 2013 (zit.: BeckOK-*Bearbeiter*).

Rolfs, Christian, Abschied vom Normalarbeitsverhältnis? Welche arbeits- und sozialrechtlichen Regelungen empfehlen sich im Hinblick auf die Zunahme neuer Beschäftigungsformen und die wachsende Diskontinuität von Erwerbsbiographien? Referat M zum 68. Deutschen Juristentag 2010, in: Ständige Deputation des Deutschen Juristentages (Hrsg.), Verhandlungen des 68. Deutschen Juristentages in Berlin 2010, Band II/1, Sitzungsberichte (Referate und Beschlüsse), München 2010 (zit.: *Rolfs,* Verhandlungen des 68. Deutschen Juristentages (2010), Band II/1, Referat, M).

Rozek, Jochen, Immer wieder sonntags? BVerfG setzt Ladenöffnungen an Sonntagen strikte Grenzen, AuR 2010, S. 148.

Rozek, Jochen, Ladenschluss in der Verfassung, AuR 2005, S. 169.

Rybak, Hubertus / Hofmann, Hans, Verteilung der Gesetzgebungsrechte zwischen Bund und Ländern nach der Reform des Grundgesetzes, NVwZ 1995, S. 230.

Säcker, Jürgen / Rixecker, Roland (Hrsg.), Münchener Kommentar zum Bürgerlichen Gesetzbuch, Band 8, Familienrecht II, §§ 1589 - 1921, SGB VIII, 6. Auflage, München 2012 (zit.: MüKo/*Bearbeiter*).

Sacksofsky, Ute, Einfluss des Steuerrechts auf die Berufstätigkeit von Müttern, S. 363, in: Festschrift für Heide Pfarr, Geschlechtergerechtigkeit, Hrsg.: Hohmann-Dennhardt, Christine / Körner, Marita / Zimmer, Reingard, Baden-Baden 2010 (zit.: *Sacksofsky* in: FS Pfarr).

Sacksofsky, Ute, Verfassungsmäßigkeit des geplanten Betreuungsgeldes, Streit 2010, S. 167.

Salgo, Ludwig, In welchen Fällen darf der Staat die verweigerte elterliche Einwilligung in die Adoption des Kindes durch Richterakt ersetzen? KritV 2000, S. 344.

Sannwald, Rüdiger, Die Reform des Grundgesetzes, NJW 1994, S. 3313.

Sasse, Stefan, Familienpflegezeit – Darstellung der neuen gesetzlichen Regelungen – DB 2011, S. 2660.

Schaub, Günter (Begr.) / Koch, Ulrich / Linck, Rüdiger / Treber, Jürgen / Vogelsang, Hinrich, (Bearb.), Arbeitsrechts-Handbuch, Systematische Darstellung und Nachschlagewerk für die Praxis, 15. Auflage, München 2013 (zit.: Schaub/*Bearbeiter*, ArbR-Hdb.).

Scheiwe, Kirsten / Fuchsloch, Christine, Rechtspolitische Ziele und rechtliche Gestaltungsmöglichkeiten eines Elterngeldes, ZRP 2006, S. 37.

Schiefer, Bernd / Worzalla, Michael, Familienpflegezeitgesetz, DB 2012, S. 516.

Schiefer, Bernd, Entwurf eines Gesetzes über Teilzeitarbeit und befristete Arbeitsverhältnisse und zur Änderung und Aufhebung arbeitsrechtlicher Bestimmungen – oder: Überregulierung statt Deregulierung/Umverteilung statt Flexibilität – DB 2000, S. 2118.

Schiek, Dagmar, Das Teilzeit- und Befristungsgesetz, Neue Paradigmen der Regulierung sogenannter atypischer Beschäftigung, KJ 2002, S. 18.

Schier, Michaela / Jurczyk, Karin / Szymenderski, Peggy, Entgrenzung von Arbeit und Familie – mehr als Prekarisierung, WSI-Mitteilungen 2011, S. 402.

Schlachter, Monika, Zur Zulässigkeit von Sonn- und Feiertagsarbeit nach ArbZG § 10 Abs. 1 Nr. 15, EWiR 2000, S. 1091.

Schlegel, Rainer, Rechtsänderungen durch das Pflege-Weiterentwicklungsgesetz, jurisPR-SozR 10/2008 Anm. 4 (zit.: *Schlegel*, jurisPR-SozR 10/2008 Anm. 4).

Schlick, Christopher M. / Bruder, Ralph / Luczak, Holger, Arbeitswissenschaft, 3. Auflage, Berlin, Heidelberg 2010 (zit.: *Schlick/Bruder/Luczak*, Arbeitswissenschaft).

Schliemann, Harald / Meyer, Jürgen, Arbeitszeitrecht – gesetzliche, tarifliche und betriebliche Regelungen, 2. Auflage, Neuwied, Kriftel 2002 (zit.: Schliemann/Meyer-*Bearbeiter*, ArbZG).

Schliemann, Harald, Allzeit bereit, Bereitschaftsdienst und Arbeitsbereitschaft zwischen Europarecht, Arbeitszeitgesetz und Tarifvertrag, NZA 2004, S. 513.

Schliemann, Harald, ArbZG, Kommentar zum Arbeitszeitgesetz mit Nebengesetzen, 2. Auflage, Köln 2013 (zit.: *Schliemann*, ArbZG).

Schlottfeldt, Christian, „Aktiver Bereitschaftsdienst"? – Der Begriff des Bereitschaftsdienstes in Arbeitszeitgesetz, Tarifrecht und Rechtsprechung – ZESAR 2010, S. 411.

Schlüter, Wilfried, Die Rechtsfolgen mangelnder Beteiligung des Betriebsrates in sozialen Angelegenheiten (§ 87 BetrVG n.F.)[Teil I], DB 1972, S. 92.

Schmidt-Bleibtreu, Bruno (Begr.) / Hofmann, Hans / Hopfauf, Axel *(Hrsg.),* GG Kommentar zum Grundgesetz, 12. Auflage, Lavis 2011 (zit.: Schmidt-Bleibtreu/Hofmann/Hopfauf-*Bearbeiter*, GG).

Schmitz, Holger, Die Ladenöffnung nach der Föderalismusreform, NVwZ 2008, S. 18.

Schmitz-Witte, Anita, Vereinbaren einer Familienpflegezeit, Anforderungen und Gestaltungsmöglichkeiten, AuA 2012, S. 275.

Schoch, Friedrich, Zur Beschäftigung an Sonn- und Feiertagen, Anmerkung zu BVerwG v. 19.09.2000 – 1 C 17/99, JZ 2001, S. 406.

Scholze-Stubenrecht, Werner (Projektleitung), Duden, Deutsches Universalwörterbuch, 7. Auflage, Mannheim Leipzig Wien Zürich 2011 (zit.: *Duden*, Deutsches Universalwörterbuch).

Schoof, Christian, Arbeitszeiten im Betrieb, Es geht nichts ohne Betriebsrat! AiB 2008, S. 322.

Schoof, Christian, Mitbestimmen bei der Arbeitszeit, Auf diese Rechte sollte der Betriebsrat nicht verzichten, AiB 2011, S. 721.

Schoof, Christian, Rechtsprechungsübersicht, Arbeitszeit (Teil 1): Gesetzliche Rahmenbedingungen, AiB 2011, S. 761.

Schoof, Christian, Rechtsprechungsübersicht, Arbeitszeit (Teil 2): Mitbestimmung des Betriebsrats, AiB 2012, S. 46.

Schroeder, Wolfgang, Geschlechtergerechtigkeit im Vorsorgenden Sozialstaat, S. 405, in: Festschrift für Heide Pfarr, Geschlechtergerechtigkeit, Hrsg.: Hohmann-Dennhardt, Christine / Körner, Marita / Zimmer, Reingard, Baden-Baden 2010 (zit.: *Schroeder* in: FS Pfarr).

Schubert, Jens M. / Jerchel, Kerstin, Handlungsspielräume für Tarifparteien und Interessenvertretungen bei der Arbeitszeitgestaltung, WSI-Mitteilungen 2011, S. 76.

Schubert, Jens, Das Normalarbeitsverhältnis in der arbeits- und sozialrechtlichen Wirklichkeit, NJW 2010, S. 2613.

Schulte, Wienhold, Direktionsrecht a la § 106 GewO – mehr Rechtssicherheit? ArbRB 2003, S. 245.

Schulze, Marc-Oliver / Waschbisch, Stefanie, Arbeitszeitkonten, Fluch oder Segen? AiB 2011, S. 753.

Schulze, Rainer (Schriftleitung), Bürgerliches Gesetzbuch, Handkommentar, 7. Auflage, Baden-Baden 2012 (zit.: Hk-BGB/*Bearbeiter*).

Schunder, Achim, Der Ladenschluss auf dem Rückzug? Gesetz zur Verlängerung der Ladenöffnung an Samstagen, NJW 2003, S. 2131.

Schüren, Peter / Hamann, Wolfgang, Arbeitnehmerüberlassungsgesetz, Kommentar, 4. Auflage, München 2010 (zit.: Schüren/Hamann/*Bearbeiter*, AÜG).

Schüren, Peter, Die Mitbestimmung des Betriebsrats bei der Änderung der Arbeitszeit nach dem TzBfG, AuR 2001, S. 321.

Schuster, Norbert / Grüneberg, Jan, Neu geregeltes AÜG, Welche Auswirkungen haben die Änderungen auf die Konzernleihe? AiB 2012, S. 81.

Schutter, Sabina / Zerle-Elsäßer, Claudia, Das Elterngeld: Wahlfreiheit und Existenzsicherung für (alle) Eltern? WSI-Mitteilungen 2012, S. 216.

Schwerdle, Jutta, Arbeitsbefreiung bei Pflege von nahen Angehörigen – Kündigungsschutz selbst in der Probezeit? Eine kritische Betrachtung des Entwurfs eines Pflegezeitgesetzes, ZTR 2007, S. 655.

Schwerdle, Jutta, Die neue Familienpflegezeit – arbeits- und sozialrechtliche Auswirkungen, ZTR 2012, S. 3.

Seebacher, Krikor R. / Silberberger, Uwe, Immer Online, Was der Betriebsrat gegen den Morbus Blackberry tun kann, AiB 2011, S. 757.

Seifert, Frank-Florian, Sonntagsschutz und Ladenöffnung in Berlin nach dem 2. Änderungsgesetz vom 13.10.2010, LKV 2011, S. 67.

Seifert, Hartmut, Arbeit-Zeit-Politik, WSI-Mitteilungen 2007, S. 166.

Seifert, Hartmut, Die Zeiten ändern sich – auch die Arbeitszeiten, Der Personalrat 2008, S. 385.

Seiler, Christian, Das Elterngeld im Lichte des Grundgesetzes, NVwZ 2007, S. 129.

Sievers, Jochen, Befristungsrecht, RdA 2004, S. 291.

Sievers, Jochen, Vertragliche Vereinbarung zur Lage der Arbeitszeit, Anmerkung zu BAG v. 17.07.2007 – 9 AZR 819/06, jurisPR-ArbR 42/2007 Anm. 4 (zit.: *Sievers,* jurisPR-ArbR 42/2007 Anm. 4).

Solka, Simone, Die Reform der arbeitspolitischen Instrumente, jurisPR-SozR 8/2012 Anm. 1 (zit.: *Solka,* jurisPR-SozR 8/2012 Anm. 1).

Sowka, Hans-Harald, Bundeserziehungsgeldgesetz – Änderungen zur Elternzeit ab 01.01.2004, NZA 2004, S. 82.

Spellbrink, Wolfgang, Rettung des Normalarbeitsverhältnisses durch Abschied von der geringfügigen Beschäftigung? NZS 2010, S. 353.

Sperl, Brigitte, Teilzeitarbeit, Beruf und Familie – ein Problem, AiB 2011, S. 460.

Staudingers von, J., Kommentar zum Bürgerlichen Gesetzbuch mit Einführungsgesetz und Nebengesetzen, Buch 2, Recht der Schuldverhältnisse, §§ 613a–619a (Dienstvertragsrecht 2), Neubearbeitung 2011, Berlin 2011 (zit.: Staudinger/*Bearbeiter*).

Stein vom, Peter / Beyer-Petz, Ines, Geringfügige Beschäftigung – eine Bestandsaufnahme, DStR 2011, S. 977.

Steinau-Steinrück, von, Robert / Mosch, Ulrich, Angehörigenpflege und Arbeitsrecht, NJW-Spezial 2010, S. 178.

Stober, Rolf, Grundpflichten als verfassungsrechtliche Dimension, NVwZ 1982, S. 473.

Stöckel, Lena / Wulff, Manfred, Arbeitszeit: Eine Definition, Antworten auf die wichtigsten Fragen, AiB 2011, S. 731.

Stoppkotte, Eva-Maria / Stiel, Claudia, Mitarbeiter auf Stand-by. Die jederzeitige elektronische Erreichbarkeit und ihre Folgen, AiB 2011, S. 423.

Stuntz, Christina, Sonn- und Feiertagsarbeit – Weisungsrecht des Arbeitgebers für die Arbeitszeitverteilung, Anmerkung zu BAG v. 15.09.2009 – 9 AZR 757/08, jurisPR-ArbR 1/2010 Anm. 1 (zit.: *Stuntz*, jurisPR-ArbR 1/2010 Anm. 1).

Tammer, Klaus-Dieter / Kohl, Theresa, Neues Gesetz zur Familienpflegezeit, PersF 2011, S. 114.

Tege, Claudia, Facelifting nach fünfzig Jahren – das Mutterschutzgesetz in der Bundesrepublik Deutschland, BB 2002, S. 2602.

Tegebauer, Ingo-Jens, Die Entwicklung des Ladensschlussrechts seit dem Jahr 2004, GewArch 2007, S. 49.

Terpitz-Müller, Ralf, Vätermonate und Kindergartenpflicht – wie viel Staat verträgt die Familie? JZ 2006, S. 991.

Thannheiser, Achim, Mal weniger, mal mehr – Teilzeitarbeit, Voraussetzungen für Teilzeitansprüche und Aufstockungsmöglichkeiten, AiB 2011, S. 735.

Thiel, Markus, Der Tag des Herrn – ein Stein des Anstoßes? – Aktuelle Rechtsfragen der Ladenöffnung am Sonntag – NWVBl. 2009, S. 134.

Thüsing, Gregor / Pötters, Stephan, Flexibilisierung der Arbeitszeit durch Zeitkonten im Rahmen der Arbeitnehmerüberlassung, BB 2012, S. 317.

Thüsing, Gregor / Stiebert, Tom, Gleichbehandlung von Männern und Frauen – Elternurlaub, ZESAR 2010, S. 231.

Thüsing, Gregor, Zu den Grenzen richtlinienkonformer Auslegung, Irritationen und Hinweise in der Rechtssache Pfeiffer EuGH v. 5.10.2004, ZIP 2004, S. 2301.

Thüsing, Gregor. Arbeitnehmerüberlassungsgesetz, Kommentar, 3. Auflage, München 2012 (zit.: Thüsing/*Bearbeiter,* AÜG).

Tietje, Teemu, Grundfragen des Arbeitszeitrechts, Berlin 2001, zugl. Göttingen, Univ., Diss. 2000 (zit.: *Tietje*, Grundfragen des Arbeitszeitrechts).

Trägner, Ulrike, Arbeitszeitschutzrechtliche Bewertung der Intensität von Arbeitsleistungen unter besonderer Berücksichtigung der Rechtsprechung des Europäischen Gerichtshofes zum Bereitschaftsdienst, Konstanz 2006, zugl. Bremen, Univ., Diss. 2006 (zit.: *Trägner*, Arbeitszeitschutzrechtliche Bewertung der Intensität von Arbeitsleistungen).

Tullius, Knut / Freidank, Johannes / Grabbe, Johannes / Kädtler, Jürgen / Schroeder, Wolfgang, Perspektiven alter(n)sgerechter Betriebs- und Tarifpolitik, WSI-Mitteilungen 2012, S. 113.

Ulber, Jürgen, Arbeitnehmerüberlassungsgesetz, 4. Auflage, Frankfurt am Main 2011 (zit.: *Ulber,* AÜG).

Unterreitmeier, Johannes, Das verlorene Feigenblatt, Zu den Grenzen verkaufsoffener Sonntage aus Anlass von Märkten, BayVBl 2012, S. 260.

Vennebusch, Thorsten / Hardebusch, Martin, Minijobs sind eine Brücke in den Arbeitsmarkt, Mehr als 30 Prozent aller Minijobs gehen in eine Hauptbeschäftigung über, Kompass/KBS 2010, Nr. 3/4, S. 3.

Vennebusch, Thorsten, Minijobs sind nicht weiblicher als andere Beschäftigungsformen, RVaktuell 2012, S. 22.

Voelzke, Thomas, Gesetz zur Neuausrichtung der arbeitsmarktpolitischen Instrumente, jurisPR-SozR 5/2009 Anm. 4 (zit.: *Voelzke,* jurisPR-SozR 5/2009 Anm. 5).

Voss, Dorothea / Weinkopf, Claudia, Niedriglohnfalle Minijob, WSI-Mitteilungen 2012, S. 5.

Voss-Dahm, Dorothea, Verkaufsarbeit im Einzelhandel – einfache Dienstleistungsarbeit? WSI-Mitteilungen 2002, S. 498.

Waas, Bernd, Die Richtlinie des Europäischen Parlaments und des Rates über Leiharbeit, ZESAR 2009, S. 207.

Walker, Wolf-Dietrich, Waschen und Umkleiden als Arbeitszeit, Anmerkung zu BAG v. 11.10.2000 – 5 AZR 122/99, SAE 2002, S. 16.

Waltermann, Raimund, Abschied vom Normalarbeitsverhältnis? Welche arbeits- und sozialrechtlichen Regelungen empfehlen sich im Hinblick auf die Zunahme neuer Beschäftigungsformen und die wachsende Diskontinuität von Erwerbsbiographien? Gutachten B zum 68. Deutschen Juristentag 2010, in: Ständige Deputation des Deutschen Juristentages (Hrsg.), Verhandlungen des 68. Deutschen Juristentages in Berlin 2010, Band I, Gutachten, München 2010 (zit.: *Waltermann,* Verhandlungen des 68. Deutschen Juristentages (2010), Band I).

Wank, Rolf, Abschied vom Normalarbeitsverhältnis? Welche arbeits- und sozialrechtlichen Regelungen empfehlen sich im Hinblick auf die Zunahme neuer Beschäftigungsformen und die wachsende Diskontinuität von Erwerbsbiographien? RdA 2010, S. 193.

Wank, Rolf, Bereitschaftsdienst von Ärzten, gesetzgeberischer Handlungsbedarf, ZRP 2003, S. 414.

Webers, Gerhard, Ladenschluss und Sonntagsschutz, GewArch 2005, S. 60.

Wedde, Peter, Arbeitsrecht, Kompaktkommentar zum Individualarbeitsrecht mit kollektivrechtlichen Bezügen, 3. Auflage, Frankfurt am Main 2013 (zit.: Wedde/*Bearbeiter*, Arbeitsrecht).

Welti, Felix, Abschied vom Normalarbeitsverhältnis? – Neue Beschäftigungsformen, Diskontinuität von Lebensläufen und das Sozial- und Arbeitsrecht, SGb 2010, S. 441.

Wenckebach, Johanna, Antidiskriminierungsrechtliche Aspekte des Kündigungsschutzes in Deutschland und England, Baden-Baden 2012, zugl. Bremen, Univ., Diss. 2011 (zit.: *Wenckebach*, Antidiskriminierungsrechtliche Aspekte des Kündigungsschutzes in Deutschland und England).

Westermann, Harm Peter / Grunewald, Barbara / Maier-Reimer, Georg, Erman Bürgerliches Gesetzbuch, Handkommentar mit AGG, EGBGB (Auszug), ErbbauRG, LPartG, ProdHaftG, UKlaG, VBVG, VersAusglG und WEG, 13. Auflage, Köln 2011 (zit.: Erman/*Bearbeiter*).

Wiegelmann, Lothar, Die Neuregelung bei geringfügigen Beschäftigungen ab 1.4.2003, BB 2003, S. 734.

Wiese, Günther / Kreutz, Peter / Oetker, Hartmut / Raab, Thomas / Weber, Christoph / Franzen, Martin, Betriebsverfassungsrecht, Band II: §§ 74–132 mit Wahlordnungen, Gemeinschaftskommentar, 9. Auflage, Köln 2010 (zit.: GK-*Bearbeiter*, BetrVG).

Wirtz, Anna / Nachreiner, Friedhelm / Rolfes, Katharina, Sonntagsarbeit – Auswirkungen auf Sicherheit, Gesundheit und Work-Life-Balance der Beschäftigten, ZArbwiss 2011, S. 136.

Wolf, Roland, Prekär – atypisch – normal? Beschäftigungsform im rechtspolitischen Diskurs, S. 661, in: Festschrift für Klaus Bepler zum 65. Geburtstag, Arbeitsgerichtsbarkeit und Wissenschaft, Hrsg.: Creutzfeldt, Malte / Hanau,

Peter / Thüsing, Gregor / Wissmann, Hellmut, München 2012 (zit.: *Wolf* in: FS Bepler).

Wolter, Henner, Die Schwierigkeit der Theorie der Wirksamkeitsvoraussetzung, Zu den Schwierigkeiten der Harmonisierung von Kollektiv- und Individualrecht, RdA 2006, S. 137.

Zachert, Ulrich, „Erosion des Normalarbeitsverhältnisses" in Europa, BB 1990, S. 565.

Zachert, Ulrich, Bausteine einer modernen Arbeitsverfassung in der sozialen Demokratie, S. 699, in: Festschrift für Thomas Dieterich zum 65. Geburtstag, Richterliches Arbeitsrecht, Hrsg.: Hanau, Peter / Heither, Friedrich / Kühling, Jürgen, München 1999 (zit.: *Zachert* in: FS Dieterich).

Zachert, Ulrich, Die Zerstörung des Normalarbeitverhältnisses, AuR 1988, S. 129

Zachert, Ulrich, Flexicurity im Arbeitsrecht – eine schwierige Balance, WSI-Mitteilungen 2000, S. 283.

Zange, Julia, Probearbeitsverhältnis und „Probezeit", AuA 2009, S. 580.

Zetl, Hans Peter, Das Bereitschaftsdienstmodell, Arbeitszeitmodelle in Altenheimen, Heimen der Jugendhilfe und Kliniken (Teil 1), ZMV 2011, S. 237.

Zimmer, Reingard, Entgeltgleichheit und Begrenzung der Flexibilisierung geringfügiger Beschäftigung durch kollektivvertragliche Regelungen, WSI-Mitteilungen 2012, S. 50.

Zimmermann, Helmut, Arbeits- und strafrechtliche Folgen der Arbeitsleistung sog. High Potentials über die Grenzen der gesetzlichen Höchstarbeitszeit hinaus, AuR 2012, S. 7.

Zmarzlik, Johannes / Anzinger, Rudolf, Jugendarbeitsschutzgesetz, 5. Auflage, München 1998 (zit.: *Zmarzlik/Anzinger*, JArbSchG).

Zmarzlik, Johannes / Anzinger, Rudolf, Kommentar zum Arbeitszeitgesetz, Heidelberg 1995 (zit.: *Zmarzlik/Anzinger,* ArbZG).

Zmarzlik, Johannes / Roggendorff, Peter, Kommentar zum Ladenschlussgesetz: mit den Ladenschlussverordnungen, 2. Auflage, Heidelberg 1997 (zit.: *Zmarzlik/Roggendorff,* LSchlG).

Zmarzlik, Johannes, Das neue Arbeitszeitgesetz, DB 1994, S. 1082.

Zmarzlik, Johannes, Grundbegriffe des Arbeitszeitschutzes, DB 1967, S. 1264.

Zwanziger, Bertram, Das BAG und das Arbeitszeitgesetz – Aktuelle Tendenzen, DB 2007, S. 1356.

Schriften zum Recht der Arbeit

Herausgegeben von Olaf Deinert / Rüdiger Krause

Das Arbeitsrecht regelt die Bedingungen, unter denen durch Kooperation von Arbeitgebern und Arbeitnehmern wirtschaftliche Werte geschaffen und die daraus entstehenden Erträge verteilt werden. Dabei muss sich das Arbeitsrecht in einem immer stärkeren Maße den Herausforderungen einer globalisierten Ökonomie einerseits und sich ständig verändernden gesellschaftlichen Anschauungen andererseits stellen. Das Arbeitsrecht nimmt daher eine zentrale Rolle in der Struktur moderner Industrie- und Dienstleistungsgesellschaften ein. Kein anderes Rechtsgebiet steht deshalb so stark im Spannungsfeld der politischen und sozialen Kräfte sowie zugleich im Blickpunkt der Öffentlichkeit. Die Reihe „Schriften zum Recht der Arbeit" soll die wissenschaftliche Auseinandersetzung mit dem Arbeitsrecht und dem betrieblichen Sozialrecht fördern, indem sie einen Rahmen für einschlägige Publikationen schafft. Sie vereint vorwiegend Dissertationen zu diesen Themen, die mit mindestens „cum laude" bewertet worden sind.

Manuskriptvorschläge sind in Papierform an die Herausgeber zu richten: Professor Dr. Olaf Deinert / Professor Dr. Rüdiger Krause, Institut für Arbeitsrecht, Georg-August-Universität Göttingen, Platz der Göttinger Sieben 5, 37073 Göttingen.

Band 1 Elisa Maria Wolf: Druckkündigungen mit diskriminierendem Hintergrund. 2012.

Band 2 Daniel Hader: Die Differenzierung nach der Gewerkschaftsmitgliedschaft durch Vereinbarung. 2012.

Band 3 Nils Seibert: Die Begründung und Beendigung von Arbeitsverhältnissen und Arbeitsverträgen. 2012.

Band 4 Maximilian Federhofer: Europäisches Tarifrecht? Zum Verhältnis von Grundfreiheiten und Grundrechten im Hinblick auf nationale Sachverhalte mit Tarifbezug. 2013.

Band 5 Sara Günther: Arbeitsrechtlicher Antidiskriminierungsschutz und Diversity Management. AGG - Pflicht und Chance zugleich. 2013.

Band 6 Jun Zhu: Die Mankohaftung im Arbeitsverhältnis nach der Schuldrechtsmodernisierung. 2013.

Band 7 Philip Owschimikow: Datenscreening zwischen Compliance-Aufgabe und Arbeitnehmerdatenschutz. Zugleich eine Bewertung des Regierungsentwurfs eines Gesetzes zur Regelung des Beschäftigtendatenschutzes. 2014.

Band 8 Jennifer Rasche: Arbeitnehmerweiterbildung. Gesetzlicher Rahmen und kollektive Gestaltungsmöglichkeiten. 2014.

Band 9 Nicola Jakobi: Flexibilisierungen des Arbeitsverhältnisses im Arbeitnehmerinteresse. Eine rechtsdogmatische und rechtspolitische Untersuchung des Rechts der Arbeitszeiten auf die Vereinbarkeit von Familie und Beruf. 2014.

www.peterlang.com